CNB 602 언약적 구속사관으로 본 본문 이해
성경에 대한 바른 해석적 관점 정립

언약과 성경해석

김 성 주

2013년

교회와성경

저 자 | 김성주 목사

- 연세대학교 교육학(B. A.)
- 수도침례신학교(Th. B.)
- 장로회 총회신학교 목회대학원(M. Div.)
- California Ezra Bible Academy(Th. M.)

현재 서울 노원구 상계동 소재의 언약교회를 섬기며 RTB/WBS 개혁사경회를 통해 목회자와 전도사 및 성도들을 대상으로 수년간 성경신학(언약적 구속사)적 관점에 입각해 성경바로알기 말씀사경회를 인도하고 있으며 개혁주의 관점에서 저술 활동을 하고 있다.

〈저서〉

- CNB 601 언약과 하나님 나라(2012년 서울: 칼빈아카데미)
- 언약(God' s Covenant for the Kingdom)
- 본질을 추구하는 신앙
- 하나님의 섭리의 손길(룻기/에스더 구속사 강해)
- 요한계시록 구속사
- 하나님의 구속경륜
- 복음 증거의 5대 원리

〈카페〉

http://cafe.daum.net/remnant7000

〈메일〉

cccgim@hanmail.net

언약과 성경해석

CNB 602

언약과 성경해석

A Study of the Covenant and the Bible Says

Published by Church and Bible Publishing House

초판 인쇄 | 2013년 1월 10일
초판 발행 | 2013년 1월 15일

발행처 | 교회와성경
주소 | 평택시 특구로 43번길 90 (서정동)
전화 | 031-662-4742
등록번호 | 제2012-03호
등록일자 | 2012년 7월 12일

발행인 | 문민규
지은이 | 김성주
편집주간 | 송영찬
편집 | 신명기
디자인 | 조혜진

총판 | (주) 비전북출판유통
주소 | 경기도 고양시 일산구 장항동 568-17호 (우) 411-834)
전화 | 031-907-3927(대) 팩스 031-905-3927

값은 표지에 있습니다.
파손된 책은 구입처나 출판사에서 교환해 드립니다.
ISBN 89-98322-01-4 93230

Printed in Seoul of Korea

언약과 성경해석

A Study of the Covenant and the Bible Says

교회와성경

CNB 시리즈
서 문

CNB The Church and The Bible 시리즈는 개혁신앙의 교회관과 성경신학적 구속사 해석에 근거한 신 · 구약 성경 연구 시리즈이다.

이 시리즈는 보다 정확한 성경 본문 해석을 바탕으로 역사적 개혁 교회의 면모를 조명하고 우리 시대의 교회가 마땅히 추구해야 할 방향을 제시함으로써 교회의 삶과 문화를 창달하는 것을 그 목적으로 하고 있다.

따라서 이 시리즈는 진지하게 성경을 연구하며 본문이 제시하는 메시지에 충실하고 있다. 그렇다고 이 시리즈가 다분히 학문적이거나 또는 적용이라는 의미에 국한되지 않는다. 학구적인 자세는 변함 없지만 궁극적으로 하나님의 나라를 지향함에 있어 개혁주의 교회관을 분명히 하기 위해 보다 더 관심을 가진다는 의미이다.

본 시리즈의 집필자들은 이미 신 · 구약 계시로써 말씀하셨던 하나님께서 지금도 말씀하고 계시며, 몸된 교회의 머리이자 영원한 왕이신 그리스도께서 지금도 통치하시며, 태초부터 모든 성도들을 부르시어 복음으로 성장하게 하시는 성령께서 지금도 구원 사역을 성취하심으로써 창세로부터 종말에 이르기까지 거룩한 나라로서 교회가 여전히 존재하고 있음을 그 무엇보다도 중요하게 여기고 있다.

아무쪼록 이 시리즈를 통해 계시에 근거한 바른 교회관과 성경관을 가지고 이 땅에 진정한 그리스도인의 삶과 문화가 확장되기를 바라는 바이다.

시리즈 편집인

김영철 목사, 미문(美聞)교회 목사, Th.M.
송영찬 목사, 기독교개혁신보 편집국장, M.Div.
오광만 목사, 대한신학대학원대학교 교수, Ph.D.
이광호 목사, 실로암교회 목사, Ph.D.

머리말

I.

21세기 현대교회는 종교개혁 이후 거의 오백여 년을 목전에 두고 있다. 하나님께서 중세교회의 타락과 영적 암매로부터 말씀의 본의를 밝히 회복시켜 주신지 거의 오백여년의 기간이 다가온다는 의미이다. 그렇다면 현대교회는 하나님께서 종교개혁자들을 통해 회복시켜 주신 말씀의 본질을 이 시대에 얼마큼 계승해 유지/보존/발전시키고 있을까를 재검증할 만큼 충분한 시간이 지났다고 할 수 있지 않을까.

이사야 선지자가 경고했고(사 29:13), 신약의 저자들이 인용한 대로(마 15:8-9; 막 7:6-9), 현대교회가 사람의 유전과 교회의 전통에 사로잡힌 나머지 정작 하나님의 계명을 버림으로 하나님을 헛되게 신앙하고 있는 것은 아닌지 심각하게 성찰해 봐야하지 않겠는가(막 7:6-9).

요한계시록을 통해 1세기 교회 속에 이미 거짓 선지자와 이단의 가르침이 다양한 모양과 모습으로 들어와 성도들을 미혹하고 교회를 어지럽혔으며 심지어 죽은 교회까지 있었음을 고려할 때(계 3:1), 냉정하게 우리의 현실을 직시하고 말씀의 본질을 좇아 우리의 신앙과 교회의 정체성을 재검증할 시기가 충분히 도래했음을 부인할 수 없다.

이런 개연성을 염두에 두고 제I부 언약적 구속사관 강좌에서는 성경이 무엇을 말씀하고 있는지를 언약적 구속사관(성경신학적 관점)으로 써왔던 글 중에서 일부를 취사선택해 '22가지 성경 해석의 실제' 라는 제목으로 재구성했다. 모름지기 성경에 대한 바른 해석적 관점의 정립이야말로 바른 신앙과 바른 교회를 이루는 첩경이라 확신한다(롬 10:2-3, 17).

작금에 인본주의의 만연과 팽배에 편승해 절대 가치인 말씀조차 인간의 현세적인 유익과 행복 및 성공을 위해 수단과 방편으로 이용되며 하나님까지도 도구화되는 영적 암매의 시대에 말씀의 본질에 대한 회복과 재정립이 어느 때보다 절실히 갈망된다. 이런 갈망이 본서를 통해 조금이나마 해소될 수 있다면 더할 나위 없는 기쁨이 될 것이다.

II.

성도들은 예수 그리스도의 구속을 통해 하나님의 은혜로 구원받은 복음의 증인들이다. 구원받은 참 생명은 영적 생명의 본성상 본능적으로 또 다른 생명을 잉태한다. 이런 식으로 복음은 마지막 남은 한 사람의 택자의 구원을 위해 지속적으로 전파되며 증거될 것이다.

이런 관점에서 복음증거는 성령의 공작하시는 역사로 말미암아 먼저 구원받은 성도들의 본능적 활동이지 종교적 연례행사나 이벤트일 수 없다. 때를 얻든지 못 얻든지 말씀을 전파한다는 의미가 이와 다르지 않다. 흔히 교회 현장에서 복음증거와 관련해 믿음은 구원의 근거로, 행함은 상급과 복의 근거로 이원화시켜 전파하는 경우를 보게 된다.

이에 제II부 "개혁주의 구원론 강좌" 에서는 그동안 '복음을 어떻게 전할 것인가' 의 주제 하에 작성된 글들을 재정리해 묶었다. 이 과정에서 복음의 전 내용을 5가지 원리를 좇아 ① 죄의 원리, ② 죄책(형벌)의 원리, ③ 속죄의 원리, ④ 믿음의 원리, ⑤ 순종의 원리로 구분해 이를 논리적 연속성과 일관성 및 통일성에 근거해 총체적으로 정리했다.

이 시대에 인본주의의 팽배와 만연으로 인해 하나님마저 인간의 성공과 행복을 위해 도구화되는 기막힌 현실 속에서 기독론에 입각한 구원론의 재정립으로 인한 성경적 신앙관의 회복이 어느 때보다 절실히 요구된다. 이런 식으로 본말이 전도된 기독교 신앙관의 현실 속에서 구원의 의미와 가치에 대한 바른 구원론의 재정립은 아무리 강조해도 부족할 뿐이다. 이런 맥락에서 바른 신앙관은 바른 구원론의 정립으로부터 가능하다는 전제하에 서둘러 정리하게 된 것이다.

본 개혁주의 구원론 강좌에서는 야고보적 관점에서 믿음과 행함, 은혜와 순종의 당위성과 필연성의 상호 의존적이고 보완적인 관계성을 무익한 종의 심정을 일례로 들어 일관성 있게 재조명 해 보았다. 기독교 신앙에서 행함과 순종의 본의가 믿음과 은혜의 결과인 열매의 의미를 상실한 채 복과 상급의 수단인 양 별도로 취급 될 때, 예수 그리스도의 구속을 통해 베풀어 주시는 하나님의 은혜와 사랑에 기초한 기독교 신앙의 정체성은 한낱 인간의 현세적인 행복과 성공과 유익을 위한 자의적이고 편의적인 우상숭배적 신앙으로 전락하게 될 위험성이 크다.

이런 사실은 결국 기복주의적 신앙관을 형성시킴으로 본질상 이교도적 신앙과 다를 바 없게 된다. 21세기 한국의 기독교 현상이 총체적 관점에서 혹여 이런 식으로 표출되고 있다고 우려한다면 지나친 발상일까. 특별히 마지막 단계인 순종의 원리를 대가와 보상의 관점이 아닌 은혜와 믿음의 결과로 마땅히 요구되는 본분과 도리의 맥락에서 논술해 보았다. 이처럼 믿음과 행함, 은혜와 순종이 상호 보완적이고 의존적인 당위적 명제로 기능하게 될 때, 거기에 비로소 구원의 은혜에 따른 성경적인 바른 신앙관의 정립과 회복이 가능하게 될 것을 믿어 의심치 않는다.

실로 복음에 대한 바른 이해와 전인적인 수납이야말로 부활하신 예수 그리스도의 생명에 연합된 사실로 인해 신본주의 신앙관 형성의 지름길이 아닐 수 없다.

III.

칼빈주의를 곡해하는 사람들은 칼빈주의 5대 교리를 칼빈 개인의 신학사상이라고 이해할지 모른다. 죤 칼빈(John Calvin)은 초대교회 이후 사도들의 전승과 신앙고백으로 내려오는 전통적인 신학사상을 참 복음과 하나님의 법도로 정리하여 체계화시킨 사람이라고 소개하는 편이 바람직하다.

그는 비록 칼빈주의 신학사상 체계에서 취급된 모든 사상들을 손수 만들지는 않았지만 성경의 진리를 가장 바르게 깨달은 사람 중 하나였으며, 교의教義 운동의 위대한 지도자들(바울, 어거스틴 등)의 사상을 후대에 가장 바르게 체계를 세워 전달한 사람이다.

물론 역사적 개혁주의의 전통적인 신앙이 칼빈 개인으로부터 시작된 것은 아니다. 칼빈 이전에 이미 다른 종교개혁자들(위클리프, 후스, 쯔빙글리 등)에 의해 전통적인 신학이 산발적으로 제시되었는데 칼빈이 이를 종합적이고 보다 체계적으로 수립한 것이다. 따라서 칼빈주의란 칼빈이 처음으로 종합적인 신학체계를 세웠기 때문에 그의 이름을 따라 부르는 것이지 칼빈이 새롭게 무엇인가를 만들었다는 의미는 아니다.

따라서 칼빈주의 신학사상이라고 하면 성경에서 시작이 되었고, 사도 바울에 의해 신학적 기초가 수립되었으며, 어거스틴에 의해 발전 되었고, 칼빈에 의해 종합적으로 체계가 세워졌을 뿐 아니라, 칼빈을 따르는 신학자들(벤자민 워필드, 챨스 핫지, 아브라함 카이퍼, 헤르만 바빙크 등등)에 의해 꽃이 피었으며, 현재 역사적 개혁주의를 고수하고 있는 보수 신학자들에 의해 열매를 맺고 있는 것이다.

이런 의미에서 칼빈주의는 인간의 사색된 철학이나 종교가 아닌 성경적 참 복음과 하나님의 법도를 성경에 있는 그대로, 곧 성경 신학적 관점으로 가르치는 사상 체계라 말할 수 있다. 이런 관점에서 우리는 칼빈주의가 성경을 기초로 한 정통신학이요 보수신학의 기초라고 확실히 믿는 것이다. 이로 인해 칼빈주의 신학의 기본원리는 ① 하나님 중심 ② 성경중심 ③ 하나님의 절대 주권사상(God's Absolute Sovereignty)으로 집약될 수 있다.

2013년 1월

김 성 주

목 차

〈언약과 성경해석〉

제I부 | 언약적 구속사관 강좌 _ 22가지 성경 해석의 실제

제II부 | 개혁주의 구원론 강좌

제III부 | 개혁주의 TULIP 강좌

제I부

언약적 구속사관 강좌

- 22가지 성경 해석의 실제

1

신령한 복 : 창세전 삼위 하나님의 구원협약

에베소서 1장 3-14절

I. 도입

창세전 삼위 하나님의 구원협약(엡 1:4-14)은 신령한 복(엡 1:3)의 주된 내용이며 동시에 하나님의 영원한 목적으로서 세상이 창조되기 전 선先 계획의 성격을 띠면서 성경 계시의 원천과 신적 언약의 원형으로 기능한다. 그러므로 창세기를 기반으로 전개되는 성경의 전全 계시사는 불가불 창세전 삼위 하나님의 구원협약에 전적으로 의존되고 종속되어 있음을 확인하게 된다. 특별히 창세기 1-3장을 관통하는 언약적 계시사의 문맥을 통해 이런 사실을 구체적으로 확인할 수 있다. 본장에서는 우선적으로 본문에 기술된 삼위 하나님의 구원협약의 실상이 무엇이며 상호 어떻게 연관되어 있는지 논술하고자 한다.

II. 전개

삼위 하나님께서는 창세전 영원한 목적으로서 구원협약을 약정하셨다.[1] 에베소서 기자는 이를 하나님께서 예수 그리스도 안에서 성도들에게 베푸시는 하늘에 속한 신령한 복으로 규정한다(엡 1:3). 신령한 복이란 복의 본질이요 실체라는 의미로 하늘에 속한 영원하고 영속적인 구원의 삶을 총체적으로 가리키는 언약적 표현이다. 그런 의미에서 신령한 복의 내용은 삼중적인 성격을 띠면서 성부 하나님의 선택, 성자 예수님의 구속, 그리고 성령님의 인침과 내주 및 보증의 적용 사역으로 구분해 설명할 수 있다(엡 1:4-14).

1. 성부 하나님의 선택과 예정(엡 1:4-6, 수립자)

성부 하나님은 총체적인 계시의 관점에서 창세전에 그리스도 안에서 당신의 백성들을 선택하셨다(엡 1:4). 선택의 일차적 목적은 거룩하고 흠이 없는 당신의 친 백성으로 삼기 위함이다. 이뿐만이 아니다. 선택한 백성들을 기뻐하시는 뜻 가운데 아들 곧 양자로 삼아 주실 것을 예정하셨다(엡 1:5).

그런 의미에서 하나님의 예정에는 선택과 유기의 상반된 이중적 요소가 자체 속에 내포되어 있다는 것이 개혁파들의 통상적인 신학적 관점이다.[2] 반면에 같은 개혁파 안에서도 선택의 시점에 관해서는 전택설(supralapsarianism)과 후택설(infralapsarianism)로 나눠져 있는 것이 일반이다. 이들 설說에 관한 비교 논증과 고찰은 관점의 차이가 여전히 상존할지라도 이미 그 전모가 밝혀진 내용으로 본 논고의 취지와는 다소 벗어나기에 여기에서는 추가적인 언급은 피할 것이다.

본문을 통해 하나님의 선택사상은 이중적인 목적을 담고 있음을 확인할

---

1) Louis Berkhof, 고영민 역, 『벌고프 조직신학(상)』(서울: 기독교문사, 1999), 535-541.
2) Ibid., 346.

수 있다. 일차적으로 피택자에 대한 죄로부터의 구원에 집중된다(엡 1:6상, 7). 궁극적으로는 하나님의 영광 구현이다(엡 1:6하, 12, 14).[3] 영광 구현의 삶이란 하나님의 구원의 은혜에 감사함으로써 하나님을 경외하며, 범사에 말씀의 통치를 적극 받아 누리는 하나님의 친 백성으로서 전인적인 순종의 삶을 가리킨다(요 17:4; 고전 10:31).

본문의 '그리스도 안에서' (엡 1:4)는 근접문맥을 통해 그리스도의 구속사역을 가리키며(엡 1:7), 예정과 선택은 하나님의 무한하신 사랑과 기뻐하시는 뜻에 기초한 절대주권사상에 근거함을 의미한다.[4] 사실상 예정과 선택의 근거로 작용하는 하나님의 사랑과 기뻐하시는 뜻으로 설명되는 하나님의 주권사상은 유한한 피조물로서는 그 본의를 온전히 이해하기란 불가능하다. 마치 토기장이가 진흙 한 덩이로 하나는 귀히 쓸 그릇을, 다른 하나는 천히 쓸 그릇을 임의대로 만들 수 있는 권한과 비유적으로 동질성을 띤다는 것이 로마서 기자의 관점이다(롬 9:21).

본 토기장이 비유에서 특별히 천히 쓰임받게 될 그릇의 입장에서 보면 토기장이의 부당성과 불공정함에 이의를 제기할 수 있는 여지가 아주 없지 않다. 반면 토기장이의 입장에서는 장인匠人의 마음대로일 뿐이다. 여기에서 장인이 자기 마음대로 같은 재료를 가지고 여러 가지 물건들을 다양한 용도에 따라 만든다고 해서 잘/잘못과 옳고/그름을 지적받아야 할 아무런 이유나 책임이 없다. 이것이 장인이 갖는 특권이다. 일종의 면책특권일 수 있다.

동일한 원리속에서 하나님께도 창조주로서 피조물에 대한 특권이 주어진다. 이런 특권을 일컬어 신학적으로 절대주권(absolute sovereignty)이라 부른다. 그런 의미에서 창조주 하나님은 절대주권자로서 매사에 책임적 존

3) Ibid., 348.
4) Ibid., 355.

재가 아니시다. 모든 일을 기뻐하시는 뜻 가운데 행하시기 때문이다. 책임과 의무는 하나님에 대한 피조물의 마땅한 본분이며 도리일 뿐이다(전 12:13).

2. 성자 예수 그리스도의 구속(엡 1:7-12, 시행자)

성자 예수님은 하나님의 구원계획을 구체적으로 실행에 옮기기 위해 대속의 방식으로 피흘려 죽으심으로써 구속사역을 완수하실 것을 창세전 구원협약을 통해 약정하셨다. '그리스도 안에서' (엡 1:4)라는 표현이 이런 사실을 확증해 준다. 이 약정을 신학적으로 '피의 약정' (bond in blood)이라고 부른다.[5] 곧 '생명은 피에 있고 피흘림이 없이는 죄사함이 없다' (레 17:11; 히 9:22)는 사죄의 원리에 근거한 표현이다. "우리가 그리스도 안에서 그 피로 말미암아 구속 곧 죄사함을 받았다" (엡 1:7)는 논증이 이런 사실을 입증한다.[6]

나아가 성자 예수님은 창세전 하나님의 구원협약을 성취하시기 위해 때가 찰 때에 친히 여자의 몸을 통해 성육신하셨고(창 3:15; 렘 31:22; 갈 4:4; 마 1:18-23), 십자가에 달려 죽으시고 부활하심으로써 마침내 하나님의 구원 사역을 완수하셨다. 마태는 예수님의 탄생과 관련해 이를 이사야 선지자가 예언했던 임마누엘 약속(사 7:14)의 성취로 해석했다(마 1:21-23). 그러므로 예수님의 성육신 사건과 수난의 공생애 사역과 십자가의 죽음과 부활 사건은 하나님의 선택한 백성들을 죄로부터 구속하시려는 창세전 하나님의 계획이 세상 역사 속에서 구체적으로 성취된 사건의 결정판이다(창 3:15; 막 10:45; 눅 19:10; 행 2:23; 4:27-28).

5) 팔머 로벗슨, 김의원 역, 『계약신학과 그리스도』(서울: 기독교문서선교회, 1995), 12.
6) Ibid., 21

이처럼 하나님의 계획은 약정(언약)의 방식으로 협약되었기에 '선先 언약하시고 후後 성취' 하시는 방식으로 피조세계 속에서 그 전모를 드러내게 된다. 하나님께서 창세전에 수립하신 영원한 목적과 계획을 성경을 통해 세상 역사 속에 드러내신 행위를 계시사啓示史라고 총칭한다. 곧 하나님은 그리스도 안에서 창세전에 수립된 하나님의 구원협약이 세상 역사를 방편삼아 때를 좇아 점진적으로 드러나도록 섭리하셨다.

서신서 기자는 이처럼 창세전 그리스도 안에서 수립된 하나님의 영원한 목적으로서 구원협약을 가리켜 영원 전부터 감추었던 '비밀 또는 비밀의 경륜' (엡 1:9; 3:3, 9-11; 골 1:26; 롬 16:25; 딤후 1:9) 등으로 기술한다. 창세전에는 감추어졌던 비밀의 내용이 예수 그리스도의 구속사역을 통해 마침내 세상 가운데 그 실체와 전모를 드러냈기 때문이다. 이런 사실에 근거해 계시사의 주된 내용은 본질상 구속사와 동질성을 띠게 된다. 다시 말해 계시사의 핵심은 구속사인 셈이다.

한편 그리스도의 구속사역의 공효에 대한 적용 범주와 대상은 하나님의 선택된 백성들에게만 제한적으로 적용되지 않는다. 모든 피조물 곧 창조계 전역에 유효하게 적용된다(롬 8:19-22).[7] 아담 부부의 타락과 범죄는 저들의 후손들에게 뿐만 아니라(롬 5:12) 모든 피조물들에게도 하나님의 저주를 불러들인 동인으로 작용했기 때문이다(창 3:17-18; 롬 8:19-22). 그리스도의 구속이 하나님의 백성들뿐만 아니라 전 창조계를 포괄한다는 관점은 "하늘에 있는 것이나 땅에 있는 것이 다 그리스도 안에서 통일되게 하려 함" 이라는 표현속에서 구체적으로 확인된다(엡 1:10).

골로새서 기자는 동일한 주제를 "그리스도의 피로 말미암아 만물을 하나님과 화목케 되기를 기뻐하신다" 고 기술한다(골 1:20). 창조의 면류관으로 지음받은 인간의 죄로 인해 만물이 애매히 하나님의 저주 아래 놓였기

7) 알버트 M. 월터스, 양성만 역, 『창조-타락-구속』(서울: IVP, 1992), 23.

때문이다. 처음 창조시 피조물의 상태는 하나님 보시기에 좋았던 상태로 보존되었다. 따라서 범죄한 인류를 그리스도의 구속을 통해 사죄의 은총을 베푸신다면 인류의 죄로 인해 피조물에게 임한 저주 또한 동일한 원리 속에서 제거되는 것은 마땅하다.

이상의 논증을 통해 창세전 하나님의 구원협약이 그리스도 안에서 곧 그리스도의 구속사역 안에서 선택된 백성들과 창조계 전체를 포함한 상태로 약정되었다는 사실을 확인할 수 있다. 이런 사실은 나아가 창세기 1-3장에 기술된 '창조 - 타락 - 구속(재창조)의 구조적 맥락'[8]과 상호 불가분의 인과因果관계의 연관성을 맺음으로써 종말론적인 화해와 화목의 보증까지도 전망케 하고 있음을 논리상 부인할 수 없게 만든다(계 22:1-5).

결과론적으로 재해석하면 하나님의 구원협약(엡 1:4-14)속에는 창세기 1-3장에서 제기되고 있는 창조 - 타락 - 구속(재창조)이라는 일련의 연속적인 주제들이 이미 자체 속에 암묵적으로 내재되어 있음을 시사한다. 즉 창세전 하나님의 영원한 목적 속에 기뻐하신 뜻대로 의도하셨던 '그리스도 안에서'[9]라는 구속사상이 피조세계 속에서 현실화되기 위해서는 구속의 전 단계인 창조와 타락의 필요성이 '논리적' 으로(logically) 불가피하기 때문이다.

역사의 주관자이신 하나님의 절대주권적인 섭리하에서 '만물이 주에게서 나오고(창조), 주로 말미암고(섭리), 주께로 돌아간다(재창조)' 는 것이 성경의 명백한 증언이다(롬 11:36). 이 과정에서 하나님의 절대주권과 인간의 자유의지는 상호 충돌함 없이 완벽한 조화와 균형을 이루는 가운데 궁극적

---

8) Ibid., 12-24. 본 책자에서 월터스는 창세기 1-3장의 내용을 '창조-타락-구속' 이라는 구조적 틀을 통해 해석하는 가운데 기독교 세계관을 논증하는 중요한 근간으로 제시한다. 필자는 월터스의 관점에 동의하면서 이를 본 논고에 적극 활용했다.

9) 'in Him' (King James, NIV, NASB), 'through what Christ would do for us' (The Living Bible, Wheaton, Illinois: Tyndale House Publishers, 1976, 946.

으로 하나님의 뜻을 이룬다.

이런 시각의 연장선상에서 계시록 21장 1절에 기술된 새 하늘과 새 땅의 재창조 사역은 창세기 1장 1절의 처음 천지창조와 상호간 연속성과 불연속성을 동시적으로 간직하고 있음을 감지하게 된다. 곧 완전 재창조의 개념보다는 갱신(renewal, kainos, 체질의 변화)을 통한 재창조의 개념이라는 관점이 설득력이 있다(벧후 3:10-13; 계 21:4-5; 롬 8:19-22; 딤전 4:4).[10)]

이런 관점에서 창세기 1-3장에 기술된 창조 - 타락 - 구속을 통한 재창조 사역의 구조적 틀은 비록 문자적으로 정형화되지 않았을지라도 '그리스도 안에서' (엡 1:4) 수립하신 창세전 하나님의 구원협약의 근간을 이루고 있음을 간파하게 된다. 계시록의 중심사상 또한 어린양 되신 예수 그리스도의 구원 사역을 집중적으로 강조해 조명하는 이유가 이런 사실과 무관치 않다(계 5:9-14; 12:1-5). 예수 그리스도는 계시사(구속사)의 중심에 위치해 있기 때문이다(요 5:39).[11)]

따라서 예수 그리스도의 재림으로 말미암는 구속사의 최종 완성인 새 하늘과 새 땅의 상태는 단순히 과거 원초적 에덴의 회복의 차원을 훨씬 능가할 것이다. 과거 에덴은 하나님의 모든 창조적 가능성들이 창조계 속에 내재된 하나님 나라의 초기상태를 계시했던 것에 불과했다. 따라서 종말론적 하나님 나라의 상태는 과거 에덴 창설시 문화명령의 적극적인 수행을 통해 창조계 속에 잠재되어 있는 하나님의 지혜와 지식의 부요함의 가능성들이 총체적으로 집약되고 구현된 고도의 문명국가의 이미지를 띠면서 나타나게 될 것이라는 견해가 지배적이다. 결국 새 하늘과 새 땅의 정체성은 첫 창조와 불가분의 연속성과 불연속성을 갖는 가운데 정화와 갱

---

10) 알버트 M. 월터스, 양성만 역, 『창조-타락-구속』(서울: IVP, 1992), 58-62.

11) "너희가 성경에서 영생을 얻는 줄 알고 성경을 상고하거니와 이 성경이 곧 내게 대하여 증거하는 것이로다." 이러므로 구약은 예수 그리스도에게서 성취되고, 예수 그리스도는 구약에 감춰져 있다.

신의 과정을 거쳐 재창조에 이르게 된다는 관점이다.[12)]

3. 성령 하나님의 인침과 내주(엡 1:13-14, 적용자)

성령 하나님은 하나님께서 선택하시고 예수께서 구속하신 하나님의 백성들을 복음과 진리의 말씀으로 인치시고(성령세례, 고전 12:13; 고후 1:22; 5:5) 그들 가운데 내주하심(인격적 관계 맺음)으로 거듭나게 하셔서 믿음으로 구원의 은혜를 덧입혀 주시도록 협약하셨다. 이런 성령님의 인침과 내주의 적용 사역은 오순절 성령강림과 신약교회공동체의 가시적인 출현을 통해 공식적이며 구체적으로 실현되기에 이른다.

성령님은 오늘도 교회 가운데 거처를 정하시고 말씀을 조명해 주심으로써 하나님의 본의를 밝히 해명해 주실 뿐 아니라, 성도들로 하여금 성령의 소욕을 좇아 행하게 하심으로써 그리스도의 남은 사역을 은닉적인 방식으로 수행하신다. 계시록에 소개된 일곱 교회를 향해 부활하신 주님께서 각 교회들의 당시 형편과 처지를 좇아 칭찬과 책망과 권면과 약속 등을 다양하게 말씀하시는 가운데(계 2:1, 8, 12, 18; 3:1, 7, 14), 그 마지막 당부의 말씀을 '귀 있는 자는 성령이 교회들에게 하시는 말씀을 들으라' (계 2:7, 11, 17, 29; 3:6, 13, 22)고 강권하시는 내용이 이런 사실을 뒷받침 해준다.

이처럼 21세기 현대 교회 속에서 부활하신 예수 그리스도는 비록 몸으로는 천상의 보좌에 계실지라도 영으로는 성령님을 통해 여전히 당신의

12) Ibid., 53-59. 새 하늘과 새 땅의 재창조의 정체성은 완전 재창조라기보다 처음 창조와의 연속성과 불연속성을 가짐으로 정화와 갱신에 의한 재창조의 성격을 띤다는 것이 필자의 견해다. 이런 사실은 '보시기에 심히 좋으셨다' 는 하나님의 선한 창조(창 1:31; 딤전 4:4), 그리스도의 구속의 공효의 대상과 범주가 인류를 포함 전 창조계를 포괄한다는 사실(엡 1:10; 골 1:20), 피조물의 탄식과 회복의 학수고대(롬 8:19-22), 노아의 보존 언약을 영원히 보증하는 언약의 증거로 주신 무지개(창 9:12-16)와 하늘 보좌에 나타난 무지개(계 4:3)를 통해 확증된다. 팔머 로벗슨, 김의원 역, 『계약신학과 그리스도』(서울: 기독교문서선교회, 1995), 111.

몸 된 교회 속에서 현재적으로 역사하고 계신다는 것이 성경의 증언이다. 우리가 성령님을 의지해 기도하며(롬 8:26-27), 성령의 소욕을 좇아 행하므로써(갈 5:16) 늘 하나님의 선하시고 기뻐하시고 온전하신 뜻을 추구하며 살아갈 수 있는 명분과 실질(롬 12:2)이 이런 사실에 근거한다.

Ⅲ. 결론

이상에서 살펴보았듯이 하나님의 사랑과 기뻐하신 뜻에 기초한 선택과 예정의 총체적인 목적은 무엇일까. 성경은 하나님께서 그리스도 안에서 선물로 주시는 구원의 은혜의 영광을 영원토록 찬미하며 경배드리게 하기 위함이라고 기술한다(엡 1:6, 12, 14). 전도서 기자는 이와 관련해 "일의 결국을 다 들었으니 하나님을 경외하며 그 명령을 지킬찌어다. 이것이 사람의 본분이니라" 고 기술한다(전 12:13).

웨스트민스터 신앙고백서의 소요리문답 제1문항에서는 '사람의 제일된 목적이 무엇이냐' 고 질문하면서, '하나님을 영화롭게 하며 영원토록 그분으로 즐거워하는 삶을 살아가는 것' 으로 답변한다. 고린도전서 기자도 동일한 관점에서 "먹든지 마시든지 무엇을 하든지 다 하나님의 영광을 위해 행하라" 고 강력히 촉구한다(고전 10:31). 여기에서 '하나님께 영광 돌리는 삶' 이란 범사에 하나님을 인정하며 그분의 뜻과 말씀의 원리를 좇아 살아가는 계시의존적이고 섭리의존적인 신앙생활을 총체적으로 가리킨다(요 17:4). 마태는 이를 '그의 나라와 그의 의' 를 추구하는 전인적인 삶의 자세로 요약해 말한다(마 6:33).

결국 신령한 복의 본질은 삼위 하나님의 구원협약의 내용이 총체적으로 성취되는 삶을 가리킨다. 이런 사실은 그리스도의 구속 안에서 베푸신 하나님의 구원의 은혜를 실질로 받아 누리는 현재적 삶을 통해 이미 경험되며 그리스도의 재림을 통해 종말론적으로 소유하게 될 것이다.

2

창세기 1-3장에 함의된 언약의 상호 연계성

I. 도입

성경은 하나님의 자기 계시서로서 언약적 구속사의 성격을 띠고 진행된다. 여기에서 계시라 함은 창세전 영원 세계에서 하나님의 기뻐하시는 뜻 가운데 수립된 영원하신 목적으로서 우주 만물에 대한 작정과 계획을 성경기자들을 통해 포괄적으로 세상 역사 속에 드러내신 사실을 가리킨다. 이 과정에서 언약은 계시의 도구로 사용된다.

한편 구속사라 함은 아담의 범죄 안에서 죄인 된 인류를 예수 그리스도의 대속적인 구속사역 안에서 당신의 백성을 구원하시고, 이들을 통해 주님의 몸 된 교회공동체를 이루시며, 궁극적으로 하나님 나라를 건설해 종말론적 영광을 받으시고자 세상 역사를 섭리적으로 주관해 가시는 하나님의 절대주권적인 섭리역사를 총체적으로 일컫는 표현이다(엡 1:4-6; 사 48:11; 겔 36:22).

이런 상호 불가분의 계시적 정황상, 계시사와 언약사 및 구속사라는 표현은 본질에서 동질성(homogeneity)을 띠면서 궁극적인 목적인 하나님 나라의 건설 및 하나님의 영광구현을 향해 상호간 밀접하게 연계되어 있음을 확인하게 된다. 구약의 이스라엘의 역사는 이런 종말론적 구속사를 예시적으로 진행해 나가기 위해 앞서 세상 가운데 드러내신 계시의 도구이자 모형적이며 예표적인 성격을 띤다.

따라서 성경 속에 제시된 하나님의 제반 언약들은 성격상 다양성을 띠고 있음에도 불구하고 그 기원이 신적인 것으로 인해 연속성과 통일성을 지향하는 가운데 상호 밀접하게 연계되어 갱신, 확장, 발전을 거듭하게 된다. 이런 관점에서 창세기 1-3장에 기록된 언약들이 상호 깊이 연관되어 있음을 바르게 확인하게 될 때, 창세전 하나님의 영원하신 목적으로서 삼위 일체적 구속계시의 본의(엡 1:3-14)를 바르게 파악할 수 있다. 이런 사실은 나머지 성경 역사 전체를 언약적 구속사의 관점으로 일관성 있게 해명하는 데 결정적인 단서와 지침을 제공해 준다.

Ⅱ. 전개

창세전 삼위 하나님의 구원협약(엡 1:4-14)은 그리스도 중심으로 약정되었다. 그리스도 안에서의 선택 사상(엡 1:4)이 이런 사실을 증명해 준다. 그리스도 안에서란 예수 그리스도의 구속 곧 죄사함의 주제를 함의하고 있으며, 이는 논리적으로 창세기 1-3장에서 발견되는 창조 - 타락 - 구속이라는 일련의 연속적인 언약적 주제와 불가분의 인과관계를 맺게 된다. 이런 관점을 통해 하나님의 구속사는 세상 역사를 방편삼아 진행된다는 구속사적 원리를 천명해 준다.

1. 문화명령으로서 창조 언약(창 1:28)

하나님께서는 창세전에 수립하신 영원하신 목적을 따라 세상을 창조하시고(창 1:1) 당신의 형상과 모양을 좇아 인류의 조상인 아담과 하와를 친히 지으셔서 에덴에 거주케 하셨다. 이들에게 하나님을 대신해 모든 피조물의 통치권을 위임해 주셨다(창 1:28). 아담과 하와는 창조의 절정이요 피조물의 면류관으로 만물을 향한 하나님의 대리적인 통치권자의 자리에 오르게 된다.

이런 사실에 근거해 아담 부부가 타락하기 전, 에덴은 처음부터 하나님 나라를 성례전적으로 계시하고 있었을 뿐 아니라, 보다 온전하고 종말론적인 하나님 나라로 발전시켜 나가야 할 막중한 책임과 사명이 저들에게 주어졌던 것이다. 창세기 1장 28절의 창조 언약을 통해 주신 소위 '하나님의 문화명령' (cultural mandate) 속에 담긴 계시의 비밀의 실체가 이랬다. 그런 의미에서 문화명령에 담긴 본의는 인간의 문화 활동으로 창조적이고 창의적인 생명적 활동의 궁극적인 목표가 하나님 나라 건설에 집중되어 있었다는 사실을 가리킨다.

따라서 "생육하고 번성하여 땅에 충만하라. 땅을 정복하라. 바다의 고기와 공중의 새와 땅의 움직이는 모든 생물을 다스리라"(창 1:28)고 하신 하나님의 문화명령적 창조 언약의 중심사상은 본질에서 종말론적 하나님 나라의 건설에 초점을 맞추고 있음을 문맥 속에서 암시적으로 시사한다. 다시 말해 문화명령은 자체 속에 내포된 복으로서의 언약적 성격상 '자손과 땅과 통치권' 을 지속적으로 구현해 나가게 될 때, 결국은 하나님 나라의 건설과 완성이라는 동일한 목표에 도달할 것을 시사해 준다. 이런 의미에서 문화명령적 창조 언약(창 1:28)은 최초의 은혜성을 띤 신적 언약이며, 본문을 통해 언약의 내용이 복이며, 복은 언약의 방식으로 제시되고 있음을 보게 된다.

2. 선악과 금령인 아담 언약(창 2:17)

그렇다면 창세기 1장 28절에 담긴 이런 원대한 하나님의 문화명령적 창조 언약이 어떤 방식을 통해 실현 가능할까. 이는 창조의 원리상 피조물인 인간이 창조주이신 하나님의 말씀을 절대적으로 의존하는 가운데 이를 생명의 도리로 붙들고 순종하며 살아가는 것을 통해 비로소 가능할 뿐이다.

왜냐하면 하나님 나라의 정체성은 하나님의 말씀이 권세 있게 시행될 뿐 아니라, 이에 대한 적극적인 반응으로 자율적인 순종의 삶을 특징으로 나타내기 때문이다. 이런 사실을 극명하게 계시하고 있는 상징적 사건이 다름 아닌 선악과 금령에 담긴 아담 언약의 비밀이다. "선악을 알게 하는 나무의 실과는 먹지 말라. 네가 먹는 날에는 정녕 죽으리라"(창 2:17).

이런 이유로 피조물인 아담과 하와에게 선악과 금령은 하나님께 대한 절대 순종을 관장하는 제도적 장치로서 선의적인 구속력을 갖는다(전 12:13). 이는 아담 부부의 생명의 근원이 말씀에 기인하고 있을 뿐 아니라, 생명의 지속적인 존속여부 또한 철저하게 말씀의 순종에 의존되어 있음을 강력히 시사한다. 그런데 선악과 금령은 순종을 요구하고 있으나 순종을 조건으로 영생을 보장하고 있지 않음에 유의할 필요가 있다. 오히려 불순종의 대가로 죽음을 경고한다.

그렇지만 선악과 금령은 혹자들의 주장처럼 독립된 행위언약이 아니다. 은혜성을 띤 문화명령적 창조 언약(창 1:28)과 불가분의 관계를 맺고 있으며 동시에 은혜에 동반된 행함의 성격을 띠고 기능한다. 아울러 피조성이 강조된다. 대신 영생은 생명나무와 연관되어 있다(창 3:22). 따라서 하나님의 영원하신 목적과 작정 속에서 하나님의 기뻐하시는 뜻을 좇아 하나님의 형상대로 지음받은 이들에게 이후 문화명령을 적극 수행해 나가는 과정에서 선악과 금령은 자체 속에 조건부적인 단서조항을 포함함으로써 일종의 '선의적인 시험' 의 성격을 띤다.[13]

이런 의미에서 창세기 2장 16절을 통해 이미 저들에게 허락된 자유의지

13) J. Calvin, 야고보서, 존 칼빈성경주석출판위원회 역, 서울: 성서교재간행사, 1990. 313.

는 엄밀한 의미에서 자율적이며 독립적인 성격의 자유의지가 아니다. 창조주와 피조물과의 본질적 관계상, 하나님의 뜻을 적극 이루어 드리는 일에 의존적이며 종속적으로 선용되어야 하는 제한된 자유의지일 뿐이다. 이어 17절의 선악과 금령에 의해 아담의 행동이 철저히 통제되고 있음이 이를 증거한다. 이런 사실은 아담이 각종 생물들의 이름을 지어주는 데서도 극명하게 확인된다(창 2:19-20). 다시 말해 아담은 각양의 동물들의 이름을 지어줄 때 임의대로 명명한 것이 아니다. 하나님의 마음과 뜻에 부합되게 지어준 것이다(골 3:10).

따라서 만일의 경우 아담 부부가 자신들에게 주어진 제한된 자유의지를 오남용함으로써 월권을 하게 된다면, 선악과 금령에 담긴 하나님의 요구는 무시될 수도 있다. 선악과 사건이 시험적 성격을 담고 있다는 관점이 이런 사실에 근거한다. 이 사실을 통해 진정한 의미의 인간 존재 이유와 본분은 철저히 '하나님과의 관계성' 안에서 하나님을 경외함으로써 말씀에 철저히 순종하는 데서 비로소 찾아진다. "일의 결국을 다 들었으니 하나님을 경외하고 그 명령을 지킬지어다. 이것이 사람의 본분이니라"(전 12:13).

이런 이유로 아담 부부는 자신들의 자유의지를 창세기 2장 16절의 범주 안에서 만끽할 수 있음에도 불구하고, 17절과의 관계 속에서 철저히 제한적으로 사용함으로써 하나님의 뜻을 좇아야만 했다. 다시 말해 인간에게 허락하신 자유의지를 하나님의 기뻐하시는 뜻 안에서 한정적으로 사용해야 했다.

3. 아담의 범죄와 원복음인 여자의 후손 언약(창 3:15)

한편 하나님의 보좌를 찬탈하려다 실패한 사단과 그의 졸개들에게 세상은 종말론적 하나님 나라가 이루어질 때까지 한시적으로 허락된 통치의 영역이다(유 1:6; 요 12:31; 16:11; 마 4:8; 엡 6:12). 따라서 하나님께서 친히 지으신 아담 부부와 그들의 후손들을 통해 하나님의 나라를 세우고자 하시는 계획을 감지한 사단은 천상의 영계에서 이루지 못한 사욕을 채우고자(유 6절; 벧후 2:4; 사 14:12-15) 이번에는 뱀을 하수인 삼아 창조의 면류관인 아담과 하와에게 접근한다.

이때 사단은 직접 공세를 포기하고 우회전술을 시도한다. 이 시험에 아담과 하와가 미혹된다(창 3:1-6). 이로 인해 에덴에 죄가 유입된다. 에덴은 급기야 하나님께서 안식하실 수 있는 하나님 나라로서의 천상적 정체성을 잃게 된다. 인류에게는 실낙원이 되어버린 셈이다. 하나님과의 모든 관계가 한순간에 깨져버린다. 이들에게 선악과 언약 속에 형벌로 주어진 죽음만이 찾아올 뿐이다. 표면상 사단이 승리한 것 같다. 하나님의 모든 계획이 수포로 돌아간 듯하다. 특별히 창세기 1장 28절을 통해 복으로 주신 신정왕국을 위한 문화명령적 창조 언약은 무효화된 듯하다.

이런 식으로 창세전 그리스도 안에서(엡 1:4)라는 구속사상 속에 함의된 죄 곧 인간타락의 주제가 세상 창조 사역과 연계되어 현실화되고 있음을 간파하는 일은 대단히 중요하다. 그러므로 아담 부부의 타락으로 하나님의 주권적 사역이 중단되는 게 아니다. 그럴 수 없다. 하나님의 절대주권은 모든 경우를 선용해 하나님의 뜻을 이루어 가신다. 대반전이 기대된다.

이 시점에서 소위 '하나님의 딜레마'(God's dilemma)라는 주제가 제기될 수 있다. 다시 말해 창세기 1장 28절의 문화명령적 창조 언약은 언약의 성격상 은혜성을 띠고 있어서 어떤 경우에도 중도파기가 불가능하다. 하나님은 기어코 아담 부부 및 그의 자손들을 통해 문화명령의 결국인 하나님 나라를 건설해야만 하신다. 반면에 창세기 2장 17절의 선악과 금령은 문맥 속에 조건부적인 성격을 띠고 있기 때문에 이를 어기면 불순종의 대가로 형벌을 피할 수 없다. 따라서 선악과를 따먹은 아담 부부에게 죽음은 필연적이다. 그렇게 되면 창세기 1장 28절의 문화명령적 창조 언약은 더 이상 진전될 수 없게 된다. 이런 식으로 상기 두 언약 사이의 상호 반목과 대립 및 충돌이 불가피한 상황에서 표면상 '하나님의 딜레마' 라는 문제가 제기될 수 있다는 것이다.

이런 이유로 문화명령적 창조 언약(창 1:28)은 아담과 하와로 하여금 하나님 나라의 건설을 위해 지속적으로 전진해 나갈 것을 촉구한다. 반면 선악과 금령(창 2:17)은 이를 어긴 아담 부부의 즉각적인 죽음을 요구하면서 더 이상의 진행을 불허한다. 그야말로 진퇴양난인 셈이다. '하나님의 딜레마' 란 이런 양극단의 양상을 고려한 데서 나온 신인동성동형론(anthropomorphism, 의인화)에 근거한 수사적인 표현이다.

그러나 하나님의 언약은 창조자의 절대주권적인 특성상 어떤 이유로라도 중도에서 파기되거나 변개될 수 없다(민 23:19). 더욱이 선악과 금령은 비록 행위언약의 성격을 띠고 조건적으로 주어졌다 할지라도 근본적인 입장에서 창세기 1장 28절의 은혜언약에 의존되어 있으므로 죽음의 형벌이 언약적 징계와 심판의 성격을 띠고 주어질망정, 영원한 형벌로서 아주 사망에 처해질 수는 없는 법이다.

만에 하나라도 그렇게 되면 창세기 1장 28절의 언약은 식언이 된다. 성경은 하나님께서 인간이 아니시기에 일구이언하거나 식언치 않으신다고 증거한다(민 23:19). 하나님의 언약사상은 선택사상과 더불어 그 기원이 창세전 삼위일체 하나님간에 약정하신 영원한 구원협약(엡 1:4-14)에 근거하고 있기에 필연적으로 성취되어야만 하는 당위성을 이미 자체 안에 담고 있다.

그렇다면 두 언약간의 첨예한 충돌을 극복케 할 수 있는 해결책은 무엇인가. 한편으로 창세기 2장 17절의 선악과 금령을 어긴 이들의 죄책을 해결해 주시며, 다른 한편으로 창세기 1장 28절의 창조 언약을 지속적으로 성취시키기 위한 일환으로 창세기 3장 15절의 여자의 후손(the seed of the woman) 언약을 맺어주신다. 여자의 후손 언약은 이상의 양자간의 불가피한 상호 충돌과 대립을 동시적으로 극복케 해 주는 결정적인 해결책으로서 이중적 기능을 수행하게 된다.

이런 의미에서 여자의 후손 언약을 일컬어 복음의 원형, 곧 '원복음'(proto evangelium) 또는 '어머니 약속'(mother promise)이라고 부르기도 한다. 선악과 금령을 어긴 아담 부부의 죄를 사면해 주시는 것과 관련해 여자의 후손 언약 속에 여자의 후손으로 말미암는 대속적인 속죄사역의 의미가 암시적으로 내포되어 있기 때문이다. "내가 너로 여자와 원수가 되게 하고 너의 후손도 여자의 후손과 원수가 되게 하리니 여자의 후손은 네 머리를 상하게 할 것이요 너는 그의 발꿈치를 상하게 할 것이니라 하시고"(창 3:15).

그런 의미에서 본 여자의 후손 언약은 이후 아담과 하와의 후손들을 통해 본격적으로 가동되는 언약적 구속사 진행의 결정적인 동인으로 기능하게 된다. 여자의 후손 언약은 언약적 구속사라는 옷을 입고 세상 역사를 방편삼아 진행되는 과정에서 노아의 아들 셈의 계보를 섭리적으로 주관하시는 가운데 마침내 아브라함에 이르러 그와 아브라함 언약을 체결해 주심으로써 메시아 언약으로서의 면모를 드러내기에 이른다(창 11:10; 12:1-3). 아브라함 언약은 이후 이삭과 야곱 및 야곱의 열두 아들들을 머리로 이스라엘이라는 하나님의 백성과 나라를 출현시키는 가운데 마침내 다윗 왕의 혈통적 후손으로 예수 그리스도께서 성육신하시고 십자가에서 구속사역을 완성하심으로써 급기야 여자의 후손 언약을 성취하시기에 이른다(갈 4:4; 마 1:21-23; 요 19:30).

III. 결론 : 구속의 원리를 방편으로 창조원리를 지속시켜 나감

당초 창조원리(창 1:28)에 근거해 타락 전 무죄자로서 아담과 하와와 이들의 후손으로 인해 이루고자 하셨던 하나님 나라의 건설 계획은 이들의 범죄로 인해 자연스럽게 죄를 구속해 주시는 속죄 원리의 방식(창 3:15)을 통해 재정립되기에 이른다. 그렇다고 이런 사실이 하나님의 영원하신 목적으로서 하나님 나라 건설이 창조원리에서 불가피하게 구속의 원리로 변경되는 것을 의미하지 않는다. 갱신될 뿐이다. 다시 말해 구속의 원리를 방편삼아 처음 창조원리에 입각한 하나님 나라 건설 계획을 지속적으로 수행해 가신다는 사실이다(창조 - 타락 - 구속 - 재창조).

이 과정에서 예수 그리스도의 구속을 통해 죄로부터 당신의 백성을 구원해 찾으시려는 창세전 하나님의 영원하신 목적이 이런 방식으로 성취된다는 사실을 간파하는 일은 매우 중요하다(엡 1:4; 딤후 1:9; 행 2:23; 4:27-28). "하나님이 모든 사람을 순종치 아니하는 가운데 가두어 두심은 모든 사람에게 긍휼을 베풀려 하심이로다"(롬 11:32). 따라서 세상 역사의 본질은 구속사이며 구속사는 세상 역사를 방편삼아 진행된다. 예수 그리스도의 오심은 이런 식으로 세상 역사(표면적)의 본질이 하나님의 구속사(이면적)라는 사실을 통해 인류의 유일한 구속자로서 성육신의 길이 예비되기에 이른 것이다.

그러므로 창세기 1-3장에 계시된 세 종류(문화명령적 창조 언약 - 선악과 금령 언약 - 여자의 후손 언약)의 주요 언약간의 상호 필연적인 연계성은 창세기 4장부터 시작되는 본격적인 인류의 보편적인 역사 속에서 여자의 후손 언약을 구체적으로 성취시키려는 목적을 가지고 출발하게 된다. 이를 가리켜 언약적 구속사(covenantal history of redemption)라 부른다. 여자의 후손을 세상에 출현시키려는 하나님의 구속사가 선先언약 - 후後성취의 방식으로 언약을 도구삼아 진행되기 때문이다. 따라서 여자의 후손 언약의 당사자로 오실 미래의 메시아는 계보적으로 당연히 아담과 하와의 혈통적 후손을 통해 세상에 출현하게 될 것이다(눅 3:23-38). 세속사의 본질이 구속사라는 사실이 이런 상호 연계성과 의존성을 통해 확인된다.

이런 관점에서 창세기 4장에 기록된 가인에 의한 아벨 살해사건은 단순히 제사의 열납 유무와 관련해 형제간에 일어난 시기질투의 결과가 아니다. 보다 본질적인 관점에서 여자의 후손 언약 속에 이미 예언된 두 계열, 곧 여자의 후손(아벨)과 뱀의 후손(가인)간의 상호 적대적인 투쟁과 대립 및 갈등과 반목의 요소들이 총체적으로 표출되어 충돌한 사건이다. 성경의 계시 역사를 언약적 구속사의 관점으로 접근해서 해석해야 하는 이유가 이런 사실에 근거한다.

"깊도다. 하나님의 지혜와 지식의 부요함이여. 그의 판단은 측량치 못할 것이며 그의 길은 찾지 못할 것이로다. 누가 주의 마음을 알았느뇨. 누가 그의 모사가 되었느뇨. 누가 주께 먼저 드려서 갚으심을 받겠느뇨. 이는 만물이 주에게서 나오고 주로 말미암고 주에게로 돌아감이라. 영광이 그에게 세세에 있으리로다. 아멘" (롬 11:33-36).

3

여자의 후손 언약에 함의된 두 계열 간의 투쟁적 사례

창세기 3장 15절

I. 도입

창세기 3장 15절을 구속사 진행의 관점에서 흔히 원복음, 또는 문맥의 의미를 따라 여자의 후손 언약[14]이라고 부른다. 여자의 후손 언약은 창세기 1-3장의 언약적 문맥을 통한 내용 전개상, 복음의 성격을 띤 은혜언약으로 간주된다. 이는 신적 언약의 특성 중 하나인 연계성(continuity)이라는 관점에서 접근할 때, 창세기 2장 17절의 선악과 금령(일명 선악과 언약 또는 아담 언약)을 위반해 죄인으로 전락해 버린 아담과 하와의 죄책을 여자의 후손 언약을 통해 대속적으로 해결해 주는 방식을 통해, 창세기 1장 28절의 문화명령적 창조 언약을 계속해 수행할 수 있는 길을 열어준 셈이다.

이렇듯 여자의 후손 언약은 아담과 하와의 후손들로 하여금 하나님의 문화명령 속에 담긴 신정왕국으로서 하나님 나라를 지속적으로 건설해 갈 수 있도록 사죄의 길을 열어 준 복음의 요소를 담고 있다. 이런 의미에서

14) 강병도 편저, 『호크마 종합 주석, 창세기』(서울: 기독지혜사, 1989), 175.

여자의 후손 언약 속에 함의含意된 여자의 후손의 당사자는 단수('그')적이며 동시에 복수적(집합적)인 이중의 성격을 띠고 있음을 간파하게 된다.[15)] 물론 이런 관점은 뱀의 후손의 경우에도 동일하게 적용되는 원리이다.

이처럼 여자의 후손 언약 속에 내포되어 있는 두 계열간에는 예언의 내용대로 상호 적대적인 관계 속에서 필연적으로 야기될 수밖에 없는 첨예한 긴장과 대립 및 충돌과 투쟁의 제반 요소들이 민감하게 교차되고 있음을 확인하게 된다. 뱀의 후손의 총수라고 할 수 있는 사단은 천상계에서 하나님의 보좌를 찬탈하려다 일차 실패해 세상으로 쫓겨난 뼈아픈 경험을 갖고 있다(유 6절;[16)] 벧후 2:4; 요 12:31; 16:11; 고후 4:4; 마 4:8; 벧전 5:8). 이번에는 우회적인 방식을 통해 더욱 집요하고 간교하게 창조의 면류관인 사람을 미혹해 하수인으로 삼는 방식으로 하나님의 뜻에 도전하고 있다. 사단의 미혹은 세상 끝날까지 지속될 것이다.

그런 의미에서 아담과 하와를 미혹한 뱀의 간계 속에는 천상계에서의 실패를 만회해 보려는 사단의 악의적이고 도전적인 책략이 담겨있는 셈이다. 여자의 후손 언약의 성격이 사죄로 말미암는 구원의 은혜와 심판이라는 양극단의 이중적인 의미를 내포하고 있는 배경이 이런 이유 때문이다.

---

15) 여자의 후손 언약은 문맥상 여자의 후손을 단수적이며 복수적인 양면으로 설명하고 있음을 간파하는 것은 이후 구속사를 포괄적으로 해석하는 데 중요한 단초로 기능하게 된다. 여기에서 단수적이라 하면 여자의 후손 언약의 궁극적 성취의 절정으로 오신 예수 그리스도를 시사하며, 복수적이라 하면 하나님의 택한 백성, 곧 성도들을 총체적으로 함의하고 있는 표현이다. 뱀의 후손의 경우도 동일한 원리가 적용될 수 있다(The Criswell Study Bible, Genesis [Nashiville : Thomas Nelson Publishers, 1979], 10). 그랜드 종합주석, 창세기 (성서교재간행사, 1991), 360.

16) "또 자기 지위를 지키지 아니하고 자기 처소를 떠난 천사들을 큰 날의 심판까지 영원한 결박으로 흑암에 가두셨으며" (유 6절). 본 절에서 영원한 결박으로 흑암에 가두셨다는 표현은 예수님의 구속을 통해 패배한 사단의 활동이 본질상 하나님의 선한 목적에 종속되어 철저히 통제되고 있음을 가리킨다.

Ⅱ. 전개

이제 세상 역사 속에서 하나님의 구속사가 진행되는 것과 관련해 여자의 후손 언약 속에 예언된 두 계열간의 첨예한 투쟁과 대립의 내용들을 살펴보고자 한다. 이런 사실의 연장선상에서 오늘날 세상 속에 현존하고 있는 가시적인 교회공동체(유형교회)를 일컬어 전투하는 교회라고 부르는 것이다. "우리의 싸움은 혈과 육에 대한 것이 아니요 정사와 권세와 이 어두움의 세상 주관자들과 하늘에 있는 악의 영들에게 대함이라"(엡 6:12).

사실상 이 싸움은 예수 그리스도의 죽음과 부활 사건 안에서 절정을 이루는 가운데 이미 승패는 결정되었다. 그러나 아직 최종적으로 종식되지는 않은 상태에서 잠정적인 긴장상태가 지속되고 있을 뿐이다. 주 예수 그리스도께서 영광 중에 만왕의 왕 되신 신분으로 다시 오시는 그날 이 싸움은 마침내 끝을 보게 될 것이다(마 25:41, 46).

1. 아벨에 대한 가인의 살인사건(창 4:8)

아담이 '그 아내'[17] 하와와 동침하매 하와가 잉태하여 가인을 출산한다. 하와는 감격에 겨워 "내가 여호와로 말미암아 득남하였다"(창 4:1)고 기쁨의 탄성을 발한다. 가인이라는 이름이 의미하는 바는 '획득했다'(acquisition, I have gotten),[18] '낳았다'(I have created)[19] 등을 가리킨다. 다시 말

17) 창세기 저자가 하와를 '그 아내'라고 강조해 언급하는 것은 범죄로 죽음을 초래케 했던 장본인 '그 여인'을 통해 여자의 후손의 생명을 잉태케 하심으로 그 안에서 '산 자의 어미'가 되게 하셔서 아울러 구원의 길을 열어 주신 통로로 삼으신 사실을 강조하기 위함이다.

18) W. A. Criswell, The Criswell Study Bible, Genesis (Nashville: Thomas Nelson, Publishers, 1979), 11. 강병도 편저, 『호크마 종합주석, 창세기』(서울: 기독지혜사, 1989), 183.

19) The Living Bible, Genesis (USA : Tyndale House Publisher, 1976), 4.

해 하와는 가인의 출산 속에 담긴 본의를 철저히 여자의 후손 언약(창 3:15)의 일차적 성취라는 관점에서 해석하고 있었다는 사실이다. '여호와로 말미암아' 라는 강조적 표현이 이를 암시적으로 시사한다.

자신으로 말미암아 남편 아담은 물론 후손들인 온 인류까지도 죄인의 신분으로 전락시킨 장본인(창 3:6; 딤전 2:14)[20]으로서 여자의 후손 언약을 통해 약속해 주신 하나님의 구속의 은혜가 가인의 출생을 통해 구체적으로 확인되고 있다는 사실이 주는 하와의 기쁨과 감격이 얼마나 컸겠는가. 하와는 가인의 출생을 통해 여자의 후손 언약 속에 담긴 하나님의 구속의 경륜이 틀림없이 성취될 것을 가시적으로 확신할 수 있었을 것이다. 적어도 당시의 상황에서 가인은 여자의 후손 언약이 구체적으로 성취되는 통로로서 중보적 기능을 담당할 언약계승자로 보증될 수 있었다. 그래서 이름까지도 '구속자를 낳았다' 는 의미가 함의된 가인으로 지었던 것이다.

그러나 이런 저들의 기쁨도 잠시뿐이었다. 아들 가인은 아담 부부가 생각했었던 것처럼 여자의 후손 언약의 합당한 계승자가 되지 못했다. 가인의 무엇이 아담 부부로 하여금 그토록 부정적인 확신을 갖게 했는지 성경은 침묵한다. 우리는 가인에 대한 저들의 실망과 후회스런 심정이 가인의 동생 아벨의 이름 속에서 역설적으로 암시되고 있음을 간파하게 된다. 아벨의 이름이 '무의미와 하찮음' 이라는 의미를 담고 있기 때문이다.[21] 이는 가인에 대한 기대감이 여지없이 무너진 데 대한 실망과 낙담의 심정이 이런 식으로 아벨의 이름을 통해 표출되고 있음을 시사한다.

우리나라의 경우 과거 남아 선호사상이 팽배되어 있었던 시절에 삼 대

---

20) 본절에서 하와가 '나중' 지음을 받았고, 하와가 '먼저' 미혹된 사실은 시대가 변해도 결코 변개될 수 없는 만고불변의 역사적 사실로서, 일부 보수주의 계통의 교회에서는 여자가 교회 속에서 공적(대표성)으로 남자를 가르치거나 주관하는 것을 허락지 않는 증거 본문으로 인용되곤 한다(창 3:11-14).

21) 강병도 편저, 『호크마 종합주석, 창세기』(서울: 기독지혜사, 1989), 183.

독자 집안에서 딸만 내리 다섯을 낳았다면 아들을 얻고자 하는 간절한 염원에서 마지막 다섯 째 딸의 이름을 말순이나 끝순이라고 짓는 경우가 종종 있었다. 이런 식으로 가인에 대한 아담 부부의 실망과 낙심은 이후 가인과 아벨이 하나님께 드린 제사행위 속에서 구체적으로 확인된다. 즉 아벨의 제사는 하나님께서 열납하셨으나 가인의 제사는 거부당하게 된다(창 4:3-5).

여기에서 아벨의 제사가 열납된 것은 제물의 차이가 아니다. 제물에 담긴 예배자의 믿음의 여부이다. 자의적恣意的 숭배신앙이 아닌 계시의존적 신앙자세가 관건이다. 히브리서 기자는 본 제사사건을 구속사적 관점으로 해석하면서 "믿음으로 아벨은 가인보다 더 나은 제사를 하나님께 드림으로 의로운 자라 하시는 증거를 얻었다"(히 11:4)고 설파한다. 여기에서 믿음이란 구체적인 계시의 내용에 대한 적극적인 반응으로(롬 10:17)[22] 당시의 정황을 고려하건대 문맥을 통해 창세기 3장 15절의 여자의 후손 언약을 가리키고 있음을 확인하게 된다.

자신의 제사가 거부당한 사실로 인해 극한 시기 질투의 반감을 품게 된 가인은 어느 날 결국 동생 아벨을 들로 불러내 살해하기에 이른다(창 4:8). 이후 하나님께서 수차 사전 경고를 발하셨음에도 불구하고 가인은 끝까지 회개하지 않았다. 그의 분노는 쉽게 가라앉지 않았다. 살인의 저변에는 억제할 수 없는 분노의 감정이 자리잡고 있게 마련이다. 마음을 적절히 다스리지 못하는 데서 온갖 유형의 범죄가 유발하게 된다. 그런 의미에서 마음은 일체의 행위의 좌소座所로 기능한다.

분노와 혈기를 다스리는 것과 관련해 잠언기자는 이렇게 교훈한다. "노하기를 더디하는 자는 용사보다 낫고 자기의 마음을 다스리는 자는 성을

22) "그러므로 믿음은 들음에서 나며 들음은 그리스도의 말씀으로 말미암았느니라"(롬 10:17).

빼앗는 자보다 나으니라"(잠 16:32). 예수께서도 산상수훈을 통해 율법의 본의를 밝히 해명해 주시는 가운데 살인행위와 분노한 마음을 동질선상에서 해석하고 계심을 볼 수 있다(마 5:21-22). 이는 살인행위의 성립이 분노한 마음에서부터 기인하고 있음을 가리킨다.

그럼에도 불구하고 우리가 본 주제를 통해 가인의 살인행위의 성격을 규명함에 있어서 이를 단순히 제사의 열납 유무와 관련한 가인의 시기 질투 및 분노한 마음의 발로 차원에서만 해석할 수 없다는 사실이다. 이미 위의 서론 부분에서 언급한 대로 이 사건이 문맥상 여자의 후손 언약과 밀접하게 연관되어 있기 때문이다.[23]

그렇다면 가인의 아벨 살해사건이 여자의 후손 언약과 어떤 식으로 불가분의 관계를 맺고 있는 것일까. 우리는 이미 여자의 후손 언약 속에 담겨 있는 두 계열, 즉 여자의 후손계열과 뱀의 후손계열간의 지속적인 적대적 투쟁과 극한 대립의 불가피성을 살펴본 바 있다(창 3:15). 이는 또 다른 의미에서 빛과 어두움의 첨예한 반목과 긴장관계로도 설명될 수 있다(엡 5:8).

이런 관점에서 가인의 살인사건의 성격을 접근해 보면, 이는 사단이 가인을 미혹해 하수인 곧 뱀의 후손으로 삼아 여자의 후손인 아벨을 제거함으로써 여자의 후손 언약이 아벨을 통해 계속해서 성취되어 갈 것을 사전에 차단하려는 사단의 고도로 계획된 악의적인 계략이 담겨 있음을 확인

23) 가인의 동생 아벨 살해 사건은 단순히 현상적으로만 해석할 수 없는 보다 본질적인 의미를 담고 있다. 이들 자녀의 출생 자체가 단순한 생물학적 차원의 자연적 출생이 아닌 구속사적 의미를 담고 있는 계시적 사건이기 때문이다. 곧 창 3:15의 여자의 후손 언약과 상호 밀접한 연관을 맺고 있다는 말이다. 따라서 인류 역사상 최초의 살인사건의 성격을 띠고 있는 본 사건은 현상적으로가 아닌 본질적으로 접근해서 그 본의를 파악해야 한다. 이처럼 세상 역사의 본질이 구속사인 사실은 아담과 하와의 출생으로 말미암는 인류의 초기 역사로부터 분명히 확인된다.

할 수 있다. 여자의 후손 언약의 계승자인 아벨을 죽임으로써 죄와 사망으로부터 인류를 구원하시려는 하나님의 구원 계획을 원천봉쇄하려는 사단의 적극적이고도 주도면밀한 전술과 전략임에 틀림없다.[24]

그러나 하나님이 어떤 분이신가. 절대주권자이신 창조주 하나님의 계획과 섭리를 어느 누가 원천적으로 막을 수 있단 말인가(롬 8:35-39). 피조물이 창조주의 지혜와 지식의 부요함에 어찌 비교될 수 있겠는가. 사단의 지혜와 능력이 어찌 하나님의 그것을 능가할 수 있겠는가.

하나님께서는 이사야 선지자를 통해 이렇게 말씀하신다. "여호와의 말씀에 내 생각은 너희 생각과 다르며 내 길은 너희 길과 달라서 하늘이 땅보다 높음 같이 내 길은 너희 길보다 높으며 내 생각은 너희 생각보다 높으니라"(사 55:8-9). 이 말씀은 피조물인 사단에게도 동일하게 적용되는 내용이다. 하나님의 지혜와 지식의 부요하심과 그분의 판단과 능력은 어떤 피조물과도 감히 비교할 수 없고 측량할 수 없는 신묘막측함 그 자체이다(롬 11:33).[25]

따라서 아벨의 죽음으로 여자의 후손 언약이 무효화되거나 취소된 것이 아니다. 하나님의 언약은 주권성과 은혜성이라는 신적 언약의 특성상 궁극적으로 실현될 수밖에 없는 당위성(must)을 자체 속에 내포하고 있다. 창세기 4장 말미에 아담 부부에게 죽은 아벨을 대신해 셋(허락하다, granted, 임명하다, 대신하다, appointed one)[26]을 주신 사실을 확인할 수 있다(창 4:25). 이런 식으로 하나님의 절대주권적인 섭리의 손길은 여자의 후손 언약을 아담에

---

24) 창 3:15의 여자의 후손 언약을 일컬어 원시복음, 최초의 복음 등으로 부르는 이유가 이런 사실에 근거한다.

25) "깊도다 하나님의 지혜와 지식의 부요함이여, 그의 판단은 측량치 못할 것이며 그의 길은 찾지 못할 것이로다"(롬 11:33).

26) W. A. Criswell, The Criswell Study Bible, Genesis (Nashiville: Thomas Nelson, Publisher, 1979), 12.

게서 셋을 통해 예수 그리스도에게 이르기까지 지속적으로 성취시켜 나갈 수 있는 언약적 구속사의 길을 열어주심으로써 마침내 구원에 이르는 '새롭고 산 길' (히 10:20)을 예수님의 속죄사역 안에서 마련해 놓으셨다.

2. 애굽 왕 바로의 이스라엘 남아 살해명령(출 1:15–22)

여자의 후손 언약 속에 예언된 두 적대적인 계열간의 첨예한 투쟁과 대립의 사례는 가인의 아벨 살해사건에 이어 요셉을 알지 못하는 새 왕의 등극으로 말미암는 이스라엘 백성들에 대한 바로의 압제통치 속에서 다시 한번 확인된다(출 1:8-11). 그 대략은 이렇다.

하나님의 문화명령적 창조 언약(창 1:28)과 노아의 보존 언약(창 9:1-2, 8-10) 및 아브라함 언약(창 12:1-3; 15:13-21) 속에 이미 약속된 대로, 이스라엘 민족은 애굽의 고센 땅에서 생육하고 번성해 가면서 큰 민족을 이루게 된다(출 1:1-7).[27] 그러나 이스라엘의 창성함과 강대함은 '요셉을 알지 못하는 새로운 왕조' 가 들어서게 되자 상황이 역전한다. 이제까지 평화와 공존의 상호 호혜관계가 반목과 경계와 압제의 주종관계로 전락한다. 새 왕이 이스라엘 민족에게 정치적이고 군사적인 관점에서 극도의 두려움과 불안감을 느꼈기 때문이다. 그래서 국고國庫성을 짓는 작업 현장의 노역과 각종 육체노동에 이스라엘 민족을 강제로 동원시킨다(출 1:8-14).

이스라엘의 민족적 상황이 한순간에 노예처럼 비참한 지경으로 전락했

27) 이런 사실을 통해 역사(歷史)란 하나님의 일하심으로서 언약을 도구삼아 구속사를 전개시켜 나가는 것을 핵심 내용으로 하는 하나님의 절대주권적인 섭리 역사(役事)임을 확인하게 된다. 우리가 성경에 근거한 구속사적 역사관을 확립해야 하는 이유가 이런 사실에서 요구된다.

음에도 불구하고 이스라엘 자손들은 더욱 번성하고 창성해 갔다고 출애굽기 기자는 기술한다(출 1:12). 언약을 신실하게 성취해 가시는 하나님의 절대주권적인 섭리의 손길이 강력하게 역사하고 있었다는 반증이다. 이런 상황이 애굽인들에게 상대적으로 더 큰 불안과 위기감을 고조시키게 된다.

마침내 새 왕은 생육하고 번성하는 이스라엘 민족을 통제하기 위한 수단으로 특단의 조치를 강구한다. 곧 이스라엘 여인들이 출산할 때, 히브리 산파로 하여금 남아男兒인 경우에는 가차 없이 다 죽이라는 살해명령을 내린 것이다. 먼 훗날에 유대의 헤롯 왕이 '유대의 왕'으로 오신 아기 예수님의 탄생과 관련해 자신의 왕권에 극심한 도전과 위기의식을 느낀 나머지, 두 살 미만의 영아嬰兒들을 몰살시키려고 끔찍한 살해명령을 내린 적이 있다(마 2:16-18). 그런 경우가 지금 애굽 왕 바로에게서 선취적으로 자행되고 있는 것이다.

문제는 바로의 이런 잔인한 조치가 단순히 이스라엘 민족의 생육과 번성에서 오는 정치/군사적인 위협의 가능성에 대처하기 위한 사전 강구책이 아니라는 데 있다. 우리는 이미 가인의 아벨 살해사건을 통해 여자의 후손 언약 속에 예언되어 있는 두 계열간의 극한 투쟁과 적대적 관계에 대해 확인한 바 있다. 이 사건을 통해 세상 역사의 본질이 하나님의 구속사라는 사실과, 동시에 세상 역사는 하나님의 구속사가 성취되는 현장이며 무대라는 사실도 살펴본 바 있다.

이처럼 지금 바로 왕에 의해 하달된 이스라엘 남아 살해명령은 여자의 후손 언약 속에 담긴 두 세력간의 적대적인 투쟁과 반목의 지속이라는 관점에서 해석해야 할 동일한 성격의 주제를 담고 있다. 다시 말해 사단은 영원 세계에서부터 집요하게 하나님의 왕권에 도전해 오던 연장선상에서 지금 피조세계 속에서 바로를 통해 여전히 하나님 나라의 건설을 방해하고 있는 것이다. 하나님 나라의 종말론적 완성은 곧 자신의 파멸과 최후를 의미한다는 것을 너무도 잘 알기 때문이다(마 25:41; 계 20:7-10).

이런 이유로 사단은 애굽의 바로 왕을 충동해 이스라엘의 남아를 지속적으로 살해하려는 시도를 통해 궁극적으로 여자의 후손 언약 속에 담긴 여자의 후손의 단절과 계보의 차단을 재차 목표하고 있는 것이다. 사실 역사 이래 이 두 계열간의 적대적 투쟁과 반목은 훗날 여자의 후손의 당사자로 오신 예수님의 공생애 사역 직전에 광야에서 40일 금식 후 마귀로부터 직접 시험을 받으시는 사건을 통해 가시적으로 구체화 되고, 예수님의 십자가의 죽음과 부활 사건을 통해 절정을 이루게 된다.[28] 후에 이 사건에 대해 보다 구체적으로 살펴볼 것이다.

하나님께서는 이런 식으로 바로를 통해 공격해 오는 사단의 책략을 좌시하지 않고 적극적으로 이 사건에 개입하신다. 히브리 산파들에게 지혜를 주셔서 바로의 명령을 피해갈 수 있는 방도를 마련해 주신다. 결과적으로 이스라엘의 남아男兒들이 무사히 출생할 수 있는 길을 열어주신다. "애굽 왕이 산파를 불러서 그들에게 이르되 너희가 어찌 이같이 하여 남자를 살렸느냐 산파가 바로에게 대답하되 히브리 여인은 애굽 여인과 같지 아니하고 건장하여 산파가 그들에게 이르기 전에 해산하였더이다"(출 1:18-19).

그러나 바로는 여기에서 포기하지 않는다. 자신의 정치적 입지와 깊이 관련된 민감한 사안이며 동시에 언약적 구속사의 진전이라는 관점에서 보면 사단에게는 사활이 걸린 문제이기 때문이다. 그래서 재차 명령을 내린다. 이번에는 더욱 확실한 조치를 취하려 시도한다. 애굽 백성들로 하여금 친히 이스라엘 백성들의 출산에 적극 관여토록 지시를 내린다. 이스라엘 여인들이 남아를 출산하면 이내 나일 강에 던져서 익사시키고 여아를 낳게 되면 살려주라고 명령한다. 이 또한 겉으로 이스라엘의 생육과 번성을

28) 누가는 예수 그리스도를 통해 베푸시는 하나님의 구속의 전 경륜을 일컬어 '하나님의 큰 일'로 설명한다(행 2:5-11).

사전에 차단함으로 자신의 정치, 군사적 입지를 공고히 하려는 목적에서 뿐 아니라, 본질적으로는 여자의 후손의 출생을 근절시키려는 고도의 사단적 책략이 숨어있는 조치인 셈이다.

출애굽기 기자는 이런 바로의 악의적인 조치가 이후 어떻게 진전되었는지, 어떤 결과를 가져왔는지 구체적으로 부연해 설명하지 않는다. 그러나 출애굽기 2장을 시작하면서 이내 모세의 출생과 관련해 그가 어떻게 하나님의 적극적인 섭리의 손길을 통해 버려진 하수河水로부터 때마침 목욕 차 나온 바로의 공주에 의해 극적으로 구조되어 애굽 왕실에서 안전하게 보호와 양육을 받게 되었는지를 소상하게 소개한다(출 2:1-10).

출애굽기 기자는 이런 방식으로 당시 절체절명의 위기에 처해 있었던 이스라엘의 모든 남아들 또한 동일한 원리 하에서 하나님의 적극적인 개입과 간섭에 의해 섭리적으로 인도와 보호를 받게 되었음을 간접적으로 시사한다. 언약에 신실하신 여호와 하나님의 절대주권적인 섭리의 손길이 바로의 지혜와 능력을 압도하심으로 하나님의 기뻐하시는 뜻 가운데 남아 살해 문제가 해결되었음을 믿어 의심치 않는다.

후에 출애굽기 기자는 이스라엘 남아를 살해하라는 명령을 내린 애굽 왕이 죽었다는 사실을 기록함으로써 그 명령 또한 지속적으로 실효를 거두지 못했음을 우회적으로 암시해 준다(출 2:23). 이는 사단의 역사가 한시적이고 제한적일 뿐 아니라, 종말론적 패배가 기정사실화 되어 있음을 시사한 것과 다르지 않다(욥 1:12; 2:6; 마 25:41).[29]

---

29) "여호와께서 사단에게 이르시되 내가 그의 소유물을 다 네 손에 붙이노라. 오직 그의 몸에는 네 손을 대지 말지니라. 사단이 곧 여호와 앞에서 물러가니라"(욥 1:12). "여호와께서 사단에게 이르시되 내가 그를 네 손에 붙이노라. 오직 그의 생명은 해하지 말지니라"(욥 2:6). "또 왼편에 있는 자들에게 이르시되 저주를 받은 자들아 나를 떠나 마귀와 그 사자들을 위하여 예비 된 영영한 불에 들어가라"(마 25:41).

하나님의 언약은 반드시 성취된다(민 23:19).[30] 일시적으로 방해를 받는 것처럼 보일지언정 결코 무효화되거나 취소되지 않는다. 성도들이 하나님의 약속의 말씀을 신앙과 삶의 유일한 규범으로 삼아 생명의 도리로 소중하게 붙들고 살아가야 할 당위성이 이런 사실에 근거한다(딤후 3:15-17).[31] 또한 믿음은 들음에서 나오는 법이고 들음의 내용은 곧 하나님의 약속의 말씀으로 구성되어 있기 때문이다(롬 10:17).[32] 그래서 하박국 선지자는 "대저 물이 바다를 덮음같이 여호와의 영광을 인정하는 것이 세상에 가득하리라"(합 2:14)고 선언함으로써 하나님은 죽어있는 우상들과 같지 아니하고 온 천하를 친히 다스리고 운영하시는 분으로서 천상천하에 오직 한 분 하나님이심을 믿기에 "의인은 그의 믿음으로 말미암아 살리라"(합 2:4)고 하였던 것이다.

3. 아달랴가 유다 왕족의 씨를 진멸함(왕하 11:1–3; 대하 22:10–12)

본 사건은 유다의 왕족을 철저히 진멸함으로써 유다 왕 여호람의 아내이며 왕비인 아달랴가 유다의 왕위를 찬탈하려는 반역적 행위를 기술한다. 본 사건은 왕권의 쟁탈차원을 넘어 다윗의 혈통을 단절시킴으로써 다윗 언약 속에 약속된 참 다윗왕권의 지속적인 보존과 계승을 차단하려는

---

30) "하나님은 인생이 아니시니 식언치 않으시고 인자가 아니시니 후회가 없으시도다. 어찌 그 말씀하신 바를 행치 않으시며 하신 말씀을 실행치 않으시랴"(민 23:19).

31) "또 네가 어려서부터 성경을 알았나니 성경은 능히 너로 하여금 그리스도 예수 안에 있는 믿음으로 말미암아 구원에 이르는 지혜가 있게 하느니라. 모든 성경은 하나님의 감동으로 된 것으로 교훈과 책망과 바르게 함과 의로 교육하기에 유익하니 이는 하나님의 사람으로 온전케 하며 모든 선한 일을 행하기에 온전케 하려 함이니라"(딤후 3:15-17).

32) 이러므로 '지식-믿음-순종'은 신앙의 3요소로 기능한다(롬 10: 17; 약 2:22).

사단의 또 다른 계략에 대한 기술이다.[33] 이런 식으로 역사 이래 사단의 미혹은 뱀의 후손 계열들을 도구삼아 부단히 공격의 고삐를 늦추지 않은 채, 기회만 있으면 여자의 후손 계열을 공략하는 일에 혈안이 되어 왔음을 확인하게 된다.

특별히 구속계시의 도구로 선용되고 있는 신정국(神政國, theocracy) 이스라엘의 역사 속에서 이런 상황이 첨예하게 전개되고 있음을 확인하게 된다. 이런 사실은 언약적 구속계시의 점진성의 원리에 입각해 예수 그리스도의 구속 안에서 참 아브라함의 자손이요, 참 이스라엘[34]로 그 실체를 드러내게 될 신약시대의 교회공동체가 예수 그리스도의 재림시까지 직면하게 될 사단과의 영적 전투와 밀접하게 연관되어 있음을 시사한다.

바울은 이렇게 말한다. "우리의 씨름은 혈과 육에 대한 것이 아니요 정사와 권세와 이 어두움의 세상 주관자들과 하늘에 있는 악의 영들에게 대함이라"(엡 6:12). 베드로도 같은 의미로 성도들을 경계시킨다. "근신하라 깨어라 너희 대적 마귀가 우는 사자 같이 두루 다니며 삼킬 자를 찾나니 너희는 믿음을 굳게 하여 저를 대적하라 이는 세상에 있는 너희 형제들도 동일한 고난을 당하는 줄을 앎이니라"(벧전 5:8-9).

---

33) 이런 이유로 성경 역사를 세속사적 관점, 곧 자의적으로 해석하고 편의적으로 적용한다면 그 사건 속에 담긴 하나님의 계시의 본의를 파악하는 데 실패하게 된다. 결국 같은 성경을 가지고 하나님을 신앙한다고 할지라도 자의적 숭배신앙으로 인해 계시의존적인 여호와 중심의 신앙과는 무관하게 된다. 성경은 이런 경우를 불복종적/불법적 신앙으로 정죄한다(롬 10:2-3; 마 7:21-23). 성경의 본의를 파악하려 할 때, 언약적 구속사 진행의 관점으로 접근해야 하는 당위성이 이런 사실에 기인한다.

34) 아브라함 언약(창 12:1-3)을 통해 약속하신 자손 언약의 내용은 처음부터 아브라함의 혈통적이고 육신적 후손인 역사적 이스라엘이 아니다. 예수 그리스도를 믿음으로 구원받게 될 하나님의 백성들 곧 신약의 교회공동체(유대인과 이방인들로 구성된)를 가리킨다. 따라서 예수 그리스도 안에서 신약의 교회공동체야말로 아브라함의 영적 자손들이요 동시에 참 이스라엘이다(갈 3:7, 28-29; 엡 2:11-22).

당시 남북으로 분열된 이스라엘의 역사적 정황을 통해 본 사건이 갖는 구속사적인 의미를 살펴보자. 아달랴는 당시 유다의 왕인 여호람의 아내이며 동시에 북 이스라엘 아합 왕의 딸, 곧 이세벨의 딸이기도 하다(왕하 8:16-18, 25-26).[35] 이세벨은 당시 가나안 북쪽에 위치한 시돈의 왕 엣바알의 딸로서 당시 북이스라엘의 왕인 오므리의 아들 아합과 상호 화친을 위해 정략적인 혼인을 한다(왕상 16:19-33). 아합 왕은 이런 식으로 이방여인과 혼인관계를 맺었을 뿐 아니라, 그녀가 섬기던 바알과 아세라 목상을 들여와 산당을 짓고 공개적으로 우상을 숭배하는 일에 적극 가담함으로써 국가적 차원의 우상숭배를 도입해 이스라엘의 어느 왕보다도 여호와 하나님의 노를 격발시키는 데 앞장을 선다.

당시 북이스라엘과 남 유다는 이방나라들 뿐만 아니라, 동족간에도 혼인관계를 통해 정략적으로 평화와 안정을 도모하기를 시도했다. 그래서 북이스라엘의 아합 왕이 남 유다의 여호사밧 왕과 화친을 맺는 가운데 아합(이세벨)의 딸 아달랴와 여호사밧의 아들 여호람을 정략적으로 혼인을 시켜 사돈관계를 맺었던 것이다. 그러나 엄밀한 의미에서 이런 식으로 정치군사적 안녕을 명분삼아 이방여인과 혼인을 하는 일은 하나님의 신민神民으로서 이미 모세 율법에 명시된 금기조항을 고의적으로 위반한 결과가 성립된다(신 7:1-4).

물론 이런 금기사항은 혼인관계 자체보다 그로 인해 우상숭배로까지 발전되어 결과적으로 여호와 신앙으로부터 이탈할 것에 대한 우려 때문임을 성경은 밝히 증거한다. 이런 사실은 이스라엘의 역사 속에서 명백히 확인된

---

35) 르호보암 때 남북으로 분열된 이스라엘 이후 상호 정치적인 반목과 갈등이 심화된 나머지 때로는 전쟁까지도 불사하는 적대적인 상황에 이르기까지 관계가 악화되기도 했다. 이들 두 왕조는 남유다의 여호사밧과 북이스라엘의 아합 때 이르러 주변의 이방 세력들을 견제하기 위한 일환으로 여호사밧의 아들 여호람과 아합의 딸 아달랴를 정략적으로 혼인시켜 양국간의 평화협정을 체결한다.

다. 후에 분열 이스라엘의 멸망의 주된 원인은 다름 아닌 우상숭배에 집중하고 있었다는 것이 선지자들의 한결 같은 경고요 지적이다(왕하 17:7-8).[36)]

이런 방식으로 북 이스라엘의 아합 왕 시대에는 왕비 이세벨을 통해, 그리고 남 유다 왕 여호람 시대에는 이세벨의 딸 아달랴가 왕비가 되는 것을 통해 바알과 아세라로 특징되는 이방의 우상숭배 신앙이 양 국가 전반에 걸쳐 막힘없이 들어와 만연하게 된다(왕상 18:20-22; 왕하 8:16-18). 하나님께서 이방 여인과의 혼인관계를 경계시킨 이유가 바로 이런 사실 때문이다.

오늘날 성도들이 비록 손으로 만든 우상을 직접적으로 섬기지 않는다고 할지라도 하나님 이외의 그 어떤 것을 더 사랑해서 마음을 빼앗기고 거기에 착념하게 된다면 이런 자기중심의 욕심과 탐심이 다름 아닌 본질상 우상숭배 죄가 성립된다고 성경은 엄중히 경고한다(골 3:5; 출 20:4; 신 5:8; 딤전 6:9-10). 그런 의미에서 극한 욕심의 발로인 이기적이고 자기중심적인 개인주의 사상은 그 자체로서 개인의 신격화와 다름없으며 이는 여호와 신앙에 정면으로 도전하는 배역행위가 성립될 수 있다.[37)]

---

36) 신약의 서신서 기자는 탐심을 우상숭배 죄로 간주한다(골 3:5). 탐심을 우상숭배로 간주하게 되는 데는 두 가지 이유를 들 수 있다. 첫째로 하나님 이외의 것을 더 사랑함으로 이를 생의 목적 곧 신앙의 동기와 목적으로 삼게 된다는 것이요(출 20:3; 마 6:24), 둘째로 그런 사욕(私慾)을 이루기 위해 하나님까지도 도구로 삼게 된다는 사실 때문이다. 하나님을 도구화시키는 행위는 하나님을 우상처럼 섬김에 다름 아니다. 이는 하나님의 거룩하신 이름을 만홀이 여기며 망령되게 일컫는 불경스런 처사이다(출 20:7).

37) 성경은 제자도와 관련해 자기부인을 강력히 요구한다(마 16:24; 눅 14:25-27). 자기부인 곧 옛사람을 벗는 일을 통해서만 범사에 하나님을 적극 인정하며 말씀의 통치를 적극적으로 받을 수 있기 때문이다. 나아가 자의식은 개인주의의 원인자로서 중심 사상은 하나님과 같이 되어 보려는 사단적 발상과 본질에서 맥을 같이 한다. 사단에 의한 선악과 미혹 사건과 바벨탑 사건의 본의가 이런 사실을 구체적으로 증명해 준다. 곧 인간의 극한 자존심(개인주의 사상)을 유발시킴으로써 결과적으로 하나님의 영광과 존귀와 거룩하심에 부단히 도전케 하는 방식은 창세 이래로 하나님을 대적하는 일에 사단이 즐겨 사용해 온 고전적인 수법이다. 우리가 개인적으로나 교회적인 차원에서 개인주의를 경계해야 하는 이유가 이런 사실에 근거한다.

이런 식의 정략적 혼인관계의 분위기 속에서 유다 왕 여호사밧의 뒤를 이어 아들 여호람이 왕권을 계승하게 된다. 여호람은 이 과정에서 북이스라엘의 아합 왕의 딸인 아달랴와 혼인을 한다. 이로 인해 여호람 또한 아합의 집과 방불한 우상숭배의 길을 걷게 된다. 성경은 여호람의 우상숭배의 동기를 아달랴가 아합의 딸인 사실에서 찾는다(왕하 8:17-18). 아달랴는 어미 이세벨로부터 우상숭배에 대한 악영향을 받았음에 틀림없다. 이 영향을 여호람 또한 이방인 아내를 통해 이어 받은 셈이다. 선을 좇기보다 악을 즐겨 행하는 것은 타락한 인간 본성의 발로이다. 잠언기자는 유아들의 조기 신앙교육의 필요성을 이렇게 강조한다. "마땅히 행할 길을 아이에게 가르치라 그리하면 늙어도 그것을 떠나지 아니하리라"(잠 22:6). 지금 이런 교훈이 부정적인 측면에서 이세벨로부터 아달랴에게 전수된 셈이다.

여호람은 아달랴와의 사이에 여러 아들과 딸을 두게 된다. 후에 여호와께서 블레셋 사람과 아라비아 사람들을 충동해 여호람의 죄를 물어 남 유다를 공격케 하신다. 이 과정에서 여호람의 말째 아들 아하시야(여호아하스)만 피신을 하게 된다(대하 21:16-17). 얼마 후 하나님의 징계로 여호람이 병사하게 되자 자연스럽게 아하시야가 여호람의 뒤를 이어 유다 왕위에 오른다(대하 21:18-20; 22:1). 아하시야 또한 모친 아달랴의 영향을 받아 악을 행함으로 아합의 집의 길로 행했다고 역대기 기자는 고발한다(대하 22:2-3).

마침내 하나님의 심판의 때가 다가온다. 하나님께서는 아합과 이세벨의 악행을 묵과하지 않으신다. 엘리야를 통해 저들의 비참한 죽음의 종말을 예고해 주신다(왕상 21:17-26). 하나님께서는 이 일의 성취를 위해 님시의 손자 여호사밧의 아들 예후를 기름부어 이스라엘의 왕으로 내정해 주시는 가운데, 아합과 이세벨에 속한 자들을 철저히 진멸할 것을 명하신다(왕하 9:1-10). 예후를 아합의 집을 심판하시는 도구로 선택하신 것이다.

하나님의 명령을 받들어 예후는 아합과 이세벨 및 저들에 속한 혈육들을 철저히 살육한다. 더불어 이스라엘의 바알 선지자, 숭배자, 제사장들 또한 철저히 진멸시킨다. 이 과정에서 유다 왕 아하시야와 아합의 뒤를 이어 이스라엘의 왕위에 오른 요람이 예후에 의해 함께 살해당한다(왕하 9:21-28). 하나님께서는 하나님의 뜻을 따라 아합의 집을 척결한 예후의 업적을 높이 평가하시면서 4대에 걸쳐서 이스라엘의 왕위를 계승할 것을 약속해 주신다(왕하 10:30).[38)]

이상 일련의 혁명적 숙청사건의 전개 속에서 본 주제인 '아달랴의 유다 왕족 진멸사건' 속에 담긴 본의를 발견해야 한다. 당시 자신의 아들이며 유다의 왕인 아하시야와 친정 아합 왕가의 혈육들이 북이스라엘의 군대장관 예후에 의해 몰살을 당하게 되자, 아달랴는 황태후의 자격으로 즉각 죽은 아하시야의 통치권을 접수하고 보복적 차원에서 하나님께서 사랑하시는 다윗왕가의 친손자들인 왕세자들을 일거에 진멸한다. 인륜을 저버린 천인공노天人共怒할 처사이다. 이는 왕인 아들의 죽음으로 자신의 위상이 위협을 받을 것을 예측하고 정권탈취를 통해 일신상의 입지를 공고히 하려는 고도의 정치적인 책략의 일환인 동시에 하나님의 다윗왕권에 정면으로 도전하는 반역행위이다.

---

38) 신정왕국으로서 하나님 나라의 정체성은 말씀의 통치권이 하나님의 기뻐하시는 뜻 가운데 공의롭고 공정하게 시행되는 데서 찾아진다(암 6:24). 이때 백성들은 말씀의 통치를 적극적으로 받아 누리는 가운데 천상지향적인 순종의 삶을 통해 하나님의 친(親) 백성으로서의 정체성을 확인받게 된다(마 6:33). 이 과정에서 하나님의 백성들이 불순종으로 일관한다면 이에 상응하는 하나님의 징계와 심판이 뒤따르게 된다. 이를 언약적 징계/언약적 심판이라 부른다. 여기에서 언약적이라 함은 하나님의 신적 언약의 특성상 아주 버리지 않으시고 회개를 촉구하시는 가운데 용서와 회복을 보증한다는 의미이다. 남유다가 바벨론에 포로로 잡혀가지만 70년이 찰 때에 다시 돌아오게 되는 귀환사건이 좋은 실례이다. 이는 다윗 언약에 근거해 남유다를 회복시키시는 하나님의 신실성에 증거이다. 성도들이 하나님의 약속의 말씀을 생명의 도리로 붙잡고 신앙해야 하는 이유가 이런 사실에 근거한다.

재론하건대 아달랴의 정권탈취를 위한 숙청사건을 단순히 정치적인 권력욕 차원에서만 해석한다면 보다 중요한 핵심내용을 간과看過하게 된다. 이스라엘의 역사, 특별히 다윗 왕가인 남유다의 정체성이 아브라함 언약(창 17:4-8)과 다윗 언약(삼하 7:11-17; 시 89:3-4)에 근거해 하나님께서 친히 보존해 주시는 신정왕권(theocracy)이라는 사실을 고려한다면, 단순히 왕위찬탈이라는 표면적 의미를 훨씬 능가하는 보다 깊은 내막이 감춰있음을 간파하게 된다.

하나님께서 예후를 통해 아달랴의 친정 아합 왕가에 속한 자들을 남김없이 척결하는 것을 보면서 아달랴는 반대급부로 유다의 다윗왕가를 향한 강한 보복 심리를 발동시키게 된다. 이런 복수심이 아들 아하시야의 죽음을 계기로 일거에 폭발하는 형식으로 표출된 것이다(왕하 11:1). 우리는 이런 일련의 사건의 배후에서 사단이 아달랴의 복수심을 이용해 궁극적으로 다윗왕가를 멸절시킴으로써 다윗 언약을 파기시키려는 고도의 책략이 숨겨있음을 놓치지 말아야 한다. 사단은 아달랴를 충동해 다윗의 혈통을 단절시킴으로 다윗 언약에 약속되어 있는 진정한 자손이며 참 다윗 왕(삼하 7:12-13)으로 오실 여자의 후손의 당사자를 말살하려고 시도했던 것이다.

당시 남유다의 정치적/종교적 정체성은 비록 다윗과 솔로몬 통치 때처럼 명실상부한 신정왕국의 모습을 보전하고 있지는 못했을지라도 여전히 다윗 언약에 의해 하나님의 신정왕국의 정체성이 유효하다는 것이 열왕기서 기자의 한결 같은 관점이다(왕하 8:18-19).[39] 이런 사실은 여로보암에게 이스라엘의 열 지파를 내어줄 것을 약속하시면서 "예루살렘에서 내 종 다윗에게 한 등불이 항상 내 앞에 있게 하리라"(왕상 11:36)고 하신 말씀 속에

39) "... 아합의 딸이 악을 행하였으나 여호와께서 그 종 다윗을 위하여 유다 멸하기를 즐겨하지 아니하셨으니 이는 저와 그 자손에게 항상 등불을 주겠다고 허하셨음이더라."

서 발견할 수 있다.

여기에서 '등불' 이란 왕위 또는 왕권을 비유적으로 가리킨다. 곧 다윗 왕권의 지속적인 보장과 계승을 의미한다. 이런 사실의 구체적인 실례를 본 주제와 관련해 병사病死한 여호람에게서 확인할 수 있다. 그가 왕위에 오른 후 행하는 모든 일들이 아합의 집과 방불했는데 이는 아합의 딸 아달랴를 아내로 맞이한 연고였다고 성경은 지적한다(왕하 8:18). 그럼에도 불구하고 여호와께서 '다윗을 위하여' 유다 멸하기를 즐겨하지 않으신 이유를 설명하면서 열왕기서 기자는 "이는 저와 그 자손에게 항상 등불을 주겠다고 허許하셨음이더라"(왕하 8:19)고 부연해 설명한다. 이 말씀의 의미는 남유다 왕들의 범죄에 대해서는 '언약적 징계' 로 다스릴망정 왕권을 아주 빼앗지는 않으시겠다는 하나님의 의지의 표명이다. 다윗 언약이 영원한 언약의 성격을 띠는 이유가 이런 사실에 근거한다(삼하 7:11-17).[40)]

다윗 언약의 영원성 및 영속성과 관련해 오해하지 말아야 할 관점이 있다. 다윗의 왕권과 왕위가 이스라엘의 역사 속에서 참 다윗 왕으로 오실 예수 그리스도에게까지 가시적으로 연장된다는 의미가 아니다. 다윗의 왕권은 역사적인 관점에서 볼 때, 시드기야 왕의 통치기에 이르러 바벨론 왕 느부갓네살의 침략으로 인해 시드기야의 아들들이 저의 목전에서 죽임을 당하고, 시드기야는 두 눈이 뽑힌 채 사슬에 결박당해 바벨론으로 끌려가는 것을 통해 사실상 비극적인 종말을 고하게 된다(왕하 25:1-7, BC 586). 더 이상 다윗의 왕조는 지속되지 않는다.

비록 이후 70년이 지나서 선지자들의 예언[41)]을 따라 1차, 2차, 3차에 걸친 바벨론 포로귀환이 이루어짐으로 유다의 바벨론 포로기는 사실상 막을

---

40) 하나님의 언약은 신적 언약의 특성상 주권성, 은혜성, 실현성 및 상호 불가분의 연계성을 띠고 있다.

41) 렘 25:12-13; 29:10; 30:3; 겔 36:22-28; 사 10:20-22.

내리게 된다(렘 25:11-12; 29:10; 30:1-3). 그럼에도 불구하고 선지자들에 의해 예언되었던 다윗의 왕권은 회복되지 않는다(겔 37:25-28; 렘 23:5-6; 사 9:6-7). 오히려 강력한 새로운 이방 왕조들의 흥망성쇠로 인해 가나안 지경은 열강들의 정치/군사적 목적의 각축장으로 변모한다. 이 와중에 역사적 이스라엘은 국가적 정체성을 잃은 채 여러 이방 왕조들의 지배를 받는 속국으로 전락해 버린다. 이 시기를 일컬어 신구약 중간사라고 부른다. 성경적으로는 말라기 4장에서 마태복음 1장까지 거의 400여 년에 걸친 계시의 침묵기를 가리킨다.[42]

여기에서 잠시 신적 언약의 현재적이며 미래적인 이중 구조성에 대해 살펴보고자 한다. 당시 바벨론에 의해 남유다 마저 멸망당한 사건은 유다 백성들에게 신학적으로나 민족적으로 엄청난 충격을 안겨주게 된다. 다윗 언약에 약속된 다윗왕조의 영원성(삼하 7:11-17; 시 89:3-4)과 상충되는 이 현실을 어떻게 해석해야 할 것인가. 하나님의 언약은 중도에 파기될 수 있단 말인가(신학적 고민). 이뿐만이 아니다. 하나님의 선민인 언약백성 이스라엘이 하나님 없는 이방인에 의해 침략을 받아 급기야 멸망당할 수가 있단 말인가(합 1:13, 민족적 정체성에 대한 고민).

이러한 질문에 대한 적절한 해답은 다윗왕권이 하나님의 계시사 속에서 차지하고 있던 본래의 신학적 목적을 고찰하게 될 때 쉽게 해결될 수 있다. 문제 해결의 실마리는 언약의 이중성에 있다. 다시 말해 하나님의 언약은 계시의 도구로 선용된 이스라엘의 역사 속에서 모형적이고 예표적인

42) 계시의 침묵기란 선지자들을 통한 하나님의 신탁이 더 이상 가시적으로 주어지지 않았다는 의미이다. 그러나 역사의 주권자이신 하나님은 구속사의 핵심 사상인 예수 그리스도의 성육신 사건과 복음사역 및 복음의 확장을 위한 필요/충분 조건들을 충족시키기 위해 여전히 세상 역사를 기뻐하시는 뜻 가운데 주관하고 계셨음을 확인하게 된다(단 3장에 기술된 신상에 대한 꿈 해석의 내용 참조).

성격을 띠고 일차적으로 실현되며, 후에 구약언약의 총체적 성취자로 오신 예수 그리스도 안에서 실체로 성취된다는 구속계시의 점진성의 원리에 근거한다.

이런 관점에서 신정왕국의 정체성을 띠고 있었던 당시 다윗의 통일 이스라엘은 그 자체로서 하나님의 언약적 구속사 진행에 있어서 궁극적인 목표가 아니었다. 장차 도래하실 참 다윗 왕이신 메시아의 왕국을 계시하는 예표적이고 모형적인 정체성을 띤 채, 계시의 도구로서의 한시적 기능을 담당했던 것이다(시 110:1; 렘 23:5-6; 사 11:1-2; 9:6-7).[43)]

다윗 언약은 이후 예레미야를 중심으로 이사야와 에스겔 선지자들에 의해 주어진 소위 새 언약의 예언들을 통해 이스라엘의 새로운 미래에 대한 회복의 가능성을 제시받게 된다. 곧 하나님의 주권적인 섭리역사로 말미암아 역사적 이스라엘은 한편으로 다윗 언약을 혈통적으로 계승해 나가는 동시에(마 1:2-16; 눅 3:24-38), 다른 한편으로는 이전과 전혀 다른 새로운 언약관계를 하나님과 맺게 된다는 사실이다(렘 31:31-34; 겔 36:26-27; 37:24-28; 사 9:6-7; 11:1-2; 52:13-15; 53:5-6; 마 22:41-46). 이는 다윗 언약의 미래지향적인 갱신과 확장 및 발전을 함의한다.

---

43) 시 110:1은 소위 메시아의 시로서 다윗이 저자이다. "여호와께서 내 주에게 말씀하시기를 내가 네 원수로 네 발등상 되게 하기까지 너는 내 우편에 앉으라 하셨도다." 본 절에는 세 인물이 등장한다. 이 세 인물을 고찰하면 참 다윗의 실체가 누구인지를 충분히 파악하게 된다. 먼저 '여호와 하나님' 이시다. 다음으로 '내 주에게 말씀하시기를' 라는 표현 속에서 두 인물을 발견하게 된다. '내 주' 라고 고백하는 자는 시편기자인 다윗이다. 반면 다윗이 '주' 로 고백하는 분은 다름 아닌 예수 그리스도이시다. 왜냐하면 그분은 하나님 우편에 앉으시기에 합당한 분으로 성경은 묘사하고 있기 때문이다. 그분이 예수 그리스도이심을 성경은 도처에서 증거한다(막 16:19; 롬 8:34; 행 7:55-56; 엡 1:20; 골 3:1; 히 1:3; 8:1; 10:12; 12:2; 벧전 3:22; 계 3:21). 따라서 다윗 언약에 약속된 다윗왕권의 영원성과 영속성은 참 다윗의 실체 되시는 예수 그리스도 안에서 최종적으로 성취될 것을 성경은 확증한다.

이로 인해 이스라엘의 미래는 가시적인 성전이나 다윗계통의 인간 왕에 초점이 맞춰지지 않는다. 본질에서 하나님께서 예수 그리스도의 구속을 통해 참 이스라엘인 미래의 교회공동체와 세우시는 선지자들의 "새 언약" 사상에 초점이 맞춰진다(렘 31:31-34; 23:5-6; 겔 37:24-28; 사 9:6-7; 11:1-5; 53:4-6; 61:1-3). 이 새 언약에 근거해 하나님께서는 다윗에게 "한 의로운 가지"를 세우실 것이며, 그의 이름은 "여호와 우리 의로움"이며, 그는 이스라엘을 "정의와 의로움"으로 다스릴 것이며, "그의 날들에 유다가 구원을 얻고 이스라엘이 안전하게 살게 될 것이다"(렘 23:5-6; 사 11:1-2; 9:6-7; 겔 37:26-28; 36:26-27). 이 새 언약의 수혜자受惠者들이 다름 아닌 예수 그리스도 안에서 '한 새 사람'으로 일컬음 받게 될 유대인과 이방인들로 구성된 참 이스라엘 곧 신약의 교회공동체이다(엡 2:11-23).[44]

선지자들의 새 언약 사상은 예수 그리스도의 구속사상을 담고 있는 새 언약을 통해 성취된다. 그런 의미에서 새 언약 사상은 하나님의 구원 사역의 새로운 국면을 제시한다. 새 언약의 시대에는 하나님의 구원의 은혜에 의해 단 한번의 속죄로 영원히 죄를 도말해 주신다(렘 31:34; 히 10:14).[45] 이로 인해 구약의 희생제사는 폐지되고 전적으로 새로운 언약의 계시시대가 도래 하게 된다. 나아가 새 언약의 시대에는 하나님께 속한 새로운 백성이 구성되고 하나님과 그들 사이에 완전한 교제가 이루어진다.

이 모든 일이 가능한 것은 새 언약의 중심에 대제사장 되신 중보자 예수 그리스도의 구속사역이 자리 잡고 있기 때문이다. 죄로 말미암아 하나님

44) 이로 인해 교회의 출현은 모형적(type)으로는 구약의 광야교회인 이스라엘 민족공동체를 통해서(행 7:38), 실체(antitype)로는 오순절 성령강림과 복음전파로 말미암는 예루살렘 교회(유대인과 이방인)를 통해서, 그리고 보다 본질적으로는 이 모든 것의 원형(prototype)으로서 창세전 하나님의 영원하신 목적으로서 그리스도 안에서 택정함을 입은 자들로 구성된 천상적 교회를 들 수 있다.

45) 'once for all' (영〈永〉 단번의 영원한 속죄).

과의 교제가 단절되고 원수 되었던 우리가 예수 그리스도의 대속代贖 안에서 하나님과 다시 화목의 관계가 회복된다(롬 5:10). 이로 인해 예수 그리스도의 죽음과 부활을 내포하고 있는 새 언약 안에서 구약의 모든 약속들은 총체적으로 성취된다(눅 22:10-20; 24:27, 44).[46)]

이상의 사실들을 고려할 때, 사단은 오래 전부터 이스라엘의 오므리 집안과 시돈의 엣바알 일가를 화친이라는 명목으로 통혼케 해서 궁극적으로 유다의 다윗 왕가(여자의 후손)에 아달랴라는 마귀의 자녀(뱀의 후손)를 침투시켜 당대에 이르기까지 장기간에 걸쳐 모략을 꾀해 왔다는 사실을 넉넉히 짐작하게 된다. 이는 마치 '곡식 가운데 가라지를 덧뿌린 원수마귀의 악한 소행'과 방불하다(마 13:24-25).[47)]

그러나 하나님께서 어떤 분이신가. 누가 하나님의 언약과 계획을 무산시킬 수 있겠는가. 비록 사단이 아달랴를 충동해 아하시야의 왕자들 곧 다윗의 왕족을 일거에 진멸시키려 시도했지만 하나님께서는 당신의 전능하신 섭리의 손길로 아하시야의 왕자들 중 유일하게 요아스를 절체절명의 위경으로부터 보호해 주신다. 이 일에 쓰임받은 자가 다름 아닌 죽은 아하시야의 누이요 아비 여호람의 딸인 여호세바이다(왕하 11:2; 대하 22:10-11). 그런 의미에서 여호세바는 동시에 아달랴의 딸의 신분이기도 하다.

그렇지만 아달랴가 아달랴의 친 딸인지의 여부에 대해 성경은 침묵으로

46) 결국 원복음으로서 여자의 후손 언약(창 3:15)을 통해 계시된 하나님의 가시적인 구속의 경륜은 이후 아브라함 언약(창 12:1-3) / 시내산 언약(출 19:1-6; 24:4-8) / 다윗 언약(삼하 7:11-17; 시 89:3-4) / 선자자들의 새 언약(렘 31:31-34; 겔 36:26-28; 37:24-28; 사 11:1-2; 9:6-7; 61:1-2; 53:5-6)을 거쳐 예수 그리스도의 새 언약(눅 22:19-20; 마 26:26-28; 히 10:9-18) 안에서 최종적이고 총체적인 성취의 절정을 보게 된다.

47) "예수께서 그들 앞에 또 비유를 베풀어 가라사대 천국은 좋은 씨(천국의 아들들)를 제 밭(세상)에 뿌린 사람(인자=예수님)과 같으니 사람들이 잘 때에 그 원수(마귀)가 와서 곡식 가운데 가라지(악한 자의 아들들)를 덧뿌리고 갔더니..."

일관한다. 사태의 정황으로 판단할진대 친딸일 가능성은 희박하다. 그렇지 않고서는 당시의 상황에서 다윗왕조를 도와 친어미에게 반기를 든다는 것이 쉽게 납득할 수 있는 일이 아니다. 특별히 여호람(요람)과 아달랴 사이에 낳은 아들을 가리킬 때는 유독 아하시야의 모친 아달랴로 호칭하면서도, 딸 여호세바를 지칭할 때는 요람(여호람) 왕의 딸로 언급하고 있는 열왕기서 기자의 의도적인 기술이 이런 사실을 충분히 반증케 한다.[48]

어찌했든 이 사건은 하나님의 극적인 반전反轉의 섭리역사가 아닐 수 없다. 마치 어린 모세를 바로의 공주가 구해내 바로의 궁에서 키웠듯이(출 2:1-10), 여호람 왕의 딸이 악한 어미의 손에서 왕손인 조카 요아스를 극적으로 구출해 아달랴가 집권했던 6년 동안을 하나님의 전殿에 숨겨서 키웠던 것이다. 현실적으로 이런 일이 가능했던 것은 여호세바가 당시 성전 제사장인 여호야다의 아내였기 때문이기도 하지만(대하 22:11), 보다 근원적으로 다윗가문에 '등불'을 남겨 두시겠다는 언약에 따라(왕상 11:36)[49] 하나님의 절대주권적인 섭리의 손길이 친히 요아스를 여호세바를 통해 아달랴의 포악한 살해음모로부터 구원해 주셨던 것이다.

이 과정에서 여호람의 딸인 여호세바가 아비나 동생 아하시야처럼 아달랴의 우상숭배적 악행을 답습하지 않았던 것은 그녀가 하나님의 제사장 여호야다의 아내가 되어서 하나님을 섬기는 도리를 일찍부터 배워 익혔기 때문일 것으로 추정된다. 물론 하나님께서 어린 요아스를 보호하시는 일에 여호세바가 선용되었다는 사실로 보건대 하나님의 은혜가 일찍부터 그

48) 여호세바는 역대기에 나오는 '여호사브앗'과는 동일인으로 그녀는 여호람의 딸이자 아하시야의 누이였으며, 제사장 여호야다의 아내였다(대하 22:11). 한편 역사학자 요세푸스는 그녀를 '요사베테'로 부르고 있는데, 그에 의하면 그녀는 여호람과 아달랴 사이에서 태어난 딸이 아니라 후궁의 소생이었다고 한다(『그랜드 종합주석, 열왕기하』[성서교재간행사,1992]), 581.

49) "... 택한 성 예루살렘에서 내 종 다윗에게 한 등불이 항상 내 앞에 있게 하리라." 본절에서 '등불'이란 다윗의 왕위와 왕권을 지칭한다.

녀에게 임하고 있었다는 사실 또한 간과해서는 안 된다.

이처럼 아달랴에 의한 유다 왕세자들의 살육사건은 단순한 정치적 야욕에서 빚어진 한 여인의 정권탈취 사건만이 아니다. 본질에서 여자의 후손이 다윗 언약에 근거해 다윗의 혈통을 통해 세상에 출현할 것에 대한 사단의 집요한 방해공작이라는 시각에서 해석해야 할 문제이다. 성경을 언약적 구속사관으로 접근해 그 본의를 해석해야 하는 이유가 이렇다.

출애굽사건 직전, 요셉을 알지 못하는 애굽의 새 왕이 온 이스라엘의 남아를 몰살 내지는 익사시키는 방식으로 여자의 후손이 아브라함의 자손을 통해 세상에 오실 것을 철저히 방해하려 했음을 살펴본 바 있다. 이번 사건을 통해 사단은 아달랴를 통해 보다 구체적이고 직접적으로 다윗의 왕손들을 일거에 살해하는 방식으로 다윗 언약에 약속되어 있는 여자의 후손인 다윗의 씨를 제거하려 시도했던 것이다.

이 사건은 후에 제사장 여호야다가 아달랴에게 반기를 들어 그녀를 축출하고 요아스(즉위 당시 7세, 대하 24:1)를 유다의 왕으로 옹립함으로써 마침내 6년간의 정치적이고 영적인 암투는 하나님의 승리로 막을 내리게 된다(왕하 11:4-21; 대하 23:1-21). 이처럼 다윗의 자손에 대한 사단의 집요한 공격에도 불구하고 그 씨를 보존해 가시는 하나님의 열심은 어떤 경우라도 '여자의 후손 언약'의 성취를 통해 당신의 백성을 구원하시겠다는 하나님의 강력한 의지표명의 일환임을 확인하게 된다.

본 사건을 통해 여호와 신앙의 본질이 철저히 계시의존적이어야 된다는 사실을 다시 한번 확인하게 된다. 모름지기 하나님의 백성들의 정체성은 말씀의 본의를 생명처럼 붙들고 살아가는 데서 비로소 확증될 수 있음을 천명하게 된다.

이런 관점에서 현세를 살아가는 성도들의 삶의 신앙적 정체성은 예수 그리스도의 죽음과 부활과 승천이라는 하나님의 구속사역의 절정 안에서 이미 미래가 승리로 보장된 삶을 살아가는 자들이다(롬 8:33-39). 이런 사실을 신앙과 생명의 도리로 붙들고 살아가는 데서 세상이 감당할 수 없는 천상적 능력을 실질로 경험하며 누린다는 사실이 성립된다(히 11:38). 복음이 세상을 이기는 하나님의 능력으로 역사하는 이유가 이런 사실에 근거한다.

4. 하만에 의한 유다민족 몰살 음모(에 3:1–6)

에스더서는 바사제국(페르시아)이 바벨론 제국을 멸망시키고 세계열강의 중심세력을 형성하던 시절, 성경에서는 에스라 6장과 7장 사이, 즉 스룹바벨에 의해 인도된 첫 번째 바벨론 포로귀환(BC 537)과 에스라에 의해 시도된 두 번째 귀환(BC 458) 사이에 일어난 사실에 대한 기록이다.[50] 비록 본서의 내용에는 하나님이라는 이름이 한 번도 언급되거나 나타나지 않음에도 불구하고 본서 전체의 내용 전개는 '신적 언약에 따른 하나님의 절대주권적인 섭리역사'라는 뚜렷한 주제로 일사불란하게 진행되고 있음을 생생하게 확인할 수 있다.

바사제국의 아하수에로 왕이 다스리던 때(에 1:1), 왕이 아각(아말렉)사람 함므다다의 아들 하만의 지위를 높여 모든 대신 위에 오르게 한다(에 3:1). 아마 총리자리에 임명한 것으로 추측된다. 그러자 왕의 모든 신복들이 왕의 명을 받들어 하만을 볼 때마다 꿇어 절을 하며 경의를 표한다. 그러나 유독 유다사람 모르드개만은 이를 거부한다. 아마도 하만에 대한 예禮를 표함이 단순히 존경의 도를 넘어 신적 경배행위를 강요한 것이 아닌가 하는 생각을 해 본다.[51]

이런 사실은 동료관리가 모르드개의 그런 불손한 행동에 의구심을 가지

50) 『그랜드 종합주석, 에스더』(서울: 성서교재간행사, 1992), 1027.
51) Ibid., 1052.

고 왜 하만에 대해 절하라는 왕의 명령을 거역하는지 묻는 질문에 '자기는 유다인' 이라고 답변하는 데서 사태의 정황을 추정하게 된다. 하만에게 절하는 문제와 관련해 자신은 유다인이기에 그렇게 할 수 없다는 입장표명이다. 당시의 관례상 하급관리가 상급관리에게 예를 표하는 것은 당연한 경우다. 그럼에도 불구하고 모르드개가 자신이 유다인인 사실을 들어 하만에게 절할 수 없다고 단호하게 답변한 배경에는 여호와 하나님께 대한 그의 투철한 유일신 사상이 크게 작용한 것으로 미루어 짐작케 한다.[52]

여호와 하나님을 섬기는 자신으로서는 하나님 이외의 어떤 사람에게도, 그가 비록 바사제국의 총리신분이라 할지라도 신적경배의 심정을 가지고는 결코 예를 표할 수는 없다는 강력한 의지의 표명으로 해석된다. 모르드개에게 질문했던 하급관리가 이 일의 결국에 비상한 관심을 가지고 모르드개의 일을 즉각 하만에게 보고한다. 하만이 분노를 발한다. 하급관리는 기회를 타서 모르드개가 유다인인 사실을 부연해 고발한다.

이는 모르드개만이 아니라 유다인 모두가 하만에 대해 불경과 불손한 심정을 갖고 있음을 싸잡아 고발하려는 의도를 띤다. 모르드개의 동료로서 그 하급관리는 이번 일로 인해 모르드개뿐 아니라 유다인 전부가 하만에 의해 응분의 처벌을 받게 되기를 내심 간절히 바라고 있었던 것 같다. 이로 인해 이 하급관리 또한 하만과 더불어 하나님의 백성을 대적하는 원수마귀에게 속한 자(뱀의 후손)들임을 스스로 드러내고 있는 셈이다.[53]

하만은 모르드개를 향해 강한 적개심을 발동시켜 모르드개 만이 아니라 그가 속한 유다인 전부를 일시에 살해할 것을 결의한다(에 3:6).[54] 상식적으

52) Ibid.

53) Ibid.

54) "저희가 모르드개의 민족을 하만에게 고한고로 하만이 모르드개만 죽이는 것이 경하다 하고 아하수에로의 온 나라에 있는 유다인 곧 모르드개의 민족을 다 멸하고자 하더라."

로는 도저히 납득할 수 없는 성급하고 부당한 결정이요 처사다. 표면적으로만 보면 모르드개의 신분 노출로 인해 아마도 이스라엘 백성들과 아말렉 족속들과의 역사적인 오랜 견원지간犬猿之間의 앙숙관계의 앙금이 새삼스럽게 부각된 결과라고도 볼 수 있다.[55)]

그러나 모르드개 한 사람의 일로 유다인 전부를 몰살하려는 계획은 단순히 역사적인 적대 관계 이상의 모종의 배후세력이 하만일행을 적극 충동하고 있음을 짐작케 한다. 이 사건 또한 언약적 구속사의 관점으로 접근해 볼 때 유다인 전체를 멸절시킴으로 결과적으로 여자의 후손계보를 단절시키려는 사단의 악랄하고 교활한 계교가 담겨 있음을 간파하게 된다.

하만은 이 일의 완벽한 성사를 꾀하고자 왕을 설득해 조서를 꾸미고 왕의 반지로 인印을 쳐 아달월 십삼 일 하루 동안에 모든 유다인을 도륙하고 진멸할 뿐 아니라, 유다인의 전 재산을 탈취할 것을 바사제국 관할 전국 각 도에 하달한다. 이제 유다인의 목숨은 풍전등화와도 같은 절체절명의 위기상황에 처해진다. 스스로 구원의 길은 전무하게 보인다.

그러나 하나님이 어떤 분이신가. 지혜와 지식의 부요하신 하나님께서는 이 일이 일어나기 훨씬 전부터 사태의 전말을 이미 알고 계신 듯, 당시

---

55) 이 사건은 아하수에로 12년(BC 473년)에 발생했는데, 그것은 사울 가문의 후손인 모르드개(에 2:5)와 아말렉 족속의 왕 아각 가문의 후손인 하만(에 3:1)과의 갈등으로부터 시작되었다. 당시 하만은 아하수에로 왕에 의해 고관으로 세움을 받았으며 왕의 신복들조차 그 앞에 절하는 고위직에 오르게 되었다(에 3:2). 그러나 모르드개는 하만에게 절을 함으로서 그를 높일 수 없다는 자세를 취했고 이 일로 말미암아 급기야 하만의 공작으로 인해 이스라엘 공동체가 몰살당하는 위기에 처하게 되었다. 모르드개가 하만에게 경의를 표하지 않은 것에는 하만이 아말렉의 후손이라는 이유도 크게 작용했을 것이다. 왜냐하면 아말렉은 이스라엘 민족에게 있어선 가장 비열하고 악랄한 적대 세력이었으며 철저하게 진멸되어야 할 대상이었기 때문이다(출 17:16; 민 24:20; 신 25:17-19). 그리고 아이러니컬하게도 모르드개는 아말렉 족속을 진멸하라는 명령을 받은 사울 왕가의 후손이었다. 뿐만 아니라 하만은 모르드개에 대한 개인적인 불만보다는 그가 유다인이라는 사실을 알고 난 후부터는 전체 유다인들에게 분노를 가지기 시작했다. 결국 이스라엘과 아말렉의 오래된 적대 관계가 모르드개와 하만의 적대 관계로 역사상에 표출되었던 것이다.

의 상황을 선용하심으로 사건의 배후에서 하나님의 기뻐하시는 뜻 가운데 섭리적으로 주관해 가심을 보게 된다. 즉 하만이 제비 뽑아 아달월(12월) 13일로 유다인 학살 일자를 정했으나, 하나님께서는 이 사건을 반전시키셔서 오히려 당일에 하만 일가와 그 일당 및 유대인들을 죽이려는 전국 각 도, 각 읍의 대적들을 도륙하고 진멸하라는 명을 내리게 하신다(에 9:1-2).[56]

오늘도 동일한 원리가 여전히 적용된다. 이런 사실을 신앙으로 수납하게 될 때, 즉 "의인은 믿음으로 말미암아 살리라"(합 2:4)는 말씀처럼 비록 고난과 시련중에도 믿음의 인내로 하나님의 섭리의 손길을 의지함으로써 세상을 넉넉히 이기는 천상적 능력을 경험하게 된다.[57]

하만의 계교를 알게 된 모르드개는 서둘러 혈육의 조카인 왕비 에스더에게 이런 사실을 알리고 구원의 도움을 요청한다. 이때 모르드개는 언약적 구속사의 관점에서 계시의존 사색신앙관[58]을 발휘함으로 현실을 정확

---

56) "아달월 곧 십이월 십삼일은 왕의 조명을 행하게 된 날이라(에 3:7). 유다인의 대적이 저희를 제어하기를 바랐더니 유다인이 도리어 자기를 미워하는 자를 제어하게 된 그 날에 유다인들이 아하수에로 왕의 각 도, 각 읍에 모여 자기를 해하고자 하는 자를 죽이려 하니 모든 민족이 저희를 두려워하여 능히 막을 자가 없고."

57) 롬 8:28. "우리가 알거니와 하나님을 사랑하는 자 곧 그 뜻대로 부르심을 입은 자들에게는 모든 것이 합력하여 선을 이루느니라." 빌 4:6-7. "아무 것도 염려하지 말고 오직 모든 일에 기도와 간구로 너희 구할 것을 감사함으로 하나님께 아뢰라. 그리하면 모든 지각에 뛰어난 하나님의 평강이 그리스도 예수 안에서 너희 마음과 생각을 지키시리라."

58) 여호와 하나님에 대한 바른 성경적 신앙관을 가리키는 용어로서 성경이 무엇을 말씀하고 있는 지를 총체적인 계시의 관점, 곧 언약적 구속사 진행의 관점으로 통찰하는 가운데 하나님의 본의를 파악해 이를 신앙과 삶의 규범으로 삼아 살아가는 신앙태도를 말한다. 이 경우의 대표적인 성경의 사례를 베뢰아 성도들의 신앙자세(행 17:11), 이삭을 번제로 바치라는 하나님의 시험적 요구에 믿음으로 기꺼이 응했던 아브라함의 신앙결단(창 22:1-5), 40일간의 가나안 지경 정탐 후 가데스 바네아에서 오직 하나님의 뜻에 합한 보고를 할 수 있었던 여호수아와 갈렙 두 사람의 결연(決然)한 태도(민 14:6-10)를 통해 구체적으로 발견하게 된다.

히 통찰하는 가운데 다음과 같은 유명한 말을 에스더에게 전한다. "이때에 만일 네가 잠잠하여 말이 없으면 유다인은 다른 데로 말미암아 놓임과 구원을 얻으려니와 너와 네 아비 집은 멸망하리라. 네가 왕후의 위를 얻은 것이 이때를 위함이 아닌지 누가 아느냐"(에 4:14).

모르드개는 현재 유다인들이 처한 생사의 절박한 상황과 관련해 에스더의 왕비 간택을 하나님의 섭리적인 차원에서 해석하면서 그녀의 도움을 강력히 촉구한다. 모르드개의 고백속에서 비록 유다인의 현실적인 처지가 바사제국의 속국백성의 신분에 처해있고 하만에 의해 도륙의 위기에 몰려 있을지라도, 하나님의 언약백성으로서 유다인의 정체성에 대한 그의 확고부동한 언약적 신앙관을 발견하게 된다. 예레미야나 에스겔 또는 이사야 선지자들에 의해 이미 예언된 이스라엘 민족의 미래지향적인 회복을 보증하는 하나님의 새 언약에 근거한 섭리의존적인 신앙자세가 아닐 수 없다.[59)]

때문에 설령 왕비인 에스더의 적극적인 도움이 없다고 하더라도 "유다인은 다른 데로 말미암아 놓임과 구원을 얻게 될 것"에 대한 모르드개의 확신에 찬 어조 속에서 언약적 구속사를 해석하는 그의 영적 통찰력과 계시적 안목을 확인하게 된다.[60)] 모르드개의 이런 확신을 통해 기독교 신앙의 본질인 하나님의 약속의 말씀을 신앙과 생명의 도리로 붙들고 살아가

59) 렘 31:31-34; 겔 37:24-28; 사 10:20-22; 45:1-4.

60) 여기 모르드개의 관점이 다름 아닌 계시의존적 신앙관과 언약적 구속사 진행을 통한 하나님의 섭리의 손길을 철저히 인식하고 있는 영적 통찰력으로부터 나오는 확신에 찬 고백의 내용이다. 다시 말해 모르드개는 다윗 언약에 약속된 다윗왕조의 회복과 영속성 및 영원성에 근거해 유다의 회복이 마침내 성취될 것을 전폭적인 신뢰의 믿음으로 확신하고 있는 것이다. 그러므로 본문에서 '다른 데로 말미암아' 란 만일 에스더가 유다인들의 생존을 위해 하나님의 도구로 사용되기를 애써 거절한다면 에스더가 아닌 다른 사람/다른 방도를 통해서라도 하나님께서는 위기에 처한 유다를 반드시 구원해 주실 것이라는 구속사에 깊이 접촉된 모르드개의 확고부동한 믿음을 가리킨다.

는 계시의존사색신앙과 섭리의존순종신앙의[61] 실상을 구체적으로 확인하게 된다.

이렇듯 총체적인 위기에 직면한 당시 유다인의 현실을 해석하고 있는 모르드개의 관점과 영적 통찰력은 정확했다. 신적 언약의 특징인 절대주권성과 은혜성에 입각해 어떤 경우라도 하나님의 언약의 내용은 취소되거나 무효화될 수 없다(민 23:19). 필연적으로 성취될 수밖에 없다. 하나님께서는 당신의 언약을 신실히 성취하시고자, 그래서 당신의 언약백성들을 도륙의 위기에서 구원하시고자 하만의 계략에 적극 개입하신다.

이때 하나님께서 사용하신 방식이 다름 아닌 '반전反轉의 섭리역사' 이다. 반전의 실상은 왕비 에스더의 지략에 의해 하만의 악의적인 계략의 전모가 밝히 드러났을 뿐 아니라(에 7:4-6), 모르드개를 죽이려고 하만이 준비해 둔 나무에 하만이 달려죽게 하는 방식으로 하만의 간악한 범죄 행위를 고발해 심판하신다(에 7:9-10).[62]

이 일 후에 아하수에로 왕은 모르드개를 하만의 자리에 대신해 앉힌다. 자신의 인장을 모르드개에게 넘겨준다. 모르드개는 왕의 서기관들을 소집해 하만이 선포한 조서에 맞대응으로 새로운 조서를 반포한다. 아달월 십삼 일에 하만이 반포한 조서를 따라 유다인을 멸절하려는 자에게 유다인

---

61) 선 언약 / 후 성취의 방식으로 하나님의 구속사가 세상 역사를 통해 진행되는 과정에서 만사와 만물이 하나님의 기뻐하시는 뜻을 좇아 경영됨을 신앙과 삶의 도리로 적극 붙들고 살아가는 전폭적인 신뢰의 믿음을 일컫는다. "너는 범사에 그를 인정하라. 그리하면 네 길을 지도하시리라"(잠 3:5), "당신들은 나를 해하려 하였으나 하나님은 그것을 선으로 바꾸사 오늘과 같이 만민의 생명을 구원하게 하시려 하셨나이다"(창 50:20), "한 사람을 앞서 보내셨음이여. 요셉이 종으로 팔렸도다. 그 발이 착고에 상하며 그 몸이 쇠사슬에 매였으니 곧 여호와의 말씀이 응할 때까지라. 그 말씀이 저를 단련하였도다"(시 105:17-19).

62) 이런 반전의 섭리역사를 통해 만사와 만물의 운행인 세상 역사가 철저하게 구속사를 전개시켜 나가시는 하나님의 기뻐하시는 뜻 가운데 섭리적으로 경영되고 있음을 본다. 세상 역사의 본질이 하나님의 구속사인 사실이 이런 경우를 통해 구체적으로 확인된다.

들이 합력해 대응해서 저들을 도륙하고 진멸하며 재산을 탈취하도록 명한다(에 8:11).

이 반전의 드라마에 하나님께서 섭리적으로 깊이 관여해 주신 사실은 "모든 민족이 저희(유다민족)를 두려워하여 능히 막을 자가 없었다"는 에스더 저자의 설명을 통해 간접적으로 확인된다(에 9:2). 유다인들은 대적들을 멸하는 과정에서 특히 하만의 열 아들을 도성 수산 궁에서 진멸하였으나 재산에는 일체 손을 대지 않는다(에 9:10). 이는 하만의 아들들을 포함해 유다인들의 대적을 진멸하는 행위가 재산탈취가 목적이 아니라, 하나님의 공의로우신 심판을 대리적으로 수행하는 성격을 띠고 있음을 시사한다.[63] 마치 출애굽한 이스라엘 백성들로 하여금 가나안 땅을 정복하는 전쟁의 방식을 통해 저들을 향한 하나님의 심판을 대리적으로 수행하게 하신 경우가 이와 크게 다를 바 없다(창 15:16하).[64] 본 사건은 이후 유다인들에게 부림절의 기원이 된다(에 10:20-32).

악의 결국은 멸망과 파멸이다. 사단이 일시적으로 득세하는 것 같지만 결국은 패망하며 심판에 처해 진다. 반면 하나님의 백성은 패하는 것 같지만 승리로 대미를 장식하게 된다. 언약에 신실하신 하나님의 절대주권적인 섭리의 손길이 세상 끝날까지 당신의 백성들을 눈동자와 같이 지켜 보호하시고 인도해 주시기 때문이다(마 28:18-20; 시 121:1-8).

하만의 유다인 살해 음모를 통해 유다인들은 존폐의 위기를 맞는다. 모

63) 『그랜드 종합주석, 에스더』(서울: 성서교재간행사, 1992), 1106.

64) "... 이는 아모리 족속의 죄악이 아직 관영치 아니함이니라 하시더니." "사백 삼십년이 마치는 그 날에 여호와의 군대가 다 애굽 땅에서 나왔은즉"(출 12:41). 본절에서 출애굽하는 이스라엘 민족을 일컬어 군대, 곧 하나님의 군대라고 일컬음은 출애굽 사건이 가나안 정복 사건과 밀접하게 연관되어 있음을 시사하는 한편, 가나안 정복사건은 저들의 관영한 죄를 이스라엘을 통해 대리적으로 심판케 하시는 방식을 통해 궁극적으로 아브라함 언약 속에 약속된 땅 언약의 성취를 이루고자 하는 이중적인 성격을 띠고 있다.

르드개를 빙자해 전全 유다인들에 대한 하만의 개인적이고 민족적인 적대적 감정이 폭발한 것이 아니다. 사단이 하만을 도구삼아 모르드개의 일로 하나님의 백성들을 진멸하려 했던 계시적 사건이다. 이를 통해 다윗의 혈통을 단절시키고 결과적으로 여자의 후손의 출현을 차단하려는 고도로 계산된 사단의 음모가 배후에서 획책되었던 것이다. 하나님께서는 이 일에 적극 개입하셔서 위기를 반전시켜 주신다. 언약에 신실하신 하나님의 절대주권적인 섭리의 손길로 사태를 역전시켜 주신다.

우리는 본 사건을 살펴보면서 사단의 하수인인 하만의 모략으로부터 유다인들을 보전하심으로써 궁극적으로 여자의 후손 언약을 지속적으로 성취시켜 나가시는 언약에 신실하신 하나님의 열심을 확인하게 된다. 언약에 신실하신 '하나님의 열심'(사 9:7)이 하나님의 절대주권적인 섭리의 손길로 말미암아 언약의 궁극적 성취는 물론이고, 언약백성들에 대한 하나님의 현재적 돌보심과 사단의 종말론적 멸망 등을 섭리적으로 주도해 가심을 새삼 확인하게 된다.

전능하신 하나님께서 오늘도 성도들의 생애 속에 깊숙이 개입하셔서 당신의 기뻐하시는 뜻 가운데 우리의 다양한 삶의 정황을 합력해 선으로 인도해 주시고 통치하신다는 사실을 신앙으로 수납하게 될 때, 범사에 하나님을 인정하는 섭리의존적 신앙관에 깊이 접촉하게 된다(롬 8:28; 잠 3:5-6). 이런 신앙의 원리가 오늘도 성도들로 하여금 임마누엘하시는 하나님을 전폭적으로 신뢰하며 섬기게 하므로 여호와 중심의 신앙관 정립에 결정적인 요소로 기능하게 된다.

5. 헤롯의 2살 미만 영아 학살명령(마 2:13-18)

언약에 신실하신 하나님께서는 이스라엘의 역사 속에서 다양한 궤계를 통해 여자의 후손계보를 차단해 말살하려는 사단의 계략을 주권적으로 간섭하셔서 무효화시키신다. 마침내 여자의 후손 언약의 당사자인 아기 예수님을 세상 가운데 탄생할 수 있도록 섭리적으로 주관하신다(눅 1:26-38; 렘 31:22; 갈 4:4).[65] 마태는 이런 사실을 언약적 구속사의 배경 속에서 통찰하는 가운데 '아브라함과 다윗의 자손 예수 그리스도의 세계世系'라는 표현을 통해 기술한다(마 1:1).[66]

이는 첫째로 아브라함 언약 속에 약속된 아브라함의 씨가 이삭을 통해 이삭의 실체인 예수 그리스도에게서 온전히 성취되었음을 가리킨다(창 12:1-3; 7:21; 갈 3:16).[67] 둘째로 아브라함 언약의 갱신이며 발전인 다윗 언약 속에 약속된 다윗의 자손이 솔로몬을 통해 솔로몬의 실체인 예수 그리스도에게서 온전히 성취되었음을 강력히 시사한다(삼하 7:11-16; 마 12:42).[68]

아브라함 언약과 다윗 언약의 관계는 본질상 상호 연속성을 가짐으로써 예수 그리스도는 아브라함의 씨인 이삭의 참 후손이며 동시에 다윗의 참 아들로 오셨음을 의미한다. 이런 사실은 구약의 모세의 율법과 선지자의 글 및 시편에 언급된 메시아에 대한 예언과 모형들이 그리스도 예수에게서 총체적으로 성취되었음을 가리킨다(눅 24:27, 44).

---

65) "패역한 딸아 네가 어느 때까지 방황하겠느냐. 여호와가 새 일을 세상에 창조하였나니 곧 여자가 남자를 안으리라"(렘 31:22). "때가 차매 하나님이 그 아들을 보내사 여자에게서 나게 하시고 율법아래 나게 하신 것은 율법 아래 있는 자들을 속량하시고 우리로 아들의 명분을 얻게 하려 하심이라"(갈 4:4).

66) 이는 구약 언약의 모형적이고 예표적인 계시시대가 마감되고 예수 그리스도 안에서 실체화되는 새로운 성취의 계시시대가 열렸음을 시사한다. "모든 선지자와 및 율법의 예언한 것이 요한까지니"(마 11:13). 이는 세례요한의 사역이 예수님의 본격적인 공생애 사역을 미리 준비하는 성격을 띠고 있으며, 결국 그의 사역은 총체적인 면에서 구약계시의 마감을 선언한다.

67) "이 약속들은 아브라함과 그 자손에게 말씀하신 것인데 여럿을 가리켜 그 자손들이라 하지 아니하시고 오직 하나를 가리켜 네 자손이라 하셨으니 곧 그리스도라."

68) "예수께서 대답하여 가라사대 ... 솔로몬보다 더 큰 이가 여기 있느니라."

이상의 논리 전개 속에서 아기 예수님의 탄생을 고려한다면 그 동안의 사단의 궤계는 일단 수포로 돌아간 셈이다. 여자의 후손으로서 다윗의 씨를 제거하려 했던 숱한 계략들이 허사가 된 셈이나 다름없다. 왜냐하면 여자의 후손 언약의 당사자로 메시아이신 예수께서 마침내 세상 가운데 오셨기 때문이다(마 1:16).[69] 그러나 사단은 결코 물러서거나 포기하지 않는다. 자신의 생사여부가 달려있는 절박한 상황이기에 더욱 적극적으로 공격을 시도한다. 이 과정에서 사단은 당시 유다의 분봉왕인 헤롯을 충동한다.

헤롯은 마침 아기 예수님의 탄생과 관련해 별을 보고 멀리 동방으로부터 경배 차 찾아온 박사들로부터 '유대인의 참 왕' 이 탄생한 소식을 전해 듣는다(마 2:1-3). 헤롯은 일순간 권좌에 대한 위기의식을 느낀다. 그러나 애써 이를 감추면서 어디서 탄생할 것인지를 묻는다. 대제사장과 서기관들이 미가 선지서를 인용해 베들레헴에서 나실 것에 대해 조언한다(마 2:6; 미 5:2).[70] 헤롯은 동방의 박사들을 불러서 아기 왕을 찾으면 자신도 경배하기를 원하니 알려달라고 조용히 부탁한다.

별이 다시 나타나 박사들을 아기 예수님께로 인도한다. 박사들이 예수님께 경배하면서 황금과 유향과 몰약을 예물로 드린다. 그날 밤 꿈에 헤롯에게로 돌아가지 말라는 주의 사자의 지시를 받고 박사들은 다른 길로 돌아서 고국으로 돌아간다. 후에 이 사실을 알게 된 헤롯은 심히 노한 나머지 동방박사들의 얘기를 참작해 베들레헴과 그 인근 지경 안에 있는 두 살 미만의 영아嬰兒들을 일제히 몰살하라는 반反인륜적인 살해명령을 내린다(마 2:16).

---

69) "야곱은 마리아의 남편 요셉을 낳았으니 마리아에게서 그리스도라 칭하는 예수가 나시니라."

70) "베들레헴 에브라다야 너는 유다 족속 중에 작을지라도 이스라엘을 다스릴 자가 네게서 내게로 나올 것이라. 그의 근본은 상고에, 태초에니라."

이 살해명령 또한 겉으로만 보면 권좌의 위협을 느낀 헤롯이 자신의 왕권을 보호하고 유지하기 위한 자구책의 일환으로 볼 수 있다. 그러나 이 사건이 하나님의 구속계시와 깊이 연관이 되어 있다는 사실을 감안한다면 단순한 정쟁政爭의 양상인 세속사가 아님을 확인하게 된다. 이제까지 이스라엘의 역사 속에서 지속적으로 '언약의 씨'를 향한 공격의 고삐를 늦추지 않았던 사단의 적극적인 시도가 일단 '사전 저지'라는 차원에서 실패하게 되자, 이제는 여자의 후손 언약의 당사자인 아기 예수님을 향해 직접적으로 공격의 칼날을 휘두르고 있는 것이다.[71)]

하나님께서는 한 발 앞서 이런 위기에 대처하신다. 헤롯이 살해명령을 내리기에 앞서 주의 사자가 요셉에게 현몽해 이르기를 헤롯이 아기를 찾아 죽이려하니 아기와 모친을 데리고 애굽으로 잠시 피할 것을 전한다(마 2:13). 요셉 가족의 출애굽 사건은 헤롯이 죽고 그의 아들 아켈라오가 헤롯의 뒤를 이어 유대의 왕이 된 후에 이루어진다(마 2:19-23). 요셉 일행은 주의 사자의 지시를 따라 베들레헴 지역이 아닌 북쪽 갈릴리 지방 나사렛에 정착하게 된다. 나사렛 예수라는 이름은 여기 갈릴리 나사렛에서의 아기 예수님의 성장배경과 관련해 붙여진 이름이다.

이처럼 사단은 여자의 후손의 당사자가 세상 가운데 오시기 전 사전공략에 실패하자 직접적으로 아기 예수님을 향해 공격의 화살을 쏘아댄다. 이때 유다의 분봉왕 헤롯이 사단의 도구로 이용된다. 그러나 하나님의 주도적인 섭리의 손길이 아기 예수님을 애굽으로 피신시켜 이번에도 헤롯의 무자비한 살육으로부터 안전히 생명을 보존시켜 주신다.

이런 식으로 여자의 후손 언약(창 3:15) 속에 예언된 두 계열간의 적대적인 투쟁과 반목관계는 오랜 세월동안 간단없이 이스라엘 역사를 중심으로 세상 역사 속에서 첨예하게 대립과 충돌을 반복하는 가운데 마침내 아기

71) 『그랜드 종합주석, 마태복음』(서울: 성서교재간행사, 1992), 159-160.

예수님의 탄생에까지 이르게 된 것이다. 그 과정에서 하나님의 절대주권적인 섭리의 손길이 아니고는 결코 지속될 수 없었던 여러 차례의 숨가쁜 난관과 절체절명의 위기의 순간을 맞기도 했다. 그러나 하나님께서는 모든 우여곡절을 극복케 하심으로 마침내 아기 예수님을 구세주로 세상 가운데 보내 주셨다(마 1:21).

창세전 구원협약 속에 약정되었던 '그리스도 안에서'(엡 1:4)라는 구속사상의 실체가 피조세계 속에서 여자의 후손 언약(창 3:15)을 통해 암시되었고, 이스라엘 역사 속에서 다양한 인물들로 예표되었다가, 아기 예수님의 성육신 사건으로 마침내 참 모습을 세상 가운데 드러내신 것이다.

바야흐로 여자의 후손 언약의 성취는 아기 예수 그리스도의 성장에 따른 공생애 사역을 통해 마침내 성취의 절정을 맞게 될 것이다. 예수 그리스도의 십자가의 대속적인 사역을 통해 인간의 죄는 도말될 것이며 이를 믿음으로 수납하는 모든 자들을 죄 없다 하시고 의롭다고 인印쳐 주셔서 구원의 은총을 덧입혀 주실 것이다. "이제는 율법 외에 하나님의 한 의가 나타났으니 율법과 선지자들에게 증거를 받은 것이라. 곧 예수 그리스도를 믿음으로 말미암아 모든 믿는 자에게 미치는 하나님의 의니 차별이 없느니라"(롬 3:21-22).[72)]

6. 사단의 시험을 받으시는 예수님(마 4:1-11)

예수께서 공생애 사역에 앞서 세 번에 걸쳐 사단의 시험을 받으시는 사건에는 예수님의 구속사적 공생애 사역을 통해 도래하게 될 하나님 나라

72) 본문의 의미는 율법을 온전히 지킴으로 의롭게 될 수는 있으나(롬 7:10; 10:5; 레 18:5; 신 6:25; 눅 10:28) 사실상 모든 인류는 율법의 요구 앞에 한결같이 실패할 수밖에 없음을 성경은 시사한다(롬 3:20). 그것은 하나님만이 가능한 선의 기준이기 때문이다. 따라서 우리가 의롭게 될 수 있는 유일한 길은 예수 그리스도를 믿음으로 말미암아 의롭게 되는 하나님의 구원의 방식을 통해서만 가능함을 가리킨다(롬 3:28).

의 실현을 사전 저지하려는 사단의 의도적인 계략이 농후하다. 창세기 3장 15절의 여자의 후손 언약 속에 예언된 두 계열간의 적대적인 투쟁과 갈등의 역사가 예수님의 공생애 사역과 관련해 여전히 진행되고 있음을 가리킨다. 그런 의미에서 예수께서 겪는 시험 속에는 몇 가지 중요한 구속사적 의미가 내포되어 있다.

첫째, 아담이 사단의 미혹에 빠져 인류를 죄와 사망의 저주에 빠뜨림으로써 하나님과 원수 되게 한 사건을, 예수께서 아담의 실체(롬 5:14)[73]로 오셔서 사단의 시험을 승리로 이끄시는 가운데 당신의 백성들을 구원의 새 생명의 길로 이끄신다는 사실이다. 이는 사단의 시험을 승리로 이끄심으로써 하나님의 구속사역을 성공적으로 완수하실 것에 대한 확실한 보증의 의미를 담고 있다(롬 5:18-19).

특별히 예수께서 시험을 받으심에 있어서 성령님에 의해 내몰아졌다는 지적은 이 사건이 구속사적인 의의를 가진다는 사실을 분명하게 보여준다. 다시 말해 사단의 시험을 승리로 이끄시는 것을 통해 십자가의 구속사역을 온전히 성취하게 될 것을 확실하게 보장받을 수 있기 때문이다. 이런 사실이 전제 될 때, 사죄의 은총을 덧입은 하나님의 친 백성들로 하여금 창세기 1장 28절 속에 담긴 창조 언약으로서 문화명령을 정당하게 수행할 수 있는 길이 열리게 된다.

그 결과 당초 계획했던 대로 진정한 여자의 후손들로 말미암는 하나님 나라가 피조세계 속에 무한히 잠재된 하나님의 창조적 가능성들을 문화적

73) 아담이 '오실 자의 표상' 이라 함은 예수 그리스도는 아담의 '실체' 가 되심을 증거한다. 고린도 기자는 구속사적 관점에서 아담을 산 영(a living soul)으로, 예수님을 마지막 아담, 곧 살려주는 영(a quickening spirit)으로 기술한다(The Cryswell Study Bible, 1Corinthians, [Thomas Nelson Publisher, 1979]), 1362. 여기에서 예수님을 살려주는 영으로 묘사함은 예수께서 하나님의 백성들을 위한 구원자(바울적 관점)이시며 동시에 저들의 대표자(히브리적 관점)가 되심을 함의한다.

활동의 전개를 통해 개발해 냄으로 구체화되며 가시화 될 것이다.[74] 이와 관련해 팔머 로벗슨은 종말론적으로 도래할 하나님 나라의 상태를 언급하면서 "구원의 최종 목표는 단순히 에덴동산으로 돌아감으로 실현되지 않을 것이며, 천국의 새 이미지는 구원받은 사람들이 활발히 활동하며 사는 첨단문명도시의 이미지로 나타날 것"을 피력한다.[75]

이런 관점에서 종말적 하나님 나라의 성격은 세상 역사 속에서 '이미(already)와 아직 아닌'(not yet)의 이중적인 구조 속에서 현재적이며 동시에 미래적인 양면성을 띠면서 현재진행형으로 진전될 것을 추정하게 된다(마 13:31-32, 겨자씨 비유). 예수께서 마태복음 12장 28절에 기록된 대로 성령을 힙 입어 귀신을 쫓아낸 사건이 의미하는 바를 하나님 나라의 현재적 도래와 천상적 능력의 발휘라는 관점으로 해석하는 것이 이런 사실을 명백히 뒷받침 해 준다.[76]

둘째, 구약교회로서 역사적 이스라엘의 40년 광야생활의 불순종 역사를 회복시키는 성격을 띠고 있다는 사실이다. 당시 출애굽 했던 이스라엘 백

---

74) 알버트 월터스, 양성만 역, 『창조-타락-구속』(서울: IVP, 1992), 53-59.

75) 팔머 로벗슨, 김의원 역, 『계약신학과 그리스도』(서울: 기독교문서선교회, 1995), 111.

76) 양용의, 『하나님 나라, 어떻게 이해할 것인가"』(서울: 한국성서유니온선교회, 2005), 90-96. 비슬리-머리, 『예수와 하나님 나라』(서울: 크리스챤 다이제스트, 2002), 177-184, 죠오지 E. 래드, 『예수와 하나님 나라』(서울: 도서출판 엠마오, 1996), 179-204. 이상의 참고 도서를 통해 마 12:28은 마 11:12-13; 눅 16:16; 17:21-21과 함께 예수님의 인격과 사역을 통해 하나님 나라가 '이미' 현재적으로 도래해 역사하고 있음을 증거하는 본문으로 즐겨 인용된다. 즉 구약에 예언된 메시아와 그의 왕국이 이중적 성격을 띤 채 예수 그리스도를 통해 '이미 여기에서부터'(already in the world, but not yet in the future) 그 천상의 왕적 권세를 발휘하고 있다는 사실이다. '천국복음이 전해지고, 죄 사함과 구원의 역사가 일어나며, 죽은 자가 살아나고, 각색 병든 자의 치유와 축사(逐邪)사건'이 예수님의 사역을 통해 일어나고 있음이 이런 사실을 확증하고 있다는 관점이다.

성들은 구약교회(행 7:38)의 자격을 가지고 광야에서 40년간 시험을 받았다. "네 하나님 여호와께서 이 사 십년 동안에 너로 광야의 길을 걷게 하신 것을 기억하라. 이는 너를 낮추시며 너를 시험하사 네 마음이 어떠한지 그 명령을 지키는지 아니 지키는지 알려하심이라"(신 8:2).[77]

본문의 말씀으로 미루어 보건대 가데스 바네아에서의 가나안 정탐사건(민 13:1-2, 25-26)은 비록 저들의 요청을 허락하시는 방식으로 진행된 사건임에도 불구하고(신 1:19-23) 본질상 가나안을 진격하기에 앞서 이스라엘 백성들의 믿음의 진위를 가늠해 보려는 하나님의 선의적인 시험의 성격을 띠고 주어진 사건이었음을 확인하게 된다(신 8:2). 마치 백세百歲에 주셨던 언약의 씨인 이삭이 10대의 소년으로 성장했을 즈음에 갑작스럽게 번제로 바치라고 하시면서 아브라함의 믿음을 시험하셨던 사건에 비견될 수 있다(창 22:1-2).

왜냐하면 가나안 정복은 오직 하나님과 그분의 약속의 말씀을 전폭적으로 신뢰하는 믿음의 방식을 통해서만 수납할 수 있는 하나님 나라를 표상하고 있기 때문이다. 지금 예수께서 받으신 시험과 관련해 '광야'라고 하는 장소가 갖는 상징적 성격과 의미가 여기에 있다. 동시에 '40'일이라고 하는 시험기간에 대한 상징적 의미 또한 동일한 맥락에서 광야 40년간의 이스라엘이 경험했던 시험과 연관시켜 해석되어야 할 대목이다.

이런 식으로 언약적 구속사 진행의 연속선상에서 예수님은 광야의 이스라엘 백성들이 경험했던 40년 동안의 시련의 역사의 의미를 함축하고 있는 신명기 말씀(신 8:2-3, 16)에 의지하여 다시금 이와 같은 방식을 재현하심으로써 참 이스라엘인 신약의 성도들 안에 과거의 실패를 성공으로 회복시키려고 스스로 참 이스라엘인 교회의 대표자의 자격으로 마귀의 시험에

---

77) 이런 사실로 인해 이스라엘 백성들의 광야여정은 하나님의 선의적인 시험의 성격을 띠고 연단으로 주어진 셈이다. 가나안 땅에 이스라엘로 신정왕국을 세우심으로 이스라엘을 명실상부한 하나님 나라와 하나님의 백성으로 삼고자 정금같이 나오게 하시려는 의도적인 시험이다(행 14:22; 빌 1:29).

참여하신 것이다.

셋째, 이 과정에서 예수님을 향한 사단의 시험은 불가피하게 여자의 후손 언약 속에 예언된 두 계열간의 적대적인 투쟁과 반목의 의미를 내포하고 있다는 사실이다. 즉 아기 예수님의 베들레헴 탄생 당시, 사단은 헤롯을 충동해 두 살 미만의 영아들을 모조리 살해함으로써 아기 예수님을 죽이려는 간악한 음모를 꾀했었다. 이때 하나님의 섭리적인 개입과 간섭하심으로 아기 예수님을 애굽으로 사전에 피신시킴으로 이 위기를 무사히 넘기게 주선해 주셨다.

그러나 마귀가 예수님을 시험하는 본 사건의 개요는 이제까지의 사태와 경우가 좀 다르다. 사단이 먼저 접근한 것이 아니다. 성령께서 예수님을 사단의 시험에로 우정 인도하셨다. 선의적으로 정공법을 쓰신 것이다. 곧 사단의 시험을 적극적인 승리로 이끌게 하심으로써 당신의 백성들을 죄의 권세로부터 구원의 길로 인도하기 위한 공생애 사역을 성공적으로 수행케 하시기 위한 의도의 발로다(마 12:29).[78]

이 과정에서 성령께서는 예수께 충만히 임재하심으로 그리스도의 직무를 권세 있게 수행케 하셨다는 사실이다. 이렇게 예수께서 성령의 인도를 받아 광야에서 시험을 받으심으로 그리스도의 직무를 넉넉히 수행하셔서 과거 아담의 시절부터 시작하여 광야 교회와 이스라엘의 신정왕국 역사를 거치는 동안 늘 일삼아 왔던 일체의 죄로 인한 불순종의 역사가 새롭게 회복되고 있는 것이다. 이 사단과의 대결에서 승리하심으로 후에 공생애 사역 중 귀신을 쫓아내는 축사사역의 의미를 마태복음 12장 28-29절을 통해 분명하게 선언하실 수 있었던 것이다.[79] 결국 본 말씀을 상고해 보면 예수

78) "사람이 먼저 강한 자를 결박하지 않고야 어떻게 그 강한 자의 집에 들어가 그 세간을 늑탈하겠느냐. 결박한 후에야 그 집을 늑탈하리라."

79) "그러나 내가 하나님의 성령을 힘입어 귀신을 쫓아내는 것이면 하나님의 나라가 이미 너희에게 임하였느니라."

님의 공생애 사역을 통해 나타난 각종 귀신들에 대한 예수님의 축사逐邪 사역은 결과적으로 여기 광야에서 사단의 시험을 이기신 사실에 기초를 두고 있음을 확인할 수 있다. 나아가 이 승리는 궁극적으로 십자가의 사역에로까지 확장됨을 전망케 한다.

다시 말해 예수님은 이곳 광야에서 받으신 시험을 통해 첫 사람 아담의 불순종을 순종으로 회복시키셨다. 이후 십자가에서 죽임을 당하신 사실을 통해서 첫 사람 아담이 초래시킨 죄책의 문제를 근본적으로 해결해 주셨다. 따라서 전자의 순종(마귀의 시험에 승리)은 첫 언약의 머리된 아담의 실패를 회복하는 순종이 되어 하나님께 드려졌고, 후자의 죽음(십자가의 대속사건) 역시 하나님께 드려지는 것을 통해 하나님의 공의를 만족시켜 드린 셈이다.[80]

새 이스라엘, 혹은 참 이스라엘로서 신약교회공동체(갈 3:29; 6:16)는 이상의 사실을 생명의 도리로 확실하게 붙잡아야 한다. 지상의 가시적인 유형교회(지역교회)로 하여금 본질상 하나님 나라가 되게 하시는 예수님의 중보사역은 실로 예수님의 위대한 공로다.[81] 따라서 예수님의 인격과 사역의 역사성과 그 본질적인 의미를 떠나서는 오늘날 가시적인 교회는 결코 존재할 수 없다.

예수께서 완성하신 그리스도의 직무는 교회로 하여금 참 아담, 참 아브

80) 장수민, 『마태복음 구속사』.

81) 물론 지상의 교회가 그 자체로서 하나님 나라로 존재할 수는 없다. 지상의 교회 속에는 여전히 죄의 세력이 역사하고 있으며, 자기기만적인 거짓 성도들이 존재할 수 있고, 이로 인해 불완전 모습을 아주 극복할 수 없는 연약성이 상존하기 때문이다. 그럼에도 불구하고 지상의 교회는 본질에서 천상의 하나님 나라를 반영하며 투영하는 천상적 기관으로 존재하는 것만은 틀림없다(행 20:28). 이로 인해 예수께서도 부단히 '그의 나라와 그의 의'를 추구해야 하는 역사적 사명이 지상의 교회공동체에게 주어져 있음을 산상수훈을 통해 역설하신다(마 6:33).

라함의 자손, 참 이스라엘, 참 다윗의 아들 및 참 성전이 되게 하신 결정적인 근거로 작용한다. 바로 이런 사실로 말미암아 예수 그리스도께 대한 우리의 관심과 애정 및 섬김과 경배의 도리는 그야말로 우리의 생명까지라도 아낌없이 바칠 만한 것이 될 수밖에 없는 것이다(행 20:24).[82] 무익한 종의 고백이 이런 사실에 근거한다(눅 17:10).

7. 예수님의 죽으심과 부활하심 (롬 4:25)

여자의 후손 언약의 성취는 예수님의 십자가의 죽음과 부활 사건을 통해 절정을 이룬다.[83] 예수께서 십자가에 달려 죄인 아닌 죄인의 모습으로 죽으심은 표면적으로는 성전모독 죄와 하나님의 아들을 자칭한 불경죄로 말미암는다. 이 일에 헤롯과 빌라도와 이방인과 유대인들이 합세했다(행 4:27). 특별히 이 일에 한때는 예수님의 열두 제자에 포함되었던 가룟인 유다가 배신해 일조했다. 누가는 그의 복음서에서 "열둘 중에 하나인 가룟인이라 부르는 유다에게 사단이 들어가니 이에 유다가 대제사장들과 군관들에게 가서 예수를 넘겨줄 방책을 의논하매"라고 기술함으로 예수님의 십자가의 죽음과 관련해 유다가 사단의 하수인으로서 결정적인 일조를 담당

---

82) "나의 달려갈 길과 주 예수께 받은 사명 곧 하나님의 은혜의 복음 증거하는 일을 마치려 함에는 나의 생명을 조금도 귀한 것으로 여기지 아니하노라." 이런 사실을 생명의 도리로 붙들고 살아가는 것을 통해 비로소 구원의 진정성과 명실상부한 하나님의 친 백성으로서의 정체성이 확인된다(고후 13:5).

83) 여자의 후손의 실체는 예수 그리스도에게서 성취된다(갈 4:4). 그러므로 여자의 후손 언약의 내용인 두 후손과의 극한 투쟁의 양상은 예수 그리스도의 십자가의 사역을 통해 극명하게 나뉘게 된다. 즉 뱀의 후손이 여자의 후손의 발꿈치를 상하게 하는 사건은 예수님의 수욕(羞辱)과 고난 그리고 죽음을 통해 실현된다. 그러나 그것이 치명적일 수 없는 것은 삼일 후에 죽음가운데서 다시 살아나심으로 여자의 후손은 뱀의 후손의 머리를 상하게 한다는 표상이 구체적으로 성취되기에 이른다(『그랜드 종합주석, 창세기』[서울: 성서교재간행사, 1991]), 360.

했음을 지적한다(눅 22:3-4; 요 13:2).

결국 유다의 고발로 예수님은 체포되어 법정에 서게 되고, 일단의 무법자들에 의해 마침내 십자가형에 처해진다. 예수님의 십자가 처형과 직간접적으로 관련된 일단의 무리들은 사단의 적극적인 충동에 의해 깊이 좌우되었음을 우리는 문맥을 통해 충분히 확인하게 된다. 십자가상에 높이 매어달린 예수님의 처참한 모습을 바라보면서 사단과 그 졸개들은 예수님의 죽음을 비웃으며 조롱하던 일단의 무리들과 더불어 승리에 도취된 나머지 회심의 미소를 지으며 이제 최종 승리는 자신들의 것이라고 확신하고 있었을지 모른다.

예수님의 십자가상의 죽음을 통해 여자의 후손 언약(창 3:15)에 예언된 여자의 후손(그)과 뱀(너) 간의 적대적 투쟁사건의 절정을 보게 된다. 에덴동산에서 아담과 하와의 미혹사건 이래로 줄기차게 역사 속에서 전개되어 왔던 두 계열간의 극한투쟁과 대립의 역사가 바야흐로 여자의 후손 당사자인 예수님의 십자가상의 죽음으로 결정적인 고비를 맞는 듯하다.

지금껏 절체절명의 위기에 처했던 순간마다 하나님의 절대주권적인 섭리의 손길을 통해 위기를 승리로 반전시켜 오셨던 하나님의 적극적인 개입과 간섭하심은 십자가의 죽음 앞에서 더 이상 기대할 수 없다는 것일까. 그렇다면 여자의 후손 언약 속에 예언된 "뱀의 머리가 상함을 받게 될 것"이라는 예언과 "여자의 후손의 발꿈치가 상하게 될 것"이라는 예언이 의미하는 바는 무엇일까.

마침내 예수님은 십자가상에서 죽으시고 사흘 동안 무덤에 장사 지낸바 되었다. 단지 사흘이다. 사흘 후에 아무도 예측할 수 없었던 사상 초유의 일이 발생하게 된다. 살아생전에 제자들에게 말씀하셨던 대로 사흘 후에 예수님은 죽음을 이기고 다시 살아나셨다(마 16:21; 17:23; 20:18). 스스로 선언하신 예언의 말씀을 좇아 부활하신 것이다. 그렇다면 여자의 후손 언약 속의 예언과 예수님의 죽음 및 부활과는 어떤 관계가 있는 것일까.

뱀이 여자의 후손의 발꿈치를 상하게 할 것이라는 예언이 다름 아닌 예수님의 수욕과 고난에 이은 죽음과 깊이 연관되어 있다. 여자의 후손이 뱀의 머리를 상하게 할 것이라는 예언은 예수님의 부활로 인한 사단의 패배를 통해 절정을 이룰 것을 은유적으로 가리키고 있음을 간파하게 된다. 예수님의 십자가 사건을 통해 다시 한번 결정적인 반전의 역사를 목격하게 된다. 이제 더 이상의 반전은 반복되지 않을 것이다. 예수님의 부활 사건은 한 번 죽으심으로 영원히 우리의 죄를 도말해 주신 영永단번(once and for all)의 구속사역의 의미를 담고 있기 때문이다(히 9:12; 10:12-18).

이처럼 여자의 후손 언약은 예수님의 십자가상의 죽음과 부활 사건을 통해 성취의 절정에 이른다. 더 이상 사단에 의한 전면전은 불가능하다. 십자가에서 사단의 머리는 치명상을 당해 사실상 완패했다(계 12:7-9; 20:1-3). 다만 예수님의 재림으로 하나님의 나라가 종말론적으로 완성될 때까지 승리가 보장된 국지전局地戰의 성격을 띤 전쟁만이 남아 있을 뿐이다.[84] 계시록은 이상의 사실을 무저갱에 일천년 동안 감금당한 용의 이미지(계 20:1-3)와 용을 대신해 교회와 영적 전쟁을 벌이는 용의 하수인 두 짐승(계 13장, 바다와 땅에서 올라온 짐승)의 이미지를 상징적으로 사용하면서 기술한다.[85] 그

84) 이런 사실을 비유적으로 설명한다면 사납고 난폭한 야생동물을 잡아 줄로 묶어 놓은 경우와 방불하다. 제아무리 사나운 야생동물이라고 해도 이미 잡혀서 줄에 묶여 있기에 행동이 부자유스러울 뿐 아니라 줄의 길이 안에서만 행동이 제한된다. 결국 본질상 패배한 상태하에서 하나님의 절대주권에 예속되고 종속된 사단의 한시적인 미혹 활동을 함의한다.

85) 일천 년 동안 무저갱에 쇠사슬로 묶여 감금당한 용의 이미지(계 20:1-3)와 용을 대신한 두 짐승(계 13장)의 권한 대행의 이미지는 예수 그리스도의 구속 안에서 사단의 전적패배와 하수인들에 의한 대리적인 업무 수행을 완전결박과 두 짐승의 활동이라는 이미지를 통해 묘사하는 상징이다. 따라서 본 상징은 현 교회시대에 사단은 주님의 재림 때까지 여전히 교회를 대항해 영적 싸움을 벌일지라도 그 결국은 완전패배로 끝날 것임을 시사한다.

러나 그 결국은 백마 탄 자의 이미지(계 19:11)로 등장하는 재림하신 예수 그리스도에 의해 용과 두 짐승이 불못에 던져지는 종말적 심판을 통해 일단락된다(계 19:20; 20:7-10).

Ⅲ. 결론

여자의 후손 언약(창 3:15)은 일차적으로 선악과 금령(창 2:17)에 불순종한 아담과 하와의 범죄를 구속의 방식을 통해 사면해 주시는 데 집중된다. 이후 구속받은 아담 부부의 후손들로 하여금 창조 언약으로 맺어 주신 문화명령(창 1:28)을 지속적으로 수행해 감으로써 마침내 당초 의도하신 대로 신정왕국으로서 하나님 나라를 건설하시려는 것이 하나님의 창세전 영원하신 목적과 계획의 핵심내용이다(엡 1:3-6; 마 6:9-10; 계 21:1; 단 2:44-45).

이런 사실로 인해 창세기 4장부터 시작되는 본격적인 아담과 하와의 생육과 번성으로 말미암는 인류의 역사 혹은 세상 역사(세속사)의 본질은 자연히 창세기 3장 15절의 여자의 후손 언약을 구체적으로 성취시키려는 언약적 구속사의 성격을 띠고 출발하게 된다. 세속사世俗史의 본질이 구속사救贖史이며, 하나님의 구속사는 세상 역사를 현장과 무대와 도구삼아 하나님의 기뻐하시는 뜻을 좇아 진행된다는 원리가 이런 상호 불가분의 의존적인 관계를 통해 설명된다. 그런 의미에서 '하나님의 일하심'(God is working)의 의미를 담고 있는 역사의 정체성(identity)은 본질에서 구속사일 뿐이다. 그런데 우리가 본 강론에서 구속사를 언급하면서 언약적 구속사라고 표현하는 이유는 구속사가 세상 역사 속에서 진행될 때 '선先 언약 - 후後 성취'라는 언약의 틀을 방편삼아 전개되기 때문이다.

이런 방식으로 범죄한 아담과 하와의 죄를 구속해 지속적으로 하나님 나라를 하늘에서 이루신 것같이 이땅에 이루시려는 하나님의 뜻은 창세기

3장 15절의 여자의 후손 언약을 통해 본격적으로 시작된다. 이 과정에서 구속사의 원만한 진행을 위해 언약을 구속사 전개의 방편으로 삼는다. 이후 하나님의 기뻐하시는 뜻을 좇아서 언약적 구속사를 적극 집행해 가신다.

이렇게 원복음으로서 여자의 후손 언약으로부터 시작된 본격적인 하나님의 구속사는 노아의 보존 언약을 통해 일차 갱신된 이후에 아브라함 언약과 시내산 언약(제2세대와 맺은 모압 언약), 그리고 다윗 언약을 거쳐 예레미야를 위시한 제반 선지자들의 새 언약을 통해 새로운 도약과 발전을 거듭해 마침내 예수님의 새 언약인 성찬식 제정을 통해 그 의미와 해석이 비로소 총체적으로 정립된다(눅 22:19-20).

새 언약의 핵심 내용은 예수님의 십자가상의 대속적 죽음을 통해 우리의 죄를 도말해 주심으로 우리를 죄 없다 하시고 의롭다고 하셔서 마귀에게 종노릇하던 우리를 구원해 주심으로써 하나님의 백성으로 삼아 주시는 하나님의 구원의 도리를 말한다. 예수님의 초림과 관련해 그 의미의 일환으로 마귀를 멸하시기 위함이라고 해석하는 경우가 이런 사실에 근거한다(요일 3:8). 우리가 그리스도 밖에서 본질상 죄인의 신분이었다는 사실은 본질상 마귀에게 속해 마귀에게 종노릇하고 있었음을 가리키기 때문이다(엡 2:2).

이런 사실로 인해 장구한 구약의 성경역사 속에서 사단은 여자의 후손 언약에 예언된 대로 여자의 후손의 당사자로 오실 예수 그리스도의 계보를 차단하고 그 씨를 근절시키고자 수많은 하수인들을 동원해 다양한 방식으로 방해공작을 펼쳐왔다. 그럴 때마다 하나님께서는 창조자의 주권적인 섭리역사로 사단의 궤계를 무력화시키면서 마침내 예언대로 이땅에 예수님을 보내 주셨다.

그런 의미에서 말씀이 육신이 되어 우리 가운데 오신 예수님의 성육신 사건(요 1:14)은 여자의 후손 언약의 일차적 성취사건으로 볼 수 있다. 언약에 신실하신 여호와 하나님께서는 오랜 구속사의 전개 속에서 마침내 '때가 차매'(갈 4:4) 성령님을 통해 여자에게서 아들을 출산케 하심으로 자기 백성을 저희 죄에서 구원해 주실 예수님을 세상에 보내 주신 것이다(마 1:21).

이제 예수님의 십자가상의 죽음과 부활로 여자의 후손 언약 속에 예언된 두 계열간의 극한투쟁은 사실상 일단락 된 것에 틀림없다. 최종적으로 주님께서 다시 오실 때 최후의 심판을 통해 공식적인 확인 절차만 남은 셈이다. 그때까지 방심은 금물이다. 아직 국지전 양상을 띠고 사단의 남은 세력들이 호시탐탐 성도들을 표적삼고 있기 때문이다(벧전 5:8; 고후 11:14-15). 아직은 깨어 근신하며 만반의 준비태세를 갖춰서 만일의 사태에 대비해 대응해야 할 과도기적 상황이다.

이런 영적 전시체제 하에서 사단의 세력을 물리칠 수 있는 유일한 무기는 성령 충만을 통해 말씀과 기도로 철저히 무장하는 일 뿐이다(엡 6:12-19). 성령 충만은 말씀 충만과 불가분리의 관련성을 갖고 있기 때문이며(엡 5:17-21; 골 3:16-17), 사단 세력들과의 영적 싸움의 실상은 진리와 비진리의 양상을 띠고 전개된다는 것이 계시록의 관점이다(계 19:15).

"내가 내 자녀들이 진리 안에서 행한다 함을 듣는 것보다 더 즐거움이 없도다"(요삼 4).

"주의 말씀은 내 발에 등이요 내 길에 빛이니이다"(시 119:105).

4

가인의 아벨 살해 사건

창세기 4장 3-5절; 히브리서 11장 4절

I. 도입

선악과 금령(창 2:17)에 대한 아담과 하와의 불순종의 범죄 행위(창 3:6)는 자칫 창세기 1장 28절의 문화명령 속에 담겨진 하나님 나라의 건설 계획을 근본적으로 뒤흔들어 무산시키는 듯하다. 이런 의미에서 선악과 미혹사건은 천상계에서 하나님의 보좌 찬탈을 시도했었으나 뜻을 이루지 못하고 세상으로 쫓겨난 사단이 이제 하나님의 '창조의 면류관' 인 사람을 미혹해 하나님께 재도전을 꾀했던 계시적 사건이다.

이로 인해 선악과 금령에 담긴 아담 언약은 이를 어긴 아담과 하와의 생명을 강력히 요구하는 반면, 문화명령에 담긴 창조 언약은 아담과 하와의 생명보존을 절실히 요구하는 상반된 양상을 띠게 된다. 전자의 요구를 들어주면 후자의 언약성취가 불가능해지며, 후자의 요구를 들어주면 전자의 언약이 파기될 위기에 처해진 셈이다. 신적 언약은 하나님의 절대주권에 근거한 약속이기에 성격상 중도 파기나 취소는 절대 불가능한 것을 특징으로 삼는다. 우리가 하나님의 약속의 말씀을 신앙과 삶의 유일한 규범으로 삼을 수 있는 이유가 이런 사실에 근거한다.

이런 절체절명의 긴박한 상황에서 상반된 두 언약의 요구를 동시적으로 만족시킴으로 해결의 길을 열어 준 언약이 다름 아닌 창세기 3장 15절의 여자의 후손 언약이다. 다시 말해 범죄한 아담과 하와에게 창세기 3장 15절의 여자의 후손 언약을 은혜로 재차 맺어 주심으로써 죄의 문제를 해결하는 동시에 문화명령을 지속적으로 수행할 수 있는 길을 열어 주셨던 것이다. 이로 인해 비록 '한 사람으로 말미암아 죄가 세상에 들어오고 죄로 말미암아 사망이 모든 사람에게 필연적 형벌로 주어졌을지라도(롬 5:12), 이제 여자의 후손 언약 안에서 사죄赦罪를 받을 수 있는 구원의 길이 열려진 셈이다. 여자의 후손 언약을 '원복음'과 '어머니 언약'(mother promise)이라고 부르는 이유가 이런 사실에 기인한다.

이런 의미에서 여자의 후손 언약(창 3:15)은 아담과 하와 및 그의 후손들의 죄 문제를 근본적으로 해결해 주시려는 하나님의 최초의 원복음으로 기능하며 동시에 은혜언약의 성격을 띤다. 이 복음의 성격은 여자의 후손 언약 속에 은닉적으로 함의 된 바, 죄의 삯인 사망을 대신 지불해 주는 방식의 대속의 의미를 담고 있다(히 9:22). 즉 미래의 어느 시점에서 때가 찰 때, 여자의 후손으로 지명된 특정인(메시아)이 인류의 구원을 위해 속죄 제물로 대신 죽는 방식을 통해 죄의 문제를 해결해 주신다는 내용이다(사 53:5-6; 요 1:29; 롬 3:23-24; 4:25). "인자의 온 것은 섬김을 받으려 함이 아니라 도리어 섬기려 하고 자기 목숨을 많은 사람들의 대속물로 주려 함이니라"(막 10:45).

그러나 여자의 후손 언약은 인류의 구원을 위해 복음의 밝은 빛만을 비춰주고 있지 않다. 소위 뱀의 후손이라 일컫는 사단의 세력과의 첨예한 대립과 투쟁의 역사가 아울러 전개될 것을 예언적으로 강력히 시사해 준다(창 3:15). 그럼에도 투쟁의 결국은 '여자의 후손이 뱀의 머리에 치명상을 가하게 됨' 으로써 종말론적 승리로 장식될 것을 암시한다. 이 과정에서 여자의 후손은 발꿈치가 상하는 상처를 입게 될 것을 더불어 시사해 준다.

이런 사실로 아담과 하와로 인해 생육하고 번성하게 될 인류의 역사는 표면적으로는 세상 역사의 성격을 띠게 되나, 이면적으로는 구속사의 성격을 띠고 진행하게 될 것이다. 이는 당초 문화명령의 수행이 창조원리에서 구속의 원리로 갱신, 재정립되고 있음을 의미하기도 한다. 다시 말해 문화명령의 적극적인 수행은 '창조 - 타락 - 구속 - 재창조' 의 패러다임을 근거삼아 종말론적 하나님 나라 건설을 위해 세상 역사 속에서 구속사적 계시의 진면목을 펼쳐가게 될 것이다. 그런 의미에서 인류의 문화와 문명의 발전은 본질적으로 하나님 나라의 건설이라는 명실상부한 대의명분을 지향하고 있음을 통찰하게 된다.

Ⅱ. 전개

창세기 저자는 창세기 4장을 통해 비로소 아담과 하와로 말미암는 본격적인 인류의 역사를 기술한다. 그것은 아담과 하와의 자녀인 가인의 출생을 기록하는 것으로 시작된다. 이는 단순한 세속사 이상의 의미를 지닌다. 위에서도 언급했듯이 아담과 하와 부부가 가인을 득남하게 된 배경에는 자연적 출산 이상의 계시적 의미가 내포되어 있기 때문이다. 다시 말해 약속으로 주신 여자의 후손 언약이 본격적으로 미래지향적으로 태동하기 시작했음을 강력히 시사한다. 그래서 가인의 출생은 곧 여자의 후손 언약에 근거한 구속사적 의미를 담고 있다. 나아가 여자의 후손 언약이라는 구속의 원리 안에서 당초 하나님의 문화명령으로 주신 창조 언약 또한 유효하게 발휘되고 있음을 함의한다. 하나님 나라의 건설을 향한 언약적 구속사의 대장정이 본격적으로 시작된 셈이다.

1. 인류의 두 계열

창세기 저자는 창세기 4장을 시작하면서 아담이 하와를 통해 가인을 출산한 사건기록을 우선적으로 소개한다(창 4:1상). 가인의 출생이 단순한 생물학적 이상의 특별한 의미가 있음을 "내가 여호와로 말미암아 득남하였다"(창 4:1하)라는 하와의 의미심장한 신앙 고백적 표현을 통해 시사한다. 이는 가인의 출생이 단지 자연적 출산 이상의 여자의 후손 언약을 신실히 성취하시려는 하나님의 강력한 의지 표명의 일환으로 주신 사실임을 감심感心으로 수납해 인정하는 표현이다.

이로 인해 가인의 득남은 당시 하나님 앞에서 범죄한 아담과 하와에게 있어서 여자의 후손 언약에 대한 분명한 성취를 객관적으로 확증할 수 있는 보증의 역할을 의미하기도 했다. 이제 여자의 후손 언약은 지속적으로 아담과 하와의 후손들을 통해 미래지향적인 성취의 절정을 향해 역사 속을 달려갈 것이다. 마침내 섭리의 때가 차면 성취의 실체를 확연히 드러낼 것이다. 신약시대의 관점으로 본다면 그것은 메시아로 말미암는 대속의 방식이 틀림없다.

이런 벅찬 감격에 사로잡혀 아담 부부는 아들의 이름을 '가인'이라고 명명한다. 이는 '소유와 획득'의 의미를 담고 있다.[86] 성경에서 소개되는 이름은 하나님의 구속사를 집행해 가시는 과정에서 특별한 계시적 의미를 포함하고 있는 것을 종종 발견하게 된다. 가인의 경우도 예외는 아니다. 아담이 '소유와 획득'이라는 의미의 가인이라는 이름을 지어준 데에는 여자의 후손 언약과 밀접한 관련이 있음을 사건진행의 정황상 확인할 수 있다. 다시 말해 여자의 후손 언약의 구체적 성취의 일환으로 마침내 아들을

86) 『카리스 종합주석』, 1권 창세기 (서울: 기독지혜사, 2003), 520.

얻게 되었다는 안도의 심정을 담아 여자의 후손과 관련된 계시적 의미를 담고 있는 '가인' 이라는 이름을 지어준 것이다. 아담은 가인을 통해 미래의 여자의 후손으로 오실 구속주를 대망했던 것이다.

마치 아브라함이 언약의 씨로 주신 이삭을 통해 여자의 후손으로 오실 메시아를 보다 구체적으로 소망했었던 것과 맥을 같이 한다. 예수께서 당시의 상황을 이렇게 해명해 주신다. "너희 조상 아브라함은 나의 때 볼 것을 즐거워하다가 보고 기뻐하였으니"(요 8:56). 본문에서 아브라함이 '볼 것을 즐거워했다' 는 표현은 과거 여자의 후손 언약(창 3:15)에 함의된 미래의 구속주를 암시한다. '보고 기뻐했다' 는 지적은 이삭의 번제사건과 수양의 대속적인 죽음(창 22:13)을 통해 이삭의 실체로 오실 미래의 구속주를 보다 구체적으로 소망하게 되었음을 시사한다.

그러나 기대가 크면 실망도 큰 법이다. 가인에 대한 아담 부부의 기대는 당초 그들의 생각에 훨씬 미치지 못했음을 또 다른 아들 아벨의 이름을 통해 간접적으로 확인할 수 있다. 창세기 저자는 창세기 4장 2절에서 가인에 이은 아벨의 출생사실을 소개한다. 1절의 가인의 출생과 2절의 아벨의 출생 사이의 기간이 얼마나 지났는지는 확인할 길이 없다. 그러나 한 가지 분명한 사실은 아벨의 이름 속에 담긴 '허무와 덧없음' [87]이라는 의미가 아벨 자신이 아닌, 가인에 대한 아담과 하와의 실망과 후회스런 마음이 적극 반영된 결과라는 사실은 간파할 수 있다.

가인의 나이가 몇 살 즈음에 아벨을 낳게 됐는지는 알 수 없지만, 적어도 가인의 성품을 통해 아담이 당초 기대했었던 미래의 구속자의 모습이 전혀 발견되지 않았음에 틀림없다. 그래서 실망스런 마음을 가인의 아우 아벨의 이름 속에 담아 적나라하게 표출했던 것이다. 과거 농경사회 시절에도 이와 비슷한 경우가 없지 않았다. 예를 들어 삼 대 독자 집안에서 딸

87) Ibid., 522.

만 계속해서 5-6명을 낳게 되는 경우에 아들을 기대하는 반사적 심정으로 '말순이나 끝순' 이라는 이름을 지어주는 사례를 보게 된다. 같은 심정의 발로다. 이런 가인에 대한 아담의 실망과 낙심은 후에 제사문제로 야기된 시기와 질투로 동생 아벨을 살해하는 가인의 살인사건을 통해 극명하게 재확인된다.

결국 가인은 당초 아담이 기대했었던 여자의 후손계열이 아니었다. 오히려 뱀의 후손계열에 서 있었다. 이는 여자의 후손 언약을 통해 하나님께서 이미 예언적으로 약속하신 적대적인 두 계열의 관계가 바야흐로 아담의 자손인 가인과 아벨을 통해 구체적으로 성취되고 있음을 시사한다. 상대적으로 아벨은 여자의 후손계열로 확인된다. 이로 보건대 아담 부부의 실망은 지극히 당연한 결과였다.

이상의 사실을 통해 사람의 생각이 얼마나 하나님의 기대에 미치지 못하는지를 보게 된다. 나아가 사람의 최선이 하나님의 관점에서는 최악으로 나타나는 경우를 종종 본다. "어떤 길은 사람의 보기에 바르나 필경은 사망의 길이니라"(잠 16:25). 아브라함과 사라의 경우가 그랬다(창 16장). 베드로의 경우가 그랬다(마 16장). 회심하기 전 바울(사울)의 경우도 그랬다(행 9장). 그러나 이런 실패의 경우조차도 하나님께서는 '모든 것을 합력해 선을 이루시는 일' 에 선용하시니 그저 감사할 따름이다.

2. 인류의 두 제사

가인은 농사꾼이었다. 아벨은 양치는 목자였다. 세월이 지난 후에 이들은 나름대로 자기의 소산으로 제물을 삼아 하나님께 제사를 드렸다. 자연히 가인은 땅의 소산으로 제물을 삼았으며 아벨은 양의 첫 새끼와 기름으로 제물을 삼았다. 그런데 이상한 결과가 나타났다. 하나님께서 아벨의 제사는 열납悅納하시고 가인의 제사는 거절하셨다(창 4:4-5).

혹자는 이와 관련해 아벨의 제사는 짐승을 제물로 드린 피의 제사였고, 가인은 곡물을 제물로 드린 제사였기에 제물의 차이에서 열납의 향방이 결정되었다고 주장하기도 한다. 다시 말해 성급히 기독론적 관점으로 접근해, 양의 제물을 예수 그리스도에게 예표적으로 적용시킴으로써 신학적 상응성을 찾으려는 시도 때문이다. 그러나 이런 해석은 지나치게 작위적일 수 있다. 왜냐하면 히브리서 기자가 복음의 빛 안에서 아벨의 제사가 열납된 사실에 대한 근거를 밝히 해명해 주고 있기 때문이다. 적어도 여자의 후손 언약에 담긴 대속적 의미는 창세기 22장의 이삭의 번제사건을 통해 비로소 구체적으로 암시되기 시작한다고 보는 것이 일반적인 시각이다.

구속사의 점진성이라는 관점에서 보면 대체로 '구약의 의미는 신약의 빛 안에서 밝히 드러나고 신약의 본의는 구약 안에 감추어져 있다'(The Old Testament is patent in the New Testament and The New Testament is latent in the Old Testament)는 것이 중론이다. 그런 의미에서 성경으로 성경을 해석하는 방식을 좇는 것이 최선의 해석법이다. "믿음으로 아벨은 가인보다 더 나은 제사를 하나님께 드림으로 의로운 자라 하시는 증거를 얻었으니 하나님이 그 예물에 대하여 증거하심이라. 저가 죽었으나 그 믿음으로써 오히려 말하느니라"(히 11:4). 우리는 히브리서 기자의 명쾌한 해석에 근거해 아벨의 제사가 '더 나은 제사'로서 하나님께 열납된 배경과 이유를 분명히 확인할 수 있다. 본문에서 히브리서 기자는 아벨의 제사가 열납된 사실을 정당한 '믿음'으로 드린 사실에 근거해 기술한다. 이는 가인의 제사가 바른 믿음으로 드려지지 않았음을 역설적으로 시사하는 표현이다.

그렇다면 정당한 믿음의 제사란 무엇을 의미하는 것일까. 이는 범죄한 인간의 죄를 해결하기 위해 은혜의 수단으로 주신 여자의 후손 언약의 구속사적 본의를 철저히 믿고 신뢰하는 데서 나온 계시의존적인 신앙을 의미한다. 다시 말해 하나님께서 죄를 사면하시는 구속의 경륜이 어떻게 여자의 후손 언약을 통해 진행될 것이며, 이에 근거한 구원의 도리를 생명으로 붙잡는 데서 나온 내적 믿음의 외적 표현으로서의 제사였다는 사실이다. '더 나은 제사' 라는 표현 속에 담긴 본의가 이렇다. 이런 관점에서 아벨의 제사의 성격을 신약적 배경으로 조명한다면 '신령과 진정' (요 4:24)으로 드린 예배와 방불하다고 하겠다.

반면 가인은 이 일에 실패했다. 그의 제사가 열납되지 않았기 때문이다. 왜 그럴까. 하나님의 구속의 경륜을 신앙과 생명으로 수납하는 데서 나온 계시의존적인 믿음의 발휘가 아니었기 때문이다. 아벨과는 상반된 자의적恣意的 숭배신앙의 결과로 드려진 단순한 종교적 심성의 발로였던 것이다. 이는 하나님이 받으심직한 제사(예배)가 아니었다. 하나님께서 내신 진리의 체계에 입각해 드리는 구속사적 의미의 제사가 아니었다는 관점이다. 신앙의 근거가 철저히 하나님의 말씀에 의존해야 하는 이유가 이에 있다(호 4:6; 6:3; 롬 10:2-3; 마 7:21-23; 레 10:1-2). 여호와 신앙의 정체성이 계시의존적인 신앙으로 나타나야 하는 당위성이 이에서 나온다(행 17:11).

성경은 제아무리 외적으로 기독교적 경건과 거룩의 모양을 갖추고 하나님께 열심을 자아낸다 할지라도 성경적 지식의 체계에 근거하지 않는 한 그것은 자기 의를 위한 자기열심에 불과한 나머지 하나님께는 불복종과 불법으로 판정될 뿐임을 엄중히 경고한다(롬 10:2-3; 마 7:21-23). 따라서 인간의 내적 종교심으로부터 나온 일체의 신앙적 행동은 그것이 제아무리 기독교적 식양을 갖추고 거룩한 모습으로 표출된다고 할지라도 본질상 타락한 인간의 본성(엡 2:1; 렘 17:9) 때문에 인간의 마음은 하나님의 성품을 근본적으로 반영해 내지 못한다는 게 성경의 지적이다(롬 1:21-23). 오히려 열심을 내면 낼수록 적극적으로 하나님의 뜻을 거역할 뿐이다. 성령으로 거듭나고 성령의 철저한 다스림을 받는 전제하에서만 하나님의 성품은 비로소 반영될 수 있기 때문이다(갈 2:20; 5:16-17).

이상의 논증을 통해 가인의 제사가 거절당하고 아벨의 제사가 열납된 것은 외적 제물의 차이에서 온 것이 아니라는 사실을 정리하게 된다. 제물에 담겨진 내적 신앙고백의 유무와 그 믿음의 출처와 성격과 배경에 철저히 관련된 문제다. 가인은 단지 자기 소견에 좋을 대로 타락한 종교심을 부추겨 자의적으로 드렸다는 데 문제의 심각성이 제기된다. 그래서 하나님께서 받으심직한 믿음의 정체성이 배제되어 있었다. 성경은 이를 악한 행실이라고 판정한다(요일 3:12; 유 1:11). 이는 하나님의 뜻을 거역했음을 가리킨다. 이사야가 잘 지적하고 있듯이 이는 '보이기 위한 제사' 였으며 '성전 마당만 밟고 가는' 형식적 제사 이상 아무 것도 아닌 셈이다(사 1:11-13).

아벨은 그렇지 않았다. 순수한 신앙 고백적 차원에서 하나님의 구속의 은혜를 감사함으로 내다보며 소망가운데 믿음으로 제사를 드렸다. "하나님이 그 예물에 대하여 증거하심이라"고 한 지적이 이런 사실을 함의한다(히 11:4하). 본문에서 '예물' 이란 제물의 차이를 언급하는 것이 아니다. 제물 속에 담긴 예배자의 마음가짐(믿음)과 그 마음의 근거가 되는 진리의 내용을 가리킨다. 그것은 여자의 후손 언약 속에 내재된 기독론적이고 구원론적인 근거에 접촉된 신앙관을 시사한다. 아벨의 제사가 열납된 이유가 이런 사실에 근거한다.

여기에서 잠시 이런 경우를 가정해 보자. 만일 단지 제물의 차이로 인해 하나님께서 아벨의 제사를 열납하셨다면, 두 형제가 제물을 바꿔서 제사를 드렸다면 어떤 결과가 나왔을까. 그런 경우 하나님께서 누구의 제사를 열납하셨을까. 그럼에도 아벨의 곡식 제사를 받으셨을 것이 확실하다. 왜냐하면 제사 열납의 유무는 제물의 종류에 있었던 것이 아니라 제사를 드리는 자의 믿음의 진위성에 의존되어 있기 때문이다.

하나님께서는 마음의 중심을 감찰하신다. 내용을 중시하신다. 본질이 실종되어 버린 화려하게 장식된 외적 형식을 거절하신다. 물론 참된 내용은 참된 경건과 거룩의 형식으로 표출되기 마련이다. 이런 예배의 원리는 어제나 오늘이나 앞으로도 동일하게 요구되는 불변의 법칙이다(요 4:23-24). 그런 의미에서 세상에는 오직 두 종류의 예배가 있을 뿐이다.

계시의존적인 예배와 자의적 숭배예배가 그것이다. 전자는 구원의 은혜가 동기유발되어 하나님을 목적 삼아 '무익한 종'(unworthy servant, 눅 17:10)의 심정으로 드리는 예배이다. 반면 후자는 하나님을 도구삼아 인간의 유익을 추구하는 기복적인 예배이다. 기복적인 신앙관은 인간의 세속적인 유익과 현세지향적인 행복과 성공을 목적 삼는 신앙으로 사실상 우상숭배와 본질상 다를 바 없다. "저희가 하나님께 열심이 있으나 지식을 좇은 것이 아니라 하나님의 의를 모르고 자기 의를 세우려고 힘써 하나님의 의를 복종치 아니하였느니라"(롬 10:2-3).

3. 가인의 아벨 살해 사건

가인의 제사가 열납되지 않은 사건은 그가 소속된 영적 계열이 어느 편인지를 명백히 보여주는 결정적인 단서로 작용한다. 급기야 가인은 아벨의 제사만 열납된 데 앙심을 품고 시기와 질투의 마음을 억제하지 못한 나머지 동생 아벨을 살해한다(창 4:8). 가인은 이 사건으로 인류 역사상 최초의 살인자라는 영원히 씻을 수 없는 오명을 남긴다.

그러나 이 사건은 단순한 형제지간의 반목과 갈등에서 야기된 우발적인 살인사건으로만 해석해서는 안 될 부분이 있다. 이 살인사건이 하나님께 드려진 제사문제와 연관되어 있을 뿐 아니라, 이들의 생애가 여자의 후손과 관련된 하나님의 언약성취와 밀접하게 연관되어 있기 때문이다. 다시 말해 가인의 아벨 살해사건은 여자의 후손과 뱀의 후손간의 치열한 영적 공방과 적대적 투쟁의 역사에 관한 예언의 성취라는 관점이다(창 3:15).

성경에서 제사와 예배란 본질상 동의어로서 구원론적 관점에서 죄로부터의 구속을 감사해 드리는 전인적인 신앙고백적 행위다. 따라서 하나님께서 계시해 주신 구속의 경륜에 입각한 구원의 도리를 생명의 도리로 붙잡는 데서 표출된 계시의존적인 제사행위가 아니면 하나님과는 무관할 뿐 아니라, 이를 열납하실 수 없다는 것이 성경의 진술이다(레 10:1-2). 사도 요한이 신령과 진정으로 예배해야 함을 강조(요 4:24)할 때의 의미가 이와 무관하지 않다(요 4:24).

그렇다면 가인의 아벨 살해사건의 진의와 배경은 무엇일까. 이 사건에 담긴 영적 본의를 밝히려면 먼저 아담을 통해 하나님 나라를 건설하고자 하시는 하나님의 계획을 언약의 당사자인 아담과 하와를 미혹해(창 3:1-5) 범죄케 함으로써(창 3:6) 이를 무산시키려 했던 사단의 고도의 술책에서부터 찾아야 한다.

아담과 하와의 범죄에도 불구하고 하나님은 여자의 후손 언약(창 3:15)을 통해 죄 문제를 해결함과 동시에 아담에게 약속한 문화명령적 창조 언약(창 1:28)을 지속적으로 진행시킬 수 있는 길을 열어 주셨다. 결국 사단의 일차 시도는 수포로 돌아갔다. 하나님이 어떤 분이신가(요 10:28-29). 하나님께 감히 대적할 자가 누구인가. 그분의 지혜와 지식의 부요함을 능가할 자가 과연 누구인가. 그러나 이 말은 사단의 시도가 실패했기에 다시는 하나님께 도전하지 못 할 것이라는 의미가 아니다.

사단의 속성은 대적하는 자요, 거짓말하는 자요, 참소하는 자이다. 그러므로 사단은 하나님을 대적해 하나님 나라 계획을 방해하는 일을 사명으로 알고 자신이 불못에 들어가기까지(마 25:41; 계 20:10) 결코 중단하거나 포기하지 않는다. 심지어 예수님을 시험하는 일까지도 이런 식의 구속사적 배경하에서 해석해야 할 것이다.

여자의 후손 언약으로 사단의 1차 계획이 실패로 돌아가자, 2차 계획을 세운다. 사단은 1차 때 뱀을 도구로 사용했듯이 이번에는 아담의 아들인 가인을 도구로 삼는다. 보다 적극적인 도전이다. 마침 아벨의 제사를 열납하심으로 여자의 후손 언약의 계승자로 암시되고 있는 아벨을 살해하도록 사주한다(요일 3:12). 이는 여자의 후손 언약을 통한 구속의 원리하에서 당초 문화명령적 창조 언약을 지속적으로 집행하시려는 하나님의 의도를 또다시 좌절시키려는 악의적인 책략이다. 이 일에 가인이 사단의 하수인으로 지목된다. 가인이 뱀의 후손의 계열인 이유가 이런 사실로 명백히 확증된다.

가인의 아벨 살인사건은 이렇게 에덴에서부터 시작되는 총체적인 하나님의 구속 경륜에 입각해 해석해야만 바른 결론에 도달한다. 다시 말해 하나님 나라 건설을 방해하려는 사단의 지속적이고 끈질긴 계략이 이제 가인을 하수인으로 삼아 하나님의 언약의 계승자인 아벨을 살해하게끔 사주했던 것이다. 이런 기술記述을 통해 지금 창세기 저자는 뱀의 후손계열이 가인을 통해서 계승되고 있음을 암시적으로 시사한다. 여자의 후손과 뱀의 후손간의 간단間斷없는 적대적 관계와 사생결단의 투쟁의 역사는 이런 식으로 가인의 아벨 살해사건을 통해 향후 구속사의 전개 속에서 어떤 양상을 띠고 진행될 것인지를 주목케 한다.

이뿐만이 아니다. 가인의 살인사건은 아담 부부로부터 발생한 죄가 얼마나 급속도로 오염됐으며, 또한 실제적으로 막강한 왕적 권세를 발휘하는지에 대한 예시例示이기도 하다. 가인의 아벨 살인사건은 부모의 불순종이 자녀 세대에 살인행위로 비화됨을 보여준다. 이후 죄악의 심각한 심화와 팽배현상은 '가인의 벌은 칠 배이나 라멕의 벌은 칠십칠 배' 라는 가인의 후손인 라멕의 고백속에서 극명하게 재확인된다(창 4:24). 이런 의미에서 창세기 4-11장의 내용은 인류의 초기역사 속에 나타난 하나님의 구속사 진행을 은닉적으로 보여줄 뿐 아니라, 죄악의 급속한 확산과 관영貫盈 및 심화현상으로 말미암는 하나님의 필연적인 심판의 당위성을 제시해 준다(창 6:5-7).

4. 창세기 4장에 기록된 타자他者들의 정체

하나님께서는 아벨을 살해한 가인에게 응분의 형벌을 내리신다. 유리流離하는 자가 될 것을 선언하신다(창 4:12). 이 과정에서 창세기 저자는 아담과 하와의 자녀로 언급된 가인과 아벨 외에 일단의 무리들이 이미 당대에 생존하고 있음을 묵계적으로 기술한다(창 4:14-17). 저자는 이들이 누구이며 출생의 기원이 어떤지에 대해 일체 침묵으로 일관한다.

그러나 아담과 하와가 하나님께서 지으신 태초의 유일한 인류의 조상일진대, 이들 일단의 무리들의 기원을 아담과 하와 밖에서 찾는다는 것은 절대 불가능한 시도다. 다시 말해 비록 창세기 저자가 아담과 하와의 자녀로 가인과 아벨만을 명시적으로 언급했음에도 불구하고, 이들 외에 결코 적지 않은 아담의 자녀들이 이미 생존하는 가운데 생육하고 번성하고 있었음을 시사해 준다.

그렇다면 왜 창세기 저자는 이들의 출생과 기원에는 전혀 일언반구의 언급도 없이 가인과 아벨의 출생과 생활상만을 조명하고 있는 것일까. 이런 시각이 다름 아닌 성경의 역사가 세상 역사의 연대기적인 기술이 아니라 하나님의 구속사란 연유이다. 여기에서 구속사란 여자의 후손 언약을 통해, 범죄한 인류의 죄 문제를 해결해 주심으로 궁극적으로 문화명령의 핵심 사상인 하나님 나라 계획을 성취해 가시는 하나님의 주권적인 섭리 역사를 가리킨다.

이 과정에서 세상 역사는 하나님의 구속사를 집행해 가시는 데 필요한 도구와 방편으로 선용된다. 세상 역사의 본질이 구속사라는 의미가 이런 사실에 근거한다. 때문에 창세기 기자는 아담과 하와의 자녀인 가인과 아벨 외에도 많은 아들과 딸들을 출산했음을 성경독자들에게 암시적으로 시사해 준다. 사실 가인과 아벨이 아담과 하와의 유일한 자녀가 아님을 창세기 4장의 문맥을 통해 명백히 확인할 수 있다.

이렇게 많은 자녀들 중에 하나님께서는 특별히 가인과 아벨을 선택적으로 부르셔서(이중적 선택/예정) 하나님의 구속사를 집행하시는 일에 계시적인 도구로 선용하셨던 것이다. 이런 사실로 인해 성경 역사는 철저히 구속사적 관점으로 기록된 하나님의 언약적 자기 계시서라는 사실이 확인된다. 성경의 본의가 단순히 세상 지식과 경험으로 쉽게 이해되거나 설명될 수 없음이 이런 이유로 말미암는다. “육에 속한 사람은 하나님의 성령의 일을 받지 아니하나니 저희에게는 미련하게 보임이요 또 깨닫지도 못하나니 이런 일은 영적으로라야 분변함이니라”(고전 2:4).

저자는 창세기 4장의 후반부를 통해 가인의 후손들의 계보를 소개한다(창 4:17-24). 그러나 아담이 아벨 대신 셋을 낳고 셋이 에노스를 출산할 때에 ‘비로소 사람들이 여호와의 이름을 불렀다’(창 4:26)고 기록함으로써 당대 사람들의 보편적 성향이 철저히 하나님을 떠나 자기 소견에 좋을 대로의 자기중심적 삶을 살았음을 우회적으로 시사한다(창 4:20-22).

모든 사람들에게 내심 종교성이 있을지라도 본성상 타락한 결과로 말미암아 스스로 하나님을 더듬어 찾을 수 있는 자가 전혀 없다는 것이 성경의 한결 같은 지적이며 고발이다(롬 1:21-23; 3:10-12). 오히려 적극적으로 우상숭배적 신앙으로 나아가는 것이 죄의 성향일 뿐이다. 이런 이유로 우리가 예수 그리스도의 구속 안에서 오직 은혜로 죄 사함을 받고 구원의 은총을 입었다는 것은 그야말로 복중의 최고의 복이요, 상급 중의 최상의 상인 셈이나 다름없다(고전 15:10). 소위 ‘무익한 종’의 심정이 이런 사실을 극명하게 증시한다(눅 17:10).

무익한 종은 자신의 신앙적 행위의 성격을 총괄적으로 일컬어 '당위적 관점' 에서 기술한다. 보상과 대가성의 기미는 전혀 보이지 않는다. 오히려 "명한 대로 하였다고 종에게 사례하겠느냐" (눅 17:9)고 반문함으로써 은혜와 보상의 개념이 공존하거나 병행할 수 없음을 변증한다. 이런 의미에서 성경에서 언급되고 있는 복과 상급의 본질은 근본적으로 은혜로 베풀어 주시는 구원 및 영생의 삶과 밀접하게 연관되어 있음을 확인하게 된다 (시 133:1-3; 히 11:6).

Ⅲ. 결론

창세기 4장부터는 여자의 후손 언약(창 3:15)이 아담과 하와의 후손들로 말미암는 세상 역사 속에서 본격적으로 구속사의 성격을 띠고 나타나고 있음을 기술하는 내용이다. 다시 말해 표면적으로는 세상 역사의 모습으로 나타나지만 실상에 있어서는 여자의 후손 언약이 구체적으로 진행되는 방식으로 전개된다. 세상 역사의 본질이 구속사인 사실이 이런 이유에서다. 그런 의미에서 창세기 저자는 가인의 출생이 여자의 후손 언약의 구체적 성취진행과 밀접하게 연관되어 있음을 "내가 여호와로 말미암아 득남했다" (창 4:1)는 하와의 고백을 통해 시사한다.

그러나 가인의 뒤를 이은 아벨의 출생과 이들의 제사가 하나님에 의해 차별적으로 열납되는 것을 통해 가인에 대한 아담 부부의 기대는 여지없이 무너진다. 나아가 아벨의 '더 나은 제사' (히 11:4)를 통해 여자의 후손 언약에 대한 하나님의 의중은 처음부터 가인을 염두에 두고 있지 않았음을 우회적으로 밝힌다. 오히려 아벨이었음이 확인된다. 이로 인해 아벨은 처음부터 믿음으로 더 나은 제사를 드릴 수 있었다(히 11:4). 여기에서 '더 나은 제사' 란 제물의 차이를 가리키지 않는다. 믿음으로 드린 제사를 가리킨다. 다시 말해 여자의 후손 언약 속에 담겨진 구속의 계시를 생명으로 수납한 데서 나온 구원의 감격과 기쁨과 감사의 마음을 담아 드린 전인적인 제사를 의미한다.

사도 요한은 하나님께서 받으심직한 이런 제사의 성격을 가리켜 '신령과 진정'의 예배로 정의한다(요 4:24). 그런 의미에서 아벨의 제사는 신령과 진정으로 드린 예배의 모범으로 정형화될 수 있다. 이로 보건대, 은혜로 받은 구원의 사실이 전제되지 않는 한 하나님께서 받으심직한 참된 신앙과 예배는 성립될 수 없다는 사실을 확인하게 된다. 은혜는 합당한 행함을 동반한다. 이런 관점에서 기독교적 신앙행위는 구원의 은혜에 기초한 당위적 개념이지 기복적이거나 보상적 개념일 수 없다.

기독교 신앙의 본질은 구원의 확신과 이로 인한 감사의 마음이 동기부여로 작용하는 데서 비로소 출발된다는 것이 성경의 증언이다(눅 17:10). 따라서 처음부터 하나님의 은혜는 아벨에게 선택적으로 주어졌다. 이런 사실은 아벨을 시기한 나머지 살해하는 가인의 끔찍한 행동 속에서 극명히 드러난다. 가인은 처음부터 여자의 후손계열이 아니었다. 뱀의 후손계열이었다. 이런 이유로 가인은 사단의 사주를 받아 아벨을 살해하는 일에 악한 도구로 이용되었던 것이다(요일 3:12; 유 1:11).

에덴동산에서 하와를 먼저 미혹함으로 범죄케 한 사단이, 이번에는 아담의 자녀인 가인을 도구로 삼아 재차 하나님의 계획을 무산시키려고 재시도를 꾀했던 것이다. 이런 식으로 여자의 후손 언약 속에 예언적으로 계시되었던 두 계열간의 첨예한 적대적 대립관계는 향후 언약적 구속사의 진행 과정 속에서 보다 구체적으로 그 모습을 드러내게 될 것을 예시해 준다. 그것은 생사가 걸린 싸움으로 비화될 것이다.

성도들이 진리의 말씀을 바르게 깨달아 이를 생명의 도리로 붙들고 있지 않는 한, 사단의 미혹은 언제든지 우리를 표적 삼아 하나님의 교회를 방해하며 하나님의 나라를 와해시키는 일에 혈안이 되어 있음을 근신하는 심정으로 분별해 지혜롭게 대처해야 될 줄 안다. 결국 사단과의 영적 싸움의 실상은 진리와 비진리의 싸움이다. 그런 의미에서 바른 지식은 바른 믿음을 생성시키며, 바른 믿음은 적극적인 순종력의 발휘를 촉구한다. 이것이 성경이 증거하는 바른 여호와 신앙의 도리다.

"네가 진리의 말씀을 옳게 분변하며 부끄러울 것이 없는 일꾼으로 인정된 자로서 자신을 하나님 앞에 드리기를 힘쓰라" (딤후 2:15).

"믿음은 들음에서 나고 들음은 그리스도의 말씀으로 말미암았느니라" (롬 10:17).

"내가 내 자녀들이 진리 안에서 행한다 함을 듣는 것보다 더 즐거움이 없도다" (요삼 4절).

"하나님은 모든 사람이 구원을 받으며 진리를 아는데 이르기를 원하시느니라" (딤전 2:4).

5

아브라함의 선택권 양보

창세기 12장 9절

I. 도입

"네 앞에 온 땅이 있지 아니하냐. 나를 떠나라 네가 좌하면 나는 우하고 네가 우하면 나는 좌하리라"(창 12:9).

본문의 말씀은 아브라함과 조카 롯이 바로의 손에서 벗어나 가나안에로 돌아온 후 당시 정황상 헤어져야 하는 불가피한 상황에서 아브라함이 롯에게 제안했던 내용의 요지이다. 그럼에도 불구하고 본문은 흔히 교회 현장에서 아브라함의 양보의 미덕을 모범적 사례로 들어 교훈적이고 윤리적이며 기복적인 설교의 전형으로 사용되곤 하는 것이 현실이다.

아브라함이 장자의 우선권을 가졌음에도 불구하고 조카 롯에게 땅의 선택권을 기꺼이 양보했듯이 우리도 이처럼 매사에 믿음으로 양보의 미덕을 발휘하자는 것이다. 그러면 하나님께서 아브라함에게 가나안 전 지경을 복으로 주실 것을 약속해 주신 것처럼(창 13:14-15) 양보한 그 이상의 복을 보상으로 받을 수 있다는 것이다.

그렇다면 과연 본문은 교훈적이거나 윤리적이거나 혹은 기복적인 내용을 전달하고 있는가에 대해 언약적 구속사의 관점에서 살펴보고자 한다.

Ⅱ. 전개

1. 성경은 윤리적 삶을 위한 도덕 교과서인가?

성경은 하나님의 영원하신 목적과 작정을 언약의 방식으로 드러낸 자기 계시서이다. 계시서라 함은 창세전 하나님의 영원하신 목적으로서 그리스도 안에서 수립된 삼위 하나님의 구속의 경륜을 언약을 방편으로 기록한 책으로, 거듭난 이성을 발휘해 하나님의 존재와 사역과 거룩한 뜻을 바르게 알고 깨달아 합당하게 섬기게 하기 위해 성령으로 영감된 특별한 책이라는 사실을 가리킨다.

따라서 본 사건은 윤리/도덕적 관점이 아닌 아브라함을 가나안 땅으로 인도하심으로 '아브라함 언약'(창 12:1-3)을 성취해 가시는 구속사적 섭리역사의 연장선상에서 해석해야 한다. 다시 말해 아브라함이 애굽행에서 겪은 뼈저린 실패의 경험(창 12:17-20)은 이후 그의 전 신앙여정에서 하나님의 깊으신 뜻을 자의적이 아니라 계시의존적, 곧 언약적 관점에서 해석할 수 있는 결정적인 계기와 단초를 마련해 주었다는 관점이다.

이런 사실이 구체적으로 적용된 최초의 사건이 다름 아닌 장자의 우선권을 롯에게 양보한 본문의 사례이다(창 13:9). 삼촌의 신분으로 차서를 따라 아브라함이 필요한 땅을 먼저 선택할 수도 있었다. 그러나 아브라함은 굳이 선택권을 롯에게 양보했다. 물론 일반적인 관점에서 친척간 불필요한 충돌을 피해보려는 선의적인 의도 또한 아주 부인할 수는 없다고 하겠다. 그러나 본 사건에서 아브라함이 보여준 양보의 미덕은 하나님을 믿는 성도들이 복음에 빚진 자의 심정을 가지고 보편적으로 취할 수 있는 자기

부인과 포기에 따른 자기희생적 행동이 아니다. 보다 더 근원적인 문제가 결부되어 있다. 다름 아닌 언약적 관점이다.

아브라함은 애굽행에서 실패한 신앙경험을 통해 ① 당시 대제국인 애굽의 바로 왕을 주관하시는 여호와 하나님의 절대주권성에 대한 확신, ② 언약을 성취해 가시는 하나님의 신실성에 대한 확신, ③ 자신의 생애가 철저히 아브라함 언약에 근거해 인도와 다스림을 받고 있다는 계시의존적이고 섭리의존적 신앙관을 확고부동하게 정립할 수 있는 절호의 기회로 삼게 되었다.

2. 가나안 지경에 대한 하나님의 보증의 이중성

그렇다면 애굽에서의 실패를 통해 확고부동하게 자리매김 된 아브라함의 언약신앙관(계시의존 사색신앙)이 땅의 선택권을 롯에게 쾌히 양보한 사건에 어떻게 영향력을 행사했단 말인가. 한마디로 롯에게 땅의 선택권을 양보할지라도 당초 하나님께서 아브라함 언약을 통해 주시겠다고 약속하신 가나안 지경은 철저히 보장될 것이라는 확신을 심어주었던 것이다.

다시 말해 언약적 구속사를 집행해 가시는 하나님의 절대주권적인 섭리의 손길이 모든 위경으로부터 아브라함을 철저히 보호하시고 인도하심으로 아브라함 언약에 보장된 약속의 내용들을 신실히 성취해 가실 것을 믿음으로 확신했다는 사실이다. 애굽행의 실패와 절체절명의 위경으로부터의 구원경험을 통해 언약을 성취해 가시는 하나님의 신실성을 구체적으로 확인할 수 있었던 것이다.

아브라함의 양보로 롯은 멀리 물이 넉넉한 요단 들녘을 택해 아브라함 곁을 떠난다. 이와 때를 맞춰 하나님께서는 기다리셨다는 듯이 아브라함을 찾아오신다. 그리고 인간의 연약함으로 인해 있을 수 있는 일말의 서운

함과 아쉬움을 달래주시려는 듯 "너 있는 곳에서 눈을 들어 동서남북을 바라보라. 보이는 땅을 내가 너와 네 자손에게 주리니 영원히 이르리라…" (창 13:14-15)고 위로와 격려의 말씀으로 당초 아브라함 언약을 재확인해 주신다. 그러므로 본문에 보증된 하나님의 약속의 말씀은 아브라함의 양보에 대한 하나님의 보상의 의미가 아니다.

사실 롯은 처음부터 아브라함과 동행할 자격이 없었다. 하나님께서 지시하는 땅으로 떠나기 위해 아브라함은 본토/친척/아비 집과 결별해야 했었기 때문이다(창 12:1). 결국 이때의 아브라함과 롯의 결별은 본질상 하나님의 뜻의 성취에 불과하다. 잠시 미뤄졌던 것이 본 사건을 통해 뒤늦게나마 실현된 것이다. 당시의 불편했던 공존공생의 정황을 통해 불가피한 헤어짐을 섭리적으로 주관해 주신 셈이다.

본 사건을 통해서도 하나님의 구속사는 세상 역사를 방편삼이 진행된다는 사실을 재확인하게 된다. 그런 의미에서 창세기 13장 14-15절을 통해 하나님께서 아브라함에게 천명해 주신 가나안 지경에 대한 약속의 보증은 처음부터 은혜로 맺어주신 아브라함 언약의 재확인이며 구체적인 갱신의 의미가 담겨있다. 아브라함의 양보에 따른 대가성의 보상(복) 개념이 결코 아니다.

가나안 지경에 대한 하나님의 보증(창 13:14-15)에는 문맥상 이중적인 의미가 담겨 있는 셈이다. 한편으로 아브라함 언약(창 12:1-3) 속의 땅 언약을 재확인 및 갱신해 주시는 것이요, 다른 한편으로 롯이 선택한 땅이 당초 하나님께서 아브라함에게 주시려고 했던 가나안 땅을 한 치도 선점하지 못했다는 사실이다. 하나님께서 하시는 일을 누가 방해할 수 있으며, 하나님께서 계획하신 일을 누가 변경할 수 있겠는가.

오늘날 예수님의 새 언약 안에서 하나님의 언약백성 된 성도들에게도 동일한 원리가 여전히 적용된다. 하나님을 사랑하는 자 곧 그 뜻대로 부르심을 입은 자들에게는 모든 것을 합력해 선을 이루어 가시는 데 유용하게 선용될 뿐이다(롬 8:28). 이런 이유로 성도들이 현실적으로 경험하는 일체의 경우들은 그것의 좋고 나쁨을 불문하고 오직 '예와 아멘' 으로 화답될 뿐이다. 이런 사실을 전폭적인 신뢰의 믿음으로 수납할 수 있다면 일체의 위경을 넉넉히 이기게 하는 큰 위로와 능력 및 진정한 의미의 복이 아닐 수 없다.

Ⅲ. 결론 : 성경은 교훈적/윤리적으로 해석될 성격의 내용이 아니다

이상에서 살펴보았듯이 본문의 요지는 아브라함의 인격적 성숙의 열매인 양보의 미덕과 이에 상응하는 적절한 보상을 강조하려는 데 저자의 의도 곧 하나님의 본의가 초점을 맞추고 있지 않다. 물론 성경을 도덕적이고 윤리적인 관점으로 접근하게 되면 인생살이에 유익이 되는 다양한 교훈과 삶의 지혜를 얻을 수 있는 것이 사실이다.

그러나 보다 중요한 관점은 성경의 특정한 본문이나 사건이 무엇을 교훈하느냐에 초점을 맞춰 인생살이에 유익을 줄 수 있는 다양한 지혜를 얻기 위함이 본질이 아니라는 사실이다(세속사/인본주의적 관점). 그 본문과 사건을 통해 하나님의 본의가 무엇인지를 발견하고 깨달음으로 그것을 믿음의 내용과 신앙의 도리로 수납해 범사에 하나님을 인정하며 하나님께 영광 돌리는 삶을 살아가게 하려는 데 있다(구속사/신본주의적 관점).

아브라함의 선택권 양보는 흔히 잘못 이해하고 있듯이 미덕이라는 차원에서 교훈적/윤리적으로 해석될 성격의 내용이 아니다. 게다가 복을 보증하는 증거본문은 더욱 아니다. 계시적 차원에서 언약적 구속사의 관점으로 접근해야 한다.

성경은 인간의 도덕적 선양을 위한 교훈서가 아니다. 구속사를 중심으로 진행되는 하나님의 언약적 계시서다. 성경의 내용을 사람의 계명으로 삼아 자의적으로 해석하고 편의적으로 적용하면 결과적으로 하나님을 헛되게 경배하게 된다고 엄히 경고한다(막 7:6-9; 마 15:7-9). 바람직한 본문 해석을 위해서 다른 무엇에 앞서 저자의 의도와 성령님의 의중과 하나님의 본의를 밝히 해명하는 데 총력으로 경주해야 한다. 언약적 구속사의 관점은 이런 삼중적 요구를 총괄적으로 충족시켜 주는 결정적인 요소로 기능한다.

본문을 통해 하나님께서 무엇이라고 말씀하시는지를 하나님의 심정으로 바르게 해석해 적용해야 한다. 성령의 조명을 받아야 한다는 의미가 이런 사실을 가리킨다. 하나님의 본의에 입각한 바른 해석을 통해 비로소 바른 신앙관의 정립이 보장되기 때문이다. 바른 지식이 바른 신앙관 정립의 전제가 되는 이유가 이런 사실에 근거한다(롬 10:17; 마 7:21-23).

"내가 증거하노니 저희가 하나님께 열심이 있으나 지식을 좇은 것이 아니라. 하나님의 의를 모르고 자기 의를 세우려고 힘써 하나님의 의를 복종치 아니하였느니라" (롬10:2-3).

6

이삭의 번제 사건

창세기 22장 1-19절

I. 도입

창세기 21장의 이삭 출생사건은 아브라함에게 주신 하나님 언약(창 12:1-3)의 첫 열매이며 보다 근원적으로 여자의 후손 언약(창 3:15)이 예비적으로 성취된 결과이기도 하다. 본 사건을 기록함에 있어서 창세기 저자는 무엇보다도 언약을 신실히 성취하시는 여호와 하나님(출 6:2-8)이신 사실을 적극 기술한다. 이런 사실은 독자들에게 하나님의 언약의 말씀을 신앙의 준거와 생명의 도리로 붙잡고 살아가는 것이야말로 여호와 신앙의 본질임을 강력히 시사한다. 기독교 신앙의 정체성이 하나님께서 내신 계시를 오직 그리고 절대적으로 의존해야 하는 이유가 이에서 나온다.

하나님의 말씀이 전제되지 않거나 그 말씀에 의존하지 않는 한에는 기독교 신앙은 어떤 형식을 통해서라도 결코 정당하게 성립될 수 없다(딤후 3:15-17; 요 20:30-31; 창 2:17; 롬 10:2-3; 마 7:21-23). 교회를 일컬어 '진리의 기둥과 터' 라고 부르는 이유 또한 이런 배경을 염두에 두고 한 말씀이다(딤전 3:15). 교회는 유일한 진리의 담지자다. 유일한 진리로서 성경 말씀의 올바른 인식과 해석 및 이에 따른 적극적인 순종력의 발휘는 교회를 하나님의 통치가 막힘없이 시행되는 천상적 기관으로서 본질에서 하나님 나라가 되게 하는 중요한 요소 중 하나다.

이처럼 이삭의 출생 사건은 하나님의 언약의 신실하심을 충만히 계시함으로써 언약 백성들로 하여금 하나님을 향한 순전한 믿음을 시종일관하게 발휘해 나갈 것을 촉구한다. 하나님은 당신의 계획과 영원하신 목적을 창세전부터 언약의 방식으로 약정해 주셨다(엡 1:4-6). 이후 이 언약을 피조세계의 역사 속에서 주권적으로 섭리해 가신다. 따라서 정하신 때와 시한이 차면 신실히 자신의 약속을 성취하신다. 성도들은 이런 일련의 사실들을 성경에 기록된 하나님의 구속사의 진행을 통해 확인하게 된다. 성경을 통한 제반의 경험들은 성도들로 하여금 변할 수 없고, 거부할 수 없는 절대적인 믿음과 자율적 순종의 행동에로 기꺼이 나아가게 함으로 계시의존적이고 섭리의존적인 여호와 중심의 신앙관 정립을 위한 동기부여의 원동력이 되게 한다.

이제 아브라함은 25년(창 12:4; 17:1, 21; 21:1-3)만에 자신의 '씨' 에 대한 하나님의 언약의 성취를 현실로 경험하게 되었다. 이성적이고 합리적이며 상식적인 차원에서 기대했었던 하나님의 약속의 성취가 전혀 뜻밖의 방식을 통해 성취된 것이다. 절대적으로 불가능했던 노령의 아브라함과 불임녀인 사라의 태를 통해 약속의 자녀로 이삭이 출생한 것이다. 실로 우리가 믿고 섬기는 하나님은 능치 못함이 없는 분이다. 하나님께서는 당신의 고유한 방법을 통해 친히 맺으신 약속을 성취해 주시는 전능하시고 신실하신 분임을 본 사건을 통해서 확실히 보여주고 계신다. 실로 하나님의 말씀은 만물의 존재의 원인이며 만사의 발생의 근원이 되시는 분이다(창 1:1-31; 요 1:1-4; 롬 11:36; 히 4:12).

이삭의 출생은 하나님에 대한 아브라함의 믿음을 고도의 수준과 깊은 경지에 이르게 한 결정적인 계기를 마련한 사건으로 기록된다. 동시에 오래 참으심으로 변치 않는 하나님의 부성애父性愛적 사랑의 배려이며, 결코 포기치 않으시는 하나님의 열심의 결실이기도 하다. 곧 당신의 언약 자손들에게만 베푸시는 하나님의 불변의 사랑이요 은혜의 실질이다. 아브라함의 믿음은 이삭의 출생을 경험하는 가운데 비로소 하나님께서 의도하신 바, 그분의 마음에 합한 수준의 신앙적 깊은 경지에 이르게 된다. 하나님의 언약적 간섭하심이 그를 '믿음의 조상' 이라고 일컬음을 받는 수준에까지 올려놓으신 것이다.

오늘날 우리의 우리 됨의 배경에는 이런 하나님의 적극적이고 포기치 않으시는 부성애적 사랑과 언약적 통치가 동일하게 작용하고 있음을 신앙으로 고백할 수 있어야 한다. 이렇게 될 때, 아브라함의 하나님을 동일한 우리의 창조자 하나님, 구원자 하나님, 그리고 오늘도 하나님의 남은 구속사를 집행해 가시는 생존하시는 언약적 하나님으로 믿고 섬기게 된다. 성도들이 범사에 하나님을 인정하는 가운데 하나님을 영화롭게 하며 영원토록 그분으로 즐거워하는 삶을 살아가야 되는 이유가 이런 사실에 근거한다(전 12:13).

II. 전개

그런데 이게 웬 말인가? 하나님은 창 22장을 통해 100세에 주신 언약의 자손 이삭을 번제로 드리라고 아브라함을 시험하신다. 본장에 소개된 이삭의 번제 요구 사건은 그의 출생의 경이로움과 더불어 상식적으로는 도저히 이해할 수 없을 뿐 아니라 자못 불가사의하기까지 하다. 25년 만에 주신 언약의 계승자요 약속의 자녀인 이삭을, 그것도 이제는 십 대의 소년으로 자란 즈음에 불살라 번제물로 바치라니 말이다. 그러나 저자는 이것이 아브라함의 믿음을 시험하시려는 하나님의 계획의 일환임을 본장 서두에 이미 밝힌다(창 22:1).

따라서 본 시험의 성격은 하나님께서 실제로 이삭을 죽여 번제물로 받으시려는 데 목적이 있는 것이 아니다. 다른 데 있다. 이후 전개되는 내용을 통해 이런 사실을 확인할 수 있다. 성도들의 삶의 여정 속에 때때로 다가오는 예기치 못한 환난과 고난 및 시련은 불순종에 대한 언약적 채찍일 수도 있겠으나, 동시에 성도들의 믿음을 연단해 성숙시키려는 고도로 계산된 하나님의 긍정적이고 의도적인 시험(God' s test/probation, not temptation)일 수 있다. 그러나 어느 경우라도 결국 성도들에게는 신앙의 유익으로 작용할 뿐이다. 범사에 감사할 이유가 이에 있다.

이삭을 번제물로 바치라는 하나님의 시험적 요구 속에는 단순한 시험 이상의 구속사적 의미가 담겨 있음을 간파해야 한다. 다시 말해 이삭의 번제 사건에는 내용 속에서 원리적으로 발견되듯이 '여자의 후손 언약' (창 3:15)이라는 원복음을 통해 아담과 하와의 범죄를 포함해 인류의 죄의 문제를 어떤 방식으로 해결해 주실 것인가에 대한 하나님의 구원의 도리가 보다 구체적이고 예표적으로 계시되고 있다는 사실이다.

1. 아브라함을 시험하시는 하나님

이삭의 출생 후 십여 년 이상의 세월이 흘렀다. 이삭은 이제 어엿한 소년으로 자랐다. 이때까지 성경은 하나님의 계시의 진행이나 하나님의 현현하심에 대해 일체 침묵으로 일관한다. 이는 하나님께서 구속사의 사역을 중단하셨다는 의미가 아니다. 때를 따라 일하시는 '하나님의 섭리적 작정 기간' 이 찰 때까지 세상 역사를 섭리하시며 목표지향적인 시간이 지나가는 셈이다. 다시 말해 정하신 때에 정하신 구속사를 차착 없이 집행해 나가시기 위해 세상 역사를 방편적으로 주관하고 계실 뿐이다.

일례로 감옥에 갇혔던 요셉의 경우를 생각해 보자. 요셉의 꿈 해석대로 바로의 술 맡은 관원장은 정확히 사흘 후에 출감해 복직되었다. 그럼에도 불구하고 술 맡은 관원장은 요셉을 기억하지 못함으로(창 41:23), 그 시점 이후 '만 이년' (창 42:1)의 섭리적 작정기간 동안 요셉은 감옥에 더 머물러 있어야 했다. 이런 방식으로 수년 간의 하나님의 섭리적 작정의 기간이 지난 후 어느 날 하나님께서 아브라함을 찾아오셨다(창 22:1). 아브라함은 기쁨과 경외함으로 여호와 하나님을 맞이했을 것이다. 실로 여러 해 만에 이루어진 하나님과의 만남의 자리이기 때문이다.

그러나 이때의 하나님의 방문은 여느 때의 그것과는 성격이 달랐다. 새로운 계시나 약속 전달의 자리가 아니었다. 다름 아닌 아브라함의 믿음을 시험하시기 위한 현현이셨다. 그것은 청천 하늘에 날 벼락 같은 말씀을 주시기 위한 의도적인 방문이었다. 아브라함은 하나님의 부르심에 부복했다. 하나님께서 아브라함의 아들 이삭을 모리아산에서 번제로 바치라는 명령을 내리셨다.

이때 하나님은 이삭을 일컬어 '네 아들, 네 사랑하는 독자 이삭' 이라고 언급하심으로써 아브라함에게 있어서 이삭의 존재가 어떤 가치를 의미하는지를 의도적으로 부각시켜 설명하신다(창 22:2). 이렇게 말하심은 아브라함에게 있어서 이삭은 그의 생명이나 다름없다는 말씀이다. 그리고 이런 사실을 하나님께서 누구보다 잘 아신다는 의미가 내포되어 있다.

당시 이삭은 일백열 살은 족히 넘었을 노령의 아브라함에게 있어서 그의 희망이며 생명 그 자체였다. 아브라함이 살아 있어야 할 오직 한 가지 존재 의미라 해도 과언이 아니었다. 이렇게 추정해 볼 때, 사실 이삭은 아브라함의 아들의 신분이라기보다는 아브라함의 분신 그 자체였음에 틀림없다. 그런데 이런 자신의 생명과 방불한 이삭을 제물로 바치라고 요구하신다. 그것도 죽여서 번제로 불살라 바치라는 것이다. 가장 비극적이고 처참한 모습으로 세상에서 취하시겠다는 것이다.

사실 이런 하나님의 요구는 하나님의 성품에 비추어 볼 때 정면으로 배치되는 내용이다. 하나님은 이미 노아의 보존 언약을 통해서도 사람의 피를 흘리게 하지 말 것과(창 9:4-7), 사람을 불 가운데 지나가게 하는 이교도적 인신제사를 적극적으로 금지할 것을 이스라엘 백성에게 요구하신 바 있다(신 12:31; 18:10). 이런 사실을 고려할 때, 여기 하나님의 요구는 본래적인 것이 아닌 의도적 시험 이상의 '어떤 특별한 목적이 담긴 계시적 요구'인 사실을 간파할 수 있다. 그러나 이런 하나님의 속마음을 깊이 헤아릴 수 없었던 아브라함은 하나님의 비이성적인 요구 앞에서 심정이 어떠했을까. 무슨 생각을 했을까.

여기에 더해 하나님의 청천벽력 같은 명령 앞에서 선택과 결정을 내려야 할 시간적 여유는 단 하루 밤에 불과했다(창 22:2-3). 아내 사라의 심정은 어떠했을까. 창세기 저자는 이 부분에서 아브라함이나 사라의 인간적 고뇌와 번민, 영적 회의와 갈등의 문제에 일체 침묵으로 일관한다. 하나님의 강력한 명령에 대한 이들 부부의 심리적이고 영적인 반응이 전혀 언급되지 않는다. 결과적으로 아브라함의 순종의 결단만을 기술한다. 이런 사실은 사라의 무언의 동의를 내포하고 있음을 반영한다.

우리는 이들 부부의 결단을 통해 창세기 저자가 의도하고 있는 바가 무엇이며, 어디에 강조점을 두고 있는지에 관심의 초점을 맞춰야 할 줄 안다. 이는 구원의 은혜에 근거해 하나님을 신앙하며 섬기는 자들에게 하나님의 말씀은 절대적 권위와 최고의 규범이 된다는 사실을 웅변으로 보여줌으로 적극적인 실천적 행동이 수반되어야 함을 구체적으로 보여주는 실례며 예증적인 사건인 셈이다. 은혜의 왕노릇하는 권세가 요구하는 당위적인 순종의 행위 말이다.

다시 말해 본장에서 이삭에 대한 하나님의 번제 요구(창 22:1-3)는 '일차적' 으로 아브라함의 믿음을 보시고 의롭다고 여겨주신 하나님의 은혜(창 15:6)와 밀접하게 연관되어 있다는 관점이다. 곧 은혜는 은혜에 부응하는 자원하는 순종의 삶을 요구한다. 따라서 본장의 번제사건은 이미 의로 여김받은 아브라함의 믿음(창 15:6)에 대한 행함의 반응여부를 보시기 위한 시험적 사건의 의미를 띠고 있는 셈이다.

하나님의 말씀은 만물의 존재와 만사의 발생의 원인이 된다(롬 11:36; 창 2:17)는 사실로 인해 모든 성도들이 마땅히 좇아야 할 궁극적 관심이며 지고의 가치다. 창세기 저자는 성경의 역사가 철저히 하나님의 구속사에 초점을 맞춰 진행되고 있음을 보여준다. 이삭의 번제 요구 앞에서 아브라함과 사라의 심리적 상태와 변화를 기록하는 일에 의도적으로 지면을 아끼는 것을 통해 저자의 관심은 오직 하나님의 요구 앞에 일언반구一言半句의 이의異意도 없이 기꺼이 순종하는 아브라함의 신앙적 결단을 소개할 뿐이다.

이는 현대교회 성도들에게 동일한 구속사적 원리 속에서 하나님을 섬기는 성도들의 신앙적 자세가 어떠해야 함을 구체적인 사례를 통해 보여주기를 원했던 계시적 사건의 의미를 띠기도 한다(욥 1:21-22; 2:10; 눅 17:10). 그런 의미에서 행함이 없는 믿음은 죽은 믿음이다(약 2:17, 22, 26). 믿음은 응당 믿음에 합당한 순종을 요구한다. 따라서 행함은 믿음의 열매이며 행함으로 믿음이 온전케 된다는 것이 야고보의 관점이다(약 2:22). 결국 믿음과 순종은 본질상 동의어적 개념으로 사용된다(롬 16:26). 독립된 별개의 두 주제가 아니다.

2. 시험 속에 담긴 하나님의 본의

우리가 알 것은 언약 백성에 대한 하나님의 시험은 궁극적으로 넘어지게 하기 위함이 아니라는 사실이다. 오히려 성도들의 신앙을 연단하여 정금 같이 나오게 하기 위한 성숙의 기회로 기능한다(욥 23:10; 약 1:2-4). 이런 의미에서 시편 기자는 고난이 오히려 유익이 된다는 사실과 이로 인해 주의 율례를 더욱 깊이 배울 기회가 되었다고 고백한다(시 119:71). 성도들의 신앙 여정에서 고난과 시련은 성도들이 마땅히 경험하는 필수과정이다. 성숙을 위한 자연스런 성장통이다. 성도들은 하나님의 친 백성의 정체성을 띠고 세상 임금인 사단이 통치하는 세상 속에서 나그네와 행인의 신분으로 살고 있기에 더욱 그렇다(히 12:13; 벧전 2:11).

그렇다면 하나님께서 아브라함을 시험하셨던 보다 본질적인 이유는 무엇일까. 위에서 아브라함의 시험 속에 담긴 표면적 성격을 하나님께서 베푸신 은혜가 요구하는 자율적 순종의 차원에서 확인한 바 있다. 야고보는 순종의 삶의 성격을 '믿음의 행함' 차원에서 인관관계의 원리에 근거해 설명한다. 따라서 이때의 행함은 믿음의 진위 여부를 가늠하는 잣대로 작용한다. 결과적으로 아브라함은 이삭을 번제로 바치는 적극적인 순종의 행위를 통해 이런 하나님의 일차적인 요구에 지혜롭게 대처했다. 시험에 승리했다.

이제 아브라함의 시험 속에 내재된 보다 본질적인 의도에 대해 살펴보자. 이삭의 번제 요구는 처음부터 하나님의 진심이 아니었다. 하나님께서는 인신제사를 원치 않으신다. 적극 혐오하신다. 더구나 번제로 인한 이삭의 죽음은 하나님 스스로 아브라함 언약을 파기하시는 결과를 초래하게 된다. 그러나 하나님의 언약은 주권성과 은혜성에 입각해 실현성이 보증되어 있기에 어떤 이유로라도 중도포기와 무효화는 절대 불가능하다. 더구나 언약간 상호 연계성이라는 특성상 한 언약의 무효화는 관련된 모든 언약의 파기라는 엄청난 파장을 불러올 수 있다. 이런 이유로 처음부터 이삭의 번제 사건은 보다 본질적인 구속사적 의미가 담겨진 계시적 사건임을 암시 받는다.

사실상 이삭은 번제로 드려져 죽음에 처해지지도 않았다. 바로 여기에 번제에 담긴 구속사적 계시의 비밀이 담겨 있다. 다름 아닌 이삭의 번제사건을 통해 여자의 후손 언약 속에 암시적으로 내재된 하나님의 구원방식을 가시적이고 예표적이며 상징적으로 계시하기 위함이다. 곧 오직 은혜로 구원을 베푸시는 하나님의 구속의 경륜(창 3:15)은 '여자의 후손' 의 당사자로 오실 분의 대속적 죽음을 통해 죄책의 문제가 해결된다는 복음의 비밀을 시사하고자 함이다. 이런 방식으로 일찍이 여자의 후손 언약을 통해 암시되었던 하나님의 구원의 도리는 이삭의 번제사건을 통해 보다 구체적이고 명시적으로 아브라함에게 제시된 것이다(요 8:56).

그러나 사실상 아브라함은 이런 하나님의 의중을 처음부터 알고 있었던 것은 아니다. 단지 자신의 생애가 지금까지 하나님의 언약사상에 근거해 인도된 사실에 근거해, 이삭이 비록 번제의 제물로 바쳐진다고 할지라도 아브라함 언약의 계승자인 이상 죽은 자 가운데서 다시 살리실 것을 믿음으로 결단할 수 있었던 것이다.

이런 사실을 복음의 빛 안에서 히브리서 기자가 밝히 해석해 준다. "아브라함은 시험을 받을 때에 믿음으로 이삭을 드렸으니 저는 약속을 받은 자로되 그 독생자를 드렸느니라. 저에게 이미 말씀하시기를 네 자손이라 칭할 자는 이삭으로 말미암으리라 하셨으니 저가 하나님이 능히 죽은 자 가운데서 다시 살리실 줄로 생각한지라 비유컨대 죽은 자 가운데서 도로 받은 것이니라"(히 11:17-19).

한편 아브라함은 이삭을 번제물로 드리려는 찰나에 다급히 아브라함을 만류하시고 이삭을 대신해 수양을 번제로 드리라는 말씀을 듣게 된다(창 22:9-11). 이로 인해 비로소 아브라함은 이삭의 번제사건 속에 담긴 대속의 본의와 구속의 도리에 대한 하나님의 의중을 헤아리게 된다. 다시 말해 이삭의 번제사건을 통해 여자의 후손의 실체로 오실 종말론적 구속주를 보다 구체적으로 확증하며 소망하게 됐다는 사실이다.

예수께서 유대 종교지도자들을 향해 "너희 조상 아브라함은 나의 때 볼 것을 즐거워하다가 보고 기뻐하였느니라"(요 8:56)고 말씀하신 내용이 이런 사실을 뒷받침해 준다. 본문에서 앞부분의 설명은 여자의 후손 언약(창 3:15)을 원복음으로 굳게 믿었다는 증거요, 뒷부분은 이삭의 번제사건 속에 담긴 구속의 의미를 비로소 구체적으로 깨달았음을 반영한다고 보여진다. 곧 이삭을 통해 미래의 구속주를 믿음으로 바라볼 수 있었다는 지적이다.

아브라함이 이삭을 대신해 수양을 번제로 드린 후 그 땅(모리아산) 이름을 '여호와 이레' 라고 불렀다고 창세기 저자는 기록한다(창 22:14). 이는 단순히 하나님께서 이삭을 대신해 수양을 준비해 주셨다는 의미로만 이해해서는 안 된다. 당시 이삭은 의미상 죽은 것이나 방불하다. 때문에 이삭의 생존은 사실상 죽음에서 부활한 것이나 다름없다. 이런 본질적인 구속사적 관점을 통해 이삭은 종말론적 구속주의 실체를 구체적으로 예표하고 있는 것이다. 아브라함이 그곳을 여호와 이레라고 불렀다는 내용 속에 담긴 본의가 이렇다. 이런 계시적 통찰력에 근거해 아브라함은 이삭을 통해 보다 구체적으로 여자의 후손의 실체이신 예수 그리스도를 전망할 수가 있었던 것이다.

아브라함은 이삭의 번제 사건을 통해 이삭 안에 감춰진 미래의 구세주를 믿음의 눈으로 바라보았다. 계시의존사색 신앙의 실질이 이런 것이다. 성경에 대한 지식의 체계와 신학적 원리를 통해 하나님의 마음의 중심을 헤아릴 수 있는 영적 통찰력과 분별력이 발휘된 셈이다. 따라서 모리아산의 이삭의 번제사건에 담긴 구속사적인 의미는 신약의 갈보리 산의 예수 그리스도의 십자가의 대속적 사건과 밀접한 신학적 상응성(correspondence)

을 갖게 된다. 이런 관점에서 모리아 산의 이삭 번제사건은 가히 '구약의 갈보리' 사건과 신학적으로 내통한다.

3. 시험을 승리로 이끈 배경과 그 결과

이제 아브라함으로 하여금 이삭을 바치는 믿음의 결단을 내리게 한 동인이 무엇인지를 살펴보자. 어떻게 청천병력 같은 하나님의 돌발적인 요구에 순순히 응답할 수 있었을까. 그것은 불변하는 언약의 말씀을 신앙과 생명의 도리로 붙잡고 있었기 때문이다. 언약을 성취하시는 하나님의 신실하심에 대한 전폭적인 신뢰의 믿음의 결단이었다.

자초지종의 내용은 이렇다. 이삭은 25년 만에 주신 언약의 자손이요 약속의 첫 열매였다. 아브라함은 자신의 지나온 삶의 족적을 돌아보면서 하나님의 자손 언약이 어떤 경위를 통해 마침내 성취되었는지를 너무나 잘 알고 있었다. 이삭의 출생은 마치 죽음에서 다시 살아난 부활의 생명이나 다름없다. 생명의 잉태에 관한한 죽은 것이나 방불했던 사라의 불임상태와 노년의 아브라함에게서 하나님의 초자연적인 간섭으로 태어난 자식이었기 때문이다.

이런 초자연적 출생의 배경에는 하나님의 언약의 말씀이 모든 불가능한 여건들을 가능케 한 결정적인 요소로 작용하고 있었다. 실로 약속의 말씀이 선행되지 않았다면 후後 성취로서 이런 신적 기원에 따른 초자연적 사건은 발생할 수 없었을 것이다. 세상에 우연히 일어날 수 있는 일이란 불가능하다는 것이 성경의 명백한 증언이다. 만물이 주에게서 나오고 주로 말미암고 주께로 돌아갈 뿐이다(롬 11:36). 참새 한 마리의 죽음조차도 하나님의 주권적인 섭리하에 관장된다는 것이 성경의 관점이다(마 10:29).

이런 이유로 이삭은 아브라함에게 주신 제반 언약들이 지속적으로 성취되어 나갈 유일한 언약적 통로로 기능하게 된다. 이 말은 이삭이 아니고는 달리 하나님의 남은 약속이 성취될 수 있는 길이 없다는 뜻과 동일하다. 그렇지 않으면 창세기 3장 15절의 여자의 후손 언약도 명분을 잃고 무효화 될 수밖에 없다. 그러나 이런 일은 근본적으로 있을 수 없다. 하나님은 인생이 아니시기에 식언치 않으시고 인자가 아니시기에 후회가 없으시다(민 23:19). 하나님의 언약은 당신의 생명을 담보로 재확증 되었을 뿐만 아니라(창 15:17, bond in blood), 자신의 이름을 걸고 맹세하신 까닭에(창 22:15-18) 어떤 예기치 않은 상황이 일어난다 해도 결코 취소될 수 없는 것이 특징이다.

아브라함은 이런 사실을 이미 잘 알고 있었다. 이런 제반 사실로 미루어 볼 때, 이삭의 죽음은 있을 수 없는 일이다. 아니 설령 죽는다 해도 언약성취의 필연성이라는 측면에서 볼 때 이삭은 기필코 죽음에서 살아나야만 한다. 그렇지 않으면 하나님의 언약은 이삭의 죽음으로 파기되어야 하기 때문이다. 그러나 그런 일은 불가하다. 이것이 아브라함이 사라와 더불어 밤을 지새우며 묵상과 상고 끝에 내린 최종 결론이다(창 22:3). 하나님의 약속의 말씀을 절대 가치로 의존하고 신뢰하는 계시의존적이고 섭리의존적인 신앙관의 발휘에 근거한 결단이다.

이런 사실의 당위성을 뒷받침 해 주는 내용이 창세기 22장 5절의 말씀이다. 아브라함은 같이 간 사환들에게 모리아 산에서 어느 정도 떨어진 위치에서 기다릴 것을 요구하면서 다음과 같이 말한다. "내가 아이와 함께 가서 경배하고 너희에게로 돌아오리라." 아브라함은 이삭을 번제로 드린다 해도 다시 살려 주실 것을 하나님의 언약에 근거한 믿음의 안목으로 내다 봤다. 아니 어떤 식으로도 이삭의 생명은 보존될 것에 대해 의심의 여지가 없었다. 하나님의 선하신 뜻과 언약에 신실하심이 결코 이삭을 죽음 가운데 방치하지 않을 것임을 확신했다. 하나님의 언약 속에 담긴 구속사의 경륜을 꿰뚫어보는 심오한 영적인 통찰력과 구속사를 해석하는 역사적 안목이 한껏 발휘되는 대목이다.

히브리서 기자는 이 상황을 신약의 복음의 빛 아래서 해석하면서 "네 자손이라 칭할 자는 이삭으로 말미암음이라 하셨으니 저가 하나님이 능히 죽은 자 가운데서 다시 살리실 줄로 생각한지라"(히 11:18-19)라고 기술한다. 아브라함은 언약에 신실하신 하나님을 향한 계시의존적인 신앙관에 깊이 접촉되어 있었던 관계로 만일의 경우 이삭의 부활까지도 내다보는 구속사적 안목을 갖고 있었던 것이다. 하나님의 영이 아브라함의 믿음을 크게 권고하고 계셨던 결과이다.

아브라함은 하나님의 언약의 불변성을 신뢰했다. 이런 사실에 근거해 아브라함 언약이 지속적으로 이삭을 통해 진행될 것을 믿어 의심치 않았다. 자신의 과거의 실패를 거울삼아 영적 위기를 고도의 경지에 이르는 신앙적 성숙의 기회로 승화시켜 나갔다. 이삭이 번제로 드릴 어린양이 어디 있느냐고 물을 때, 아브라함의 답변을 통해서도 이런 사실이 극명하게 확인된다. 아브라함은 이렇게 대답했다. "아들아 번제할 어린양은 하나님이 자기를 위하여 친히 준비하시리라"(창 22:8).

물론 이 말은 하나님이 실제로 이삭대신 어린양을 사전에 준비해 주실 것을 미리 알고 있었다는 말이 아니다. 단지 어린 이삭을 위로하며 격려하기 위한 우회적 답변이었을 뿐이다. 그러나 당시 아브라함의 심정속에는 이삭을 죽여 번제로 드릴지라도 하나님께서 다시 살려주심으로 언약을 계승시켜 주실 것이라는 확신을 갖고 있었다는 사실을 전후 문맥을 통해 간파하게 된다.

다음 순간 아브라함은 이삭을 결박하여 번제단 나무 위에 올려놓고 손을 내밀어 칼을 잡아 아들을 내려찍으려 했다. 이삭은 이제 죽은 것이나 다름없는 순간이다. 바로 그 찰나의 순간에 여호와께서 아브라함을 막으셨다. 황급히 아브라함을 부르시며 그의 손을 붙잡으셨다. 창세기 저자는 이때의 하나님의 심정이 얼마나 긴박했는지를 기술하면서 두 번에 걸쳐 아브라함의 이름을 부르신 사실을 기록한다(창 22:11). 하나님은 당신의 백성들이 애매히 고난받는 것을 방관하지 않으신다. 반드시 그 대가를 갚아 주신다(계 18:20). 성도들이 범사에 하나님의 얼굴의 도우심을 잠잠히 바라야 할 이유가 이에 있다. 하나님은 당신의 자녀들을 눈동자같이 돌보시는 분이시기 때문이다. 성도들의 위로가 이에 있다.

아브라함은 마침내 하나님의 시험에 통과했다. 그의 마음의 중심이 어디에 있으며, 누구를 마음의 주인으로 모시고 있는지를 확인하셨다. 비록 아브라함이 백세에 자신의 생명과도 같은 아들 이삭을 얻었지만 그는 그 사건이 의미하는 바 계시의 본질을 철저히 붙잡고 있었다. 이삭이 아브라함에게 주신 하나님의 언약의 첫 열매이며 동시에 차기 언약의 계승자인 사실을 구속사적 안목으로 해석하고 있었다. 이삭은 어떤 경우에도 포기될 수 없는 하나님의 차기 언약의 당사자요 유일한 언약적 통로가 됨을 계시적 통찰력으로 분별했다. 이런 이유로 이삭이 죽는다 해도 다시 살리셔서 지속적으로 언약을 성취시켜 주실 것을 확신했던 것이다.

때문에 아브라함은 하나님의 언약을 순전한 믿음으로 의뢰할 수 있었다. 하나님의 주권적인 은혜의 손길이 그의 전인격을 섭리적으로 간섭해 주셨던 것이다. 하나님께서는 이런 아브라함의 전폭적인 신뢰의 믿음과 순종의 행위를 만족해 하셨다. 이에 "네가 네 아들 네 독자라도 내게 아끼지 아니 하였으니 내가 이제야 네가 하나님을 경외하는 줄을 아노라"(창 22:12)고 칭찬을 아끼지 않으셨다. 물론 이런 설명은 아브라함의 중심을 모르셔서가 아니라, 하나님의 만족하심을 상대적으로 강조하는 표현이다.

하나님께서는 이삭의 번제와 관련해 한 수양을 준비해 주셨다. 아브라함은 수양으로 이삭을 대신해 번제로 드렸다(창 22:13). 이런 사실을 통해 아브라함은 이삭의 번제사건 속에 담긴 하나님의 구속사적 계시의 본의를 비로소 밝히 깨닫게 되었다. 다시 말해 이삭을 번제로 드리라는 요구는 단지 믿음의 진위성만을 가늠해 보려는 단순한 시험의 수준이 아니었다는 사실이다. 아니 보다 근원적으로 '여자의 후손 언약' 속에 담긴 하나님의 오묘하신 구속의 본의를 밝히 드러내시려는 계시적 사건이었던 것이다. 이런 사실을 이삭을 대신해 손수 예비하신 한 수양을 번제로 받으심으로 구체적이고 가시적으로 확증시켜 주신 것이다.

아브라함은 계시의존적이고 섭리의존적인 구속사적 신앙관에 깊이 접촉된 사실로 인해 이삭을 번제로 드리라는 하나님의 시험을 넉넉히 감당했다. 나아가 시험속에 담긴 구속의 도리, 곧 여자의 후손 언약을 통해 하나님께서 어떤 방식으로 범죄한 인류를 구원하실 것인가에 대한 구체적 방안을 시사받게 되었다. 그것은 대속의 방식이었다(롬 4:25; 3:21-22).

이 사건을 통해 아브라함의 믿음과 구속사적 계시안목은 한층 더 심화되고 확장되는 일대 전환의 국면을 맞게 된다. 따라서 이삭으로 말미암는 아브라함 언약의 궁극적 성취는 이삭의 실체이며 여자의 후손 언약의 당사자인 구속주의 대속적 사역으로 말미암을 것임을 확신하게 된다. 나아가 이삭으로 인해 천하 만민이 받게 될 복(창 22:18; 12:2-3)의 성격 또한 가나안이라는 지상의 제한적 땅에 국한되는 물질적인 축복이 아니다. 보다 본질적인 의미에서 천상적 복 곧 죄로부터의 구원인 사실을 간파하게 된다. 이뿐만이 아니다. 구속의 은혜는 다음 단계로 구속받은 자들로 하여금 하늘의 기업을 이을 후사가 되는 일과 필연적으로 연계된다.

이런 사실은 히브리서 기자가 아브라함 언약의 본질이 무엇인지를 성령의 감동으로 밝히 해명하는 데서 확인할 수 있다(히 11:8-16). 본문에서 저자는 아브라함이 이삭과 야곱과 더불어 약속의 땅에 거한 삶의 성격을 '장막생활' (히 11:9)에 비교한다. 일시적인 나그네와 행인의 삶이라는 의미이다.

그렇게 정의될 수밖에 없는 이유를 '하나님의 경영하시고 지으실 터가 있는 성, 곧 천상의 도성을 바라봤기 때문' 이라고 해석한다(히 11:10). 히브리서 기자는 이런 식으로 지상의 장막과 천상의 도성을 대비시키는 가운데 성경 독자들로 하여금 아브라함 언약의 본질을 모형과 실체를 통해 설명한다. 다시 말해 장막에 비유되는 지상의 일시적인 삶과 천상의 한 성 곧 영적 새 예루살렘을 통한 영원한 삶을 상호 대비시킨다(히 11:9-16; 고후 4:18).

결국 아브라함은 하나님의 시험 앞에서 언약성취의 현재성에 연연하기보다 언약의 본질을 파악하는 구속사적 통찰력과 분별력을 한껏 발휘함으로써 믿음의 승리를 경험했다. 보다 본질적으로는 여자의 후손으로 말미암는 하나님의 구속 경륜이 어떤 방식으로 전개될 것인지를 구체적으로 확인할 수 있는 절호의 기회를 포착하기에 이른 것이다. 따라서 이후 아브라함의 남은 생애 속에서 구속사적 계시안목은 비약적인 발전과 더불어 고도의 경지에 이르게 된다.

아브라함의 신앙적 승리를 만족해하시며 하나님은 재차 나타나신다(창 22:15). 기쁨과 만족의 현현이시다. 그리고 다시 한번 하나님의 이름에 맹세하심으로(창 22:16) 아브라함 언약성취의 확실성을 굳게 보증해 주신다(창 22:16). 이때 "네 씨가 그 대적의 문을 얻으리라"(창 22:17)는 표현을 부가시킴으로써 여자의 후손과 뱀의 후손과의 적대적 대결구도는 결국 이삭의 실체로 오시는 여자의 후손의 종말적 승리로 마감될 것을 시사해 주신다. 본절에서 '문을 얻는다' 는 것은 성을 점령해 접수한다는 은유적 표현으로 해석될 수 있다.

창세기 저자는 아브라함의 시험사건을 일단락시킨 후(창 22:19) 사라의 사망기사를 소개하는 창세기 23장 사이에 일련의 짧은 기사내용을 삽입시킴으로 장차 이삭의 아내가 될 리브가의 출생기사를 도입한다. 이는 이후 창세기 내용과 방향성이 아브라함에게서 이삭에게로 옮겨갈 것에 대한 저자의 사전 암시다. 다시 말해 하나님의 구속사 진행에 있어서 아브라함의 시대는 마감되고 바야흐로 이삭의 계시시대가 도래한다는 사실을 시사하는 것이다. 이렇게 하나님의 구속사는 세상 역사 속에서 섭리적 작정의 때를 좇아 차착 없이 종말적 성취를 향해 진행된다. 오늘도 예외는 아니다.

Ⅲ. 결론

25년 만에 이삭의 출생을 통해 성취된 아브라함의 자손언약은 언약에 신실하신 하나님의 속성을 극명하게 예시해 주는 사건이다. 이로 인해 언약성취에 대한 하나님의 열심은 어떤 불가피한 경우라도 결코 중단됨이 없이 진행된다는 신학적 명제를 제시한다. 이처럼 언약사상에 대한 투철한 믿음과 확신이야말로 명실상부한 여호와 신앙의 준거로 작용한다.

하나님께서는 당신의 구속사를 선先 언약하시고 후後 성취하시는 방식에 근거해 역사 속에서 신실히 집행해 가신다. 이 과정에서 하나님의 언약은 어느 누구의 방해와 공작에도 결코 취소되거나 무효화되지 않는다. 오직 섭리적인 작정의 기한이 찰 때 궁극적인 성취만이 있을 뿐이다. 성도들의 구원이 절대 안전하게 보장되는 이유가 이런 원리에 근거한다.

이뿐만이 아니다. 이삭의 출생은 창세기 3장 15절의 여자의 후손 언약 안에서 비록 본질적 관점에서 예표적이고 모형적인 성격을 띨지라도 실체인 예수 그리스도를 전망케 하는 가운데 주신 여자의 후손의 일차적 당사자로서 특별한 계시의 성격을 띤다. 갈라디아서 저자는 구속사 진행에 있어서 이런 식의 모형과 원형, 예표와 실체 사이의 상호불가분의 언약적 관계성과 신학적 상응성의 원리에 입각해 아브라함의 자손 이삭을 그리스도에게 연결시켜 해석한다(갈 3:16). 이는 이삭의 출생과 번제 사건에 내포된 구속사적 성격이 다름 아닌 예수 그리스도의 인격과 사역 안에서 성취될 구속사역의 내용과 상호간 신학적 상응성을 띠고 있음을 의미한다.

그런 의미에서 언약적 구속계시에 대한 깊은 이해와 통찰력은 믿음을 승리로 이끄는 동인이며 원동력으로 작용한다. 아브라함은 감당키 힘든 믿음의 시험 앞에서 언약계시에 대한 깊고 정확한 통찰력과 분별력의 발휘를 통해 마침내 이를 극복할 수 있었다. 언약에 신실하신 하나님에 대한 확고부동한 신지식이 최악의 상황을 최선의 상황으로 전환시키는 결정적인 기회로 작용했다. 물론 이런 긴박한 과정 속에 여전히 하나님의 은혜와 주권적인 손길이 작용하고 있었음을 간과해서는 안 된다. 왜냐하면 성도들의 전全 생애는 오직 하나님의 절대주권의 손길에 의해 장악되어 섭리적으로 통치되고 있다는 것이 성경의 증언이기 때문이다(고전 15:10). 이때 성도들의 지정의는 성령님의 역사에 종속되어 기능하게 된다(창 2:16-17).

언약계시에 근거한 동일한 신학적 원리하에서 신약시대의 성도들은 예수 그리스도의 인격과 사역의 절정을 통해 은혜로 맺어주신 새 언약의 백성들로 존재한다(렘 31:31-34; 겔 36:26-28; 37:24-28; 히 10:16-18; 눅 22:19-20). 이런 의미에서 예수님의 새 언약은 구약의 율법과 선지자들에 의해 모형과 예표로 선포된 일체의 구약언약의 총화이며 궁극적 성취의 성격을 담고 있다(마 1:1, 21-23). 이로 보건대 결국 아브라함 언약 속에 약속된 자손과 민족과 나라와 땅의 실체는 바로 예수 그리스도의 대속적 사역에 근거해 확약된 새 언약을 통해 총체적으로 성취된 신약의 교회공동체를 가리킴에 다름 아니다(갈 3:29).

신약의 교회는 아브라함의 영적 후손들이다(갈 3:7). 하나님의 새 이스라엘이다(갈 6:16). 왕같은 제사장들이요 하나님의 소유된 친 백성들이다(벧전 2:9; 딛 2:14). 이뿐만이 아니다. 신약의 교회는 비록 불완전한 요소를 갖고 있음에도 불구하고 본질상 종말론적 하나님의 나라의 지상적 임재 방식으로 그 나라를 적극 표상하는 유일한 천상적 기관으로 존재한다. 이런 의미에서 이 시대의 성도들은 새 언약 안에서 하나님의 백성 된 신분과 그 나라에 소속된 자들로서 천상적 정체성을 뚜렷이 현시하는 가운데 오직 그의 나라와 그의 의를 추구하는 일에 전심으로 경주해야 할 막중한 사명을 가진 자들로 존재한다(마 6:33).

7

다윗과 골리앗의 싸움

사무엘상 17장 41-54절

I. 도입

다윗과 골리앗의 싸움은 사울 왕이 이끄는 이스라엘과 이스라엘의 영원한 대적인 블레셋과의 전투를 배경으로 한 전쟁 기록이다. 이때 블레셋은 골리앗이라고 하는 구 척 장수가 전신갑주로 무장한 채 블레셋 군대를 대표해 이스라엘과 대치하고 있는 상태였다. 마침 아비 이새의 심부름으로 전장에 참가한 형들의 안부를 확인코자 왔던 다윗이 우연찮게 골리앗에 맞서 전투를 벌이는 가운데 하나님의 도우심으로 전격 승리한 기사를 담고 있다.

장수와 소년의 싸움, 무장과 비무장의 대결, 칼과 물맷돌의 충돌, 전광석화와도 같은 한 판으로 승패가 갈린 전투 등, 본 사건 내용은 이런 다양한 극적 분위기를 연출하는 가운데 생존하시는 하나님의 절대주권적인 능력이 극명하게 나타난 섭리적이며 계시적인 사건기록이다. 그러나 본 사건만큼 그 사건에 담긴 계시적 의미가 본의와는 무관하게 자의적으로 해석되며 편의적으로 적용되는 경우도 드물다.

다시 말해 대부분의 설교자들과 교회학교 교사들은 본문을 설교하거나 가르칠 때, 거의 예외 없이 다윗이라는 개인의 믿음과 용맹에 치우쳐 설명하는 것이 일반적인 경우다. 즉 다윗의 담대한 믿음, 다윗의 용감성, 다윗의 불굴의 투지와 믿음의 승리 등에 집중되기 일쑤다. 다시 말해 '믿음은 승리와 복을 보장받는 첩경이다' 정도로 해석하는 경우가 일반이다. 결국 메시지의 핵심을 다윗이라는 영웅적 인물의 탁월한 믿음에 독자의 시선을 집중시킨다. 그래서 우리도 이와 같이 '다윗의 전폭적인 신뢰의 믿음을 본받아 어떤 절체절명의 위기의 상황에서도 오직 하나님만을 신뢰하며 의탁하는 것을 통해 마침내 승리하는 성도들이 됩시다' 라고 적용시키는 것이 다반사다.

물론 본문을 전후의 문맥과 무관하게 독립적으로 관찰하고 해석해 적용시킨다면 다윗에게 초점을 맞춘다고 크게 지적할 이유가 없을 것이다. 그러나 성경 역사의 본질이 구속사라는 사실을 감안하면, 그래서 본 사건을 통해 성경이 무엇을 말하고 있으며 하나님께서 말씀하시고자 하는 본의가 무엇인가를 고려한다면, 단순히 인간의 신앙적 행동을 모범적 실례로 해석해 적용시킨다는 것은 본문을 기록한 저자의 의도와 그 속에 담긴 하나님의 계시적 본의를 한참 비껴간 왜곡된 관점이라 아니할 수 없다.

이와 관련해 성경의 기록 의도가 창세전 하나님의 영원하신 목적을 밝히 드러내고 있는 하나님의 언약적 자기 계시서인 사실에 주목할 필요가 있다. 때문에 성경은 어느 대목을 본문으로 삼아 설교한다 할지라도 언제나 전체와의 관계(소위 분수식) 속에서 해당 부분을 해석해야 한다는 전제를 요구받는데 이를 성경신학(Bible Theology)적 해석, 곧 언약적 구속사의 관점이라고 말한다. 이런 표현은 성경이 무엇을 말씀하고 있는지를 총체적인 계시관으로 접근해 해석하지 않으면 본문에 담긴 하나님의 본의를 하나님의 심정과 성령님의 의중과 저자의 의도를 좇아 바르게 해석할 수 없음을 의미한다.

이런 관점에서 본문의 다윗과 골리앗의 전투 내용은 언약적 구속사관으로 관찰하고 해석해 적용할 때만 하나님의 마음에 합한 정당한 해명이 가능하게 될 것이다. 따라서 다윗과 골리앗의 전투기사는 저자로 하여금 독자들에게 믿음으로 말미암는 다윗의 신앙적 담대함과 승리, 그리고 용맹성을 고취시키고자 기술한 내용이 아니라는 사실이다.

따라서 하나님의 시각에서 본문에 소개된 전투를 관전해야 한다. 하나님의 마음으로 본 전투에 담긴 본의를 해명해야 한다. 다시 말해 저자가 본 전쟁기록을 통해 독자들에게 전달하고자 하는 의중이 무엇인지를 성경신학적으로 접근해 해석해야 된다는 사실이다. 곧 총체적인 계시관의 입장에서 본 사건의 본의를 파악해야 한다는 지적이다. 그렇지 않으면 불가피하게 주관적이고 자의적인 해석으로 인해 인본주의적 관점으로 나타날 수밖에 없다. 말씀에 대한 적법한 해석이야말로 바른 신앙관 정립의 관건으로 작용한다. 믿음은 들음에서 나오며, 들음의 내용은 그리스도의 체계화된 말씀을 가리키기 때문이다(롬 10:17). '지식 - 믿음 - 순종' 은 신앙관 정립의 삼요소로 기능하는 가운데 상호의존적인 관계성을 유지한다.

요한계시록에서 저자는 누구든지 계시로 주신 말씀 외에 더하거나 덜하는 자가 있다면 하나님의 구원에서 제외될 것이며 모든 심판의 재앙이 그에게 더해질 것에 대해 엄히 경고한다(계 22:18-19). 오늘날 공개적으로 드러난 이단의 무리들을 제외한다면 누가 기독교 교회공동체 안에서 공공연하게 말씀(성경)을 문자적으로 가감하는 일이 가능할 수 있겠는가. 그럼에도 불구하고 계시록 본문의 가감의 문제를 적용시킴에 있어서 교회 밖 이단의 무리에서 찾기보다는 기독교 교회공동체를 향해 경계로 주신 말씀으로 수납해야 한다. 이런 관점에서 교회역사 속에서 이미 교회 안에 가만히 들어 온 거짓선지자나 교사나 사도에 대해 경계할 것과 저들을 시험해 철저히 교회 밖으로 내쫓을 것에 대해 엄히 요구하는 말씀을 가볍게 여겨서는 안 된다.

그렇다면 말씀의 가감에 대한 경고를 어떤 방식으로 현대교회에 적용시켜야 할 것인가. 오늘날 말씀의 가감은 교회 속에서 어떤 모습으로 나타나게 될 것인가. 자의적인 해석과 편의적인 적용의 방식을 통해 나타나게 될 것이다. 말씀을 자기중심적으로 해석해 적용하는 것을 통해 인간의 현세지향적인 행복과 번영과 성공을 위한 방편으로 삼는 방식을 통해서 나타나게 된다. 자의적 숭배신앙의 결국은 하나님을 인간의 성공과 출세를 위한 도구와 수종자로 삼아 섬김으로 결과적으로 우상숭배적 신앙으로 전락해 버리게 되는 것이 십상이다.

성경을 총체적 계시관에 입각해 다양성과 아울러 통일성 있는 지식의 체계를 통해 해석하고 신앙하지 못할 때 이런 일이 발생하게 된다. 소위 성경에 대한 파편적이며 단편적인 지식의 위험성이 이에서 나온다. 어느 한 본문을 근접 문맥 내지는 전체 문맥과의 관계성을 무시한 채 자신들의 목적과 결부시켜 자의적으로 해석하고 편의적으로 적용하게 되면 결국 하나님의 본의와는 전혀 무관한 불법적이고 불복종적인 결과를 낳게 된다는 지적이다(롬 10:2-3; 마 7:21-23).

자의적 숭배신앙은 자신을 외적으로 기독교인처럼 치장할 수 있을지 몰라도 사실상 하나님과는 관계도 분깃도 없게 된다. 왜냐하면 이런 사람은 자기 기만적 신앙에 깊이 빠지게 되기 때문이다. 예수께서는 산상수훈의 설교를 마감하시는 결론 부분에서 이들 거짓된 신앙의 실체를 밝히 드러내시며 불법적인 신앙관에 대해 준엄하게 심판하신다(마 7:21-23). 그리스도인들의 신앙의 정체성이 얼마나 철저하게 계시의존사색 신앙관으로 표출되어야 하는지를 강력히 요구하는 경우가 아닐 수 없다. 그런 의미에서 성경에 대한 바른 지식의 체계 곧 총체적인 계시관의 정립은 바른 신앙관 정립의 첩경으로 기능한다(롬 10:2-3).

그렇다면 본문의 다윗과 골리앗의 전투를 어떤 관점으로 해석해야 할 것이며 이것이 오늘날 현대교회에게 시사하는 바는 무엇일까. 위에서 이미 언급한 대로 언약적 구속사의 진행이라는 관점에서 탐구해 보자.

II. 전개

성경의 역사는 구속사다. 구속사란 예수 그리스도의 대속적인 속죄사역 안에서 택한 백성을 구원하시고 이들을 통해 교회공동체를 이루시는 가운데 궁극적으로 하나님 나라를 건설하심으로 종말론적 영광을 받으시고자 역사를 기뻐하시는 뜻 가운데 섭리적으로 주관해 가시는 하나님의 절대주권적인 사역을 일컫는다(엡 1:4-6; 창 3:15; 마 1:21). 이때 구속사를 푸는 열쇠가 다름 아닌 언약이다. 창세전 하나님의 영원하신 목적인 삼위하나님의 구원협약이 언약의 방식으로 약정되었기 때문이다(엡 1:4-14; 딛 1:2).

이런 관점에서 창세전 신적 작정은 구속계시의 원천이며 구속언약의 원형으로 기능한다. 구약의 이스라엘의 역사는 이런 종말론적 구속사를 예시적으로 진행해 나가시기 위해 세상가운데 앞서 드러내신 계시의 도구로서 예표적 성격을 띤다. 따라서 다윗과 골리앗 전투사건은 언약적 구속사 진행의 연속선상에서 그 본래의 언약적 의미와 연결시켜 해석하지 않으면 사건 속에 담긴 계시의 의미를 바르게 파악하기가 쉽지 않다.

1. 언약적 구속사의 태동

(1) 신적 언약의 원형인 영원한 구속언약(엡 1:4-14)

창세전 하나님께서는 기뻐하시는 뜻 가운데 그리스도 안에서(엡 1:4) 택하신 백성들을 구속하기로 예정하시고 이를 통해 영광과 찬송과 존귀를 받으시기를 계획하셨다(엡 1:6). 이런 하나님의 창세전 경륜을 가리켜 삼위 하나님의 구원협약, 또는 영원한 구속언약[88]이라고 부른다. 특별히 "창세전 그리스도 안에서 우리를 택하사"(엡 1:4)라는 표현에 함의된 예수 그리스도의 구속사역이 세상 역사 속에서 구체적으로 성취되기 위해선 '창조 - 타락 - 구속'(재창조)의 언약적 패러다임의 가시화가 논리적으로 불가피함을 간파하는 일은 대단히 중요한 관점이다. 우리는 이런 패러다임의 구조적 틀을 창세기 1-3장을 통해 확인하게 된다.

하나님의 영원한 구속언약에는 하나님의 택하신 백성들을 죄로부터 속량함으로써 친 백성을 삼기 위해(엡 1:4-6) 예수 그리스도의 구속 곧 피로 맺은 새 언약(마 26:26-28; 눅 22:19-20; 고전 11:23-26)을 통한 죄사함의 사역이 절대적으로 필요하다(엡 1:7-12). 성령님은 예수 그리스도의 구속의 공효를 하나님의 택한 백성들에게 구체적으로 적용시키는 과정에서 복음의 말씀(예수님의 대속적인 죽음과 부활, 고전 15:3-4; 롬 4:25)을 저들의 심령에 인침으로 거듭나게 하시고, 믿음으로 이 사실을 영접케 하며, 보증으로 성도들 안에 내주하심을 통해 적용의 사역을 공작하신다(엡 1:13-14; 요 1:12; 고후 1:22). 이런 관점에서 신적 작정의 중심 주제인 선택과 언약사상은 상호 불가분의 연관성을 맺고 있으며 동시에 상호 의존적이며 보완적인 관계를 가진다.

(2) 문화명령적 창조 언약

하나님께서는 창세전에 수립하신 하나님의 영원하신 목적과 작정의 구체적인 실현을 위해 세상을 창조하시고(창 1:1) 당신의 형상과 모양을 좇아 인류의 조상인 아담과 하와를 친히 지으셔서 에덴에 거주케 하신다(창 1:26-

88) 아더 핑크, 김의원 역, 『하나님의 언약』(서울: 기독교문서선교회, 1992), 22-23.

27). 하나님을 대신해 모든 창조물의 통치권을 아담 부부에게 위임해 주신다(창 1:28). 그야말로 '창조의 면류관' 으로서 만물을 향한 대리적 통치자의 자리에 오른 셈이다. 이로 인해 아담이 타락하기 전 에덴은 처음부터 하나님 나라를 상징적으로 계시하고 있었을 뿐 아니라, 보다 온전하고 종말론적인 하나님 나라로 발전시켜 나가야 할 막중한 책임과 사명이 저들에게 주어졌던 것이다.

창세기 1장 28절을 통해 주신 소위 문화명령적 창조 언약 속에 담긴 계시의 비밀의 실체가 이랬다. 다시 말해 인간의 문화활동으로서 창조적이고 창의적인 생명적 활동의 궁극적 목표가 하나님 나라의 건설에 집중되어 있었다는 사실이다. "생육하고 번성하여 땅에 충만하라, 땅을 정복하라, 바다의 고기와 공중의 새와 땅의 움직이는 모든 생물을 다스리라"(창 1:28)고 하신 말씀의 중심사상이 다름 아닌 종말론적 하나님 나라의 건설을 가리키고 있다는 사실이다.

그렇다면 이런 원대하신 하나님의 영원하신 목적과 계획이 어떤 방식을 통해 실현 가능할까. 이는 창조의 원리상 피조물로서 창조주이신 하나님의 말씀을 절대적으로 의존하는 가운데 이를 생명의 도리로 붙들고 순종하며 살아가는 것을 통해 비로소 가능할 뿐이다. 이런 사실을 상징적인 계시사건으로 보여주는 것이 선악과 금령에 담긴 소위 아담 언약(선악과 금령)의 비밀이다. "선악을 알게 하는 나무의 실과는 먹지 말라. 네가 먹는 날에는 정녕 죽으리라"(창 2:17).

1) 사단의 미혹과 아담의 범죄

천상에서 하나님의 보좌를 찬탈하려다 실패한 사단과 그의 졸개들에게 세상은 종말론적 하나님 나라가 이루어질 때까지 한시적으로 저들에게 허락된 통치의 영역이다(엡 6:12; 요일 2:15-16). 하나님께서 친히 지으신 아담과 하와를 통해 하나님의 나라를 세우시고자 하는 계획을 감지한 사단은 영계에서 이루지 못한 사욕을 채우고자 이번에는 뱀을 도구로 하와에게 접근한다. 이번에는 직접 공세를 포기하고 우회전술을 시도한다. 이 시험에 아담과 하와가 빠지고 만다(창 3:1-6).

이로 인해 에덴에 죄가 유입된다. 아담과 하와는 죄인으로 전락한다. 에덴은 더이상 하나님께서 안식하실 수 있는 하나님 나라로서의 천상적 모습과 성격을 잃게 된다. 실낙원이 되어 버린다. 하나님과의 모든 관계가 한 순간에 깨져버린다. 이들에게 선악과 금령을 위반한 결과로 주어지는 죽음만이 찾아올 뿐이다. 사단이 승리한 것 같다. 하나님의 계획이 수포로 돌아간 듯하다. 창세기 1장 28절에서 약속하신 하나님 나라에 관한 언약은 파기된 것처럼 보인다. 이런 이유로 신인동성동형론적 관점에서 하나님의 딜레마(God' s dilemma)라는 문제가 제기된다. 그러나 그것이 끝은 아니다.

2) 여자의 후손 언약과 원복음

하나님의 언약은 창조자의 주권적 특성상 어떤 이유로도 파기되거나 변개될 수 없다(민 23:19). 더욱 선악과 금령은 비록 그것이 행위언약의 성격을 띠고 조건부적으로 주어졌다 할지라도 보다 본질적이고 근원적인 입장에서 창세기 1장 28절의 은혜언약에 부속되어 있음으로 죽음의 형벌이 언약적 징계와 심판의 성격을 띠고 한시적으로 주어질망정, 영벌의 사망에 처해질 수는 없는 법이다. 만에 하나라도 그렇게 된다면 이는 창세기 1장 28절의 언약이 식언이 되기 때문이다. 하나님은 인간이 아니시기에 식언치 않는다고 성경은 증언한다(민 23:19). 하나님의 언약은 출처가 신적 기원에 근거하고 있기에 필연적으로 성취되어야만 하는 당위성을 이미 자체 안에 담고 있음을 의미한다.

때문에 이들의 범죄를 해결해 주시며 동시에 창세기 1장 28절의 최초의 은혜언약의 내용인 하나님 나라를 지속적으로 성취해 나가시는 방식의 일환으로 창세기 3장 15절의 여자의 후손 언약이 추가적으로 주어진 것이다. 여기에서 여자의 후손 언약을 일컬어 복음의 원형(prototype), 곧 원복음이라고 부르는 이유는 그 안에 점진적 계시의 원리상 암시적이긴 하지만 종말론적 구속자로서 예수 그리스도로 말미암는 대속적 속죄사역의 의미가 담겨 있기 때문이다. 이런 방식으로 하나님의 딜레마는 여자의 후손의 등장을 통해 해결의 실마리를 찾게 된다.

3) 창조원리에서 구속의 원리로 갱신

당초 창조적 원리(창 1:28)에 근거해 타락 전 무죄자로서 아담 부부와 이들의 후손을 통해 이루고자 하셨던 하나님 나라의 계획은 이들의 범죄로 말미암아 자연스럽게 죄를 구속해 주시는 속죄의 방식을 통해 재정립되기에 이른다. 하나님의 영원하신 목적으로서 하나님 나라 건설이 창조원리에서 구속의 원리로 갱신되었다는 얘기다. 예수 그리스도의 오심은 이런 방식으로 인류의 유일한 구속자로서 성육신의 길이 예비되기에 이른 것이다. 이런 식으로 세상 역사는 표면적으로 인류의 역사라는 성격을 띠고 피조세계 속에 그 정체성을 드러내지만 사실상 여자의 후손을 세상 가운데 오게 하시는 구속사의 현장이요 무대로서의 기능을 수행한다. 그런 의미에서 하나님께서 창세전 그리스도 안에서 곧 구속언약에 근거해 우리를 택하신 사실(엡 1:4)이 창세기 1-3장을 통해 창조 - 타락 - 구속(재창조)의 언약적 패러다임을 통해 현실화되고 있음을 간파하는 일은 성경 역사(계시사)를 하나님의 본의대로 해석하는 일과 관련해 사활이 걸릴 정도로 중요한 관점이다. 창세기 4장부터 본격적으로 시작되는 세상 역사의 본질이 언약적 구속사인 사실이 이런 이유에 기인한다.

2. 여자의 후손 언약의 예비적 성취로서 아브라함 언약(창 12:1-3)

여자의 후손 언약(창 3:15)은 이후 인류의 초기 역사(창 4-11장) 속에서 아벨을 대신해 주신 셋을 통해 종말론적 성취를 향해 진행된다. 이 과정에서 창세기 저자는 여자의 후손 언약 속에 예언된 두 계열의 계보를 기술함으로써 여자의 후손 언약이 세상 역사를 통해 진행되고 있음을 암시적으로 시사한다(창 4:25-26; 5:1-5). 이때 여자의 후손계보는 아담으로부터 셋에게로 연결되고, 이후 에녹을 거쳐 아담의 십대 후손인 노아에게까지 연결된다(창 5:28-32).

그러나 인간의 본성에 내재된 죄성은 왕노릇하는 권세로 인해 하나님의 심판을 자초하기에 이를 정도로 죄의 관영함을 불러와 마침내 노아 때에 이르러 인류는 하나님의 물 심판에 처해진다. 노아 때의 물 심판은 죄에 대한 심판의 당위성을 계시한 사건으로 종말론적인 심판에 대한 예표적 성격을 띤다. 신약의 복음서 기자는 노아 시대의 물 심판과 롯 시대의 소돔과 고모라 성의 심판을 종말론적 심판의 예시적 사건으로 경고한다(마 24:37-39; 눅 17:26-30). 물 심판으로부터 노아와 그의 가족들만 하나님의 선택적 은혜로 생명을 보존해 주심으로 여자의 후손 언약의 계보는 물 심판 가운데서도 파기됨이 없이 종말론적 성취를 향한 구속사의 진행을 계속한다.

과연 하나님은 역사의 주관자이시다. 세상이 다 주께 속해 있을 뿐이다. 하나님의 절대주권이 세상 모든 역사를 기뻐하시는 뜻 가운데 주도적으로 섭리해 가신다(롬 11:36). 그런 의미에서 이 시대의 성도들을 예수 그리스도 안에서 구원하셔서 여전히 존재케 하시며 구원의 궁극적 목적인 하나님의 나라를 선양하고 운반하며 건설하는 자들로 여기 이렇게 살게 하시는 분도 하나님이시다.

따라서 모든 시대의 성도들은 예수 그리스도의 속죄사역 안에서 종말론적 심판으로부터 이미 제외된 자들이다(요 5:24). 이는 그리스도의 심판대 앞에 서지 않는다는 것이 아니다. 최후의 심판대에서 악인과 죄인으로 정죄 당해 불못의 형벌을 종말론적으로 선고받지 않게 된다는 의미이다(롬

8:1-2; 계 20:6). 이런 관점에서 성도들이 받게 되는 그리스도의 심판은 믿음 안에서 선악간에 행한 행위에 대해 총체적 결산과 정산(진정성, 순전성, 충성도 등)의 의미가 담긴 정화적 심판의 성격을 띤다고 볼 수 있다. 종말론적으로 실현된 하나님 나라에서 명실상부하게 완성된 구원의 삶을 실질로 소유해 누리기 위한 조치의 일환인 셈이다(고후 5:10; 롬 14:10-12; 벧전 1:17; 계 20:12). 성도들이 두렵고 떨림으로 완성된 전인적 구원을 위해 일평생 성화적 삶을 추구해 나가야 하는 이유가 이런 원리에 근거한다(빌 2:12; 벧전 1:17).

구원은 결코 방종을 묵인하거나 용납하지 않는다. 오히려 적극적으로 구별되고 차별화된 삶을 촉구한다. 구원은 은혜의 왕노릇하는 권세로 인해 강력한 행함을 요구한다(약 2:22, 26, 17). 따라서 성도들의 행함은 보상적 개념이 아니다. 당위적 요구다. '무익한 종' 의 고백이 이런 사실을 구체적으로 대변해 준다. "명한 대로 행하였다고 종에게 사례하겠느냐. 이와 같이 너희도 명령 받은 것을 다 행한 후에 이르기를 우리는 무익한 종이라 우리의 하여야 할 일을 한 것뿐이라 할지니라" (눅 17:9-10).

하나님께서는 여자의 후손 언약에 근거해 노아와 새롭게 언약을 갱신하시는 가운데 보존 언약을 체결하신다(창 9:1-3, 8-10, 25-27). 노아의 보존 언약이 갱신의 성격을 띠는 것은 그 내용이 창세기 1장 28절을 통해 아담과 맺으신 창조 언약과 본질에서 다를 바가 없으나 여자의 후손 언약(창 3:15)에 따른 구속의 원리가 부가되고 있기 때문이다. 따라서 여자의 후손은 노아의 후손들이 생육하며 번성하여 땅에 충만해지는 가운데 마침내 섭리적 작정의 기간이 차면 정하신 여자에게서 나시게 될 것이 틀림없다(갈 4:4-5; 렘 31:22).

노아에게는 셈과 함과 야벳이라는 세 아들이 있다(창 9:18). 이들 중 하나님의 선택적 은혜는 셈에게 주어진다. 셈에게는 모두 다섯 아들이 있었는데(창 10:22) 하나님의 은혜의 손길은 이들 중 셋째인 아르박삿을 택하셔서 여자의 후손을 잇는 언약적 계보로 삼으신다(창 11:10). 아르박삿의 후손 중에서 아브라함의 아비인 데라가 출생하게 되며(창 11:24) 마침내 데라의 세 아들(창 11:26) 중 아브라함을 이스라엘의 혈통적 조상이며 여자의 후손 언약의 명시적인 계승자로 불러주신다(창 12:1).

하나님께서는 아브라함과 보다 구체적이며 공개적이고 개인적으로 언약을 맺어주신다(창 12:1-3). 이를 소위 아브라함 언약이라고 부른다. 지금까지 은닉적이고 암시적으로만 진행되어 오던 초기 인류역사 속에 담긴 하나님의 구속사는 아브라함에게 이르러 비로소 명시적으로 그 실체를 역사의 전면에 드러내게 된 셈이다. 이런 이유로 아브라함 언약을 언약적 구속사 진행의 공식적인 효시嚆矢로 삼기도 한다. 그렇다고 아브라함 언약이 이전의 언약들과의 관계 속에서 독립된 별개의 언약을 의미하는 것은 아니다. 언약의 성격이 한결같이 신적 기원을 갖기 때문에 구속사의 진행과정에서 나타나는 제반 언약들은 본질상 상호 연계성과 통일성을 띠게 된다.

그렇다면 아브라함 언약 속에 담긴 내용들이 의미하는 계시적인 정체성은 무엇일까. 아브라함 언약은 네 가지 약속을 담고 있다. 자손과 땅과 왕권 및 열국의 복의 근원으로 구성되어 있다(창 12:1-3). 이들 언약적 요소들이 총체적으로 지향하는 사상은 아브라함의 후손들로 말미암아 가나안 땅에 건설될 신정왕국에 집중된다. 이런 식으로 문화명령적 창조 언약에 함의되어 있던 하나님 나라 건설에 대한 창세전 영원하신 목적은 여자의 후손 언약을 통해 구속사적 원리로 갱신되면서 초기 인류의 역사를 통해 언약적 구속사를 출발시켰으며, 마침내 아브라함에게 이르러 보다 구체적으로 신정왕국에 대한 하나님의 본의를 천명하신 셈이다. 따라서 아브라함 이후 하나님의 구속사는 이스라엘의 초기역사 속에서 하나님 나라의 삼대 구성요소인 백성과 땅과 왕에 대한 약속이 어떤 방식으로 하나님의 절대

주권적인 섭리의 손길을 통해 성취되어 가는지를 소상하게 기술하면서 그 과정을 심도 있게 기록한다.

창세기 저자는 이상 일련의 언약적 구속사를 성경독자들에게 소개하는 것을 통해 언약에 신실하신 하나님의 절대주권적인 섭리역사가 때가 차면 마침내 여자의 후손을 세상 가운데 보내시고 당신의 백성을 죄의 속박에서 구원하실 것과, 이들을 통해 종말론적으로 이루어질 하나님의 나라를 건설해 주실 것을 확증시켜 준다. 이는 하나님을 향한 신앙의 정체성이 철저히 계시의존적이고 섭리의존적이며 미래지향적인 믿음으로 나타나야 될 것을 강력히 시사한다.

(1) 자손언약의 성취 기록

창세기 저자는 창세기 12장부터 신명기서에 이르기까지 모세오경 기사를 통해 아브라함의 후손인 '이스라엘 백성'(자손 언약)들이 어떻게 하나님의 언약백성으로 형성되어 명실공히 제사장 나라와 거룩한 백성으로 인준되는지의 과정에 많은 지면을 할애한다. 이는 아브라함 언약에 근거해 아브라함의 생애를 주도해 가시는 하나님의 언약성취의 신실성을 강조함으로 '역사의 주권자가 되시는 하나님' 이라는 신학적 명제를 만천하에 천명하는 효과를 가져온다. 과연 사람의 본분과 도리가 하나님을 경외하며 그 명령을 지켜 행하는 것임을 밝히 증거한다. 이 과정에서 언약은 하나님의 구속사를 푸는 열쇠로 기능한다. 창세전부터 하나님의 구속경륜은 언약의 방식으로 약정되었기 때문이다. 이는 '선先 언약 - 후後 성취' 의 방식으로 하나님의 구속사를 집행해 가신다는 사실을 의미한다. 혹자는 이를 '피로 맺은 약정'(bond in blood)[89]으로 부른다(히 9:22).

---

89) O. Palmer Robertson, 김의원 역, 『계약신학과 그리스도』(서울: 기독교문서선교회, 1995), 12.

(2) 땅 언약의 성취 기록

여호수아서는 아브라함 언약 중 자손언약 성취에 이어 가나안 정복사건을 통한 땅 언약 성취에 관한 기록 내용이다. 비록 물리적인 가나안 정복은 다윗과 솔로몬 치세하에서 최종적으로 완료되지만 신적 기원에 근거한 언약의 필연적 성취라는 성격상 여호수아서 기자는 도면상의 분배를 직접적인 정복사건과 동일시 여기는 것을 통해 가나안에 대한 하나님의 약속이 이미 성취된 것으로 간주한다(수 18:8; 21:43-45). 이는 신약적 표현을 빌리자면 성도들이 하나님의 뜻을 따라 기도할 때 기도의 내용이 틀림없이 이루어질 것을 미리 전제해서 감사함으로 기도할 것을 요구받는 내용과 같은 맥락의 표현이다. "아무 것도 염려하지 말고 오직 기도와 간구로 너희 구할 것을 감사함으로 하나님께 아뢰라. 그리하면 모든 지각에 뛰어난 하나님의 평강이 그리스도 예수 안에서 너희 마음과 생각을 지키시리라"(빌 4:6-7).

(3) 왕 언약의 성취 기록

이제 아브라함 언약 중 남은 부분은 통치권(왕권)에 대한 언약이다. 왕권에 대한 약속은 하나님의 마음에 합한 왕의 선택과 등극으로 말미암는 사실상 신정왕국으로서 하나님 나라의 건설을 의미한다. 구약 역사에서 이스라엘의 왕의 구속사적 신분과 성격은 만왕의 왕이신 하나님을 대신하는 대리적 통치권자의 의미를 가진다. 왕의 통치하에서 이스라엘 백성들이 안식과 평안을 누림으로 구원을 안전하게 보장받게 된다. 그러나 이런 이스라엘에 대한 구속사적 계시 역사는 남북의 분열과 외침에 의한 멸망으로 중도에 실패로 끝난다.

이를 통해 아브라함 언약 속에 계시되었던 신정왕국에 대한 약속은 예수 그리스도 안에서 참 이스라엘인 신약의 교회공동체를 통해 이루어질 것에 대한 예비적이고 예표적인 조치였음을 간파하게 된다(갈 3:29). 하나님께서는 처음부터 아브라함의 혈통적 후손인 이스라엘을 염두에 두신 것이 아니다. 역사적 이스라엘은 구속사의 진행 속에서 새 이스라엘로 출현하게 될 미래의 교회공동체와 이를 통해 현시될 하나님 나라를 위해 한시적으로 선용된 계시적 방편이었던 것이다(롬 2:28-29).

왕권 언약과 관련해 사사기서 기자는 구속사적 통찰력과 안목을 가지고 "그 때에 이스라엘에 왕이 없으므로 사람이 각각 그 소견에 옳은 대로 행하였다"(사 21:25; 18:1; 19:1)라고 기록한다. '왕의 필요성' 을 암시적으로 시사하는 표현이다. 이는 앞으로 이스라엘의 초기역사는 하나님의 대리적인 왕의 출현과 이로 말미암는 가시적인 신정왕국의 건설에 모든 관심이 집중될 것을 암시하는 내용이다. 룻기서는 사사기서에서 암시된 왕의 필요성을 통해 누가 하나님의 마음에 합한 통치권자로 이스라엘의 왕위에 오를 것인지를 유다의 후손인 보아스와 룻의 혼인관계를 통해 암묵적으로 기술된다. 결과적으로 룻기서 기자는 독자들의 관심을 하나님의 마음에 합한 왕인 이새의 아들 다윗에게로 유도한다(룻 4:18-22).

사무엘서는 다윗을 기름부어 명실상부한 신정왕국 이스라엘의 왕으로 삼기 위해 선지자이며 제사장이고 마지막 사사에 해당되는 사무엘의 출생에 관한 기사를 먼저 소개하는 것으로 서두를 연다. 선지직의 본격적인 출발이 사무엘의 출생과 더불어 시작되는 것은 왕의 선택과 기름부음에 대한 신탁의 수행자로 선지자의 필요성이 요구될 뿐 아니라, 왕의 경호자로서의 직임을 감당케 하기 위한 조치의 일환인 셈이다. 따라서 사무엘의 출생 또한 구속사적 관점으로 해석해야 한다. 단순히 한나의 기도에 응답하시는 하나님이라는 전제속에서 '기도는 만능이며 문제해결의 열쇠' 라는 식으로 접근한다면 사무엘 출생의 구속사적 의미에 대한 하나님의 의중과 본의를 왜곡시켜 자의적 해석과 편의적인 적용이 성립될 뿐이다. 자기 소견에 좋을 대로의 인본주의적 해석과 적용의 실상이 이런 경우다. 이는 현대판 말씀의 가감 현상에 다름 아니다(계 22:18-19).

(4) 왕에 대한 하나님의 내정內定

사무엘서는 사사기와 룻기의 시대적 상황의 연속선상에서 해석해야 한다. 이는 사사기서에서 보여주는 이스라엘의 영적 타락과 암매함과 불순종으로 일관하는 왜곡된 신앙관이 여전히 사무엘서 초반 몇 장에 걸쳐서 적나라하게 소개되고 있기 때문이다. 특별히 당시 엘리 제사장의 무능과 그의 아들들의 극심한 방종과 타락의 정도는 이들이 이스라엘의 영적 지도자란 점을 감안한다면 백성들의 영적 상태가 어느 정도에 이른지를 쉽게 가늠하고도 남는다. 다음과 같은 사무엘서 기자의 지적을 통해 극명하게 확인된다.

"아이 사무엘이 엘리 앞에서 여호와를 섬길 때에는 여호와의 말씀이 희귀하여 이상이 흔히 보이지 않았더라"(삼상 3:1). 하나님께서 더이상 계시로 말씀해 주지 않으셨다는 내용이다. 이는 이스라엘이 하나님의 계시에 지극히 무관심했음을 가리키는 표현이기도 하다. 성경 전반에 걸쳐 볼 때, 계시의 희귀는 백성들의 영적 도덕적 타락에 대한 하나님의 심판의 일환이었음을 보게 된다(암 8:11-12).

더구나 당시 제사장이었던 엘리의 아들들을 일컬어 "엘리의 아들들은 불량자라. 여호와를 알지 아니하더라"(삼상 2:12)고 고발한다. 제사장의 아들들이 이렇다면 백성들의 영적상태는 어떻겠는가. 이뿐만이 아니다. 불레셋과의 전투에서 하나님의 언약궤를 빼앗겼다. 엘리 제사장의 두 아들 홉니와 비느하스마저 결국 죽임을 당했다. 이 소식을 접한 엘리 제사장 또한 의자에서 자빠져 목이 부러져 죽는다. 이때 비느하스의 아내는 시부와 남편의 사망 소식을 접한 나머지 마침 잉태한 아이를 출산하면서 이름을 이가봇이라고 짓는다. 이는 '하나님의 영광이 이스라엘에게서 떠났다' 라는 의미이다(삼상 4:17-22).

이런 일련의 비극적 상황은 불충한 엘리 제사장 가문에 대한 하나님의 예언적 선언 속에서 이미 예견된 사건의 구체적 성취다(삼상 2:34-35). 이런 사실은 당시 이스라엘의 영적 수준과 도덕적 해이상태가 사사기 시대의 패역과 불순종을 그대로 답습하고 있음을 적나라하게 시사한다.

이런 영적 암매와 불순종이 만연하고 있었던 패역한 상황에서 하나님께서는 마침내 사무엘을 준비시키시는 가운데 신정왕국으로서 이스라엘의 영적 회복을 위해 본격적으로 섭리적인 간섭을 시도하셨던 것이다. 이에 부응해 선지자 사무엘은 온 이스라엘을 미스바에 모이게 해 영적 대각성을 위한 기도회를 개최하는 것을 통해 이스라엘의 회개를 촉구한다(삼상 7:5-6). 하나님께서는 이를 기쁘게 열납하심으로 때마침 이스라엘을 공격해 온 블레셋을 대파시키신다. 이를 통해 사무엘은 자타가 공인하는 이스라엘의 영적 지도자의 위치에 오르게 된다.

세월이 흘러 사무엘이 나이가 많게 되자 그의 아들이 사무엘의 뒤를 이어 이스라엘의 지도자로 책봉되지만 아비의 행위를 따르지 못하고 불의와 불법을 일삼는 고로 백성들의 장로들이 늙은 사무엘을 찾아와 '열방' 과 같이 왕을 세워서 이스라엘을 다스리게 해 달라고 요구한다(삼상 8:4-5). 당시 이스라엘은 불완전하지만 시내산 언약에 의해 하나님의 제사장 나라와 거룩한 백성으로 존재하고 있었으므로 사실상 하나님께서 왕으로 통치하고 계신 것과 다를 바 없었다. 오히려 약속하신 왕을 주실 때까지 믿음으로 기다려야 했음이 당연한 처사였다.

하나님께서는 저들의 요구에 불편한 마음을 표출하시면서 이스라엘이 사무엘을 버린 것이 아니라 사실은 하나님을 버린 것이라고 해석하신다(삼상 8:7). 이는 근본적으로 시내산 언약에 정면으로 배치되는 배역한 행위다. 사무엘은 열방의 왕의 제도의 부당성과 불합리성을 제시하면서 이스라엘 백성들의 마음이 오직 하나님만을 왕으로 섬기는 일에 회복되기를 촉구한다(삼상 8:10-18). 그러나 이미 빗나간 저들의 변절된 마음은 쉽게 회복되지 않는다. 막무가내로 오직 자기 소용所用에 좋을 대로 열방과 같은 왕을 세워 줄 것을 집요하게 요구한다. "우리도 열방과 같이 되어 우리 왕이 우리를 다스리며 우리 앞에 나가서 우리의 싸움을 싸워야 할 것이니이다"(삼상 8:20).

하나님께서는 백성들의 요구를 허락하신다. 사무엘로 하여금 마침내 사울에게 기름을 붓게 해, 그를 이스라엘의 초대 왕으로 옹립한다. 그러나 이미 앞서 룻기서에서 보았듯이 사울 왕은 하나님의 마음에 합한 왕이 아니다. 사울은 하나님께서 마음에 두신 바로 '그 왕'이 아니다. 그럼에도 불구하고 사무엘로 하여금 사울을 기름부어 왕으로 삼게 하신 의도는 무엇일까. 이는 사람의 뜻을 좇아 세워진 왕의 결국이 어떠함을 부정적인 측면에서 미리 보여주심으로 하나님께서 세우신 왕이야말로 참 왕인 사실을 극적으로 부각시키기 위한 의도적인 기술이다.

이런 이유로 사울은 처음부터 신정왕국 이스라엘의 참 왕으로서의 정통성과 적법성을 상실한 부적격자로 왕위에 오르게 된다. 사울은 이후 등장하게 될 참 왕의 등극을 위한 시험적인 역할을 감당하는 자로서의 의미를 가질 뿐이다. 다시 말해 사울은 신정왕국의 대리적 통치권자로서 이스라엘의 바람직한 왕이 결코 될 수 없다는 사실을 객관적으로 보여주기 위한 실패한 왕의 본보기에 지나지 않는다.

사무엘서 기자는 이런 사실을 이후 몇 차례에 걸친 사울 왕의 불순종의 행적을 통해 명백하게 고발한다. 신정왕국 이스라엘 왕으로서 사울의 부적격성은 왕의 본분인 시내산 언약의 율법(왕상 2:1-4)을 결정적으로 불순종하는 것에서 극명하게 노출된다. 대표적인 사례가 아말렉 진멸에 대한 사울의 타협적인 행동이었으며(삼상 15장), 블레셋과의 전투를 앞두고 사무엘을 대신해 번제를 독단적으로 집례한 월권 행위(삼상 13장)에서 찾을 수 있다. 이 두 사건에서 보여 준 사울의 행동은 한결같이 변명과 핑계 및 책임 회피와 전가로 일관한다.

하나님께서는 사울을 대신해 마음에 합한 왕을 따로 세우실 것을 사무엘을 통해 시사하신다(삼상 13:14). 하나님께서는 마침내 사무엘을 향해 하나님의 마음에 합한 자를 세워 기름을 부을 것을 지시하심으로 다윗을 본격적인 이스라엘의 참 왕으로 추대할 것임을 천명하신다(삼상 16:1). 이렇게 해서 아직은 소년의 티를 채 벗지 못한 이새의 말째 아들인 목동 다윗을 참 이스라엘의 왕으로 내정內定하게 된다(삼상 16:10-13).

(5) 왕에 대한 하나님의 공적 인준認准

사무엘 기자는 16장에서 이새의 말째 아들 소년 다윗을 기름부어 하나님께서 마음에 원하시는 이스라엘의 차기 왕으로 내정한 후(삼상 16:13), 17장에서 다윗과 골리앗의 전투내용을 기술한다. 구속사에 민감한 독자라면 이런 저자의 기술이 다분히 의도적인 구성인 사실을 간파하게 될 것이다. 다시 말해 다윗으로 하여금 골리앗과의 전투를 승리로 이끌게 하는 것을 통해 16장에서 비공식적으로 기름부은 다윗을 이스라엘 앞에 공식적으로 데뷔시키신 효과적인 극적 연출인 셈이다. 이를 위한 하나님의 세부계획은 당시의 전쟁 상황을 효율적으로 선용하시는 가운데 주도면밀하게 진행됨을 보게 된다.

당시 블레셋이 이스라엘을 재공격하고 있었다. 블레셋은 아말렉과 더불어 이스라엘 역사상 하나님의 나라를 총체적으로 대적하는 사단의 세력을 상징하는 군대로서 여자의 후손과 적대적 관계를 맺고 있는 뱀의 후손을 적극적으로 표상한다고 해도 과언이 아니다. 마침 블레셋 진영에서 골리앗이라 일컫는 구척 장수가 온 몸에 전신갑주를 입고 나와 하나님의 군대인 이스라엘을 조롱하며 능멸하는 데 한껏 열을 올리고 있던 차였다. 이 전쟁에 마침 이새의 세 아들들이 병사로 출전하고 있는 중이었다.

아비 이새는 다윗을 형들에게 심부름 보내면서 형들의 안부를 물어 올 것을 당부한다. 이런 식으로 다윗은 블레셋과의 전쟁에 자연스럽게 동참하게 되면서 마침 골리앗의 기고만장하고 오만불손한 도전적 모습을 목격하게 된다. 그의 오만방자한 태도를 바라보는 다윗의 심령 깊숙한 곳에서부터 성령의 감동으로 말미암는 거룩한 분노가 불일 듯 다윗의 정서를 자극한다. 이에 다윗이 본능적으로 일성一聲을 내뱉는다. "이 할례 없는 블레셋 사람이 누구관대 사시는 하나님의 군대를 모욕하겠느냐"(삼상 17:26).

이런 다윗의 용맹과 의분이 사울에게 전해짐으로 그는 급기야 골리앗과 맞서 싸우는 현장에 출정하기에 이른다. 사울은 어린 다윗을 염려해 불안한 마음을 감추지 못한다(삼상 17:33). 그러나 다윗은 포기하지 않는다. 보다 적극적으로 출전의 의사를 표명한다. 사시는 하나님께서 사나운 짐승의 발톱에서 다윗과 양 무리들을 안전하게 보호하셨듯이 그렇게 이스라엘을 모욕하는 블레셋 사람을 기꺼이 처치하실 것에 대한 강한 승부욕을 불태운다.

다윗의 의지가 너무나 당당해 사울은 다윗의 전투를 허락한다. 자신의 군복과 갑옷을 다윗에게 입히고 놋 투구를 씌우고 칼을 그에게 들려 보낸다. 그러나 다윗은 이내 이 모든 전신갑주들을 벗어버린다. 저자는 그의 이런 행동을 지적하면서 '익숙지 못하여'(삼상 17:39)라고 설명한다. 지금 골리앗과의 전투는 다윗을 하나님의 마음에 합한 왕의 적격자로 이스라엘과 블레셋 적군 앞에 당당하게 드러내 보이시려는 일종의 하나님의 대리전을 의미하는 계시적 사건으로 철저히 하나님의 방식에 의해서만 수행되어야 했다. 그러기에 전투에 필수적으로 소용되는 일체의 인간적인 병기들을 의도적으로 제외시켜 버린다.

저자는 이런 식으로 사무엘상 17장 47절에서 다윗의 입을 빌려 말하고 있듯이 여호와의 구원이 칼과 창에 있는 것이 아니고 오직 '전쟁은 여호와께 속한 것임' 을 분명하고도 철저하게 독자들에게 주지시킨다. 이런 사실은 곧 이어 일어난 골리앗과의 싸움에서 단지 물맷돌 하나로 적의 이마를 명중시킴으로 일격에 상대방을 쓰러뜨린 사건을 통해 극명하게 입증된다.

하나님의 일은 하나님의 방식으로 수행되어야 한다. 선한 수단으로 선한 목적에 이르러야 한다. 선한 목적을 위한다는 이유로 부당한 방편들이 정당화되는 것은 아니다. 하나님의 사역에 있어서는 더욱 그렇다. 아말렉을 진멸하라는 하나님의 명령에 사울은 하나님께 제사드릴 목적으로 가장 좋은 우양을 남겨놓았다고 변명한다. 하나님께서는 이런 그의 행동을 불순종으로 간주하신다(삼상 15:21-22). 그를 왕으로 세우신 사실을 후회하신다고까지 말씀하신다. 이는 사울의 행동을 혐오하신다는 증거다. 하나님의 뜻과 원칙에서 벗어난 행동은 명분이 그럴듯할지라도 결국은 불법적이며 불복종적으로 간주된다는 것이 성경의 지적이다(마 7:21-23; 롬 10:2-3). 자의적 숭배신앙의 실상이 이렇다.

이와 같은 방식으로 하나님께서는 이미 기름부음으로 차기 이스라엘의 왕으로 내정하신 다윗(삼상 16장)을 블레셋과의 전투에서 공식적으로 이스라엘 앞에 선을 보이신다. 하나님께서는 이처럼 당시의 상황을 섭리적으로 간섭하시는 가운데 왕의 옹립에 대한 당신의 선하신 뜻을 결정적으로 나타내 보이신다.

이처럼 다윗과 골리앗 사건에서 확인된 다윗의 승리는 하나님의 마음에 합한 왕의 공개적인 현시顯示라는 계시성이 담겨 있다. 나아가 구속사적 관점에서 다윗의 승리에 연합되어 온 이스라엘이 구원과 안식에 참여하게 되는 사실을 통해 장차 참 다윗 왕으로 오실 예수 그리스도에게 속해 죄로부터의 구원과 참 안식의 은혜를 누리게 되는 교회공동체의 모습을 원리적으로 보여주는 사건이기도 하다(눅 4:17-21; 6:5). 아울러 위에서도 언급했듯이 본 전투에서 사단의 세력을 표상하고 있는 블레셋의 패배는 향후 예수 그리스도로 말미암는 사단세력의 종말론적 멸망을 예고하는 것으로 주님의 승리 안에서 교회공동체의 최종 승리의 보증을 시사해 준다.

성도들이 범사에 하나님을 인정하는 믿음으로 어떤 환경가운데서도 자신의 삶을 온전히 하나님의 절대주권적인 섭리의 손길에 의탁해 그분의 인도와 다스림을 받아야 하는 원리가 이에서 성립된다. 하나님께서는 이런 방식으로 당신의 선하신 뜻을 좇아 내정하신 다윗을 장차 이스라엘의 왕으로 세우실 것을 다윗과 골리앗의 전투를 통해 파격적인 승리를 안겨주심으로 확증해 주신 것이다. 이제 다윗의 보좌 등극은 시간 문제일 뿐이다.

(6) 이스라엘 여인들의 창화唱和

사무엘서 기자는 이어 사무엘상 18장에서 골리앗을 죽이고 블레셋 군대를 대파시킨 사울과 다윗 및 이스라엘 군대가 마침내 전쟁을 승리로 이끌고 도성으로 돌아오는 길에 이스라엘의 여인들이 나아와 이들을 맞으며 노래하는 내용을 소개한다. 여인들이 환영하며 노래하는 소리에 주목할 필요가 있다. 여인들의 환호와 창화의 내용은 이렇다. "사울의 죽인 자는 천천이요 다윗은 만만이로다 한지라"(삼상 18:7).

저자는 이런 사실을 부각시켜 독자들에게 주지시키는 것을 통해 여인들의 창화소리가 단순한 환영의 노래가 아닌 백성들의 민심이 사울로부터 다윗에게로 옮겨지고 있음을 은연중에 암시한다. 결국 하나님께서 백성들의 마음을 섭리적으로 주관하심으로 다윗에게로 모든 이스라엘의 관심을 돌리고 계신 것이다. 바야흐로 사울의 시대는 가고 다윗의 시대가 다가오는 셈이다. 이는 이스라엘이 하나님 나라로서의 신정적 통치를 본격적으로 구현해 내기 위한 터전이 마련되고 있음을 시사하는 대목이기도 하다.

과연 하나님의 언약적 구속사의 진행은 '때와 상황과 사람' 을 통해 진행된다는 것이 성경의 증언이다. 다윗은 골리앗과의 싸움을 승리로 장식함으로 백성들의 절대적인 환영과 신뢰와 기대에 편승하면서 이스라엘 회중 가운데 서서히 자신의 존재를 보다 구체적이고 강렬하게 각인시키는 기회를 갖게 된다. 이는 다윗에 대한 사울의 반응에서 첨예하게 나타난다. "다윗에게는 만만을 돌리고 내게는 천천만 돌리니 그의 더 얻을 것이 나라밖에 무엇이냐 하고 그날 후로 사울이 다윗을 주목하였더라"(삼상 18:8-9).

이제 하나님께서 은혜로 맺어주신 아브라함 언약 중 왕 언약 부분이 최종적 성취를 향해 숨가쁘게 달려간다. 하나님의 마음에 합한 다윗 왕(삼상 13:14; 행 13:22)의 등극은 이스라엘이 명실공히 신정왕국으로서 하나님 나라를 구체적으로 현시하고 있다는 사실을 만방에 드러내는 일과 무관하지 않다. 아브라함 언약의 총체적인 성취가 시간문제로 다가오는 셈이다. 이 과정에서 다윗과 솔로몬으로 이어지는 통일 이스라엘 왕국의 건설은 신정왕국의 성격상 아브라함 언약의 예비적인 성취의 성격을 띤다. 후에 통일 이스라엘이 남북으로 분열되는 사건과 북 이스라엘은 앗수르에 의해, 남 유다는 바벨론에 의해 멸망당함으로 이런 사실이 뒷받침된다.

이로 인해 역사적 이스라엘은 처음 아브라함과 언약을 맺으실 때부터 아브라함의 혈통적 이스라엘을 신정왕국으로 전제해 출발한 것이 아님을 간파하게 된다.

“너희가 그리스도께 속한 자면 곧 아브라함의 자손이요 약속대로 유업을 이을 자니라”(갈 3:29). “대저 표면적 유대인이 유대인이 아니요 표면적 육신의 할례가 할례가 아니라 오직 이면적 유대인이 유대인이며 할례는 마음에 할지니라”(롬 2:28). “또한 하나님의 말씀이 폐하여진 것 같지 않도다. 이스라엘에게서 난 그들이 다 이스라엘이 아니요 또한 아브라함의 씨가 다 그 자녀가 아니라. 오직 이삭으로부터 난 자라야 네 씨라 칭하리라 하셨으니 곧 육신의 자녀가 하나님의 자녀가 아니라 오직 약속의 자녀가 씨로 여기심을 받느니라”(롬 9:6). 이로 말미암아 역사적 이스라엘은 언약 성취의 초기단계부터 예수 그리스도로 말미암는 새 이스라엘의 출현, 곧 교회공동체를 위한 하나님의 구속사적 계시의 도구로 선용되었음을 확인하게 된다.

Ⅲ. 결론

성경은 하나님의 언약적 자기 계시서이다. 계시의 총체적 주제는 하나님 나라 사상에 모아진다. 계시의 중심은 하나님의 구속이다. 이때 구속을 푸는 열쇠가 언약이다. 이상의 상호관계 속에서 계시와 구속과 언약은 본질상 맥을 같이하면서 총체적인 목표를 하나님 나라의 건설에 집중시킨다. 따라서 총체적인 성경 계시관을 바르게 정립하는 데서 바른 신앙관과 바른 교회관의 성립이 보증된다. 이런 관점에서 다윗과 골리앗 전투에 관한 내용을 단순히 역사적 사건을 통한 교훈적이고 윤리적인 모범으로만 해석해 적용시킨다면 하나님의 본의와는 무관한 자의적 해석과 편의적인 적용의 수준에 머물게 된다.

성경의 총체적인 주제는 하나님의 절대주권으로 말미암는 하나님 나라 건설에 집중된다. 따라서 언약적 구속사라는 관점으로 성경의 본문을 접근할 때 비로소 그 속에 담긴 하나님의 본의를 바르게 해석할 수 있다. 이러므로 다윗과 골리앗 전투기사는 앞에서부터 전개되어 나온 일련의 구속사 진행의 연속선상에서 접근하는 것이 필수적이다. 곧 아브라함 언약 속에 약속된 자손과 땅 언약 성취에 이은 하나님의 마음에 합한 '왕 언약' 의 성취와 깊이 연관된다. 다윗의 등극은 이스라엘로 하여금 자타가 공인하는 하나님 나라로서 신정적 왕국을 건설하게 될 것이 확실하다. 이런 사실의 확증을 위해 하나님의 마음에 합한 다윗을 이스라엘 앞에 공개적이고 공식적으로 데뷔시키기 위해 다윗과 골리앗 전투를 선용하신 것이다.

신약의 성도들 또한 참 다윗 왕이신 예수 그리스도의 새 언약 백성들로 하나님의 남은 언약적 구속사 진행에 깊이 연루되어 하나님의 기뻐하시는 뜻 가운데 당신의 영원하신 목적을 이루시는 일에 효과적이고 효율적으로 선용될 것이 확실하다. "너희는 먼저 그의 나라와 그의 의를 구하라. 그리하면 이 모든 것을 너희에게 더하시리라"(마 6:33). 성도들의 전 생애가 하나님의 기뻐하시는 뜻을 좇아 주권적인 섭리의 손길에 붙들려 적극 인도와 다스림을 받고 있다는 사실은 모든 위경을 넉넉히 극복할 수 있는 힘과 능력의 원천으로 작용하기에 족하다.

8

솔로몬의 일천 번제

열왕기상 3장 3-4절; 역대하 1장 1-6절

I. 도입

작금 한국 기독교회 현장에서는 어느 때부터인지 정확하게 알 수는 없지만, 솔로몬이 기브온 산당에서 하나님께 드린 일천 번제를 기복제나 기원제로 해석해 적용하는 일이 일반화 된 듯하다. 적지 않은 교회들 가운데 목회자를 비롯한 전 교인들이 일천 번제를 드리는 행위를 마치 경쟁이나 하듯이 앞다퉈 시행하고 있음을 본다. 마치 교회의 전통으로 자리매김 된 듯하다. 심지어 교인들 중에는 일천 번제를 몇 회에 걸쳐서 반복해 드리고 있는 교인들도 있다고 한다. 이런 교인들의 헌신은 가장 모범적인 신앙사례로 꼽히는 것 또한 엄연한 현실이다.

필자가 아는 어느 권사님은 매일 만원씩을 계산해 일천 번제의 형식으로 드리고 있다는 얘길 듣고 있다. 이런 분들의 심정 속에는 한결같이 확신에 찬 마음의 소원을 갖고 있는 것이 일반이다. 곧 그토록 말씀에 근거해 일천 번제를 드리고 있으니 일천 회가 다 마치는 날에 하나님께서 솔로몬에게 베풀어 주셨던 큰 축복을 자신에게도 주실 것이라는 확신에 찬 기대감의 발로이다.

그러나 이런 기복적인 종교적 열심은 솔로몬이 드린 일천 번제의 동기와 배경에 관심을 갖기보다 결과를 중시한 데서 비롯된 왜곡된 해석과 편의적 적용의 경우라 아니할 수 없다. 열왕기상 3장 2-15절과 역대하 1장 2-6절의 본문을 통해 솔로몬이 기브온 산당에서 드린 일천 번제의 본의가 무엇인지를 살펴보고자 한다.

Ⅱ. 전개

1. 일천 번제의 동기와 배경

열왕기서 기자는 솔로몬이 드린 일천 번제의 동기를 '여호와를 사랑하고 그 부친 다윗의 법도를 행하기 위함' 에 근거한다고 기술한다(왕상 3:3). 동일한 번제사건을 역대서 기자는 '하나님께서 다윗의 아들 솔로몬과 함께하시는 결과로 솔로몬의 왕위가 견고케 되며 그 나라를 심히 창대케 하신 결과' 라고 기술한다(대하 1:1-6).

이런 사실을 종합해 보면 솔로몬이 드린 일천 번제는 하나님께로부터 무엇을 얻어내기 위한 방편으로 드린 목적적 제사로서 기복제나 기원제가 아닌 사실을 분명히 확인하게 된다. 오히려 하나님께서 다윗을 통해 이스라엘을 명실상부한 신정왕국으로서의 기틀을 마련해 주셨으며 이제 솔로몬을 다윗의 뒤를 이은 왕위의 계승자로 삼아 주셔서 더욱 견고하게 신정적 통치를 수행할 수 있도록 섭리적으로 간섭해 주신 사실을 기리기 위해 드린 감사제의 성격을 띤 제사라 할 수 있다.

이런 점에서 여호와 하나님을 향한 솔로몬의 경외심과 사랑하는 마음은 각별했다. 그가 드린 일천 번제를 통해 이런 사실이 극명하게 나타난다.

번제에 소요된 기간이 얼마나 걸렸는지는 잘 알 수 없다. 아마 여러 날에 걸쳐 드렸을 것으로 추정된다. 어쨌든 일천 번제에 담긴 솔로몬의 심정 속에는 여호와 하나님을 향한 그의 사랑과 경외심이 최고조로 표현된 것으로 해석될 수 있다.

여호와 하나님을 전심으로 사랑해서 경외하는 자들만이 그분의 계명에 전적으로 자원해 순종할 수 있다. 이런 이유로 모름지기 성도들은 하나님의 계명을 감심感心으로 순종하는 것을 통해 자신이 여호와 하나님의 구원의 은총을 덧입은 자이며 진심으로 하나님을 사랑하고 경외한다는 사실을 구체적으로 입증할 수 있어야 한다(요 14:15, 21; 요일 5:3; 요이 6; 약 2:17). 은혜는 자율적 순종의 행함을 동반하기 때문이다.

솔로몬의 탁월함은 그가 역사상 유래 없는 부귀와 영화를 누렸던 전무후무한 통치자의 삶을 살았다는 데 있지 않다. 본 일천 번제 사건에서 보여주고 있듯이 그가 여호와를 전심으로 경외하며 사랑하는 바, 다윗의 법도를 온전히 행함으로 하나님의 율법을 자원해 순종했다는 데서 찾아진다(전 12:13).

예배행위는 구원의 은혜를 입은 성도들이 하나님을 전심으로 사랑하며 경외한다는 사실을 구체적으로 표현할 수 있는 최선의 신앙고백적 행위이다. 예배의 정체성을 '신령과 진정' 이라는 표현을 통해 설명하는 이유가 이런 사실에 근거한다(요 4:24). 그것은 예수 그리스도의 구속의 은혜를 통해 베푸시는 하나님의 구원의 은총을 무상으로 덧입은 데서 나온 감심感心의 마음이 전인적으로 표출되지 않고는 하나님께서 받으심직한 참된 예배를 결코 드릴 수 없음을 의미한다. 아벨과 가인의 차별화된 예배를 통해 이런 사실이 구체적으로 증시된다. 이런 사실은 예배행위를 인간의 종교적 본성을 자극해 단순히 자기만족을 위한 종교적 축제 정도로 생각하는 현대교인들에게는 일대 경종을 울리는 관점이 아닐 수 없다.

예배의 대상은 하나님이시다. 그런 의미에서 예배는 하나님의 기뻐하시는 뜻을 좇아 드려져야 한다. 나답과 아비후는 다른 불로 분향하려다 즉사했다(레 10:1-2). 신령과 진리성이 배제된 예배는 자의적 숭배에 불과하다는 것이 가인의 거부된 제사행위를 통해 증거된다. 그런 의미에서 예배는 어떤 이유에서라도 자기 열심의 수단과 방편으로 이용될 수 없다. 그것은 예수 그리스도의 구속 안에서 창조자와 구원자로 하나님을 인식하는 데서 표출되는 전인적인 신앙고백적 행위로 드려져야 한다. 그렇지 않으면 타락한 종교심을 부추기는 데서 나올 수밖에 없는 자의적 숭배신앙으로 판정된다. 이는 본질상 우상숭배적 신앙에 불과할 뿐이다(롬 1:21-23).

2. 일천 마리의 희생 제물로서의 번제

흔히 솔로몬의 일천 번제를 얘기할 때, 일천 번의 제사행위에 초점을 맞춰 '횟수' 에 강조점을 두는 경향이 있다. 다시 말해 천 번의 제사(헌금)를 드렸느냐의 여부다. 그런 식으로 일천 번의 제사(헌금)행위는 그 자체로서 하나님을 향한 지성감천至誠感天주의적 신앙심을 유발시킴으로 보상심리에 입각한 기대감을 갖게 하는 데 유용하게 이용되곤 한다.

그러나 동일한 기사를 싣고 있는 역대기서를 보면 일천 번제가 천 번의 '횟수' 가 아닌 천 마리의 '희생제물' (a thousand bunt offerings)을 드린 사실을 확인하게 된다. "여호와 앞 곧 회막 앞에 있는 놋단에 이르러 그 위에 일천 희생으로 번제를 드렸더라" (대하 1:6). 본문을 참고해 보면 열왕기상 3장 4절에 언급된 '일천 번제' 는 다름 아닌 '일천 마리의 희생제물' 인 사실이 명확히 드러난다. 솔로몬은 하나님을 사랑하고 경외하는 심정으로 일천 마리의 짐승을 잡아 번제를 위한 희생 제물로 드린 것이다. 일천 마리의 짐승을 일천 번에 걸쳐서 번제로 드린 것이 아니다. 일천 마리의 제물을 드린 것은 확인되나 일천 번의 제사 횟수는 불확실하다.

사실 마음의 중심을 감찰하시는 하나님 앞에서 중요한 것은 횟수와 제물의 양 같은 외부적인 요소가 아니다. 제사와 제물에 담긴 예배자의 계시 의존적인 믿음의 발로가 관건이다. 히브리서 기자가 해석한 대로 아벨의 '더 나은 제사'(히 11:4)란 표현에 담긴 본의가 이렇다. 제아무리 많은 제물을 자주 드린다고 할지라도 거기에 하나님을 향한 순전한 믿음의 마음이 결여되어 있다면 그런 제사와 제물을 열납하실 수 없다. 아니 받지 않으신다(사 1:11-14). 아벨의 제사가 열납되고 가인의 제사가 거절된 이유가 이런 사실에 근거한다(히 11:4).

3. 구속사의 본질을 깨닫는 데서 나온 일천 번제

솔로몬은 기브온 산당에서 마지막 일천 마리째의 희생제물을 번제로 드린 날 밤 비몽사몽간에 여호와의 계시를 접하게 된다. 솔로몬에게 주어진 계시는 꿈을 통해 일어난 계시다. 솔로몬은 일종의 환상 속에서 여호와 하나님과 교제를 나눴던 것이다. 솔로몬의 꿈은 단순한 일상적인 꿈이 아니었다. 솔로몬은 자기가 원하는 것을 자의식을 가지고 분명하게 간구할 수 있었고 하나님께서는 솔로몬의 간구를 현실적으로 응답해 주셨기 때문이다.

솔로몬이 보여준 여호와를 향한 진실한 경외심은 그가 하나님께 어떤 요구사항을 구체적으로 구하기 전에, 하나님편에서 먼저 그의 필요를 채워 주시고자 물으셨다는 데서 찾아진다. 이런 식으로 솔로몬의 일천 번제는 하나님을 향한 그의 극진한 경외심의 표현이었으며 징표였다. 이런 사실은 여호와께서 솔로몬에게 무엇을 얻기를 원하느냐고 물으셨을 때, 솔로몬이 보여준 응답 역시 '주의 마음에 맞는 것' 으로 나타났던 사실을 통해 다시 한번 분명하게 확인된다(왕상 3:10). '주의 마음에 맞는 것' 으로 나타난 솔로몬의 간구 내용은 한마디로 하나님 나라의 건설과 깊이 연관되어 있음을 가리킨다.

가나안 땅에 수립해야 할 하나님 나라는 일찍이 아브라함에게 언약하신 가운데 모세언약을 통해 신정적 기반을 수립하셨고, 다윗을 통해 궁극적인 완성으로 나타났다. 그리고 이 나라의 지속적인 유지와 발전이라고 하는 중차대한 신적 사명이 솔로몬에게 맡겨졌던 것이다. 이것은 솔로몬의 입장에서 보건대 큰 영광임에 틀림없다. 이 일은 또한 큰 책임과 의무가 요구되기도 한다. 왜냐하면 자신의 통치역량에 따라서 하나님의 나라로서 이스라엘의 흥망성쇠가 결정적으로 좌우될 수 있기 때문이다. '주의 마음에 맞는 것' 으로 나타나게 되었던 솔로몬의 간구는 바로 이런 식으로 언약적 구속사의 진행이라는 사실과 밀접히 관련된다.

한편 이런 사실은 "지혜로운 마음을 종에게 주사 주의 백성을 재판하여 선악을 분별하게 하옵소서"(왕상 3:9)라고 요청하고 있는 데서 신정적 통치의 정체성이 잘 드러난다. 지금 솔로몬은 자신에 의해 통치되는 이스라엘 왕국이 하나님의 왕적 통치를 대리적으로 수행하는 신정왕국의 정체성을 띠고 있음을 누구보다 분명히 인식하는 가운데 통치의 방편으로 하나님의 지혜를 간구하고 있는 것이다. 그런 솔로몬의 간구는 하나님의 뜻을 적극적으로 반영해 내는 것으로 하나님의 마음에 꼭 맞았다. 하나님의 남은 구속사를 운반하는 자들로 이 시대를 살아가는 성도들의 기도가 총체적인 관점에서 어떤 성격을 띠고 나타나야 할 것인지에 대한 구체적인 예시라 아니할 수 없다(마 6:33).

III. 결론

솔로몬이 하나님께 드린 일천 번제는 일천 번의 횟수에 의한 제사가 아니다. 일천 마리의 희생 제물로 드린 제사다(대하 1:6). 때문에 제사의 횟수와 기간은 얼마나 소요되었는지 자세히 알 수 없다. 그런 내용들은 그렇게 중요한 사항도 아니다. 사실 제물의 양 또한 많고 적음이 하나님께서 열납하심을 좌우하는 근거가 될 수 없다(사 1:11-14; 암 5:21-24).

아울러 솔로몬의 일천 번제는 기복제나 기원제의 성격을 띤 방편적 제사가 아니다. 하나님을 사랑하고 경외했으며 다윗의 법도를 좇아 행함으로 하나님의 율법을 자원해 지켜 행하는 데서 나온 계시의존적인 신앙심의 발로였다. 곧 감사제의 성격을 지닌 목적적 제사였다. 이런 사실은 솔로몬이 하나님께 무엇을 구하기 전, 먼저 하나님께서 솔로몬에게 무엇을 원하느냐고 물으신 사실 속에서 일천 번제의 성격과 본의가 밝히 드러난다. 하나님의 질문에 솔로몬이 단지 '지혜로운 마음'(왕상 3:9)을 구했다는 사실과 이런 요구가 '하나님의 마음에 맞았다'(왕상 3:10)는 사실을 통해서도 일천 번제의 제사 성격이 단순히 일신상의 소원성취를 위한 기복제나 기원제가 아닌 사실이 명확히 확인된다.

솔로몬의 일천 번제의 성격은 자신이 통치하고 있는 이스라엘의 정체성이 신정적 나라로서 하나님의 통치를 대리적으로 담당하고 있다는 사실을 철저히 인식하는 데서 나온 하나님 뜻에 부합된 제사행위였다. 따라서 하나님의 요구에 응답하는 그의 간구 또한 신정왕국으로서 '그의 나라와 그의 의'를 위해 절대적으로 필요한 통치수단인 '지혜'를 구했으며 이것이 '하나님의 마음에 합한 셈'이 된 것이다.

이상의 사실을 고려하면, 한국교회 현장에 만연되어 있는 기복제로서 솔로몬의 일천 번제에 대한 오해와 왜곡이야말로 말씀에 대한 자의적 해석과 편의적 적용의 전형이 아닐 수 없다. 율법에 명시된 이스라엘의 제사제도에는 기복제나 기원제는 없다. 이런 관점에서 신명기 28장에서 언급하고 있는 복의 본질 또한 총체적 관점에서 가나안 땅이 예표하고 있는 하나님 나라에서의 천상적 복의 내용을 물질적으로 표상하는 수사적 표현인 사실을 확인하게 된다. 언약적 구속사 진행에 있어서 모형과 실체라는 계시의 점진성의 원리를 통해 이런 사실이 확증된다.

이런 맥락에서 신명기서에 순종을 담보로 약속된 제반 복의 요소들은 예수 그리스도 안에서 그분의 부활의 생명에 연합된 교회공동체인 새 이스라엘을 통해 이미 현재적으로 성취되어 누리고 있음을 시사한다. 성경이 말하는 가시적이고 물질적인 복의 실체는 본질상 그리스도 안에서 누리는 천상적 복 곧 구원을 실질로 누리는 신령한 복의 그림자에 불과하기 때문이다(엡 1:3-6; 시 133:3).

종말의 시대를 살아가는 현대교회는 말씀의 본의를 하나님의 심정으로 밝히 해명하는 일에 두렵고 떨리는 심정으로 마음을 집중해야 할 막중한 책임이 주어져 있다. 소위 목회성공을 위해 기복주의를 부추김으로 성도들을 백치화白痴化시키며 경건을 세속적 이익의 재료로 삼는 얀네와 얌브레 같은 왜곡된 행위는 더이상 용납되어서는 안 될 줄 안다. 하나님께서 이땅의 기독교회를 영적 암매와 무지로부터 온전히 구원해 주시기를 바라는 마음 간절하다.

9

야베스의 기도

역대상 4장 9-10절

Ⅰ. 도입

한때 브루스 윌킨스의 '야베스의 기도' 라는 책자가 종교서적 판매부수 1-2위를 다투더니 그 후광을 업고 동일 저자에 의한 '야베스의 기도 그 후' 란 책이 다시 출간되어 독자들의 관심을 고조시킨 적이 있다. 그 여파의 일환으로 현재도 야베스라는 이름으로 다양한 기독교 모임이 결성되어 활발하게 활동하고 있는 실정이다.

당시 야베스의 기도란 책자가 적잖은 한국 기독교인들 사이에서 비상한 관심을 불러 일으켰던 결정적인 계기는 본 책자를 집필하게 된 성경의 증거본문인 역대상 4장 10절의 내용을 인간의 종교적 욕구를 자극시켜 자신의 육신적이며 현실적인 욕망을 충족시키기에 필요 적절한 기복적 성격의 내용으로 소개하고 있었기 때문인 것으로 확인된다. 그런 의미에서 본 기도는 '적극적인 사고방식의 기도가 응답의 첩경이다' 라는 확고부동한 명제를 확립하기도 했다.

본문의 내용은 이렇다. "야베스가 이스라엘의 하나님께 아뢰어 가로되

원컨대 주께서 내게 복에 복을 더하사 나의 지경을 넓히시고, 주의 손으로 나를 도우사 나로 환난을 벗어나 근심이 없게 하옵소서 하였더니 하나님이 그 구하는 것을 허락하셨더라." 본문을 문자적으로만 접근해 해석한다면 야베스의 간구의 내용은 크게 세 가지로 요약될 수 있다.

첫째는 복에 복을 더해 부족함이 없는 부귀영화와 무병장수의 삶을 누리게 해 달라는 것이요, 둘째는 자신의 지경地境을 넓혀 주셔서 더 많은 토지의 확보를 통한 재산의 증식을 보증해 달라는 것이며, 셋째는 일체의 근심걱정으로부터 해방되어 무사無事 안일한 삶을 살 수 있게 해 달라는 내용이다. 표면적으로만 보면 이와 같은 기도의 내용이 응답될 수만 있다면 세상에서 가장 행복하고 복된 삶을 보장받을 수 있음에 틀림없다.

사실상 야베스의 기도라는 책자가 기독교계에서 적잖은 반향을 불러일으키게 된 동기 또한 본문에 근거한 야베스의 기도의 내용이 그런 방식으로 우리의 현실적인 욕구충족의 기대심리를 십분 자극했던 것과 결코 무관하지 않다고 본다. 문제는 역대상 4장 10절의 소위 야베스의 기도 내용의 본의本意가 우리가 보편적으로 잘못 이해하고 있듯이 육신적이며 현세지향적인 소원성취의 심정을 담고 있는 기복적인 기도의 실례요 전형인가 하는 관점이다. 결론부터 말하자면 그렇지 않다는 데 문제의 심각성이 제기된다.

적어도 역대기 저자가 역대기서를 기록하게 된 저작동기와 관련해 야베스의 기도 내용을 '삽입'(insertion)하게 된 의도가 어디에 있는지를 언약적 구속사 진행의 관점에서 상호 연관시켜 해석하지 않는다면 야베스의 기도가 의미하는 바 그 본의를 바르게 해명하는 데 실패할 수밖에 없다. 인간의 타락한 본성상, 육신의 정욕을 좇아 사욕의 수단으로 본문을 왜곡되게 해석하고 편의적으로 적용할 수 있는 위험성이 다분하기 때문이다.

그런 의미에서 본 야베스의 기도 내용이 의미하는 바는 당시 신정왕국의 정체성을 띠고 존재했었던 이스라엘의 흥망성쇠를 제반 신적 언약과의 관계 속에서 구속사적 관점으로 재해석하게 될 때 그 본의를 바르게 파악할 수 있다.

II. 전개

1. 역대기서 기록 배경과 동기

다윗과 솔로몬 통치하의 통일 이스라엘 왕국은 솔로몬의 아들 르호보암 때 이르러 북이스라엘과 남유다로 분열된다(왕상 12장). 이들 분열된 신정왕국은 BC 722년에 북이스라엘은 앗수르에 의해 멸망당하고, 남유다는 바벨론에 의해 1차, 2차, 3차에 걸쳐 침략당한 끝에 BC 586년에 포로로 잡혀가는 수모를 당함으로 마침내 신정왕국사에 종말을 고한다.

이처럼 이방인에 의한 남북 이스라엘의 철저한 멸망사건은 그동안 차별화 된 신정왕국으로서 하나님의 선민으로 자부해 왔던 이스라엘 백성들에게는 민족적으로나 신학적으로 깊은 시름과 심한 회의 및 엄청난 충격에 빠지게 하는 계기가 된다. 다시 말해 어떻게 하나님의 선택된 언약백성이 하나님 없는 이방 나라에 의해 멸망당할 수가 있으며(합 1:5-6, 13), 더욱 다윗 언약에 약속된 대로 다윗의 위가 영원히 보장되어야 하는데(삼하 7:11-17) 어떻게 하나님의 언약이 이방인의 침략으로 중도에서 파기될 수 있겠느냐 하는 문제가 제기되었기 때문이다.

이런 민족적이며 신학적인 딜레마의 문제를 해결하고자 쓰여진 책들이 다름 아닌 열왕기서와 역대기서라 할 수 있다. 즉 열왕기서는 통일 이스라엘이 왜 이방인들에 의해 멸망당할 수밖에 없었는지를 선지자적이며 신정神政사적 관점으로 기록함으로 남북 이스라엘의 열왕들의 통치 행적을 고발하며 회개를 촉구한다. 반면에 역대기서는 선지자들의 새 언약 속에 예언된 대로 70년이 마치매(렘 25:11; 29:10; 단 9:2; 대하 36:21) 바벨론 포로로부터 귀환하는 이스라엘 백성들에게 아담으로부터 시작된 족보의 내용을 기술하는 가운데, 이스라엘이야말로 하나님의 언약백성이요 선민인 사실을 새롭게 재인식시켜줌으로써 오랜 기간 동안 잃어버렸던 선민으로서 민족적 정체성과 사명감 고취 및 여호와 중심의 신앙관을 재정립해 다윗 언약(삼하 7:12-16)에 근거한 참 다윗왕조의 회복 및 영원한 계승을 대망케 하려는데 기록 목적을 두고 있다 하겠다.

2. 야베스의 기도 내용 삽입의 의도

이스라엘이 하나님의 언약백성이요 신정왕국인 사실을 족보를 통해 혈통적으로 확인시켜 줌으로써 포로귀환을 통해 가나안 고토로 돌아오는 이스라엘의 남은 자들에게 민족적 정체성과 자부심 및 자긍심을 고취시켜 주던 역대기서 저자는 특별히 역대상 4장부터 유다지파의 자손들을 열거하는 가운데 갑작스럽게 역대상 4장 9-10절을 통해 야베스의 출생 내력과 응답이 약속된 기도 내용을 간단명료하게 집약해 삽입한다. 다분히 의도적이다.

여기에서 야베스의 기도내용 삽입이 의도적이라는 관점은, 첫째로 문맥상 유다지파의 후손들을 기술하는 내용 속에 문맥과는 무관한 야베스의 기도 내용이 돌발적으로 삽입되었다는 것이다. 둘째로 그의 이름에 함의된 출생 내력과 관련해 고난과 역경으로 점철되었다는 기술이다(대상 4:9). 셋째로 이런 사실들은 야베스의 출생 내력과 기도 내용의 성격이 70년이 지나 바벨론 포로생활로부터 귀환하게 되는 당시 이스라엘의 남은 자들의 입장과 처지 및 미래적 전망과 절묘하게 조화를 이룸으로 저들의 심정을 한껏 대변하고 있다는 사실이다.

다시 말해 바사 왕 고레스의 칙령(스 1:1-4)에 의한 이스라엘의 남은 자들의 귀환이 갖는 구속사적 의미는 이제 고토古土 가나안으로 돌아가게 되면 다윗 언약(삼하 7:12-16)에 약속된 다윗의 위位를 새롭게 회복시키기 위해 쇠락한 솔로몬 성전 건축을 재건하는 것을 통해 명실상부한 신정왕국을 재수립하는 데 모아진다 하겠다. 이로 인해 이스라엘의 남은 자 귀환사건은 바벨론에서의 70년 포로생활의 역경과 악몽(시 137:1-9)으로부터의 완전한 해방을 가리키는 것이며, 나아가 가나안 고토에서의 신新 다윗왕조의 재건을 다윗 언약에 근거해 새롭게 확약 받는 것에 다름 아닐 것이다.

이런 관점에서 야베스의 간구와 이에 대한 하나님의 확고부동한 보증의 응답(대상 4:10)은 바야흐로 가나안에로의 귀환이 시작된 당시 이스라엘의 남은 자들에게는 선지자들의 새 언약(렘 31:31-34; 겔 37:24-28)에 근거해 귀환하는 이스라엘 백성들의 미래에 대한 확실한 안정과 회복을 보장받는 셈이 될 것임에 틀림없다. 야베스의 기도가 역대기서 기자의 의도된 삽입기사로 보는 관점이 이런 사실에 기인한다.

3. 야베스의 기도에 함의된 구속사적 본의

그렇다면 역대기서 기자가 의도적으로 삽입한 야베스의 기도가 갖는 본의는 무엇일까. 우리가 일반적으로 알고 있듯이 육신적이며 현세지향적인 소원성취를 위한 기복적이며 구복求福적인 기도의 내용일까. 성경의 총체적인 계시의 관점에서 볼 때, 성경적인 바른 기도의 의미란 하나님의 언약백성들이 하나님과 갖는 인격적인 교제의 수단으로서, 본질상 하나님의 뜻이 이루어지기를 구하는 데 기도의 필요성과 근본 취지가 집중된다고 하겠다(마 6:9-13; 요일 5:14).

더구나 기독교 신앙은 인간의 궁극적인 필요인 죄로부터의 구원을 은혜로 보증하고 있기에, 현실적인 제반 필요들은 사실상 근본에서 구원에 종속되는 하위 개념으로 기복적인 심정을 가지고 현실적인 필요를 욕심을 발동시키면서까지 구하는 데 집착하지 않게 된다는 것이 성경의 증언이다(마 6:31-33). 오히려 하나님의 나라와 뜻이 하늘에서 이루어진 것 같이 이땅에 이루어지기를 우선하여 간절히 소원하게 된다는 것이 성경의 지적이다. 구약의 제사제도에 소위 기복제나 기원제祈願祭가 없다는 사실도 기도의 본질과 본의가 하나님 중심적이어야 함을 보여주는 한 예例라 하겠다.

물론 기독교에 기복적인 요소가 전혀 없는 아니다. 그러나 그것은 부차적이고 지엽적일 뿐 기독교 신앙에 근간이 결코 될 수 없다는 사실이다. 왜냐하면 인간의 현실적인 필요와 복의 총화라 할 수 있는 온 천하보다 더 귀한 목숨 곧 구원과 영생하는 부활의 생명을 예수 그리스도의 구속사역을 통해 이미 보장받고 있기 때문이다(요 3:16; 5:24; 11:25-26). 따라서 사람이 온 천하를 얻고도 정작 목숨을 보장받지 못한다면 사실상 온 천하란 일시적인 만족을 줄지언정 본질에서 무의미할 뿐이다(마 16:26).

반면 구원의 생명을 이미 소유해 하나님 나라를 기업으로 얻은 자는 온 천하를 소유한 것과 다름이 없기에 이방인들처럼 무엇을 먹을까/입을까/마실까의 현실적인 문제에 필요이상 집착하지 않게 된다. 그것을 신앙의 목적으로 삼지 않는다. 하나님과 재물을 겸하여 섬기려는 세속적인 유혹에 쉽게 미혹당하지 않는다. 더욱이 하나님께서 우리의 필요를 채워주신다고 약속하고 계시기에 더욱 그렇다(마 6:31-32; 빌 4:19).

이런 관점에서 이제 야베스의 기도가 내포하고 있는 구속사적 본의를 살펴보자. 역대상 4장의 문맥에서 살펴볼 때, 야베스는 유다지파의 후손임에 틀림없다. 또한 그의 기도의 내용 중 핵심되는 부분이 땅의 지경을 넓혀달라는 것임을 감안할 때, 가나안 정복사건을 배경으로 하고 있는 여호수아서와 사사기서를 중심으로 일어났던 사건임을 충분히 추정케 한다.

물론 본 기도 내용 중 땅의 지경을 넓혀달라는 것은 다른 이스라엘 동족 지파의 땅까지도 넘본다는 의미에서 욕심을 발동한 것으로 볼 수 없다. 단지 유다지파에게 주시기로 약속하신 땅을 남김없이 모두 정복할 수 있도록 해 달라는 간절한 소원이라는 관점에서 해석할 문제다. 왜냐하면 이스라엘의 각 지파는 자신들의 소용所用에 따라서 가나안 땅이 분배되었을 뿐만 아니라(수 14:1-5), 이 과정에서 유다지파의 갈렙은 가데스 바네아 사건을 통해 하나님께서 약속하셨던 정탐지역 곧 아낙자손이 거주했던 헤브론 지역을 분배받아 기업으로 삼게 된다(민 14:24; 수 14:6-9, 12-13). 이후로 유다지파와 그의 후손들은 헤브론을 중심으로 실지實地 회복을 위한 지속적인 정복 전쟁에 돌입하게 된다(삿 1:1-3, 8-10).

이 과정에서 유다지파의 후손인 야베스 또한 자신들의 지파에게 할당된 지경을 온전히 정복할 수 있도록 하나님께 간구하는 내용이 다름 아닌 야베스 기도의 주된 내용인 것이며, 이 과정에서 가나안 현지 족속들과의 불가피한 전투로 인한 불상사가 야기될 수밖에 없으므로, 전투에서의 승리를 보장해 주심으로 전쟁의 환난과 위경으로부터 안전하게 벗어나 평안히 살 수 있게 해달라고 기도할 수밖에 없었던 것이다.

그러므로 야베스의 기도에서 '복에 복을 더하사' 란 표현은 정복전쟁을 통해 유다지파에게 분배된 가나안 지경을 온전히 탈환할 수 있게 해달라는 간절한 소원이 담긴 강조의 표현이라 하겠다. 결국 이런 야베스의 간절한 염원이 담긴 기도는 하나님의 응답을 허락받게 되는 바, 후에 다윗과 솔로몬 통치하의 통일 이스라엘 왕국의 건설이라는 신정왕국의 실현을 통해 마침내 성취되기에 이른다.

내용은 이렇다. "솔로몬의 사는 동안에 유다와 이스라엘이 단에서부터 브엘세바에 이르기까지 각기 포도나무 아래와 무화과나무 아래서 안연히 살았더라"(왕상 4:25). 본문에서 단과 브엘세바까지의 지경은 본질에서 아브라함 언약 속에 약속된 가나안 땅의 전全 지경(창 15:18)을 가리키는 표현으로 곧 하나님께서 모세에게 말씀하신 바 "너희 발바닥으로 밟는 곳은 다 너희 소유가 되리니 너희의 경계는 곧 광야에서부터 레바논까지와 유브라데 하수라 하는 하수에서 서해까지라"(신 11:24)는 약속의 궁극적인 성취를 가리킨다.

따라서 역대상 4장 10절의 야베스의 기도는 본질상 철저하게 아브라함 언약, 특별히 횃불언약식(창 15:12-21)을 통해 갱신되고 재 확약된 하나님의 가나안 정복사건에 대한 신적 언약과 밀접하게 연관되어 있음을 확인하게 된다. 마치 사무엘하 7장 29절에 소개되고 있는 "... 주의 은혜로 종의 집이 영원히 복을 받게 하옵소서"란 다윗의 기도의 내용이 단순히 다윗 일개인의 가문의 영광과 행복을 간청하는 기복적인 기도의 내용이 아니라, 사무엘하 7장 12-16절에서 나단을 통해 주신 소위 다윗 언약, 곧 미래의 메시아 왕국의 구체적 성취를 앙망함으로 하나님의 뜻이 다윗 자신의 계보를 통해 온전히 이루어질 것을 열망하는 심정에서 나온 신적 언약에 근거한 신앙고백적 간구의 내용인 것과 동일한 관점이다.

4. 야베스의 기도의 현대적 적용

그렇다면 야베스의 기도가 오늘을 살아가는 현대 그리스도인들에게는 어떤 의미가 있는 것일까. 야베스의 기도는 결국 가나안 정복을 통해서만 가능했던 아브라함 언약의 온전한 성취를 가리키는 것으로, 다윗과 솔로몬 통치하의 통일 이스라엘의 신정왕국의 실현을 통해 마침내 응답을 받게 되었음을 살펴봤다(왕상 4:20-25). 그러나 통일 이스라엘의 신정왕국은 이내 남북으로 분열됨으로 역사적 이스라엘은 구약 역사 속에서 하나님 나라를 단지 예표적이고 모형적으로만 반영해 냄으로써 한시적인 계시의 도구로 사용되었음을 확인하게 된다. 이런 사실은 아브라함 언약과 다윗 언약이 선지자들의 새 언약(렘 31:31-34; 겔 37:24-28)을 통해 예수 그리스도에게서 온전히 성취될 것을 전망하게 된다.

언약적 구속사의 점진적 진행의 관점에서 신정왕국으로 존재했던 역사적 이스라엘의 실체는 구약의 제반 언약의 총화인 예수 그리스도의 새 언약(눅 22:19-20; 히 10:9-18), 곧 그분의 인격과 사역을 통해 온전히 성취되고 가시화된 신약의 교회공동체 속에서 성취의 절정을 확인하게 된다(갈 3:29). 그런 의미에서 지상의 교회는 하나님 나라의 지상적 임재방식으로 존재해야하며 본질에서 하나님 나라를 적극 반영해 내는 천상적 기관으로 활동해야 한다.

이런 사실로 인해 야베스의 기도는 오늘날 그리스도의 인격과 사역을 통해 가시화된 교회공동체의 출현을 통해 실질로 응답된 셈이다. 신약의 교회공동체는 예수 그리스도의 새 언약 안에서 하나님의 친 백성 된 자들로서 사실상 현재적으로 역사하고 있는 하나님 나라의 통치(마 12:28; 눅 17:20-21)를 가장 극명하게 받아 누리는 천상적 공동체로 존재하기 때문이다.

따라서 지상의 교회가 때를 얻든지 못 얻든지 지속적으로 복음의 증인된 삶을 살아가는 것을 통해 하나님 나라의 통치권은 더욱 능력을 발휘하게 될 것이며, 하나님의 남은 자들은 계속 교회에 더해져 감으로 '의와 평강과 희락' 으로 특징지어지는 하나님 나라의 안식을 여기에서부터 현재적으로 더욱 풍성히 소유해 누리게 될 것이다(롬 14:17). 그런 의미에서 야베스의 기도는 현재적으로 이미 응답되었고(already), 다른 한편 종말론적 응답을 향해 계속해서 응답되고 있다 하겠다(not yet).

Ⅲ. 결론

야베스의 기도는 기독교계 일각에서 잘못 이해되고 있는 것처럼 기복적인 기도응답의 모범적 사례가 아니다. 적극적인 사고방식의 기도응답의 전형은 더욱 아니다. 기독교 신앙에 기복적인 요소가 전혀 없는 것은 아니지만, 그렇다고 기복적인 요소가 타종교에서 강조하듯 우선적인 신앙의 동기나 궁극적 목적이 될 수 없다는 지적이다(마 6:24).

기독교 신앙의 본질은 우리가 아직 죄인 되었을 때에 하나님께서 예수 그리스도를 우리의 죄를 대신해 죽게 하심으로 우리를 향한 하나님의 사랑을 확증시켜 주신 사실에 기초한다(롬 5:8; 요일 4:10). 그래서 이 사랑에 깊이 접촉되어 하나님의 구원의 은혜를 감심感心으로 수납해 소유함으로 감사와 보답의 심정을 발휘하게 되는 것으로부터 비로소 기독교 신앙은 출발되며 그 본질적 정체성이 확인된다.

따라서 하나님 나라의 구원의 은혜가 세상의 그 어느 것과도 비교할 수 없는 가치 있고 소중한 것임을 신앙으로 고백할 수 있는 사람(마 13:44-46)은 '하나님이 우리 하나님이 되시고 우리가 하나님의 백성이 되는' 하나님과의 언약관계(임마누엘)를 생명의 도리로 붙잡고 평생을 살아가게 될 것이다. 무익한 종의 고백이 이런 사실을 구체적으로 증거한다(눅 17:10).

무익한 종의 신앙고백 속에서 기복적인 요소는 사실상 설 자리를 잃게 된다. 오직 범사에 하나님의 절대주권을 인정하게 됨으로 '하나님을 영화롭게 하며 영원토록 그분으로 즐거워하는 삶' 을 살아가는 것을 신앙의 동기와 목적으로 삼을 뿐이다(고전 10:31; 전 12:13). 하나님의 구원의 은혜를 입은 하나님의 친 백성들은 근본에서 이미 복의 본질인 하늘의 신령한 복을 값없이 현재적으로 소유해 누리는 자들로 존재하고 있기 때문이다(엡 1:3-6; 히 11:24-26).

이런 언약적 구속사 진행의 관점에서 야베스는 하나님의 언약에 근거해 하나님의 뜻의 성취, 곧 아브라함 언약 중 땅 언약의 성취로서 유다지파에게 허락하신 가나안 정복을 기도의 방식을 통해 적극 구한 것이다. 이기적인 욕심의 발로에서 나온 기복적인 기도의 내용이 아니다. 야베스의 기도의 내용은 하나님의 약속의 내용과 일치하는 것으로 곧 하나님의 기뻐하시는 뜻이었기에 다윗과 솔로몬 통치하의 신정왕국인 통일 이스라엘의 역사 속에서 마침내 예표적이나마 응답을 받았던 것이다(왕상 4:25). 구약의 가나안 땅은 언약적 구속사의 점진성 안에서 신약의 하나님 나라를 총체적으로 표상한다.

그런 의미에서 야베스의 기도의 내용과 성취는 예수 그리스도의 인격과 사역을 통해 현재적으로 임한 하나님 나라의 백성들인 신약교회공동체 속에서 응답의 절정을 실제로 맛보게 되었으며, 미래지향적인 남은 구속사의 진행과 더불어 오늘도 응답되고 있는 셈이다. 따라서 예수 그리스도의 재림으로 말미암는 종말론적 하나님 나라의 도래를 통해 야베스의 기도는 최종적으로 응답을 받게 될 것이다. 우리가 때를 얻든지 못 얻든지 복음의 증인된 삶을 부단히 살아가야 할 이유가 이런 사실에 근거한다(딤후 4:2; 딤전 2:4).

10

온전한 십일조

말라기 3장 10절

I. 도입

한국의 기독교회 현장에서 주일성수와 새벽기도에 뒤이어 십일조만큼 그 중요성에 있어서 예민한 사안도 없다고 하겠다. 여기에서 중요성이라고 일컬음은 교리적 정당성에 비추어서가 아니라 신앙과 목회적 관심도에 있어서 그렇다는 지적이다. 왜냐하면 그만큼 이들 주제들은 특별히 축복과 목회성공이라는 관점에서 가장 빈도 높게 강조되는 요소들로 기독신자들의 의식속에 자리잡고 있기 때문이다.

이들 주제들과 관련해 어떤 교회에서는 주일성수와 십일조의 현대적 적용이라는 점에서 그 부당성과 비계시성을 강론해 주장한 사실로 인해 목회자가 노회로부터 제명 및 파직을 당하는 경우도 있는 것이 현실이다. 그만큼 한국 기독교계에 있어서 이들 주제들은 가히 신앙과 목회의 사활이 걸려 있을 정도로 중차대하게 다루어지는 것이 오늘의 실정이기도 하다. 그렇다면 왜 이런 주제들에 대한 관심이 이토록 과민하게 나타나는 것일까. 이들의 효율적인 시행여부가 교인들에게는 축복을 보장받는 지름길이요, 목회자들에게는 목회성공을 보장해 주는 척도로 확신되기 때문은 아닐까.

특별히 본 주제와 관련해 말라기 3장 10절의 말씀은 십일조와 복받음과의 불가분의 함수관계를 가장 구체적이고 객관적으로 보증해 주는 말씀으로 유명하다. 적어도 한국의 기독교회의 상황에서는 그렇다. 그래서 교인이나 목회자를 막론하고 온전한 십일조를 하나님께 드리는 일이야 말로 현세와 내세를 막론하고 복을 보장받는 지름길인양 이구동성으로 강조하는 것이 보편적인 현상이다.

이때 말라기서 본문은 이런 사실을 구체적으로 입증해 주는 증거본문으로 제시되곤 한다. 이를 위해 하나님께서는 십일조와 복의 필연적 함수관계를 확증시켜 주시기 위해 '시험' 해 볼 것까지도 제안하셨다고 강조해 설명하기 일쑤다. "만군의 여호와가 이르노라. 너희의 온전한 십일조를 창고에 들여 나의 집에 양식이 있게 하고 그것으로 나를 시험하여 내가 하늘 문을 열고 너희에게 복을 쌓을 곳이 없도록 붓지 아니하나 보라"(말 3:10).

그렇다면 과연 본문의 말씀이 일반적으로 생각해 오듯 십일조와 복받음의 상관관계를 강력히 보증하는 말씀일까. 하나님께서 온전한 십일조를 받으시기 위해 복을 담보로 시험해보라고 하시면서 십일조를 요구하시는 내용일까. 그래서 명실상부하게 십일조는 하나님의 복을 받아낼 수 있는 최선의 방편으로 작용하는 것일까.

Ⅱ. 전개

1. 본문의 배경

말라기서는 바벨론에 포로로 잡혀갔던 유다 민족이 70년을 마치고 스룹

바벨의 인도로 일차 포로귀환이 있은 후 거의 100여 년 이후의 사회적, 종교적 타락과 방종과 불순종의 삶을 말라기 선지자를 통해 지적하고 고발하며 회개를 촉구하는 기록이다. 특별히 포로 후 선지자인 학개와 스가랴는 포로귀한 후 일시적으로 중단된 솔로몬 성전의 재건을 촉구하면서 성전건축으로 말미암는 하나님의 영광회복을 강력히 시사한 바 있다(학 2:9). 그러나 이들 선지자들의 예언은 세월의 흐름과 더불어 이스라엘 백성들의 마음에서 점차 희미해져 갔다. 회복된 스룹바벨 성전을 통한 하나님의 영광이 기대한 만큼에 미치지 못했기 때문이다.

여전히 주변 나라들로부터의 위협과 침략 앞에서 불안스럽고 불확실한 나날을 보내야 했다. 다윗 언약에 약속된 다윗왕권의 회복은 요원해 보였다. 사실상 이스라엘의 대내외적인 형편은 포로 전이나 포로 후가 본질에 있어서 별로 달라진 게 없었다. 그도 그럴 것이 처음부터 이들 선지자들이 예언한 성전회복과 이를 통한 하나님의 영광구현은 가시적이고 현세적이며 당대적인 것이 아니었다. 신적 언약의 이중적 성격상, 장차 참 다윗의 후손으로 오실 예수 그리스도로 말미암는 참 성전의 회복과 참 이스라엘인 교회공동체의 출현을 통해 마침내 성취될 미래적인 사건이었던 것이다.

이런 상황에서 지금 말라기 선지서는 1차 포로귀환(BC 536) 후 거의 100년 가까이에 이른 BC 433-432년경에 기록된 내용이다. 말라기서를 통해 나타난 하나님의 경고의 내용을 살펴보면 몇 차례에 걸쳐 선포된 설교의 내용으로 구성되어 있음을 보게 된다. 이들 설교는 계속해서 하나님의 사랑을 망각한 이스라엘 백성들에 대한 책망, 특별히 제사장들의 타락상에 대한 책망과 하나님의 탄식, 가정생활과 혼인의 타락상 개탄, 하나님의 공의에 항변하는 이스라엘에 대한 하나님의 진노, 관계회복을 위한 하나님의 제안, 하나님을 대적하는 자들에 대한 종말론적 심판 등을 주요 골자로 삼고 있다.

따라서 말라기 3장 10절의 본문해석은 문맥상 말라기서 전체의 내용과 관련해서, 아니면 적어도 말라기 3장 7-12절의 내용에 근거해 그 본의를 해석해야 한다. 이 단락의 요지는 이스라엘 백성들이 과거로부터 현재에 이르기까지 한 번도 시내산 언약 속에 담긴 율법의 제반 규례들을 제대로 지켜본 적이 없다는 것이다(대하 36:21; 레 26:34-35). 본문에서는 이런 사실을 특별히 '온전한 십일조'에 대한 철저한 무관심과 적극적인 외면을 통해 대표적으로 고발한다. 이런 저들의 행위는 하나님의 것을 도적질한 파렴치한 범죄행위가 성립된다는 지적이다.

이런 이유로 본문에 대한 바른 해석과 적용은 단순히 문자적으로만 접근할 성질의 것이 아니다. 보다 총체적인 관점에서 본문에 언급된 온전한 십일조의 본의를 파악해야 한다. 우선 십일조에 관한 구약의 전반적인 가르침을 살펴보자.

2. 십일조의 기원 : 아브라함이 멜기세덱에게 바친 십일조

구약에서 십일조에 대한 최초의 언급은 전쟁을 승리로 장식하고 돌아오는 아브라함이 도중에 하나님의 제사장인 멜기세덱을 만나 전리품의 십분의 일을 자원해 드린 사실에서 확인된다(창 14:17-20). 이는 전쟁에서의 승리가 전적으로 하나님으로 말미암았음을 적극 인정하는 데서 비롯된 일종의 감사제의 성격을 띤 제의적 행위라고 볼 수 있다. 이렇게 아브라함이 멜기세덱에게 십일조를 드린 때는 아직 모세의 율법이 성문화되어 시행되지 않은 시점이다.

본 사건을 통해 멜기세덱이 노략물의 십분의 일을 아브라함에게 의무적으로 '과세'했다는 어떤 암시도 없다. 아브라함은 자발적으로 십일조를 드린 셈이다. 이는 하나님의 은혜에 대한 감사의 마음을 십일조의 방식으로 표출한 것이다. 아마 당시에 이런 규례가 보편화되어 시행되고 있었다는 개연성을 아주 부인할 수 없다. 그러나 한가지 분명한 사실은 이후 아브라함의 생애 속에서 이런 형식의 십일조 행위가 반복해서 정기적이고 의무적으로 지속되지 않았다는 사실이다.

그렇다고 이 사건을 십일조 행위의 단회성을 주장하는 나머지 십일조의 무용론을 위한 증거본문과 예시적 사건으로 삼아 확대해석해서는 안 될 줄 안다. 오히려 아브라함의 십일조 사건은 이후 야곱의 십일조 서원(창 28:20-22)과 모세율법에 성문화된 다양한 십일조 규례로 발전되기 때문이다. 우리는 아브라함이 자원해서 드린 십일조 사건을 통해 다음과 같은 몇 가지 교훈을 발견할 수 있다.

첫째, 아브라함의 십일조 사건은 모세율법에 성문화된 십일조 규례의 효시적인 의미를 부여했다는 사실이다. 마치 출애굽사건의 결정적인 동기부여로 작용한 유월절 어린양의 대속사건이 이후 모세율법에 나타난 속죄제사의 직접적인 기원으로 작용했던 것과 동일한 맥락이다.

둘째, 적어도 십일조를 드린다는 제의적 행위는 무엇을 얻어내기 위한 보상적 개념이 아니었다. 따라서 이미 은혜로 받은 어떤 사실에 대한 감사의 마음을 담아 자원하는 심정으로 드려야 된다는 것이다.

셋째, 이런 의미에서 아브라함의 십일조 사건은 예수 그리스도 안에서 하나님의 은혜로 구원받은 그리스도인들의 헌금의 의미와 당위를 규정짓는 결정적인 근거와 잣대로 작용할 수 있다. 억지와 인색함이 아닌 즐겨 자원하는 심정으로 드려야 된다는 사실에서 그렇다(고후 9:7).

넷째, 뿐만 아니라 은혜로 구원받은 성도들에게 성령의 소욕을 좇아 마땅히 요구되는 순종적 삶의 자세가 어떠해야 함을 구체적으로 예시해 주기도 한다. 즉 대가를 기대하는 상급과 보상심리의 관점에서가 아니라, 은혜에 보답하는 차원에서 마땅히 행할 바를 행할 뿐이라는 '무익한 종의 심정' 으로부터 나와지는 자발적 순종의 발로로 드려야 함을 시사해 준다.

3. 모세율법에 나타난 십일조의 성격

아브라함이 멜기세덱에게 드린 십일조 사건은 이후 야곱의 십일조 서원(창 28:20-22)을 거쳐 시내산 언약을 통해 모세에게 수여하신 율법과 제반 율례 및 각종 규례들 속에서 다양한 모습으로 구체화된다. 특별히 모세율법 속에 나타난 십일조는 내용 자체로만 보면 의무적이며 조건적이고 강제성을 띤 일종의 조세제도의 성격을 띤다. 그래서 표면상 행위언약으로 분류되기도 한다.

그러나 제반 율법을 총체적으로 대표하고 있는 십계명의 서문을 유의해 살펴보면 십계명에 대한 강력한 순종의 요구가 단순히 복과 화를 조건부로 제시하면서 일방적으로 순종을 강제強制하고 있는 것이 아님을 본다. 오히려 조상들과의 언약에 근거해 은혜로 베푸신 출애굽사건을 전제하면서 마땅히 순종할 것을 촉구하는 방식으로 십계명을 주시는 것을 발견하게 된다(출 20:1-2).

다시 말해 십계명의 성격이 단순한 조건부적 행위언약이 아니라, 은혜로 베푸신 출애굽 구원사건에 종속된 자율적 순종의 의미가 강력히 부가되고 있음을 본다. 마치 야고보가 행함이 없는 믿음을 죽은 믿음으로 간주하면서 은혜의 믿음으로부터 당위적으로 발생되는 자원하는 순종의 삶을 촉구하는 것과 다르지 않다(약 2:22-26). 따라서 은혜(믿음)와 행함의 관계는 본질상 본분과 도리 차원에서 당위적이지 대가와 보상적 관계가 아님을 확인하게 된다.

이렇듯 율법의 총체적 성격은 이스라엘이 언약백성으로서 하나님의 구원의 은혜에 감사함으로 자원해 순종해야 한다는 사실이 전제되고 있음을 본다. 이런 원리 하에서 율법의 각론에 해당하는 십일조 규례의 진정한 의미와 성격을 바르게 해석해야 할 줄 안다. 다시 말해 그것은 비록 부분적으로 조건적인 단서조항이 부가되어 있음에도 불구하고 총체적인 관점에서는 여전히 당위적 명제인 사실을 발견하게 된다. 율법의 본질적 성격이 복음적일 수밖에 없는 이유가 이런 원리에 근거한다. 율법과 복음은 상호 배타적 관계가 아니다. 상호 의존적이고 보완적이다. 율법은 죄인을 복음에로 인도하고 복음은 의인을 사랑의 법의 포로가 되게 한다.

사실상 십일조 규례는 가나안에서의 안식과 정착된 삶을 담보로 하나님께서 요구하시는 제의적 규례이다(신 12:10-12). 때문에 십일조 행위는 구원을 실질로 누리는 삶을 전제로 하는 바, 곧 땅과 토지의 소산과 거기서 나오는 모든 것의 십일조를 매년 하나님께서 그 이름을 두시려고 택하신 장소로 가지고 나와서 드려야 한다(신 14:22-23). 여기에서 '하나님께서 그 이름을 두시려고 택하신 장소' 로 한정된 것은 계시의 점진성의 원리에 근거해 후일 성소의 실체되신 예수 그리스도를 통해서만 하나님께 나아갈 수 있다는 구속사적 계시성을 상징적으로 예표하고 있는 설명이다(요 14:6).

따라서 십일조 규례 속에 담긴 첫 번째 성격은 구원을 누리는 삶의 전 과정에서 요구되는 제반의 것들이, 물질은 물론 생명까지도 하나님께 속해 있음을 전심으로 인정하는 신앙 고백적 행위가 성립된다고 하겠다. 이를 신약적 관점에서 설명한다면 예수 그리스도 안에서 은혜로 구원의 생명을 공급해 주시고, 이후 구원의 생명력을 발휘해 얻은 물질 모두가 다 주께 속해 있음을 적극 시인함으로 전인적 신앙고백의 심정으로 드리는 헌금행위와 본질상 동질성을 띤다고 하겠다. 결국 신구약 시대를 막론하고 우리의 생존의 기원과 전 생애가 오직 하나님의 은혜로 말미암아 살고 기동하며 호흡하고 있음을 일정한 양의 물질을 대표해 드림으로 고백한다고 하겠다. 이는 범사에 하나님의 절대주권을 인정하는 섭리의존적 신앙고백

행위와도 맥을 같이 한다.

두 번째 성격은 사랑에 기초해 나눔을 통한 구원을 공유하는 삶을 가리킨다는 점이다. 출애굽한 이스라엘에게 있어서 구원의 실제적 삶을 경험할 수 있는 현장은 가나안 땅이다. 구원을 누리는 삶으로서 가나안에서의 평안과 안식은 특별히 외침外侵으로부터의 절대보호와 경제적 자립을 통한 생활의 보장을 통해 가능케 된다. 이 과정에서 레위지파를 제외한 이스라엘의 남은 지파는 땅을 균등하게 배분받음으로 자급자족의 기회가 보장된다. 이는 구원을 차별 없이 공동체적으로 누리게 하기 위함이다.

그러나 성전의 제반 일들을 전담 맡은 레위지파의 경우는 분깃이 없다. 하나님께서 친히 저들의 기업이 되시기 때문이다. 대신 전 이스라엘 백성들이 십일조 규례에 근거해 하나님께 드리는 물질을 공급받음으로 생계의 위협으로부터 안전을 보장받게 된다(민 18:21-24; 신 18:1-2). 뿐만 아니라 세월이 지남에 따라 필연적으로 발생할 수밖에 없는 경제적 불균형으로 인한 고아와 과부와 객들을 위해 별도의 십일조 규례가 매 삼 년마다 시행됨으로써 저들의 생활 또한 안전하게 보장을 받는다(신 14:28-29). 이런 제도적 장치로 인해 온 이스라엘이 지속적으로 언약백성으로서의 구원공동체적 삶을 공유하게 된다.

이처럼 다양한 용도로 드려지는 십일조 규례 속에는 만사가 하나님께 의존되어 있으며 만물이 하나님께 속해 있을 뿐 아니라, 언약백성으로서 구원을 공동체적으로 공유하고 있다는 신앙고백적 의미가 담겨있다고 하겠다.

4. 십일조의 종류

모세율법에는 용도 면에서 대상을 달리하는 다양한 십일조 규례가 기록되어 있다. 그럼에도 불구하고 제반 십일조 규례가 총체적 관점에서 하나님께서 내신 율법에 의존되어 있으므로 십일조를 받으시는 궁극적인 대상은 하나님이신 사실을 기억할 필요가 있다.

첫째, 레위인들이 받는 십일조 규례가 있다(민 18:21-24; 신 18:1-2). 이는 하나님께서 레위인들을 제외한 전 이스라엘 백성들에게 의무적으로 요구하신 십일조 규례로서 성전 직무에 전적으로 종사함으로 기업이 없는 레위인들의 생활을 보장하는 제도적 차원에서 베푸신 규례다.

둘째, 제사장들이 받는 십일조 규례가 있다(민 18:26-28). 이는 레위인들이 받은 십일조 중에서 다시 십일조를 구분해 제사장의 몫으로 드리는 십일조 규례를 가리킨다. 제사장들 또한 레위인들로서 기업의 보장으로부터 제외된 대상이기 때문이다.

셋째, 이스라엘 백성들이 매년 드리는 십일조 규례가 있다(신 12:1-19; 14:22-27). 이는 특별한 절기 때마다 성막을 중심으로 이스라엘 백성들이 각기 자기 가족들과 노비들 및 기업이 없는 레위인들과의 교제를 위해 해마다 드리는 십일조 규례를 가리킨다.

넷째, 매 삼 년마다 드리는 십일조 규례가 있다(신 14:28-29; 26:12). 이는 특별히 분깃이 없는 레위인들과 성중에 우거하는 고아와 과부 및 객들을 위한 일종의 사회보장적 제도의 일환이라 할 수 있다. 이처럼 하나님께서는 자칫 소외되기 쉬운 일부 빈곤 계층의 사람들에 대한 배려까지도 십일조 규례를 통해 보장해 주셨던 것이다. 이런 사실의 이면에는 언약백성으로서 이스라엘은 출애굽 사건을 통해 베푸신 구원의 실질을 공동체적으로 소유해 누리는 일에 있어서 일부라도 소외되거나 제외된 사람들이 있어서는 안 되었기 때문이다. 이는 구원을 누리는 삶의 정체성은 개인이 아닌 공동체적으로 나타나야 함을 강력히 시사한다. 신약적 관점에서 구원의 성격이 교회를 이루는 구원공동체적 삶으로 표출되어야 한다는 주장이 이런 원리에 기초한다.

5. 말라기 3장 10절에 담긴 하나님의 본의

이상의 사실들에 근거해 말라기 3장 10절의 본의를 살펴보자. 무엇보다도 본문에서 언급하고 있는 '온전한 십일조'의 개념은 위에서 설명한 적어도 네 종류의 십일조 규례에 대한 철저한 순종을 총체적으로 촉구하고 있는 내용임을 분별하게 된다.

말라기 선지자가 활동하던 시기에 이스라엘 백성들은 총체적인 영적나태와 해이에 깊이 빠진 나머지 마땅히 행할 도리조차도 깨닫지 못하는 극심한 무관심과 영적 불감증에 방치되어 있었다. 특별히 하나님께서는 십일조 규례와 관련해 이스라엘의 불순종을 도적질과 동일하게 취급하셨다. 하나님의 것을 도적질했다고 질타하신다. 그래서 온전한 십일조를 드림으로 하나님의 것을 마땅히 하나님께 돌리라고 강력히 촉구하신다. 이런 의미에서 온전한 십일조란 십일조 규례의 철저한 이행뿐 아니라, 네 종류의 십일조 규례에 대한 온전한 순종을 요구하는 지적이다.

다음으로 온전한 십일조를 드림으로 하나님의 복주심에 대한 여부를 시험해 보라는 말씀에 대한 진의 파악의 문제다. 문자적으로 말라기 3장 11-12절의 말씀은 온전한 십일조 규례를 지키는데 따른 보상의 내용이 조건부적으로 소개되고 있다. 그러나 일차적으로 본절은 문자적으로만 해석해 적용할 수 없는 한계가 있음을 간과해서는 안 된다.

위에서 이미 살펴본 대로 십일조 규례는 율법의 총체적 관점에서 볼 때, 조건적인 규례라기보다는 당위적인 명제의 성격을 띠고 있음을 확인했다. 구속의 은혜를 입은 자들에게 요구되는 당연한 책임과 의무조항인 셈이다(출 20:1-2; 신 5:5, 15). 때문에 비록 십일조 규례에 부분적으로 조건적인 단서조항이 부가되어 있다고 할지라도 그것을 대의명분과 목적삼아 보상심리의 발동차원에서 지키려는 태도는 은혜를 입은 자로서 본말이 전도된 처사일 뿐이다. 본질상 은혜와 보상 개념은 공존하거나 병행할 수 없다.

왜냐하면 지금 말라기서 기자는 본문을 통해 부차적인 단서조항에 강조점을 두고 있는 것이 아니다. 오직 은혜로 구속받아 하나님의 언약백성 된 이스라엘이 마땅히 드릴 온전한 십일조 규례를 지킴으로 하나님의 것을 도적질한 범죄행위를 철저히 회개하고 돌아서라는 강력한 경고의 메시지를 전하고 있는 것이다.

이런 사실과 관련해 성경은 '무익한 종'의 심정을 밝히 제시하는 것을 통해 하나님의 은혜를 입은 자들이 마땅히 취할 신앙적 태도가 무엇인지를 명백히 보여준다(눅 17:10). 그것은 보상을 염두에 둔 조건부적인 행동이 아니다. 이미 받아 누리고 있는 은혜에 대한 감사함에서 발로된 자발적이고 자원하는 심정의 당위적인 행동일 뿐이다. 이런 이유로 거기에는 일체의 대가나 보상적 개념이 개입될 여지가 전혀 없다. '마땅히 해야 할 일을 한 것뿐'이라는 무익한 종의 순전한 고백 속에서 이런 사실을 분명하게 확인할 수 있다.

그럼에도 불구하고 은혜 위에 은혜를 더해 주셔서 무익한 종의 당연한 행위에 하나님의 기뻐하시는 뜻을 좇아 어떤 특별한 보상을 더해 주신다면 이는 몸 둘 바를 모를 정도로 감사할 일이 될 뿐이다. 그렇다고 상급과 복주심을 목적삼아 하나님을 신앙하거나 열심의 동기로 삼는다면 이는 은혜로 베푸시는 복음의 본질을 미처 깨닫지 못하는 데서 오는 자가당착적 발상이 아닐 수 없다. 속담에 '물에 빠진 자를 건져주니 보따리 내놓으라'는 말이 있다. 비상식적이고 비정상적인 상황을 어처구니없다는 심정으로 일컫는 수사적인 표현인 줄 안다.

따라서 은혜의 종교인 기독교 신앙에 있어서 보상심리의 발동은 무익한 종의 관점에서는 생각조차 할 수 없는 일이다. 성령의 인침과 내주 및 보증의 사역으로 이미 구원의 은혜를 받은 자의 심정 속에는 남은 평생을 복음에 빚진 자의 심정을 가지고 살아가게 된다는 것이 성경의 지적이다. 때문에 구원의 복음의 근간인 하나님의 사랑에 정상적으로 접촉된 자는 이후부터 먹든지 마시든지 무엇을 하든지 그의 나라와 그의 의를 추구하는 하나님 중심의 신앙관에 근거해 살아가기를 원하는 간절한 소원이 거듭난 새사람의 인격을 통해 지속적으로 발휘되기 마련이다(롬 6:11-14, 17-19; 8:3-4; 고후 5:13-15; 갈 2:20; 5:16).

이상의 사실들을 감안해 볼 때 말라기 3장 10절에 언급된 '시험'의 본의는 온전한 십일조를 드리는 것에 대한 대가성으로 복을 보장한다는 의미가 아니다. 상대적으로 하나님의 불편한 심정을 담아 강력한 시행을 촉구하는 역설적이며 동시에 수사적인 표현인 사실을 간파하게 된다. 마치 스스로 공부할 생각을 전혀 갖지 않는 아들에게 하루 한 시간만이라도 자원해 공부할 것을 기대하는 심정으로 매일 업어주겠다고 약속하는 부모님의 안타까운 심정에 비유할 수 있겠다. 다시 말해 여기에서 업어주겠다는 부모님의 약속은 실제로 장성한 아들을 그렇게 해 주겠다는 의미보다는, 아들이 스스로 공부하기를 원하는 부모님의 간절한 염원이 그런 방식으로 표출되고 있음을 가리킨다. 수사적인 표현 방식을 빌려 아들의 열심을 촉구하고 있는 것이다.

이처럼 본문에 담긴 하나님의 본의를 놓치고 욕심을 발동시켜 문자적인 해석의 수준에 머물게 되면 자칫 말씀이 인간의 타락한 종교성을 부추기는 방편과 도구로 전락될 수 있는 위험성이 상존한다.

Ⅲ. 결론

이상의 논증을 통해 말라기 3장 10절의 십일조 규례에 관한 말씀의 본의를 살펴보았다. 본문은 말라기 선지자 시대에 이스라엘 백성들의 신앙생활이 얼마나 하나님의 말씀에 불순종으로 일관한 삶을 살고 있는지를 철저히 고발해 준다. 말라기 선지자는 본문을 통해 패역한 이스라엘 백성들을 향해 회개와 순종을 역설하면서 동시에 하나님과의 관계회복을 촉구하는 경고성의 메시지를 선포하고 있다.

이 과정에서 하나님께서는 온전한 십일조 규례를 적극 지켜 행할 것을 요구하시면서 순종을 담보로 복을 주실 것에 대해 하나님을 시험해 보라고 제안하신다. 그러나 본문의 말씀은 율법에 명시된 십일조 규례를 총체적인 관점에서 바르게 해석함으로써 그 진의를 파악할 수 있어야 한다. 다시 말해 모세율법의 성격은 독립된 행위언약으로서 조건부적 특성을 가졌다기보다는 아브라함 언약이 출애굽사건을 통해 성취된 사실로 인해 은혜성과 밀접하게 연관되어 있음을 확인하게 된다. 따라서 시내산 언약으로서 모세율법은 조건부적 순종을 일방적으로 강요한다고 보기보다는 언약백성인 이스라엘에게 수혜자로서 마땅히 행할 자율적 순종을 요구하고 있음을 본다.

그러므로 말라기 3장 10절을 정당하게 해석함에 있어서 타락한 종교심을 발동시켜 부차적인 단서조항에 관심을 갖기보다는 은혜로 하나님의 언약백성 삼아주신 사실을 감안해 감심感心으로 순종하는 마음을 발휘해야 할 것이다. 그렇게 될 때, 본문은 적극적으로 온전한 십일조를 드림으로 하나님께서 약속하신 축복을 조건부적으로 받아낼 수 있다는 의미로 해석될 수 없다. 오히려 구속의 은혜를 입은 하나님의 언약백성들이 감사와 자원하는 심정을 물질에 담아 헌상할 것을 역설적으로 촉구해 강조하는 내용임을 확인하게 된다.

물론 현대교회가 여전히 구약의 십일조 규례에 근거해 문자적으로 십일조를 드려야 하느냐의 문제는 본 논지와는 별개의 주제다. 그럼에도 성전계시에 종속되어 있는 제반 율법적 규례들은 성전계시의 실체되신 예수 그리스도 안에서 동일하게 완성되었음은 주지의 사실이다(골 2:16-17; 갈 4:10; 히 9:10). 이런 사실들은 비록 문자적으로는 답습하지 않더라도 원리적 측면에서는 여전히 신약의 성도들을 자율적으로 구속하고 있음을 과소평가해서는 안 될 줄 안다(고후 9:7).

이런 관점에서 말씀을 하나님의 본의를 좇아 정당하게 해석해 적용하기보다는 인간의 현실적인 필요와 유익을 위해 도구화시킬 때, 하나님의 뜻과는 무관한 자의적이고 편의적인 해석과 적용을 시도할 수 있다는 위험성을 늘 경계해야 할 줄 안다.

11

은혜와 보편적 상급주의 신앙

I. 도입

흔히 비판적인 시각에서 한국적 기독교 신앙의 특징들을 일컬어 기복주의, 상급주의, 지성감천주의, 신비주의, 체험주의, 은사주의 등등으로 언급한다. 이를 한마디로 요약하면 기독교 신앙관의 정체성이 지나치게 현세지향적이고 자기중심적으로 편향되어 있다는 지적이다. 물론 신앙의 현재성과 주관성을 과소평가할 수 없다. 그럼에도 불구하고 성경이 본질적으로 지향하는 바는 부활신앙과 재림신앙을 통한 종말론적 신앙관에 보다 많은 관심을 집중시키고 있는 것이 사실이다(고전 15:19; 요 11:25-26; 14:1-4; 마 25:31-33; 히 9:27; 11:1-2; 계 21:11-15; 마 6:33).

이런 사실을 감안할 때 기독교 신앙의 성격 속에 위에서 언급한 제반 요소들이 전혀 없는 것은 아니지만, 중요한 관점은 그런 내용들이 기독교 신앙의 주요 정체성과 본질적인 요소로 자리매김 될 수는 없다는 사실이다. 만일 기독교 신앙이 단순히 인간의 현세적인 유익과 행복 및 소원성취, 그리고 성공의 수단과 방편으로 기능하는 것을 목표로 삼는다면 여타의 다른 종교와 하등 다를 바가 없다. 자연히 계시종교로서 기독교의 주권성과 은혜성은 사라질 것이다.

Ⅱ. 전개

1. 기독교 신앙의 특징인 은혜성

계시종교로서 기독교 신앙의 특수성과 차별성은 단연 주권적 은혜성에서 찾아진다. 주권적 은혜성이란 하나님께서 기뻐하시는 뜻 가운데 예수 그리스도 안에서 당신의 백성들을 창세전부터 선택하셨고(엡 1:3-6), 이를 시행코자 친히 육신의 몸을 입고 성육신하심으로 죄인 된 인간을 먼저 찾아 오셨으며(요 1:1-14; 빌 2:5-8), 친히 나무에 달려 죽으시고 부활하심으로 모든 믿는 자에게 차별 없이 의와 구원을 선물로 주신다는 약속에서 찾아진다(롬 4:25; 1:16; 엡 2:8-9).

2. 은혜에 수반되는 인간의 자율적 책임과 의무

여기에서 우리는 구원의 은혜성과 관련해 시혜자施惠者인 하나님과 수혜자受惠者인 인간 사이에 필연적이고 당위적으로 발생되는 상호관계성의 문제에 대해 살펴보고자 한다.

구원은 이미 살펴본 대로 하나님께서 기뻐하시는 뜻 가운데 당신의 언약백성들에게 베푸시는 고유한 은혜의 선물이다. 하나님의 은혜로 말미암아 믿음으로 구원을 선물로 받게 된 인간편에서는 그 은혜에 보답하고자 하는 당연한 심리적 발동으로 자원해서 헌신/봉사하고자 하는 순종의 마음이 발생하게 된다는 사실이다(엡 2:11; 4:1-3; 골 3:1-3; 딛 2:14; 롬 6:12-14; 12:1; 16:26; 고후 5:15; 약 2:17, 22, 26). 구원의 은혜를 입은 자가 은혜를 베푸신 하나님께 마땅히 드릴 수밖에 없는 감사와 보답의 반응이다. 이를 가리켜 은혜는 행함을 동반한다고 말한다.

이런 사실을 구약적 배경에서 명시적으로 언급하고 있는 내용이 출애굽한 이스라엘 백성들에게 시내산 언약의 징표로 하사下賜하신 십계명 서문에서 밝히 선언되고 있다. "하나님이 이 모든 말씀으로 일러 가라사대 나는 너를 애굽 땅 종 되었던 집에서 인도하여 낸 너의 하나님 여호와로라. 너는 나 외에 다른 신들을 네게 있게 말지니라"(출 20:1-3).

본문 3절에서 "너는 나 외에 다른 신들을 네게 있게 말지니라"의 요구 앞에는 '그러므로' 라는 접속사가 들어갈 때 십계명 본문과 서문과의 관계가 매끄럽게 연결되는 것을 확인할 수 있다. 다시 말해 십계명은 단순히 순종을 담보로 복과 화를 전제한 행위언약으로 주신 것이 아니라, 아브라함 언약에 근거해 은혜로 구원받은 이스라엘 백성들이 자율적으로 순종하기를 원해서 주신 제도적 장치로서의 성격을 강하게 띠고 있다. 이런 관점에서 출애굽사건은 '선先 구원의 은혜에 연관되고 십계명 수여는 후後 자율적 순종의 요구' 에 해당된다고 하겠다.

신약의 기자는 이런 원리의 신학적 상응성(相應性, correspondence)을 소위 "무익한 종"(unworthy servant)의 심정을 통해 밝히 해명함으로써 구약의 사상과 일치시킨다. "이와 같이 너희도 명령 받은 것을 다 행한 후에 이르기를 우리는 무익한 종이라 우리의 하여야 할 일을 한 것뿐이라 할지니라"(눅 17:10).

종의 사명은 주인의 뜻을 충성스럽게 받들어 행하는 일이다. 그렇다고 삯이 의무적으로 보장되는 것도 아니다. 종은 주인의 소유이기 때문이다. 더구나 '생명의 은인' 으로서 주종관계가 성립된 사이라면 본문의 '무익한 종' 의 심정이란 더할 나위 없는 당연지사當然之事한 고백이다.

동일한 맥락에서 성도들이 죄로 말미암는 영원한 지옥의 형벌로부터 은혜로 말미암아 영원한 하나님 나라로의 구원을 선물로 받은 사실이야말로 평생토록 사랑에 빚진 종의 심정을 가지고 봉사와 헌신으로 일관한다 할지라도 그 은혜를 갚기에는 그저 부족할 뿐이다. 성도들을 가리켜 구원의 은혜를 베푸신 하나님과의 관계 속에서 복음에 빚진 자 혹은 사랑에 빚진 자라고 표현하는 이유가 이런 사실에 근거한다. 이런 원리에 의해 '하나님을 경외하며 그 명령을 지키는 것' 은 강요된 의무가 아니다. 사랑의 빚으로 말미암는 성도들의 마땅한 본분이요 도리이다(전 12:13).

3. 은혜성과 보상 개념의 불일치성

기독교 신앙의 정체성은 예수 그리스도 안에서 베푸시는 하나님의 은혜성에서 찾아진다. 은혜는 보상적 개념이 아니다. 무자격자에게 주시는 선물이며 호의이다. 이런 이유로 은혜에 일말의 보상적 개념이 내포된다면 본질상 죄인 된 인간은 한 사람도 구원을 은혜로 말미암는 믿음으로 받을 수 없다. 더구나 죄에 대한 진노로 하나님의 심판과 형벌을 면치 못할 자들로 존재할 뿐이다.

하나님 앞에서 의인은 없나니 한 사람도 없으며 모든 사람이 죄인으로 고발될 뿐이다(롬 3:10; 5:12). 그러나 성경은 이런 진노와 심판으로부터 은혜로 말미암아 믿음으로 심판에서 제외되고 사망에서 생명으로 옮겨져 구원을 선물로 받았다고 증언한다(요 5:24). 이처럼 받을 수 없는 자에게 베푸시는 하나님의 무한하신 사랑과 긍휼과 호의가 은혜의 본질이다.

이런 사실 때문에 참된 구원의 생명을 소유한 자로서 하나님의 은혜에 정상적으로 접촉된 자는 결코 조건부적인 보상심리를 발동시킬 수 없게 된다. 보다 자원하는 심정을 가지고 은혜의 반응으로 하나님을 사랑하며 경외하고 섬기는 일에 진력하게 된다. 성도들의 영적 정체성은 새로운 피조물로서 예수 그리스도의 부활하신 생명에 연합되어 거듭난 새 생명으로 살아가는 믿음의 자녀 곧 천상적 신분의 소유자들로 존재하기 때문이다(갈 2:20).

이처럼 은혜의 본질은 성도들로 하여금 기가 막힐 죄의 웅덩이에서 거저 구원해 주신 사실을 감심感心으로 깨닫고 확신케 함으로 이후부터 믿음을 발휘해 오직 감사와 보답의 심정을 가지고 평생 하나님을 충성된 종의 신분으로 섬길 것을 강력히 촉구한다(고후 5:14-15; 눅 17:10). 그런 의미에서 예수 그리스도 안에서 은혜의 선물로 주신 구원의 성격은 하나님께서 주시는 최고의 복이며 상급의 실체로 기능한다(마 16:26; 계 21:6-7). 이런 관점에서 성경은 궁극적으로 구원 이상의 다른 복과 상급을 보장한다고 볼 수 없다.

더구나 복과 상급이 기독교 신앙의 동기로 기능한다는 것은 불가능하다. 무조건적 은혜성과 조건적 보상관은 본질상 공존할 수 없는 사상이다. 성경에서 비록 어떤 형태로 약속하고 있는 복과 상급의 설명과 표현이 있을지라도 그것이 지향하는 궁극적인 목표는 구원에로 귀결될 뿐이다(마 25:31-33; 계 20:11-15). 구속사의 완성과 더불어 성취되는 교회의 종말적 미래상을 여러 상징과 환상을 통해 보여주는 계시록의 기술을 통해 이런 사실이 구체적으로 확인된다.

계시록에서 어린양 되신 예수 그리스도의 구속을 통해 베푸시는 하나님의 구원의 은혜와 새 하늘과 새 땅의 질서 속에서 향유하게 될 승리한 교회의 종말적 축복의 삶의 정체성은 단연 회복된 에덴의 삶에 집중된다(계 22:1-5). 이런 사실이 의미하는 바는 창세기 2장 17절의 선악과 금령을 어겨 죄인으로 전락된 하나님의 백성들이 창세기 3장 15절의 여자의 후손 언약을 통한 구속의 원리 안에서 회복되어 창세기 1장 28절 속에 계시된 천상적 삶의 실질을 하나님의 기뻐하시는 뜻의 성취 속에서 향유하게 된 사실을 확증시켜 준다.

성경에서 구원의 본질이 의미하는 바는 이처럼 예수님의 고귀한 생명을 지불한 대가로 주어지는 무한가치의 성격을 띠고 있다. 따라서 하나님의 구원의 생명을 소유했다고 하면서도 보상심리를 발동시켜 또 다른 상급과 복을 기대한다는 것은 복음의 본질로서 구원의 진정한 의미와 가치를 포괄적으로 깨닫지 못하는 데서 오는 계시의 부족과 결핍의 연고라고 보여진다.

4. 성경적 상급에 대한 오해와 재정립의 필요성

우리 주변에서 만일 기독교 신앙에 있어서 보상과 대가성의 복과 상급이 없다면 열심으로 봉사하고 헌신해야 할 이유가 어디 있겠느냐고 종종 이의를 제기하는 사람들을 보게 된다. 그러면서 성경 곳곳에서 상급이나 복과 관련해 설명하고 있는 구절들을 증거본문으로 제시하곤 한다. 이런 사람들의 항변에 대한 소견은 사두개인들의 곡해에 대해 주님께서 말씀하셨듯이 "오해하였도다"라는 답변으로 대신하고 싶다(마 22:23-30).

특별히 주님께서 "오해하였도다"라는 말씀을 하실 때, "성경도 하나님의 능력도 알지 못하기 때문"이라는 전제를 첨언하셨다. 이는 성경의 어떤 주제를 성경 전체를 통해 해석할 수 있는 총체적인 계시관의 부족과, 하나님의 심정으로 해명해야 하는 천상적 관점의 결핍을 아울러 지적함에 다름 아닐 것이다.

성경은 성령께서 인간 저자들을 영감시켜 기록하게 하신 하나님의 언약적 자기 계시서이다(딤후 3:16-17; 벧후 1:20-21). 이는 하나님께서 창세전에 수립하신 영원하신 목적으로서 구속의 경륜을 성령의 영감을 통해 인간의 경험과 지식과 언어라는 제약성과 제한성에도 불구하고 기록된 말씀으로 세상 가운데 계시해 주신 하나님의 약속의 말씀이라는 사실을 의미한다.

이는 성경을 해석함에 있어서 철저히 계시의존적이고 천상 지향적이며 총체적인 관점으로 해석해야 한다는 전제가 요구된다. 반면에 자의적恣意

的이고 현세 지향적이며 지엽적인 관점으로 접근하게 될 때 적잖은 부분에서 하나님의 본의와 무관한 주관적인 해석과 편의적인 적용의 결과를 초래할 수 있는 위험성이 상존하게 된다. 마치 소경이 코끼리를 만져보고 각자 나름대로의 견해에 따라 부분을 전체로 확대해 설명하듯 편향적이고 편파적일 수 있다. 이들의 관점이 부분적으로 타당성이 있을지라도 전체를 설명하는 데는 곡해와 왜곡이 발생할 수 있다는 데 문제의 심각성이 제기된다.

이상의 관점을 종합적으로 정리해 보면 구원의 생명에 바르게 접촉된 자는 사랑에 빚진 자의 심정의 발로로 본질상 보상심리를 발동시켜 기복주의나 상급주의의 심정을 가지고 신앙생활을 영위해 나갈 수 없다는 사실이다. 이런 논증의 결과로 성경의 도처에서 언급하고 있는 상급과 복에 관련된 구절 또한 앞뒤 문맥과 성경 전체의 구속사적 경륜과의 연관 속에서 해석하게 될 때, 단순히 문자적이고 현실적인 관점으로만 해석될 성질의 내용이 아님을 간파할 수 있다.

Ⅲ. 결론

상급과 관련해 가장 보편적인 일례로 지적할 수 있는 소위 의의 면류관, 생명의 면류관, 영광의 면류관 수여 등등의 표현은 종말론적 구원의 완성으로서 예수 그리스도 안에서 성도들이 이미 현재적으로 소유해 누리고 있는 칭의와 영생과 미래적 영광을 면류관이라는 표상적 상급 이미지와 결부시켜 종말론적으로 설명하고 있는 내용일 뿐이다. 실제로 하늘나라에서 의의 면류관과 생명의 면류관과 영광의 면류관 등등을 받게 된다는 것이 아니다. 구원의 완성과 교회의 종말적 승리를 누리는 삶을 상징적이고 수사적으로 기술하는 내용이다.

계시록에서는 모든 시대의 성도들의 총화를 대표적으로 상징하는 24장로들이 자신들이 쓰고 있는 면류관을 보좌에 앉으신 분 앞에 일제히 벗어던지면서 구원의 은혜의 영광을 주님께 돌리고 있는 모습을 보여준다(계 4:10-11). 이는 승리한 교회의 모습을 면류관을 쓰고 있는 24장로들의 모습을 통해 상징적으로 보여주는 것으로 교회의 승리와 구원의 은혜의 영광을 주께서 홀로 마땅히 받으셔야 된다는 사실을 의미하는 광경이다. 이런 식으로 성경은 시종일관하게 성도들이 예수 그리스도 안에서 이미 받은 구원의 생명과 종말론적으로 누리게 될 구원의 미래적 완성을 복의 본질과 상급의 실체로 설명한다.

"생각건대 현재의 고난은 장차 우리에게 나타날 영광과 족히 비교할 수 없도다"(롬 8:18).

종말론적 구원의 완성과 실질 속에 담겨 있는 의미와 가치와 영광이 이렇듯 중차대할진대, 어찌 구원의 은혜를 입은 성도들로서 하나님을 향한 열심이 조건적이고 보상심리의 발동 차원에서 동기부여로 작용할 수 있을지 의심하지 않을 수 없다. 그런 의미에서 성경이 말씀하는 바른 구원의 은혜에 정상적으로 접촉된 자라면, 구원의 가치야말로 다른 무엇에 비교될 수 없는 최고의 복이요 최상의 상급인 사실을 전인적으로 수납하게 됨으로 오직 '무익한 종'의 심정을 가지고 자원해서 적극 감사와 보답의 심정으로 하나님을 신앙하며 섬기게 될 것으로 결론짓게 된다. 결국 여호와 신앙의 정체성은 그리스도의 구속을 통해 값없이 받은 구원의 은혜에 대한 감사의 발로 이상도 이하도 아니다.

자칫 은혜로 말미암는 여호와 신앙의 정체성을 다른 종교와 동일한 수준에서 평가하는 나머지 자기 유익을 위한 수단과 방편으로 평가한다면 기독교 또한 이교도적 우상숭배신앙과 본질에서 다를 바 없다. 그것은 성경이 말씀하는 정당한 하나님 중심의 신앙이 아니다. 하나님의 이름을 가장한 사이비 기독교일 뿐이다. 마치 여로보암의 길과 방불하다(왕상 12:25-33). 거기에 여호와의 이름과 제사장과 절기를 지키는 율법적인 요소가 분명히 발견된다. 그럼에도 불구하고 본질에 있어서는 율법의 원리에서 빗나갔을 뿐 아니라, 신앙을 사욕私慾의 수단으로 삼음으로 하나님의 진노를 격발시킨 우상숭배적 신앙과 다를 바가 없다. 이런 이유로 구원의 은혜와 기복주의 신앙은 본질상 공존할 수 없다. 이율배반적인 모순을 자체 속에 안고 있기 때문이다.

193

12

여로보암의 길

열왕기상 12장 25-33절

I. 도입

다윗과 솔로몬 통치 초기까지, 엄밀하게 말해 통일 이스라엘이 남쪽 유다와 북쪽 이스라엘 왕국으로 나눠지기 전까지(왕상 11장) 통일 이스라엘은 명실공히 하나님께서 친히 다스리시는 신정왕국으로서 하나님의 나라를 대 내외에 가장 극명하게 천명했던 영광스러운 태평성대의 시기였다. 당시 역사적 이스라엘은 표면상 하나님의 나라 그 자체로 존재했었다. 이는 하나님의 통치의 근간인 모세 언약의 내용(율법)이 본래의 목적대로 막힘없이 시행되고 있었음을 시사한다. 하나님의 신정통치는 말씀의 능력이 권세 있게 발휘되고 시행되는 것을 통해 확증되기 때문이다.

그러나 솔로몬이 죽고 그의 아들 르호보암이 즉위하면서부터 이스라엘은 국론이 분열하는 것으로 인해 마침내 북 이스라엘과 남 유다로 나뉘게 된다. 자연히 신정왕국으로서 하나님 나라의 모습도 점차 쇠락하기에 이른다. 이는 처음부터 이스라엘이 하나님 나라로서 신정왕국을 계시하기 위한 도구와 방편으로 사용되고 있었음을 시사한다. 하나님 나라의 실체가 처음부터 아니었다는 지적이다. 왜냐하면 하나님의 언약은 신적 기원이라는 특성상 어떤 이유로라도 중간에서 변개되거나 파기될 수 없다(민 23:19). 지금 통일 이스라엘은 남북으로 갈리는 비극적 운명을 맞는 것을 통해 처음부터 이스라엘이 최종적이고 궁극적인 하나님 나라로서의 종말론적 신정왕국이 아니었음을 시사하고 있는 셈이다.

우리는 이런 일련의 진행 과정을 통해 언약계시의 점진성과 점진성에 포함된 모형과 실체로서의 계시의 이중성에 대해 간과해서는 안 된다. 이런 사실은 역사적 이스라엘이 예수 그리스도로 말미암아 최종적으로 성취될 새 이스라엘인 교회 안에서 예표로서 모형적인 신정왕국의 계시 역할을 마감하게 될 것임을 시사해 준다. 그러므로 예수 그리스도의 대속적인 사역 안에서 비로소 그 실체를 드러내게 된 신약의 교회는 하나님의 전 구속사적 경륜에 있어서 구속계시의 꽃이며 면류관인 셈이다. 하나님께서는 이미 창세전부터 만물을 주님의 몸 된 교회공동체를 통해서 통일되게 하실 것을 작정하시고 때가 찰 때에 예수 그리스도를 통해 이를 세상 가운데 계시해 주셨다(엡 3:9-11).

이제 남북으로 분열된 이스라엘은 남 유다의 경우 솔로몬의 아들인 르호보암에 의해 다윗 언약(삼하 7:11-17)은 모형적 계시로서 다윗 왕조를 여전히 계승해 나가게 된다. 신적 언약의 특성인 주권성과 은혜성, 불변성과 실현성의 원리가 여전히 유효하기 때문이다. 그러나 그 결국은 참 다윗 왕으로 오실 예수 그리스도의 초림과 재림으로 인해 종말론적으로 성취를 보게 될 것이다.

반면 북 이스라엘 왕조는 다윗 언약과는 무관하게 르호보암에게 반기를 든 열 지파에 의해 추대된 여로보암을 초대 왕으로 세워 남 유다와는 같은 동족임에도 불구하고 적대관계를 이루는 가운데 분열된 두 개의 왕국으로 공존하기에 이른다. 이때 여로보암은 북 이스라엘의 초대 왕으로 즉위하자마자 반역으로 잡게 된 권력을 장기적으로 유지하기 위한 정치적 목적을 갖고 일련의 종교개혁을 시도한다. 그 내용이 흔히 여로보암의 길과 여로보암의 죄로 명명되고 있는 저 유명한 '여로보암 종교'(왕상 12:25-33)이다.

여로보암의 종교개혁은 이후 이스라엘 열왕들에게는 피할 수 없는 올무가 되어 마침내 전 이스라엘이 타락하여 하나님의 진노를 머리에 쌓는 결정적인 요인으로 작용하게 된다. 결국에는 앗수르에 의한 국가적인 멸망을 자초하게 된다. 무슨 일에든지 바르게 시작하는 일의 중요성은 아무리 강조해도 지나치지 않는다. 신정왕국에 있어서 왕의 신분과 지위는 백성들 전체를 대표한다는 사실로 인해 왕의 타락은 바로 백성들의 타락으로 연결되기 마련이다.

여로보암이 실시한 일단의 종교개혁 속에 나타난 몇몇 특징들이 다름 아닌 유사성의 문제들을 제기해 준다. 유사성이란 겉으로 보기에는 좀처럼 차이점을 발견하기가 여간 어려운 것이 아니지만 내용적으로는 전혀 다른 두 종류를 비교해서 일컫는 말이다.

당초 하나님께서는 여로보암으로 말미암는 북 이스라엘의 건국을 허락하심으로 남 유다의 불순종을 책망해 영적 회복을 시도하려 하셨다(왕상 11;30-36). 그러나 사단은 여로보암의 어두운 인격을 오히려 역이용한다. 여로보암을 도구 삼아 여호와 중심의 구약종교를 변질시킴으로 전 이스라엘을 하나님의 진노와 멸망에로 미혹함으로 당초 에덴에서부터 시작해 노아 시대를 거쳐 애굽의 바로 시대를 통해 과거 역사 속에서 한결 같이 시도해 왔었던 자신의 목적을 달성하려 했던 것이다. 궁극적 목표는 여자의 후손으로 오실 메시아 계보의 단절에 집중된다.

이런 식으로 언약적 구속사 진행의 통시적 관점을 가지고 여로보암 개인의 종교개혁 속에 담긴 사단의 저의를 파악해야 할 줄 안다. 왜냐하면 창세기 3장 15절의 여자의 후손 언약이 선포된 이후 세상 역사의 정체성은 결국 하나님의 언약적 구속사의 성취라는 종말론적 성격을 띠고 진행되기 때문이다. 이 과정에서 여자의 후손과 뱀의 후손과의 적대적 투쟁과 갈등은 불가피하게 나타나는 현상이다. 이 양자간의 싸움은 예수 그리스도의 재림으로 말미암아 사단과 그의 졸개들이 불못에 처해지기까지 역사 속에서 다양한 모습을 통해 중단 없이 지속될 것이 확실하다. 그렇다면 여로보암의 종교 속에 나타난 유사성의 본질은 무엇일까.

Ⅱ. 전개

여로보암이 실시한 일단의 종교개혁은 개인적으로는 장기집권을 위한 정치적 목적을 실현시키기 위해 종교를 방편 삼은 전형적인 경우이다. 외관상 여로보암의 종교에는 모세로 말미암는 시내산 언약에 근거해 출발된 구약종교의 모습이 여전히 존재하고 있음을 보게 된다. 다시 말해 거기에는 신앙의 대상으로 여전히 하나님께서 예배의 중심에 서 계신다. 예루살렘 성전을 대신하고 있는 산당에서는 제사장이 일체의 제의에 수종들고 있음을 본다. 또한 절기를 연례적으로 지켜 행하도록 결정한 사실도 확인된다. 외견상 다윗과 솔로몬 치세 하에서 시행했던 예루살렘 성전예배와 비교해 다를 바가 거의 없다.

그러나 내면을 들여다보면 거기에 구약종교의 실질과는 전혀 다른 허상虛像을 발견하게 된다. 하나님의 이름은 있으나 실상은 사람의 손으로 만든 황금 송아지가 여호와를 대신하고 있음을 본다. 목적적 하나님의 정체성이 인간의 행복과 안위를 위해 존재하는 우상처럼 수단과 방편으로 전락한 모습을 보게 된다. 산당에서 제사 업무를 관장하는 제사장은 엄연히 존재하고 있으나 저들은 제사장 규례를 통해 제한하고 있는 레위인이 아닌 보통 사람들로 구성되었다. 이해관계에 따른 매관매직을 자행함으로 자원하는 자를 아무나 제사장으로 삼았던 것이다. 또한 초막절을 지켰으나 절기 규례에 명시된 날짜(7월 15일)가 아니라 임의대로 편의성을 좇아 8월 15일로 변경해서 지켰다.

여로보암 종교의 정체성이 유사성인 이유가 이런 사실에 기인한다. 겉보기는 유사한데 정작 속이 다른 이중성을 안고 있다. 더구나 하나님을 예배하며 신앙하는 일에 있어서 유사성의 문제는 하나님의 본의를 이탈해 신앙을 이기적 목적으로 수단화시킴으로 사실상 하나님을 대적하는 우상숭배적 신앙관으로 판정될 뿐이다. 그렇다면 사이비 구약종교로서 여로보암 종교가 의미하는 바가 무엇일까. 우리가 왜 이런 유사성을 현대교회 속에서 각별히 경계해야만 하는 것일까.

1. 하나님의 도구화 (왕상 12:28-30)

본절은 여로보암이 이스라엘의 북쪽 단과 남쪽 벧엘에 각각 예루살렘 성전을 대신해 산당을 짓고 황금 송아지 두 마리를 만들어 안치한 후에 이를 여호와로 대치함으로 십계명의 제일, 제이, 제삼 계명을 동시적으로 어기고 있음을 기록하고 있다. 여호와 하나님을 황금 송아지로 대체해 섬기려는 이러한 우상숭배적 신앙의 발상은 멀리 출애굽 당시로까지 거슬러 올라간다.

당시 출애굽 1 세대는 시내산에서 모세가 더디 내려옴을 기다리지 못하고 황금 송아지 상을 만들어 이를 여호와로 대체해 섬겼던 사실이 있었다(출 32:1-6). 이런 사실은 죄로 말미암아 타락한 인간의 본성은 비록 하나님의 율법을 소유하고 온갖 이적과 기사를 체험했음에도 불구하고 내적인 거듭남의 경험이 없이는 끊임없이 하나님을 대적하며 불순종하는 방향으로 나아갈 수밖에 없는 부패한 인간의 성향을 고발하는 계시적 사건이다.

따라서 하나님을 향한 인간의 진정한 순종은 율법에 대한 외적 순종이 아니다. 오직 하나님의 구원의 은혜에 깊이 접촉된 데서 가능한 감사와 사랑의 발로에 의존할 수밖에 없음을 적나라하게 시사하는 내용이다. "사랑은 이웃에게 악을 행치 아니하나니 그러므로 사랑은 율법의 완성이니라"(롬 13:10). "너희가 나를 사랑하면 나의 계명을 지키리라"(요 14:15).

하나님의 형상화 사건을 통해 여로보암이 의도했던 바는 자신의 정치적 목적과 권좌의 장기집권을 꾀하기 위해 하나님을 이익의 재료로 삼았다는 사실이다(왕상 12:27). 개인의 이기적 목적과 세속적 성공을 위해 하나님을 형상화시켜 도구로 삼은 것이다. 이는 권력에 대한 탐심의 발로이며, 결국 하나님을 우상처럼 섬기는 경우의 극치를 보여주는 실례이다. 이 과정에서 이스라엘 백성들 또한 과거 출애굽 역사 속에서 그들의 조상들이 저지른 우상숭배적 신앙으로 말미암는 시내산 언약의 배반을 반복해서 자행하기에 이른다. 실로 죄로 인해 타락한 인간의 본성은 만물보다 거짓되고 심히 부패해서(렘 17:9) 스스로 하나님을 찾거나 순종하는 일에 있어서 전적으로 무능할 뿐임을 적나라하게 보여주는 사례이다(롬 3:10-12).

오늘 우리가 섬기는 하나님에 대한 신앙심의 성격이 자기 중심적인 사실로 인해 인간의 행복과 안녕에 집중되어 있으며, 방향성에 있어서 세속적 목적달성을 위해 성공과 출세 지향적으로 나타나고 있다면 심각히 자신의 신앙의 정체성에 대해 진단해 봐야 할 줄 안다. 왜냐하면 기독교 신앙의 정체성은 하나님 중심적이며 천상 지향적으로 계시되고 있기 때문이다(전 12:13; 고전 10:31; 마 6:33). 물론 기복적인 요소가 전혀 없는 것은 아니지만 그것이 결코 우상숭배처럼 신앙의 목적으로 제시되고 있지 않다.

기독교 신앙의 정체성은 오직 예수 그리스도 안에서 먼저 베푸신 하나님의 구원의 은혜에 전인적으로 접촉된 자들이 일생 빚진 자와 무익한 종의 심정을 가지고 감사함으로 반응하는 데서 비로소 성립하게 된다. 하나님의 구원의 은혜에 대한 전인격적인 수납과 이에 대한 전폭적인 반응이 전제되지 않고서는 참된 기독교 신앙의 성립은 절대로 불가능할 뿐이다. 다시 말해 하나님을 개인의 사사로운 이해관계와 목적달성을 위한 도구로 삼으려는 발상은 처음부터 우상숭배적 신앙관에 접촉되는 것으로 인해 올바른 하나님 중심의 신앙관이 아니다. 유사성의 가장 위험한 요소는 이런 식으로 하나님을 사유화시켜 이익의 재료로 삼으려는 악한 발상에 종노릇하는 것이다(창 3:5). 이는 다름 아닌 우리를 넘어지게 하려는 사단의 계략일 뿐이다.

2. 무자격 신자의 양산(왕상 12:31; 왕상 13:33-34)

첫 단추를 잘못 채우면 이후의 모든 단추도 잘못 채우게 마련이다. 하나님을 형상화시켜 개인의 정치적 입지와 목적을 위해 도구를 삼은 여로보암은 성전제사와 관련된 제반 부분에 있어서도 불의와 불법을 자행한다. 죄는 또 다른 죄를 유발시킨다. 죄성상 필연적인 결과다. 열왕기 기자는 본절에서 이 부분을 언급하면서 "저가 또 산당을 짓고 레위 자손이 아닌 보통 백성으로 누구든지 자원하면 그 사람으로 제사장을 삼았다"라고 기술하고 있다. 이 또한 하나님의 율법에 정면으로 배치되는 처사이다.

하나님께서는 오직 레위인을 통해 성전의 제반 일을 맡게 했으며 더욱이 대제사장의 직분은 오직 아론과 그의 아들들과 그의 후손들을 통해서만 담당하도록 제한하셨던 것이다. 그러나 여로보암은 이를 무시한 채, 아무라도 자원하기만 하면 제사장 직분에 봉해 버렸다. 이 과정에서 모종의 금품수수가 오간 것은 정황상 자명한 사실이 아니겠는가. 하나님의 엄위하신 율법을 개인의 이기적 목적을 위해 임의대로 변개해 적용시켰던 것이다. 결국 이런 행동은 하나님을 정면으로 무시하는 처사로서 하나님을 만홀히 여기는 범죄 행위가 성립될 뿐이다.

이런 사실의 현대적 적용은 이렇다. 교회의 물리적 부흥과 성장의 욕심을 앞세운 나머지 한 영혼의 신앙의 진위성 여부를 말씀과 행동을 통해 세밀하게 관찰해서 검증하고 진단하는 충분한 기간이 없이 '일정한 형식'을 통해 세례문답을 하고 이에 동의하면 이내 교인으로 쉽게 받아들인다는 사실이다. 이는 세례남발을 통해 무자격 신자를 양산하는 행위를 일컫는다. 더구나 이런 식으로 정식 세례교인이 된 사람이 세상적으로 많은 학식과 부와 명예를 더불어 갖고 있는 소위 엘리트 교인일 경우에는 신앙 안에서의 지속적인 성장과 성숙에 대한 깊은 고려와 분별없이 교회의 현실적인 필요성에 의해 대부분 즉각적으로 교회의 중직에 선임되는 경우가 일반이다. 이 과정에서 형식적으로는 당회 내지 교회의 중직회의를 거치기 마련이지만 목회자의 마음가짐 여부가 결정권을 행사하는 데 지대한 영향을 미치는 것 또한 엄연한 현실이다.

문제는 여기에서 끝나는 것이 아니다. 이런 현실적인 필요를 앞세운 편의적인 발상과 결정이 당장에는 일말의 효과를 발휘하는 듯하다. 그러나 교회란 사람의 뜻을 좇아 세속적인 방식으로 운영되는 세상의 어느 조직 단체가 아니다. 교회는 하나님 나라의 지상적 임재 방식으로 존재하는 독특하고도 탁월한 천상적 기관이며 영적 공동체이기에 오직 천상적 가치관과 말씀의 법도를 통해서만 경영되어야 하며, 이럴 때만 구원의 기관으로서 그 본래적 가치와 사명과 존재 이유가 성립된다.

따라서 진리 안에서 풍성히 자라감으로써 그리스도의 마음을 본받아 갈 뿐 아니라, 분명한 은사의 발휘가 객관적으로 확인되는 것을 통해 비로소 직분이 수여되어야 함이 마땅한 도리이다. 성경이 교회의 직분자를 세울 때 '새로 입교한 자'를 경계시키며(딤전 3:6), '외인에게도 선한 증거를 얻은 자'로 제한시키는 배경(딤전 3:7)이 이런 위험성을 사전에 예방하기 위한 차원에서이다. 때문에 심지어는 '선의적으로 시험해 봄'(딤전 3:10)으로써 책망할 것이 있는지의 여부를 심각히 고려할 것을 당부하고 있기까지 하다. 이런 식으로 교회의 직분자를 세우는 일은 필요만을 앞세워 간단하고 단순하게 생각할 일이 아니다. 천상적 기관으로서 교회의 거룩성과 순결성이 요구되기 때문이다.

때문에 교회공동체 안에서는 그리스도의 생명에 연합된 지체로서의 진위 여부와 은사의 객관적 확증과 그리스도 안에서의 거듭난 새 사람적 인격 함양의 여부가 직분자를 세우는 절대적인 기준과 지침으로 고려되어야 할 요소들이다. 세상적인 신분과 업적과 기준은 하나님 나라로서의 교회공동체를 이루는 일에 결코 결정적인 요소로 작용할 수 없음이 성경의 지적이다.

"형제들아 너희를 부르심을 보라. 육체를 따라 지혜있는 자가 많지 아니하며 능한 자가 많지 아니하며 문벌 좋은 자가 많지 아니 하도다. 그러나 하나님께서 세상의 미련한 것들을 택하사 지혜있는 자들을 부끄럽게 하려 하시고 세상의 약한 것들을 택하사 강한 것들을 부끄럽게 하려 하시며 하나님께서 세상의 천한 것들과 멸시받는 것들과 없는 것들을 택하사 있는 것들을 폐하려 하시나니 이는 아무 육체라도 하나님 앞에서 자랑하지 못하게 하려 하심이라"(고전 1:26-28). 복음은 세상적인 온갖 불균형과 불평등과 차별성과 우열을 평균케 하는 하나님의 능력이다.

사실이 이럼에도 불구하고 교회의 외적 성장이라는 현실적인 필요성과 편의성만을 앞세워 당사자의 영적 상태에 대한 깊은 성찰과 세심한 주의를 기울임이 없이 성급하게 세례를 베풀고 신자로 받아들일 뿐 아니라, 단기간 내에 교회의 직분자로 선임하게 될 때, 뒤늦게 발생하게 되는 부족과 결핍으로 인해 교회 안에 심각한 불화와 분란을 불러일으키게 되는 경우가 비일비재한 것이 현실이다.

이 시대는 값싼 복음과 더불어 신앙주의가 만연하고 있는 것이 시대적 특징이다. 신앙주의란 복음에 대한 지적 동의와 입술의 고백만으로 구원을 조건적으로 수여하는 행위를 일컫는다. 이는 예수 그리스도 안에서 이미 성취된 '하나님의 큰 일' 로서의 구속의 공효가 하나님의 택자들에게 성령의 사역을 통해 무조건적이고 불가항력적으로 베풀어짐으로서 '믿어지는 신앙고백' (살후 1:10; 약 2:1)을 자의적 신앙고백으로 오해하는 데서 나온 왜곡된 관점이다.

그러므로 신앙주의적 관점으로 믿음을 고백하는 주체는 성령님이 아니라 복음을 전해들은 당사자의 개인적인 의지로 귀결된다. 이때 이런 사실을 왜곡되게 뒷받침해 주는 공식과도 같은 성경 구절이 로마서 10장 9-10절의 말씀이다. "네가 만일 네 입으로 예수를 주로 시인하며 또 하나님께서 그를 죽은 자 가운데서 살리신 것을 네 마음에 믿으면 구원을 얻으리니 사람이 마음으로 믿어 의에 이르고 입으로 시인하여 구원에 이르느니라."

그러나 본 로마서의 말씀은 이런 식으로 자의적인 믿음을 조건으로 구원이 단계적으로 임한다는 사실을 공식화시켜 주는 증거 본문이 아니다. 유대인들, 특별히 종교지도자들이 복음의 본질을 자의적으로 오해한 나머지 율법의 조항들을 문자적으로 지키는 것을 통해 구원을 받는다는 소위 행위구원의 관점을 교정시켜 주기 위함이다. 다시 말해 참된 구원은 율법의 완성자로 오신 예수 그리스도의 대속적 속죄사역과 그 공효를 전인적으로 수납하게 되는 것을 통해 은혜로 주어지는 것임을 강력히 시사함에 다름 아니다(롬 10:2-3). 곧 예수 그리스도를 통해 베푸시는 하나님의 구원의 은혜가 절대 타자(성령님)에 의해 불가항력적으로 수여되는 것을 통해 내 안에서 자연스럽게 믿어지는 것을 가리킨다. 이런 의미에서 구원에 이르는 신앙은 내가 '믿는 신앙' 이 아니라, 성령님의 불가항력적인 은혜의 수여로 인해 '믿어지는 신앙' 이다.

인간의 본성과 전인격이 총체적으로 타락하고 부패했다고 성경은 고발한다(엡 2:1; 렘 17:9; 창 6:5). 때문에 인간은 자력으로 하나님을 더듬어 찾거나 복음에 반응할 수 없다. 오히려 보다 적극적으로 하나님과 원수 되는 일에 치우칠 뿐이다(롬 1:21-23). 하나님을 믿기 위해서는 죄와 허물로 죽었던 영혼의 '거듭남'이 우선되어야 한다(요 3:3). 이를 주관하시는 분이 성령님이시다. 이런 사실로 인해 복음에 대한 믿음의 고백은 거듭난 새 인격이 비로소 하나님의 말씀에 정상적으로 반응하게 됨으로 그동안 죄로 인해 단절되었던 하나님과의 관계가 재정립되고 영적 교제 또한 회복되는 것을 가리킨다.

이런 식으로 하나님과 새로운 영적 관계가 재정립된 사람은 이후 그의 삶을 하나님과 원수 되게 했던 죄를 혐오해서 멀리하는 가운데 보다 적극적으로 하나님의 말씀에 순종하는 새 성품의 삶을 전개시켜 나가는 것을 통해 자신이 구원받은 새사람이요 하나님의 백성인 사실을 확증시켜 나가게 된다(롬 6:11-14). 이 과정에서 성도들 안에 여전히 내재된 죄성으로 인한 연약성은 장막의 삶을 살아가는 동안 성령의 소욕과 육체의 소욕이 상호 부단히 충돌하는 양상을 띠고 나타나게 마련이다(갈 5:16-17). 이미 이루어진 구원 안에서 두렵고 떨림으로 종말지향적인 구원의 완성을 향해 달려가야 하는 이유가 이런 사실에 연유한다(빌 2:12; 벧전 1:17).

신앙주의의 폐해는 결과적으로 교회 내에 자의적 숭배신앙자의 만연을 초래하기에 이른다. 이런 사실은 교회 안에 많은 기독종교인들을 양산시켜 교회의 외적 성장과 물량적 비대함을 키우는 일에 일조한 것이 사실이다. 그러나 성경이 말씀하는 복음의 본질에 깊이 접촉되지 못함으로 인해 야기된 자의적 숭배신앙은 자연히 타락한 본성의 충동으로 말미암는 종교적 열심을 통해 기복주의, 상급주의, 지성감천주의적인 인본주의 신앙관을 형성케 하는 결정적인 요인으로 작용하게 된다.

이처럼 복음에 기초해 생성되어야 할 여호와 중심의 신앙이 이기적이고 세속적인 목적을 추구하는 기복주의적 성향을 띠고 나타나게 될 때 이는 하나님의 도구화로 인한 우상숭배적 신앙관을 형성하게 된다. 이런 상황에서 열심을 내면 낼수록 이는 지식을 좇아 행하는 하나님의 열심과는 무관하게 될 뿐 아니라, 보다 적극적으로 불법과 불복종의 신앙을 야기시킬 뿐이라고 성경은 엄히 경고한다(마 7:21-23; 롬 10:2-3). 그 결국은 심판과 멸망이다. 이런 이유로 자의적 숭배신앙은 이 시대에 우리가 경계해야 할 유사 기독교 신앙의 전형이며 망령된 신앙행위의 모델인 셈이다.

3. 편의적 적용 (왕상 12:32-33)

여로보암은 개인의 목적을 위해 하나님의 도구화와 자의적 숭배신앙을 유도했을 뿐 아니라, 성전 절기를 임의로 변경해서 지킬 것을 요구했다. 신정왕국인 전全 이스라엘의 정치적 종교적 통일성을 와해시키려는 의도 속에 북이스라엘을 철저히 사유화시키며 우상화시키려고 혈안이 되어 있었던 것이다. 이런 불의하고 불법적인 종교개혁의 시행과정에서 여로보암에게 속했던 레위인들과 제사장들이 남 유다의 르호보암에게 귀속했으며, 이들 외에도 여호와를 신실히 섬기던 일단의 무리들이 레위인들을 좇아서 남쪽 유다행에 가담했다(대하 11:13-17). 이런 사실은 어느 시대 건 아무리 진리가 왜곡되고 종교가 타락해서 우상숭배적 신앙이 만연한다 할지라도 하나님을 신실히 섬기는 남은 자들은 여전히 존재해서 하나님의 각별하신 인도와 다스림을 받는다는 사실을 웅변으로 보여주는 실례이다(왕상 19:18; 롬 11:4-5).

율법에 명시된 절기의 날짜(레 23:34)를 임의대로 변경함은 말씀의 자의적 해석과 편의적 적용에 다름 아니다. 비록 남북의 계절의 차이로 인해 수확의 시기에 다소 차이가 있을지라도 신정왕국의 정체성을 띠고 있는 이스라엘은 오직 시내산 언약에 명시된 율법에 근거해 절기를 지킴으로 신앙의 동질성과 신정왕국으로서의 정체성을 부단히 보존해 나가야 했다. 그러나 여로보암은 이미 정권욕에 눈이 먼 나머지 정치적 야심을 지속적으로 추구해 나가기 위해 정통 구약종교를 정치의 시녀로 삼아 우상화작업에 전념했던 것이다. 절기의 변경은 이런 식으로 구약종교를 말살하려는 고도의 정치적이고 종교적인 권모술수이며 신정왕국을 해치려는 사단적 계략의 일환인 것이다. 이후 북이스라엘의 역사 속에서 여로보암의 종교개혁을 일컬어 '여로보암의 죄와 길'로 표현하는 것을 통해 하나님께서 혐오하시는 범죄의 악의적 사례와 전형으로 지적하고 있는 이유가 이런 사실에 근거한다(왕상 14:16; 15:34).

신앙의 편의성과 편리성을 추구하려는 시도는 타락한 인간의 본성상 어제 오늘의 경우가 아니다. 현대교회 속에서도 이런 양상을 얼마든지 발견할 수 있다. 이 시대에 보편화 되어 있는 다양한 예배형식의 도입과 적용, 편의대로 선택할 수 있는 차별화된 예배시간의 다양화, 거액의 자금을 투자한 예배당 건축 등은 나름대로의 현실적인 이유가 있을지라도 그 현실적 필요를 앞세워 인간의 편의성을 도모하는 구체적인 사례라 할 수 있다.

Ⅲ. 결론

이상 유사성과 관련된 왜곡된 신앙적 사례들은 원리적인 관점에서 역사 속에서 항상 있어 왔고 앞으로도 지속될 것이다. 특별히 말씀의 자의적 해석과 편의적 적용은 성경 속에서 사단이 즐겨 사용하던 미혹의 고전적 수법이다. 그 기원은 창세 초 에덴에서부터 기인된다. 아담에게 금령으로 주신 선악과 행위언약을 하와가 불순종하게 되는 과정에서 사단은 말씀의 왜곡과 편의적 적용이라는 수법을 통해 접근했던 것이다(창 3:1-5).

이 사건 이후 인류 역사에서 이런 수법은 속이는 자의 대명사로 불리는 사단의 전유물이 되어 하나님의 백성들은 물론 심지어 둘째 아담으로 오신 예수님까지도 동일한 방식으로 접근해 시험했던 것을 확인할 수 있다(마 4:5-7). 예수께서는 이 시험을 말씀에 순종하심으로 승리로 이끄시는 것을 통해 첫째 아담 안에서 불순종으로 범죄해 죽음에 처한 인류를 당신의 순종 안에서 의인 되게 해 다시 살리신 것이다(롬 5:18-19).

그런 의미에서 오늘날 이 시대의 기독교 신앙의 문제점은 하나님의 도구화와 자의적 숭배 신앙으로 말미암는 우상숭배적 신앙화의 문제뿐만이 아니다. 이런 유사성의 위험을 내포하고 있는 데서 필연적으로 일어날 수밖에 없는 말씀의 왜곡과 편의적 적용의 문제는 더욱 심각한 문제로 제기된다. 이는 여호와 중심의 계시의존적 신앙이 삶의 궁극적 목적이 아닌 수단과 방편으로 평가절하되는 데서부터 나온 폐해이다. 물량주의의 만연과 개인주의의 팽배는 신앙을 더 이상 목적 지향적으로 삼지 않는다. 개인적인 삶의 질을 향상시키기 위한 종교적 문화활동 정도로 폄하해 이해하려고 한다. 이는 현대를 살아가는 기독교인들의 보편적인 의식 속에서 하나님에 대한 각별한 인식과 경외감이 철저히 실종됐다는 사실에서도 확인할 수 있다.

바라기는 여로보암의 종교개혁 속에 감춰진 신앙의 도구화와 편의적인 신앙관에 대한 철저한 경계와 배제를 통해 계시의존적이고 섭리의존적인 여호와 중심의 신앙관의 재정립만이 유사성의 위험과 시험으로부터 신앙의 본질을 회복시킬 수 있는 첩경으로 판단된다.

13

마태 족보의 구속사적 의미

마태복음 1장 1-17절

I. 도입

마태는 그의 복음서를 기록하면서 아브라함과 다윗의 자손인 예수 그리스도로 인해 도래된 세계(世系, 족보)라고 선포함으로써 구약의 언약적 구속사가 아브라함과 다윗의 자손의 실체로 오신 예수 그리스도의 성육신 사건을 통해 마침내 성취되었음을 선언한다(마 1:1). 이들 세 사람의 언약적 관계를 구속사 진행의 관점으로 조명해 보자.

하나님께서는 갈대아 우르에서 아브라함을 은혜 가운데 선택적으로 부르시고 본토와 친척과 아비 집을 떠나 하나님께서 지시할 땅으로 떠날 것을 명하신다(창 12:1). 그리고 아브라함과 일방적으로 언약을 맺으신다. 이 언약을 소위 아브라함 언약이라 부른다. 아브라함 언약의 핵심은 그의 씨(후손)를 통해 약속한 가나안 땅에 큰 민족을 이룰 것이며, 천하 만민이 그로 인해 복을 얻을 것이라는 데 집중된다(창 12:2-3; 22:18).

아브라함과 맺은 언약은 하나님편에서 일방적이고 무조건적으로 맺어

주신 것에 근거해 은혜언약의 성격을 띤다. 아브라함 언약은 이후 아브라함의 생애를 통해 그의 여러 실패와 연약과 부족에도 불구하고 그의 행위와 무관하게 호리만큼의 오차도 없이 성취된다. 모세를 통한 이스라엘 민족의 출애굽 사건이 이런 사실을 총체적으로 증명한다.

출애굽한 이스라엘 백성들은 모세의 인도로 마침내 시내산에 이르러(출 19장) 하나님과 새롭게 언약식을 체결한다(출 24장). 이때는 개인적으로가 아니라 모세를 대표로 이스라엘 백성 전체가 민족적 차원에서 하나님과 언약을 맺는다. 언약의 보증을 위해 짐승의 피로 약정을 확증시킨다. 출애굽기 저자는 이 언약식의 내용을 문서로 작성해 낭독한 사실을 소개함으로써 지금까지의 언약의 성격을 구두 언약에서 진일보된 성문화된 언약의 단계로 발전된 내용을 기록한다(출 24:7).

이는 시내산 언약의 중요성을 차별적으로 시사하며 동시에 이스라엘 민족은 하나님의 선민으로 일체의 율법의 구속력 하에 놓이게 되었음을 의미한다. 이런 식으로 이스라엘은 명실상부한 하나님의 백성으로 공적인 인준과 재가를 받게 된다. 그러나 신적언약의 연대와 연계성의 원리 속에서 시내산 언약은 앞서 맺어주신 아브라함 언약과 불가분의 관계를 가지며 은혜언약이 요구하는 자율적 순종을 관장하는 제도적 장치로서의 기능을 수행하게 된다.

이상의 사건 전개를 통해 아브라함 언약 중 자손언약 부분이 아브라함의 언약자손인 이삭과 야곱, 그리고 야곱의 열 두 아들들을 족장으로 생육하고 번성한 이스라엘 민족의 출현을 통해 성취된 사실을 간략히 살펴봤다. 그러나 아브라함 언약의 핵심 사항으로 제기된 '그의 씨로 인해 천하 만민이 복을 받게 될 것' (창 22:18)에 대한 약속은 이스라엘 민족의 출현이라는 사건 속에서 실제적으로 성취된 것이 아니다.

이런 관점에서 아브라함 언약은 자체 속에 이중 구조적인 성격을 띠고 있는 셈이다. 따라서 자손의 실체를 향해 구속사를 지속적으로 운반해 가는 것을 통해 마침내 예수 그리스도의 성육신 사건을 계기로 자손언약이 성취되었음을 마태는 그의 복음서를 시작하면서 공식적으로 선포하고 있는 것이다. 이로 인해 아브라함 언약에서 '그의 씨로 말미암아 천하 만민이 복을 받게 될 것' 이라는 예언은 다름 아닌 예수 그리스도 안에서 죄로부터의 구속받은 하나님의 백성들인 신약의 교회공동체를 총체적으로 가리킨다는 사실을 확인하게 된다(갈 3:29; 엡 2:13-16). 이는 예수라는 이름에 담겨진 '자기 백성을 저희 죄에서 구원할 자' 라는 언약적 표현 속에 잘 설명되어 있다.

결국 아브라함의 씨란 다름 아닌 '주의 구원의 은혜의 해' (눅 4:19)를 전파하기 위해 아브라함의 계보를 통해 세상 가운데 오신 하나님의 독생자 예수 그리스도를 가리킨다. 사도 바울은 이런 사실을 구속사적인 안목으로 통찰한 나머지 아브라함의 자손(씨)이란 예수 그리스도라는 사실을 지적한다(갈 3:16). 마태는 마태복음 1장 1절의 사실을 이후 2절부터 시작되는 족보의 기술을 통해 성경 독자들에게 구체적으로 입증시킨다.

또한 마태는 예수 그리스도를 아브라함의 자손뿐 아니라 다윗의 자손이라고 기술한다(마 1:1). 그렇다면 어떻게 예수 그리스도가 다윗의 자손이 될 수 있을까. 이 사실을 검증하기 위해서 선지자 나단을 통해 맺으신 다윗 언약에 대한 깊은 이해가 요구된다(삼하 7:11-17; 시 89:3-4).

본 다윗 언약 중에서 특별히 독자들의 시선을 끄는 대목이 사무엘하 7장 12-16절의 말씀이다. "네 수한이 차서 네 조상들과 함께 잘 때에 내가 네 몸에서 날 자식을 네 뒤에 세워 그 나라를 견고케 하리라 저는 내 이름을 위하여 집을 건축할 것이요 나는 그 나라 위를 영원히 견고케 하리라 나는 그 아비가 되고 그는 내 아들이 되리니 ... 네 집과 네 나라가 내 앞에서 영원히 보전되고 네 위가 영원히 견고하리라 하셨다 하라."

본 다윗 언약 속에서 네 가지 중요한 요소들을 발견하게 된다. 첫째는 다윗에게 자식을 주시겠다는 약속이다. 둘째는 그 자식으로 하여금 집(성전)을 건축케 하시겠다는 내용이다. 셋째는 다윗의 위가 영원히 보전될 것에 대한 보증이다. 넷째는 다윗의 아들과 하나님과의 관계가 부자지간이 될 것이라는 사실이다.

이상 네 가지 약속들은 다윗의 아들 솔로몬 치하에서 일차적으로 예비적인 성취를 보게 된다. 그러나 솔로몬의 통치는 불안정한 나머지 시내산 언약을 불순종하는 것을 통해 마침내 남북으로 분열된다(왕상 12장). 나아가 북 이스라엘은 앗수르(BC 722)에, 남 유다는 바벨론(BC 586)에 의해 각각 멸망당하는 비극적인 종말을 맞게 된다. 이로써 다윗 언약은 솔로몬 통치를 통해 성취의 절정과 실패의 아픔을 동시에 초래시킨다.

이런 사실은 다윗 언약의 무효화를 의미하는 것일까. 그게 아니다. 하나님의 언약은 본질상 신적 주권성과 은혜성으로 인해 어떤 이유로라도 파기되거나 무효화될 수 없다(민 23:19). 하나님은 인간이 아니시기에 식언하거나 후회하심이 없는 분이시다. 이는 결국 다윗 언약의 이중성을 시사한다. 다시 말해 다윗 언약은 다윗과 솔로몬의 통일 이스라엘이라는 신정국가 통치체제 속에서 모형적이고 예표적인 정체성을 띠고 일차적으로 성취된다. 그러나 그것이 궁극적인 완성이 아니다. 남북으로 분열되는 것과 앗수르와 바벨론에 의해 멸망당하는 것을 통해 이내 파기된다. 이런 사실은 다윗 언약의 본래적인 성취가 보다 미래지향적인 성격을 띠고 있음을 의미한다.

다시 말해 참 다윗의 실체로 오실 예수 그리스도의 인격과 사역을 통해 실현될 교회공동체를 통해 온전히 성취될 것을 전망케 한다. 이런 식으로 다윗 언약의 이중성은 포로기를 전후한 선지자들의 새 언약 사상을 통해 보다 구체적으로 예언된다(렘 23:5-6; 31:34; 겔 36:26-28; 사 9:6-7; 11:1-2; 53:5-6; 61:1-2; 눅 4:16-21; 1:31-33).

마태는 이렇게 예수 그리스도가 구약에 약속된 아브라함의 '씨' 이며 동시에 다윗의 참 '아들' 이심을 선포하면서 마침내 예수 그리스도로 말미암아 도래한 신기원新紀元적인 하나님 나라를 예수님의 족보를 통해 보다 구체적으로 기술한다(마 1:2-16). 족보의 기술은 구약적 배경을 갖는 히브리적 기록 방식으로 어떤 특정 인물에 대한 역사적 사실과 더불어 특별히 계시적인 의미를 의도적으로 부각시키기 위한 방편으로 종종 사용되곤 한다. 그런 의미에서 예수님의 성육신 사건은 하나님의 구속사 진행에 있어 새로운 계시시대의 개시開始와 도래到來를 천명한다. 우리는 이런 경우를 창세기(창 2:4; 5:1; 6:9; 10:1; 11:10; 11:27)나 역대상(1-9장), 에스라, 느헤미야서 등에서 접하게 된다. 신약에서는 마태복음과 누가복음(3:23-38)에서 구약계시의 실체이시며 구약언약의 성취자로 오신 예수님을 족보를 통해 메시아로서의 정통성과 적법성을 밝히 증거한다.

마태는 그의 복음서를 주로 유대인들을 염두에 두고 유대인의 조상인 아브라함으로부터 예수님의 족보를 기술한다. 이런 사실은 다분히 의도적이다. 만일의 경우 있을 수도 있는 예수님의 혈통의 순수성에 대한 유대인들의 시비를 사전에 일축하려는 의도에서다. 반면에 누가는 그의 복음서를 데오빌로로 대표되는 이방인들을 대상으로 기록한다. 이는 예수님의 족보를 유대인의 조상 아브라함을 거쳐 아담과 하나님에게까지 소급해 적용시킴으로써 예수님을 유대인과 이방인을 포함한 전 인류의 구세주로 제시하기 위함이다. 다시 말해 천하 인간에 예수 그리스도 이외에 다른 구원받을 만한 이름을 우리에게 주시지 않았음을 적극적으로 시사하고 있는 셈이다(행 4:12).

Ⅱ. 전개

마태가 그의 복음서를 기록하면서 예수 그리스도의 출생의 기원을 아브라함과 다윗 언약에 접속시키는 것을 통해 예수 그리스도의 탄생과 그로 인해 도래된 하나님 나라는 철저히 신적 언약에 기초하고 있음을 강력히 시사한다. 이런 시도는 '예수님은 그리스도'로서 구약예언의 최종적 성취자이시며 동시에 진정한 다윗 왕의 실체로 오신 사실을 극명하게 밝히려는 데 있다. 이어서 소개되는 예수님의 족보는 이런 마태의 의도를 사실로 밝히려는 해설로서의 의미를 갖는다.

마태는 이스라엘의 역사 속에서 계시되었던 신정국가로서 하나님 나라의 정체성을 세 국면으로 기술한다. 첫째는 다윗과 솔로몬 통치하의 통일 이스라엘로 대변되는 신정왕국의 흥왕기, 둘째로 남북 분열과 바벨론 포로로 이어지는 신정왕국의 쇠퇴기, 셋째로 바벨론 포로귀환과 더불어 예수 그리스도의 탄생과 관련된 신정왕국의 회복기가 이에 해당된다.

1. 하나님 나라의 건설과 흥왕기 (마 1:2-6상, 17상)

마태는 1절을 통해 예수 그리스도야 말로 구약역사에 계시된 언약의 최종 성취자로서 혈통적으로나 법적으로 아브라함과 다윗의 자손인 사실을 선포한다. 이는 온 이스라엘이 그토록 대망해 오던 메시아가 바로 예수님인 사실을 단정적으로 밝힘과 동시에 이를 증명하기 위한 근거로 족보를 제시한다. 당시 유대인들은 한 사람의 신분을 객관적이고 공적으로 증명하는 일에 족보를 중요한 근거 수단으로 삼았다. 특별히 창세기 구속사 진행에 있어서 여자의 후손 계보가 족보를 통해 제시되고 있음이 이런 사실을 입증하는 결정적인 단서로 작용한다. 이처럼 성경 계시사에 있어서 족보의 의미는 구속사적 특정 인물에 대한 역사적 사실성을 증명하는 결정적인 단서로 작용했을 뿐 아니라, 새로운 계시시대의 개막과 전환을 알리는 단초로 사용되곤 했다.

마태는 예수님의 족보를 기술하면서 이를 크게 세 부분으로 나누어 기록한다(마 1:17). 이런 사실은 전 이스라엘의 역사를 구속사적 관점으로 꿰뚫어보는 마태의 계시적 통찰력이 예리하게 작용하고 있다는 사실을 단적으로 증명해 준다. 이미 1절 서두의 설명을 통해서 마태가 얼마나 구약계시에 정통했으며 분명한 목적과 의도를 가지고 예수님을 온 유대인과 나아가 이방인의 메시아로 증거하고 있는지를 확인한 바 있다. 이스라엘 역사의 세 부분은 다름 아닌 아브라함부터 다윗까지 신정왕국으로서 이스라엘의 흥왕기(마 1:2-6상), 다윗부터 바벨론 포로까지 이스라엘의 쇠퇴기(마 1:6하-11), 그리고 바벨론 포로 이후부터 예수님까지 이스라엘의 회복기(마 1:12-16)로 구분된다.

저자 마태는 이렇게 이스라엘의 전 역사를 아브라함부터 다윗을 거쳐 예수 그리스도에 이르기까지 삼등분하여 나누는 것을 통해 구속사의 절정인 하나님 나라의 계시가 이스라엘 역사 속에서 '하나님 나라의 건설', '하나님 나라의 몰락', 그리고 예수 그리스도로 말미암는 '하나님 나라의 회복과 재건' 이라는 과정을 거쳐 마침내 세상 역사 속에 그 실체를 드러내고 있음을 강력히 시사한다.

구약의 언약적 구속사 진행 속에서 아브라함 언약의 중심 사상은 가나안 땅에 그의 후손들로 형성된 이스라엘 백성들을 통해 하나님의 신정왕국을 건설하는 데 집중된다. 이런 계획의 구체적 성취의 일환으로 때가 차매 하나님께서는 먼저 이스라엘 민족을 애굽에서 구출해 내시고(출 12:41) 시내산으로 인도하셔서 아브라함 언약을 갱신하는 의미에서 시내산 언약을 체결해 주신다(출 19:24).

이때는 모세를 중심으로 전 이스라엘이 민족공동체의 성격을 띠고 언약의 당사자로 동참한다. 이는 신약의 관점에서 하나님의 구원이 예수 그리스도의 생명에 연합된 교회공동체를 통해 구체적으로 현시되고 있음을 예표적으로 보여주는 계시적 사건의 의미를 띤다. 이처럼 아브라함 언약은 시내산 언약을 순종을 관장하는 제도적 장치로 요구하면서 다윗 언약(삼하 7:11-17)에로 갱신되고 발전되는 것을 통해 마침내 가나안 땅을 정복하고 그곳에 다윗과 솔로몬 통치하에 명실상부한 신정왕국인 하나님 나라를 건설하기에 이른다.

열왕기 저자는 특별히 열왕기상 4장 20-25절의 내용을 통해 이런 사실을 구체적으로 밝힌다. 특별히 25절에 "솔로몬의 사는 동안에 유다와 이스라엘이 단에서부터 브엘세바에 이르기까지 각기 포도나무 아래와 무화과나무 아래서 안연히 살았더라"고 기술함으로써 아브라함 언약과 시내산 언약이 다윗 언약을 통해 통합적으로 성취되고 있음을 시사한다. 이는 신정왕국으로서 하나님 나라가 이스라엘 역사 속에서 비록 예표적이지만 가시적으로 그 영광스런 자태를 드러내고 있음을 확증시켜 준다. 후에 미가와 스가랴 선지자는 메시아로 말미암는 종말론적 메시아 왕국의 도래와 관련해 그 정체성을 기술하면서 동일하게 열왕기서의 표현을 문자적으로 차용해 설명한다(미 4:4; 슥 3:10). 두 선지자들의 이런 묘사는 솔로몬 통치하에서 이스라엘의 영적 정체성이 종말론적으로 실현될 하나님 나라의 모습을 그대로 반영하고 있음을 증거해 준다.

다윗과 솔로몬의 통치하에 내각의 제반 분야에서 나타나는 공의와 공법의 원활한 시행은 신정왕국의 정체성이 유감없이 발휘되고 있음을 증거한다. 이런 사실은 통일 이스라엘의 정체성 속에서 하나님 나라의 존재 양식과 능력이 가시적으로 역사되고 있음을 확증시켜 준다. 이런 식으로 과거 에덴의 문화명령적 창조 언약(창 1:28)을 통해 계시되었던 하나님 나라 사상은 장구한 구속사의 점진적인 진행 속에서 마침내 다윗 언약을 통해 예비적이지만 구체적인 성취를 이루게 된다.

그러나 안타까운 일은 처음부터 이스라엘은 하나님의 구속의 경륜에 있어서 계시의 도구로 사용됐기에 중도하차하기에 이른다. 이스라엘의 남북 분열과 바벨론에 의한 유다의 멸망이 이런 사실을 뒷받침 해 준다. 이런 의미에서 솔로몬은 하나님 나라의 영광과 몰락을 동시에 경험한 자로 이스라엘의 역사상 가히 불가사의한 자로 기록된다.

2. 하나님 나라의 쇠퇴와 몰락기(마 1:6하-11, 17중)

마태는 예수님의 족보를 세 부분으로 구분한다. 이는 구약역사 속에 계시된 제반 언약의 총 주제인 하나님 나라 사상이 이스라엘의 역사를 통해 어떻게 진행되어 나왔는지를 보여주고자 하는 저자의 의도가 담겨진 기록 방식이다. 우리는 이미 첫 시기로서 아브라함 때부터 다윗까지 이스라엘의 구속사 진행 속에 담긴 '하나님 나라 건설의 흥왕기' 의 모습을 살펴봤다. 이스라엘은 처음부터 세상 역사를 섭리적으로 주관하셔서 하나님의 구속사를 진행코자 하시는 하나님의 계시의 도구로 택함을 받은 민족이었다. 이것이 아브라함 언약에 담긴 일차적 목적이다. 이후 아브라함 언약은 출애굽 사건과 더불어 시내산 언약으로 갱신되었고, 나아가 다윗 언약 안에서 성취의 절정을 맛보게 된다.

그러나 다윗 언약은 내용의 성격상 처음부터 이중 구조적으로 형성되어 있음을 확인한 바 있다. 당시는 이런 사실을 가시적으로 확인할 수 없었다. 다윗의 아들이 하나님의 집을 건축하고 그 왕권이 영원토록 지속될 것에 대한 보증의 약속(삼하 7:12-13)은 솔로몬 통치에 이르러 보다 구체적으로 성취되는 듯했다. 문제는 이런 다윗 언약에 약속된 하나님 나라의 영화와 권세가 솔로몬과 그의 자손들을 통해 지속적으로 계승되지 못했다는 사실이다. 그렇다고 이런 사실들이 다윗 언약의 실효성을 불신하거나 정당성을 부인하는 근거로 작용해서는 안 된다. 오히려 저자는 이런 사실들을 통해 독자들로 하여금 '언약의 이중성' 이라는 독특한 구조에 관심을 기울이게 한다. 언약은 구속사를 푸는 열쇠로 기능한다. 성경에 소개된 신적 언약의 정체성은 표면적인 세상 역사와 이면적인 구속사적 특징을 동시에 띠고 나타나는 것으로 항상 구조적으로 이중성을 띠게 마련이다. 우리는 이런 언약의 이중성을 구속사의 점진성의 원리에 근거해 모형과 실체의 관계로 설명하기도 한다.

하여튼 다윗 언약은 솔로몬 대에 이르러 신정국가로서 의와 평강과 희락과 안식으로 특징되는 영화와 권세의 극치를 한시적으로 보여준다. 그러나 그 기간은 그리 길지 못했다. 통치 후반에 이르러 솔로몬은 교만의 노예로 전락한다. 많은 처첩과 각종 우상숭배를 용납함으로써 시내산 언약을 정면으로 위반한다(왕상 11:1-13). 이는 하나님에 대한 배역 행위이며 불신 행동이다. 이로 인해 하나님께서는 시내산 언약정신에 따라 이스라엘에게 언약적 심판을 내리신다.

여기에서 '언약적 심판' 이라 함은 아주 멸하는 심판이 아니다. 징계를 통해 회개를 촉구함으로써 용서와 구원의 회복이 더불어 약속된다. 시내산 언약의 성격이 그렇다. 왜냐하면 시내산 언약은 아브라함 언약에 근거해 은혜의 성격을 처음부터 자체 속에 내포하고 있기 때문이다. 따라서 불순종에 대한 징계와 심판은 훈육적인 의도로 주어진다. 반면 회개하고 돌이킬 때는 언제든지 용서를 통해 약속한 내용들을 궁극적으로 성취시켜 주신다. 남 유다가 바벨론에 멸망당하고 70년 후에 다시 고토古土로 귀환하는 은혜를 입게 된 배경이 이렇다. 언약적 심판으로 일컫는 섭리적 작정의 기간이 찼을 때 회복의 은혜가 임하게 된다. 신적 언약은 궁극적으로 결코 무효화될 수 없기 때문이다. 이런 식으로 다윗과 솔로몬 치하에서 다윗 언약의 성취는 한시적인 성격을 띠고 일단락된다. 마태가 구약의 이스라엘 역사를 삼등분으로 구분해서 두 번째 시기인 다윗부터 바벨론 이거移去까지를 나눈 배경이 이런 사실에 근거한다.

마태는 구약의 구속사관에 아주 정통했다. 구약의 제반 언약이 어떻게 예수 그리스도에게서 총체적으로 성취되고 있는지에 대해 통시적인 안목을 가지고 기술한다. 다른 무엇에 앞서 예수 그리스도의 메시아성을 밝히는 데 집중한다. 마태의 이런 구속사적 통찰력은 "주께서 선지자로 하신 말씀을 이루려 하심이니"(마 1:22)라는 반복적인 표현 속에서 빛을 발한다. 다시 말해 아브라함과 다윗 언약에 약속된 씨와 아들의 실체가 예수 그리스도를 통해 통합적으로 성취된 사실을 여인의 후손과 관련된 족보를 통해 밝힌다. 이는 과거 통일 이스라엘의 통치 속에서 예표적으로 성취된 하나님 나라가 다윗 언약의 실체로 오신 예수 그리스도의 인격과 사역 안에서 실체화된 사실을 시사한다.

이런 사실은 이미 위에서 언급한 대로 다윗 언약의 이면적 성취가 여전히 미래지향적으로 남아 있음을 가리킨다. 그런 의미에서 선지자들에 의해 예언된 새 언약 사상은 다름 아닌 다윗 언약의 남은 이면적 성취의 가능성을 자연스럽게 보증해 준다. 그러므로 다윗 언약은 분열 이스라엘의 아픔과 외세에 의해 멸망당하는 비극적인 상황 전개 속에서 본질적인 성취를 향해 새로운 국면을 맞는다. 이런 일련의 사태진전이 다윗 언약의 궁극적 성취를 보증하는 선지자들의 새 언약(렘 31:31-34; 겔 36:26-27; 사 61:1-2; 9:6-7; 11:1-2) 사상을 도입시키는 전기를 마련하게 된다.

3. 하나님 나라의 회복기(마 1:12-16)

이스라엘의 역사를 보는 마태의 구속사적 관점은 하나님 나라의 흥왕과 몰락에 이어 마지막 세 번째 단계로 접어든다. 이스라엘의 재건기再建期인 하나님 나라의 회복기의 도입이다. 마태는 이 시기를 특별히 '바벨론으로 이거移去한 후부터 그리스도까지' 라고 한정한다. 아울러 이들 세 시기의 각각의 기간을 열 네 대라고 설명한다. 그러나 사실은 중간에 몇몇의 왕들이 임의적으로 생략되기도 했다.

예를 들면 8절에서 '요람은 웃시야를 낳고' 라고 기록하고 있는데 사실은 이 두 왕 사이에 아하시야(왕하 8:26), 요아스(왕하 12:1) 그리고 아마샤(왕하 14:1) 등 세 왕의 이름이 생략되었다. 11절에서는 요시야와 여고냐(여호야긴) 사이에 여호아하스, 여호야김, 시드기야 등 세 사람이 빠졌다. 이것도 8절과 마찬가지로 의도적으로 생략된 것으로 생각된다. 이렇게 저자는 족보를 기술함에 있어서 의도적이고 목적론적 측면에서 임의로 취사선택하고 있음을 발견하게 된다.

그렇다면 마태가 예수님의 족보를 기록함에 있어서 14대씩으로(제 삼기에서는 13대로 마감처리) 제한시켜서 다분히 의도성을 가지고 기록한 목적은 무엇일까. 이는 다름 아닌 마태의 족보는 순전히 예수님이 아브라함과 다윗의 자손으로 오신 메시아임을 강조하기 위해 유기적으로 구성된 것임을 확인하게 된다. 사실 이렇게 족보 가운데서 일부 사람들이 빠지기도 하고 몇 부분으로 나누는 것은 유대인 사회에서 일반적인 현상이기도 했다. 흔히 유대인들은 족보에서 중요치 않은 사람들은 기록에서 빠뜨렸으며 또한 기억하기 쉽도록 전체를 몇 부분으로 나누기도 했다. 이런 사실로 인해 마태의 족보기술의 주된 관심사는 역사적 사실성과 더불어 구속사적 목적성, 다시 말해 구약언약의 최종 성취자로 오신 예수 그리스도의 메시아적 정통성을 입증시키고자 하는 데 집중되어 있음을 확인하게 된다.

바벨론 포로기 직전과 직후의 기간에 문서 선지자들은 자신들의 사역을 활발하게 전개시킨다. 하나님의 경호원들로서 경계와 경고의 말씀을 담대히 증거한다. 이스라엘의 위선과 거짓과 망령된 행실 등을 적나라하게 고발하며 회개를 촉구한다. 더불어 필연적인 심판의 경고와 함께 회복과 구원의 소망의 메시지를 전한다. 이런 선지자들의 예언에 따라 비록 남 유다가 바벨론 포로로 잡혀갔음에도 불구하고 회복의 날을 소망하면서 주의 자비로운 손길이 구체적으로 임하기만을 고대하게 되었던 것이다(렘 25:8-14; 29:10; 단 9:1-2).

마침내 그 날이 도래했다. 하나님의 언약은 때가 차면 반드시 성취된다. 아무도 언약의 하나님 여호와의 주권적 손길을 막을 수는 없다. 만유보다 크신 하나님의 사역을 방해할 자는 없다. 성도들의 소망과 위로가 바로 이런 사실에 근거한다. 예수 그리스도의 영단번의 구속 안에서 성도들의 구원은 영원히 보장된다(히 10:12-18). 아무도 우리를 그리스도의 사랑에서 끊을 수 없다(롬 8:38-39).

마침내 하나님께서는 오래 전에 이미 이사야를 통해 예언하신 대로 바사국의 고레스 왕을 통해 바벨론 제국을 정복하게 하시고 그를 통해 유대 민족을 예루살렘 본토로 귀환시키신다(사 44:28; 45:1-4; 에 1:1-3). 이렇게 해서 스룹바벨과 에스라 및 느헤미야에 의해 세 차례의 유대인 포로귀환이 거족적으로 이루어진다. 이사야 선지자는 이들을 가리켜 일찍이 야곱의 '남은 자'라는 언약적 용어를 사용해 차별적으로 호칭한다(사 10:20-22; 46:3; 렘 23:3). 하나님께서는 어느 시대이든 바로 이들 남은 자들을 언약 안에서 선택적으로 부르셔서 당신의 구속사의 경륜을 이루시는 일에 당사자들로 삼으신다. 이는 교회시대에도 동일한 원리로 작용한다(롬 11:4-5; 눅 12:32).

하나님의 손길은 바벨론 포로기 이후에도 당신의 남은 자들을 언약에 근거해 신실히 보존해 주셨다. 그래서 다윗의 후손을 지속적으로 보존하시는 가운데 마침내 다윗의 후손인 요셉의 혈통을 통해 마침내 예수 그리스도의 탄생을 섭리적으로 주관하신 것이다. 이런 식으로 다윗 언약은 마침내 예수 그리스도의 성육신 사건을 통해 이면적이고 본래적인 성취를 보게 된다. 새로운 신기원新紀元적 계시시대인 하나님 나라가 마침내 예수님으로 인해 세상 가운데 도래하게 된 것이다. 마태가 아브라함과 다윗의 자손으로 예수 그리스도를 지목하고, 예수님에게서 아브라함과 다윗 언약이 최종적으로 성취된 사실을 족보를 통해 의도적으로 기술하고 있는 배경이 이렇다.

이제 예수 그리스도의 오심으로 옛 이스라엘은 회복되었다. 다윗 언약에 약속된 진정한 아들로서 다윗 왕의 위位는 예수님에게서 마침내 현실로 성취되었다(눅 1:31-33). 예수님은 참 다윗 왕으로 '당신의 백성들을 저희 죄에서 구원하실 진정한 메시아' (마 1:21)로 이땅에 오신 분이다. 새 이스라엘을 대표해서 유월절 어린 양으로 오셨다(요 1:29). 저들의 영원하신 구원자로 마침내 성육신成肉身하신 것이다(요 1:14).

Ⅲ. 결론

성경의 역사는 언약을 매체로 한 구속사이다. 에덴에서 범죄한 아담과 하와의 죄를 여자의 후손 언약 안에서 구속해 주시는 방식으로 본격적인 인류역사(세상 역사)는 시작되었다. 이는 역사의 성격을 세상 역사와 구속사로 나누어 이중적으로 해석한다는 얘기가 아니다. 처음부터 여자의 후손 언약이 성취되는 방식으로 세상 역사가 출발했기에 인류의 역사는 본질적으로 언약적 구속사란 지적이다(창 3:15-4:1; 눅 2:1-7). 이런 의미에서 세상 역사의 성격은 구속사의 진행과 종말론적 성취를 위한 현장과 무대의 역할을 담당한다.

마태는 이런 성경의 전全 구속사적 안목과 통찰력을 가지고 그의 복음서를 기록하면서 아기 예수님의 탄생을 구약언약의 총체적 성취로 해석한다. 이런 사실에 대한 부동의 증거로 예수님의 족보를 제시한다. 족보기술을 통해 예수님의 오심은 아브라함 언약과 다윗 언약의 궁극적 성취와 실현의 의미를 갖는다는 지적이다. 마태의 족보기사는 누가의 그것과 함께 하나님의 언약적 구속의 경륜이 예수 그리스도에게서 온전히 성취되고 있음을 객관적으로 증거하는 결정적인 근거로 작용한다.

이제 과거 이스라엘의 역사 속에서 흥망성쇠를 거듭했던 신정왕국의 정체성은 구약 계시의 총화이시며 실체로 오신 예수 그리스도의 인격과 사역을 통해 비로소 그 참된 본질이 밝히 드러나게 될 것이다. 예수님은 아브라함 언약이 지목하고 있는 바로 '그 자손' 이시며 동시에 다윗 언약이 언급하고 있는 '그 아들' 이시다. 마태가 그의 복음서를 기록하면서 서두를 아브라함과 다윗의 자손 예수 그리스도의 세계世系라고 선포하고 있는 언약적 구속사의 배경이 이런 사실에 근거한다.

14
무익한 종의 고백

누가복음 17장 7-10절

I. 도입

구원을 위한 복음증거와 관련해 불가피하게 제기되는 네 가지 원리를 생각해 볼 수 있다. 죄의 원리(sin), 죄책(형벌)의 원리(punishment), 속죄의 원리(atonement) 및 믿음의 원리(faith)가 그것이다. 특별히 하나님께서는 예수 그리스도의 구속을 통해 은혜를 인하여 믿음으로 말미암아 당신의 백성을 죄로부터 구원하심으로 세세무궁토록 영광과 찬송과 존귀를 받기를 원하신다(엡 1:4-6; 사 43:21; 고전 10:31).

그런 의미에서 구원은 율법의 저주인 죄로부터, 죄값인 사망으로부터, 죽음 후에 심판으로부터, 그리고 심판의 결과로 받게 되는 영원한 불못의 형벌로부터의 완전한 해방과 자유를 의미한다. 그러므로 구원받은 성도들은 그리스도의 구속 안에서 사중적인 원리를 통해 값으로 환산할 수 없는 무한한 특혜를 받은 셈이다. 하나님께서는 이런 엄청난 구원을 우리에게 은혜의 선물로 기꺼이 주셨다.

반면에 독생하신 예수 그리스도의 고귀한 생명이 우리의 죄값으로 지불되어야만 했다. 죄의 삯은 사망을 요구하기 때문이다(롬 6:23). 이런 관점에서 구원의 값은 혹자의 표현대로 '예수님짜리' 인 셈이다. 여기에서 예수님짜리란 무한대의 값을 일컫는다. 결국 구원의 값이 예수님의 생명의 값과 방불하다는 의미가 성립된다. 이런 이유로 구원받은 성도들은 영원토록 하나님께 빚진 자의 심정을 가지고 하나님을 평생 자원하는 심정으로 섬겨야 할 당위성과 필연성이 요구된다.

이런 사실에 근거해 행함이 없는 믿음은 죽은 믿음이요(약 2:17, 22, 26), 구원의 은혜는 행함의 순종을 요구한다(골 3:1-3)라는 주제는 신앙적 원리요 명제로 기능한다. 기독교 신앙에서 행함의 순종이 보상과 공로로 평가될 수 없는 이유가 이런 사실로 말미암는다. 기독교 신앙의 정체성은 이처럼 우리가 아직 죄인 되었을 때에 무상으로 베풀어 주신 하나님의 구원의 은혜에 대한 감사와 감격과 감동의 반응으로 나타나게 된다. 기독교 신앙이 결코 조건적인 기복주의, 지성감천주의 및 상급주의 신앙으로 표출될 수 없는 이유가 이런 사실 때문이다. 구원의 사중적인 의미(죄/사망/심판/불못)와 예수님의 생명이 지불된 무한한 가치를 생각할 때 구원은 사실상 최고의 복이요 최상의 상급으로 기능한다. 이런 사실을 총체적으로 함축하고 있는 주제가 다름 아닌 '무익한 종의 고백' 이다(눅 17:10).

이상의 사실을 고려하면 무익한 종의 고백대로 기독교 신앙에서 행함은 구원의 은혜에 따른 마땅한 도리와 본분이지 결코 대가와 보상의 개념으로 설명될 수 없다. 무익한 종의 경우처럼 "우리가 (마땅히) 하여야 할 일을 한 것 뿐이라"(눅 17:10)고 고백할 뿐이다.

이런 관점에서 본 논고에서는 하나님의 무한하신 구원의 은혜를 덧입은 자들에게 요구되는 행함의 순종이라는 주제를 무익한 종의 고백에 따라 마땅한 도리와 본분의 관점에서 논술코자 한다. 그런 의미에서 무익한 종의 고백에 따른 '순종의 원리'라는 주제는 서두에 언급한 구원의 네 원리와 불가분의 관계를 맺으면서 결과적으로 구원의 확신을 객관적으로 확증시켜 주는 보증의 역할을 담당한다고 볼 수 있다(약 2:22, 17, 26).

Ⅱ. 전개

성경은 지식 - 믿음 - 순종을 기독교 신앙의 삼요소로 제시한다. "믿음은 들음에서 나고 들음은 그리스도의 말씀으로 말미암는다"(롬 10:17)는 로마서의 내용과 "행함이 없는 믿음은 그 자체가 죽은 것과 다름없다"(약 2:17, 22, 26)는 야고보서의 말씀이 이를 뒷받침해 준다. 이런 사실을 고려하면 한국 교회 현장에서 믿음과 행함을 분리시켜 믿음으론 구원을, 행함으론 상급을 기대하게 하는 기복적 가르침은 성경이 말하는 구원론적 관점에서 볼 때 비성경적 복음으로 마땅히 수정되어야 할 왜곡된 신앙관이 아닐 수 없다.

그렇다면 기독교 신앙에서 하나님의 말씀에 순종해야 한다는 행함의 원리는 왜 조건이 아닌 당위적인 명제로서 본분과 도리로 작용해야 하는 것일까. 서론 부분에서 이미 언급한 대로 구원의 의미와 가치라는 본질적인 관점으로부터 접근해 해명코자 한다.

1. 구원의 의미로서 사중적인 특혜

성도들의 구원은 하나님의 극한 사랑의 선물이다. 죄인의 신분상 받을 수 없는 자에게 베푸신 은혜의 절정이다(엡 2:8). 성경은 우리가 아직 죄인 되었을 때에 그리스도께서 우리의 죄를 대속하시기 위해 대신 죽으심으로 우리를 향하신 하나님의 사랑을 확증시켜 주셨다고 기술한다(롬 5:8; 요일 4:9-10). 그런 의미에서 구원은 하나님의 사랑의 절정이기도 하다. 그렇다면 이처럼 성도들에게 베푸신 하나님의 사랑과 은혜의 절정으로서 구원의 본질은 무엇을 의미하는 것일까.

첫째, 예수 그리스도의 구속으로 말미암아 죄로부터 해방되어 영원히 의롭게 되었음을 의미한다(롬 8:1).

"그러나 이제는 너희가 죄에게서 해방되고 하나님께 종이 되어 거룩함에 이르는 열매를 얻었으니 이 마지막은 영생이라"(롬 6:22). 본문은 우리가 전에는 죄에게 종노릇함으로 사망의 열매를 맺는 자들이었지만 그리스도의 구속을 통해 죄사함을 받음으로 하나님의 종 곧 의로운 자가 되었음을 선포한다.

"모든 사람이 죄를 범하였으매 하나님의 영광에 이르지 못하더니 그리스도 예수 안에 있는 구속으로 말미암아 하나님의 은혜로 값없이 의롭다 하심을 얻은 자 되었느니라"(롬 3:23-24). 본문은 그리스도의 구속의 피가 이를 믿음으로 수납하는 자들을 속량함으로 죄 없다고 선언하며 동시에 의로운 자로 여겨준다고 보증한다.

이뿐만이 아니다. "저가 한 제물로 거룩하게 된 자들을 영원히 온전케 하셨느니라"(히 10:14). 본문은 구약의 속죄제를 가리키는 염소와 송아지의 피(한시적)로 아니하고, 오직 속죄제의 실체인 자기(예수님) 피로 영원한 속죄제를 드리심으로 우리의 죄를 영원히 도말해 주셨음을 선포한다(히 9:12). 이런 사실은 본질상 한 번 구원은 영원한 구원을, 한 번 죄사함은 영원한 죄사함을 의미한다.

그러므로 성경은 성도들을 향해 "죄에 대하여는 죽은 자요 그리스도 예수 안에서 하나님을 대하여는 산 자로 여기라"고 강력히 촉구한다(롬 6:11). 모름지기 예수 그리스도를 믿음으로 고백해 영접한 자들은 성령세례를 통해 그의 죽음과 장사지냄과 부활에 연합해 함께 죽고 장사지낸 바 되고 함께 일으키심을 받은 자가 되었기 때문이라는 것이 성경의 진술이다(롬 6:3-5). 결과적으로 우리의 범죄와 관련된 일체의 율법적 요구가 예수 그리스도의 구속을 통해 온전히 지불되었다는 사실이다. 그러므로 그리스도 안에서 추가적인 속죄의 필요성은 영구히 종식되었다는 것이 성경의 증언이다(히 9:12; 10:18).

그럼에도 불구하고 현상적으로는 우리 안에 내재된 죄성으로 인해 여전히 야기되는 온갖 구습을 좇던 옛사람의 행실들을 통제하며 절제함으로 주님의 장성한 분량에 충만한 데까지 이르기 위해 성령의 도우심을 통한 부단한 자기성찰과 노력과 애씀이 지속적으로 요구된다.

"…. 이를 위하여 나도 내 속에서 능력으로 역사하시는 이의 역사를 따라 힘을 다하여 수고하노라"(골 1:28-29). "… 너희 지체를 의의 병기로 하나님께 드리라 죄가 너희를 주관치 못하리니 이는 너희가 법아래 있지 아니하고 은혜 아래 있음이라"(롬 6:12-14). "내가 이르노니 너희는 성령의 소욕을 좇아 행하라 그리하여 육체의 욕심을 이루지 아니하리라"(갈 5:16). 이처럼 지식 안에서 성령의 소욕을 좇아 행하는 방식으로 구원받은 성도들은 거듭난 인격의 발휘를 통해 하나님과의 영적 관계를 더욱 심화시켜 나갈 것을 요구받는다. 성화적 삶의 실질로서 성경이 말하는 영적 성장과 성숙의 의미가 이런 것이다.

둘째, 예수 그리스도의 구속 안에서 죄의 형벌인 사망의 권세로부터 해방되었음을 의미한다.

예수께서 우리의 죄값을 대신해 죽어주심으로 더이상 사망이 우리를 주장하지 못할 뿐 아니라, 보다 적극적으로 예수님의 부활과 영생의 생명으로 거듭났음을 가리킨다(갈 2:20; 요 11:25-26). 사도 요한은 이러한 성도들의 영적 상태를 가리켜 "사망에서 생명으로 옮겨졌다"고 선언한다(요 5:24). 고린도서 기자는 예수님의 부활 사건의 역사적 사실성과 확실성을 논증하는 과정에서 '사망의 쏘는 것과 이기는 것'이 그리스도의 죽음과 부활을 통해 무효화되었음을 강력히 피력한다(고전 15:54-57).

로마서 기자도 동일한 관점에서 이런 사실을 기술하면서 '그리스도 예수 안에 있는 생명의 성령의 법이 죄와 사망의 법에서 우리를 해방시켰다'고 강조한다(롬 8:1-2). 본문은 '예수를 죽은 자 가운데서 살리신 이의 영(성령)이 우리 안에 거하시는 방식으로(성령인침/내주) 우리 또한 성령으로 말미암아 우리 죽을 몸도 살리실 것'이 보증된다고 논증한다(롬 8:11).

이상의 본문들을 종합적으로 고려하면 죄의 형벌로 말미암는 성도들의 죽음은 예수 그리스도의 죽음에 연합되어 함께 죽고 장사지낸 바 되고 함께 연합되어 부활함으로(롬 6:3-5) 그리스도의 구속 안에서 이미 지불된 사실을 확인하게 된다(사 53:5-6; 롬 4:25). 그러므로 성도들이 육체의 생명을 마치고 별세한다는 사실은 죄의 형벌로서 불신자들에게 임하는 부정적인 죽음을 의미하지 않는다. 오히려 그리스도 안에서 보증된 구원의 완성과 영생의 실질을 종말론적으로 소유해 누리게 된다는 적극적인 의미가 성립된다.

시편 기자의 고백을 통해 "성도들의 죽는 것을 하나님께서 귀중하게 보신다"(시 116:15)는 의미가 이런 사실과 무관치 않다고 본다. 그리스도를 통한 하나님과의 영적 연합을 의미하는 임마누엘의 신학적 원리가 별세의 죽음을 통해 마침내 실체화되는 순간으로 기능하기 때문이다. 이처럼 그리스도의 구속을 통해 베풀어 주시는 구원의 의미는 죄는 물론 사망의 권세로부터 완전한 자유와 해방을 영원토록 보증해 준다.

셋째, 하나님께서 예수 그리스도를 통해 집행하시는 종말론적 심판으로부터 제외되었음을 의미한다.

죽음은 인생의 끝이 아니다. 죽음으로 인생사가 총체적으로 마감된다면 하나님의 공의는 성립될 수 없다. 불공정하다. 그러나 성경은 죽음 후에 심판이 있음을 분명히 선언한다(히 9:27; 마 25:31-33). 성경은 하나님께서 모든 인간의 행위와 은밀한 일을 선악간에 심판하신다고 경고한다(전 12:14; 계 20:11-15). 아무도 하나님의 최종 심판으로부터 제외될 수 없다. 그러나 한 가지 예외(exception)가 있다. 심판의 성격이 죄와 관련해 예수 그리스도에 대한 믿음 여부와 밀접하게 연관된 사실로 인해(요 16:9; 살후 1:7-9) 그리스도 안에 있는 성도들은 정죄의 심판에서 제외된다는 것이 성경의 증언이다.

"내가 진실로 진실로 너희에게 이르노니 내 말을 듣고 또 나 보내신 이를 믿는 자는 영생을 얻었고 심판에 이르지 아니하나니 사망에서 생명으로 옮겼느니라" (요 5:24). 본문은 예수 그리스도를 믿는 자들에게 영생이 주어진 반면 심판에서 제외되는 신령한 복을 약속하고 있다. 다시 말해 성도들은 종말론적 심판으로부터 면제된다는 사실이다.

계시록에서는 최후의 심판과 관련해 하늘의 생명책에 그 이름이 기록된 자들은 심판의 결과로 주어지는 둘째 사망 곧 불못의 형벌을 받지 않음으로 사실상 심판으로부터 제외됨을 재판정의 상징을 통해 시사해 준다(계 20:11-15). 그리스도께서 구속을 통해 이미 저들의 죄를 속량해 주셨기 때문이다. 온 인류가 영원한 지옥의 형벌에 처해지는 종말론적 심판대에서 성도들은 그리스도의 구속의 공효로 인해 오히려 의로운 자로 최종 판정되어 하나님 나라의 기업에 실질로 동참하게 되는 특권을 누리게 된다는 사실은 복 중의 최고의 복이요 상급 중의 최상의 상이 아닐 수 없다(계 21:1-4).

넷째, 심판의 결과로 주어지는 영원한 불못의 형벌로부터 제외되었음을 의미한다.

"... 각 사람이 자기의 행위대로 심판을 받고 사망과 음부도 불못에 던지우니 이것은 둘째 사망 곧 불못이라 누구든지 생명책에 기록되지 못한 자는 불못에 던지우더라"(계 20:13-15). 문맥상 본문이 의도하는 바는 생명책에 기록되지 못한 자들의 최종 상태를 강조하려는 것이 분명하다. 저들에게 구원의 기회는 전혀 없다. 죽음은 심판을, 심판은 모든 불신자들을 영원한 불못의 형벌로 인도할 뿐이다.

이런 관점에서 상대적으로 본문에서 언급된 하늘의 생명책은 예수 그리스도 안에서 구원받은 하나님의 백성들의 이름이 녹명된 구원의 책을 상징적으로 묘사해 준다. 이들은 종말의 심판과 영원한 불못의 형벌로부터 면제되는 특권을 부여받는다. 아울러 새 하늘과 새 땅으로 묘사된 하나님 나라 기업의 상속자로 지명된다(계 21:1-4; 엡 3:6; 마 25:34).

성경은 도처에서 하나님의 소유된 백성들의 이름이 하늘의 생명책에 기록되어 있다는 사실을 다양한 표현을 통해 기술하고 있다(빌 4:3; 눅 10:20; 계 3:5; 13:8; 17:8; 20:12, 15; 21:27; 말 3:16; 출 32:32-33). 성도들의 이름이 하늘의 생명책에 녹명되어 있다는 사실은 예수 그리스도의 구속을 통해 베푸시는 하나님의 구원의 확실성과 영속성 및 영원한 안전을 보증해 주는 상징적인 표현이다. 하늘에 생명책이 실존한다는 의미가 아니다. 생명책이란 표상적인 이미지를 통해 구원의 절대 안전과 보장을 지속적으로 확증시켜 주기 위함이다(롬 8:38-39).

이처럼 종말의 재판정에서 창세 이래 모든 무신론자들과 불가지론자들 그리고 불신자들에게 영원한 지옥의 형벌이 준엄하게 선고되는 반면에, 생명책에 녹명된 성도들에게는 새 하늘과 새 땅의 영원한 안식이 그리스도의 구속 안에서 믿음의 보상으로 주어질 때 다른 무엇에 비교할 수 없는 구원의 진정한 의미와 무한한 가치를 비로소 전인적으로 절감하게 될 것이다(살후 1:7-10).

이상 구원의 본질과 관련해 하나님께서 당신의 기뻐하시는 뜻 가운데 성도들에게 은혜로 베푸시는 구원의 사중적인 특혜에 대해 살펴봤다. 비록 우리가 받은 구원의 성격이 피조세계 속에서 불가시적이며 비물질적인 현상인 것으로 인해 구원의 사중적인 특혜를 전인적으로 경험하는 데 한계가 있을지라도 성경에 비추어 볼 때 사실인 것은 틀림없다. 이런 이유로 최후의 종말적 심판대에서 성도들의 구원과 불신자의 형벌이라는 최종 판결이 '오른편 양과 왼편 염소' 의 표상을 통해 현실화 될 때 구원의 진정한 의미와 가치는 사실상 절정을 이룰 것이다(마 25:31-33).

우리가 아직 죄인 되었을 때에 예수 그리스도의 구속을 통해 베푸시는 하나님의 구원의 은혜와 사랑이 하나님을 섬기는 신앙과 삶의 근거와 동인으로 작용하는 이유가 이런 사실에 근거한다(롬 5:8; 요일 4:9-10). 하나님의 구원의 은혜와 사랑이 우리를 강권함으로(고후 5:14) 이를 전인적으로 수납해 절감하는 데서 무익한 종의 심정(눅 17:10)으로 대변되는 하나님의 은혜에 기초한 신본주의 신앙관이 비로소 성립하게 된다.

이런 관점에서 기독교 신앙관의 정체성은 구원의 사랑과 은혜에 기초한 당위적인 명제 곧 하나님을 향한 사람의 본분과 도리로 기능하게 된다(전 12:13). 결코 조건부적인 보상과 대가의 개념으로 성립될 수 없다. 그러므로 구원의 은혜가 동기유발된 것이 아닌 보상심리가 발동된 기복주의 신앙은 본질상 우상숭배 신앙과 다를 바 없다(골 3:5). 이는 성경적 신앙관과는 거리가 멀다. 절대 무관하다.

그런 의미에서 하나님의 사랑과 은혜는 이에 전인적으로 접촉된 자들에게 본성적으로 자율적인 순종을 촉구하게 된다(요 14:15; 요일 5:3; 롬 13:10). 하나님께서는 저들로부터 모든 감사와 찬양과 영광을 홀로 받으신다(엡 1:4-6; 고전 10:31). 예수 그리스도의 구속을 통해 오직 믿음으로 구원을 보증하는 기독교 신앙에서 행함의 순종이 조건과 대가가 아닌 본분과 도리로 작용하는 이유가 이런 사실에 근거한다. 행함이 없는 믿음과 구원은 사실상 죽은 것과 방불할 뿐이다(약 2:17). 형식적이고 위선적인 신앙에 불과하다. "이러므로 그의 열매로 그들을(정체성) 알리라" (마 7:20).

2. 예수님짜리인 구원의 무한한 가치

기독교 신앙에서 구원은 오직 믿음으로 받는다. 성도들이 받은 구원은 하나님께서 믿음을 통해 주신 은혜의 선물이다(엡 2:8). 예수 그리스도의 복음(죽음과 부활)에 대한 믿음의 반응 여부가 구원을 결정적으로 좌우한다(막 16:15-16). 그런 의미에서 믿음은 구원의 척도로 작용한다. 이 말은 성도들의 구원에 일체의 선행과 공적이 전혀 참작되지 않았음을 의미한다. 오히려 행위를 따라 처치하셨다면 한 사람도 구원에 이를 수 없을 뿐 아니라, 모두가 형벌에 처해질 수밖에 없었을 거라는 게 성경의 관점이다(롬 1:21-23, 28-32; 3:10-12, 23). 이처럼 성도들편에서 구원은 값없이 거저 하나님께로부터 받은 은혜의 선물에 해당된다.

반면에 성도들이 받은 무상의 구원과 관련해 간과해서는 안 될 중요한 전제가 있다. 성도들의 구원은 다름 아닌 예수 그리스도의 구속을 통해 베푸신 하나님의 은혜 사건이라는 사실이다. 다시 말해 하나님의 독생하신 아들 예수 그리스도께서 우리를 죄로부터 구원해 주시기 위해 죄값인 사망을 십자가의 죽음을 통해 대신 지불해 주셨다는 것이다. 환언하면 예수님의 생명이 우리의 죄값(속전, ransom)으로 지불되는 방식으로 우리가 죄와 죽음의 권세로부터 온전히 해방되었다는 사실이다. 예수님의 생명 드림이 우리를 죄와 사망으로부터 살리신 것이다. 성경은 이와 관련해 성도들(교회공동체)을 가리켜 하나님께서(예수님의) 피로 값 주고 사신 바 된 자들로 묘사한다(행 20:28; 고전 6:20). 한마디로 교회는 예수 그리스도의 구속을 통해 세상에서 불러낸 하나님의 소유된 백성이요 동시에 천상적 생명공동체란 사실이다(벧전 2:9).

이처럼 우리에게 구원을 은혜의 선물로 주시기 위해 하나님께서는 당신의 독생하신 아들의 생명을 기꺼이 지불하셨던 것이다(롬 4:25; 8:32상; 벧전 2:24; 막 10:45). 창세전 삼위 하나님의 구원협약 속에 "그리스도 안에서 우리를 택하사"(엡 1:4)란 표현이 이런 사실을 시사해 준다. 다시 말해 그리스도의 구속(속전)의 방식을 통한 성도들의 구원계획은 창세전부터 수립된 하나님의 신묘막측하신 구속 경륜의 일환이요 핵심 사상이라는 사실이다. "깊도다 하나님의 지혜와 지식의 부요함이여 그의 판단은 측량치 못할 것이며 그의 길은 찾지 못할 것이로다"(롬 11:33). 이런 사실에 근거해 성도들이 은혜로 받은 구원의 값은 예수 그리스도의 생명의 가치와 본질상 동일시된다는 사실을 확인하게 된다.

그렇다면 이런 문제가 제기될 수 있다. 논리상으로 성도들의 구원과 예수 그리스도의 생명의 가치가 방불하다면 도대체 예수님의 생명의 값은 얼마짜리나 된단 말인가. 혹자는 이런 질문과 관련해 '예수님짜리'란 표현을 선호한다. 여기에서 예수님짜리란 일정한 금액의 값으로 환산할 수 없다는 의미로 무한대의 값을 가리킨다.

피조물인 사람의 생명을 값으로 평가한다는 것도 무리거늘 하물며 근본이 창조주 하나님의 본체이신 예수님(빌 2:6)의 생명의 값을 일정한 금액으로 환산한다는 것은 더욱 불가능할 뿐이다. 그래서 무한대의 값으로 환산할 수밖에 없다는 것이다. 이런 사실에 근거해 우리가 은혜의 선물로 받은 구원의 값은 예수님의 생명의 값과 방불한 것으로 곧 무한대의 값이라는 결론에 이른다.

마태는 그의 복음서에서 "사람이 만일 온 천하를 얻고도 제 목숨을 잃으면 무엇이 유익하리요. 사람이 무엇을 주고 제 목숨을 바꾸겠느냐"고 하신 예수님의 말씀을 기술한다(마 16:26). 본문은 전후의 문맥 속에서 자기부인을 통해 예수님을 믿고 좇음으로 종말론적으로 영생의 목숨을 보장받는 일이, 잠시 있다가 없어질 피조세계 속에서 온 천하를 얻는 일보다 더욱 가치 있고 귀중하며 궁극적인 관심이라는 사실을 온 천하와 목숨을 대비시켜 강조한다. 한마디로 목숨의 보존이 온 천하를 얻는 것보다 더 가치 있고 본질적인 문제라는 지적이다. 본문에서 목숨의 문제는 그리스도 안에서 베푸시는 구원의 문제와 직결된다. 성경에서 구원은 그리스도 안에서 누리는 영생의 삶과 동의어적으로 사용된다. 결국 구원의 생명은 온 천하보다 가치 있고 보다 본질적이며 궁극적인 관심사로 평가된다는 논리로 귀결된다.

이상의 논증을 통해 성도들이 받은 구원의 값은 예수 그리스도의 무한 생명의 값과 방불하다는 사실을 확인하게 된다. 이는 온 천하보다 더 귀한 목숨을 영원토록 보장받은 사실과도 동일시된다. 이런 관점에서 예수님짜리인 구원의 가치와 앞서 논술한 구원의 사중적인 의미와 특혜란 주제는 예수 그리스도의 구속을 통해 받은 성도들의 구원이 얼마나 크고도 가치 있고 놀라운 하나님의 복이요 상급으로 평가되는지를 명백하게 증거해 준다. 그런 의미에서 구원받은 성도들이 하늘의 기업인 새 하늘과 새 땅에서 누리게 될 영생의 삶이야말로 복의 본질이요 상급의 실체란 사실이 성경의 관점이다(시 133:1-3; 히 11:6).

그렇다면 세상적인 필요와 행복과 성공의 총화라 할 수 있는 온 천하보다 귀하므로 마치 예수님짜리와 방불한 구원의 생명을 무상의 선물로 받은 성도들로서 이 크신 은혜를 베푸신 하나님께 마땅히 취할 태도는 무엇일까. 그리고 그 태도의 성격은 어떤 것일까. 다름 아닌 지옥의 영벌에서 천국의 영생의 생명에로 옮겨 주신 은혜에 감사하는 데서 나와지는 자율적 순종의 삶이요, 이는 조건과 보상의 개념이 아닌 마땅히 행할 본분과 도리가 아니겠는가.

이런 경우에 소위 '물에 빠진 자를 건져 주었더니 보따리 내놓으라' 는 부당한 경우가 발생할 수 있겠는가? 결코 그럴 수 없다. 은혜를 입은 자가 베푼 자에게 오히려 추가적인 보상을 기대하거나 요구한다면 이는 파렴치破廉恥하고 후안무치厚顔無恥한 행동이 아닐 수 없다. 그런 의미에서 교회 현장에서 '구원은 믿음으로 받고 행함은 복과 상급의 조건이 된다' 고 하는 기복주의, 상급주의, 지성감천주의적인 성격의 이율배반적인 신앙관이 팽배되는 것은 지극히 우려할 만한 일이 아닐 수 없다. 하나님의 은혜를 인간의 공적功績 사상으로 폄하하는 망령된 처사가 성립되기 때문이다.

이런 이유로 기독교 신앙에서 행함의 원리는 조건이 아닌 믿음의 결과로 나타나는 열매로서의 성격을 띠게 된다. 따라서 행함은 결코 구원의 방도인 믿음과 분리되어 복과 상급의 수단과 방편으로 작용할 수 없다. 만일 그렇게 해석될 경우 하나님의 은혜는 성립될 수 없다. 모름지기 하나님의 구원의 은혜를 입은 자는 은혜를 베푸신 하나님을 향해 빚진 자의 심정을 가지고 본성적으로 감사의 마음의 발로인 순종의 삶을 자원하는 심정으로 추구해 나갈 수밖에 없기 때문이다. 무익한 종의 심정의 발로가 이런 경우이다. "명한 대로 하였다고 종에게 사례하겠느냐 이와 같이 너희도 명령을 받은 것을 다 행한 후에 이르기를 우리는 무익한 종이라 우리의 하여야 할 일을 한 것뿐이라 할지니라"(눅 17:10).

3. 순종의 당위성에 대한 성경의 증거들

우리는 위에서 기술한 '구원의 본질로서 사중적인 특혜'와 '예수님짜리로서 무한한 가치'라는 주제를 통해 기독교 신앙에서 행함은 믿음의 열매이며 은혜의 결과로서 감사에 보답하는 본분과 도리의 성격을 띠는 것이지(전 12:13) 결코 복과 상급의 보상적 개념으로 설명될 수 없다는 사실을 무익한 종의 심정(눅 17:9-10)을 통해 살펴봤다. 그렇다면 본분과 도리로서 자율적 순종의 당위성에 대해 성경은 어떻게 말하고 있는지 살펴보자.

첫째, 성경은 "행함이 없는 믿음은 그 자체가 죽은 것이라"고 기술한다(약 2:17).

야고보는 아브라함의 믿음의 의(창 15:6)가 이삭을 제물로 바치는 믿음의 행위를 통해 그 진정성이 확증되었다고 논증한다(약 2:21). 결과적으로 믿음은 행함을 동반하며 행함으로 믿음이 온전케 된다는 사실을 피력함으로써(약 2:22) 행함이 수반되지 않는 믿음은 사실상 죽은 믿음이라고 강변한다. 따라서 "사람이 행함으로 의롭다 하심을 받고 믿음으로만 아니니라"(약 2:24)는 야고보의 관점은 행함으로 의롭게 된다는 사실을 강조하는 것이 아니다. 참 믿음은 믿음의 열매인 행함을 필연적으로 수반하게 됨으로 궁극적으로 믿음과 행함은 상호 불가분의 관계성을 맺고 있다는 것이다. 결코 별개의 요소로 분리될 수 없다는 논리이다.

이런 사실은 결과적으로 '오직 믿음으로 의롭게 된다'는 로마서 기자의 관점과 본질상 다를 바 없다(롬 3:28). 다만 의롭게 되는 일과 관련해 어디에 주안점을 두느냐에 따라 믿음과 행함이 교차적으로 강조될 뿐이다. 이처럼 마음에 품은 생각이 구체적인 행동으로 표출되듯이 믿음은 본질상 행함을 동반함으로 로마서 기자는 믿음과 순종을 동의어적으로 사용한다.

"... 혹은 죄의 종으로 사망에 이르고 혹은 순종의 종으로 의에 이르느니라"(롬 6:16). 본문에서 '순종의 종으로 의에 이른다'는 표현은 '오직 믿음으로 의롭게 된다'는 로마서 기자의 관점으로 해석할 때 '(믿음의) 순종으로 의에 이른다'는 의미가 틀림없다. 계속해서 로마서 기자는 17절을 통해서도 "하나님께 감사하리로다 너희가 본래 죄의 종이더니 너희에게 전하여 준 바 교훈의 본을 마음으로 순종하여 죄에게서 해방되어 의에게 종이 되었느니라"고 설파한다.

본절에서 '마음으로 순종하여 죄에게서 해방되어 의에게 종이 되었다'는 표현도 '마음으로(믿음으로) 순종하여 죄에게서 해방되어 의에게 종이 되었다'는 의미이다. 결국 믿음과 순종은 상호 보완적이고 의존적인 관계 속에서 동전의 양면처럼 병행하며 공존하는 양상을 띠면서 동의어적으로 사용되고 있음을 확인하게 된다(롬 16:26; 1:5).

이상의 논증을 통해 참 믿음은 행함을 수반하게 되고 행함으로 믿음이 온전케 됨으로 결과적으로 행함이 없는 믿음은 사실상 죽은 믿음 내지는 거짓 믿음으로 판명될 뿐이다. 기독교 신앙에서 순종의 삶이 보상과 대가의 의미가 아닌 본분과 도리 차원에서 요구되는 이유가 이런 사실에 근거한다.

그러므로 하나님의 구속의 경륜 속에서 믿음과 행함은 본질상 공존하며 병행관계를 유지함으로 결코 분리될 수 없다. 이런 이유로 구원은 믿음으로 받고 행함은 복과 상급의 근거로 작용하게 된다는 식의 이원론적 가르침은 비성경적 관점이다. 이율배반적 논리이다. 구원은 현세와 내세를 통틀어 복과 상급의 원천으로 기능한다는 것이 성경의 일관된 관점이다(엡 1:6; 시 133:3; 히 11:6).

둘째, 하나님의 구속의 은혜는 수혜자로 하여금 자율적 순종을 요구한다(딛 2:14; 엡 2:8-10; 4:1-3; 골 3:1-4; 롬 12:1-2; 6:12-14; 출 20:1-3).

은혜는 행함을 동반한다는 관점이다. 혹자의 표현대로 은혜는 받을 수 없는 자에게 베푸시는 하나님의 무한한 사랑과 호의임에 틀림없다. 성경이 기술하는 대로 하나님의 사랑과 은혜는 우리가 아직 죄인 되었을 때에 독생하신 아들 예수 그리스도를 우리의 죄를 대신해 십자가에 죽게 하는 방식으로 극명하게 확증해 주셨다(롬 5:8; 요일 4:10). 그러므로 예수 그리스도의 구속을 통해 베풀어 주시는 하나님의 구원의 사랑과 은혜를 전인적으로 수납해 접촉된 자들은, 평생을 그 사랑과 은혜에 빚진 자의 심정을 가지고 무익한 종처럼 마땅히 행할 바의 도리 차원에서(눅 17:10) 하나님을 자원해 섬기게 된다는 것이 성경의 증언이다(고후 5:14-15).

바울은 디도서를 통해 하나님께서 그리스도로 말미암아 우리를 구속하셔서 의롭게 해 주심은 다름 아닌 '선한 일에 열심하는 친 백성' 이 되게 하려 하심이라고 설파한다(딛 2:14). 본문을 통해 구속의 은혜와 하나님의 뜻을 좇아 살아가는 선한 삶의 행위가 불가분의 상관관계로 연결되어 있음을 확인하게 된다. 이는 구원의 은혜를 입은 성도들은 구원을 베푸신 하나님을 마땅히 도리적인 차원에서 자율적으로 섬겨야 된다는 사실을 의미한다. 은혜가 감사의 반응을 불러 일으켜 행함을 강력히 요구하기 때문이다.

이처럼 기독교 신앙의 정체성은 구원의 은혜에 기초하며, 구원의 은혜에 바르게 접촉된 자는 무익한 종의 심정을 가지고 본분과 도리의 차원에서 하나님을 마땅히 섬기게 된다는 것이 성경의 진술이다. 그런 의미에서 어느 한 사람이 하나님을 믿는다고 하면서도 지속적으로 기복주의, 상급주의, 지성감천주의적인 신앙관을 가지고 하나님을 보상심리의 발동 차원에서 방편적으로 섬긴다면 이는 처음부터 구원의 진정성을 의심해 볼 수밖에 없다.

나아가 그런 사람은 자의적 숭배 신앙인이거나 사이비기독교인 중 하나임에 틀림없다. 구원의 은혜에 전인적으로 접촉된 자는 '구원의 사중적인 특혜와 무한한 가치' 라는 구원의 성격상 평생을 사랑에 빚진 자의 심정으로 자원해 하나님을 섬기게 된다는 것이 성경의 증언이기 때문이다. 사랑은 하나님의 계명을 자원해 순종하는 데서 그 진정성이 확인된다(요 14:15; 요 5:3). 비록 내재된 죄성으로 인해 우리의 연약성이 여전히 상존함에도 불구하고, 사랑이 동기유발된 실천적 삶이라는 신앙적 명제하에 부단히 하나님의 선하시고 기뻐하시고 온전하신 뜻을 좇는 삶을 추구하게 된다.

하나님의 구속의 경륜에서 은혜와 행함은 동반자 관계를 형성한다. 결코 분리될 수 없다. 만일 이 둘의 관계가 별개로 기능한다면 이는 성경적인 기독교 신앙관으로 성립될 수 없다. 성경이 말하는 믿음으로 구원받는 원리에 위배되기 때문이다. 그런 의미에서 믿음으로 구원받고 행함으로 상과 복을 보장받게 된다는 식의 가르침은 비성경적 관점이다. 바른 복음이 아니다. 구원의 복음이야말로 그 자체로서 복 중의 최고의 복이며 상급 중 최상의 상으로 기능한다는 것이 성경의 증언이다.

이런 관점에서 예수 그리스도의 구속을 통해 죄사함을 받고, 의롭게 되어, 부활의 생명을 영원히 보장받는 구원의 은혜는 현세와 내세를 포괄하는 필요의 총화와 절정으로서 기능한다. 목숨의 가치는 현실적인 필요의 총화로 비유될 수 있는 온 천하의 가치를 훨씬 능가한다는 것이 주님의 가르침이다(마 16:26). 이런 이유로 성도들은 그리스도 안에서 영생의 생명을 이미 보장받은 자들로 천상적 복과 상급의 최대의 수혜자들로 존재한다. 기독교 신앙관의 정체성이 구원의 은혜와 사랑으로 동기유발되어 조건적이고 방편적이 아닌 자율적인 순종의 삶으로 나타나야 하는 이유가 이런 사실에 근거한다.

"하나님을 사랑하는 것은 이것이니 우리가 그의 계명을 (자율적으로) 지키는 것이라. (왜냐하면) 그의 계명들은 무거운 것이 아니로다"(요일 5:3). 하나님의 계명을 지키는 것이 무거운 짐으로 느껴지기보다 오히려 쉽고 가볍게 여겨질 수 있는 이유는 사랑이 동기유발된 실천적 삶으로 표출되기 때문이다(마 11:30). 그런 의미에서 사실상 하나님을 경외하며 이웃을 사랑하는 심정으로 섬길 수 있다면 이는 율법의 요구를 이미 이룬 것으로 성경은 해석한다(갈 5:14; 롬 13:8). 사랑은 율법의 완성의 의미를 담고 있다는 것이 성경의 진술이다(롬 13:10).

셋째, '마땅히 행할 바를 행한 것뿐' 이라는 무익한 종의 고백은 행함의 믿음과, 행함이 수반된 은혜란 주제를 동시적으로 충족시켜 준다(눅 17:10).

무익한 종의 고백은 행함의 당위성과 관련해 위에서 이미 수차례 인용된 주제이다. 그럼에도 불구하고 순종의 당위성과 관련해 여기에서 하나의 독립된 주제로 재차 다루려는 의도는 무익한 종의 고백에 함의된 기독교 신앙관의 정체성이 하나님의 은혜로 구원받은 성도들의 심정을 총체적으로 대변하는 것으로 볼 수 있기 때문이다.

본문에서 무익한 종의 정체성은 문맥을 통해 예수님의 제자들을 가리킨다. 주님은 앞 절(눅 17:7-9)에서 주인과 종의 관계를 비유삼아 종의 수고에 주인이 의무적으로 보상해야 할 책임이 없음을 전제하신다. 동일한 원리 속에서 주님의 제자들 또한 명령받은 것을 마땅히 행하는 종의 신분과 다름없음을 강조하시면서 제자도의 당위성을 무익한 종의 경우를 예로 들어 교훈하신다.

본문에서 '우리가 하여야 할 일' 이라는 표현은 주인(예수님)과 종(제자)의 관계를 통해 마땅히 행할 도리와 본분의 차원에서 종의 사역의 성격을 언급하신 내용이다. 더구나 종의 입장에서 주인으로부터 구원의 생명과 관련된 무한한 은혜를 입었다면 종의 수고는 당연한 일이지 결코 보상과 대가의 개념으로 평가될 수 없다. 이런 사실은 당시 예수님의 제자들과 주님과의 관계가 그랬음을 시사해 준다. 이런 관점에서 모든 시대에 걸쳐 예수 그리스도를 믿음으로 구원의 은혜를 덧입은 성도들은 동일한 원리 속에서 하나님의 사랑과 은혜에 빚진 자들로 저들의 순종의 행위는 본분과 도리의 의미로 요구되는 것이지 결코 보상의 개념으로 해석될 수 없다는 것이 성경의 증언이다.

그러므로 성도들은 그리스도의 구속 안에서 하나님의 구원의 은혜를 덧입은 하나님의 종들이며 동시에 그리스도의 제자 된 신분의 소유자들이다. 성도들은 그리스도의 피값으로 사신 바 된 자들(고전 6:20; 행 20:28)로 하나님의 구속의 은혜와 사랑에 영원토록 빚진 자들이다. 바울은 이런 자신의 영적 정체성을 절감하면서 자신의 구원과 이방인을 위한 사도로서의 사역의 결실을 오직 하나님의 은혜의 결과로 돌려드린다(고전 15:10). 이는 자신의 영적 정체성을 철저히 무익한 종의 심정으로 고백한 진술이다.

이처럼 무익한 종을 통한 마땅한 도리로서 행함의 고백은 당시 주님과 제자들과의 구원의 생명적 관계를 염두에 둔 표현으로 이 시대의 성도들의 경우에도 동일한 원리가 적용될 수밖에 없음을 시사한다. 그런 의미에서 예수 그리스도의 구속 안에서 죄사함을 받고 구원의 확신을 가짐으로 의롭게 된 하나님의 친 백성들이라면, 심령 속에 내주하신 성령님의 소욕을 좇아 사랑의 법에 이끌려 살아가는 순종의 삶의 성격이 결코 보상심리의 발동으로 표출될 수 없다. 오히려 사랑의 법에 포로된 자율적인 삶으로 나타나기 마련이다. 성도들에게 임재하시는 성령께서 성도들로 하여금 은혜의 복음에 대한 감사와 감격과 감동을 불러 일으켜 율법의 근본정신인 사랑의 법을 자원하는 심정으로 성취하도록 강권하시기 때문이다(고후

5:14-15; 롬 8:3-4).

이런 사실에 근거해 하나님의 사랑의 절정을 표상하는 그리스도의 십자가는 성도들의 윤리적 삶의 근거와 원천으로 기능한다. 다시 말해 비록 그리스도께서 우리를 대신해 율법의 순종적 요구를 다 이루어 주셨음에도 불구하고 그리스도의 사랑이 우리를 강권해 성도들로 하여금 하나님의 선하시고 기뻐하시고 온전하신 뜻을 좇아 살아야 하는 윤리적인 요구에 여전히 직면해 있다는 관점이다.

그러나 이때의 윤리적 요구는 율법의 도덕적 조항을 문자적으로 준수해야 하는 강요된 삶이 아니다. 성도들에게 임재하여 율법의 완성인 사랑의 법을 자율적으로 실천해 가도록 촉구하는 성령의 소욕을 좇아 살아가는 전인적인 경건의 삶이다. 곧 율법의 완성자이신 그리스도의 사랑의 법이 성도들의 심령을 주관하게 되는 데서 가능한 자율적인 건덕의 삶을 가리킨다. "그리스도의 사랑이 우리를 강권하시는도다 ... 저가 모든 사람을 대신하여 죽으심은 산 자들로 하여금 다시는 저희 자신을 위하여 살지 않고 오직 저희를 대신하여 죽었다가 다시 사신 자를 위하여 살게 하려 함이니라"(고후 5:14-15).

이런 관점에서 무익한 종의 고백은 구원의 은혜를 입은 성도들의 삶의 정체성이 어떤 양상을 띠고 나타나야 하는지 구체적으로 보여주는 결정적인 척도로 기능한다. 환언하면 우리의 신앙행위가 하나님을 도구삼아 자신의 현세적인 유익과 필요와 성공을 위해 방편적으로 표출된다면 이는 적어도 무익한 종의 심정과는 무관한 것으로 성경적인 바른 신앙관으로 볼 수 없다는 것이다. 오히려 자의적인 숭배신앙으로 인해 본질상 우상숭배와 다를 바 없다.

그런 의미에서 마땅히 행할 일을 행한 것뿐이라는 무익한 종의 신앙고백(눅 17:10)은 구속의 은혜를 입은 성도들의 삶이 결코 보상심리의 발동이 아닌 당연한 도리와 본분의 성격을 띠고 나타나야 함을 웅변으로 보여주는 가르침인 셈이다. 결론적으로 오직 하나님의 은혜의 믿음으로 구원받는 기독교 신앙에서 행함은 당위이지 결코 보상 개념으로 설명될 수 없다. 이런 관점에서 행함을 보상과 대가로 간주하는 기복주의와 상급주의 그리고 지성감천주의 신앙관은 본질상 성경적인 기독교 신앙과는 무관할 뿐이다. 다른 복음에 불과하다.

4. 사랑이 동기유발 된 실천적 삶의 구체적 구현

예수 그리스도의 구속 안에서 하나님의 은혜로 말미암아 믿음으로 구원을 받은 성도들의 삶의 성격은 이후부터 부단히 하나님의 선하시고 기뻐하시고 온전하신 뜻을 추구하며 지향하는 것을 통해 구원의 진정성과 확실성을 보증받게 된다. 로마서 기자는 성도들의 이런 삶을 가리켜 '우리의 몸을 거룩한 산제사(living sacrifice)로 하나님께 드리는 것' 으로 설명하면서 이것이 영적 예배의 본질이라고 해석한다(롬 12:1-2). 이는 삶이 곧 신앙이며 신앙은 전인적인 삶으로 표출되어야 함을 가리킨다. 신앙의 생활화와 삶의 신앙화를 통해 신앙과 삶이 동일시되어야 한다는 관점이다.

우리가 아직 죄인 되었을 때 우리의 죄를 대속해 주시기 위해 아들을 내어 주신 하나님의 사랑과 은혜의 복음에 대한 반응이 본성적으로 감사와 감격과 감동의 마음을 유발시킴으로 성도들로 하여금 전인적으로 하나님을 경외하며 그 명령을 좇아 살아가도록 강권하기 때문이다(전 12:13). 성경은 이런 성도들의 반응을 사랑에 빚진 자의 심정으로 묘사하면서(고후 5:14상) 특별히 그리스도의 죽음과 부활에 근거해 두 가지 자기 인식에 대한 뚜렷한 정체성을 가져야 될 것을 강조한다(롬 6:10).

첫째는 그리스도와 연합해 함께 '죄에 대해 죽은 자' 란 인식이고, 둘째는 그리스도와 연합해 '하나님을 대하여 산 자' 라는 인식이다(롬 6:11). 이런 관점에서 그리스도의 죽음과 부활은 그에게 연합된 성도들의 영적 자화상을 형성케 하는 근거로 기능한다고 볼 수 있다. 본문에서 죄에 대해 죽은 자로 인식하라는 의미는 더이상 구습을 좇던 옛 사람의 행실과 밀접하게 연관되어 있는 죄 가운데 거하지 말 것을 요구하는 강력한 윤리적 명령을 동반한다.

마찬가지로 하나님께 대해 산 자로 여기라는 표현은 그리스도 안에서 거듭난 새로운 피조물로서 매사에 자신의 천상적 정체성을 확신하는 가운데 범사에 하나님을 인정하면서 천상지향적인 가치관의 삶을 살아가라는 윤리적 요구를 내포한다. 이처럼 그리스도와 연합되어 함께 죽고 부활한 성도들의 삶은 본질상 거듭난 새로운 피로물로서 하나님과 관계된 새로운 삶의 원리 및 목표와 목적을 가지고 살아가는 자들로 정의된다(마 6:33; 고전 10:31; 전 12:13).

물론 이 과정에서 죄에 대해 죽고 거듭난 성도들이라 할지라도 현실적으로 전혀 죄를 짓지 않는 것은 아니다. 우리 안에 여전히 죄성이 살아서 역사하고 있기 때문이다. 바울도 이런 사실을 애써 외면하거나 부정하지 않는다(갈 5:16-17). 다만 바울은 우리가 그리스도 안에서 그의 죽음과 부활에 연합되어 함께 죄에 대해 죽었고 의에 대해 살아났음을 강조해 상기시킴으로 성도들로 하여금 하나님 앞에서 자기의 거듭난 정체성을 새롭게 인식해 부단히 천상지향적인 윤리적 삶을 살아 갈 것을 촉구하고 있는 것이다(롬 6:4; 갈 5:24-25). 이런 의미에서 죄에 대해 죽었다는 표현은 '이미와 아직 아닌' (already and not yet)의 틀 속에서 이해될 수 있다. 성도들은 그리스도 안에서 그의 죽음에 연합되어 이미 죽은 자이다.

반면 현실 속에서 아직 죄의 왕노릇하는 권세로부터 완전히 자유로운 삶을 살지 못하는 경우가 늘 뒤따른다. 성령의 도우심을 힘입어 여전히 우리 안에서 죄성의 지배를 받음으로 역사하고 있는 구습을 좇던 옛 사람의 행실을 쳐서 복종시키는 삶을 부단히 살아가야 하는 이유가 이런 사실로부터 기인된다. “너희가 육신대로 살면 반드시 죽을 것이로되 영으로써 몸의 행실을 죽이면 살리니 무릇 하나님의 영으로 인도함을 받는 그들은 곧 하나님의 아들이라”(롬 8:13-14). 우리가 성령의 소욕을 좇아 행할 때 육체의 욕심을 이루지 않게 될 것을 성경은 약속해 주고 있다(갈 5:16).

이런 식으로 ‘이미와 아직 아닌’의 긴장관계 속에서 현실을 살아가는 모든 그리스도인들은 하나님 앞에서 마땅히 행할 바의 도리로서 무익한 종의 심정으로부터 발로된 윤리적인 책임과 의무를 안고 있는 셈이다(롬 12:2; 6:12-14; 고후 5:14-15). 참 성도들이라면 이런 성령의 요구 앞에서 어느 누구라도 자유로울 수 있는 자는 없다는 것이 성경의 지적이다.

예수 그리스도의 죽음과 부활에 근거해 죄에 대해 죽었고 하나님에 대해 산 자가 되었다는 두 가지 자기 인식에 근거해 성도들의 영적 자화상을 언급한 바울은 계속해서 로마서 6장 12-14절을 통해 결론적으로 윤리적 삶을 살아 갈 것을 명령한다. 성도들이 천상지향적인 가치관에 근거해 윤리적 삶을 살아가야 할 당위성이 그리스도와의 연합에 기초하고 있다는 관점이다. 죄에 대해 죽은 자가 더 이상 죄의 지배를 받을 수 없으며, 하나님께 대해 산 자는 마땅히 하나님의 뜻을 좇는 삶을 추구함으로 하나님을 기쁘시게 해 드려야 한다는 논리이다. 이 과정에서 성도들은 소극적으로 자신의 지체(신체적 기관)를 불의의 병기로 죄짓는 일에 사용하지 말아야 하고, 적극적으로는 의의 병기로 하나님께 드리는 일에 선용해야 한다는 설명이다.

이처럼 그리스도와의 연합을 통해 교리적으로 이루어진 사실(죄에 대해 함께 죽고 의에 대해 함께 살아남)은 필연적으로 윤리적 행위라는 실천적 삶을 요구한다는 것이 성경의 증언이다. 이 윤리적인 요구 앞에 진정으로 거듭난 성도들이라면 부단히 책임적 존재로 반응하기 마련이다. 비록 죄성으로 말미암는 육신의 연약성을 아주 극복할 수 없을지라도 우리 안에 내주하신 성령께서 거듭난 새 인격을 주장하심으로 지속적으로 새 생명 가운데 행하게 하시기 때문이다(롬 6:4; 8:13-14; 갈 5:16-17). 이런 의미에서 성도들의 윤리적 삶과 맥락을 같이 하는 성화적 삶의 본질은 흔히 말하는 점진적인 도덕적 삶(성화)의 진전이라는 측면을 아주 배제할 수 없을지라도, 진리의 깊은 곳에 이름으로 가능한 하나님과의 인격적인 교제와 관계성의 심화란 관점을 보다 강조하는 것으로 해석될 수 있다.

Ⅲ. 결론

그리스도인들은 성령의 공작工作하시는 사역을 통해 예수 그리스도의 죽음과 부활의 복음을 듣고 이를 믿음으로 수납함으로 죄로부터 구원받고 의롭게 된 하나님의 소유된 백성들이다. 이 과정에서 믿음은 복음에 합당한 행함을 믿음의 열매로 요구한다(약 2:17, 22). 그러므로 믿음과 행함은 은혜로 구원받은 그리스도인의 삶속에서 상호 불가분의 관계성을 맺게 되고 본질상 동질성을 띠고 나타나게 마련이다. 행함이 없는 믿음을 사실상 죽은 믿음으로 보는 관점이 이런 원리에 근거한다.

따라서 흔히 잘못 알고 있듯이 구원은 믿음으로 받고 행함은 현세와 내세에서 받게 될 복과 상급의 근거로 작용한다는 이원론적 관점은 비성경적이며 이율배반적인 논리일 뿐이다. 그리스도인들에게 요구되는 윤리적 삶으로서 행함이 보상과 대가의 조건적인 성격을 띨 수 없음은 그리스도인들이 받은 구원의 의미와 가치가 받을 수 없는 자에게 베푸시는 하나님의 무한하신 사랑과 은혜의 성격을 담고 있기 때문이다(롬 5:8; 요일 4:10).

일례로 물에 빠진 자가 누군가에 의해 구원을 받아 생명을 보존할 수 있게 되었다고 가정해 보자. 그런 상황에서 물에 빠졌던 자가 생명의 은인을 향해 표현할 수 있는 일체의 행함의 성격은 마땅히 행할 감사의 반응(도리와 본분)으로 나타나는 것이지 결코 수고로 평가되어 보상과 대가를 기대하거나 요구할 수 없다는 것이다. 우리의 죄값으로 무한 가치의 그리스도의 생명이 지불되었을 뿐 아니라, 우리가 받은 구원의 성격이 총체적 관점에서 영벌(eternal punishment)에서 영생(eternal life)에로 옮겨진 것으로 평가되기 때문이다. 그런 의미에서 성경을 통해 그리스도인들에게 요구되는 윤리적 삶으로서 순종의 정체성은 보상과 대가가 아닌 본분과 도리의 성격을 띠고 있음을 확인하게 된다.

그렇다면 성도들에게 요구되는 윤리적 삶을 어떤 방식으로 전개시켜 나갈 것인가. 그것은 율법의 요구를 여전히 규범적인 관점을 가지고 문자적으로 지켜야 하는 강제적 삶이 아니다. 성도들에게 율법의 요구는 그리스도의 구속 안에서 이미 총체적으로 성취됨으로 마침이 되었기 때문에 어떤 형태로도 더 이상 강요될 수 없다(마 5:17; 롬 10:4; 13:10; 갈 5:14).

그런 의미에서 오늘도 여전히 성도들의 삶속에서 요구되는 윤리적 명령의 성격은 단순한 율법의 문자적 준수를 요구하는 것이 아니다. 성령의 내주로 말미암는 그리스도의 사랑의 법이 성도들로 하여금 사랑이 동기유발 된 자발적이고 실천적인 삶을 전인적으로 살아가게 하는 내적 경건의 삶을 의미한다(렘 31:33; 겔 36:26-27; 롬 8:3-4, 13-14; 6:11-14; 13:8-10; 갈 5:16). 이런 삶을 지속적으로 추구해 나가기 위해서는 무엇보다 그리스도와 연합되어 죄에 대해 이미 죽은 자요, 하나님에 대해서는 산 자로 존재하고 있다는 자신들의 영적 정체성을 부단히 상기하는 것이 우선적으로 요구된다(롬 6:5, 10-11).

이런 사실의 전제 속에서 우리의 지체를 불의의 병기로 죄에 드리지 말고 의의 병기로 하나님께 드리는 삶을 지속적으로 추구해 나감으로 은혜에 왕노릇하고 있는 생명의 성령의 법이 죄와 사망의 법에서 우리를 해방시켜 주었음을 확증하는 삶을 살아가야 할 것이다(롬 8:1-2). 이 과정에서 성경은 성령의 소욕을 좇아 행함으로 죄성으로 인해 야기되는 육체의 욕심을 넉넉히 통제시켜 나갈 수 있음을 약속한다(갈 5:16). 이는 사랑이 동기유발된 실천적 삶을 살아가는 것과 본질상 동의어적인 표현이다. 성령의 소욕을 좇는다는 의미는 성령의 법에 순종하는 삶을 가리키며 이는 사랑의 법 곧 사랑에 종노릇하는 의미의 다른 표현이다.

물론 그리스도와 연합되어 죄에 대해 이미 죽은 성도들이라 할지라도 현실적으로 죄를 아주 짓지 않는다는 것은 아니다. 성도들도 여전히 죄를 지을 수 있다. 중요한 것은 거듭난 성도들이라면 죄에 대해 죽었다는 영적 정체성을 부단히 상기함으로 새로운 피조물로서 자기 인식을 새롭게 하고 이를 근거로 하나님의 선하시고 기뻐하시고 온전하신 뜻을 좇는 윤리적 삶을 살아가는 일에 진력해야 할 것이다. 이는 성령의 도우심을 힘입어 영으로 몸의 행실을 죽이는 삶을 살아가는 것을 통해 가능하다는 것이 성경의 증언이다(롬 8:13).

이런 이유로 성도들의 현재적인 삶의 현장에서 매 순간마다 순종적 결단이 부단히 요구된다. 예수 그리스도의 죽음과 부활에 함께 연합되어 구원받은 성도들이 새 생명 가운데 행하는 삶을 살아가야 하는 당위성이 이런 사실에 근거한다(롬 6:4). 성령의 내주를 통해 그리스도의 사랑이 우리를 선의적으로 강권함으로 본질상 다시는 우리 자신을 위해 살지 않고 우리를 대신해 죽었다가 다시 사신 예수 그리스도를 위해 살게 하시기 때문이다(고후 5:14-15).

그러므로 은혜로 말미암아 믿음으로 구원받은 성도들이 하나님께 자원해 순종하는 심정으로 윤리적 삶을 살아가게 되는 것은 대가와 보상을 바라는 조건적인 심정의 발로가 아니다. 구원의 은혜와 사랑에 감사하는 데서 비롯된 마땅한 행위로서 본분과 도리의 성격을 띤다. 예수께서 제자들에게 친히 언급하셨던 무익한 종(unworthy servant)의 고백이 성도들의 이런 심정을 총체적으로 대변해 준다. "명한 대로 하였다고 종에게 사례하겠느냐. 이와 같이 너희도 명령 받은 것을 다 행한 후에 이르기를 우리는 무익한 종이라 우리의 하여야 할 일을 한 것뿐이라 할지니라"(눅 17:9-10).

15

베드로의 만류

마태복음 16장 21-24절

I. 도입

마태복음 16장은 예수님의 공생애 사역에 있어서 계시의 전환점을 이루는 장이다. 지금까지 천국복음의 전파와 각종 치유사역을 통해 간접적이며 우회적으로만 드러내셨던 메시아로서 자신의 정체성과 사역의 성격을 본장에 이르러 제자들에게 비로소 명시적이며 구체적으로 계시해 주신다. 그러나 구약에 약속된 메시아로서 예수님의 자기 계시는 유대인 대다수가 다윗 언약에 따른 다윗 왕권의 회복에 근거해 오실 메시아를 대망해 왔듯이 왕이나 정복자 같은 정치적인 인물로 그 모습을 드러내시는 것이 아니다. 저들의 통념적인 기대와는 상반된 신분 곧 왕이 아닌 고난의 종의 모습으로 자신을 계시하신다.

이 사실을 마태는 "이때로부터 예수 그리스도께서 자기가 예루살렘에 올라가 장로들과 대제사장들과 서기관들에게 많은 고난을 받고, 죽임을 당하고, 제 삼일에 살아나야 할 것을 제자들에게 비로소 가르치시니"(마 16:21)라고 기술한다. 이는 예수님 자신이 구약에 약속된 '여자의 후손'의 당사자이시며(창 3:15; 갈 4:4), 메시아로서 기름부음을 받으신 하나님의 아들이 확실할지라도, 먼저 십자가의 고난을 담당하시는 대속적인 종의 사역(사 53:5-6)을 통해서만 부활의 영광에 참여하심으로 마침내 참 다윗 왕으로서 진정한 의미의 메시아 왕국을 회복시키게 될 것을 가리킨다.

이런 이유로 지금 예수님의 예루살렘 행의 결심은 정치적인 메시아로서 이스라엘을 접수하기 위해 성도聖都 시온 성을 향하는 것이 아니다. 고난의 종으로 죽기 위해서이다. 그래야 하나님의 뜻이 이루어질 수 있다. "이스라엘 사람들아 이 말을 들으라. 너희도 아는 바에 하나님께서 나사렛 예수로 큰 권능과 기사와 표적을 너희 가운데서 베푸사 너희 앞에서 그를 증거하셨느니라. 그가 하나님의 정하신 뜻과 미리 아신 대로 내어준 바 되었거늘 너희가 법 없는 자들의 손을 빌어 못박아 죽였으나 하나님께서 사망의 고통을 풀어 살리셨으니 이는 그가 사망에게 매여 있을 수 없었음이니라"(행 2:22-24; 4:27-28).

그러나 베드로를 비롯한 예수님의 제자들 역시 고난의 종으로서 예수님의 메시아 사역에 대한 이해는 저급하고도 심히 부족한 상태에 머물러 있었다. 저들 또한 다른 유대인들의 메시아 대망 사상과 본질상 별반 다를 바 없었다. 제자들은 임박한 메시아 왕국의 도래를 전망하면서 천국에서의 자리다툼에 집착하고 있는 천박한 모습들을 들어내곤 했던 것이다(마 18:1; 20:21-21). 메시아 사역에 대한 저들의 이해의 수준이 이렇다 보니 고난의 종의 사역으로서 예수님의 자기 계시의 내용은 방금 전 신앙고백을 통해 예수님의 메시아로서의 정체성을 밝히 증언한 베드로조차도 쉽게 납득할 수가 없었던 것이다.

사실상 예수님께 대한 그의 신앙고백은 예수께서 친히 지적해 주고 계시듯이 자의적인 고백이 아니다. 하나님의 간섭하심으로 말미암는 타력적 고백이었다(마 16:17). 성령의 감동으로 말미암는 고백이었다(고전 12:3). 베드로는 자신의 이성적인 분별력을 가지고 예수님의 예루살렘 사역의 내용을 듣게 되자 지극히 인본주의적인 심정의 발로를 좇아 예수님의 말씀을 정면으로 거부하며 적극 만류를 하게 된다. 예수님의 말씀의 본의가 무엇을 의미하는지를 구속사적 관점으로 전혀 이해하지 못하는 가운데서 나온 불가피한 행동이다.

마태는 이런 사실을 "베드로가 예수를 붙들고 간하여 가로되 주여 그리 마옵소서. 이 일이 결코 주에게 미치지 아니 하리이다"(마 16:22)라고 부연해 설명한다. 본절에서 '간하여'(rebuke)라 함은 꾸짖다, 비난하다, 강력히 책망하다, 견책하다 등의 의미를 담고 있다. 결국 조금 전에는 하나님의 아들로서 자신의 메시아 되심을 분명히 수납해 확증해 주시더니, 이제는 예루살렘에 올라가 잡혀 죽는다고 하시니 말도 안 되는 소리라는 역정 섞인 항변의 의미를 담고 있다. 우리는 이런 베드로의 경솔하고도 천박한 태도를 통해 지금 예수님을 통해 진행되고 있는 하나님의 구속사의 경륜을 바르고 온전하게 인식하지 못하고 있는 그의 계시관에 대한 무지와 몰이해의 한계를 발견하게 된다.

사도 요한도 이와 유사하게 예수님의 성전파괴 및 재건축에 관한 말씀을 자신의 죽음 및 사흘 후에 부활하실 것과 관련해 설명하셨음을 언급하면서 당시에도 제자들이 이런 예수님의 계시적 관점을 전혀 이해하지 못하는 가운데 예수님의 부활 후에야 비로소 말씀의 본의를 깨달아 믿게 되었다고 기술한다(요 2:19-22).

베드로의 적극적인 항변조의 만류는 한편으로는 스승이신 예수님을 인간적으로 사랑하고 존경하는 연민의 정에서 나온 안타까운 심정의 발로일 수 있다. 그러나 다른 한편으로는 그렇지 만은 않은 부정적인 부분을 문맥 속에서 발견할 수 있다. 다시 말해 지금까지 부모형제와 처자 및 생활기반까지도 다 포기하고 일심으로 예수님만을 따랐는데 이제 예루살렘에 올라가셔서 저들에게 잡혀 죽으신다면 자신들의 이제까지의 수고는 어디서 보상받을 수 있겠느냐는 식의 한탄과 항변이 섞여 있는 불만의 표시이기도 한 것이다(마 19:27).

그러나 이런 사실은 그것이 양자간 어떤 성격을 띠고 있든지 간에 하나님의 구속의 경륜이 성육신하신 예수 그리스도를 통해 어떤 방식으로 성취되어야 하는지를 알지 못하는 데서 나온 무지의 소치일 뿐이다. 메시아 사역의 본질이 대속적 죽음이라는 고난의 종의 사역을 통해 부활하심으로 마침내 만왕의 왕으로서 천상적 영광과 권세를 회복하게 되신다는 '하나님의 큰일' (행 2:11)로서 전全 구속의 경륜을 통전通全적 관점으로 명확히 알지 못하는 데서 나온 편향된 인간적인 발상이다. 예수께서는 베드로의 간곡한 만류에도 불구하고 즉각적으로 베드로의 반응을 사단적 발상이라고 책망하신다. 베드로의 행동이 예수님을 돕기는커녕 도리어 적극 넘어지게 하는 사단의 악한 처사라고까지 혹평하신다(마 16:23).

그렇다면 본 사건에서 예수님은 왜 베드로의 간청과 만류를 충정忠情으로 평가하기보다 사단의 악한 생각과 행동에 비교해 준엄히 책망하셨을까. 왜 베드로의 진언眞言을 사단적인 것으로 판정해 평가절하시키셨을까. 우리는 본 논고를 통해 베드로에 대한 예수님의 책망을 구속사적 관점에서 고찰하려고 한다.

Ⅱ. 전개

1. 하나님의 일과 사람의 일

첫째로 예수께서 베드로의 만류를 사단적인 발상으로 판정하신 것은 베드로가 "하나님의 일을 생각지 않고 도리어 사람의 일을 생각했기 때문"

(마 16:23하)이라고 지적하신다. 본절에서 '사람의 일' 이란 죄로 인해 타락한 인간의 본성으로부터 나온 이기적이고 자기중심적인 생각과 욕심을 앞세워 하나님의 일을 사람의 관점과 방식으로 해결하려고 시도했다는 지적이다.

예수님은 우리의 죄를 대속하기 위해 십자가에 죽으셔야 하는 대속물(ransom)로 오셨다(막 10:45; 마 20:28; 롬 4:25). 예수님은 죽기 위해 오신 분이다. 예수님의 죽으심은 "하나님의 정하신 뜻이며 미리 아신 대로 내어 준 바 되신 분" 이다(행 2:23). 그런데 유일한 인류의 구속자가 되시는 예수께서 정작 대속적인 죽음을 외면하시거나 포기하신다면 하나님의 뜻은 이루어질 수 없게 된다. 하나님의 구원계획은 무효화될 수밖에 없다.

그러나 본질상 그런 일은 발생할 수 없다. 하나님의 구속계획은 당위(must)적인 것으로 창세전에 당신의 기뻐하시는 뜻 가운데 사랑이 동기유발되어 언약적으로 수립된 하나님의 영원하신 목적에 근거한 예정섭리의 성격을 띠고 있기 때문이다(엡 1:3-6). 이런 하나님의 계획과 뜻을 정면으로 부인하거나 거부하려는 행위는 본질상 사단적일 수밖에 없으며 철저히 이적利敵행위로서 반역적 처사가 아닐 수 없다. 예수께서 베드로를 엄중하게 책망하시며 혹평하신 배경이 이렇다.

우리가 백번 양보해 베드로가 제아무리 충정어린 심정으로 예수님의 죽으심을 만류하려 했다고 해도 그것이 본질상 하나님의 뜻에 반하는 행위였다면 결코 긍정적으로 평가될 수 없다는 사실이다. 아니 보다 적극적으로 사단적인 행동으로 평가해야 한다는 것이다. 이런 사실에 대한 구체적인 실례를 예수께서 받으신 마귀로부터의 세 번째 시험에서 확인할 수 있다.

마태복음 4장 8-9절은 이렇게 언급한다. "마귀가 또 그를 데리고 지극히 높은 산으로 가서 천하만국과 그 영광을 보여 가로되 만일 내게 엎드려 경배하면 이 모든 것을 네게 주리라." 본 사건은 예수님을 향한 마귀의 세 번째 시험 내용이다. 이 시험에서 마귀가 예수님에게 제안한 내용의 핵심은 '고난 없는 영광의 구현' 이다. 즉 십자가의 죽음 없는 부활의 영광 회복이다. 여기서 마귀의 시험적 제안에는 결정적인 함정이 도사리고 있음을 간파하게 된다.

첫째는 하나님의 뜻으로서 십자가의 고난의 대속적 죽음이 생략되어 있다는 사실이다. 이는 사실상 예수님을 통한 하나님의 구원 사역, 곧 '하나님의 큰일' (행 2:11)을 정면으로 부정하는 도전적이며 패역한 발상이다. 둘째는 영광 수여의 당사자가 하나님이 아닌 마귀 자신인 것처럼 왜곡시키고 있다는 사실이다. 사실상 하늘과 땅의 모든 영광과 권세의 수여자는 오직 창조주 하나님뿐이시다(마 28:18; 롬 11:36). 결국 마귀의 세 번째 제안은 근본적으로 하나님의 구원 사역의 핵심내용을 정면으로 부인하며 오도하는 반역적 제안인 셈이다.

이런 관점에서 지금 고난의 종으로서 메시아 사역의 핵심 내용이 무엇인지를 선언하시는 예수님의 비장한 말씀에 베드로의 간청과 만류가 제아무리 선한 목적과 긍정적인 의미를 담고 있을지라도 본질에서 타락한 인간 본성으로부터 나와지는 것으로 인해 하나님의 뜻을 정면으로 거스르고 있다는 데서 문제의 심각성이 제기되고 있는 것이다. 나아가 그의 생각은 본질상 하나님의 뜻을 왜곡시키는 사단적 발상과 맥을 같이 하고 있는 셈이다.

예수께서 즉각적으로 베드로를 책망하시면서 "하나님의 일을 생각하기보다 사람의 일을 생각한다" 고 지적하시는 배경이 이런 사실에 연유한다. 이런 이유로 죄로 인해 타락한 본성에서 나온 인간의 생각과 사단의 생각은 본질상 동질성을 띠게 될 뿐 아니라, 하나님의 뜻을 정면으로 부정하며 거역하는 반역적 행태로 나타날 수 있는 위험성이 상존할 수 있다는 지적이다. 베드로의 만류사건을 결론지으시면서 '자기부인' 을 제자도의 우선적인 척도로 요구하시는 예수님의 의중이 이런 사실과 무관치 않다(마 16:24).

인간의 자아自我는 본질상 타락한 사실로 인해 하나님의 뜻을 정당하게 반영해 낼 수 없다(롬 1:21-23). 사람의 마음의 생각과 계획이 항상 악하기 때문이다(창 6:5). 노아 시대의 초기 인류 역사 속에서 온 인류가 하나님의 물 심판을 받을 수밖에 없었던 당시 보편적인 인류의 본성이 이와 같았다. 이런 인류의 타락한 본성은 그때나 지금이나 앞으로도 변함없이 한결 같을 것이다(창 8:21; 롬 3:10). 지금 예수님의 언약적 선언에 대한 베드로의 만류는 이런 식으로 타락한 본성 곧 자아로부터 나온 것이며, 이는 동시에 사단적 발상과 동질성을 띠는 것으로 인해 본질에서 하나님의 뜻을 거스르는 반역죄가 성립되는 것이다.

베드로의 만류를 사단적 발상으로 간주하시면서 이를 제자도와 연관시키시는 가운데 제자도의 우선순위를 자기부인으로 결론지으시는 예수님의 관점이 이런 이유 때문이다. 이런 의미에서 옛 사람의 주체로서 옛 자아自我는 본질적으로 사단의 속성과 크게 다를 바가 없다. 사실상 동질성을 띤다. 우리의 죄성이 사단의 미혹과 근본에서 상호 밀접하게 결부되어 있기 때문이다. 사도 요한이 예수님을 비방하는 유대인들을 향해 "너희는 너희 아비 마귀에게서 났으니 너희 아비의 욕심을 너희도 행하고자 하느니라 …"(요 8:44)고 기록하고 있는 배경 또한 이상의 사실과 무관하지 않다.

2. 인간의 자존심과 사단의 본성과의 함수관계

둘째로 예수께서 사단적 발상이라고 책망하신 베드로의 만류 속에는 예수님의 메시아 사역을 통해 자신들의 이기적이고 세속적인 욕망을 채워보려는 타락한 자존심(自尊心, 지존사상)이 숨겨져 있다. "이에 예수께서 제자들에게 이르시되 아무든지 나를 따라 오려거든 자기를 부인하고 자기 십자가를 지고 나를 좇을 것이니라"(마 16:24). 본절에서 자기부인의 당위성은 문맥을 고려할 때, 앞에서 베드로의 만류를 사단적 발상이라고 책망하신 부분과 깊이 연관되어 있음을 확인하게 된다.

그렇다면 인간의 자존심(자아, 지존사상)과 사단의 속성과는 어떤 함수관계가 성립되어 있을까. 일반적으로 성경에서 마음의 생각과 계획이 항상 악하다는 인간에 대한 하나님의 평가는 우리의 옛 자아가 본질에서 죄로 인해 타락한 사실에 근거한다. 인간의 주체인 자아가 전인적으로 타락한 이상 자아로부터 나와지는 일체의 언행심사 또한 죄악된 것으로 인해 근본적으로 하나님의 뜻을 거역하며 한결 같이 자기 소견에 좋을 대로 행할 뿐이라는 지적이다(롬 1:21-23; 3:10-12).

그러면 우리의 자아가 어떤 방식으로 전인적인 타락에로 전락해 버렸을까. 우리는 인간의 타락의 기원을 인류의 조상인 아담과 하와가 에덴동산에서 선악과 금령을 어겼던 사건으로부터 찾을 수 있다(창 3:6). 사단이 뱀을 하수인으로 삼아 먼저 하와를 미혹할 때, 저가 제안한 내용이 다름 아닌 자존심自尊心을 부추긴 데서 나온 지존至尊사상의 고취이다.

"너희가 그것을 먹는 날에는 너희 눈이 밝아 하나님과 같이 되어 선악을 알 줄을 하나님이 아심이니라"(창 3:5). 본절에서 사단은 선악과를 따 먹게 될 때 선악을 분별하고 판단할 줄 아는 하나님 같은 지존자至尊者가 될 수 있다는 사실을 미끼삼아 미혹하고 있음을 보게 된다. 결국 하와가 뱀의 시험에 빠진 것은 하나님과 같은 동등한 수준의 지존자가 될 수 있다는 욕망, 곧 극한 자존심이 발동했기 때문이라는 사실이다.

이는 사단이 천상계에서 하나님의 보좌를 찬탈하려다 실패했었던 역모(유 6절; 사 13:12-15)를 이제 하나님의 창조의 면류관인 인간을 통해 간접적으로 재 시도해 만회해 보려는 일종의 고도로 계산된 음모요 책략이다. 결국 아담과 하와의 범죄와 타락은 표면적으로만 보면 사단의 계략이 일단 승리한 것처럼 보인다. 그러나 하나님께서는 이내 여자의 후손 언약을 통해 사죄赦罪의 길을 열어주심으로 아담과 하와에게 새로운 구원의 길을 약속해 주시는 한편, 사단에게는 종말론적 패배를 선언하신다(창 3:15).

우리는 본 선악과 범죄사건을 통해 사단의 미혹으로 말미암아 하나님처럼 되어 보고자 극한 지존사상에 사로잡혔던 인간의 자존심의 발로가 하늘 보좌를 찬탈하려 했던 사단의 간악한 심사와 본질에서 동질성을 띠고 있음을 확인하게 된다. 이런 사실은 인간의 자존심의 근원인 옛 사람의 자아自我와 그곳으로부터 나와지는 일체의 언행심사가 근본에서 사단적 속성과 맥을 같이 하고 있다는 사실을 증거한다. 예수께서 베드로의 섣부른 간청을 사단적 발상으로 평가하시면서 이를 제자도와 결부시키시는 가운데 자기(자아)부인을 철저히 촉구하시는 배경이 이상의 사실과 무관하지 않다.

지금 베드로는 단순히 인간적인 연민의 정만을 발휘해 예수님의 예루살렘 행을 만류하는 것이 아닌 것이다. 대부분의 유대인들이 그랬듯이 예수님의 제자들 또한 왜곡된 정치적 메시아 대망사상에서 비롯된 기대심리가 예수께서 예루살렘에 올라가심과 더불어 잡혀 죽게 되신다는 말씀을 통해 한순간에 물거품이 되는 것 같은 허탈한 심정에 사로잡혀 반사적으로 튀어나온 항변조의 반응이기도 하다. 이런 사실은 "예수를 붙들고 간하여 가로되"(마 16:22)라는 마태의 보충적인 설명을 통해 충분히 감지된다.

본 표현에서 '간하여'(rebuke)란 의미는 꾸짖다, 비난하다, 책망하다, 다투다 등의 강한 부정적인 의미를 내포한다. 다시 말해 베드로의 만류 속에는 인간적인 동정심, 스승에 대한 존경심, 메시아에 대한 경외심 이상의 지극히 세속적이고 이기적인 욕망에 대한 극한 좌절감과 실망감이 순간적으로 반감反感의 심정을 띠고 분출되었음을 가리킨다. 이는 본질상 옛 사람의 자존심이 심하게 손상을 입게 됨으로 궁극적으로 자존심이 지향하는 바 잠재된 지존사상이 일순 방해를 받았음을 시사한다고 할 수 있다.

거듭나지 못한 옛 사람의 자아는 본질에서 사단에게 종노릇하게 되는 것으로 인해 하나님의 뜻을 적극 부인하며 거역하는 것으로 나타날 수밖에 없다는 것이 성경의 일관된 진술이다(엡 2:2). 그런 의미에서 성령의 소욕을 좇아서 하나님을 적극 신앙하는 일과 관련해, 사단의 속성을 추구하려는 옛 사람적 성향 곧 자아(자존심, 지존사상)를 지속적으로 부인하며 통제하는 가운데 적극적으로 하나님의 선하시고 기뻐하시고 온전하신 뜻을 지향하는 일만이 육체의 소욕을 제어함으로 옛 사람의 옷을 벗고 새사람을 입는 최선의 길이라 하겠다(갈 5:16; 엡 4:22-24).

3. 바벨탑 사건 속에 재현된 타락한 자존심의 발로

셋째로 결국 베드로의 만류에 대한 예수님의 책망이 의미하는 바는 본질에서 사단의 본성과 동질성을 띠게 되는 타락한 인간의 자존심은 철저히 통제되지 않으면 지속적으로 하나님의 뜻과 사역을 거스르는 것으로 나타날 수밖에 없음을 시사한다. 우리는 이런 사실에 대한 구체적인 사례를 노아시대 하나님의 물 심판 후 노아의 세 아들들로 말미암아 생육하고 번성했던 인류가 시날 평지에 함께 머물면서 바벨탑을 건설함으로 집단적으로 하나님의 말씀과 약속을 거역하는 불법적인 행동을 통해 확인하게 된다(창 11장).

바벨탑 사건은 노아와 맺어 주신 보존 언약(창 9:1-2, 8-9)과 무지개 언약(창 9:13)을 정면으로 거스르는 불순종의 패역한 행위임을 확인하게 된다. 당시 인간의 패역과 불순종의 대가가 물 심판이라는 전대미문前代未聞의 재앙으로 주어졌을 뿐만 아니라, 물 심판의 목격자요 증인인 노아와 그의 아들들이 여전히 살아 있을 가능성이 상존하고 있었음에도 불구하고 경성警省과 회개는커녕 반복해서 불의와 불법을 자행하는 것을 본다.

특별히 창세기 저자는 바벨탑 건축사건의 동기를 "자, 성과 대를 쌓아 대 꼭대기를 하늘에 닿게 하여 우리 이름을 내고 온 지면에 흩어짐을 면하자 하였더니"(창 11:4)라고 기술한다. 본절은 하나님을 향해 두 가지 반역적인 요소를 담고 있다. 하나는 인간의 영광구현을 위한 지존사상의 고취요, 다른 하나는 노아의 보존 언약과 무지개 언약에 대한 적극적인 부인이다. 이런 사실들이 재차 확인되는 것은 선악과 범죄를 통해 표출되었던 자존심의 구체적 증거로서 지존사상이 여전히 인간의 심성 속에 깊게 자리잡고 있다는 사실이다. 나아가 하나님을 향한 그런 반역 사상은 죄성의 근절 없이는 기회를 좇아 지속적으로 표출될 수밖에 없다는 것이다.

인간의 본성 속에 내재된 죄성은 자기 열심과 노력이나 어떤 물리적인 힘과 방식을 통해 결코 근절될 수 없다. 이런 이유로 물 심판 후 하나님께서도 "다시는 사람으로 인하여 땅을 저주하지 않으시겠다"고 스스로 다짐하시면서 그 이유를 "사람의 마음의 계획하는 바가 어려서부터 악함이라"고 재차 지적하신다(창 8:21). 이는 물 심판 전이나 후나 사람들의 죄악된 본성에는 변함이 없었다는 사실이다. 여자의 후손 언약 속에 담겨진 대속의 방식이 아니고서는 인간의 죄는 근본적으로 속해질 수 없음을 이런 방식으로 우회하여 진술하신 셈이다.

Ⅲ. 결론

예수님은 죽기 위해 오신 분이다. 대속의 방식을 통해 인류의 죄를 구속하시기 위해 하나님의 기뻐하시는 뜻 가운데 보내심을 받아 죽으러 오신 분이다. 그러므로 예수께서 죽지 않으시면 우리의 죄가 용서받을 수 있는 다른 방도가 없다. 이는 하나님의 창세전 영원하신 목적으로서 구원경륜의 핵심내용이기도 하다(엡 1:4, 7; 골 1:14).

그런데 이런 하나님의 오묘한 계획이 지금 베드로의 섣부른 만류로 인해 방해를 받고 있는 셈이다. 당시 베드로는 예수님의 죽음이 포기될 때 어떤 결과를 초래할는지를 전혀 알지 못하는 상태였다. 베드로의 만류는 하나님의 구속경륜을 매도하는 반역적인 처사이며 동시에 사단편에 가담하는 이적행위에 다름없었다. 예수께서 이런 베드로의 만류를 "하나님의 일을 생각지 않고 사람의 일을 생각하는 패역한 행동"으로 규정하시면서 이는 곧 사단적 발상이라고 책망하시는 배경이 이렇다.

근접문맥을 통해 제자도의 첩경을 자기부인과 자기십자가를 지는 것으로 천명하시는 배경도 베드로의 만류 속에 내재된 사단적 욕망을 염두에 두신 선언임을 간파하게 된다. 그런 의미에서 참 제자란 자신의 생애를 통해 하나님의 뜻이 이루어지는 삶을 살아가는 자를 일컫는다. 자신을 부인하는 것을 통해 그리스도의 부활하신 생명으로 살아가는 자가 참 제자임에 틀림없다(갈 2:20).

사단적 발상의 핵심은 하나님의 보좌 찬탈을 통한 영광탈취이다. 그것은 사단의 미혹을 받아 하나님을 대신해 지존의 자리를 차지하려 했었던 극한 욕심 곧 인간의 자존심의 발로와 본질에서 맥을 같이 한다. 이런 관점에서 선악과 사건과 바벨탑 사건은 '지존사상의 고취'라는 주제를 통해 본질상 동질성을 띤다.

베드로의 만류를 하나님의 뜻을 거스르는 것으로 인해 사단적 발상으로 책망하시며 이를 제자도와 관련시켜 자기부인(자아부정)의 필요성을 적극 요구하시는 예수님의 관점이 이런 사실에 집중된다. 옛 자아自我의 속성은 부단한 자존심의 발로를 통해 지속적으로 지존사상을 유발시킨다. 그것은 본질에서 사단의 속성과 다를 바 없다. 자기부인의 필요성이 이런 사실에 기인한다. 베드로의 만류를 사단적 기만으로 간주하시는 예수님의 관점이 이렇다.

16

기독교 복음의 독선

사도행전 4장 12절

I. 도입

흔히 무신론자들과 타종교인들로부터 '기독교는 독선적이다' 라는 말을 듣는 것이 일반적인 경우이다. 이때 이런 표현 속에 담긴 기독교적 독선獨善이 의미하는 바는 대부분 '기독교에만 구원이 있다' 는 사실에 집중된다. 이런 표현과 주장으로 인해 타종교와의 관계에서 상대적으로 배타적인 감정을 유발시킬 수 있는 소지가 있는 것도 사실이다.

그렇다면 왜 타종교나 일반인들의 입장에서 기독교의 구원관을 독선적 관점에서 비판적으로 바라보게 되었느냐 하는 문제가 제기된다. 이는 행위구원의 관점에서 구원의 문제를 접근하기 때문이다. 다시 말해 죄를 멀리하고 선행의 공덕을 쌓음으로 마침내 선의 경지 곧 구원에 이를 수 있다는 윤리 도덕적 관점에 근거한 인본주의적 구원관에 근거하기 때문이다.

이 문제와 관련해 혹자의 말을 빌리면 모든 종교의 핵심은 "윤리적으로 접근하면 다 비슷하다"는 주장이다. 이런 사상의 저변에는 모든 종교는 부단한 도덕적 수행의 결과로 궁극적 선의 경지에 이를 때 마침내 구원에 이를 수 있다는 이행득의의 구원론이 작용한다. 율법적 행위로 구원에 이를 수 있다는 소위 자력구원론이 이에 해당된다.

그런데 기독교는 이와 정반대의 구원관을 제시한다. 율법의 행위로는 아무도 구원받을 수 없을 뿐 아니라, 율법을 지키려고 노력하면 노력할수록 더욱 죄악된 자신의 비참한 모습만을 발견하게 된다는 지적이다(롬 3:20; 7:7). 이런 이유로 구원은 죄악된 행위를 야기惹起시키는 죄의 문제를 근본적으로 선결하지 않고서는 궁극적 구원에 대한 기대는 절대 불가능하다는 것이다.

결국 기독교의 구원관은 총체적 관점에서 율법의 형벌인 죄로부터의 구원을 가리키는 것으로 외부적 절대 타자의 도움 없이는 불가능하다고 보는 반면에(타력구원), 타종교와 일반인들의 구원관은 인간의 종교적 열심과 부단한 율법적 선행의 결과가 마침내 구원의 경지에 이르게 한다는 행위구원의 관점을 지향한다(자력구원). 이처럼 신앙의 핵심주제인 구원의 정의와 방법의 차이에서 오는 관점의 괴리현상이 비기독교인들에게 반기독교적 배타주의 사상을 불러일으킨 동인의 결과가 된 것으로 생각된다.

그렇다면 기독교 구원의 독선적이고 배타적인 교리사상은 과연 정당한 것인가. 결론부터 말하자면 상대방의 반응여부와 무관하게 그럴 수밖에 없다는 사실이다. 기독교를 독선의 종교라고 보는 비/반기독교권에 속한 사람들의 관점은 대부분 구원관에 집중되어 있다. 기독교에서는 대속사상에 근거해 죄의 문제를 해결받는 것을 구원의 첩경으로 보는 반면, 타종교와 일반인들의 보편적 견해는 수양을 통한 자력에 의해 최고의 선의 경지에 이르는 것을 구원으로 보고 있다는 사실이다.

예를 들어 산의 정상을 구원의 경지로 가정할 때, 그곳에 이르는 길은 여럿일 수가 있다는 것이다. 어느 한 길로만 정상에 이를 수 있다는 생각은 아집이며 독선일 수밖에 없다는 지적이다. 기독교가 바로 이런 식으로 한 길만을 고집하고 있다는 것이다. 그러나 이런 사상적 접근은 기독교의 구원관과 타종교의 구원관을 동일시하는 데서 오는 결정적인 오류이며 몰이해의 산물일 뿐이다. 기독교의 구원관은 총론적 관점에서 죄로부터의 자유와 해방을 의미한다.

Ⅱ. 전개

1. 인간의 보편적 종교성

인간의 공동체적 삶의 현장에는 그것이 원시사회이건 문명사회이건 다양한 종교와 제의식祭儀式이 존재해 왔다. 이런 사실은 인류역사 속에서 최첨단의 과학문명 시대를 살아가고 있는 21세기라고 해서 예외는 아니다. 이는 인간의 심령 깊숙한 곳에 보편적인 종교성을 본성적으로 갖고 있음을 의미한다(롬 1:20-23). 이런 보편적 성향은 모든 시대에 걸쳐 모든 사람들에게 공통적으로 나타나는 종교적 현상이다.

첫째, 모든 종교 의식에는 제물이 요구된다는 것이다.

자고이래로 모든 종교의식에는 제물이 요구된다. 이는 신의 환심을 사려는 지성감천주의至誠感天主義적 발상이며 이를 통해 자신의 소원을 이루어 보려는 기복주의적 행위이기도 하다. 동시에 자신의 죄를 제물에 전가시켜 용서를 빌어보려는 대속代贖적 종교행위이기도 하다. 이런 제반의 종교행위 속에 이미 죄를 용서받으려는 일종의 속죄사상이 반영되고 있다고 할 수 있지 않겠는가.

둘째, 모든 사람은 죄인이라는 것이다.

이 명제에 대한 이해와 관점의 차이가 결정적으로 구원관의 차별성을 가져온다. 기독교는 모든 사람을 하나님 앞에서 죄인으로 간주한다(롬 3:10-12, 23; 5:12). 죄에 대한 최초의 성립은 소위 선악과 금령에 함의되어 있는 하나님의 말씀에 대한 인간의 적극적인 불순종에서 기원을 찾는다(창 3:6; 롬 5:12). 이후 죄는 인간의 전인격을 철저히 타락시키고 부패시켜서 하나님과의 관계 속에서 자력으로는 죄의 문제를 해결할 수 없는 절대 무능력한 존재로 전락시켜 버렸다. 따라서 죄의 문제가 우선적으로 선결되지 않으면 구원으로서 하나님과의 화목은 절대 불가능하다고 보는 것이 성경의 관점이다.

문제의 심각성은 죄인 된 인간의 어떤 선행과 자기 열심도 상대적 선善일 수는 있을지라도 하나님의 절대적 선의 기준을 충족시킬 수 없음으로 자력구원은 절대 불가능하다는 사실이다. 결국 죄의 문제해결을 위해서 철저히 외부의 절대 타자(대속주)에 의존할 수밖에 없다는 결론에 이른다.

반면 타종교에서는 인간의 상대적 선의 절대화를 소위 고행과 수련을 통한 자기 열심으로 가능하다고 봄으로써 궁극적 구원을 선행의 절정과 동일시하는 경향이 있다. 다시 말해 죄인인 인간이 자력으로 지고의 선의 경지에 이름으로 결국 구원을 이룰 수 있다는 관점이다. 따라서 인간의 열심으로 말미암는 행위구원의 가능성을 주장하기에 이른다. 이 과정에서 죄의 문제는 자연히 억제되고 조절된다는 견해이다. 물론 이때의 죄의 성격은 구체적인 행동으로 표출된 자범죄(自犯罪, actual sins)를 제한적으로 가리킴에 틀림없다.

2. 죄의 이중적 구조와 결과

성경은 죄를 크게 이중 구조적으로 설명한다. 죄의 뿌리로서 원죄사상과 열매로서 자범죄를 든다. 이때 원죄사상은 자신의 의지와 무관하게 조상으로부터 물려받은 태생적이며 근원적인 죄성을 가리킨다. 반면 자범죄는 죄성으로 인해 불가피하게 발생하는 다양한 범죄 행위를 가리킨다.

따라서 기독교적 죄의식은 외부적인 범죄 행위뿐 아니라 보다 근원적으로 이 모든 외적 범죄 행위를 유발시킨 마음에 품은 죄악된 생각들, 그리고 이 모든 생각들의 출처인 죄성까지를 죄의식의 범주에 포함시킨다. 그래서 성경은 죄악된 행위를 책망할 때 마음에 품은 생각까지도 범죄 행위로 간주한다. 이런 원리에 근거해 형제에 대해 욕을 하면 이미 살인행위로, 여인에 대해 음란한 마음을 품으면 이미 간음행위로 간주한다는 것이 성경이 보는 죄의 관점이다(마 5:21-28). 이런 죄에 대한 하나님의 관점과 기준 앞에서 모든 사람은 죄인일 수밖에 없다는 것이 성경의 준엄한 선언이다(롬 3:10; 5:12).

나아가 하나님을 향한 인간의 죄악된 범죄 행위는 하나님과의 인격적 교제와 화목의 관계를 깨뜨리고 원수의 신분으로 전락시켜 결국은 죄와 사망으로 말미암는 심판의 형벌에 처해져 지옥에까지 떨어지게 된다는 지적이다. 종교의 궁극적 목적이 인간구원에 있음을 전제할 때, 구원은 바로 죄로부터의 구원인 사실이 이상의 논리전개 속에서 자명해진다. 그러므로 죄의 문제가 근본적으로 해결되지 않고서는 어떤 인간적 선행과 열심도 본질상 '더러운 옷'과 같은 불의와 불법적 행동으로 간주되기에 하나님의 절대적 선의 기준을 충족시킬 수 없다(사 64:6). 이로 인해 어떤 형태의 인간의 열심과 선행일지라도 마음의 중심까지 감찰하시는 하나님의 불꽃같은 시선(히 4:12) 앞에서 한낱 죄악된 행위로 평가될 수밖에 없다.

3. 구원의 본질인 사죄赦罪

기독교 신앙의 중심주제는 내세관(하나님 나라)과 기독론에 근거한 구원관에 집중된다. 이때 구원의 본질은 죄로부터의 구원을 가리킨다(롬 3:23-24;

5:8). 하나님과의 교제와 화목의 관계가 단절되어 원수 되게 한 근본 원인이 죄로 말미암았기 때문이다. 따라서 죄 문제의 해결이 선행되지 않는다면 어떤 종교적 열심도 결코 구원에 이르게 할 수 없다는 것이 성경의 관점이다(롬 3:28).

그런 의미에서 구원은 선행의 절정에 이르는 것이 아니다. 인간의 선행과 종교적 열심, 그리고 수도자적 고행을 통해 이르게 되는 궁극적 선의 경지가 아니다. 구원은 일체의 죄책罪責으로부터의 사면을 통해 베풀어주시는 하나님의 은혜의 손길을 의미한다(요 5:24; 롬 3:24; 8:1-2). 이런 사실로 인해 죄의 문제가 근원적으로 해결되지 않으면 진정한 의미의 구원은 요원할 뿐이다. 절대적으로 불가능하다.

4. 대속의 원리로 말미암는 기독교의 구원

구원은 죄와 사망과 심판과 지옥의 사중적 형벌로부터의 완전한 자유와 해방을 의미한다. 이런 사실로 인해 하나님과 단절되었던 영적 관계와 인격적 교제가 회복되는 것을 가리킨다. 그런 의미에서 구원은 율법적 선행으로 말미암는 보상 개념이나 자력으로 이를 수 있는 고도의 선의 경지가 아니다. 하나님의 은혜로 말미암아 믿음으로 받는 선물이다(엡 2:8).

이런 이유로 인간의 구원과 관련해 하나님의 대속代贖의 원리가 제시된다. 다시 말해 죄인된 인간이 자력으로 해결할 수 없는 죄의 문제를 절대타자의 대속적인 속죄사역을 통해서 대리적으로 담당케 하신다. 여기에서 절대 타자란 성육신하신 대속주 예수 그리스도를 가리킨다.

구약의 성전제사를 통해 양과 염소 등 짐승을 잡아 제물로 드림으로 드린 자의 죄가 용서를 받는 속죄제와 속건제의 모습 속에서 예수 그리스도로 말미암는 십자가의 구속사상이 극명히 예표되고 있다. 그런 의미에서 예수님의 십자가 사건은 우리의 죄를 도말하기 위한 대속적 사건이다. 죄값인 사망을 대신 담당하신 대제사장적 중보사역이다. 이는 예수 그리스도를 믿음으로 말미암아 모든 믿는 자에게 미치는 하나님의 의를 전가시켜 주시기 위함이다(롬 3:21-22; 8:1-2). 이처럼 구원은 율법의 행위로 말미암지 않는다.

예수님의 대속적 사역 안에서 이루어진 하나님의 구원의 도리를 믿음으로 수납하게 되는 것을 통해 무상의 선물, 곧 은혜로 주어진다(엡 2:8-9). 은혜로 말미암는 믿음의 수납이 아니고서는 죄의 문제가 항상 미제未濟로 남는다. 타종교에서 구원의 진정성과 완전성, 그리고 영속성과 관련해 결정적으로 부족한 것은 바로 구원의 근간인 죄의 문제를 해결받을 수 있는 길이 전무하다는 것이다.

대속적 방식 외에 죄의 문제를 해결할 수 있는 다른 길이 없다. 이런 이유로 타종교의 창시자들도 지고한 상대적 선의 경지에는 이르렀을지 몰라도 하나님 앞에서는 여전히 범인凡人들과 동일한 죄인의 수준에 머물러 있을 수밖에 없다는 사실이다. "의인은 없나니 하나도 없으며"(롬 3:10), "모든 사람이 죄를 범하였으매 하나님의 영광에 이르지 못하더니"(롬 3:23). 불의한 자가 불의한 자의 죄를 대신할 수 있는 길은 전무하다.

5. 유일한 구원종교로서 성경의 선언

구원은 율법적이고 종교적인 선행으로 말미암지 않는다. 하나님께서 예수 그리스도의 십자가 사건을 통해 이루신 구속의 원리 안에서만 가능하다. 이는 하나님의 구원의 핵심사건인 예수님의 대속적인 보혈의 공로를 의지해 이를 믿음으로 수납하는 것을 통해서만 구원이 보장됨을 의미한다. 이 문제와 관련해 성경은 이렇게 당당하게 선포한다.

"주 예수를 믿으라 그리하면 너와 네 집이 구원을 받으리라"(행 16:31).

"다른 이로서는 구원을 얻을 수 없나니 천하 인간에 구원을 얻을 만한 다른 이름을 우리에게 주신 일이 없음이니라"(행 4:12).

"예수께서 가라사대 나는 곧 길이요 진리요 생명이니 나로 말미암지 않고는 아버지께로 올 자가 없느니라"(요 14:6).

"예수께서 가라사대 나는 부활이요 생명이니 나를 믿는 자는 죽어도 살겠고 무릇 살아서 나를 믿는 자는 영원히 죽지 아니하리니 이것을 네가 믿느냐"(요 11:25-26).

"하나님이 세상을 이처럼 사랑하사 독생자를 주셨으니 이는 저를 믿는 자마다 멸망치 않고 영생을 얻게 하려 하심이니라"(요 3:16).

"예수는 우리 범죄함을 위하여 내어줌이 되고 또한 우리를 의롭다 하심을 위하여 살아나셨느니라"(롬 4:25).

Ⅲ. 결론

종교의 보편적 특성은 내세관에 근거한 구원관의 명확한 제시를 통해 확인된다. 그러나 위에서 살펴봤듯이 구원의 본질은 죄로부터의 자유와 해방을 전제한다. 따라서 죄의 문제가 근본적으로 해결되지 않고는 구도자적 수행의 경지에 도달한다 할지라도 참된 구원의 자유와 기쁨 및 평안과 안식을 맛볼 수 없다.

이런 관점에서 기독교는 예수 그리스도의 대속적인 사역 안에서 일체의 죄의 문제를 해결 받는다. 나아가 구속의 공효는 영속적으로 발휘된다. 이를 신학적으로 영永단번(once for all)의 효력이라고 말한다. 한 번 죽으심으로 영원히 우리의 죄를 도말하심으로 반복하거나 추가해서 다시 드릴 제사가 불필요하게 됐다는 선언이다(히 10:14). 이를 성도들의 견인(Perseverance of the Saints)이라고도 부른다. 그런 의미에서 본질상 한 번 구원은 영원한 구원이다. 구원은 중도에 잃을 수도, 빼앗길 수도, 무효화될 수도 없다. 그리스도의 구속 안에서 영속적이며 영원한 보증의 선물로 기능하기 때문이다. 성경은 이를 구원의 보증의 영이신 성령 하나님께서 성도들을 인印쳐주시고 그들에게 내주해 주시기 때문이라고 설명한다(고후 1:21-22; 엡 1:13-14).

이처럼 예수 그리스도는 죄의 권세로부터 당신의 백성을 구원하셔서 보호하시고 인도하시는 유일한 구세주가 되신다. 예수 그리스도 외에 다른 구원받을 만한 이름을 우리에게 주시지 않았다는 것이 성경의 증언이다(행 4:12). 이런 이유로 예수 그리스도의 피로 값 주고 사신 바 된 성도들의 회집會集으로서 교회공동체는 지상에서 구원의 복음을 맡아 관리해야 하는 유일한 천상적 기관으로 존재한다(마 16:18-19; 마 28:19-20; 행 1:8).

이렇게 볼 때, 비기독인들과 반기독인들에게 비친 기독교는 적잖이 독선적일 수 있다. 반면에 기독교적 독선은 동시에 당위적이며 필연적인 독선임도 잊어서는 안 된다. 예수 그리스도 안에서만 죄의 사면은 보장되기 때문이다.

"예수께서 가라사대 내가 곧 길이요 진리요 생명이니 나로 말미암지 않고는 아버지께로 올 자가 없느니라"(요 14:6).

17

성탄聖誕의 구속사적 의미

마태복음 1장 1-25절

I. 도입

아기 예수님의 탄생聖誕으로 현실화 된 예수 그리스도의 성육신(incarnation) 사건은 어느 날 갑작스럽게 일어난 자연적이고 평범한 세속사가 아니다. 하나님의 전 우주적 경륜 속에서 일어난 계시적 사건이다. 창세전(엡 1:4-14)부터 수립된 하나님의 영원하신 목적인 구원협약을 피조 세계 속에서 구체적으로 성취시키기 위해 의도된 구속사의 일환이다(창 3:15; 렘 31:22; 마 1:21-23; 갈 4:4; 계 12:5).

하나님께서는 이상의 구속사를 구체적으로 진행시키고자 아담 언약(창 2:17) 속에 담긴 선악과 금령을 어김으로 범죄한 아담 부부를 대상으로 한 언약을 맺으신다. 이것이 창세기 3장 15절에 언급된 소위 '여자의 후손 언약' 이다. 이 언약은 내용상 삼중적 의미를 띠고 있다. 첫째로 뱀과 여자와의 원수관계이다. 둘째로 뱀의 후손(복수)과 여자의 후손(복수)과의 원수관계이다. 셋째는 뱀과 여자의 후손(단수)과의 대적 관계이다. 그리고 이런 두 계열간의 적대적 원수관계는 뱀이 여자의 후손(단수)의 발꿈치를 상하게 하지만 궁극적으로 여자의 후손이 뱀의 머리를 상하게 함으로 최종적인 승리를 거두는 것으로 일단락된다.

이런 일련의 진행 과정에서 본문의 '여자의 후손' 은 복수적이며 동시에 단수적인 성격을 띠고 사용되고 있음을 발견하게 된다. 결국 복수적 의미로 기술된 여자의 후손이란 예수 그리스도 안에서 구원을 받게 되는 성도들을 집합적으로 가리키며, 단수적 의미로 언급된 여자의 후손이란 다름 아닌 사단을 최종 굴복시키시는 예수 그리스도를 지적하고 있음을 이후 구속사의 점진적인 진행 과정을 통해 확인하게 된다.

그러므로 성육신하신 아기 예수님의 탄생이 갖는 구속사적 본의는 총체적인 관점에서 창세기 3장 15절의 여자의 후손 언약을 역사 속에서 구체적으로 성취시키기 위한 하나님의 강력한 의지가 결정적으로 표명된 계시적 사건임을 확인하게 된다. 사도행전에서는 이런 하나님의 구속의 경륜을 총체적인 계시의 관점에서 '하나님의 큰일' (행 2:11)로 설명한다. 이제 예수님의 성육신 사건 속에 담긴 보다 세부적인 내용을 살펴보자.

Ⅱ. 전개

1. 구약 언약의 총체적 성취자

마태는 그의 복음서를 기록하면서(마 1:1) "아브라함과 다윗의 자손 예수 그리스도의 세계世系"라고 기술한다. 이는 이제 아브라함 언약과 다윗 언약에 의해 줄기차게 약속되어 나온 참 자손(창 22:18; 행 3:25-26; 갈 3:16; 삼하 7:11-16)이 다름 아닌 예수 그리스도라는 사실을 증거함으로써 혈통적으로나 법적 자격에 있어서 명실 공히 다윗 왕가의 계승자이심을 밝히 지적한다.

사실상 다윗 왕조가 BC 586년 바벨론에 의해 몰락된 이후 거의 6세기가 흐르는 동안 다윗의 왕통王統은 표면상 거의 단절되다시피 했다. 따라서 당시 로마의 정치적 지배하에 있었던 유대인들에게 이땅에 오신 예수께서 이스라엘이 오매불망寤寐不忘하던 다윗의 왕권을 이을 적법한 메시아가 되심을 밝히는 일은 다른 무엇에 앞서 사활이 걸린 중차대한 논지가 아닐 수 없다. 이는 사실상 모세와 선지자들과 시편에 예언된 구약 언약의 총체적 성취자가 예수 그리스도이심을 밝히 증거하는 것과 맥을 같이한다(눅 24:27, 44).

그래서 마태는 아브라함과 다윗의 '언약의 씨'로 오신 예수님의 왕적 혈통을 객관적으로 확인시키기 위해 유대인들이 중시했던 족보의 기술을 통해 그분의 법적 자격과 메시아적 정통성을 입증하려 했던 것이다. 이런 사실로 인해 예수님의 탄생기록은 구약의 예표적이며 모형적인 계시시대를 마감하고 구속사의 실체로서 구원의 새로운 계시시대를 여는 신기원新紀元적인 의미가 내포되어 있음을 선포하는 것이다.

마태는 예수님의 족보를 통해 참 다윗 왕으로서 예수님의 메시아적 정통성을 밝히는 과정에서 족보의 시작을 아브라함으로부터 기술한다(마 1:2). 이는 유대인의 참 다윗 왕으로서 예수님의 왕적 정통성과 법적 합법성 및 정당성을 강조하려는 마태의 의도적인 기술방식이다.

이점에 있어서 누가는 동일하게 예수님의 족보를 소개하면서 아담을 거쳐 하나님에게까지 거슬러 올라간다(눅 3:23-38). 이는 누가복음의 저작 동기와 강조점이 상대적으로 이방인을 염두에 두고 기록했기 때문이다(눅 1:1-4). 그래서 예수님을 단순히 유대인의 메시아가 되실 뿐 아니라, 이방인을 포함한 전全인류의 구원자이시며, 나아가 창조자이신 하나님의 아들 되심을 명백히 증거하려는 의도가 엿보인다.

족보의 기술을 통해 예수님의 메시아적 정통성과 합법성을 증거하는 과정에서 마태는 예수님의 전全 족보의 내용을 크게 삼등분한다. 아브라함에게서 다윗까지(마 1:2-6), 다윗에게서 여고냐(여호야긴)와 그의 형제들의 출생까지(마 1:7-11), 그리고 여고냐에게서 예수 그리스도까지(마 1:12-16)이다. 이런 삼등분은 단순히 연대기적 편의성에 근거한 것이 아니라 보다 구속사적인 계시성이 깊이 함의되어 있다.

그래서 마태는 삼등분한 족보의 내용을 반복적으로 집약해 구분하면서 각각에 구속사적 의미를 부여해서 설명한다. 아브라함부터 다윗까지, 다윗부터 바벨론 이거까지, 그리고 바벨론 이거부터 예수 그리스도까지가 그것이다(마 1:17). 마태의 이런 구분과 표현방식은 다분히 다윗 왕조로서 이스라엘의 역사를 구속사적 관점에서 접근해 분류한 것이 분명하다. 다시 말해 구약 이스라엘의 국가적 정체성을 신정왕국으로 이해한 데서 나온 하나님 나라의 흥왕기, 쇠퇴기 및 회복기로 설명될 수 있다.

이런 의미에서 예수 그리스도의 탄생은 구속자의 출현을 위한 최적의 상황을 준비하기 위해 세상 역사를 섭리적으로 주관해 오셨던 하나님의 주권적 손길이 본격적으로 구속사를 역사의 전면에 부상시키시려는 강력한 의지의 표명으로 해석될 수 있다.

바울은 갈라디아서에서 예수 그리스도의 탄생을 구속사적 관점으로 설명하면서 "때가 차매 하나님이 그 아들을 보내사 여자에게서 나게 하시고"(갈 4:4)라고 기술한다. 바야흐로 구속사의 핵심 사상인 여자의 후손 언약의 종말론적 성취가 예수 그리스도의 인격과 사역 안에서 예비적 성취의 절정을 보았다는 지적이다. 말라기 선지자 이후 거의 4세기 동안 세상 역사 속에 깊이 침잠했던 하나님의 구속사가 마치 새 봄의 마른 가지에 새싹이 움트듯이 역사를 주관하시는 하나님의 주권적인 섭리적 작정의 때가 이르매 새 언약의 남은 성취를 위해 본격적으로 가동되기 시작한 것이다.

2. 자기 백성의 구원자

마태는 아기 예수님의 탄생이 갖는 구속사적 성격을 "자기 백성을 저희 죄에서 구원할 자"(마 1:21)라고 선포하므로 예수님의 메시아적 중보 사역에 초점을 맞춘다. 예수님은 죽기 위해 오신 분이다. 세상 죄를 지고 가는 한 마리 어린 속죄양(scape goat)으로 오신 분이다(요 1:29). 이사야 선지자는 메시아의 이중적 정체성과 사역을 내다보면서 메시아를 참 다윗 왕에 앞서 고난의 종으로 묘사한다(사 52:13-15; 53장). 하나님께서는 실로 우리의 죄악을 그에게 대속적으로 담당시키신다(사 53:5-6). 그분의 죽음이 우리를 죄로부터 구원하시는 근거로 작용한다(롬 4:25; 갈 1:4).

예수님의 죄를 대속하시는 중보 사역(마 9:12-13; 막 2:17; 10:45)은 선지자들의 새 언약이 보증하고 있는 죄책의 사면(렘 31:34) 및 죄의 도말(사 44:22)과 밀접한 연관성을 갖는다. 다시 말해 선지자들이 선포하고 있는 새 언약 사상 안에서 회복된 이스라엘의 사죄의 보증은 다름 아닌 예수님의 대속적 사역을 통해 비로소 성취될 것임을 전망하고 있기 때문이다.

이제 그 성취가 아기 예수님의 탄생 속에서 선취적으로 확증되기에 이른다. 선지자들의 새 언약이 본질적으로 지향하는 바가 예수 그리스도의 인격과 사역으로 말미암는 메시아 왕국의 종말론적 완성인 사실이 이런 이유 때문이다. 그 나라는 죄의 권세가 더이상 활동할 수 없을 뿐 아니라, 보다 적극적으로 하나님의 공의와 공법이 막힘없이 시행되는 현장이다. 그 나라는 여호와에 대한 지식 또한 충만한 곳이다(렘 31:34). 인지능력의 한계가 극복되는 곳이다(고전 13:8).

3. 임마누엘의 성취자

아기 예수님의 탄생의 의미는 단지 대속을 위한 중보적 사역뿐만이 아니다. 마태는 예수님의 성육신 사건을 구속사적 관점에서 해명하면서 '임마누엘'의 성취로 선포한다(마 1:22-23). 이는 "하나님이 우리와 함께하신다"는 언약적 구속사의 의미가 담겨 있다. 곧 구약의 성막 계시 속에 담겨진 하나님의 임재, 통치, 연합, 교통과 동행의 예표적 계시(출 25:8)가 성막의 실체되신 예수 그리스도 안에서 온전히 성취된다는 사실을 가리킨다. 사도 요한은 보다 구체적으로 예수님의 성육신 사건을 성막 계시와 동일시하므로 예수님을 성막의 실체로 오신 분임을 명백히 증거한다(요 1:14; 2:19-21).

오늘날 예수님은 성령님의 내주, 교통, 후원, 조명하시는 역사(고전 3:16; 6:19; 갈 2:20)를 통해 여전히 우리의 왕으로, 우리와 연합되어, 우리의 전 인격과 생애를 당신의 기뻐하시는 뜻 가운데서 섭리적으로 주관해 가신다(계 2:1, 7; 욥 23:10). 임마누엘 신학은 성령님의 신비하신 공작으로 인해 성도들을 예수님께 연합시켜 한 몸이 되게 할 뿐 아니라, 성도들간에도 지체로서 상호 유기적으로 연합되게 함으로 우주적 보편의 교회공동체를 이루게 하신다(고전 12:13).

임마누엘 사상은 또 다른 의미에서 하나님 나라의 도래를 증거한다. 왜냐하면 '하나님이 우리와 함께하신다'는 사상은 신학적으로 '하나님께서 우리 가운데 거처를 정하신다'(요 1:14)는 사실과 동질성을 띠는 것으로, 이는 다름 아닌 하나님의 왕적 통치권의 행사를 가리키기 때문이다. 따라서 임마누엘 신학은 언약사상의 본질인 '하나님은 우리의 하나님이 되시며 우리는 그분의 백성이 된다'는 사실과도 동일시 간주된다(렘 31:33). 언약의 핵심인 임마누엘 사상은 하나님 나라의 종말론적 성취인 새 하늘과 새 땅의 도래로 마침내 현실화된다는 것이 사도 요한의 관점이다(계 21:3, 7).

이런 의미에서 임마누엘 사상은 신정왕국 사상과 신학적 상응성을 띠게 된다. 이런 상호 밀접한 신학적 관계성은 결국 예수님의 성육신 사건이 임마누엘의 실제화를 의미하는 것으로 곧 하나님 나라가 현재적으로 이땅에 도래했음을 명백히 확증시켜 준다. 우리는 이런 사실의 구체적 실례를 예수님의 본격적인 메시아적 공생애 사역을 통해 확인할 수 있다.

"그러나 내가 하나님의 성령을 힘입어 귀신을 쫓아내는 것이면 하나님의 나라가 이미 너희에게 임하였느니라"(마 12:28). 예수님의 공생애 사역의 특징인 천국복음 증거, 죄사함, 각종 이적과 기사를 동반한 치유사역 및 축사사역 등은 메시아로서 예수님의 왕적 권세가 능력 있게 발휘되는 것으로 곧 하나님 나라의 천상적 통치가 현재적으로 시행되고 있음을 가리키는 결정적인 근거로 기능한다.

4. 새 이스라엘(교회)의 대표자

아기 예수님은 동방 박사들에 의해 경배를 받으신다(마 2:1-2, 11). 이는 예수께서 유대인의 왕이실 뿐 아니라 이방인의 왕이신 사실을 아울러 증명한다. 인류의 왕이시며 메시아로서 구원자가 되신다는 증거이다.

헤롯의 살해음모를 천사로부터 고지告知받고 요셉과 마리아는 아기 예수님을 대동해 애굽으로 피신한다. 마태는 호세아의 예언(호 11:1)을 구속사적 계시안목으로 재해석하면서 이스라엘의 출애굽사건을 예수님의 애굽 피신 사건에 적용시킨다. 마태는 과거 이스라엘의 출애굽 역사가 예수님의 애굽 피신사건 속에서 신학적으로 재현되고 있는 것을 발견한 것이다. 이런 시각 속에는 마태가 아기 예수님의 불가피한 애굽으로의 여행사건이 어떻게 하나님께서 모세를 통해 이스라엘에게 행하신 출애굽사건의 연장이 되는가를 보여주려는 깊은 뜻이 담겨 있다.

아기 예수님의 애굽 피신 사건은 얼마 후 헤롯의 죽음으로 끝이 난다. 하나님께서는 이내 애굽에서 예수님을 다시 불러내어 나사렛에서 그분의 유년시절을 보내게 하시는 것을 통해 출애굽사건의 재현을 의도적으로 보여주고자 했음이 더욱 확증된다(마 2:19-20). 이처럼 구속사 진행의 정점인 예수님의 개인적 생애는 신구약 시대를 총망라한 하나님의 백성들(교회공동체)의 생애와 영적으로 연합되어 동일시된다.

이런 식으로 예수님은 구속사의 경륜 속에서 구약 이스라엘의 원형(prototype) 내지는 실체(antitype)로서 새 이스라엘의 대표자의 자격을 담당하신다. 특별히 마태는 예수님의 공생애 사역을 성공적으로 준비하시는 과정에서 40일 광야금식 사건과 마귀로부터의 시험받으신 사건을 의도적으로 기술한다. 이는 과거 이스라엘 백성들의 40년 광야생활과 첫째 아담의 미혹 사건을 재현해 보임으로 예수님을 새 이스라엘의 대표자로, 그리고 둘째 아담의 자격으로 오신 새 인류의 머리로 증거한다. 이런 시도는 예수님 자신의 메시아적 정통성을 정당화시키며 공생애 사역의 성공을 확실하게 보장해 주는 선취적 효과를 가져온다.

Ⅲ. 결론

아기 예수님의 탄생은 우연한 사건이 아니다. 세속사의 일환이 아니다. 범죄한 아담과 하와의 후손들을 죄로부터 구원하셔서(창 3:15) 창세기 1장 28절에 담긴 문화명령적 창조언약을 통해 하나님 나라를 지속적으로 건설해 가기 위해 세속사를 방편삼아 하나님의 구속사를 집행해 가시는 계시적 사건의 일환으로 일어난 특별한 사건이다. 마태가 예수님의 산상수훈을 통해 지적하고 있듯이 천국백성들의 삶의 성격과 방향성이 총체적인 관점에서 '그의 나라와 그의 의를 구하는 것' 으로 나타나야 하는 이유가 이런 사실에 근거한다.

이 시대의 성도들은 이처럼 신묘불측한 하나님의 영원하신 목적으로서 구속의 경륜이 선先 언약 - 후後 성취의 방식을 통해 점진적으로 진행해 나오는 가운데, 마침내 예수 그리스도의 인격과 사역을 통해 택한 백성들을 구원하셔서 하나님의 자녀 삼아 주신 사실을 깊이 묵상하며 감사함으로 우리의 남은 생애를 적극적으로 그분의 뜻을 따라 살아가는 데 집중해야 할 것이다. 이런 삶의 자세야말로 신앙의 본질로서 그의 나라와 그의 의를 이루는 삶이요, 실제적으로 하나님의 나라를 선양하고 운반하며 건설하는 일에 이바지하는 삶이라 하겠다.

18

세례의 의미

마태복음 28장 19-20절

I. 도입

기독교 교회 안에서 시행하는 성례聖禮에는 세례(침례)와 성찬 두 가지가 있다. 이 두 가지 예식은 주님께서 친히 세우신 데서 기독교회의 특별한 의식이 되었다. 세례와 관련해 마태복음 28장 19-20절에는 예수께서 제자들에게 '세계 만방에 나가서 모든 사람으로 제자를 삼아 아버지와 아들과 성령의 이름으로 세례를 주라' 고 명하신다. 이처럼 세례는 우리 주님께서 명령하신 제도로서 거룩한 예식이다. 따라서 특별한 사정이 없는 한(십자가상의 한 편 강도의 경우처럼), 구원의 확신을 가진 모든 성도들은 구원의 확신과 더불어 필히 세례(침례)를 받는 것이 지극히 당연하며 성경적이다.

II. 전개

1. 세례란 무엇인가? (의미)

세례란 불신자가 예수 그리스도를 믿음으로 구원을 받고 하나님의 자녀와 언약백성이 된 사실을 하나님과 천사들 및 구원받은 온 교회공동체 앞에서 공개적으로 확증하는 성례전이다. 마치 한 쌍의 사랑하는 남녀가 오랜 교제 끝에 마침내 부부가 될 것을 양가의 가족들과 친척 및 친지들 앞에서 공개적으로 서약하며 선언하는 혼인식에 비유될 수 있다.

세례는 우리의 옛 사람이 예수 그리스도의 죽음에 함께 연합되어 죽고, 예수 그리스도의 장사지냄에 함께 연합되어 장사되고, 예수 그리스도의 부활하심에 함께 연합되어 거듭난 새 사람으로 다시 태어난 사실을 함의한다(롬 6:1-7; 고후 5:17). 그래서 세례 이후에는 옛 사람과 무관한 새로운 피조물로서(고후 5:17) 말씀에 순종하는 실천적 삶을 적극적으로 추구해 나가야 할 의무와 책임이 요구된다.

거듭난 성도들에게 부과되는 책임과 의무란 강제성을 띤 규범적 요소가 아니다. 그리스도의 구속을 통해 베풀어 주신 하나님의 사랑에 감복된 데서 나오게 되는 마땅한 본분과 도리의 개념이다. 무익한 종의 고백이 이런 사실을 구체적으로 증거해 준다. "이와 같이 너희도 명령받은 것을 다 행한 후에 이르기를 우리는 무익한 종이라 우리의 하여야 할 일을 한 것뿐이라 할지니라"(눅 17:10).

2. 누가 세례를 받는가?(자격)

하나님의 말씀은 신자와 불신자의 여부를 떠나서 모든 사람들을 대상으로 선포된다. 그러나 세례는 오직 구원받은 성도들만을 대상으로 시행된다. 세례는 예수 그리스도를 개인의 구주로 영접해 이미 구원의 확신을 가진 성도들에게 한해서 제한적으로 베푸는 아주 특별한 예식이다. 이런 이유로 개인적으로 아직 구원의 확신을 갖고 있지 않은 구도자求道者가 아무리 세례를 받고 싶다고 해도, 예수 그리스도의 구속의 은혜를 믿음으로 구원받은 사실이 객관적(교회적)으로 확인되지 않은 한에는, 교회가 어떤 이유로라도 그에게 세례를 베풀어서는 안 된다. 이처럼 세례는 구원받은 사실을 전제하며 당사자의 신앙고백에 근거해 시행한다. 구원을 받기 위한 조건으로 세례를 받는 것이 아니라, 구원을 받았기에 이런 사실에 근거해 세례를 베푼다. 이 원칙은 반드시 준수되어야 할 성경적이며 교회적인 원리이다(마 28:19-20; 막 16:15-16; 행 8:34-36).

3. 언제 세례를 받는가? (시기)

세례는 구원받은 사실이 객관적(교회적)으로 확인된다면 그 시점에서 언제라도 개인적으로 받을 수 있다(행 8:34-36). 그러나 교회적 차원에서 일일이 그때마다 개인적으로 세례를 베풀기가 용이한 것이 아니기 때문에, 일년에 몇 차례를 사전에 정해서 여러 사람들을 한 데 모아 연합적으로 세례식을 거행하는 경우가 일반적이다.

경우에 따라서는 개인적인 구원의 확신을 교회적 차원에서 보다 객관적으로 확인할 수 있는 최소한의 기간을 유보시켜 확실한 구원검증의 기간을 갖는 경우도 있을 수 있다. 이런 경우에는 적어도 6개월 정도의 유예기간을 갖기도 한다. 수세자의 구원을 보다 객관적으로 검증하기 위해 세례상담 후 일정 기간 유예기간을 가질 수 있다는 의미는 일차적으로 성급한 세례의 남발을 막음으로 원칙에 따른 바람직한 세례식을 시행할 뿐 아니라, 보다 본질적 차원에서 무자격 신자의 양산을 막음으로 교회의 거룩성과 순수성을 보존하기 위한 제도적 장치의 일환인 셈이다.

4. 어떻게 세례를 받는가? (방법)

세례를 베푸는 방법에는 여러 가지가 있을 수 있다. 현대 교회 안에서 보편적으로 채택되어 시행되는 세례의 방식에는 크게 세례와 침례의 두 가지 방법이 혼용되고 있다. 세례는 일반적으로 수세자의 머리 위에 집례자가 손으로 물을 뿌리는 방식으로 베풀며 주로 장로교회 계통에서 선용하는 방법이다. 반면 침례는 수세자의 온 몸을 물 속에 잠기게 하는 침수의 방식으로 시행한다. 이때 수세자는 눕거나 앉는 자세를 취하게 된다. 따라서 침례의 경우에는 온 몸이 충분히 잠길 수 있는 분량의 넉넉한 물이 있는 곳에서 시행하는 것이 일반적이다. 세례를 침례로 대신할 경우에는 교회 자체적으로 침례탕을 마련하거나, 아니면 목욕탕이나 강가에서 침례를 베풀기도 한다. 침례교에서 주로 이런 방법을 선용한다. 그러나 보다 중요한 것은 방법이라기보다 본질의 문제다.

5. 세례 후 수세자의 자세(책임과 의무)

세례는 그리스도 안에서 하나님의 언약백성 된 인호印號이며 표다. 그런 의미에서 세례식을 거행할 때 집례자는 수세자에게 공개적으로 성 삼위 하나님께 대한 신앙고백과 구원의 확신 및 이후 하나님의 백성 된 신분에 합당한 거룩한 삶을 살아갈 것에 대해 재차 확인하게 된다.

세례식 이후부터 수세자는 정식으로 주님의 몸 된 교회의 지체로 더해질 뿐 아니라 철저히 말씀에 순종하는 삶을 통해 자신의 천상적 정체성을 명실상부하게 확증시켜 나갈 책임과 의무를 강력히 요구받는다. 사실 성도들이 옛 사람과 구별되어 하나님의 백성 된 신분으로 거룩한 삶을 살아간다는 사실은 단순히 책임과 의무를 넘어 본분과 도리의 성격을 띤다. 왜냐하면 구원의 은혜는 하나님의 사랑이 동기유발된 실천적 삶을 본질상 동반하기 때문이다. 무익한 종의 고백(눅 17:10)이 이런 사실을 구체적으로 예증한다.

수세자受洗者는 더이상 개인으로 존재하지 않는다. 앞서 구원받고 세례

받아 교회에 더해진 많은 교회원들과 연합하여 주님의 몸 된 교회를 공동체적으로 구성하게 된다. 구원의 정체성을 '교회를 이루는 구원'이라고 부르는 이유가 이런 사실에 근거한다. 이런 원리속에서 바른 교회에 속한다는 사실은 가히 구원론적 근거로 기능하게 된다.

따라서 신앙생활은 개인적이며 동시에 교회공동체적으로 수행해 나가는 이중적 성격을 띠게 된다. 마치 혼인한 부부가 혼인은 개인적인 경사지만 혼인한 순간부터 양가의 가족들과 불가분의 새로운 관계를 맺게 되는 이치와 다르지 않다. 그때부터 개인이 아닌 부부로서 그리고 가족공동체의 일원으로서 서로간에 책임과 본분을 다하며 관련된 사람들에게도 마땅히 행할 바의 도리를 담당해 나가야 하는 것과 같다.

이런 이유로 수세자는 적어도 다음과 같은 영적인 일을 적극 도모해야 한다. 물론 이때 성도들간의 교제와 도움이 절대적으로 필요하다. 수세자는 영적으로 어린아이와 같기 때문이다.

1) 성도들의 본분과 도리의 심정을 가지고 예배에 적극 참여해야 한다.

2) 말씀을 정기적으로 읽고 묵상하며 연구하는 일과 더불어 기도와 찬송을 생활화해야 한다.

3) 예배 때에는 구원의 은혜에 감사함으로 헌상의 삶을 생활화해야 한다. 헌상의 의미는 단순한 감사의 보답 차원이 아니다. 하나님께서 베푸신 구원의 생명력을 발휘해 얻어진 물질이기에, 이는 곧 자신의 전 생명을 대표해서 드린다는 보다 본질적인 의미를 담고 있다. 그러므로 헌상의 본의本意는 생명을 드리는 제의祭儀적 행위와 방불하다. 단순한 감사의 표현 수준을 훨씬 넘는다. 하나님의 전全 소유를 헌상의 방식을 통해 하나님께 드린다는 대표성의 원리가 작용한다.

4) 구원의 생명을 소유했기에 자연히 구원의 생명을 전하게 된다. 살아있는 생명은 또 다른 생명을 잉태하게 되는 법이다. 때를 얻든지 못 얻든

지 예수 그리스도의 복음을 전해야 한다. 복음증거는 의무가 아니다. 거듭난 새 생명의 본능적 활동이다.

5) 성도들간의 긴밀한 왕래와 풍성한 교제를 나눠야 한다. 이는 천국의 삶을 여기에서부터 선취적으로 소유해 누린다는 의미가 담겨 있다.

6) 구습을 좇던 옛 사람의 습관들을 철저히 근절시켜 나가야 한다. 왜냐하면 구원받고 세례 받았을 때에 옛 사람은 이미 죽었고, 그리스도 안에서 새 사람으로 다시 태어났기 때문이다(갈 2:20; 5:16; 롬 6:11-14).

7) 그리스도 안에서 베푸시는 하나님의 사랑이 동기유발된 새 사람의 품성을 적극 계발시켜 나가야 한다. 이는 오직 말씀의 원리를 좇는 무익한 종의 삶을 적극 추구하는 것을 통해 가능하다.

Ⅲ. 결론

세례는 언약백성 된 인호이며 표다. 세례는 수세자로 하여금 옛 사람과 세상에 대해서는 철저히 죽은 자 된 사실과, 예수 그리스도의 생명에 연합되어 하나님의 백성 된 신분으로 거듭난 사실을 공개적이고 공식적으로 인준받는 상징적이면서도 동시에 실제적인 의미를 담고 있다.

그러므로 이후부터는 사랑이 동기유발된 실천적 삶을 통해 하나님의 말씀의 통치를 적극 받아 누리는 천상 지향적인 삶을 전인적으로 추구해야 한다(마 6:33). 사람의 제일 된 목적으로서 '하나님을 영화롭게 하며 영원토록 그분으로 즐거워하는 삶을 살아간다' 는 의미가 이런 삶의 자세를 의미한다.

19

현대교회와 방불한 라오디게아 교회

요한계시록 3장 14-22절

I. 도입

라오디게아(Laodicea)는 빌라델비아 동남쪽 약 72km, 에베소에서 동쪽으로 약 160km 지점에 위치한 도시로서 기원전 253년경에 셀루시드의 왕 안디오쿠스 2세에 의해 건립된 무역의 중심지이다. 이후 기원전 133년에 로마의 통치하에 귀속되었으며 로마에 항거했던 다른 도시와는 달리 로마제국에 충성하는 도시가 되었다.

라오디게아는 인근의 히에라볼리 및 골로새와 더불어 바울 서신에서 밀접하게 연관된 곳이기도 하다(골 4:13, 16). 라오디게아는 무역과 교통의 요충지였으며, '브루기아 가루' 로 알려진 안약과 의학교가 있었고, 활발한 금융거래로 상대적으로 풍요롭고 부유한 생활을 누렸다고 한다. 반면에 물 사정이 좋지 않아서 인근의 히에라볼리와 골로새로부터 항상 수로를 이용해 물을 공급받아야 했다. 한편 라오디게아 교회는 에바브라가 설립했으며(골 4:12-13) 골로새 교회와 함께 바울의 사역에 크게 의존했던 교회이다.

Ⅱ. 전개

1. 미온적인 신앙 태도를 책망하심

요한계시록 3장 15절부터 라오디게아 교회를 향한 주님의 메시지가 선포되는데 17절까지는 책망의 말씀이 소개된다. 주님은 라오디게아 교회를 향해 아무런 칭찬의 말씀도 해 주지 않으신다. 오히려 책망으로 시작하신다. 주님의 피로 값 주고 사신 바 된 주님의 몸 된 교회가 이렇다 할 한마디의 칭찬도 받을 수 없다는 것은 비극 중의 비극이 아닐 수 없다. 사실상 칭찬의 요소가 발견되지 않는다는 것은 본질에서 죽은 교회나 다를 바 없다. 지역교회 중에 이런 교회가 존재할 수 있다는 가능성은 성공지상주의를 추구하며 물량적 부흥의 욕망에 사로잡혀 있는 현대 교회가 심각하게 고민하며 자신을 성찰해야 할 큰 경종이 아닐 수 없다.

주님은 라오디게아 교회를 향해 '네 행위를 아신다고 말씀하시면서 차든지 덥든지 해야지 미지근한 상태로 지속된다면 토해내치시겠다' 고 크게 진노의 경고를 발하신다(계 3:15-16). 이는 에베소 교회처럼 처음 복음에 대한 열정과 감사와 감격을 잃어버림으로 신앙의 매너리즘에 빠져버린 우유부단한 라오디게아 교회의 신앙태도를 미지근한 물에 비유해 은유적으로 책망하시는 말씀이다. 이처럼 라오디게아 교회의 미온적인 신앙태도는 당시 라오디게아가 처한 지리적인 삶의 정황과 밀접하게 연관된다.

라오디게아 지역은 물질적인 부유함에도 불구하고 물 사정이 좋지 않아 자체적으로 수요공급이 이루어지질 않았다. 대신 인근 골로새와 히에라볼리로부터 수로를 통해 생활용수를 공급받아야 했다. 이런 상황에서 '차지도 않다' 는 주님의 지적은 골로새 지역으로부터 공급받던 차고 신선한 물과 연관된 표현이고, '덥지도 않다' 는 지적은 히에라볼리로부터 공급받았던 뜨거운 온천수를 배경으로 하는 표현이라고 할 수 있다.

문제는 골로새와 히에라볼리로부터 수로를 통해 라오디게아까지 물이 공급되는 과정에서 미지근하게 식어버린다는 사실이다. 그래서 때로는 음료수로 마시기에 역겨울 정도로 심한 구토 증세를 유발시키기도 한다는 것이다. 주님께서는 이처럼 미지근하게 식어버림으로 음용飮用하기에는 부적절한 물의 상태를 라오디게아 교회의 신앙과 영적 상태에 비교해 은유적으로 지적하시며 책망하고 계신다.

본절에서 '토하여 내치시겠다' 는 것은 본질에서 에베소 교회를 향해 책망하신 것처럼 '촛대를 옮기겠다'(계 2:5)고 경고하신 것과 크게 다를 바 없다. 하나님 앞에서 더이상 주님의 피값으로 사신 바 된 몸 된 교회로 인정하지 않으시겠다는 강력한 의지의 표명이다. 이는 하나님과의 모든 관계가 사실상 단절되는 것을 의미한다. 비록 외적으론 여전히 교회의 모습을 갖추고, 정기적인 예배와 기독교적인 제반 활동이 지속될지라도 하나님과는 무관한 자의적 숭배신앙에 불과할 뿐이라는 의미를 담고 있다. 그런 의미에서 더이상 하나님의 교회일 수 없는 것이다.

2. 미온적인 신앙 태도의 진상규명

17절을 살펴보면 왜 라오디게아 교회의 신앙이 미온적일 수밖에 없었는지 이유가 밝혀진다. 한마디로 라오디게아 교회는 자기도취적이고 자기기만적인 신앙관에 깊이 빠져있었던 것 같다. 주님께서 이들의 신앙관의 실상을 낱낱이 고발하신다. "네가 말하기를 나는 부자라. 부요하여 부족한 것이 없다 하나, 네 곤고한 것과 가련한 것과 가난한 것과 눈 먼 것과 벌거벗은 것을 알지 못한다"고 지적해 주신다. 본문을 통해 라오디게아 교회의 문제점을 크게 두 가지로 나눠 분석해 볼 수 있다.

첫째, 외적인 부요와 풍족함에 도취되어 내적인 영적 빈곤과 피폐를 미처 깨닫지 못하고 있다는 사실이다.

물론 물질적인 부요 자체를 문제 삼는다거나 더욱이 죄악시 할 필요는 없다. 문제는 이들의 물량적인 풍요를 하나님의 은혜와 언약적 복의 결과로 착각한 나머지 정작 신앙의 내실을 다지는 본질을 추구하는 신앙관 정립에는 무관심했고 게을렀으며 무지하기까지 했다는 사실이다. 이는 자기만족에 사로잡혀 현실을 직시하지 못한 영적 무지의 결과로 곧 자기도취적이고 자기기만적인 신앙에 깊이 매몰된 것에 다름 아니다. 한마디로 외화내빈外華內貧의 교회였다는 지적이다.

이런 면에서 라오디게아 교회는 서머나 교회와는 정반대의 영적 상태에 처해 있었음을 확인하게 된다(계 2:9). 서머나 교회는 상대적으로 궁핍한 교회였다. 경제적으로 넉넉지 못한 교회였다. 게다가 외적으로 많은 환난과 핍박에 시달렸다. 심지어 순교자까지도 배출했던 신앙의 정절을 굳게 지킨 교회였다. 주님께서는 이런 서머나 교회를 향해 실상은 부요한 교회라고 칭찬을 아끼지 않으셨다(계 2:9).

주님의 관점은 겉이 아니다. 내면의 상태다. 말씀의 본질을 추구하는 내적 신앙자세가 관건이다(마 7:21-23; 23:23). 영적으로 외화내빈의 신앙관은 위선과 가식 이상 아무 것도 아니다. 물량적 부흥과 성공지상주의를 지향하는 현대 교회의 신앙관과 교회관 및 목회관이 혹여 외화내빈의 중병에 걸려있다면 시급한 진단과 치료책을 강구해야 될 줄 안다. 그렇지 못할 때, 현대 교회 또한 주님 앞에서 토해내칠 수밖에 없는 자기도취와 자기기만에 깊이 빠져있는 현대판 라오디게아 교회일 수 있기 때문이다.

라오디게아 교회가 위에서 확인한 대로 외화내빈의 자기도취와 자기기만적인 신앙에 깊이 빠져있다는 확실한 증거는 주님의 진단을 통해 확인된다. "… 네 곤고한 것과 가련한 것과 가난한 것과 눈 먼 것과 벌거벗은 것을 알지 못하도다"(계 3:17하). 이는 한마디로 영적 중병에 걸린 상태를 전혀 의식하지 못하고 있다는 영적 무지에 대한 진단이다. 불신자의 영적 상태와 방불했다는 지적이다. 이는 복음의 결핍단계를 지나 복음의 실종을 가리킨다고 볼 수 있다. 외적인 부요와 만족에 사로잡혀 내적인 영적 빈곤과 피폐와 수치를 미처 보지 못한 채 스스로 자기만족과 도취에 깊이 빠져 있었던 것이다. 마치 복음과 무관한 불신자처럼 자기중심적이며 세속적인 가치관의 지배를 적극 받고 있었다는 지적이다.

라오디게아 교회의 형편을 현대적 관점에서 조명해본다면 소위 3Bs로 요약될 수 있을 것 같다. 타의 추종을 불허하는 초현대식 예배당 건물소유(Building), 수천수만에 달하는 교인확보(Baptism), 그리고 한 주에 걷히는 수억원의 헌금수령액(Budget) 등에 비유될 수 있지 않을까. 상황이 이렇다면 어느 교회라도 이런 외적인 사실들을 하나님의 복으로 간주해 '우리 교회는 부자라 부요하여 부족한 것이 없다' 고 자신 있게 말할 수 있지 않겠는가. 그러나 정작 주님은 그렇게 평가하지 않으신다는 데 문제의 심각성이 제기된다.

둘째, 라오디게아 교회의 문제는 물질적인 부요와 복을 하나님의 언약적 복으로 착각하고 있었다는 사실이다.

그들은 스스로 자기만족과 도취에 사로잡힌 나머지 영적 암매와 안주에 빠져들어 갔다. 일반적으로 사람들은 외적인 것에 근거해 사물을 판단하는 데 익숙해 있다. 라오디게아 교회도 예외는 아니었다. 그러나 주님은 그렇지 않으시다. 빌라델비아 교회는 '적은 능력' 을 가지고도 말씀의 본질을 추구함으로 칭찬을 받은 교회로 기록되고 있음을 본다(계 3:8하).

빌라델비아 교회의 적은 능력이란 이들의 외적인 조건과 상태를 가리킨다. 외적인 비교에 있어서는 상대적으로 모든 부분에서 빈약했고 열악했다는 것이다. 예를 들면 예배당 규모나 교세에 있어서나 재정적인 면에서 그랬다는 것이다. 어느 것 하나 겉으로 이렇다하게 내세울 만한 것이 없었다는 지적이다. 그러나 주님은 빌라델비아 교회를 극구 칭찬해 주셨다. 특별히 "내 말을 지키며 내 이름을 배반치 않았다"고 강조해 말씀해 주셨다. 이는 바르게 해석된 말씀을 신앙과 생명의 도리로 붙들고 시종일관하게 신앙했음을 가리킨다.

교회의 생명은 말씀의 본질을 추구하는 데서 확인된다. 교회는 진리의 기둥과 터(딤전 3:15하)로서 교회의 생명과 보존이 말씀에 대한 진리성과 진정성에 철저히 의존되어 있기 때문이다. 그렇다고 말씀의 본질을 추구하는 계시의존적인 신앙관이 전제되지 않은 단지 외적인 규모의 소형화(소위 개척교회)가 무조건적으로 진리성과 진정성을 대변한다는 주장은 아니다. 그런 의미에서 대형교회건 소형교회건 간에 주님께서 판단하시는 관건은 내적인 본질의 추구에 집중된다는 사실이다. 현대 교회가 자칫 외적인 활동과 성공에 도취된 나머지 내적인 요소들을 소홀히 하거나 과소평가한다면 돌이킬 수 없는 정죄와 심판을 받게 될 것을 라오디게아 교회를 평가하시는 예수님의 책망을 통해 두렵고 떨리는 심정으로 경청해야 할 것이다.

3. 주님의 처방책

주님께서는 영적 암매와 영적 피폐에 깊이 빠져있는 라오디게아 교회를 일방적으로 포기치 않으신다. 회개를 통한 회복의 기회를 주신다. 현대 교회들이 자칫 라오디게아 교회를 비롯한 일곱 교회를 향해 발하신 책망의 요소들을 갖고 있을지라도 즉각 멸하지 않으시고 경고를 통해 회개케 하심으로 회복의 기회를 주신다는 사실이 얼마나 큰 은혜며 감사한 일인지 모른다. 이런 의미에서 남은 기회를 선용하는 지혜와, 진리를 추구하는 일과 관련해 일체의 기득권을 기꺼이 포기할 수 있는 전인적인 결단이 강력히 요구된다.

이제 주님은 18-19절을 통해 라오디게아 교회가 처한 영적 무지와 암매와 자기기만적인 신앙으로부터 회복될 수 있는 처방전을 제시해 주신다. 처방전의 내용은 이렇다. "내가 너를 권하노니 내게서 불로 연단한 금을 사서 부요하게 하고, 흰 옷을 사서 입어 벌거벗은 수치를 보이지 않게 하고, 안약을 사서 눈에 발라 보게 하라" 고 요구하신다. 본 처방전의 내용은 세 가지로 요약된다.

첫째, 주님으로부터 불로 연단한 금을 사서 부요하게 하라는 요구사항이다(계 3:18상).

이는 라오디게아 교회가 자랑하고 있던 외적인 부요와 부자 됨에 대한 역설적인 표현이다. 다시 말해 외적인 부요를 추구할 것이 아니라, 내적인 부요에 관심을 가지고 이를 적극 회복시키라는 주문이다. 지금 라오디게아 교회가 처해 있는 영적 상태는 가히 불신자와 방불한 지경으로 추정된다. 따라서 외적으로만 기독교적 치장으로 화려하게 꾸몄을 뿐이지 내막은 사실상 불신자처럼 영적으로 죽은 것과 다름없는 비참한 상태라는 지적이다.

"네 곤고한 것, 가련한 것, 가난한 것, 눈 먼 것, 벌거벗은 것" 이 종합적으로 의미하는 바가 이런 사실을 뒷받침해 준다. 그런 의미에서 주님의 처방책은 총체적인 관점에서 구원의 복음과 밀접하게 연관되어 있음을 간파하게 된다. 환언하면 라오디게아 교회의 영적인 상태는 사실상 복음이 실종된 것과 다름없는 종교집단에 불과하다는 지적이다.

그렇다면 참된 복음과 관련해 볼 때 '불로 연단한 금' 의 정체는 무엇일까. 이는 잘 정제된 금, 곧 '연단된 성숙한 믿음' 을 은유적으로 표현한 내용이다. "너희 믿음의 시련이 불로 연단하여도 없어질 금보다 더 귀하여 예수 그리스도의 나타나실 때에 칭찬과 영광과 존귀를 얻게 하려 함이라" (벧전 1:7). 문제는 믿음의 정체성이다. 본문이 지적하는 바는 단순히 '믿습니다' 를 연발하면 되는 식의 자기 소견에 좋을 대로의 자의적恣意的이고 형식적인 믿음을 의미하지 않는다. 주님의 기뻐하시는 뜻과 일치되는 계시 의존적인 믿음을 가리킨다(마 7:21-23; 롬 10:2-3).

라오디게아 교회는 영적 사망선고를 받은 것이나 다름없는 현 상태에서 다른 무엇에 앞서 예수 그리스도의 보혈의 공로를 적극 의지하는 데서 비롯된 구원의 믿음이 시급히 요청되었던 것이다. 이것이 주님으로부터 '불로 연단한 금을 사라' 는 처방책의 본의다. 구원의 믿음은 오직 예수 그리스도와의 인격적인 만남이 전제되지 않고는 전혀 불가능하다. "다른 이로서는 구원을 얻을 수 없나니 천하 인간에 구원을 얻을 만한 다른 이름을 우리에게 주신 일이 없음이니라 하시니라" (행 4:12). 주님만이 인류의 죄값을 지불하신 유일한 대속물이 되시는 분이시다(막 10:45; 마 1:21; 롬 4:25).

둘째, 흰 옷을 사서 입어 벌거벗은 수치를 보이지 않게 하라고 하신다(계 3:18절).

'흰 것' 과 '새 것' 이라는 표현은 계시록 전반에 걸쳐 천상적 성격을 반영하는 개념으로 사용되고 있다. '흰 옷을 사라' 는 명령은 '흰 옷을 더럽히지 않는 것' 과는 별개의 의미이다. 논리상 흰 옷을 사는 것이 선행되어야 한다. 그 다음에 흰 옷을 입고 다니는 가운데 더러워지지 않도록 자주 빨아야 되는 것이 뒤따른다(계 3:4). 그런 의미에서 라오디게아 교회를 향해 흰 옷을 사라는 주문은 복음이 실종되고 상실된 것과 방불한 불신앙적 상태에서 이제 구원의 믿음을 회복시켜 그리스도의 은혜로 말미암는 의의 옷, 곧 하나님의 칭의를 덧입으라는 강력한 주문인 셈이다.

이로 보건대 엄밀한 의미에서 당시 라오디게아 교회는 참된 그리스도인들이 거의 없었다고 해도 과언이 아니다. 소위 자칭 그리스도인들로 가득 차 있던 한낱 종교집단에 불과했던 것으로 추정된다. 그래서 구원에 이르는 믿음에 이어 흰 옷으로 상징되는 그리스도의 의를 덧입을 것을 강력히 요청하신 것이다.

"장로 중에 하나가 응답하여 내게 이르되 이 흰 옷을 입은 자들이 누구며 또 어디서 왔느뇨. 내가 가로되 내 주여 당신이 알리이다 하니 그가 나더러 이르되 이는 큰 환난에서 나오는 자들인데 어린 양의 피에 그 옷을 씻어 희게 하였느니라"(계 7:13-14). 이런 이유로 흰 옷을 사서 입음으로 벌거벗은 수치를 보이지 않게 하라는 것은 성결한 삶의 요구에 앞서, 예수 그리스도의 십자가의 공효를 믿음으로 사죄의 은총을 받고 의롭게 될 것에 대한 요구인 것이 확실하다(롬 3:22, 28).

셋째, 안약을 사서 눈에 발라 보게 하라고 말씀하신다(계 3:18하).

이는 영적 분별력을 회복시켜 현실을 직시할 수 있는 통찰력의 발휘를 가리킨다. 성령의 인침으로 거듭나 구원의 믿음으로 하나님 앞에 의롭게 된 자들은 이후 성령의 조명을 통해 말씀을 배우고 깨달아 감으로 하나님의 지혜와 지식에서 자라가게 된다. 이런 결과로 영적인 분별력과 통찰력이 생겨나게 되고 나날이 계시의 정신을 발휘하게 됨으로 하나님의 선하시고 기뻐하시고 온전하신 뜻 가운데 계시의존적이고 섭리의존적인 신앙관에 깊이 접촉되어 자신의 삶을 천상 지향적으로 경영해 가게 된다.

이상의 치료책을 처방하신 주님은 계속해서 라오디게아 교회의 영적 침체와 무감각과 자기도취적 자만을 책망하시며 회개를 촉구하신다(계 3:19). 저들의 영적 상태에도 불구하고 여전히 라오디게아 교회를 사랑하고 계시기 때문이다. 이런 사실은 아무리 타락하고 변질된 교회라 할지라도 회개해서 복음의 본질을 회복시킨다면 언제라도 용서와 화해와 교제의 기회가 가능하다는 사실을 강력히 시사해 준다. 신적 언약의 특징은 불순종에 대해 언약적 징계와 심판이 불가피할지라도 언약 자체가 파기되거나 무효화될 수 없다. 하나님은 인생이 아니시기에 식언하거나 일구이언하는 분이 아니시다(민 23:19).

4. 주님의 약속과 보증

주님은 20절을 통해 회개하고 주님과의 관계를 회복하기를 원하는 자들에게 기꺼이 교제의 기회를 허락해 주실 것을 약속해 주신다. 오히려 보다 적극적으로 주님께서 준비된 상태로 기다리고 계시다는 사실을 확증시켜 주신다. "볼찌어다. 내가 문 밖에 서서 두드리노니 누구든지 내 음성을 듣고 문을 열면 내가 그에게로 들어가 그로 더불어 먹고 그는 나로 더불어 먹으리라."

본절은 19절에서 보듯이 영적 암매와 무감각과 자기기만에 깊이 빠져있는 라오디게아 교회를 향해 회개와 믿음의 회복을 촉구하는 과정에서 주신 약속의 말씀이다. 따라서 흔히 본문을 불신자들에게 복음을 전하며 영접을 촉구하는 과정에서 구원의 확신을 위한 증거본문으로 사용하는 것은 본절의 의미를 자칫 왜곡시킬 수 있다.

당시 라오디게아 교회는 명목상 엄연한 교회로 존재하고 있었다. 제반 기독교 신앙과 활동에 익숙해 있었다. 그러나 그것이 단지 외모지향적인 것으로 인해 본질상 교회의 생명력을 상실한 것과 방불했다는 지적이다. 때문에 일방적인 불신자들의 집단만은 아니었다. 얼마든지 회개와 갱신을 통한 믿음의 회복과 영적 소생의 가능성이 남아 있었다. 이런 맥락속에서 20절의 말씀이 주어진 것이다.

본문에서 '문을 연다'는 표현은 라오디게아 교회 성도들이 자신들의 영적 침체의 상태를 직시하고 상하고 통회하는 회개의 심정으로 하나님과의 바른 믿음과 교제의 관계를 회복하기를 원한다면 주님은 언제라도 준비된 상태에서 기꺼이 응해 주시겠다는 확약의 말씀이다. 따라서 라오디게아 교회 앞에 문은 항상 열려 있는 셈이다. 한가지 본문을 통해 안타까움을 금할 수 없는 것은 정작 라오디게아 교회의 주인이시며 머리 되신 주님께서 문 밖, 곧 라오디게아 교회 문 밖에 손님처럼 서 계시면서 문을 열어 줄 것을 줄곧 기다리고 계시다는 사실이다. 주객이 전도된 안타까운 상태다. 바로 이런 상징적 정황이 라오디게아 교회가 사실상 주님과의 영적 교제와 믿음으로부터 떠나 있음을 결정적으로 시사해 주는 장면이다. 라오디게아 교회의 영적 상태가 "곤고함, 가련함, 가난함, 눈 멈, 벌거벗음"으로 평가되는 이유도 이런 사실에 근거한다.

오늘날 일반적으로 물량적인 부흥과 성장을 추구하는 일에 치심하고 있는 현대 교회들에게 라오디게아 교회는 시의적절하게 경고와 경종을 울려 주고 있다. 주님의 관심이 무엇이며, 주님의 원하심이 어디에 집중되고 있는지 현대 교회는 라오디게아 교회를 통해 냉정하게 자신을 성찰해야 할 줄 안다. 그렇지 않을 때 라오디게아 교회를 향한 주님의 책망의 메시지로부터 현대 교회 또한 결코 자유로울 수 없다.

5. 이기는 자에게 약속된 상급

21절은 이기는 자에게 주시는 상급으로 주님의 보좌에 함께 앉게 해 주시겠다고 약속하신다. 여기에서 '이기는 자'란 요한계시록의 자체 문맥 속에서 사단의 세력들과의 영적 싸움과 각종 미혹으로부터 믿음의 인내로 신앙의 정절을 끝까지 지킨 자를 일컫는 표현이다. 보좌는 왕적 통치권을 상징적으로 비유한다. 이는 왕 같은 제사장의 신분으로 성도들 각인이 주님의 종말적인 왕적 통치권에 동참하게 될 것을 가리킨다. 주님의 보좌에 동석한다는 사실은 구원의 종말론적 완성과 관련해 교회의 승리와 영광과 복과 만물에 대한 대리적인 통치권의 발휘를 가장 극명하게 보증하는 상징적인 표현이다.

한편 예수 그리스도의 구속 안에서 참된 구원의 생명을 소유한 자들은 누구를 막론하고 부활승천하신 주님의 보좌에 본질상 이미 현재적으로 함께 앉히신 바 된 자들로 묘사된다(엡 2:6; 벧전 2:9; 계 5:10). 이런 식의 현재적인 왕적 통치권의 발휘는 첫째 부활에 참여하는 자들에게 이미 주신 특권으로(계 20:4-6) 미래의 교회의 완성과 승리를 통해 종말론적으로 실현될 것이 보장되어 있다. "다시 밤이 없겠고 등불과 햇빛이 쓸데없으니 이는 주 하나님이 저희에게 비취심이라. 저희가 세세토록 왕 노릇 하리로다"(계 22:5).

본문에 약속된 새 창조 사역을 통한 교회의 종말론적 승리와 통치권의 회복은 첫 창조인 에덴동산에서의 실패를 예수 그리스도의 구속을 통해 회복시킨다는 의미를 내포한다. 그런 의미에서 언약의 핵심 사상인 임마누엘 신학에 담긴 연합의 원리는 예수 그리스도로 말미암는 구속의 종말론적인 완성을 통해 교회와 성전과 에덴의 계시가 본질상 하나로 통합된다는 사실을 보여준다(엡 1:10; 계 21:3, 22).

이로써 교회가 주님의 보좌에 함께 앉아 주님의 왕적 통치권에 동참한다는 사실은 일곱 교회를 향해 이기는 자에게 보장하셨던 모든 약속의 내용을 총체적으로 집약해 선포하시는 대표성을 띤다고 볼 수 있다. 따라서 승리한 교회의 피조물에 대한 통치권의 발휘(계 22:5)는 첫 창조시 에덴에서 아담 부부(최초의 교회)에게 복으로 언약하셨던 창세기 1장 28절의 창조언약이 종말론적으로 성취되는 것과 본질상 동질성을 띠게 된다.

이제 주 안에서 성령의 소욕을 좇아 자기를 쳐서 복종시키는 자들에게 말씀은 신앙과 생명의 도리로 역사될 것이다. 이들에게 이기는 자에게 약속하신 천상적인 복이 이미 소유되었고 장차 최종적으로 소유될 것이다.

Ⅲ. 결론

요한계시록 2장의 에베소 교회, 서머나 교회, 버가모 교회, 두아디라 교회에 이어 3장에서 사데 교회, 빌라델비아 교회, 라오디게아 교회에게 주신 주님의 메시지를 살펴보면 각 교회에게 주신 메시지가 표현은 다를지라도 내용상 상호 중첩되고 때론 반복되는 것을 볼 수 있다. 지역교회의 형편과 상황에 다소 차이가 있을지라도 말씀의 본질을 추구하는 것을 통해 주님과의 관계성을 바르게 정립해야 하는 교회적 사명과 책임에 공통분모를 갖고 있기 때문이다.

이런 관점에서 현대 교회는 심각한 도전과 위기에 직면해 있다고 하겠다. 일취월장하는 첨단과학문명의 발달과 지식의 팽창 및 급변하는 사회문화적 변혁은 기존의 전통과 가치관에 심각한 도전의식을 제공함으로 포스트모더니즘과 다원주의의 심연 속으로 급속히 빠져 들어가는 것이 현실이다. 심지어 한 가족 구성원 사이에도 다양한 가치관이 공존함으로 세대간의 갈등과 불화가 증폭되어 심지어 가정이 해체되는 현상이 나타나는 실정이기도 하다.

이 과정에서 가장 심각한 고민에 빠지게 되는 분야가 다름 아닌 종교계다. 특별히 기독교의 경우, 절대주권자인 하나님의 말씀을 신앙과 생명의 최고의 규범으로 붙잡고 살아가야 하는 그리스도인들에게 세상풍조(롬 12:2; 약 4:4; 요일 2:15-16)와 육체의 소욕(골 3:5)과 사단의 미혹(엡 6:12)으로부터 절제된 삶의 자세를 견지한다는 것은 말같이 쉬운 일만은 아니다. 어쩌면 현실과 사회공동체로부터 소외당할 수 있는 위험마저도 감수해야 할 경우를 아주 배제할 수 없다.

계시록의 일곱 교회들이 직면했던 문제점들도 이와 크게 다르지 않다. 더욱 당시 우상숭배가 공공연하게 보편화되었고 구조적으로 다양한 생활기반들과 직간접적으로 연결되어 있었기에 이런 구조적인 악으로부터 벗어나 믿음의 정절과 신앙의 순수성을 지킨다는 것은 생존의 위협마저도 감수하지 않으면 불가능했을 것이다. 그럼에도 성경은 상황윤리를 허용하지 않는다. 현실적인 필요와 생존과 불가피성을 앞세운 타협과 절충과 양보를 결코 허락지 않는다(삼상 13:8-14). 오히려 이런 행위를 배도와 배역으로 간주한다. 성경이 요구하는 가치는 말씀에 근거한 절대 가치이기 때문이다. 이스라엘은 이런 상황에서 실패의 거울이다(고전 10:5-11). 불신앙적 삶의 예증이다. 이스라엘은 가나안의 이교적 문화와 정치와 종교를 현실적인 필요와 공존의 불가피성을 앞세워 수용했다. 그래서 더욱 깊이 가나안의 이방 문화에 동화되어 갔다. 결국은 하나님의 언약적 심판을 감수해야 했다.

현대 교회는 이스라엘 백성들이나 초대교회가 직면했었던 문자적인 우상숭배나 음행과 같은 이교적 관습과는 무관한 시대를 살아간다. 그렇다고 우상숭배와 음행에 담긴 영적 원리와 교훈으로부터 자유로울 수는 없다. 비록 현대 교회가 문자적인 우상숭배와 우상의 제물과 음행과는 무관할지라도 이들 행위 속에 담긴 영적 원리와 가르침은 동일하게 거부해야 한다.

그렇다면 이 같은 행위 속에 담긴 영적 교훈의 실체는 무엇일까. 일곱 교회를 통해 발람의 교훈, 니골라당의 교훈, 이세벨의 교훈, 자칭 유대인의 회를 통해 경계시켜 주신 내용들과 맥을 같이한다. 곧 기복주의, 세속주의, 지성감천주의, 상급주의, 복음적 율법주의, 그리고 신앙주의에 따른 도덕폐기론과 율법무용론 등으로 집약할 수 있다.

특별히 우상숭배와 음행으로 대표되는 발람의 교훈, 니골라당의 교훈, 이세벨의 교훈의 정체성은 신앙을 도구삼아 육신적이고 현세적인 소원성취와 성공을 이루어보려는 종교적 욕심의 발로를 통해 극명하게 현시된다고 하겠다. 이런 관점에서 하나님을 개인적인 이익을 위해 기복의 도구로 삼으려는 자의적 숭배 신앙관은 본질상 우상숭배와 동질성을 띠게 됨으로 하나님을 우상화시키는 패역하고 망령된 행실로 간주된다는 것이 성경의 준엄한 경고다.

이스라엘의 역사 속에서 소위 '여로보암의 길'로 표현되는 북이스라엘의 종교가 이런 사실을 증시해 준다(왕상 12:25-33). 여로보암의 종교 속에도 구약종교의 근간을 이루는 규례의 요소들은 분명 발견된다(여호와 하나님/제사장/절기). 그러나 본질은 실종되었다. 하나님은 형상화되어 우상으로 전락되었고, 제사장은 레위인이 아닌 일반인으로 대체되었으며, 절기는 정해진 날짜가 아닌 편의성을 좇아 임의로 변경되어 지켜졌다. 한마디로 경건을 이익의 재료로 삼은 나머지 경건의 모양은 있었으나 경건의 능력인 본질은 실종되었다는 사실이다. 성경은 이 같은 풍조를 말세의 징조로 경고하면서 이들로부터 돌아설 것을 강력히 촉구한다(딤후 3:1-5; 4:3-4).

이처럼 신앙의 도구화 현상은 이스라엘 역사는 물론 초대교회 속에서 이미 발견되었다. 일세기 교회인 계시록의 일곱 교회 속에서는 더욱 발전되고 구체화된 모습으로 역사했다. 중세교회 때는 천년 영적 암흑기로 교회 세속화의 절정기였다. 하나님은 종교개혁자들을 통해 특별히 구원관과 교회관을 재정립해 주셨다. 종교개혁 이후 거의 오백여 년이 다가온다.

일세기 교회 속에 복음의 변질과 말씀의 왜곡으로 말미암는 신앙의 도구화 현상이 팽배되어 있었다면 종교개혁 후 5세기가 다가오는 현대 교회의 실상은 과연 어떤 모습으로 존재하고 있을까. 얼마나 말씀의 본질에 입각한 진리성과 진정성을 순수하게 보전해 계승하고 있는지 심각하게 자문자답해봐야 되지 않을까. 이런 식의 깊은 자기성찰의 자세야말로 일곱 교회에게 선포하신 주님의 메시지를 통해 현대 교회의 영적 현실을 통찰하는 가운데, 성경적인 바른 신앙관과 바른 교회관을 재정립할 수 있는 절호의 기회로 작용하게 될 것을 확신한다.

20

하나님에 대한 정당한 인식

출애굽기 20장 1-7절

I. 도입

말씀의 본질을 좇는 바른 신앙관은 신앙의 대상인 하나님을 성경을 통해 정당하게 인식認識하는 일과 불가분의 관계를 맺는다. 하나님에 대한 지식의 부족과 결핍은 그만큼 성경적 신앙관을 바르게 형성하는 데 부정적으로 작용하게 될 것이다. 구원받은 하나님의 백성이 성경을 읽고 배우고 연구하는 일에 우선적인 관심을 보여야 하는 당위성이 이에서 성립된다.

성경연구의 일상화, 기도의 생활화, 사랑이 동기유발된 실천적 삶은 구원받은 성도들의 징표로 기능한다. 이런 관점에서 특별히 성도들이 말씀을 듣고 연구하는 일에 무관심하다면 그 사람의 구원은 의심받을 수밖에 없다는 논리가 성립된다. 성경연구의 일상화는 가히 구원론적 근거로 작용한다는 지적이 이에서 나온다. 구원의 생명은 말씀을 섭취하며 자라기 때문이다(벧전 2:2).

성경은 구원받은 성도들이 계속해서 보다 성숙한 신앙에로 나아가기 위해서는 '교훈과 책망과 바르게 함과 의로 교육하기에 유익한 성경의 인도와 가르침을 지속적으로 받아야 함을 강조한다'(딤후 3:16-17). 이는 말씀을 생명과 신앙의 도리로 붙들고 살아가는 것을 가리키며 곧 성령의 인도를 적극 받아 누리는 삶을 의미한다. 이런 일은 성령의 인침과 내주로 말미암는 구원의 확신이 전제되지 않고서는 사실상 불가능하다.

그러므로 정기적인 성경연구와 말씀에 순종하는 실천적 삶을 살아간다는 것은 이미 구원받은 자로 존재하고 있다는 사실과 불가분의 관계를 갖는다. 그런 의미에서 성경연구의 일상화는 하나님에 대한 바른 신지식을 습득하고, 합당한 신관을 정립케 하는 첩경이 된다. 십계명의 일부를 통해 하나님이 어떤 분인지를 살펴보고자 한다.

Ⅱ. 전개

십계명은 율법을 총체적 관점에서 대표하는 성격을 띤다. 십계명은 아브라함 언약에 기초한 출애굽 구원사건을 전제로 자율적 순종을 관장하는 제도적 장치로 주신 행동지침이다. 본 논고에서 필자는 십계명 중 특별히 1-3계명을 통해 이스라엘 백성을 향하신 하나님의 의중意中이 무엇인지를 살펴보며 하나님에 대한 올바른 신관을 정립하고자 한다. 바른 신관의 정립은 자연스럽게 성경적 신앙관 정립의 척도로 기능하게 될 것이다.

출애굽기 저자는 하나님께서 이스라엘과 언약식 체결에 앞서 시내산 언약의 동기와 근거를 출애굽 사건에 연계시켜 기술한다(출 19:4). 출애굽 사건은 이스라엘을 명실상부한 하나님의 언약백성으로 삼으시는 계기가 될 뿐 아니라, 모세를 중보로 민족단위의 언약체결을 통해 이스라엘이 공식적으로 하나님의 소유된 백성으로 편입되어 제사장 나라와 거룩한 백성으로서의 정체성을 갖는 실제적인 동기를 마련해 준다.

이와 관련해 시내산 언약은 아브라함과 이삭과 야곱에게 주신 언약의 연속선상에서 향후 신정왕국으로서 이스라엘 역사의 흥망성쇠를 좌우하게 될 중요한 관건으로 작용하게 된다. 십계명 수여는 이런 일련의 상황전개 속에서 시내산 언약의 구체적 내용인 제반 율법과 규례와 율례를 포괄하는 대표적 성격을 띠면서 표면상 이스라엘 백성들의 신앙적 행동강령이며 실천적 행동지침으로 기능하게 된다.

그렇다면 십계명 수여의 취지는 무엇일까. 왜 십계명을 주셨을까. 이는 언약식 체결에 대한 공지사항에서 이미 밝혔듯이(출 19:4-6) 하나님 나라로서 이스라엘 백성들의 특별한 정체성과 독특한 사명에 연관시켜 생각해야 할 문제다. 당시 이스라엘은 열조와 맺은 아브라함 언약(창 12:1-3)에 근거해 열방 중에서 택함을 받은 선민의 자격으로 존재하고 있었다. 신명기 저자는 이스라엘이 선민으로 택정받은 것은 오직 이들을 향하신 하나님의 일방적인 사랑하심과 이에 근거한 열조와 맺은 언약에 기인한다고 밝힌다(신 7:7-8). 출애굽 사건 또한 이런 열조들과의 언약이 성취되는 일환으로 이루어진 결과다.

따라서 이후 이스라엘은 하나님의 소유된 백성의 신분으로 하나님의 말씀에 철저히 순종하는 것을 통해 선민選民으로서의 정체성과 존재의미를 찾게 된다. 십계명은 이런 상황적 배경 속에서 수여되었다. 이런 이유로 향후 이스라엘은 자신들의 정체성을 십계명을 비롯한 일체의 율법과 규례들을 신앙과 생명의 도리로 붙들고 살아가는 것을 통해 증시해야 할 막중한 책임과 의무가 부여된다. 이런 관점에서 십계명은 출애굽 사건의 목표인 가나안 정복이라는 하나님의 성전聖戰을 수행할 자들로서 과연 어떤 식으로 차별화 된 삶을 살아갈 것인가를 결정짓게 하는 시금석으로 작용하게 된다.

결국 십계명의 수여는 철저히 가나안 정복과 그곳에 세워질 신정왕국의 통치적 성격을 실질로 구현俱現해 내는 제도적 장치와 보호적 기능으로 주신 것이다. 이스라엘은 십계명의 신실한 준수여부를 통해 자신의 정체성과 사명을 온전히 감당하는지의 여부를 평가받게 된다. 십계명 준수여부는 하나님에 대한 정당한 인식에 근거한 바른 신관과 바른 신앙관 정립과 밀접하게 연관된다. 왜냐하면 이스라엘은 당시 역사 속에서 하나님 나라로서 신정적 통치를 세상가운데 펼쳐 보이는 가운데 열국을 하나님께로 인도해야 하는 제사장 나라로서의 막중한 책임과 사명을 맡은 자로 존재하고 있었기 때문이다. 십계명 중 특별히 하나님과 직접적으로 연관된 1-3 계명을 살펴보자.

1. 하나님만이 유일한 신앙의 대상임

제1계명은 하나님 외에 다른 신을 두지 말라는 명령이다(출 20:3). 이렇게 첫 계명은 이스라엘 백성과 언약을 맺으신 여호와 하나님에 대한 인식과 관련된다. 여호와 하나님과 이스라엘 백성 사이에는 언약을 체결한 독특한 관계임을 전제하고 언약의 대상으로서 이스라엘 백성이 하나님을 섬긴다고 하면서 여호와가 아닌 다른 신을 섬기지 말 것을 지시하고 있다.

제1계명은 신명기 5장 7절에서 "나 외에는 위하는 신들을 네게 있게 말지니라" 고 번역하고 있음을 볼 수 있다. NASB는 "You shall have no other gods before Me"(너는 내 앞에서 다른 신들을 두어서는 안 된다)고 원어에 가깝게 번역하고 있다. 히브리어 성경(לא־יהיה לך אלהים אחרים על־פני)을 직역하면 "안 된다. 너에게 있게 하는 것은, 다른 신들을, 내 얼굴 앞에서" 라는 말로 "내 앞에서 다른 신들이 너에게 있게 하지 말라" 고 번역된다. 이 말은 여호와 하나님이 아닌 다른 신의 존재를 용납하지 말라는 의미이다. 즉 하나님이라고 부르면서 바른 신관이 결여된 개념으로 하나님을 섬기는 행위가 바로 다른 신을 두는 행위인 것이다.

그렇다면 이스라엘 백성은 언약을 선언하신 하나님에 대한 신관과 그 언약에 참여한 자신의 역사적인 위치에 대해 명확하게 파악하고 있어야 한다. 그렇지 않고 이미 아브라함의 언약 안에 있는 자기들이 왜 새롭게 언약을 체결해야 하는가에 대한 시대적인 요청을 이해하지 못한다면 구태여 시내산에서 언약 체결식을 할 이유가 없다. 따라서 이미 하나님께서 선언하신 십계명의 서문에서 왜 이스라엘이 시내산 언약의 당사자가 되어야 했으며 그 언약의 당사자인 여호와 하나님과 이스라엘 백성과의 관계가 어떤 것인가를 명확하게 표시한 사실을 잘 이해하고 있어야 한다.

이스라엘 백성은 여호와 하나님을 위해 존재하는 것 자체가 그들에게는 지고한 의미가 있다. 왜냐하면 그들의 존재는 하나님과 그들 사이에 맺어진 언약 관계가 계속 유지되고 있음을 의미하며, 이 언약이 진행되고 있다는 점에서 하나님은 여호와이심을 역사 위에 명확하게 증명하시기 때문이다. 이것은 이스라엘 백성이 누릴 수 있는 최상의 특권이다.

이 세상에 존재하는 수많은 족속들이 있다 할지라도 그들이 존재하는 것 자체가 하나님의 명예를 높이고 그 권위를 세우기 위해 부름받은 족속은 오직 이스라엘 민족 하나뿐이다. 이스라엘의 존재는 이처럼 특별한 의미를 가진다. 이러한 점에서 이스라엘은 여호와 하나님을 위해 존재해야 한다.

그러므로 이스라엘은 다른 신을 위해 존재해서는 안 된다. 여호와가 아닌 다른 신개념을 갖고 있다는 것은 그만큼 여호와에 대한 순결을 잃을 수 있는 가능성이 높아지기 때문이다. 여기에서 지나쳐 여호와가 아닌 다른 신을 위한다는 것은 순수해야 할 여호와 하나님과의 관계에 부정不貞을 가져오게 한다. 그렇게 된다면 이스라엘은 이 세상에 존재해야 할 가치를 상실한 것과 다를 바 없다.

따라서 이 첫 계명은 신앙의 '대상對象'과 관련된 것으로 철저히 가나안을 중심으로 한 이방나라들을 염두에 두고 하신 말씀이다. 당시 이방 민족들은 나름대로 손으로 만든 우상들을 신으로 숭배하고 있는 실정이었다. 하나님은 제1계명을 통해 그와 같은 여러 우상 중 하나의 신으로 존재하는 분이 아니라는 사실을 이스라엘에게 주지시키신다. 유일신으로 차별화 된 분임을 강조하신다.

하나님에 대한 신앙은 일신상의 유익과 행복을 목적삼아 우상을 숭배하듯 그런 식으로 섬겨서는 안 된다는 사실을 지적하신다. 무소부재無所不在하시고, 거룩하시며, 스스로 존재하시는 생명의 근원이 되시는 창조자 하나님, 구원자 하나님이시라는 주권성과 거룩성 및 영원성을 강조하시는 말씀이다. 십계명 서문에 십계명에 대한 절대 순종의 당위성을 이스라엘의 출애굽 구원사건에 근거해 요구하시는 이유가 이에 있다(출 20:2). 이후 이스라엘의 정체성은 십계명을 준수하는 것을 통해 명실상부한 하나님의 소유된 백성으로 보증되며 하나님은 이스라엘의 하나님으로 존재하신다고 천명하신다. 언약백성에게 요구하시는 순종의 삶의 원리이다. 한마디로 하나님에 대한 정당하고 차별적인 인식을 요구하심에 다름 아니다.

물론 하나님은 처음부터 영원 자존자(I am that I am)이시기에 다른 무엇에 비교해 설명될 수 있는 분이 아니시다. 그럼에도 불구하고 하나님께서는 지금 현실을 인정하시는 가운데 이스라엘의 저급한 신지식의 수준을 감안하셔서 자신과 우상들을 대비시켜 하나님의 차별성(거룩성)과 유일성과 우월성을 강조해 설명해 주신다.

따라서 제1계명은 하나님에 대한 바른 인식과 이에 따른 정당한 지적작용을 촉구하고 있는 셈이다. 왜냐하면 하나님에 대한 바른 신지식과 신관의 정립은 이후 이스라엘이 전개시켜 나갈 하나님 나라 건설을 위한 신정적神政的 통치의 대 전제이며 궁극적인 관심이 되기 때문이다. 아울러 이스라엘의 흥망성쇠는 언제나 하나님에 대한 바른 이해와 이에 따른 적극적인 순종 여부에 종속되어 있으며 이는 곧 시내산 언약의 신실한 준수와 밀접하게 연관되어 있기 때문이다.

신약백성의 경우도 마찬가지다. 하나님에 대한 올바른 신지식은 거기에 상응하는 합당한 기독교 신앙관을 형성하게 된다. 따라서 성경적인 신앙관의 정립은 하나님이 어떤 분인지를 바르게 인식하고 해명하는 합당한 신지식과 신관의 정립과 밀접하게 연관된다. 사도 바울이 유대 종교지도자들의 율법 해석과 적용의 문제점을 신랄히 지적하는 가운데, 하나님께 열심이 있음에도 불구하고 구약의 계시를 이해하는 인식작용이 심히도 부족해 결국은 하나님의 의를 이루기보다는 적극적으로 자기 의를 세우는 것으로 나타나게 된 불복종의 배경을 설명함이 이런 사실에 근거한다(롬 10:2-3).

2. 우상숭배적 신앙관을 불허함

제2계명은 일체의 피조물을 형상화시켜 우상을 만들지 말고 거기에 절하거나 섬기는 것을 경계시킨다(출 20:4). 아울러 이에 대한 하나님의 적극적인 심정을 소개하면서 우상을 섬기는 일은 하나님을 적대시敵對視하는 일과 동질의 범죄 행위가 성립됨을 지적하신다(5절). 하나님은 우상숭배적 신앙을 결코 좌시하지 않으실 것을 강력히 경고하신다. 이는 여호와 신앙의 정체성과 밀접하게 연관된 문제이기 때문이다.

이 둘째 계명은 필연적으로 제1계명과 불가분의 관계성을 맺고 있다. 하나님에 대한 몰이해沒理解는 그만큼의 정도에 비례해 인간의 왜곡된 종교심을 부추기게 됨으로 자연히 하나님을 우상 중 하나같이 여기게 되고 결국 우상숭배적 신앙에로 전락하게 된다는 것이 성경의 지적이다(롬 1:21-23). 그 결국은 하나님의 진노와 파멸을 자초하게 된다(32). 하나님은 이런 사실에 경종을 울리고 계신다. 하나님 외에 다른 우상을 섬기는 것은 물론이거니와, 하나님에 대한 인식이 부족하고 결핍하여 하나님을 우상처럼 섬기는 왜곡된 신앙관까지도 철저히 단속하고 계신다.

그렇다면 우상숭배의 정체성은 무엇일까. 왜 하나님은 이를 정죄하여 벌하시지 않으면 안 될 정도로 혐오하시는 것일까. 신약의 골로새서 기자는 우상숭배의 정체성을 인간의 탐심과 탐욕에서 찾는다(골 3:5). 이는 탐심 자체를 우상숭배와 동일시하고 있는 것이 아니다. 상호 불가분의 깊은 관계성으로 맺어져 있다는 사실에 근거한 설명이다.

탐심의 사전적 의미는 '사물을 탐하는 인간의 과도한 욕심' 이라고 설명한다. 이는 인간의 과욕을 충족시키려는 빗나간 마음가짐이라 정의할 수 있다. 욕심의 발로는 정상적인 방법을 통해서는 충족시킬 수 없는 것이 대부분의 경우다. 이때 사람들은 자기 안에 내재된 종교심을 충동시켜 자신의 목적을 달성해 보려고 시도하게 된다. 이런 결과 자연스럽게 미지의 신을 찾게 된다. 이처럼 욕망의 발로로 말미암는 소기의 목적달성을 위해 종교적 본성이 적극적으로 표현되고 구체적으로 형상화될 때 이것이 나름대로의 형식을 갖추고 나타나는 것이 우상숭배의 정체다.

결국 우상숭배란 인간의 내적 욕망을 충족시키기 위해 신을 도구화시키는 종교적 행위라고 정리할 수 있다. 따라서 탐심과 우상숭배는 동일한 목적하에서 상호 접촉점을 찾게 된다. 탐심이 우상숭배라고 하는 말씀의 의미가 이렇다. 그렇다면 하나님은 왜 우상숭배를 그토록 싫어하시며 정죄하실까. 하나님의 정체성을 정면으로 부인하며 불신하는 셈이 되기 때문이다. 다시 말해 우상숭배는 하나님의 창조주 되심과 구원자 되심을 정면으로 부정하며 거부하는 일과 밀접하게 연관된다는 사실이다.

먼저 하나님의 창조주 되심을 살펴보자. 인간은 존재의 기원이 하나님의 창조 사역에 종속되어 있다. 즉 창세전부터 하나님의 기뻐하시는 뜻과 영원하신 목적을 따라 그분의 계획대로 인간이 지음을 받았기에 하나님께서 창조자가 되신다는 사실이다. 따라서 창조의 원리상 피조물 된 인간은 마땅히 하나님만을 경외하며 의지하고 섬기는 것을 통해 피조물로서의 본분과 사명을 정상적으로 수행할 것을 강력히 요구받는다(창 2:17; 전 12:13). 이런 이유로 인간은 창조주이신 하나님 외에 다른 대상을 목적삼아 신앙한다거나 섬기는 것은 불의와 불법적인 행위로 간주된다. 성경은 이를 영적 음행으로 정죄한다.

그러나 결코 있어서는 안 될 일이 인류역사 초기에 에덴에서 발생했다. 사단에 의해 미혹된 하와가 욕심의 발로를 좇아 자의적으로 선악과 금령을 위반했다(창 2:17; 3:6). 아담이 이에 동조했다. 아담과 하와가 선악과 금령을 어긴 것은 하나님과의 의존적인 관계를 단절하고 스스로 지존자와 방불한 독립적인 삶을 선택했다는 의미를 가진다. 이런 사실은 보다 근원적인 관점에서 하나님과 자신들을 동등시 여기려는 지존사상의 고취를 가리킨다.

피조물이 창조주의 자리에 오르려는 탐심의 발로인 셈이다. 이는 인간이 피조물이기를 거부하는 반역적 행위가 성립된다. 하나님을 의지하고 의존하는 삶에서 절대 독립적으로 자유하기를 원했기 때문이다. 배은망덕한 행위다. 결국 인간은 정죄당했다. 죄인으로 전락해 버렸다. 하나님과 일체의 인격적 교통과 교제의 관계에서 단절되어 버렸다. 따라서 하나님 안에서의 안식도 파괴되었다. 선악과 금령에 따른 사망선고가 내려졌다. 그러나 즉각적인 육체의 죽음에 대한 형벌을 유보하셨다. 은혜의 일환이다. 대신 영적 사망이 찾아 왔다. 하나님과의 영적 교제가 단절되었기 때문이다.

다음으로 이처럼 범죄하여 타락한 인간을 하나님은 아주 버리지 않으셨다. 비록 죄책인 죽음의 형벌을 선고하셨지만 다시 회복의 길을 열어 주셨다. 신적 언약의 특수성 때문이다. 대속의 방식을 통해 구원의 길을 마련해 주셨다. 창세기 3장 15절의 '여자의 후손 언약' 이 이런 사실을 암묵적으로 뒷받침해 준다. 이 약속으로 범죄한 인류는 하나님께서 친히 예비하신 속죄와 대속의 방식을 통해 사망에서 생명에로의 새롭고 산 길이 열리게 되었다(히 10:20). 이는 범죄한 인간에게 베푸시는 하나님의 은혜의 절정이다. 곧 예수 그리스도의 인격과 사역을 통해 당신의 백성을 구속하시는 하나님의 주권적인 구원 사역을 가리킨다. 이런 이유로 창세기 3장 15절의 '여자의 후손 언약' 을 일컬어 소위 원복음이라고 부른다.

이상의 논증을 통해 하나님은 인간과의 관계 속에서 창조자가 되시며 동시에 구원자가 되신다. 인간은 하나님의 피조물로서, 동시에 하나님의 구속함을 받은 백성들로서 마땅히 하나님만 경배하고 섬겨야 할 책임과 당위성이 주어진다. 이것이 성경이 증거하는 사람의 존재이유며 본분이다(전 12:13).

이상의 사실들을 고려하면 우상숭배는 정면에서 하나님을 적극 불신하고 배반하며 도전하는 반反신앙적 행위로 간주되기에 족하다. 하나님은 이런 불법적 신앙행위를 결코 용납하실 수 없다. 가장 혐오하시는 범죄로 취급하신다. 이런 이유로 이스라엘 역사 속에서 우상숭배는 영적 음행과 동일시된다. 하나님 외에 다른 대상을 신앙하는 범죄 행위가 성립되기 때문이다.

그러나 신약시대에 있어서 우상숭배는 물리적 행동보다는 본질적인 관점에서 취급된다. 다시 말해 우상숭배의 정체성을 근본적으로 탐심에서 찾는다(골 3:5). 우상숭배의 동인이 탐심에서 발로되기 때문이다. 하나님 외에 어떤 대상을 목적 삼아 탐닉하고 집착하며 추구한다면 본질상 우상숭배와 다름없다. 사람이 욕심을 발동시켜 목적적으로 착념하는 모든 대상이 우상이 될 수 있다는 것이 신약저자의 관점이다. 이런 의미에서 우상숭배는 사랑의 또 다른 표현행위라는 논리가 성립된다. 탐심과 착념은 그것이 추구하는 대상에 대한 전인적인 관심과 애정과 사랑의 집착을 포함하기 때문이다.

예를 들어 많은 재물을 소원해 우상을 찾아 절한다면 이는 재물을 사랑하는 마음이 우상숭배를 통해 표출되고 있음에 다름 아니다. 그러나 성경은 하나님만이 사랑의 본체가 되신다고 증언한다(요일 4:8, 16). 이는 하나님만이 사랑의 근본이 되셔서 사랑을 베푸시고 사랑을 받으시는 유일한 대상이 되심을 시사한다. 이런 관점에서 하나님만이 우리의 창조자와 구원자가 되심으로 동시에 성도들의 사랑의 대상이 되신다. 우상숭배 행위를 혐오하신다는 배경이 이렇다.

3. 하나님은 거룩하신 분임

제3계명은 하나님의 이름을 망령되게 일컫지 말 것을 명령하신다. 첫 번째 계명에서는 언약의 제정자로서 여호와 하나님은 인격자이심과 이스라엘과 동등한 인격적 관계 아래 상호 신뢰의 대상임을 명확하게 제시하고 있다. 두 번째 계명에서는 신앙의 대상으로서 하나님은 시공을 초월하신 분으로 어떤 이유로든 인격체를 비인격체인 피조물의 형상으로 대치할 수 없다는 것과 여호와 하나님에 대하여 변질되고 결핍된 신관을 갖는 것이 우상숭배임을 경고하셨다. 이제 세 번째 계명을 통해 하나님에 대한 정당한 태도를 그의 백성에게 요구하신다.

본문에서 망령되다(misuse)는 말은 망령이 든 상태를 가리키며, 망령의 사전적 의미는 '늙거나 정신이 흐려져 말이나 행동이 정상을 벗어난 상태' 를 의미한다. 즉 정상적인 지적 작용이 불가능함으로 바른 판단을 하지 못하는 상태를 가리킨다고 하겠다. 그러므로 정상적인 인격과 성품을 가지고 하나님을 바르게 알고 인식해 하나님을 부르고 교제해야 하는데, 그렇지 못하고 하나님의 존귀하시고 엄위하시며 영광스런 이름을 함부로 자기 필요와 소견에 좋을 대로 부르는 처사는 망령된 행위로 범죄 행위가 성립된다는 것을 가리킨다. 결코 용납하지 않으시겠다는 단호하신 경고성 발언이다. 이는 1, 2계명을 적법適法하게 준수하지 못할 때 나타나는 필연적인 현상이다.

다시 말해 하나님을 총체적인 계시관에 입각해 정당하게 인식해서 섬기지 못하게 될 때, 자의적 숭배로 인해 필연적으로 우상숭배로 전락하게 되고, 이로 인해 하나님의 존귀하신 이름은 즉각 훼방을 받게 되며 하나님의 거룩성이 침해를 받는 사실에 대한 경종의 의미를 담고 있다. 이런 이유로 이스라엘 사람들은 불가피하게 여호와 하나님의 이름을 부르게 될 경우 '주' 라는 단어로 바꾸어 호칭했다고 한다.

본문의 '일컫는다' 말은 '발언을 한다' 든지 '부른다' 는 의미뿐 아니라 좀더 광범위하게 사용되는 단어이다. 특히 이 말은 '담고 있다' 또는 '갖고 있다' (take)는 의미를 가지고 있다. NASB는 본문을 "You shall not take the name of the Lord your God in vain" (너는 쓸데없이 너희 하나님 여호와의 이름을 취하지 말라 - 직역)이라고 번역함으로써 '일컫는다' 는 말을 '취한다' 는 의미로 번역하고 있다.

이처럼 '일컫는다' 는 말은 자신의 생각이나 사상을 가지고 있어서 무의식적으로 겉으로 드러내거나 발언하는 행위(utter)를 의미하고 있다. 이러한 점을 감안한다면 본문은 무의식적으로라도 '여호와의 이름을 거짓되게 드러내어 말하지 말라' 는 의미로 해석할 수 있다. 이에 대해 웨스트민스터 대요리문답 113문은 다음과 같이 구체적으로 지적하고 있다.

① 하나님의 이름을 명한 대로 사용하지 않고 무지하고, 헛되며, 불경스럽고, 모독적이며, 미신적이고, 사악하게 하나님의 칭호, 명칭, 속성, 규례 혹은 사역을 모독하며 위증함으로써 남용하는 행위.

② 모든 죄악된 저주, 맹세, 서원과 추첨(선거)으로 하나님의 이름을 남용하거나 합법적인 맹세와 서원을 위반하며 불법적인 경우에 그것을 지키는 행위.

③ 하나님의 작정과 섭리를 오용하고, 불평하고, 항변하며 이를 호기심으로 파고들거나 오용하는 행위.

④ 하나님의 말씀이나 그것의 어느 부분을 잘못 해석하거나 응용하거나 어떤 방식으로 곡해하는 것과 모독하는 농담, 호기심에 넘치는 무익한 질문, 헛된 말다툼 혹은 그릇된 교리를 지지하는 데 쓰이는 행위.

⑤ 피조물이나 하나님에게 소속된 어떤 것을 마술 또는 죄악으로 가득찬 정욕과 행위에 악용하며 하나님의 진리와 은혜 및 방법을 훼방하고 경멸하며 욕하고 혹은 어떻게든지 반대하는 행위.

⑥ 외식함이나 악한 목적으로 신앙을 고백하는 행위.

⑦ 하나님에게 불응하며 지혜롭지 못하며 결실 없이 역행하며 배반함으로 그의 이름을 부끄러워하거나 수치를 돌리는 행위.

이상과 같은 행위들이 모두 '여호와의 이름을 거짓되게 드러내어 말하지 말라' 는 제3계명을 범하는 행위에 해당한다.

오늘날 하나님과 예수님의 존귀하신 이름이 심지어 '농담' 과 '저급한 욕' 으로 비하되어 망령스럽게 사용되는 경우를 보게 된다. 저들에게 하늘은 하나님의 처소를 상징하는 더이상 존귀와 경외의 영역이 아니다. 화풀이와 원망과 조롱의 대상으로 흔히 하늘을 들먹이곤 한다. 이는 하나님의 보좌와 처소를 상징적으로 시사하는 하늘 운운함으로써 결국은 하나님을 멸시 천대하는 처사와 다를 바 없다.

하나님은 이런 불경스런 처사를 방관하지 않으시겠다고 선포하신다. 정죄하시겠다고 경고하신다. 하나님은 절대주권자로서 우리의 창조자이시며 구원자가 되시기 때문이다. 하나님은 본질상 무소부재하시지만 '하늘' 에 계신 분으로 차별화 되어, 그 이름에 합당한 존귀와 영광과 거룩히 여김을 받으심으로 우리의 유일한 경배와 경외의 대상이 되시는 분으로 대접받아야 함이 마땅하다.

Ⅲ. 결론

오늘날 인본주의의 팽배와 만연에 따른 포스트모더니즘의 확산과 종교다원주의의 등장은 기존의 전통과 가치체계에 심대한 도전을 야기시키고 있다. 특별히 기독교를 향한 안티(anti)성 도전은 날로 거세지는 경향이다. 일례로 포스트모더니즘적 사고는 성경의 절대가치를 폄하한다. 대신 상대가치를 주장해 선호한다. 이런 상황에서 성경은 신앙과 삶을 관장하는 유일한 규범일 수 없다. 현실적인 필요와 요구에 따라 수정될 수 있고 수정되어야 하는 상대적 척도에 불과하다. 따라서 현실적인 요구에 부응하지 못하는 규범은 골동품 취급을 받는 것이 현실이다. 이 시대에 성경을 절대 가치로 고집하는 것은 전근대적이고 시대착오적인 발상이라는 관점이다.

종교 다원주의적 관점에서 기독교는 더 이상 유일한 구원의 종교가 아니다. 하나님은 모든 종교의 다양한 구원관을 통해 인류를 구원하시기를 원하신다는 것이다. 구원은 더이상 기독교의 전유물이 아니라는 것이다. 구원은 모두가 공유할 수 있는 보편타당한 혜택이라는 관점이다. 결국 종교다원주의적 구원론은 소위 보편 구원론적 관점과 본질상 다를 바 없다. 종교다원주의의 팽배 속에서 기독교는 설 자리를 잃는다. 유일한 구세주로서 예수 그리스도의 정체성은 유명무실해질 수밖에 없다.

이처럼 사상적으로 조직화된 영적 암매의 시대에 '남은 자'(remnant)의 심정을 가진 하나님의 사람들에게 계시의존적인 신앙관의 회복이 절실히 요구된다. 이는 성경이 말하는 하나님에 대한 정당한 신지식과 신관의 정립을 통해 가능하다는 것이 성경의 관점이다. 430년 동안 애굽의 이도교적 문화와 종교에 깊이 젖어 종살이 하던 이스라엘 백성들을 출애굽시켜서 하나님의 속성의 반영인 율법을 수여하시며 광야 40년의 길을 걷게 하신 의도가 이런 사실과 무관치 않다.

불원간 우리 각인이 그리스도의 심판대 앞에 서게 될 때, 지상에서의 구원의 삶의 내용에 대한 진정성 여부를 총체적으로 평가받게 될 것이다(고후 5:10; 롬 14:10-12; 벧전 1:17). 평가의 기준은 하나님의 말씀이다. 말씀의 본의를 좇는 신앙만이 하나님 앞에 옳다고 인정받게 될 것을 성경은 엄히 경고한다(마 7:21-23; 롬 10:2-3). '착하고 충성된 종'(마 25:21, 23)이라는 최대의 찬사를 받을 수 있다면 이보다 더한 영광은 없으리라 확신한다. 바른 지식은 바른 신앙과 바른 교회를 이루는 첩경으로 기능한다. 하나님의 본의에 합한 말씀의 회복이 어느 때보다 절실히 요구되는 시대를 살아간다.

21

역사를 섭리하시는 하나님의 절대주권

다니엘 2장 31-45절

I. 도입

성경은 하나님의 언약적 자기 계시서啓示書이다. 이 말은 성경을 통해 하나님께서 창세전에 그 마음에 품으신 계획과 작정을 세상 역사 가운데 펼쳐 보이신 특별한 책이라는 사실을 가리킨다. 하나님께서는 이 일에 40여 명의 저자들을 특별히 택하셔서 무려 1,500-1,600여 년에 걸쳐 하나님의 계시를 기록된 말씀으로 쓰게 하셨다. 이때 이 사역을 주도적으로 담당하신 분이 하나님의 영이시며 그리스도의 영이신 성령이시다.

"모든 성경은 하나님의 감동으로 된 것으로 교훈과 책망과 바르게 함과 의로 교육하기에 유익하니 이는 하나님의 사람으로 온전케 하며 모든 선한 일을 행하기에 온전케 하려 함이니라"(딤후 3:15-17).

"예언은 언제든지 사람의 뜻으로 낸 것이 아니요 오직 성령의 감동하심을 입은 사람들이 하나님께 받아 말한 것임이니라"(벧후 1:21).

물론 이 말씀은 성령께서 인간 저자들을 사용하실 때 학교에서 학생들에게 받아쓰기를 시키듯이 그렇게 기계적으로 간섭해 기록했다는 말이 아니다. 저들의 전 인격을 유기적有機的으로 사용하셔서 자원하는 심정으로 쓰게 하셨다는 내용이다. 자신들이 지금 하나님에 의해 성경을 기록하고 있다는 사실을 미처 인식하지 못하는 가운데 그렇게 성령의 내적 간섭과 감동을 입어 자신의 생각과 경험과 지식을 발동시켜 자연스럽게 주어진 상황과 환경 속에서 보고 듣고 느낀 것을 자신의 언어로 기록했다는 것이다.

그러나 이 모든 일의 배후에서 성령께서 적극적으로 개입해 주도적으로 전체의 과정을 간섭해 나가셨다는 사실이다(영감의 방식 : 유기적 영감설, 영감의 범위 : 완전 축자영감설, 절대 무오성). 그래서 주님은 성령님을 일컬어 '진리의 영' 이라고 소개하신다(요 14:16-17). 이는 성령님이 성경의 원저자가 되신다는 의미로 진리의 말씀인 성경을 친히 사람들에게 가르치시고, 사람들로 하여금 깨닫게 하실 뿐만 아니라, 진리의 내용을 믿고 순종케 하는 분임을 시사한다.

이런 이유로 사람들은 하나님의 계시서인 성경이 없으면 하나님을 바르게 알 수도, 믿을 수도, 섬길 수도 없다. 성경이 말하는 인간이란 죄로 말미암아 전인적全人的으로 타락하고 부패해서 더이상 스스로 하나님을 더듬어 알 수도, 찾을 수도, 나아가 자력으로 섬기거나 무슨 선한 일을 행할 수도 없는 영적 사망자와 영적 파산자로 정의定義하고 있기 때문이다(창 3:8-10; 마 8:21-22; 롬 3:10-12; 엡 2:1). 이처럼 하나님의 형상과 모양으로 지음받은 인간의 인격과 본성은 죄로 인해 타락하고 오염된 나머지 하나님과의 거룩한 교제는 물론 예배의 통로인 영적 기능이 마비되어 정상적인 활동이 불가능하게 되었다. 인간의 전적타락의 의미가 이런 사실을 반영한다.

결과적으로 하나님을 향한 종교심의 발동이 방향감각을 잃게 되어 "썩어지지 아니하는 하나님의 영광을 썩어질 사람과 금수와 버러지 형상의 우상으로 바꾸어 섬기게 된 것이다"(롬 1:21-23). 하나님께서 인류에게 하나님의 계시서로서 성경을 주신 이유는 이렇게 타락한 인간이 성령으로 말미암아 거듭나서 하나님을 바르게 알고, 바르게 섬기게 하기 위한 방편에서이다. 기독교 신앙이 말씀중심의 신앙 또는 신학적으로 계시의존사색신앙啓示依存思索信仰으로 나타나야 하는 이유가 이런 사실에 근거한다(딤후 3:16-17; 행 17:11). 성경을 떠나서 기독교신앙은 처음부터 존재할 수 없기 때문이다.

그런 의미에서 기독교 신앙은 하나님의 계시를 철저히 의존함으로 성립된다. 성경 계시를 생명과 신앙으로 고백하고 이를 삶의 도리로 붙잡고 살아가는 것을 통해 비로소 올바른 성경적 신앙에 접촉된다. 성경을 주신 일차적 목적이 이에 있다. 하나님의 계시에 무지하거나 결핍되면 그만큼에 비례해 자신의 잠재된 종교심을 발동시켜 하나님을 섬기는 방식으로 나타나게 된다. 곧 자의적 숭배신앙에 빠져든다.

자의적 숭배신앙은 신앙의 근거가 자기 소견에 옳은 대로, 곧 자신의 내적 종교심의 발로로부터 나와지는 것을 통해 하나님의 본래적 계시에서 이탈될 수 있는 위험성이 상존한다. 인본주의를 지향하는 신앙의 중심에는 항상 인간의 행복과 안녕이라는 현세적 복과 성공의 개념이 자리잡게 마련이다. 이때 하나님은 정황상 이 일의 성취를 위한 수종자로 전락되는 것이 불가피하다. 인본주의적 기독교 신앙의 정체성이 이렇다.

문제는 이런 자의적 숭배신앙의 모습이 인간의 본성이 죄로 인해 타락한 것으로 말미암아 항상 신앙의 내용과 방향성에 있어서 하나님의 뜻을 거스르고 거역하는 것으로 나타난다는 사실이다(창 4:3-5; 6:5-6; 8:20-21; 11:4; 왕상 12:25-33; 사 1:10-14; 마 16:23-24; 롬 1:21-23). 제자도의 첩경이 자기부인인 이유가 이런 사실과 무관치 않다.

죄의 지배를 받는 옛 사람의 자아는 항상 그 생각이 하나님의 일을 생각지 않고 사람의 일을 우선적으로 생각하는 것으로 나타나기 마련이다. 이로 인해 사람의 생각은 항상 하나님의 뜻과 사역을 훼방하는 것으로 드러난다는 것이 성경의 지적이다(마 16:21-24; 민 13:31-33). 이런 상황은 언제든지 당사자들을 사단의 미혹에 빠지게 하는 결정적인 동인으로 작용한다. 에덴에서의 아담과 하와의 범죄의 배경이 이랬다. 주님의 지상 사역의 절정인 예루살렘의 고난을 막무가내로 만류했던 베드로의 경우도 마찬가지다(마 16:21-24). 인본주의적 신앙의 배후에는 항상 사단의 역사와 시험이 도사리고 있음이 성경이 늘 경계해서 지적하는 관점이다.

그럼에도 불구하고 겉으로는 여전히 기독교적 분위기 속에 머물러 있는 것으로 인해 자신이 인본주의적 유사 기독교 신앙관에 붙들려 있음을 인식하지 못한다. 아니 기독교 신앙에 정상적으로 참여하고 있는 것으로 착각하게 된다. 사실은 자기기만自己欺瞞적 신앙에 깊이 빠져있음에도 불구하고 자신의 가장된 정체성을 깨닫지 못하기 때문이다. 더욱이 한 시대에 절대 다수가 이런 신앙관을 동시에 공유함으로 제도권을 이루게 될 때 다수를 앞세워 막강한 세력을 발휘하는 것을 통해 그들의 신앙 내용이 당대의 객관적 진리와 가치를 대변하게 된다. 성경에 비추어 볼 때는 여전히 왜곡된 진리와 가치로 판정됨에도 불구하고 말이다.

교회역사 속에서 신약시대에 유대교와 중세 구교舊敎의 실체가 이랬다. 거기에 하나님께 대한 열심은 분명히 발견된다. 그러나 내용과 성격과 방향성에 있어서 하나님의 말씀의 체계인 계시를 의존해서 좇는 것이 아니기에 자신의 종교적 의를 힘써 추구해 나가는 것을 통해 불복종과 불법으로 정죄당할 수밖에 없다(마 7:21-23; 롬 10:2-3). 이런 이유로 교회의 세속화와 신앙의 변질은 언제나 말씀에 대한 부족한 이해와 왜곡된 해석에 근거해 나타난다는 것이 교회역사의 증언이다.

이런 현상은 오늘날이라고 예외일 수 없다. 인간의 범죄 이래 여자의 후손과 뱀의 후손 사이에 발생하는 적대적인 투쟁은 예수 그리스도의 죽으심과 부활, 승천하심으로 결정적인 구속사의 승패가 일단락되었음에도 불구하고 재림再臨시까지는 아직도 사단의 세력이 여전히 활동하고 있기 때문이다(계 13장). 따라서 교회의 개혁과 신앙의 갱신은 항상 말씀의 본의本意가 부단히 회복되는 것을 통해서만 가능하다.

부단히 성경을 힘써 공부하면서 주님의 음성을 바르게 듣기를 원하는 이유가 여기에 있다. 성경에 대한 올바른 이해와 바른 해석이야말로 하나님의 뜻을 바르게 분별하는 것을 통해 교회와 신앙을 동시적으로 바르게 세워나갈 수 있는 첩경이 되리라 확신한다. 그런 의미에서 기독교 신앙의 성격은 철저히 계시의존적인 것으로 인해 섭리의존적으로 나타나야 한다는 것이 성경저자들의 한결같은 지적이다.

"그러므로 우리가 여호와를 알자 힘써 여호와를 알자"(호 6:3).

"내가 내 자녀들이 진리 안에서 행한다 함을 듣는 것보다 더 즐거움이 없도다"(요삼 4).

"내가 증거하노니 저희가 하나님께 열심이 있으나 지식을 좇은 것이 아니라 하나님의 의를 모르고 자기 의를 세우려고 힘써 하나님의 의를 복종치 아니 하였느니라"(롬 10:2-3).

II. 전개

하나님의 계시의 총화總和로서 성경은 과연 무엇을 말씀하고 있을까. 성경이 말씀하는 바 가르침의 대주제는 무엇일까. 성경이 총체적으로 말씀하는 주제에 우리의 신앙관을 고정시키고 그 내용과 방향성을 신앙과 생명으로 붙들고 살아가는 데서 참된 성경적 신앙의 본질이 확립된다. 이 주제와 관련해 먼저 다니엘 2장 31-45절의 내용을 통해 세상을 향하신 하나님의 뜻과 계획이 무엇인지를 살피고, 이를 통해 기독교 신앙의 본질과 자태가 어떻게 나타나야 할 것인지를 상고해 보고자 한다.

1. 본문의 역사적 배경

성경의 역사는 신적 계시사이다. 계시사啓示史란 하나님께서 창세전 영원 세계에서 그 마음의 깊은 곳에 간직해 두셨던 영원하신 계획과 목적을 마침내 인류의 역사 속에 언약(covenant)을 방편삼아 펼쳐 보이신 구속사(redemptive history)를 핵심적으로 가리킨다. 여기에서 구속사란 예수 그리스도의 인격과 사역 안에서 죄로 말미암아 타락한 당신의 백성들을 구원하시는 하나님의 주권적인 일하심을 가리킨다.

하나님께서는 이런 당신의 신묘불측하신 구속사의 경륜을 먼저 이스라엘의 역사 속에 모형적이고 예표적으로 계시하시기를 원하셨다. 이스라엘을 열국 중에 택하셔서 선민으로 삼으시고 열방 앞에 당신의 구속사를 집행해 가시는 계시의 도구로 삼으신 배경이 이렇다(신 7:7-8).

이스라엘의 존재의미는 하나님께서 족장 아브라함에게 언약하신 대로(창 12:1-3) 약속의 땅으로 주신 가나안 지경에 하나님의 신정통치가 막힘없이 시행되는 거룩한 하나님 나라를 세우는 일에 집중된다. 열국백성을 하나님께로 인도해 하나님을 경외하며 섬기는 하나님의 친親 백성들로 삼으시려는 거룩한 사역에 제사장 나라의 직분을 담당하는 자들로 존재해야 한다. 구약역사 속에서 실제로 이런 하나님의 구속사가 구체적으로 성취된 시기가 바로 다윗과 솔로몬 통치 초기의 통일 이스라엘 왕국의 역사이다(왕상 4:20-25; 10:1-10).

이 일을 위해 처음부터 이스라엘은 하나님 나라를 역사 속에서 현시顯示하는 계시적 도구 곧 한시적인 방편으로 선용되었다. 따라서 영속적으로 하나님 나라의 신정적 통치체제를 유지하지 못했다. 솔로몬 통치 말기에 이르러 통일 이스라엘은 남북으로 갈라져 북 이스라엘과 남 유다라는 서로 다른 이름의 분열왕국으로 체제가 바뀌게 된다(왕상 12장). 이는 모세를 통해 주신 시내산 언약(출 19장; 24장)에 대한 불순종으로 야기惹起된 하나님의 언약적 심판의 일환이다(신 4:23-28).

이후 북이스라엘 왕국은 BC 722년에 앗수르에 의해 멸망당한다. 백성들은 앗수르가 통치 관할하는 전 지역에 포로로 잡혀가 흩어져 살게 된다(디아스포라). 이 과정에서 북 이스라엘의 수도인 사마리아 지역에는 이방인들을 집단 이주시킴으로 잔존했던 이스라엘 백성과 이방인들 사이에 통혼으로 태어난 혼혈족인 소위 '사마리아인'이 등장하는 계기가 마련된다. 유다의 포로귀환 때부터 이들은 유대사회에서 동족으로 여김받지 못한 채 일체의 교제권에서 소외된다. 따라서 사사건건 유대인들과 마찰하며 적대적인 관계를 형성하는 계기로 작용하게 된다.

예수님 당시 사마리아 지경에 위치한 수가성의 한 우물에서 사마리아 여인과 예수님과의 대화를 통해 보인 여인의 반응 속에서 유대인과 사마리아 사람들과의 반목과 불신의 골이 얼마나 깊고 오랜 세월에 걸쳐 지속됐는지를 생생하게 확인하게 된다. 특별히 요한복음 4장 9절에서 여인은 물을 달라하시는 예수님을 향해 "당신은 유대인으로서 어찌하여 사마리아 여자인 나에게 물을 달라 하나이까 하니 이는 유대인이 사마리아인과 상종치 아니 함이러라"고 반응함으로써 이런 사실을 뒷받침해 준다.

남 유다 왕국 또한 북 이스라엘보다 대략 136년 후인 BC 586년경에 앗수르를 패배시킨 바벨론 제국에 의해 멸망당한다. 바벨론의 느부갓네살왕이 1차(BC 605), 2차(BC 597), 3차(BC 586)에 걸쳐 남 유다를 침략해 결국은 3차 침공시에 유다는 완전히 패망하고 많은 유다인이 바벨론으로 잡혀가는 굴욕을 맛보게 된다. 하나님의 나라가 이방인의 말발굽 아래 항복하는 어처구니없는 일이 일어난 것이다.

이는 남북의 분열왕국에 이어 시내산 언약에 근거한 하나님의 무서운 언약적 징계와 심판의 결과다. 일찍이 시내산 언약에서는 이스라엘이 가나안에 들어가 하나님의 나라로 존재하게 될 때에 이방의 신을 섬기고 율법을 신실히 청종치 않을 때, 이와 같이 이스라엘을 열국에 흩어서 저들의 압제를 받으며 저들이 섬기는 신을 섬기게 하는 것을 통해 심판에 처하게 될 것을 이미 경고하신 바 있다(신 4:23-28).

다니엘서 본문의 배경은 이런 하나님의 심판의 구체적 시행인 바벨론의 1차 유다 침공(BC 605)을 배경으로 삼고 있다. 다니엘과 그의 세 친구인 사드락, 메삭, 아벳느고는 1차 침공시 포로로 잡혀온 당시 유다의 젊은 엘리트들이다. 느부갓네살 왕은 비록 적국이라 할지라도 유능한 인재를 등용시켜 자신의 왕위를 든든히 세우는 일에 출신배경의 차별을 두지 않은 듯하다. 비록 그것이 전략적인 정치적 목적의 일환으로 시행되었다 할지라도 말이다. 다니엘과 그의 세 친구는 이런 식으로 주님의 각별하신 섭리를 좇아서 바벨론 왕을 측근에서 보좌하는 고급 관리의 위치에서 업무를 관장하게 된다.

다니엘서 기자는 이런 일련의 사건을 통해 이스라엘뿐 아니라 이방나라를 포함한 세상 역사를 섭리적으로 주관하시는 하나님의 절대주권에 대해 성경 독자들에게 강변한다(단 2:21; 4:17, 25, 32; 롬 13:1-2). 저자는 본문에서 왕이 꾼 꿈의 내용을 통해 역사의 주관자 되시는 전능하신 하나님을 기술한다. 이를 통해 과연 인간이 누구를 위해, 어떻게, 무엇을 추구하며 살아야 될 것인지에 대한 본질적인 질문에 명쾌하게 해답을 제시한다(전 12:13; 고전 10:31).

성경이 인간을 향한 하나님의 계시서인 이유가 이런 사실에 근거한다. 성경은 인간을 위한 계시서가 아니다. 하나님을 계시하는 신지식의 보고서이다. 인생들로 하여금 하나님을 바르게 알고 섬기며 영광돌림으로 영원토록 그분으로 즐거워하는 삶을 살아가게 하기 위함이다(전 12:13; 고전 10:31).

2. 느부갓네살 왕의 꿈 내용

다니엘 2장 31-35절은 느부갓네살 왕이 꾼 꿈을 다니엘에게 이상을 통해 보여주신 내용이 소개된다. 하나님의 계시가 기록된 말씀으로 최종 완성되기 전, 특별히 구약계시의 역사 속에서 꿈은 종종 하나님의 계시전달의 수단으로 사용된 것을 확인하게 된다. 오늘날은 성경이 완성된 하나님의 최종 계시로 주어졌으며 하나님의 구속사가 예수 그리스도의 인격과 사역 안에서 성취의 절정으로 완성된 이상, 더이상 과거의 방식으로 하나님의 계시를 구하려는 시도는 무익하다.

신약시대에 여전히 구약의 계시수단을 추구하려는 발상은 구속사 진행의 점진성의 원리라는 하나님의 의도를 미처 깨닫지 못하는 데서 오는 무지의 소치이다. 성경이 최종적으로 완성된 유일의 계시로 주어진 이상 구약적 방식, 곧 꿈과 하나님의 직접적인 현현이나 선지자의 예언 등을 통한 하나님의 추가적인 계시의 말씀은 이 시대에 더이상 존재하거나 유효할 수 없다. 만약 그럴 수 있다면 성경은 스스로 자기 모순에 빠지게 된다. 성경은 오직 성경만이 유일하고도 완성된 계시로서 우리를 하나님의 뜻 가운데로 인도하시는 계시의 마침과 충족됨을 자증하기 때문이다(딤후 3:16-17; 히 1:1-2; 계 22:18-19).

왕이 꾼 꿈의 내용은 크게 두 부분으로 나누어진다. 먼저 다니엘 2장 31-33절에서는 왕이 꿈에서 본 것이 큰 신상神像으로서 인위적으로 고안되고 제작된 것임을 시사한다. 이 신상의 모습은 크고 광채가 나는 것으로 기이

한 것이 예사롭지가 않다고 저자는 기록하고 있다(단 2:31). 신상을 구성하고 있는 재료들도 범상치가 않다. 머리는 정금으로, 가슴과 두 팔은 은으로, 배와 넓적다리는 놋으로, 종아리는 철로, 그리고 발의 얼마는 철로 나머지는 진흙으로 혼합해 만들어져 보기에도 두렵고 특이한 신상이라고 소개한다.

다니엘 2장 34-35절에서는 또 다른 꿈의 내용이 소개된다. 그것은 '뜨인 돌' (cut off stone)에 관한 꿈 내용이다. 이 돌의 출처는 '사람의 손으로 제작되지 않은 것' (단 2:34상)이라고 설명한다. 이런 표현은 뜨인 돌의 성격과 출처가 다분히 신적 기원에 근거하고 있음을 우회적으로 시사한다. 결국 느부갓네살 왕이 꾼 꿈은 두 가지 상이한 내용으로 '인위적인 신상' 과 '신적 기원에 의한 뜨인 돌' 로 설명된다. 이 둘은 출처와 기원과 성격에 있어서 각각 이질성을 자체에 담고 있는가 하면, 동시에 내용의 전개상 상호 밀접한 연관성을 갖고 있음을 확인하게 된다.

이제 뜨인 돌에 대한 부연 설명을 들어보자. 어디선가 갑작스럽게 나타난 뜨인 돌 하나가 앞서 본 신상의 발을 무서운 속력과 힘으로 내리친다. 거대한 신상은 한순간에 부서져 여름 타작마당의 겨같이 되어 바람에 흔적도 없이 날아가 버린다. 우상을 친 뜨인 돌은 이후에 태산을 이루는 가운데 온 세계에 가득 찼다고 설명한다.

결론적으로 저자는 신상으로 대변되는 인간 통치의 나라가 이 뜨인 돌로 인해 한순간에 사라지고 대신 뜨인 돌로 말미암은 신적 기원을 가진 새로운 신정통치의 나라가 인간 나라를 대신해 세워진다는 사실을 의도적으로 설명한다. 이는 성경 독자들로 하여금 세상 역사의 진행이 앞으로 어떻게 전개될 것인지를 바르게 해석하는 가운데, 삶의 방향성과 가치관을 뜨인 돌로 인해 건설될 새로운 신적 기원의 나라에 정조준正照準할 것을 주문하고 있음을 감지하게 된다(마 6:33).

역사는 방향 없이 물결 따라 흔들리는 부평초浮萍草와 같은 것이 아니다. 진행의 성격상 기원이 있고 과정이 있고 최종적인 목표와 목적이 있다. 이런 다양한 국면들은 상호 밀접히 연관성을 맺으면서 점진적으로 예정된 역사의 정점을 향해 부단히 진행되고 있음을 특징으로 삼는다.

지금 저자는 왕의 꿈을 계시의 도구로 사용해 이런 사실을 하나님의 심정을 대신해 설명하고 있는 셈이다. 인간이 마땅히 섬길 자가 누구이며, 무엇을 추구하며, 어떻게 살아가야 될 것인가에 대한 인간의 본질적인 질문에 진지하고 엄숙하게 답변하고 있는 것이다. 이제 다니엘을 통해 주신 꿈의 정확한 해석을 살펴보자. 이런 사실은 예수 그리스도 안에서 우리의 인생관과 가치관 및 신앙관을 어떻게 바르게 정립할 것인가에 대해 절대적인 기준과 방향성을 제시하기에 충분하다고 하겠다.

3. 왕의 꿈에 대한 다니엘의 해석

저자는 다니엘을 통해 주신 하나님의 꿈 해석을 소개한다. 꿈의 내용이 두 부분으로 나누어지는 것을 통해 신상과 뜨인 돌의 이미지를 분리해서 해몽한다. 먼저 다니엘 2장 39-43절은 신상에 대한 해석이다. 저자는 신상에 대한 꿈을 해석하는 가운데 신상의 각 부분에 해당되는 금, 은, 놋, 철, 진흙이 의미하는 바가 인간이 통치하는 열방 나라들임을 시사한다. 다시 말해 신상이 인간 통치의 세상 열국을 총체적으로 의미하고 있음을 지적한다.

저자는 다니엘의 해석을 통해 신상의 금 머리 부분이 당시 바벨론 제국의 느부갓네살 왕을 가리킨다고 설명한다. 이는 신상이 결국 인간 통치의 여러 나라들을 총체적으로 암시하고 있음을 의미한다. 계속해서 저자는 은, 놋, 철, 진흙의 가치의 정도를 따라서 바벨론만 못한 다른 신흥제국들이 끊임없이 흥망성쇠를 거듭할 것임을 예언적으로 기술한다. 우리는 바벨론 제국 이후에 페르시아와 희랍과 로마제국의 출현이 본 신상의 나머지 부분을 가리킬 수 있다는 개연성(probability)에 대해 조심스러운 해석을 시도해 볼 수 있다.[90] 그러나 이들 나라들의 나중 형편은 강대국(철)과 약소국(흙)들이 공존하는 형태로 나타날 것이며 철저히 독립된 자주국가의 정체성을 띠게 될 것임을 시사한다(단 2:42-43).

오늘의 세계는 절대강자와 절대약자를 구분하기에는 다양한 측면에서 너무나도 상호 밀접하게 의존적 관계를 맺고 있음을 부인할 수 없다. 느부갓네살 왕이 꾼 꿈의 현대적 적용과 관련해 과연 우리의 생존시대인 21세기는 하나님의 구속사 진행에 있어서 어느 시점을 경유하고 있을까. 물론 날과 시를 운운하는 것은 무익할 수 있다. 성경이 이를 절제시키고 있다(행 1:6-7). 그러나 시대를 분별할 줄 아는 영적 통찰력과 계시적 안목의 회복은 오늘을 하나님의 뜻 가운데 보다 지혜롭게 살아가는 일에 적잖은 도움을 받을 수 있다는 것 또한 성경의 지적이다(롬 12:2; 요일 1:15-17). 이런 관점에서 후에 느부갓네살 왕의 꿈 내용에 대한 현대적 적용 부분을 성경에 근거해 살펴보게 될 것이다.

다음은 뜨인 돌에 대한 해석이다(단 2:44-45). 결론부터 이야기하자면 이 돌로 인해 세상 가득히 태산을 이룬 나라는 다름 아닌 신정왕국으로서 하나님 나라를 가리킨다. 이는 신적 기원으로 말미암는 나라로 하나님께서 친히 세우신 천상적 나라를 의미한다(단 2:44). 이 나라는 그 기원과 출처가 하나님으로부터 유래된 것으로 인간 나라들처럼 망하거나 누구에게 왕권을 빼앗길 수 없는 것이 특징이다(요 10:28-29; 롬 8:35-39).

---

90) 강병도 편, 『호크마종합주석』(서울: 기독교지혜사, 1994), 637. Edware J. Young, 『다니엘서 주석』, 정일오 역 (서울: 기독교선교회, 1999), 100. Ronald S. Wallace, 『땅과 시간을 넘은 하나님의 주권』, 황정길 역 (서울: 기독지혜사, 1987), 43.

이 나라의 국권은 영원하고 영속적이다. 신상으로 대변되는 인간 나라와 뜨인 돌로 대변되는 하나님 나라는 기원과 출처와 성격에 있어서 이질성을 갖는다. 반면에 뜨인 돌이 신상을 철저히 부숴뜨림으로 인간 나라가 종식을 고하고 하나님 나라가 세워지는 것을 통해 상호 불가분의 관계성과 연속성을 갖는 것이 또 다른 특징이기도 하다.

저자는 특별히 이 꿈이 참되고 이 해석이 확실하다는 내용을 부연해 설명한다(단 2:45하). 이를 통해 본장에 언급된 꿈의 궁극적 성취의 당위성과 필연성이 강조되고 있음을 간파하게 된다. 기독교 신앙을 삶의 수단이 아닌 궁극적인 목적으로 삼아 생활해야 하는 근본 이유가 이런 사실에 근거한다.

신앙은 관념이 아니다. 실질이며 실제적 삶이다. 신앙은 선택이거나 방편이 아닌 인생살이의 필수 요소로 궁극적인 목적 자체다. 믿으면 구원을 받고 불신은 정죄당해 심판의 형벌에 처해진다(막 16:15-16). 따라서 신앙의 정체성을 성경을 통해 바르게 정립하는 일은 아무리 강조해도 지나치지 않는다(행 17:11). 이런 이유로 자의적 숭배신앙관은 그것이 제아무리 하나님의 열심을 띠고 나타난다 할지라도 결국은 불법과 불복종으로 간주될 뿐이다(마 7:21-23; 롬 10:2-3). 여호와 중심의 바른 신앙관은 철저히 계시의존적이어야 한다.

4. 본문의 현대적 적용

다니엘의 꿈 해석에 대한 실제적 적용이라는 측면에서 볼 때, 이 시대는 하나님의 구속사 진행에 있어서 어느 경점에 해당될 것인가. 사실 성경의 예언적 계시 내용을 역사적인 사건을 중심으로 연대기적으로 적용시켜 해석한다는 것은 상당한 무리가 뒤따른다. 성경의 내용은 세상 역사 기록의 집대성이라기보다는 세상 역사를 무대로 펼쳐지는 하나님의 구속사를 주된 내용으로 삼고 있기 때문이다. 아울러 성경은 종말의 시기나 구체적 날짜의 도래에 대해서는 침묵으로 일관한다(마 24:35-36; 행 1:7). 오히려 종말을 맞는 성도들의 신앙적 자세와 태도에 보다 많은 관심을 기울인다(행 1:8; 롬 12:2; 마 25:1-13; 살전 5:1-8).

따라서 본문에서 신상의 각 부분에 해당하는 나라가 구체적으로 어디인지를 역사 속에서 찾아서 사사건건 대입시키려는 시도는 사실상 무리일 수 있다. 성경이 침묵하는 부분을 자의적으로 확대 해석하는 일은 자칫 성경의 의도를 왜곡할 수 있는 위험에 노출될 수 있기 때문이다.

우리는 성경으로 성경을 해석하는 성경 신학적 해석방법의 범주를 벗어나는 일에 여간 조심을 하지 않으면 안 된다. 자의적이고 주관적인 해석과 적용은 하나님의 뜻을 왜곡시키는 결정적인 위험요소로 작용한다. 나아가 우상숭배적 신앙에로 인도하는 첩경이 될 수 있다. 오히려 다니엘서 기자는 본문을 통해 인간이 통치하는 세상 역사는 왕권과 국력이 점진적으로 쇠퇴해 가는 가운데 그 최종적 종말을 맞게 됨을 시사한다.

반면 세상 역사의 종말에 출현할 신적 기원의 하나님 나라는 인간 나라와는 달리 영원하며 영속적이어서 결코 쇠하거나 멸망할 수 없음을 강조한다. 이는 성경 독자들로 하여금 성경적 역사관의 고취와 필요성을 강조함에 다름 아니다. 나아가 미래 지향적인 가치관을 견지케 함으로써 언제라도 닥칠 수 있는 종말론적 하나님 나라를 부단히 지향하는 천상 지향적 삶을 촉구하고 있음을 확인하게 된다(마 6:33).

그럼에도 불구하고 신뢰할 만한 성경 신학자들의 견해로는 바벨론제국 이후의 신흥제국들의 출현과 관련해서 메대-파사(페르시아), 희랍, 로마제국의 흥망성쇠를 조심스럽게 연결시킨다. 그후 현재까지의 역사를 신상의 발(철과 진흙의 혼합)과 뜨인 돌의 영적 내지는 불가시적 사역이 공존하는 기간으로 적용해 해석하려는 시도가 보편적인 관점이다. 다시 말해 뜨인 돌로 표상되는 하나님 나라가 현재적으로 이미 도래해 신상으로 대변되는 인간 통치의 세상 역사 속에서 서로간 치열한 영적 충돌과 투쟁을 벌이고 있다는 지적이다.

이런 견해는 상당한 성경적 지지를 받고 있음에 틀림없다. 왜냐하면 성경은 예수님의 초림과 그분의 사역 속에서 하나님의 나라가 '이미' 현재적으로 도래했음을 천명하고 있으며(마 12:28; 눅 17:20-21), 동시에 여자의 후손 언약(창 3:15)에 따른 두 계열간의 영적 전투가 한창 치열하게 벌어지고 있음을 예언하고 있기 때문이다. 신약시대의 교회의 정체성을 전투하는 교회의 이미지를 사용해 설명하는 이유가 이런 사실에 근거한다(엡 6:12-13).

5. 하나님 나라의 이중적 국면

이 시점에서 성경이 자증하는 하나님 나라의 이중적 구조에 대해 살펴보고자 한다. 이미 다니엘의 꿈 해석을 통해 인간 통치의 세상 역사는 신적 기원에 근거해 출현할 가시적인 하나님 나라의 등장으로 종말을 고할 것임을 확인한 바 있다. 종말론적 하나님 나라의 출현과 관련해 성경은 이를 보다 구체적이고 정교하게 구분함으로 '이미'(already) 도래한 현재적이고 불가시적인 하나님 나라와, '아직'(not yet) 도래하지 않은 미래적이고 종말론적인 가시적 하나님 나라로 이원화 시켜 언급하고 있음을 확인하게 된다.

(1) 현재적 하나님 나라

먼저 '이미' 도래한 하나님 나라의 현재성에 대해 살펴보자. 대표적인 성경구절로 마태복음 12장 28절은 예수께서 귀신들려 눈멀고 벙어리 된 자들을 고치시는 것을 보고 바리새인들이 비방하는 소리에 책망으로 답하시며 하신 말씀이다. "내가 하나님의 성령을 힘입어 귀신을 쫓아내는 것이면 하나님의 나라가 이미 너희에게 임하였느니라."

본문이 의미하는 바는 지금 예수님의 치유사역은 하나님 나라의 왕적 권세가 능력 있게 발휘되는 것으로 인해 세상 권세를 잡고 있는 사단의 세력이 쫓겨나는 것(요 12:31)을 가리키고 있다는 요지의 말씀이다. 예수님의 인격과 사역 안에서 하나님 나라의 권세와 능력이 '통치'와 '권세'의 개념으로 발휘되고 있는 것을 통해 하나님 나라가 이미 세상 역사 가운데 실존해 역사하고 있음을 가리킨다. 이는 예수 그리스도 자신이 곧 하나님의 본체(빌 2:6)이시며 동시에 하나님 나라의 왕으로 존재하고 계심(요 18:36)을 객관적으로 증명하고 있는 것이다.

이런 사실을 보다 예시例示적으로 증거하는 사건이 있다. 마가복음 2장 1-12절에서는 한 중풍병자를 고치시는 주님의 치유사역이 소개된다. 이 사건에는 아주 의미심장한 내용이 담겨 있다. 주님의 인격과 사역 속에 담긴 계시적인 본의가 무엇인지를 객관적으로 증명해 주고 있기 때문이다.

이때 주님께서는 눈으로 확인할 수 없는 병자의 죄 사함을 먼저 선포하신다. 후에 그의 중풍병을 고쳐 주신다. 그리고 사람들을 향해 "중풍병자에게 네 죄 사함을 받았느니라 하는 말과 일어나 네 상을 가지고 걸어가라 하는 말이 어느 것이 쉽겠느냐"(막 2:9)고 질문하신다. 객관적인 증거로 봐서는 현실적으로 확인할 수 없는 죄 사함을 받았다고 말하는 것이 쉬울 수 있다. 그러나 실제적으로는 둘 다 하나님의 능력이 아니고서는 불가능한 역사이다. 따라서 눈으로 확인할 수 있는 중풍병을 고치게 된다면 이는 하나님의 능력이 나타나고 있는 바, 자연히 죄 사함도 받은 것이나 다름없다는 결론에 도달하게 된다. 예수께서는 이런 방식으로 병자의 중풍병을 고쳐 주시는 것을 통해 그의 죄까지도 용서받은 사실을 증명하신다.

이 사건을 통해 예수님은 자신의 메시아 되심과 하나님 나라의 현재적 도래와 하나님 나라의 왕적 권세가 능력 있게 발휘되고 있음을 밝히 드러내신다. 12절에서 그 자리의 사람들이 한결같이 놀란 나머지 "영광을 하나님께 돌렸다"라는 표현을 통해 마가는 예수께서 하나님의 능력을 발휘하고 계심을 증거함과 동시에 예수님의 하나님 되심을 확증시킨다. 이는 예수님의 인격과 사역을 통해 세상 역사 속에 이미 하나님의 나라가 현재적으로 침노해 들어와 '통치'의 개념으로 그 천상적 권세와 능력을 발휘하고 있음을 시사하는 대목이다.

누가복음 17장 20-21절에서는 보다 구체적으로 우리 중에 하나님 나라가 현존하며 활동하고 있음을 확실히 밝혀 주신다. "바리새인들이 하나님의 나라가 어느 때에 임하나이까 묻거늘 예수께서 대답하여 가라사대 하나님의 나라는 볼 수 있게 임하는 것이 아니요 또 여기 있다 저기 있다고도 못하리니 하나님의 나라는 너희 안에 있느니라."

본문에서 주님께서는 하나님 나라의 불가시성과 현재성에 대해 언급하신다. 다시 말해 현재적 하나님 나라는 위에서 이미 언급한 대로 말씀에 순종하는 방식을 통한 '통치'의 개념으로 성도들의 전인적 삶의 영역과 이들로 구성된 교회공동체 속에서 보이지 않지만 가장 확실하고 분명하게 역사하고 있다는 지적이다. 지상의 성도들은 예수님의 인격과 사역 안에서 이미 도래한 현재적 하나님 나라에 속한 자들로 여기에서부터 그 나라의 실질을 선취적으로 맛보아 체험하는 자들로 존재한다. 이 사실을 확고부동하게 인식하고 이를 신앙과 생명의 도리로 붙들고 살아가는 것을 통해 구원을 누리는 삶의 실질에 비로소 접촉되는 것이다. 이로 인해 신앙은 날로 진리의 체계 속으로 깊이 들어가게 되며 하나님의 깊은 곳에 이르게 된다. 이것이 신지식의 깊은 곳에 날마다 접촉되어 가는 삶의 실질이다(엡

4:13).

그러므로 풍성한 계시관에 깊이 접촉됨이 없이는 신앙의 성숙과 성장은 사실상 불가능하다. 그렇지 않을 때 돌밭에 심겨진 씨앗과도 같고, 아니면 가시덤불 속에 떨어진 씨앗과도 같이 된다. 곧 말씀을 받을 때는 즉시 기쁨으로 받는 듯하지만 환난과 시련이 닥치고 염려와 근심이 쌓이면 이내 말라버리 듯 기쁨을 잃고 실족해 버리게 될 뿐이다(마 13:20-22). 신앙의 본질은 진리에 이르는 지식의 체계에 깊이 접촉됨으로 어떤 상황의 변화와 환경의 열악함에도 불구하고 이를 넉넉히 인내하며 극복하는 실제적 능력으로 나타나는 것이 정상이다(마 13:23; 단 3:17-18).

(2) 미래적 하나님 나라

다음으로 종말론적 하나님 나라에 대해 살펴보자. 이 나라는 예수 그리스도의 재림으로 이루어지는 미래적이고 가시적인 하나님 나라를 가리킨다. 현재적 하나님 나라와 종말론적 하나님 나라가 예수 그리스도를 통해 시작되고 완성되는 것이기에 예수 그리스도 안에서 하나로 연결되어 있음이 성경의 지적이다. 다시 말해 예수 그리스도의 초림으로 시작된 현재적 하나님 나라는 주님의 재림으로 종말론적 실체를 드러내게 됨과 동시에 일체의 구속사의 진행은 최종적으로 마감될 것이다. "내가 너희에게 이르노니 내가 이제부터 하나님의 나라가 임할 때까지 포도나무에서 난 것을 다시 마시지 아니하리라 하시고" (눅 22:18).

본절은 예수께서 군병들에게 잡히시기 전 마지막 유월절을 제자들과 함께 보내시는 사건 기록이다. 주님께서는 유월절 절기 때 사용하는 포도주를 나누시는 가운데 하나님 나라가 임할 때까지 다시는 유월절 잔을 마시지 않겠다는 말씀을 통해 자신의 죽음이 구약의 유월절 절기를 실체로 성취하는 것을 의미한다고 말씀하고 계신다(고전 5:7). 주님의 죽으심은 구약

시대의 유월절을 폐하시고 성찬식을 통해 새 언약을 세우는 새로운 계시 시대의 서막을 알리는 셈이 된다(눅 22:19-20).

여기에서 우리가 유의해서 보아야 할 대목은 주님께서 언급하신 하나님 나라의 성격이 미래적이고 종말론적으로 지적되고 있다는 사실이다(눅 22:18). 예수님의 지상사역에 있어서 가르침의 중심내용은 천국복음과 하나님 나라에 대한 사상이다(마 4:17, 23; 막 1:14-15; 눅 4:43). 그러나 그분의 공생애 사역을 통해 볼 때, 하나님 나라는 이중 구조적으로 설명되고 있음을 본다.

주님의 인격과 사역 안에서 '이미' (already) 도래한 현재적 하나님 나라와 그분의 재림으로 이루어질 '아직' (not yet) 도래하지 않은 종말론적 하나님 나라가 그것이다. 이뿐만이 아니다. 마태복음 13장의 소위 천국비유들이 가르치는 주제와, 마태복음 24장 30-31절의 종말론적 기사 내용이나, 25장의 열 처녀 비유, 달란트 비유, 양과 염소의 비유 등은 한결같이 예수님의 재림과 관련된 종말론적 하나님 나라의 도래의 성격을 다양한 측면에서 시사하는 전형적인 내용들이다.

이상의 사실들을 통해 성경에 나타난 하나님 나라가 두 가지 국면에서 소개되고 있음을 살펴보았다. 구원받은 성도들의 지상적 삶이라는 불신자와 방불한 세속적이고 현세적인 삶을 여전히 살아가는 것이 아님을 확인하게 된다. 이미 구원받은 사실로 인해 신분과 소속이 바뀐 것이다. 그리스도 안에서 세상이 나를 대하여 죽었고, 나 또한 세상을 대하여 죽은 자가 되었기 때문이다(갈 6:14; 2:20).

이런 이유로 세상과 거듭난 우리 자신과는 본질에서 무관할 뿐이다. 성도들로서 우리의 가치관과 인생관조차도 근본적으로 달라진 것이다. 자기 중심에서 하나님 중심으로, 현세 지향적 삶에서 천상 지향적 삶으로 변화된 것이다(엡 4:22-24; 골 3:1-3). 이전 것은 이미 지나갔고 새로운 피조물과 새 사람이 되었기 때문이다. 마태가 그의 산상수훈의 내용 속에서 천국백성들의 삶의 특징을 "그의 나라와 그의 의를 구하는 것"으로 차별화해서 설명하는 이유가 이런 사실에 기인한다(마 6:33).

성도들은 세상 가운데 침노해 들어온 현재적 하나님 나라에 소속되어 하나님의 백성 된 특별한 신분으로 존재하는 자들이다. 이런 사실로 구원의 생명을 누리는 성경적 신앙관이란 다른 무엇에 앞서 이런 구속의 경륜이 구체적으로 우리 안에서 이미 이루어진 사실을 생명으로 믿고 확신하는 데서부터 비로소 정상적으로 가동하게 되는 것을 가리킨다. "이와 같이 너희도 너희 자신을 죄에 대하여는 죽은 자요, 그리스도 예수 안에서 하나님을 대하여는 산 자로 여길지어다 …"(롬 6:11-14).

물론 이들 나라는 서로 다른 독립된 별개의 두 나라는 아니다. 한 나라의 두 국면일 뿐이다. 하나님 나라의 현재적 측면과 종말론적 측면을 의미한다. 따라서 이 두 나라는 서로 밀접하게 연결되어 있으며 현재적 하나님 나라를 통해 종말론적 하나님 나라에 들어가게 된다. 마치 어린아이가 자라서 어른이 되는 것과 동일한 원리이다. 성경은 이런 하나님 나라의 이중 구조적인 성격을 아주 작은 겨자씨 한 알에 비유해 설명한다. "천국은 마치 사람이 자기 밭에 갖다 심은 겨자씨 한 알 같으니 이는 모든 씨보다 작은 것이로되 자란 후에는 나물보다 커서 나무가 되매 공중의 새들이 와서 그 가지에 깃들이느니라"(마 13:31-32).

본 비유는 하나님 나라로서 천국의 모습이 이중 구조적으로 구성되어 있음을 적나라하게 보여준다. 천국의 두 측면인 현재성과 미래성을 구체적으로 시사해 준다. 하나님 나라의 두 국면은 동일한 연장선상에서 하나로 연결되어 불가분의 관계성을 맺고 있다. 결국 현재적 하나님 나라에 소속된 자들만이 종말론적 하나님 나라의 구성원으로 참여할 수 있음이 성경의 가르침이다. 실로 천국은 죽어서 영혼만이 가는 곳이 아니다. '여기'서부터 살아서 전인적으로 그 나라를 맛보아 체험해 가는 현재적인 경험의 나라다(요 11:25-26; 17:3).

그러면 어떻게 이런 경험이 가능할까. 우리가 현재적 하나님 나라에 속한 사실을 무엇으로 확인할 수 있단 말인가. 바로 하나님의 말씀의 통치를 적극적으로 받아 누리며 살아가는 삶의 방식을 통해 이런 사실이 실제적으로 확인된다. 말씀을 생명과 신앙과 삶의 도리로 붙잡고 거기에 자신의 생애를 전폭적으로 드려서 살아가는 삶의 실질 속에서 하나님 나라의 왕적 권세는 능력 있게 발휘되며 경험된다.

다시 말해 성경이 우리 안에서 응해지고 우리가 성령의 도우심을 통해 성경을 응하는 곳에서 하나님 나라는 가장 왕성하게 현시되며 확장되어 간다고 말할 수 있다. 이것이 현재적 하나님 나라에 속해 그 나라를 실질로 소유해 경험하는 삶이다. 이런 삶의 자세야말로 하나님 나라를 선양하며 운반하고 확장하는 자들로서 세상 가운데서 종말론적 하나님 나라를 추구해 가는 자들의 한결 같은 모습이다. 성경이 말하는 구원의 확신을 가진 자들의 삶의 성격이 이렇다.

구원받은 하나님의 백성으로서 하나님 나라의 통치를 적극 받아 누린다는 개념은 비단 정상적인 교회공동체 안에서만 제한적으로 경험되는 사건이 아니다. 성도들의 삶의 전 영역에서 말씀의 인도와 다스림을 받는 것으로 나타나는 다양하고 실제적인 경험을 포괄한다. 따라서 하나님의 나라는 정상적인 교회공동체 안에만 제한적으로 묶여있지 않다. 아니 묶여 있을 수 없다. 그것은 절대주권자로서 하나님의 왕적 통치권의 시행으로 표출되기 때문이다.

여기에서 굳이 '정상적인 교회공동체' 라고 제한적인 용어를 사용한 것은 성경이 자증하듯이 어떤 교회는 교회로서의 본래적 수명을 마치고 죽은 교회로 존재할 수도 있기 때문이다(계 3:1). 심지어 교회 안에 '사단의 회' 까지도 활동할 수 있다는 성경의 강력한 경고성 지적 때문이다(계 2:8-9, 웨스트민스터 신앙고백서 제25조 5항).

흔히 예배당 개념을 구약의 성전 개념으로 잘못 이해함으로 예배당 안은 하나님이 임재하시는 거룩한 공간이고, 예배당 밖은 세상으로서 마귀가 통치하는 세속적인 영역으로 간주하는 경향이 있다. 소위 성속聖俗의 이분법적 논리를 적용하기 때문이다. 이는 성경적 관점이 아니다. 하나님 나라는 장소와 영역의 문제가 아니다. 통치에 따른 순종과 불순종의 문제이다. 우리는 누구의 통치를 받느냐에 따라서 필연적으로 통치권자와 불가분의 인과관계를 맺게 된다.

이런 원리하에서 우리의 옛 사람은 죄의 왕노릇하는 권세로 말미암아 사단의 통치를 받았던 마귀의 자녀들이었다. 그러나 예수 그리스도 안에서 신분은 변화되었다. 예수 그리스도의 대속적 사역 안에서 우리의 옛 사람은 죄에 대해 죽었다. 율법에 대해서도 죽었다. 이제는 그분의 부활의 생명에 연합되어 새롭게 산 자가 되었다. 의로운 자가 되었다. 다시는 정죄함이 없는 하나님의 친 백성이 되었다. 하나님의 은혜의 왕노릇하는 권세가 우리로 하여금 예수 그리스도를 믿게 하심으로 우리를 새로운 피조물 곧 하나님의 자녀로 거듭나게 하셨다.

그렇다면 무엇을 통해 우리에게 이루어진 이런 영적 사실들을 객관적으로 확인할 수 있을까. 다름 아닌 새로운 피조물로서 새 인격의 발휘를 통해서이다. 다시 말해 예수 그리스도의 인격과 사역을 믿는 믿음 안에서 거듭난 성도들의 새 인격은 필연적으로 하나님을 영화롭게 하며 영원토록 그분으로 즐거워하는 새 생명의 삶을 살아가게 마련이다. 하나님을 경외하며 그 명령을 지켜 행하는 것을 본분삼아 살아가게 된다(고전 10:31; 약 2:17, 22, 26; 전 12:13). 이런 결정적인 이유로 인해 성경이 가리키는 하나님 나라의 성격은 성도들의 활동무대 전 영역에서 그들의 적극적인 순종력을 좇아 통치와 권세의 개념으로 표출되기 마련이다(마 5:16).

하나님의 말씀의 본의가 권세 있게 발휘되며 이를 생명처럼 귀하게 받들어 수행하는 곳에서 하나님 나라의 실존과 역사 및 능력과 확장을 현재적으로 극명하게 확인할 수 있다. 이들이야말로 진정한 그리스도인들이며 이 시대의 하나님의 남은 자들로 인정받기에 족하다. 성경이 말하는 참된 신앙의 본질과 자태가 이렇다. 따라서 제반 기독교적 신앙 활동은 한결같이 이상의 사실의 터 위에서 신앙의 본질인 하나님 나라의 구체적 구현을 목적 삼아 전개될 때 비로소 진정한 의미를 찾을 수 있다.

우리가 예수 그리스도를 통해서 구원받고 하나님의 백성으로 살아간다는 사실 속에 담긴 본의가 이렇다. 그렇지 않고서는 인간의 본성 속에 내재된 타락한 종교심을 만족시키는 단순한 기독교적 종교 활동 이상 아무것도 아닌 셈이다. 하나님께서는 이런 자들과는 관계도 분깃도 없다고 단호히 말씀하신다. "그때에 내가 저희에게 밝히 말하되 내가 너희를 도무지 알지 못하니 불법을 행하는 자들아 내게서 떠나가라 하리라"(마 7:21-23).

6. 본문이 제시하는 신학적 명제들

이상 다니엘의 꿈 해석의 내용들을 통해 발견할 수 있는 몇몇 신학적 명제들을 살펴보고자 한다. 이런 명제들을 생명의 도리로 붙들고 살아가게 될 때, 바른 신앙관 정립을 통한 바른 기독교 세계관과 가치관을 형성하는 척도로 기능할 수 있기 때문이다.

(1) 세상 역사는 목표 지향적이다(Goal-Oriented)

목표 지향적이란 역사의 시작이 있으면 반드시 끝이 있다는 사실을 의미한다. 하나님께서 알파(Α)와 오메가(Ω)가 되신다는 말씀의 본의가 이를 뒷받침해 준다. 역사는 확실한 최종 목표를 향해 오늘도 쉼 없이 자신의 수레바퀴를 진행시켜 나간다는 사실이다. 막연한 것이 아닌 확실하고 분명한 종말을 향해서 호리만큼의 차질도 없이 정해진 규범을 좇아서 그렇게 운행되고 있다는 내용이다. 그런 의미에서 시간은 역사의 시작과 함께 활동했으며 역사의 마감과 함께 중보적 기능을 다하게 될 것이다.

이런 의미에서 역사는 순환도 반복도 아니다. 직선적이고 점진적이다. 궁극적이며 최종적인 목표를 향해서 중단 없이 진행된다. 그런 식으로 신상으로 비유되는 인간 통치의 역사는 뜨인 돌로 상징되는 신정통치의 도래 속에서 방편적 사명을 마치게 된다. 이 역사의 종국을 바라보는 영적 안목을 소유하는 일이 신앙을 승리로 이끄는 관건이 될 줄 안다. "... 내가 진실로 속히 오리라 하시거늘 아멘 주 예수여 오시옵소서"(계 22:20).

(2) 세상 역사의 성격은 점진적이다(Progressive)

세상 역사가 목표 지향적이라는 사실은 최종적인 목표를 향해 점진적으로 진행하고 있다는 사실을 함의한다. 마치 100층 건물의 계단을 한 계단 한 계단 밟아 올라가는 것을 통해 마침내 최상층에 도달하는 것과 같은 원리다. 지난해와 올해가 겉으로는 일 년 365일로 다를 바가 없고, 사시사철이 맴돌며 순환하는 것같이 여겨질지라도 하나님의 크신 경륜 속에서는 결코 같은 한 해가 될 수 없다. 이런 의미에서 역사의 운반자인 시간의 흐름은 마치 물의 흐름에 비유할 수 있다. 어제의 그 강가에 나가보면 여전히 거기에 물이 흐르고 있지만 오늘의 물이 어제 보았던 그 물이 아닌 것과 마찬가지의 이치다. 이렇게 역사는 시간을 방편 삼아 하루하루를 연결시켜서 머나 먼 길을 쉬지 않고 달려간다. 최종적 목표를 향해 점진적으로 진행된다.

여기에서 점진적이란 영원한 목적으로서 하나님의 계시 내용이 암시적인데서 명시적인 것으로, 모형에서 실체로, 역사의 진행을 따라서 점차 구체화되며 실체화되는 것을 의미한다. 일례로 창세기 3장 15절의 여자의 후손과 성막과 율법의 제반 제사와 의식과 절기들이 신약의 예수 그리스도 안에서 실체화된다(갈 4:4; 요 2:19-21; 골 2:16-17; 히 9:11; 10:1). 아브라함 언약에 약속된 자녀들은 아브라함의 혈통적 후손인 역사적 이스라엘이 아니다. 예수 그리스도를 믿음으로 의롭게 된 신약의 교회공동체를 가리킨다(갈 3:7, 29; 롬 2:28-29; 9:6-8; 엡 2:12-19). 전자는 후자에 대한 모형적이고 예표적인 계시의 성격을 띨 뿐이다. 이렇듯 세상 역사의 본질은 구속사일 뿐 아니라, 구속사의 진행은 세상 역사를 방편삼아 점진적인 성격을 띠고 목표를 향해 달려간다.

(3) 세상 역사의 최종 목표는 하나님 나라

그렇다면 점진적인 역사진행의 결국에는 무엇이 기다리고 있을까. 오늘 본문의 꿈 해석을 보면 세상 역사의 종말에 뜨인 돌로 말미암는 하나님 나라가 실현될 것을 꿈을 통해 계시해 준다. 성경 계시의 총체적 주제는 하나님 나라에 집중된다. 하나님 나라는 기원이 신적 작정에 기초하고 있기에 국권이 영원하고 결코 멸망하지 않는다고 설명한다. 세상나라와는 본질상 다른 탁월한 능력과 가치와 성격을 지닌 특별한 나라이기 때문이다.

요한계시록 21장 1절에는 이 나라를 '새 하늘과 새 땅' 으로 묘사한다. 에덴에서 발견되는 처음 창조의 원리가 막힘없이 시행되는 곳이다. 그래서 회복된 에덴과 방불하다. 그곳은 하나님의 친 백성들의 천상적 본향이다. 죄와 사망이 다시는 역사하지 못하는 곳이다. 하나님과 성도들이 언약 안에서 하나로 연합되어 임마누엘화 하는 곳이다(계 21:3).

새 하늘과 새 땅은 성경 계시 역사 전반에 걸쳐 일관되게 약속된 신적 언약들이 최종적으로 성취되는 현장이다. 성령의 내주內住하심의 역사를 구체적이고 실제적이며 전인적으로 누리고 경험하는 천상적 삶의 현장인 셈이다. "하나님은 우리의 아버지가 되시고 우리는 그분의 백성"이 되는 언약의 핵심 사상이 최종적으로 성취되는 곳이기 때문이다. 땅의 모든 수고와 슬픔과 애통과 아픔이 다 사라진 곳이다. 불완전한 처음 것들이 다 지나간 곳이다. 처음 하늘과 처음 땅의 본질이 완전히 회복된 곳이다.

그런데 놀랍게도 이 나라의 실질을 우리가 살고 있는 '여기'서부터 현재적으로 경험하고 누리도록 예수 그리스도께서는 우리의 죄를 그분의 대속적 죽음 안에서 죄를 도말해 주셨다. 구원의 보증의 영이신 성령의 인침과 내주하심의 사역을 통해 하나님 나라를 지속적으로 우리 안에서 선취先取적으로 이루어 가시기 위해서다. 이런 관점에서 지상의 성도들은 종말론적 하나님 나라의 영광과 기쁨의 감격을 여기에서부터 미리 맛보아 체험하는 자들로 존재한다. 성령님의 인도와 다스림 안에서 하나님의 통치를 마음껏 누리는 것을 통해서 이런 사실이 구체적으로 확인된다(빌 1:6; 2:13).

기독교 신앙의 정체성은 말씀에 적극적으로 순종하는 삶을 통해 종말론적 하나님 나라의 통치를 여기에서부터 선취적으로 누리는 실제적 경험이다. 신앙과 삶이 불가분의 관계성을 맺고 있는 이유가 이런 원리에 근거한다. 그런 의미에서 하나님의 말씀의 통치를 적극적으로 받아 누리는 삶이 곧 하나님 나라에 속한 삶이요 하나님 나라를 이루는 삶이다. 거기에 아직은 불완전한 요소가 여전히 기능하고 있는 것이 현실이다. 그것은 종말론적으로 성취될 미래의 하나님 나라의 도래를 전망하면서 예비적인 성격을 띠고 있기 때문이다.

(4) 세상 역사의 본질은 구속사

세상 역사는 독립적으로 존재하고 있지 않다. 하나님의 창세전 영원하신 목적을 이루기 위해 방편적 성격을 띤다. 또한 하나님의 기뻐하시는 절대주권에 의해 섭리적으로 간섭되고 있다는 사실로 인해 하나님께 철저히 의존되어 있다는 것이 성경의 증언이다(롬 11:36). 세상 역사의 본질이 구속사란 의미가 이런 사실에 근거한다. 구속사란 예수 그리스도의 인격과 사역 안에서 당신의 백성을 구원하시고 이들을 통해 교회를 이루시며 교회의 결국인 하나님 나라를 최종적으로 건설해 가시는 하나님의 절대주권적인 사역을 가리킨다. 따라서 세상 역사의 본질이 구속사란 의미는 하나님의 신묘불측한 구속사의 성취가 어느날 갑자기 한 순간에 일어나 인간 통치역사와 대체되는 방식으로 나타나는 것을 의미하지 않는다. 이미 인류 초기역사의 출발이 하나님의 구속사의 성격을 띠고 출발했기에(창 3:15; 4:1; 눅 2:1-7; 미 5:2) 표면적으로는 세상 역사의 성격을 띨지라도 본질상 구속사 진행의 현장과 무대로 선용되고 있을 뿐이라는 지적이다.

이런 상호 보완적이고 의존적인 관계 속에서 하나님의 구속사가 마지막 완성의 때가 차면 자연스럽게 인간의 통치역사는 역사의 전면에서 사라지게 될 것이다. 대신 종말론적 하나님 나라가 실체를 드러내는 가운데 창세전 삼위의 하나님께서 계획하셨던 영원하신 목적이 비로소 원형(prototype)대로 성취될 것이다. 본래의 천상적 질서가 완벽하게 회복될 것이다. 마침내 참 에덴과 참 가나안의 실체인 새 하늘과 새 땅이 비로소 실현될 것이다.

(5) 역사의 주관자이신 하나님

여기에서 말하는 역사란 세상 역사와 구속사를 동시적으로 포함한다.

세상 역사는 하나님의 구속사를 성취해 가시는 방편과 수단으로 선용되기에 본질상 역사란 구속사를 가리킨다. 다니엘서 기자는 왕의 꿈을 다니엘을 통해 해석하면서 다니엘 2장 45절에서 이렇게 말한다. "이 꿈이 참되고 이 해석이 확실하니이다." 그 이유를 저자는 29절에서 하나님께서 "장래 일을 왕께 알게 하셨다"는 내용을 통해 사전에 알리고 있다. 이는 왕이 꾼 꿈의 내용이 우연히 발생하는 것이 아니라 세상과 역사를 마음의 원대로 주관하시고 섭리하시는 하나님에 의해 계획되고 섭리적으로 주관되고 있음을 시사한다. "이는 만물이 주에게서 나오고 주로 말미암고 주에게로 돌아감이라 영광이 그에게 세세토록 있으리로다 아멘"(롬 11:36).

하나님은 우주 만물과 만사의 주권자이시다. 이는 하나님께서 역사의 입안자이시며, 창조자이시고, 섭리적으로 역사를 통치하시는 주관자이심을 가리킨다. 하나님께서 알파와 오메가가 되신다는 의미가 이렇다.

이런 원리에 근거해 하나님의 구속사는 세상 역사를 도구삼아 한 치의 오차도 없이 진행된다. 창세전 하나님의 계획과 작정대로 하나님 나라의 최종적 성취를 향해 오늘도 당신의 친 백성들을 통해 남은 구속사를 집행해 가신다. 성도들은 이런 '하나님의 큰일'(행 2:11)로서 남은 구속사를 운반하는 자들로 역사적 사명을 띠고 살아가는 이 시대의 남은 자들로 존재한다(롬 12:2; 11:4-5).

Ⅲ. 결론

꿈은 하나님의 직접적인 현현과 선지자들을 통한 신탁과 함께 구약역사 속에서 하나님의 뜻을 세상 가운데 계시하시는 요소 중 한 방편이다. 다니엘서 기자는 느부갓네살 왕을 통해 계시로 주신 꿈을 해명함으로 세상 역사를 주관하시는 하나님의 구속사의 경륜을 묵시적으로 기록하고 있다.

저자는 왕의 꿈 내용을 해석하는 것을 통해 독자들의 시선과 관심을 하나님의 구속사에 집중시킬 것을 의도적으로 유도한다. 역사의 주관자가 하나님이시며 모든 역사의 진행이 그분의 기뻐하시는 뜻 가운데서 진행되고 있음을 피력한다. 이는 범사에 하나님을 철저히 의지하고 신뢰하는 것을 통해 여호와 중심의 신앙관에 깊이 접촉될 것을 촉구하기 위함이다.

이에 대한 구체적인 예시로 저자는 느부갓네살 왕의 꿈 내용을 방편으로 선용한다. 인간 통치를 상징하는 신상의 한계와, 뜨인 돌로 표상된 신정통치의 영원한 우월성을 극명하게 대비시키는 가운데 종말론적 하나님 나라에 독자들의 관심을 집중시킨다. 이는 역사를 당신의 신정적 정권으로 통치하시는 하나님께서 자신을 전폭적으로 믿고 의지하는 자들의 전 생애를 하나님의 절대주권하에서 섭리적으로 인도하고 계심을 가리킨다. 나아가 자기 백성을 당신의 나라로 인도하실 것에 대한 하나님의 확약인 동시에 구원의 절대 안전에 대한 보장을 시사한다.

다니엘서 저자는 느부갓네살 왕이 만든 금 신상에 절하지 않는 다니엘의 세 친구가 하나님을 향해 보인 초지일관한 신앙의 정절과 풀무불의 형벌로부터 안전히 보호받는 다니엘서 3장 사건을 통해 이런 사실을 구체적으로 증시해 준다(단 3:17-27).

하나님은 오늘도 살아 계셔서 당신의 남은 구속사를 세상 역사 속에서 기뻐하시는 뜻 가운데 집행해 가신다. 성도들은 바로 이 구속사 진행의 한 경점에 접촉되어 하나님의 남은 구속사를 세상 역사 속에서 운반하는 자들로 부르심을 받은 이 시대의 남은 자들임을 자각해야 한다(롬 11:4-5). 베드로 사도는 이런 변화된 신분과 구속사적 사명을 이렇게 선포한다. "오직 너희는 택하신 족속이요 왕 같은 제사장들이요 거룩한 나라요 그의 소유된 백성이니 이는 너희를 어두운 가운데서 불러내어 그의 기이한 빛에 들어가게 하신 자의 아름다운 덕을 선전하게 하려 하심이라"(벧전 2:9).

우리의 변화된 신분과 소속과 사명을 성경이 말하는 진리의 체계를 통해 바르게 해명하고 인식할 때, 그로 인해 합당한 성경적 신앙관이 정립되게 될 것이다. 우리의 신앙이 성경의 본의를 좇는 지식의 체계에 깊이 접촉되어 하나님을 영화롭게 하며 영원토록 그분으로 즐거워하는 실제적 신앙으로 승화되기를 바라는 마음 간절하다(롬10:2-3; 전 12:13; 고전 10:31).

22

열려진 생명나무에로의 길

요한계시록 2장 7절; 창세기 3장 22-24절

I. 도입

하나님께서는 태초에 창조 사역의 일환으로 에덴동산을 창설하시고 동산 중앙에 영생을 상징하는 생명나무와 선악을 알게 하는 나무를 두셨다(창 2:8-9). 특별히 선악과에는 '먹으면 정녕 죽게 될 것'(창 2:17)이라는 하나님의 강력한 금령이 조건부적으로 부가됨으로 최초의 은혜언약으로 맺어주신 문화명령적 창조언약(창 1:28)과 연계되어 순종을 관장하는 제도적인 장치로서의 기능과 역할을 수행한다. 은혜는 자체 속에 행함을 수반한다는 언약적 원리에 따른 조치이다.

아담 부부와 그의 후손들은 하나님의 말씀에 전심으로 자원해 순종하는 방식으로 문화명령적 창조언약의 궁극적 목표인 하나님 나라의 건설을 지속적으로 추구하는 삶을 살아갈 것을 요구받고 있는 셈이다. 이를 신약적 관점으로 재해석한다면 오직 '그의 나라와 그의 의'를 추구하는 삶을 살아가야 한다는 의미와 상통한다(마 6:33).

우리가 성경을 통해 아는 대로 아담 부부는 뱀의 미혹을 받고 욕심에 이끌려 선악과를 따먹음으로 죄인으로 전락한다(창 3:1-6). 아담 부부의 범죄를 신학적으로 '원죄'라고 부른다. 아담 부부는 인류의 머리로서 그들의 원죄는 아직은 아담의 허리에 속해 있었던 잠재된 인류에게 죄성을 전가시킴으로 결국은 온 인류를 죄인의 신분으로 전락시켰다(롬 3:23; 5:12). 그러므로 사망은 죄값의 결과로 주어진 형벌이다(롬 6:23).

이런 상황에서 하나님께서는 아담 부부를 에덴동산으로부터 쫓아내시고 동산 동편에 일단의 천사들 무리와 화염검(flaming sword)을 두심으로 생명나무로 가는 길을 차단하셨다(창 3:24). 성경은 이 사건을 가리켜 아담 부부가 생명나무의 실과도 따먹고 영생할 것을 미연에 방지하기 위한 하나님의 조치였다고 기록한다(창 3:22). 이런 식으로 당초 복락원은 실낙원으로 전락했으며 영생을 상징하던 생명나무에로의 길은 차단되어 버렸다.

그렇다면 범죄한 인류에게 영생의 길은 묘연할 뿐이며 구원의 기회는 전무하다는 말인가. 그렇지 않다. 계시록 본문을 통해 부활하신 예수께서는 "이기는 그에게는 내가 하나님의 낙원에 있는 생명나무의 과실을(상급으로) 주어 먹게 하리라"고 만천하에 공개적으로 천명하시며 약속해 주신다(계 2:7). 아담의 범죄로 인해 차단되었던 생명나무에로의 길이 이제 비로소 예수 그리스도 안에서 열리게 된 것이다. 그렇다면 요한계시록 2장 7절의 말씀은 구체적으로 무엇을 의미하는 것일까.

Ⅱ. 전개

요한계시록 2장 7절의 메시지는 밧모섬에 유배당한 사도 요한이 성령의 감동을 입고 부활하신 주님의 명을 좇아 에베소 교회에게 보낸 편지 내용의 일부이다. 주님께서는 칭찬과 책망과 경고의 메시지를 에베소 교회에게 선포하신 후에 "귀 있는 자는 성령이 교회들에게 하시는 말씀을 청종할 것"을 촉구하신다(계 2:7상). 본문은 몇가지 중요한 사실들을 시사해 준다.

1. 에베소 교회에게 주신 메시지의 선포자가 부활하신 예수 그리스도(계 2:1)에게서 성령님으로 바뀐 사실이다.

이는 부활하신 예수 그리스도께서 오순절에 강림하신 성령님을 통해 교회를 여전히 돌보고 계신다는 현재적 사역을 가리킨다(계 1:20-2:1). 예수께서는 성령님을 통해 자신의 교회사역을 계속하실 것에 대해 제자들에게 말씀하신 바가 있다(요 14:15-17, 26; 16:13-14; 행 2:1-4). 그런 의미에서 성령님의 사역은 동시에 예수님의 복음사역을 대리적으로 수행한다는 성격을 띤다(요 14:12).

성령님은 하나님의 영이시며 동시에 예수 그리스도의 영으로 본질상 삼위三位일체적으로 역사하신다(롬 8:9; 요 14:23). 따라서 범사에 성령님의 인도와 다스림을 받을 때 최선으로 주님의 뜻을 받들어 행하는 결과를 낳게 된다. 그것은 말씀의 본의를 바르게 깨닫고 이를 신앙과 생명의 도리로 붙들고 살아가는 순종력의 발휘와 동질성을 띤다.

그러므로 말씀에 순종하는 방식을 통하지 않고는 바른 교회를 이룬다거나 하나님의 나라를 선양하고 운반하며 건설해 나가는 천상지향적 가치관의 삶은 절대적으로 불가능하다. 말씀의 통치를 적극 받아 누리는 데서 구원의 실질인 부활하신 예수 그리스도의 생명에 연합된 사실이 확인되며(갈 2:20), 하나님 나라에 소속된 친 백성으로서의 천상적인 정체성이 확증되기 때문이다.

2. '귀 있는 자'들에게만 성령님의 역사를 통해 예수 그리스도의 말씀이 생명으로 수납된다는 사실이다(엡 1:13).

결국 말씀의 사역은 성경의 원저자로서 진리의 영이신 성령님의 주도적인 사역이라는 사실을 가리킨다. 그러므로 예수 그리스도를 주와 하나님으로 고백할 수 있는 것은 자의적으로 될 수 없다. 성령님께서 눈을 열어 주셔서 주의 법의 기이함을 깨닫게 하시고, 귀를 열어 주셔서 들을 수 있게 해 주셔야 된다는 것이 성경의 지적이다(고전 12:3; 행 16:14; 시 119:18, 105). 그러므로 구원은 창세전 그리스도 안에서 베푸신 하나님의 주권적인 선택의 은혜와, 예수 그리스도의 구속사역과, 성령님의 거듭나게 하심으로 인치시고 내주케 하시는 보증과 적용의 역사에 근거할 뿐이다(엡 1:4-14; 고후 1:22).

하나님의 구원 사역에 인간편에서 할 수 있는 일이란 아무 것도 없다(엡 2:8-9). 구원의 방편인 믿음조차도 하나님께서 주셔야 한다(엡 2:8; 약 2:1). 그래서 믿는 것이 아니라 믿어지는 것이다(살후 1:10). 구원의 궁극적 목적으로서 하나님의 구원의 은혜의 영광을 찬미할 수 있는 당위성이 이런 사실에 근거한다(엡 1:6; 고전 10:31; 전 12:13). 나아가 구원의 은혜는 순종의 삶과 직결되어 있다. 은혜는 행함을 동반한다. 이때 성령님의 주도적인 역사에 의해 말씀에 통치를 적극 받아가는 순종력의 발휘가 가능해진다. "성령의 소욕을 좇아 행하라. 그리하면 육체의 욕심을 이루지 아니하리라" (갈 5:16).

3. 에베소 교회에게 주시는 말씀은 동시에 모든 지상의 현존하는 교회에게 주시는 말씀과 본질에서 동일시된다는 사실이다.

요한계시록 2장 1절에서는 주님께서 에베소 교회를 향해 말씀하셨는데, 7절에서는 성령님을 통해 '교회들' 에게 말씀하시는 것으로 바뀐 사실을 통해 확인할 수 있다. 단수가 복수로 바뀌었다. 이런 사실을 좀더 확대해석하게 되면 결국 일곱 교회에게 주신 메시지는 지상에 존재하는 모든 교회에게 주시는 주님의 말씀으로 해석할 수 있다는 결론에 이른다. 완전수와 충만수로서 7이라는 숫자에 담긴 상징성의 의미가 이렇다.

한편 예수 그리스도의 메시지를 감심感心으로 받고 이를 생명처럼 귀하게 받들어 행한 자들에게 상급이 보장되어 있다. 요한은 이를 '이기는 자'에게는 이라는 표현을 통해 보증한다(7절하). '이기는 자' 란 묘사는 군사적인 용어로서 다분히 전투적인 성격을 띤다. 지상의 교회가 예수님을 군대장관으로 모신 하늘의 군대, 곧 전투하는 교회의 정체성을 띠고 존재하고 있음을 감안할 때, 이기는 자에게 약속된 보상은 전투에서 승리하는 자에게 주시겠다는 상급의 이미지를 담고 있음을 확인하게 된다. 이는 공중권세를 잡고 있는 사단 세력들과의 치열한 영적 전쟁을 염두에 둔 표현임에 틀림없다(엡 6:12; 2:2-3).

보다 본질적인 관점에서는 창세기 3장 15절에 예언된 여자의 후손과 뱀의 후손간의 적대적인 영적 전투가 예수 그리스도의 초림사역으로 인해 결정적인 승부가 갈렸음에도 불구하고 종말에 이르기까지 지속될 것에 대한 시사이기도 하다(마 12:29; 눅 11:21-22; 요 19:30; 벧후 2:4; 유 1:6; 계 20:1-3). 계시록의 본론 부분에 해당되는 4-20장까지의 내용의 중심 주제가 다름 아닌 사단세력들과의 영적 전투 모티브에 근거해 기술되고 있음이 이런 사실을 뒷받침해 준다. 여자의 후손 언약을 기술하고 있는 창세기 3장 15절의 구체적인 진행과 관련해 계시록에서의 내용 전개를 이렇게 요약할 수 있다.

계시록 1장에서 군대장관(야전사령관)의 모습으로 자신을 계시하신 부활하신 예수 그리스도께서(계 1:13-16; 19:11-13), 2-3장의 일곱 교회를 향해 이기는 자에게 상급을 약속하시면서 전투에서의 승리를 촉구하시다가, 마침내 사단세력들과의 모든 전쟁을 승리로 이끄신 후에(4-20장) 다시 한번 이기는 자에게 약속하신 상급을 주실 것을 총체적으로 보증하고 계신 사실을 통해 확인할 수 있다(계 21:7).

Ⅲ. 결론

사실상 일곱 교회들을 향해 이기는 자에게 약속하신 상급의 내용을 살펴보면 새 예루살렘 성으로 상징된 교회의 종말론적 승리와 완성을 통해 누리게 될 영적 복 곧 구원의 완성을 다양한 측면에서 언급하고 있음을 확인하게 된다. 에베소 교회를 향해 이기는 자에게 약속하신 상급도 '낙원에 있는 생명나무의 열매를 주어서 먹게 하시겠다' 는 내용이다. 이는 새 하늘과 새 땅으로 표상된 미래의 하나님 나라에서 교회가 누릴 완성된 구원의 삶, 곧 영생의 삶을 상징적으로 가리키는 표현이다.

처음 하나님 나라로 존재했던 에덴동산에서는 아담과 하와의 범죄로 인해 생명나무로 가는 길이 차단되었다(창 3:22-24). 생명대신 죽음의 저주가 죄의 형벌로 내려졌다. 아담 부부는 에덴에서 쫓겨났다. 에덴동산은 한 순간에 실낙원이 되어 버렸다. 그럼에도 불구하고 창세기 3장 15절의 여자의 후손 언약은 원복음의 성격을 암묵적으로 시사함으로써 구속의 방식으로 아담 부부의 죄를 구속해 주심으로 에덴 또한 회복해 주실 것을 약속해 주셨다. 그리고 마침내 여자의 후손의 당사자로 오신 예수 그리스도의 인격과 사역을 통해 죄는 속량되고 에덴 또한 하나님 나라의 현재적 도래를 통해 회복되었다는 것이 성경의 관점이다(마 12:28).

다시 말해 예수 그리스도의 구속사역의 성취를 통해 여전히 미래적인 하나님 나라의 완성은 남아 있을지라도 하나님 나라는 현재적으로 '이미' 도래했다는 사실이다(마 12:28; 눅 17:20-21). 이런 원리 속에서 예수님의 초림사역의 성취는 재림사역의 완성을 보증한다. 때문에 이기는 자 곧 예수 그리스도 안에서 그와 생명적으로 연합된 성도들은 이미 회복된 에덴동산(현재적 하나님 나라)에서 생명나무로 상징되는 영생을 현재적으로 소유해 누리는 자들로 존재한다(요 11:25-26; 5:24).

나아가 종말론적으로 완성될 교회가 향유하게 될 천상적 복락 속에서 구원의 실질인 영생의 삶을 만끽하게 될 것을 보장받는다(계 22:1-2). 이들이야말로 부활하신 예수 그리스도의 생명에 연합되어 영생하는 생명력을 발휘하는 가운데 사단의 세력에 맞서 죽음까지도 불사함으로 세상을 넉넉히 이기는 하나님의 친 백성들로 존재하는 자들이다(벧전 2:9; 계 14:4-5). '이기는 자' 의 표현 속에 담긴 본의가 이렇다.

그런 의미에서 신약의 성도들은 그리스도의 구속 안에서 이미 이기는 자들로 존재할 뿐 아니라, 저들에게 약속된 생명나무의 과실을 현재적으로 먹고 있는 자들로 존재하는 셈이다(요 11:25-26; 갈 2:20). 죄로 인해 차단되었던 생명나무에로의 길이 예수 그리스도의 새 언약의 핵심인 구속을 통해 환하게 열려진 것이다. 누구든지 그리스도 안에 있으면 새로운 피조물의 신분으로 거듭나게 되어 영생의 삶을 보장받는다.

"그 길은 우리를 위하여 휘장 가운데로 열어 놓으신 새롭고 산 길이요 휘장은 곧 저의 육체니라" (히 10:20).

제II부

개혁주의 구원론 강좌

1. 죄의 원리 : 죄 없는 자가 먼저 돌로 치라
2. 죄책(형벌)의 원리 : 죄의 값은 사망/심판/불못
3. 속죄의 원리 : 세상 죄를 지고 가는 하나님의 어린양
4. 믿음의 원리 : 놋뱀을 쳐다본즉 살더라
5. 순종의 원리 : 무익한 종의 고백

1

죄의 원리 : 죄 없는 자가 먼저 돌로 치라

요한복음 8장 1-11절

I. 도입

하나님의 구원 사역의 특징은 창세전 예수 그리스도 안에서 택하신 백성들을 죄로부터 구원하시는 성격을 띠고 나타난다(엡 1:4-6). 죄로부터 구원이라는 신학적 명제 때문에 흔히 세인世人들로부터 '배타적 복음' 내지는 '기독교의 독선' 문제가 심심치 않게 제기되곤 한다. 기독교를 독선獨善적인 종교로 혹평하거나 폄하貶下하는 것은 다름 아닌 구원론과 관련해 집중적으로 지적된다. 다시 말해 타종교와 비교해 유독 기독교에만 구원이 있다는 사실 때문이다. 이런 이유로 타종교에는 상대적으로 참된 구원이 없다는 논리가 성립되어 심한 빈축과 반발을 사기가 일쑤이다.

일반적으로 종교가 갖는 보편적인 특징은 내세관을 통한 구원론이다. 이때 구원은 다름 아닌 죄로부터의 구원을 우선적으로 가리킨다. 죄의 문제가 근본적으로 해결되지 않고는 진정한 의미의 구원은 보장될 수 없다는 것이 성경이 말하는 구원론의 주된 사상이다(롬 3:23; 5:12). 문제는 구원에 이르는 방법이다. 다시 말해 어떻게 죄인이 구원을 받을 수 있는지의 방법론이 구원론의 관건이다.

이점에 있어서 대부분의 일반 종교는 선행과 수련을 구원의 조건과 수단으로 강조한다. 지속적인 선행과 자기노력 및 수행을 쌓으므로 마침내 선의 경지인 구원에 이를 수 있다는 논리이다. 따라서 각각의 종교가 비록 수행修行의 방식에 있어서 상호간 다소 차이가 있을지라도 결국 도달하게 되는 궁극적인 구원의 정점은 동일하다는 관점이다. 마치 산 정상에 오르는 길은 여러 갈래일지라도 동일한 정상에서 모두가 만날 수 있는 것과 같은 이치로 설명한다. 이는 다른 말로 자력自力구원을 가리킨다. 자신의 부단한 노력과 수행의 연마를 통해 마침내 선의 경지 곧 저들이 말하는 구원의 절정에 이를 수 있다는 논리이다.

그러나 기독교는 이점에서 본질적으로 견해를 달리한다. 결코 선행과 노력 및 수행 등 제반 인간적인 행위를 구원의 필수 조건이나 방편으로 전제하지 않는다. 아니 절대 불가하다. 왜냐하면 설령 그렇게 노력하고 수행한다 할지라도 그것이 자신의 본성 속에 내재된 죄성罪性의 문제를 근본적으로 해결할 수 없기 때문이다. 위에서도 지적했듯이 구원의 본질은 일체의 죄로부터 용서를 받음으로 하나님과의 관계를 바르게 정립하는 일이지(사 59:2; 롬 5:10) 결코 자기공로와 자력수행을 통해 선善의 경지에 도달하는 득도得道의 개념이 아니다.

그렇다면 죄를 용서받을 수 있는 기독교적 구원의 도리는 무엇일까. 그것은 선행善行으로 말미암는 자력自力구원이 아니다. 그렇다고 선행의 대가로 지불되는 보상의 개념은 더욱 아니다. 모든 사람이 죄인인 사실을 전제하는 데서 오는 타력他力구원이다. 누군가 내 죄를 대신해서 죄값을 지불해주는 대속代贖의 방식이다.

예를 들어 여기 한 사람의 노예가 있다고 가정해 보자. 그는 노예의 신분상 결코 스스로 자유로울 수 없는 자다. 그런데 어떤 한 사람이 이 노예를 일정한 값을 지불하고 사게 되었다. 그 노예는 새로운 주인을 맞게 된 셈이다. 그런데 그 사람은 노예를 종으로 부리는 것이 아니라 일체의 노비문서를 소각시켜 파기해 버리고 대신 자유인이 되게 해 주었다. 그 순간부터 그 노예는 더이상 노예의 신분이 아니다. 오랜 노예의 속박에서 벗어난 자유인이다. 이런 식으로 이 노예는 스스로 자유로울 수 없었던 상태에서 주인의 은혜로운 구속(救贖, atonement)의 방식에 힘입어 자유를 찾게 되었다. 이후부터 어느 누구도 이 사람을 노예로 간주하거나 취급할 수 없다. 그는 법적으로 명실상부한 자유인이 되었기 때문이다.

타력他力구원의 진상이 이렇다. 독선적인 종교로서 기독교에만 구원이 있다는 주장의 당위성이 이런 원리에 근거한다. 타종교의 창시자가 본질상 인간인 이상 어느 누구도 죄로부터 자유로울 수 없다. 자신의 죄의 문제를 먼저 해결함이 없이 남의 죄의 문제를 해결함으로 그를 구원의 길로 인도할 수 없다. 이런 관점에서 대속물의 자격은 죄가 없어야 하며 그러기 위해 죄와 무관한 하나님께서 사람의 몸을 입고 이땅에 오셔야만 했던 것이다.

예수 그리스도는 하나님이 사람이 되신 분이다. 예수 그리스도야 말로 하나님께서 육신을 입고 세상 가운데 오신 유일한 대속물이 되신 분이시다(요 3:16; 막 10:45; 마 1:21-23). 우리의 죄를 대신해 죽으심으로 우리를 구원하고자 대속주가 되기 위해 오신 여자의 후손 언약(창 3:15)의 당사자이시다(갈 4:4). 성경이 예수 그리스도 외에 다른 구원받을 만한 이름을 주시지 않았다고 자증自證하는 이유가 이런 사실에 근거한다(행 4:12). 이상의 사실을 고려할 때, 기독교의 복음만이 유일하게 죄의 문제를 해결할 수 있다는 전제하에서 독선적이며 동시에 배타적인 종교로서의 당위성이 정당화된다고 볼 수 있지 않을까.

그렇다면 죄로부터의 구속을 위해 요구되어지는 대전제는 무엇일까. 그것은 구원의 필요성을 절감하는 심정을 가지고 각 사람이 하나님 앞에서 죄인이라는 사실을 철저하게 인식하고 인정하는 일이다. "의인은 없나니 하나도 없으며"(롬 3:10), "모든 사람이 죄를 범하였으매 하나님의 영광에 이르지 못하더니"(롬 3:23), "한 사람으로 말미암아 죄가 세상에 들어오고 죄로 말미암아 사망이 왔나니 이와 같이 모든 사람이 죄를 지었으므로 사망이 모든 사람에게 이르렀느니라"(롬 5:12), "너희 중에 죄 없는 자가 먼저 돌로 치라"(요 8:7).

이는 마치 시장기를 느끼지 못할 때 음식을 요구할 수 없으며, 자신이 사경死境에 처해 있지 않으면 결코 절박한 심정으로 구조를 요청할 수 없는 이치와 다를 바 없다. 자신의 영적인 상태와 실상이 하나님 앞에서 멸망받을 수밖에 없는 죄인이라는 사실을 절감하게 될 때, 본능적으로 죄에 대한 형벌로서 하나님의 공의로운 심판을 의식해 두려워하게 될 것이며, 어떻게 해야 죄 문제를 해결함으로 구원받을 수 있는지를 심각하게 고민하지 않을 수 없게 될 것이다. "... 선생들아 내가 어떻게 하여야 구원을 얻으리이까 하거늘 가로되 주 예수를 믿으라 그리하면 너와 네 집이 구원을 얻으리라 ..."(행 16:30-31).

이런 의미에서 성경이 지적하는 대로 죽음은 죄에 대한 하나님의 공의로운 심판으로 형벌에 해당한다(롬 6:23). 죄의 형벌인 인간의 죽음은 하나님의 종말론적 심판과 관련해 예비적인 성격을 띤다. 죽음을 예비적인 형벌로 설명함은 죽음 후에 있을 하나님의 최종 심판을 통해 정죄받은 악인들에게는 최후의 선고인 지옥의 형벌이 기다리고 있기 때문이다(살후 1:8-9; 히 9:27; 마 25:46; 계 20:11-15).

모든 불신자들과 불가지론자들과 무신론자들이 죽음을 두려워하는 이유는 단순히 그것이 인생의 종말이라는 사실보다 그후에 심판이 있으며 영벌永罰로서 지옥의 형벌이 기다리고 있음을 본능과 본성적으로 감지하고 있기 때문일 것이다. 반면 성도들에게는 죽음이 더이상 형벌의 성격을 띠지 않는다. 불신자들의 그것과 같지 않다. 예수 그리스도의 대속적인 죽음과 보혈의 공로를 믿음으로 의지하는 데서 가능한 법적인 효력이 성도들의 죄를 사면해 주심으로 일체의 정죄로부터 이미 해방되었을 뿐 아니라(롬 8:1-2), 의롭게 되어 하나님의 자녀의 신분으로 바뀌어졌기 때문이다(롬 3:22-24; 요 1:12; 고후 5:17).

이상의 사실과 관련해 본문은 구원의 절대 필요성과 불가분의 관계를 맺고 있는 죄의 문제를 다루고 있다. 하나님 앞에서 온 인류는 죄인일 수밖에 없는 필연적인 사실로 인해 모든 사람이 한결같이 종말론적인 하나님의 공의로운 심판을 피할 수 없으며 정죄당할 수밖에 없다는 사실을 고발한다. 반면에 하나님 앞에서 죄인 된 신분으로 우리의 영적 정체성에 대한 정확한 인식은 또 다른 측면에서 우리를 하나님의 은혜롭고 자비로운 구원에로 인도하는 첩경이 된다는 사실을 제시해 준다.

Ⅱ. 전개

본문의 배경은 끊임없이 예수 그리스도와 종교적 대립과 갈등을 빚고 있는 바리새인과 서기관들이 간음하다 현장에서 잡힌 여인에 대한 판정을 빌미로 예수님을 책잡아 고소하려는 데서 비롯된 사건이다.

1. 본 사건의 개요

일단의 유대 종교지도자들과 무리들이 간음하다 현장에서 잡힌 한 여인을 데리고 예수님께로 나아온다. 예수께서는 마침 성전에서 일단의 무리들에게 늘 그러셨듯이 '천국복음과 하나님 나라' 에 관해 가르치고 계셨다(마 4:23). 종교지도자들은 여인을 무리들 중앙에 세운다. 저들은 '이 여인이 간음하다 현장에서 잡혔다' 고 예수님께 고소한다. 계속해서 저들은 모세의 율법에 의하면 이런 여인은 '돌로 치라' 고 되어 있다고 강경한 어조로 송사訟事한다(레 20:10; 신 22:22).

문제는 예수님이라면 이런 문제를 어떻게 처리하겠느냐는 저들의 의도적이고 고의적인 질문에 있다. 사도 요한은 이런 사실을 '저희가 고소할 조건을 얻고자 하여 예수를 시험함이라' 는 기술을 통해 저들의 속내를 고발한다. 다시 말해 지금 유대 종교지도자들이 여인에 대한 정당한 판결을 예수님께 부탁하는 것은 진실된 마음의 발로에서가 아니라, 오히려 이 일로 예수님을 곤경에 빠뜨려 책잡고자 하는 저의底意가 담긴 사건이라는 지적이다.

그렇다면 왜 이 사건이 예수님에게 악의적인 시험이며 고소당할 수밖에 없는 함정으로 작용하는 것일까. 그것은 저들이 처음부터 예수님에게 기대하고 있는 답변이 어떤 경우라 할지라도 고소거리가 될 수밖에 없기 때문이다. 모세의 법대로 돌로 치라고 한다면 이는 극한 사랑의 정신에 근거해 죄인을 부르러 오셨으며 원수까지도 용서하라는 주님 자신의 말씀과 사역의 정신에 정면으로 위배되는 발언이 성립된다. 그렇다고 용서해 주라고 할 수도 없다. 왜냐하면 예수님 또한 유대인으로서 아브라함의 후손인 이상 모세의 법을 적극 순종해야 할 의무가 있는데 이를 무시하는 것으로 인해 율법에 불순종하는 위법행위가 성립될 수 있기 때문이다.

이런 이유로 유대 종교지도자들의 입장에서 보면 지금 예수님은 진퇴양난의 형국에 처한 셈이다. 저들이 고의적으로 쳐놓은 덫에 영락없이 걸려든 셈이다. 이는 본 사건과 관련해 처음부터 저들이 노렸던 꼼수다. 저들은 처음부터 이 여인에 대한 예수님의 정당한 판정에 관심이 있었던 것이 아니다. 이 사건을 통해 예수님을 책잡아 완벽하게 고소하려는 데 있었을 뿐이다. 저들은 속으로 일말의 쾌재를 불렀을 것이 확실하다. 모든 일들이 자신들의 계획대로 순조롭게 진행되는 것으로 확신했음에 틀림없다.

그러나 당시 상황은 그렇지 않았다. 저들의 뜻대로 진행되지 않았다. 저들의 기대와는 달리 예수님은 즉답을 피하셨다. 돌로 치라든가 아니면 용서하라는 등의 말씀을 아끼셨다. 대신 땅에다 무엇인가 쓰시려는 듯 몸을 굽히신 채 잠시 침묵으로 일관하셨다. 유대 종교지도자들의 관점으로 보면 이런 예수님의 행동은 전혀 예상 밖의 일이었다. 저들의 마음이 점차 조급해져 갔다. 더이상 기다릴 수 없다는 듯 채근하기 시작했다. 이때 예수께서 몸을 일으키시며 돌연 말씀하셨다. "너희 중에 죄 없는 자가 먼저 돌로 치라"(요 8:7). 그리고는 다시 몸을 굽히셔서 땅에 무언가를 쓰셨다.

주님의 말씀은 전혀 뜻밖의 반응이었다. 둘 중 하나의 답변을 기대했던 종교지도자들의 입장에서 보면 오히려 전혀 예상치 못한 역습逆襲을 당한 꼴이다. 예수님의 답변을 듣는 것은 고사하고 오히려 예수님의 질문에 답변을 해야 하는 수세의 입장으로 몰리게 되었다. 상황이 반전된 셈이다. 이런 의미에서 저들을 향해 던지신 예수님의 말씀은 절묘한 답변인 동시에 하나님 앞에 서 있는 모든 인류를 향해 던지는 근원적인 질문으로 양면성을 띤다고 할 수 있다.

여기에서 잠깐의 침묵으로 일관하셨던 예수님의 행동이 무엇을 의미하는가 하는 문제는 차선의 관점이다. 결과론적으로 추정해 본다면 '너희들 역시 하나님 앞에서 숨겨진 죄인으로서, 그분 앞에서 숨겨진 죄인이나 드러난 죄인이 일반일진대 무슨 차별이 있겠느냐. 그렇다면 어찌 죄인이 죄인을 정죄할 수 있단 말이냐' 는 식의 무언의 책망일 수 있다. 그러나 보다 중요한 관점은 저희를 향해 던지신 "너희 중 죄 없는 자가 먼저 돌로 이 여인을 치라"는 예수님의 도전적인 질문이시다.

잠시 후 예수께서 몸을 펴신 후 "다들 어디 있느냐"고 여인에게 질문하신다. "아무도 없다"고 여인이 대답한다. 이때 저자인 사도 요한은 종교지도자들과 일단의 무리들이 그 자리를 소리 없이 떠나게 된 원인을 "양심의 가책"을 받은 사실에서 찾는다. 적어도 당시 상황에서 간음한 여인에 비교한다면 저들은 의인의 자리에 서 있는 것이나 다를 바 없었다. 그래서 의기양양하게 재판관의 심정을 가지고 여인과 예수님을 정죄할 이중의 목적을 숨긴 채 예수님을 찾아왔던 것이다.

그러던 차에 전혀 예상치 않던 질문을 예수님으로부터 받게 된 것이다. 예수님의 질문은 저들의 양심으로 하여금 저들의 숨겨진 죄성을 여지없이 폭로시켜 버림으로 저들을 정죄한 셈이다. 인간의 양심은 비록 전인격이 타락했음에도 불구하고 '양심의 가책'이라는 기능을 통해 한때 하나님의 말씀을 생명의 도리로 붙잡고 살았음을 증거해 주는 최소한의 흔적과 보루로 남아 기능하고 있음을 보여준다. 주님께서 여인에게 "나도 너를 정죄하지 아니하노니 가서 다시는 죄를 범치 말라"고 말씀하신다.

1. 본 사건이 주는 신학적 명제들

첫째, 하나님 앞에서 모든 사람은 죄인이라는 사실이다.

본 사건에서 "죄 없는 자가 먼저 돌로 치라"는 예수님의 질문에 종교지도자들은 물론 어른에서 젊은 사람에 이르기까지 한 사람도 예외 없이 모두가 그 자리를 떠났다고 저자는 기술한다. 이는 그 자리에 있었던 모든 사람들이 예수님의 질문에 양심의 가책으로 인한 심한 정죄 의식을 갖게 됐음을 의미한다. 비록 공개적으로 드러난 것은 아닐지라도 각인의 심령 속에 숨겨진 범죄의 요소와 내용들이 있었음을 주관적이고 동시에 객관적으로 인정하는 모습이다. 그렇다면 이런 저들의 정죄 의식은 당시 저들에게만 특별히 해당되고 적용되는 예외적인 경우일까.

이렇게 가정해 볼 수 있다. 우리들 각자가 그때 그 상황에서 현장에 저들과 더불어 함께 있었다고 가정해 보자. 그래서 우리들 각자도 "너희 중에 죄 없는 자가 먼저 돌로 치라"는 예수님의 질문을 동일하게 듣게 되었다고 상상해 보자. 우리라면 어떻게 처신했을 것 같은가. 어떤 반응이 나왔을 것 같은가. 우리라면 예수님의 질문에도 불구하고 그 자리에 당당히 남아서 계속해서 예수님에게 답변하라고 요구할 수 있었겠는가.

아마 우리라고 해도 그때 그 사람들처럼 그 자리를 피할 수밖에 없었을 것이라고 확신한다. 인지상정의 심정의 발로를 부인할 수 없기 때문이다. 그렇다면 우리 또한 시간과 공간을 넘어서 주님의 말씀 앞에 죄인인 사실을 인정하는 것이다. 예수님의 질문 앞에서 어느 누구도 예외 없이 그 자리를 뜰 수밖에 없을 것이며, 이는 전 인류가 스스로 죄인임을 인정하는 결정적인 행동을 대변함에 틀림없다.

우리의 관심은 자연스럽게 다음의 질문을 제기하게 된다. 그렇다면 무엇이 우리로 하여금 스스로 죄인임을 시인하게 하는 것일까. 본문에서 성경은 정죄 의식을 일으키는 일차적 동인을 양심으로 규정한다. "저희가 이 말씀을 듣고 양심의 가책을 받아 어른으로 시작하여 젊은이까지 하나씩 하나씩 나가고 ..." (요 8:8).

본 사건을 통해 인간의 전인격이 타락했음에도 불구하고 우리의 양심은 우리가 한때 하나님의 말씀을 전폭적으로 의존해 살았음을 증거해 주는 유일한 기관으로서의 기능을 담당하고 있었음을 희미하게나마 시사해 준다. 물론 오늘날 양심의 기준이라는 것이 세계 여러 나라의 각 사람에게서 획일적이고 보편적인 가치의 척도로 기능한다고 단언할 수는 없다. 때로 양심이 화인火印 맞은 자들에게 있어서는 더욱 이런 기준을 적용시키기란

용이하지 않을 수도 있다. 그럼에도 불구하고 적어도 본 사건의 경우 주님의 질문 앞에서 그 자리에 당당하게 남아 있을 수 있는 사람이 있겠느냐는 문제와 관련해 아무도 예라고 답변할 수 없었다는 사실이다. 이는 우리를 정죄하는 양심의 책망 앞에서 아무로 자유로울 수 없음을 증거해 준다.

다음으로 우리를 정죄하는 것은 다름 아닌 성경 자체이다. 여기에서 성경이 우리를 정죄한다는 의미는 하나님께서 인류를 죄인으로 판정하신다는 의미와 동질성을 띤다. 성경은 하나님의 자기 계시서啓示書이다.

"의인은 없나니 하나도 없으며"(롬 3:10). "모든 사람이 죄를 범하였으매 하나님의 영광에 이르지 못하더니"(롬 3:23). ".....모든 사람이 죄를 지었으므로 사망이 모든 사람에게 이르렀느니라"(롬 5:12). "오직 너희 죄악이 너희와 너희 하나님 사이를 내었고 너희 죄가 그 얼굴을 가리워서 너희를 듣지 않으시게 함이니"(사 59:2). "여호와께서 사람의 죄악이 세상에 관영함과 그 마음의 생각과 모든 계획이 항상 악할 뿐임을 보시고 땅위에 사람 지으셨음을 한탄하사 마음에 근심하시고 가라사대 나의 창조한 사람들을 내가 지면에서 쓸어버리되 ..."(창 6:5-7). 이처럼 하나님 앞에서 모든 사람이 죄인임을 성경은 도처에서 명백히 증거한다.

둘째, 죄의 기원은 하나님 말씀에 대한 불순종에서 유래한다.

본문에서 '양심의 가책' 으로나 하나님의 면전에서 하나님의 정죄에 근거해 우리 모두가 죄인일 수밖에 없음을 인정하게 될 때, 정작 우리 안에서 정죄 의식을 유발시키는 구체적인 범죄의 내용은 무엇일까. 다시 말해 무엇이 우리로 하여금 스스로를 죄인으로 정죄해 인정할 수밖에 없도록 만드는 것일까. 성경은 다섯 가지 측면에서 모든 사람이 죄인일 수밖에 없는 범죄의 유형을 기술한다.

① 원죄(죄성)사상이다.

이는 인류의 조상인 아담 부부가 하나님의 말씀에 불순종함으로 기인된 원죄의 죄성이 그의 후손들의 의지와는 무관하게 그들과의 연합을 통해 태생적으로 전가된 것을 가리킨다(롬 5:12, 19상).

원죄 사건의 경위는 이렇다. 태초에 하나님께서 천지와 만물을 먼저 지으셨다. 그후에 특별히 인류의 조상인 아담과 하와를 하나님의 형상과 모양대로 지으셔서 에덴동산에 두시고 만물을 하나님의 기뻐하시는 뜻 가운데 관리하고 다스리도록 통치권을 위임해 주셨다(창 1:26-28). 이를 신학적으로 창조적 문화명령(cultural mandate)이라고 부른다. 아담과 하와를 만물의 영장이요 창조의 면류관이라고 부르는 이유가 저들에게 부여된 이런 특권과 무관치 않다.

문화명령을 통해 아담과 하와에게는 오직 하나님의 말씀에 순종하는 방식으로 하나님의 뜻을 추구하며 만물을 통치하는 가운데 하나님의 나라를 선양하고 운반하며 확장시켜야 하는 막중한 책임과 사명이 주어진 셈이다. 하나님께서는 이런 사실을 가시적인 표상으로 보여주는 선악과를 동산 중앙에 생명나무와 함께 두셨다(창 2:9). 그리고 말씀하시기를 '동산의 각종 나무의 실과는 네가 임의로 먹되 선악을 알게 하는 나무의 실과는 먹지 말라. 먹으면 정녕 죽으리라' 고 경계를 시키셨다(창 2:16-17).

이는 태초부터 사람의 생명이 하나님의 말씀에 의존되어 있음(벧전 1:23)과 순종이야말로 창조의 은혜를 입은 피조물이 창조자를 향해 마땅히 드릴 최선의 경외와 경배행위임을 적극 시사해 준다. 성도들의 자율적 순종은 하나님의 왕적 통치를 현재적으로 적극 받아 누리는 것을 통해 하나님의 백성 된 신분과 그의 나라에 소속된 자로서의 정체성을 가장 극명하게 드러내는 객관적인 척도로 작용한다(약 2:17, 22, 26).

그런데 이들에게 문제가 생긴다. 사단이 뱀을 통해 먼저 하와를 미혹한 것이다(창 3:1-5). 선악과를 먹으면 눈이 밝아져 선악을 분별하는 일에 하나님처럼 될 수 있다고 지존사상에 대한 욕망을 한껏 부추겨 미혹했다(창 3:5). 하와가 금단의 열매인 선악과를 따먹는다. 그리고 남편 아담에게도 준다. 아담도 이를 거절하지 못한다. 결국 아담과 하와는 뱀의 미혹으로 하나님의 명령을 어기고 선악과를 따먹음으로 불순종의 죄를 저지르고 만다(창 3:6). 이것이 성경이 말하는 범죄의 기원이다. 아담 부부의 범죄사건을 가리켜 신학적으로 원죄原罪라고 부른다.

이 사건으로 인해 이후 아담의 후손들은 태생적으로 원죄의 죄성의 영향을 받게 되어 자신들의 의지와는 무관하게 생득적으로 죄인의 신분으로 출생하게 된다. "내가 죄악 중에 출생하였음이여 모친이 죄 중에 나를 잉태하였나이다"(시 51:5). 성경은 인류의 본성 속에 내재된 보편적인 죄성과 관련해 이렇게 증거한다. "이러므로 한 사람으로 말미암아 죄가 세상에 들어오고 죄로 말미암아 사망이 왔나니 이와 같이 모든 사람이 죄를 지었으므로 사망이 모든 사람에게 이르렀느니라"(롬 5:12). 본절에서 '한 사람'이란 다름 아닌 인류의 조상인 아담을 가리킨다.

'죄가 세상에 들어왔다'란 지적은 선악과를 먹은 아담의 불순종의 죄를 의미한다. 또한 '모든 사람이 죄를 지었다'는 표현은 아담의 범죄 행위가 그의 후손들에게 태생적으로 전가되었음을 시사하는 내용이다. 따라서 본절은 아담의 후손들인 온 인류는 아담이 범한 원죄의 죄성으로부터 자유로울 수 있는 사람은 한 사람도 없음을 강력히 시사해 준다.

이뿐만이 아니다. 인간의 필연적인 죽음은 죄의 형벌로서 죄가 근원적인 원인이 되고 있음을 명백히 시사한다(롬 5:12; 6:23상). 따라서 죄의 문제가 해결된다면 사망의 문제 또한 극복될 수 있다는 신학적 명제를 자체 속에 내포하고 있음도 간과해서는 안 된다. 그러므로 모든 인류가 아담 안에서 죄인 된 이상 죄형법정주의의 원리 속에서 하나님의 공의로운 심판에서 면제될 수 있는 길은 전무하다. 죄로부터의 구원의 필요성과 당위성이 이런 사실로부터 강력히 요구된다.

② 마음에 품은 죄다.

이는 아담의 원죄로 말미암아 인류의 본성 속에 보편적으로 내재된 죄성이 인간의 마음에 온갖 악한 생각을 품게 하는 것을 가리킨다. 실정법에서는 마음에 품은 죄를 구체적인 죄목을 적용해 형벌로 다룰 수 없다. 겉으로 드러나지 않기 때문이다. 이런 의미에서 마음에 품은 죄란 어떤 한 범죄 행위가 외견상 구체적으로 행동화되기 이전의 마음의 상태까지를 범법행위로 간주하는 것을 가리킨다. 이런 식의 법 적용은 현행법상으로는 불가능하다. 그러나 마음의 중심까지도 감찰하시는 하나님의 관점에서는 얼마든지 가능하다는 것이 성경의 지적이다. 사실상 구체적인 범죄 행위는 이미 마음에 품은 악한 생각이 외적으로 표출된 것에 불과하다.

성경은 마태복음 5장 27-28절을 통해 "또 간음치 말라 하였다는 것을 너희가 들었으나 나는 너희에게 이르노니 여자를 보고 음욕을 품는 자마다 이미 간음하였느니라"고 마음에 품은 음란한 생각을 구체적인 범법행위로 간주한다. 본문은 소위 산상수훈의 강론 중 율법을 문자적이고 형식적으로만 지키는 것을 통해 스스로 의로운 자로 자처하는 유대 종교지도자들을 향해서 율법의 본의가 무엇인지를 재해석하는 과정에서 예수께서 강론하신 내용이다.

본문에서 주님은 율법에 명시된 간음죄의 본질을 근본에서 재해석해 주신다. 다시 말해 간음죄란 특정한 여인을 향해 이미 마음에서부터 품은 음욕이 자제할 수 있는 한계를 넘어서 결국 외부적으로 표출되어 구체적인 행동으로 현실화 된 것을 가리킨다는 것이다. 따라서 간음죄의 본질은 사실상 그런 행동을 유발시킨 마음에 품은 음욕에서부터 근본 원인을 찾아야 된다는 지적이다. 마음에 품은 죄의 실상이 이렇다.

동일한 원리의 해석과 적용으로 인해 이웃을 향해 분노하거나 거친 욕을 하게 되면 이미 살인죄가 성립되어 하나님의 심판의 대상이 된다는 것이 죄를 다루는 성경의 관점이다(마 5:21-22). 이런 이유로 비록 우리가 구체적으로 특정한 범죄를 저지르지 않았다 할지라도, 지금까지 살아오는 동안 마음으로부터 시기, 질투, 미움 등의 부정적이고 악한 생각들을 품은 경험들이 있다면 이미 하나님 앞에서 정죄로 판정되어 심판의 대상이 된다는 사실이다. 이런 식으로 '모든 사람이 죄인이며 의인은 한 사람도 없다'(롬 3:10, 23)는 하나님의 관점은 원죄(죄성)사상에 근거해 마음에 품은 악한 생각까지도 정죄하시는 하나님의 절대적인 공의의 기준이 준엄하게 적용되기 때문이다.

우리의 경우는 어떤가. 마음에 품은 악한 생각까지도 정죄하시는 하나님의 공의로운 판정 앞에서 과연 자유로울 수 있겠는가. 그렇지 못하다면 그런 사실로 인해 우리는 하나님의 심판에서 결코 제외될 수 없다는 것이 성경의 경고이다. 이런 이유로 모든 사람은 하나님의 절대 공의 앞에서 죄인인 사실을 결코 부인할 수 없다.

③ 자범죄自犯罪이다

이는 마음에 품은 악한 생각이 구체적인 행동으로 표출되는 죄를 가리킨다. 성경의 표현을 빌리자면 유혹의 욕심을 따라 썩어져 가는 구습을 좇던 일체의 옛사람의 행실을 포괄적으로 망라하는 죄목들이 이에 해당된다(엡 4:23). 성령의 소욕을 거스르는 육체의 소욕들이 구체적인 행동으로 표출되는 죄목들이다(갈 5:19-21; 골 3:5-8). 자범죄에는 구분상 고범죄(故犯罪, 시 19:13)와 과실죄過失罪까지도 포함해 우리가 일생을 살아가면서 경험하게 되는 보편적인 죄목들이 모두 여기에 해당된다.

우리가 이미 위에서 살펴본 대로 자범죄는 죄의 성격상 그 기원을 원죄의 죄성에 두고 있을 뿐 아니라, 원죄에서 비롯된 마음의 악한 생각들이 일생에 걸쳐 구체적인 행동으로 나타나는 것이라고 정의할 수 있다. 따라서 원죄와 마음에 품은 죄까지를 정죄로 판단하시는 하나님의 공의로운 심판에서 자범죄 또한 예외일 수 없다. 아니 보다 적극적이고 구체적인 범죄행위로 인해 가장 확실한 심판의 대상이 된다고 할 수 있다(눅 12:47).

이와 관련해 요한계시록은 하나님의 종말론적인 심판대에서 자범죄의 죄목들이 엄중하게 심판에 처해질 것을 경고한다. "그러나 두려워하는 자들과 믿지 아니하는 자들과 흉악한 자들과 살인자들과 행음 자들과 술객들과 우상 숭배자들과 모든 거짓말하는 자들은 불과 유황으로 타는 못에 참여하리니 이것이 둘째 사망이라"(계 21:8). 여기에서 둘째 사망이란 지옥의 형벌을 의미한다. 예수 그리스도 안에서 죄 사함을 받지 못한 모든 불신자들이 이에 해당될 것이다. 우리가 예수 그리스도 안에서 베푸시는 구원의 은총을 간절히 사모해야 하는 이유가 이런 사실에 근거한다. 예수 그리스도는 의인과 죄인을 구별하는 척도다.

④ 불신不信죄이다.

이는 죄인을 구원하시는 하나님의 구원계획이 예수 그리스도의 인격과 사역을 통해 인류 앞에 구체적으로 제시되고 있음에도 불구하고 이를 믿음으로 수납하지 않는 죄를 일컫는다. 성령께서 이런 불신의 행동을 책망하실 것에 대해 성경은 엄히 경고한다(요 16:8-9; 살후 1:8-9).

하나님은 독생자 예수 그리스도의 인격과 사역을 통해 누구든지 예수님을 구주로 영접하는 자를 죄 없다고 하시며 의롭다고 하셔서 하나님의 자녀가 되는 특권을 부여해 주시겠다고 약속해 주신다(요 1:12; 롬 8:1-2). 하나님께서 아들 예수 그리스도를 세상에 보내심은 세상을 심판하기보다 저로 말미암아 구원을 받게 하려 하심이다(요 3:17, 16).

우리가 아직 죄인 되었을 때, 아들의 희생을 감수하면서까지 죄인 된 인생들에게 구원의 길을 마련해 주심으로 우리를 향한 하나님의 사랑을 나타내 주셨음에도 불구하고 이를 거절하게 될 때 불신 죄가 적용된다. 그때에는 하나님의 무서운 진노의 심판만이 저들 위에 내려질 것이다. 그런 의미에서 불신은 그 자체로서 심판을 수반한다고 성경은 진술한다. "저를 믿는 자는 심판을 받지 아니하는 것이요 믿지 아니하는 자는 하나님의 독생자의 이름을 믿지 아니하므로 벌써 심판을 받은 것이니라"(요 3:18). 왜냐하면 불신은 하나님의 구원의 은혜와 사랑을 거부하는 배역행위로 곧 죄로 성립되기 때문이다. 하나님은 오늘도 구원의 은혜의 문을 열어 놓고 계신다(고후 6:2). 인생들이 구원받기를 그토록 소원하고 계신다. 불신의 죄를 회개하고 예수 그리스도의 구속사역을 통해 베푸시는 하나님의 구원의 은총을 믿음으로 수납하기를 간절히 소원하신다(행 16:30-31).

⑤ 성령 훼방죄 곧 참람僭濫죄이다(마 12:31-32).

이 죄의 특징은 용서받을 수 없다는 데 있다. 다른 모든 유형의 죄가 예수 그리스도를 믿음으로 회개를 통해 용서받을 수 있음에 반해 성령 훼방죄는 용서가 불가능하다는 것이 성경의 증언이다. 그래서 심판만을 기다릴 뿐이다. 왜냐하면 이 죄는 죄인을 회개시키는 당사자로서 성령(요 16:8; 고전 12:3) 자체에 대한 거절이므로 스스로 사죄의 기회를 의도적으로 거부하는 결과를 초래하는 셈이 되기 때문이다. 다시 말해 이 죄는 하나님께서 유독 이 죄만을 차별해서 용서하시지 않는 것이 아니라, 자신 안에서 용서받을 수 있는 통로 자체를 원천적으로 차단하고 방법 자체를 근본적으로 외면한 것이기에 더이상 용서의 길이 제공될 수 없다는 관점이다.

그렇다면 누가 이런 범죄 행위에 해당되는 것일까. 일차적으로 성경을 통해 살펴보면 성령 훼방죄를 직접적으로 언급하고 있는 마태복음 12장 31-32절은 문맥상 유대 종교지도자들인 바리새인들(마 12:24)을 향해 주께서 친히 말씀하신 내용임을 쉽게 확인할 수 있다. 저들은 당시 주님께서 성령의 능력을 힘입고 행하시는 축사逐邪 사역을 바알세불(사단)을 힘입어 거짓 행한다고 시기와 질투의 감정을 가지고 악의적으로 비난했다. 명백한 성령의 사역을 마귀의 사역으로 폄하貶下했던 것이다.

주님은 이런 저들의 소행을 가리켜 성령 훼방죄에 해당한다고 선언하셨다. 우리는 이런 본문의 내용을 통해 성령 훼방죄에 해당되는 대상이 전혀 불신자가 아닌 나름대로 신자들에게 제한적으로 적용되고 있음을 확인하게 된다. 본문에서 바리새인들은 저들의 위선적이고 가식적인 신앙관을 십분 감안할지라도 분명히 하나님을 믿고 있었으며 구약성경을 신앙과 삶의 규범으로 소유한 자들이었음에 틀림없다.

이뿐만이 아니다. 히브리서 기자 또한 히브리서 6장 4-6절과 10장 26-27절을 통해 동일한 관점에서 동질의 범죄에 대한 사면赦免의 불확실성을 시사한다. 이들 또한 문맥상 추정해 볼 때 비록 교리적 측면이 아닌 현상적 측면이 암시적으로 강조되고 있음에도 불구하고 외형적으로 신자들임에 틀림없다. 따라서 택자들인 경우 반드시 불가항력적인 구원의 은혜에 접촉될 것이기에 결코 중도에서 구원을 잃을 수 없다. 결과적으로 택자들은 성령 훼방죄에 해당될 수 없다. 이렇게 볼 때, 성령 훼방죄의 현대적 적용이라는 관점에서 이에 해당되는 사람들은, 외적外的 소명을 받고 명목상의 교인으로 행세하고 있는 사람들에게서 제한적으로 나타날 수 있는 특별한 유형의 범죄임을 확인하게 된다.

이상 다섯 가지 유형의 죄의 구분을 통해 죄인으로서 우리가 마땅히 가책을 느낄 수밖에 없는 죄의 실상들이 무엇인지를 정확히 분별해야 한다. 막연히 죄의식을 느껴서는 하나님께서 아들의 희생을 통해 은혜로 베푸시는 구원의 진정성과 가치성을 자칫 폄하할 수 있다. 죄인 된 고백을 통해 구원의 은혜에 정상적으로 접촉될 수 있기 때문이다.

셋째, 죄에는 형벌이 따른다.

본문에서 간음하다 현장에서 잡힌 여인은 율법의 법정적 성격상 범죄에 상응하는 대가를 지불해야 한다. 형벌에 처해져야 한다. 모세의 율법에는 이런 여인을 돌로 치라는 형벌이 주어져 있다는 것이 저들의 주장이다. 그것은 죄질에 따라 때로는 죽음일 수도, 구금拘禁일 수도, 변상일 수도, 일정 기간 노역에 처해질 수도 있다. 죄의 경중輕重에 따라 다양한 조치가 취해질 것이다. 이런 식으로 죄형법정주의罪刑法定主義와 관련해 가장 중요한 요소는 죄는 마땅히 응분의 대가를 지불해야 한다는 사실이다. 그렇다면 성경이 말하는 죄책의 결과로 주어지는 형벌에는 어떤 유형이 있을까?

① 죄의 일차적 형벌은 사망이다(롬 6:23).

죄형법정주의는 신앙의 영역에도 동일하게 적용되는 원리이다. 하나님의 공의 앞에 범죄한 인류는 결코 자유로울 수 없다. 범죄에 상응하는 대가를 지불해야 한다. 성경은 죄에 대한 형벌로 모든 사람에게 사망이 왕노릇하게 됐다고 증거한다. 죄의 값으로 죽음이 찾아왔다는 것이다.

"이러므로 한 사람으로 말미암아 죄가 세상에 들어오고 죄로 말미암아 사망이 왔나니 이와 같이 모든 사람이 죄를 지었으므로 사망이 모든 사람에게 이르렀느니라"(롬 5:12). 여기에서 저자는 죄와 사망의 기원을 인류의 조상인 아담과 하와의 범죄 사건에서 찾는다. 당시 먹지 말라는 하나님의 선악과 금령을 어긴 결과로 소위 원죄가 성립됐으며 원죄의 결과 죽음이 형벌로 주어졌다는 논증이다. 선악과 금령인 창세기 2장 17절은 이런 사실의 조건적인 단서조항을 분명히 담고 있다.

따라서 아담 한 사람의 범죄 행위가 그의 후손 모두에게 원죄原罪의 죄성을 태생적으로 전가시켜 한 순간에 인류를 죄인으로 전락시켰던 것이다. 아담 안에서 모든 인류는 그와 연합되어 하나님 앞에서 죄인의 신분이 되었다는 사실이다. 그러므로 선악과 금령에 담긴 조건에 따라 불순종한 범죄의 결과로 죽음이 형벌로 주어졌던 것이다. 사람은 반드시 죽는다(man is mortal)는 당위적인 명제를 통해 성경이 진술하는 바 모든 사람이 죄인인 사실을 객관적으로 확인할 수 있다.

② 죄의 종말론적 형벌은 사후의 심판과 둘째 사망이다(히 9:27; 계 20:15; 21:8; 살후 1:8-9).

우리는 죄에 대한 일차적 형벌이 죽음이라는 사실을 살펴봤다. 그러나 성경은 거듭 말하기를 죽음이 죄에 대한 최종적인 형벌이 아님을 강조한다. 죽음 후에 최종적인 심판이 우리를 기다리고 있다고 경고한다(히 9:27). 최후의 심판은 예수님의 재림과 불가피하게 연계되어 있다. 따라서 재림의 성격은 불신자들에게는 종말론적 심판을 성도들에게는 전인적인 구원의 완성이라는 이중적 성격을 띠고 다가온다.

"한 번 죽는 것은 사람에게 정한 것이요 그 후에는 심판이 있으리니 이와 같이 그리스도도 많은 사람의 죄를 담당하시려고 단번에 드리신 바 되셨고 구원에 이르게 하기 위하여 죄와 상관없이 자기를 바라는 자들에게 두 번째 나타나시리라"(히 9:27-28). 모든 불신자들이 이 심판에 해당된다. 자기의 행위를 따라 심판을 받게 된다고 성경은 증언한다(계 20:12; 살후 1:8-9). 그리고 심판의 판정에 따라 영영한 불(마 25:41)로 표상되는 지옥의 영벌에 처해진다. 성경은 이를 '둘째 사망' 이라고 설명한다(계 20:14; 21:8). 이런 의미에서 육으로 한 번 태어난 사람은 두 번 죽는 셈이지만 육과 영으로 두 번 태어난 사람은 한 번 죽게 된다는 신앙적 논리가 성립된다.

넷째, 예수님을 믿음으로 죄 사함을 보장받는다.

아담 안에서 범죄한 인류는 예외 없이 사망에 갇혀 심판과 지옥의 영벌에 처해질 운명이라는 것이 성경의 명백한 진술임을 살펴봤다. 그런데 오늘 본문에서는 간음하다 현장에서 잡힌 여인을 향해 예수께서 이렇게 말씀하신다. "... 예수께서 가라사대 나도 너를 정죄하지 아니하노니 가서 다시는 죄를 범치 말라 하시니라"(요 8:11).

여기에서 예수님의 사역의 본질과 여인이 행할 일이 무엇인지를 발견하게 된다. 예수께서는 먼저 여인의 죄를 사해 주신다. 반면 죄용서함을 받은 여인은 감사함으로 다시는 범죄하지 말아야 될 책임과 의무가 주어진다. 이는 하나님의 구원의 은혜를 입은 자가 철저히 자기 부인과 포기를 통해 옛 사람을 벗고 새 사람을 입음으로 하나님께 절대 순종하는 삶을 살아가야 할 것을 강력히 시사한다.

우리는 본문에서 "나도 너를 정죄하지 아니하노니"란 예수님의 말씀을 바르게 해석해야 한다. 종교지도자들과 일단의 무리들은 "너희 중에 죄 없는 자가 먼저 돌로 치라"는 예수님의 질문에 조용히 자리를 떠남으로 자신들이 죄인임을 인정했다. 그렇다고 '나도 너를 정죄하지 않겠다'는 예수님의 말씀을 동일한 맥락에서 해석하면 안 된다. 그렇게 될 때 예수님도 종교지도자들이나 무리들처럼 동일한 죄인으로 간주되기 때문이다.

예수님은 본질에서 하나님이시다(빌 2:6). 하나님께서 사람의 몸을 입으시고 성육신하신 분이다. 말씀이 육신이 되어 우리 가운데 임마누엘 하신 분이다(요 3:16; 1:14). 인류의 죄를 구속救贖하기 위한 대속물代贖物이 되시기 위해 오신 분이다(막 10:45). 예수님을 신학적으로 신인(神人, God-Man)으로 설명하는 이유가 이런 사실에 근거한다. 하나님의 신성神性과 사람의 인성人性이 상호 충돌 없이 그분의 인격속에 동시적으로 존재해 활동하시는 불가사의하신 분이다.

예수님의 본성이 이런 식으로 본질에서 하나님이시기에 성경은 예수님을 가리켜 죄가 없는 분(히 4:15; 요일 3:5), 죄를 알지도 못하는 분(고후 5:21), 그리고 죄를 범치 않은 분(벧전 2:22)으로 설명한다. 이는 신성과 인성을 동시적으로 소유하신 분으로 우리의 대속물이 되시기에 필요하고 충분한 조건을 갖추신 유일한 분임을 시사한다. "다른 이로서는 구원을 얻을 수 없나니 천하 만민에 구원을 얻을 만한 다른 이름을 우리에게 주신 일이 없음이니라"(행 4:12). 기독교 복음이 독선적일 수밖에 없는 이유가 이런 사실에 근거한다. 여타 어느 종교 창시자들도 인간인 이상 자신들의 죄 문제를 먼저 해결함이 없이 추종자들을 구원한다는 것은 불가능하다. 이처럼 대속(代贖, substitution)의 방식이 아니고서는 인간의 죄를 근원적으로 해결할 수 있는 다른 방법이 없다.

그러므로 예수께서 '나도 너를 정죄하지 않겠다' 고 본문을 통해 말씀하신 것은 동일한 죄인의 신분에서가 아니다. 보다 적극적으로 예수께서 하나님이시며 대속의 구원자가 되셔서 여인의 사면赦免을 당신의 구속 안에서 선언하신 구속사적 계시행위인 셈이다. 우리는 동질의 사건을 마가복음 2장 1-12절에서도 발견할 수 있다. 여기에서도 주님은 한 중풍병자의 죄를 사赦해주시는 가운데 "인자人子가 땅에서 죄를 사하는 권세가 있는 줄을 너희로 알게 하려 하노라"(막 2:10)고 선언하심으로 자신의 구세주로서의 신성을 강력히 피력하심을 확인하게 된다.

예수께서 여인을 향해 "나도 너를 정죄하지 않겠다"고 선언하심은 그런 사실로 인해 여인의 죄가 용서를 받았을 뿐만 아니라, 자신이 곧 하나님이신 사실을 간접적으로 시사하신다. 사도 요한은 이 사건 기록을 통해 예수님이야말로 구약에 약속된 메시아로서 곧 하나님이신 사실을 독자들에게 강변하고 있는 셈이다. 따라서 유일한 메시아로서 예수 그리스도의 대속적 사역을 믿음으로 수납하는 자들을 하나님께서는 죄 없다 하시고(롬 8:1; 히 9:12; 10:17), 구원을 선물로 주시며(엡 2:8), 의롭다고 하셔서(롬 3:24, 28) 심판에서 면제해 주실 뿐만 아니라(요 5:24), 당신의 자녀와 친親 백성으로 삼아 주신다고 약속하고 계신다(요 1:12; 벧전 2:9).

이렇게 하나님께서는 예수 그리스도를 구세주로 믿는 믿음 안에서 우리의 모든 죄를 사하시며 우리를 의롭다고 인정해 주심으로 하나님의 자녀로 삼아주신다고 약속해 주신다. "이제는 율법 외에 하나님의 한 의가 나타났으니 율법과 선지자들에게 증거를 받은 것이라. 곧 예수 그리스도를 믿음으로 말미암아 모든 믿는 자에게 미치는 하나님의 의니 차별이 없느니라" (롬 3:21-22).

2. 본 사건이 주는 교훈

이제 본 사건은 예수님의 역습逆襲적인 의외의 질문에 의해 사태가 진정된다. 아쉬운 점은 일단의 종교지도자들과 무리들이 "너희 중 죄 없는 자가 먼저 돌로 치라"는 예수님의 질문을 받고 자신의 죄인 된 신분을 인정했음에도 불구하고 깊은 자성自省과 회개 없이 그 자리를 떠남으로 예수께서 은혜로 베푸시는 사면과 구원의 기회를 놓쳤다는 사실이다. 반면 여인은 그의 죄가 상대적으로 중함에도 불구하고 예수 그리스도 안에서 값없이 은혜로 베푸시는 죄용서와 구원을 받은 사실을 저자는 암시적으로 시사한다.

우리들은 일생을 살아가면서 다양한 경로를 통해 복음에 접촉되는 기회를 수 없이 갖게 된다. 이미 복음에 접촉되어 구원의 생명을 소유한 자들은 하나님의 명령을 좇아서 자원하는 심정으로 '때를 얻든지 못 얻든지 복음을 전하게 된다' (딤후 4:2; 행 1:8; 마 28:19-20). 이때 복음을 듣고 믿는 자들은 구원을 받고 심판에 이르지 않을 것이며, 믿지 않는 자들은 하나님의 독생자의 이름을 믿지 않음으로 정죄받아 이미 심판을 받은 것이나 다를 바 없다고 성경은 경고한다(막 16:15-16; 요 3:18).

우리가 예수 그리스도 안에서 베푸시는 십자가의 도의 복음을 들어야 될 뿐 아니라, 듣게 될 때 믿음으로 수납해야 하는 필연적 당위성이 이런 사실에 근거한다. 이처럼 복음에는 극단적인 양면성이 존재한다. 믿으면 구원이요 거절하면 심판이 뒤따르기 마련이다.

Ⅲ. 결론

본문(요 8:1-11)의 사건은 구원의 도리에 관한 중요한 복음적 요소들을 담고 있다. 구원의 본질이 죄로부터의 해방과 자유인 사실을 감안하면 본 사건은 우리 모두가 하나님 앞에서 변명의 여지가 없는 죄인인 사실을 스스로 인정하게 하는 결정적인 단서를 제공해 준다. 그런 의미에서 "너희 중에 죄 없는 자가 먼저 돌로 치라"는 예수님의 역공적인 답변은 인류를 향해 던지시는 하나님의 보편적인 질문이며 동시에 우리의 영적 정체성이 하나님 앞에서 어떤 모습인지를 구체적으로 확인할 수 있는 절호의 계기를 마련해 준다.

예수님의 답변에도 불구하고 그 여인을 돌로 쳐 심판할 수 있는 의인은 아무도 없었다. 우리 모두는 그 여인처럼 예수님으로부터 오직 용서를 받아야 할 죄인들일 뿐이다. 그래서 구원받아야 할 자들로 존재한다. 하나님 앞에 선 우리의 영적 실존實存이 이렇다. 우리가 이런 사실을 마음의 중심에서 공감하게 될 때 동일한 심정으로 취해야 할 태도는 수치심으로 그 자리를 떠나는 것이 아니다. 마치 바울 앞에 선 빌립보 간수처럼 "내가 어떻게 해야 구원을 얻으리이까"(행 16:30)라고 보다 적극적인 자세로 하나님께 간청해야 할 것이다. 은혜로우시며 자비로우시며 노하기를 더디하시며 인자와 긍휼에 풍성하신 하나님 아버지께서는 그런 자들을 결코 외면치 않으시고 "주 예수를 믿으라. 그리하면 너와 네 집이 구원을 얻으리라"(행 16:31)고 오늘도 동일하게 말씀해 주신다.

2

죄책(형벌)의 원리 : 죄의 삯은 사망

로마서 5장 12절; 6장 23절; 히브리서 9장 27절; 계시록 20장 11-15절;
데살로니가후서 1장 7-9절; 마태복음 25장 31-33, 41, 46절

I. 도입

1강을 통해 '하나님 앞에서 모든 사람이 죄인' 이라는 사실을 구체적인 실례를 통해 살펴보았다. 간음하다 현장에서 잡힌 여인을 재판하는 자리에서 주님은 무리들을 향해 "너희 중에 죄 없는 자가 먼저 돌로 치라" 고 말씀하신다(요 8:7). 예수님의 돌발적이고 도전적인 답변에 아무도 예수님의 말씀에 토를 달거나 이의를 제기하는 자가 없었다. 오히려 격앙된 감정을 가라앉힌 채 차분히 이성적으로 자신의 실존實存을 돌아보며 한 사람씩 그 자리를 떠나 마침내 예수님과 여인 외에는 남은 자가 없었다.

이것은 무엇을 의미하는가. 우리의 실존에 대한 영적 정체성을 묻는 예수님의 본질적인 질문에 아무도 감히 의인이라고 주장할 수 있는 자는 없었다. 양심이 저들을 송사한 나머지 스스로를 죄인으로 시인했던 것이다. 저들의 경우는 동시에 우리의 입장과 처지를 대변해 준다. 저들이 죄인이라면 우리도 죄인이다. 그래서 성경은 의인은 없나니 하나도 없을 뿐 아니

라(롬 3:10), 모든 사람이 한 사람 아담의 원죄 안에서 한결 같이 죄인이 되었다고 증언한다(롬 5:12).

그렇다면 이들이 죄인이라고 인정할 수밖에 없었던 범죄의 실체는 무엇일까. 무슨 숨겨진 죄가 있었기에 예수님의 질문에 그토록 주눅이 들어 일언반구의 반응도 없이 그 자리를 떠날 수밖에 없었을까. 저들로 하여금 양심의 가책을 느낄 수밖에 없도록 만든 죄의 정체는 무엇일까. 이 사실이 명확하게 구체적으로 확인되지 않는다면 우리의 보편적인 죄의식은 자칫 양심상의 가책 이상 아무 것도 아닐 수 있다.

다시 말해 양심 곧 심증心證으로는 가책을 받음에도 불구하고 하나님 앞에서 죄인으로서 구체적인 범죄 행위와 관련해서는 자유로울 수가 있다는 것이다. 왜냐하면 어떤 사람들의 경우 평생을 철저한 준법정신에 입각해 살아가는 것을 통해 실정법을 위반한 경우가 거의 없을 수도 있기 때문이다. 아니 오히려 상대적으로 선행과 공적을 쌓은 것으로 인해 현행법상 범죄와는 무관할 뿐 아니라, 보다 적극적으로 포상의 대상이 될 수도 있다. 이런 이유로 세상 법의 구속력拘束力은 불가피하게 구체적인 범죄 행위에만 제한적으로 적용될 수밖에 없다. 본인이 고백하지 않는 한 양심의 문제까지를 다루기에는 한계가 있기 마련이다.

그러므로 요한복음 8장 1-11절의 사건 속에서 무리들이 양심의 가책을 받아 떠나갔다는 의미는 드러나지 않은 숨겨진 죄에 대한 양심의 가책일 수도 있고, 인간의 본성 속에 내재된 죄성에 근거한 보편적인 죄의식의 발로일 수도 있다는 양면성을 띤다. 때문에 저들의 죄의식의 실체가 무엇이며, 그것이 누구와의 관계 속에서 죄의식으로 느껴지는지, 그리고 그 결과가 무엇인지를 구체적으로 진단할 필요가 있다. 그렇지 못할 때 죄의 대한 심각성을 깨닫지 못하는 가운데 저들이 단지 자리를 떠남으로 주님을 회피한 채 죄의식을 무마시키려했듯이 그런 식으로 자기 안에서 죄책罪責의 문제를 얼마든지 외면할 수 있다.

우리는 1강에서 양심의 가책을 불러일으키는 구체적인 죄의 항목들을 거론했었다. 인류의 조상인 아담으로 말미암는 원죄사상(창 3:6)과 이로 인해 불가피하게 야기되는 마음에 품은 악한 생각과 제반 욕심들(창 6:5; 마 5:21-22, 27-28), 그리고 마음의 생각이 구체적인 행동으로 표출되는 제반 자범죄(갈 5:19-21; 골 3:5-9; 계 21:8; 엡 4:23), 예수님을 믿지 않는 불신죄(요 16:9; 살후 1:8; 막 16:16; 요 3:18-19), 마지막으로 성령 훼방죄(마 12:31-32; 히 6:4-6; 10:26-27) 곧 참람僭濫죄 등이 이에 해당된다.

우리가 이상의 죄목들로부터 자유로울 수 있다면 그는 의로운 자로서 율법의 정죄에서 해방될 수 있으며 하나님의 심판으로부터 제외될 수 있다. 그러나 현실적으로는 전혀 그렇지 못하다는 것이 성경의 진술이다. 아담 안에서 모든 사람이 죄를 범함으로 율법 앞에서 보다 적극적으로 죄인된 신분으로 정죄당할 수밖에 없다는 것이 성경의 관점이다(롬 3:20; 5:20상). 왜냐하면 사람이 하나님 앞에서 의롭게 되는 것은 율법을 지키는 행위가 아닌 믿음으로만 된다는 것이 성경의 증거이기 때문이다. "그러므로 사람이 의롭다 하심을 얻는 것은 율법의 행위에 있지 않고 믿음으로 되는 줄 우리가 인정하노라" (롬 3:28).

나아가 죄의 본질이 어원적으로나 성격상 하나님의 표적 곧 말씀에 대한 '절대 순종' 으로부터 이탈된 것을 의미하기에 일체의 범죄 행위는 항상 하나님과의 관계 속에서 심판을 받아 형벌에 처해지게 설정되어 있다. 그러므로 아담 안에서 모든 사람이 하나님 앞에서 범죄자로 존재한다. 자신의 행위로 의롭게 되어 하나님의 영광에 이를 자가 없다. 하나님 앞에서 의인은 없나니 한 사람도 없다는 것이 성경의 증언이다(롬 3:10). 결론적으로 인류는 하나님 앞에서 죄인으로 정죄당하고 있다는 것이 성경의 명백한 진술이다.

이뿐만이 아니다. 보다 근본적으로 중요한 것은 죄의 문제가 해결되지 않을 때, 그 법정적 성격상 범죄 행위에 상응하는 형벌이 불가피하다는 데 문제의 심각성이 제기된다. 이런 이유로 열 가지 율법 중 아홉을 지키고 나머지 하나를 지키지 못했다면 아홉을 지켰다는 이유로 정상을 참작해 나머지 한 가지 범죄사실이 무효화되지 않는다. 오히려 한 가지 지키지 못한 계명으로 인해 죄인으로 정죄당할 뿐이다.

죄형법정주의罪刑法定主義의 원칙은 죄책에는 필연적으로 형벌이 주어진다는 사실이다. 이로 인해 정당하게 처리되지 않은 죄는 끝까지 우리를 추적해 마침내 죄값을 요구하게 될 것이다. “너희가 만일 그같이 아니하면 여호와께 범죄함이니 너희 죄가 정녕 너희를 찾아 낼 줄 알라”(민 32:23). 이는 가나안에 정착하게 될 이스라엘이 율법의 요구를 좇아 가나안 족속들을 전쟁의 방식으로 몰아내고 그 땅을 정복하지 않는다면 불순종의 대가를 톡톡히 치르게 될 것임을 강력히 시사하시는 내용이다.

죄값은 법적 성격상 반드시 지불되어야 한다. 죄는 죄책罪責이 따르는 바 마땅히 형벌을 수반한다. 이때 죄의 형벌과 관련해 성경은 죄값으로 죽음과 더불어 종말론적인 최후의 심판이 뒤따를 것임을 강력히 시사한다. 나아가 종말론적 심판은 인류를 종말론적 영생과 영벌의 세계로 이끌어 갈 것을 명백히 증언한다.

이런 성경의 지적은 죽음이 비록 지상적 삶의 마감일 수는 있어도 본질에서 생의 최종적 종말이 아님을 명백히 시사한다. 죽음 후에 사후死後세계가 엄연히 실존한다는 것이 성경의 진술이다. “만일 그리스도 안에서 우리의 바라는 것이 다만 이생뿐이면 모든 사람 가운데 우리가 더욱 불쌍한 자리라”(고전 15:19).

2강에서는 모든 사람이 죄인인 사실로 인해 불가피하게 주어지는 형벌로서 죽음과 그후에 다가올 종말론적 심판 등 성경이 명백히 증거하고 있는 사후의 몇몇 형벌의 실상에 대해 살펴보고자 한다.

II. 전개

모든 인류가 남녀노소를 불문하고 공유하는 인생살이에 한 가지 공통분모가 있다. 죽음이라는 불청객이다. 사람이란 한 번 태어나면 반드시 죽음을 경험한다(히 9:27). 지상에서 누리는 물리적 삶을 마감하게 된다. 창세 이래 모든 사람 앞에 죽음은 절대 강자의 권세로 찾아온다. 어느 누구도 이를 거절하거나 회피할 수 없다. 모든 인생은 단지 죽음의 권세 앞에 속수무책의 패배자로 전락할 뿐이다. 이처럼 죽음은 온 인류를 향해 불문율不文律처럼 역사한다.

그렇다면 죽음은 어떻게 인류에게 숙명적으로 찾아오는 것일까. 죽음의 정체는 무엇일까. 나아가 죽음은 과연 인생의 종말을 의미하는 것일까. 죽음 이후의 세계, 곧 내세로서의 사후세계는 존재하지 않는 것일까. 사후세계가 없다면 만물의 영장으로서, 모든 피조물의 면류관이며 하나님의 형상으로 지음받은 인간(창 1:26-27)의 생명적 가치와 미물微物의 그것과는 무슨 차이가 있을까. 만일 내세가 있다면 그 세계는 과연 어떤 세상일까.

이러한 질문들은 인간이라면 반드시 경험하게 되는 죽음의 필연성과 관련해 인류 역사 속에서 줄기차게 제기된 공통의 관심사들이다. 세상 철학자들과 여러 종교들은 나름대로의 이론과 교리를 통해 자기들 방식으로 적절한 해답을 제시하고 있다. 그러나 어느 것 하나 신빙성이 없다. 각양각색이다. 반면 오직 기독교만이 명확한 해답을 갖고 있다. 세상을 창조하시고(창 1:1) 피조물 중 인간을 유독 하나님의 선하신 목적을 위해 당신의 형상대로 지으신 하나님(창 1:27)만이 사람과 세상만사의 시작과 결국을 아시는 유일한 분으로 존재하시기 때문이다(계 22:13).

1. 죄의 형벌로서 죽음

성경은 인간의 죽음을 죄에 대한 하나님의 형벌로 선언함으로 죄로 말미암아 죽음이 비롯됐음을 분명히 밝힌다. "이러므로 한 사람으로 말미암아 죄가 세상에 들어오고 죄로 말미암아 사망이 왔나니 이와 같이 모든 사람이 죄를 지었으므로 사망이 모든 사람에게 이르렀느니라"(롬 5:12). 이런 사실에 근거해 로마서 6장 23절에서는 "죄의 값은 사망"이라고 단도직입적으로 선언한다. 환언하면 죄로 인해 인간에게 사망이라는 죽음의 불청객이 찾아왔고, 사망의 기원은 인류의 시조인 아담의 범죄(창 2:17; 3:6, 17-19)로 말미암는다는 것이다.

아담이 선악과 금령에 불순종해 하나님 앞에서 범죄했을 때, 그는 이후 출생할 후손들의 대표자의 신분으로 모든 인류에게 동시적으로 원죄의 죄성을 전가시켰다는 해석이다. 아담의 범죄로 인한 원죄의 죄성이 모든 인류에게 전가되어 모든 사람을 죄인되게 하는 동인으로 기능했다는 관점이다. 원죄사상은 죄의 뿌리로서 이로 인해 파생되는 모든 유형의 죄의 근원이 된다는 사안事案의 중요성 때문에 그 내용을 개략적으로 살펴보자.

하나님은 모든 피조물을 창조하시는 과정에서 특별히 하나님의 형상과 모양을 좇아 당신의 유일한 교제의 대상으로 사람을 지으실 것을 내정하시고 이들을 창조의 면류관으로 삼으시기를 기뻐하셨다(창 1:26-27). 이런 이유로 피조물에 대한 모든 창조자의 통치권을 사람에게 위임하셨다. "... 생육하고 번성하여 땅에 충만하라. 땅을 정복하라. 바다의 고기와 공중의 새와 땅에 움직이는 모든 생물을 다스리라 하시니라"(창 1:28).

이 복의 내용이 신학적으로 문화명령의 약속이다. 인류의 조상으로 지음받은 아담과 하와는 하나님의 문화명령에 적극 순종함으로 마침내 세상 가운데 신정국가로서 명실상부한 하나님 나라를 건설해야 할 역사적 사명을 부여받은 셈이다. 이때 하나님 나라의 정체성을 대변하는 주된 특징은 하나님의 통치가 권세 있게 시행되는 것으로 다른 무엇에 앞서 하나님의 말씀에 철저히 순종하는 것으로 나타나야 했다. 이런 식으로 하나님 말씀에 대한 순종력의 발휘를 통해 하나님 나라의 왕적 통치권이 막힘없이 시행되어야 함을 상징적 표상과 실제적 사건으로 이미지화시켜 보여주신 계시적 사건이 다름 아닌 선악과 금령의 내용이다. "... 동산 각종 나무의 실과는 네가 임의로 먹되, 선악을 알게 하는 나무의 실과는 먹지 말라. 네가 먹는 날에는 정녕 죽으리라 하시니라"(창 2:16-17).

따라서 선악과 나무에 부가된 하나님의 조건적 금지명령은 본질에서 하나님의 문화명령이 정상적으로 수행되기를 바라는 심정으로 주신 복된 약속이지 이들을 실족케 하기 위해 의도적으로 파놓은 함정이나 고의적으로 설치한 덫이 아니다. 하나님의 속성상 그런 의도는 절대 불가능한 처사이다. 다만 하나님의 절대주권적인 사역의 성격상 모든 것을 합력해 선을 이루시는 분이심을 계시해 주시기 위함이다(롬 8:28).

이때 사단의 사주를 받은 뱀이 하와를 미혹함으로 여자가 먼저 선악과를 따먹는다. 뱀은 결코 죽지 않을 것임을 강조하면서 오히려 선악과를 먹으면 눈이 밝아져 하나님과 같은 동일한 지존자와 심판자가 될 수 있다고 미혹함으로 하와의 욕심을 충동한다(창 3:5). 참으로 사람이 시험을 받는 것은 자기 욕심에 끌려 미혹되기 때문이다(약 1:14).

마침내 하와가 먼저 선악과를 따먹고 아담에게도 권한다. 아담도 하와의 권유에 함께 선악과를 먹게 된다. 이렇게 아담과 하와는 선악과를 따먹음으로 하나님 앞에서 함께 더불어 불순종의 죄를 범해 타락하게 된다. 결과적으로 선악과 금령에 조건적으로 부여된 죽음의 형벌이 저들에게 임하게 된다. 이것이 세상 가운데 죄가 유입된 원죄의 내력이다.

이후 모든 아담의 후손들에게 아담 안에서 역사했던 원죄의 죄성이 본인의 의지와는 무관하게 태생적으로 전가되는 것을 통해(시 51:5) 의인은 없나니 하나도 없으며(롬 3:10) 모든 사람이 아담 안에서 죄인의 신분으로 전락되어 죄의 왕노릇하는 권세가 모든 사람 안에서 본격적으로 발휘되기 시작한다(롬 6:19상; 롬 3:23; 5:12).

하나님께서는 아담의 범죄를 정죄하시고 선악과 금령 속에 조건적인 형벌로 선포하셨던 죽음을 마침내 집행하셨다(창 3:8; 5:3-5). 당시 아담 부부를 향한 죽음의 선고는 하나님과의 인격적인 교제의 단절을 의미하는 영적 죽음으로 시작되었다(창 3:8). 다음 단계로 영적 죽음은 마침내 육체의 죽음을 초래시켰다(창 5:3-5; 롬 5:12; 6:23). 이 또한 하나님의 은혜가 아닐 수 없다. 범죄한 인간에게 즉각적으로 물리적인 육체의 죽음이 찾아왔다면 처음부터 인간의 생육과 번성 및 땅에 충만해지는 역사는 불가능했을 것이다. 이와 같이 인간의 범죄에 대한 하나님의 심판은 유보적 방식을 통해 마침내 죽음이라는 형벌로 주어진 것이다.

한 번 죽는 것이 사람에게 정한 이치로 작용하는 이유는 이처럼 당초 선악과 금령에 조건적으로 주어졌던 형벌로서 죽음이 인간의 불순종의 대가로 집행된 결과인 것이다(창 2:17; 롬 5:12). 이점에 유의할 필요가 있다. 사람이 죽는 것은 이런 저런 현실적인 이유 때문이 아니다. 필연적인 죽음의 다양한 경우는 단지 어떻게 죽느냐의 방식의 문제일 뿐이다.

죽음의 근본 원인은 바로 죄 때문이라는 지적이 성경의 명백한 증언이다. 이는 죄에 대한 하나님의 심판이 죽음의 근본적인 동인으로 작용한다는 사실을 시사한다. 그러므로 첨단 의학과 유전자 생명공학이 제아무리 발달한다 할지라도 인간의 수명은 결코 무한정 연장될 수 없다. 죄의 문제가 근본적으로 해결되지 않는 한 죽음은 인간에게 필연적인 당위當爲로 여전히 찾아올 것이다. 죽음을 극복하고자 하는 인간의 어떤 노력도 궁극적으로 죽음을 정복할 수 없음은 자명한 이치이다.

만물의 영장靈長인 인간의 총체적 비극은 죄로 말미암는 하나님과의 관계단절인 이런 불가항력적 죽음에서만 찾아지는 것이 아니다. 한걸음 더 나아가 필연적 죽음 후에 본격적으로 집행되는 하나님의 종말론적 심판이 기다리고 있다는 사실이다(고후 5:10; 계 20:11-15). 특별히 히브리서는 "한 번 죽는 것은 사람에게 정하신 것이요 그 후에는 심판이 있으리니"(히 9:27)라고 선언함으로 종말론적 심판의 필연성을 강조한다. 그런 의미에서 인간의 죽음은 곧 이어 시행될 하나님의 종말론적 심판에 대한 예비적 성격을 띠고 주어지는 형벌의 일환이다. 이 부분을 후에 살펴볼 것이다.

그러므로 제아무리 기고만장한 사람이라도 죽음의 문제에 봉착하게 되면 일순간에 기가 꺾이기 마련이다. 어느 누가 감히 죽음 앞에서 담대할 수가 있겠는가. 만일 그렇지 않은 사람이 있을지라도 이는 정도의 차이일 뿐이지 본성적으로는 두려워하지 않을 수가 없는 법이다. 한편 이처럼 죽음에 대한 인간의 보편적인 공포의식은 단지 죽음 그 자체에만 국한되는 것이 아니다. 죽음 후에 기다리고 있는 하나님의 종말론적 심판에 대한 본능적 반응이라 할 수 있다. 이처럼 인간의 죽음과 최종 심판은 본질에서 하나님의 말씀에 대한 불순종의 대가로 주어지는 하나님의 형벌이라는 것이 성경의 증언이다.

2. 죽음 후의 중간기 상태

그렇다면 사람이 죽은 후에는 어떻게 되는 것일까. 육체는 분명히 무덤에 묻힐 텐데 그후에도 계속되는 어떤 의식적 활동현상이 있는 것일까. 이 문제에 관해서도 십인십색의 다양한 학설과 주장들이 제기되고 있는 것이 현실이다. 그러므로 신빙성 여부에 관한 한 의견의 일치를 보기가 쉽지 않다.

조직신학에서는 죽음을 영혼이 육체로부터 분리되는 개념으로 설명한다. 다시 말해 인간이 지상의 생애를 마감하는 순간 육체는 땅에 묻히지만 영혼은 육체를 떠나 여전히 살아서 의식 활동을 전개한다는 관점이다. 특별히 성도들의 영혼은 죽음과 동시에 주님과 함께 있게 될 것을 성경은 도처에서 암시적으로 시사한다.

"내가 그 두 사이(生과 死)에 끼었으니 떠나서 그리스도와 함께 있을 욕망을 가진 이것이 더욱 좋으나"(빌 1:23). "우리가 담대하여 원하는 바는 차라리 몸을 떠나 주와 함께 거하는 그것이라"(고후 5:8). 이 두 구절은 바울에 의해 기술된 내용으로 우리가 육체의 장막 곧 몸을 떠나게 될 때(죽음), 그것은 곧 영혼이 주님과 함께 있음을 의미하는 것임을 시사해 준다. 주님께서 십자가상에서 회개하는 행악자에게 "오늘 네가 나와 함께 낙원에 있으리라"(눅 23:43)고 약속하신 말씀도 사후 성도들의 영혼이 주님과 함께 의식 활동의 가능성을 시사해 주는 증거 본문으로 인용되곤 한다.

이런 관점에서 죽음은 인간 존재의 멸절滅絶이 아니다. '생의 자연적 관계들과의 분리' (벌, 조직신학)로서 새로운 생명 세계(내세, that world to come)로 나아가는 삶의 한 과정일 뿐이다. 인간의 영혼은 처음부터 불멸의 존재로 창조되었다. 하나님으로부터 부여받은 생명력의 특성상(창 2:7) 인간의 몸은 비록 죽음으로 외부적 형체는 일시적으로 부패해져 흙으로 돌아갈지라도(창 3:19) 영혼은 결코 멸절되지 않는다.

그러므로 인간이 죽음의 과정을 겪는 것은 위에서 언급한 대로 하나님 앞에서 범죄한 대가로 형벌에 처해지는 과정일 뿐이다. 인간 존재 그 자체가 근본적으로 사라지는 것은 결코 아니라는 사실이다. 성경은 이 문제와 관련해 여러 곳에서 죽음이 인간의 멸절을 의미하는 것이 아님을 단호히 선포한다. 인간은 죽는다고 해서 존재성 자체가 상실되는 것이 아니다. 인간에게 죽음은 잠시 동안 땅 위에서의 장막을 벗는 것으로서의 의미를 가질 뿐이다. "이 장막에 있는 우리가 짐진 것 같이 탄식하는 것은 벗고자 함이 아니요 오직 덧입고자 함이니 죽을 것이 생명에게 삼킨 바 되게 하려 함이라"(고후 5:4).

비록 인간의 육체는 죽음으로 인해 한시적으로 무덤에 갇힌 셈이 되지만 이것도 잠시 동안 뿐이다. 곧 위로부터 다시는 죽지 않고 썩지 않을 신령한 몸으로 덧입혀질 날이 도래할 것이다. 이런 변화될 몸을 일컬어 '신령한 몸' 곧 부활체라고 부른다(고전 15:52-54). 누누이 강조하지만 인간은 죽은 후에 다시 부활하여 각자가 가야 할 최종적인 생명의 길로 가게 될 것이다. 예수 그리스도께서 재림하실 때에 이런 기상천외奇想天外의 엄청난 사건이 일어날 것이다. 이 날에 어떤 사람들은 천국을 향한 영생의 부활로 나오게 될 것이며, 어떤 이들은 지옥을 향한 영벌의 부활로 나오게 될 것이다(요 5:28-29).

그렇다면 죽음 후에 인간의 영혼은 부활의 날까지 어떤 상태로 어디에서 존재하게 되는 것일까. 안타깝게도 성경은 이에 대해 많은 정보를 제공해 주지 않는다. 그 이유는 성경이 구원의 종말론적 완성을 영과 육의 합일인 전인적인 육체적 부활에서 찾기 때문이다. 로마서 기자는 육체의 부활을 함의하고 있는 전인적全人的 부활을 의식하면서 '피조물 또한 탄식하며 우리 몸의 구속을 기다린다'(롬 8:22-23)고 기술한다. 여기에서 몸의 구속이란 육체의 부활로 말미암는 전인적 부활에 대한 소망을 의미한다. 고린도서에서는 이를 동일한 의미의 다른 표현으로 '신령한 몸'으로 묘사한다(고전 15:44).

그렇다고 성경이 죽음과 부활 사이의 기간, 소위 말하는 중간기 상태에 대해서 전혀 외면하고 있는 것은 아니다. 중간기 상태가 어떤 곳인가를 시사하는 말씀들은 더러 찾아볼 수 있다(이하 장수민의 '죽음 후의 중간상태' 강의안 참고).

사람이 죽은 후 신령한 몸으로 다시 부활할 때까지 잠정적으로 거처하는 곳이 통상 '스올'이라고 알려져 있다. 스올은 히브리어로서 헬라어로는 '하데스'라고 부른다. 우리말로는 '음부'라고 표기한다. 스올 혹은 하데스는 성경에서 다양한 의미로 사용된다. 스올이나 하데스는 단순히 죽음을 가리키는 용어로 사용되는가 하면, 시신을 묻은 무덤을 가리키기도 하고, 의인이나 악인이나 상관없이 사후에 가는 곳으로 묘사되기도 한다.

왜 이런 다양한 표현들이 사용되고 있는가 하면, 죽음과 부활 사이에서 인간이 진정으로 계속해서 존재하고 있는가에 대한 해답을 위해서이다. 이 사실을 보여주는 대표적인 실례를 예수께서 소위 '부자와 거지 나사로'의 비유를 통해 친히 가르쳐 주셨다(눅 16:19-31). 예수께서는 이 비유를 통해 아브라함과의 혈통적 연대에 근거해 자신들의 구원을 확증하면서도 여전히 재물에 집착하고 있었던 바리새인들의 위선적이고 왜곡된 신앙태도를 밝히 드러내셨다(눅 16:14-15).

당시 바리새인들은 사두개인들과는 달리 부활신앙을 갖고 있었다. 사두개인들은 사람이 죽으면 그것으로 끝이지 어떻게 죽은 자가 다시 살아날 수가 있겠느냐고 부활을 부인했다. 이점에 있어서 바리새인들의 부활신앙은 확실히 본받을 만하다. 그러나 바리새인들은 결정적인 착각에 빠져 있었다.

예수께서는 사람이 하나님과 재물을 겸하여 섬길 수 없다고 가르치셨다(마 6:19-24; 눅 16:13-14). 그렇지만 바리새인들은 여전히 돈을 좋아했다. 이들은 재물을 많이 소유하는 것이 하나님의 복이라고 미화시키면서 계속해서부를 쌓아 나갔다. 그들의 부富는 온갖 불의한 재물들로 치부한 것이었으면서도 겉으로는 하나님의 복을 운운하면서 스스로를 합리화시켜 나갔다. 반면에 예수께서는 돈을 사랑하는 것이 얼마나 신앙에 위험한 요소로 작용할 수 있는지에 대해 각별히 주의시켜 가르치셨음에도 불구하고(딤전 6:9-10) 바리새인들은 이를 경계로 삼지 않고 도리어 예수님을 비웃었다(눅 16:14).

부자와 거지 나사로의 비유는 이런 배경하에서 베푸신 예수님의 가르침이다. 따라서 과연 누가 진정한 하나님의 백성으로서 아브라함의 후손인가를 밝히 드러내려는 것이 본 비유의 핵심 의도이다. 이때 진정한 하나님의 자녀의 생명은 사후死後에 아브라함의 품으로 표상되고 있는 천국에 들어가는 데서 구원의 절정에 이르게 될 것임을 본 비유는 시사한다.

어느 한 사람이 진정으로 구원받은 하나님의 자녀라면 그의 종말론적 생명은 마침내 천국으로 인도될 것이 확실하다. 그러나 반대의 경우 지옥의 엄중한 형벌의 고통속에 처해질 것이다. 이것이 부자와 나사로 비유의 핵심 주제이다. 그런데 오늘날 이 비유는 많은 오해를 불러일으키고 있는 것이 현실이다. 일부 몰지각한 사람들이 성경을 자의적이고 편향적이며 이기적인 목적으로 해석한 나머지, 본 비유를 사후세계에 대한 구체적인 교리적 사례로 다루고 있기 때문이다.

그렇지만 이 비유가 말하고자 하는 핵심 사상은, 첫째 인간의 생명은 사후에도 계속된다는 것이고, 둘째 지상에서 향유했던 삶의 정체성은 사후세계에서 천국과 지옥으로 갈라지게 되는 근거로 작용할 것이며, 셋째 사후의 운명은 절대 바뀔 수 없으며, 넷째 의인은 영원히 위로를 받는 반면 악인은 영원한 고통에 처해짐을 강력히 시사한다. 따라서 부자와 나사로의 비유는 사후세계, 곧 중간기 상태가 있다는 사실을 명백하게 선포하는 동시에 더 온전한 사후세계 곧 부활체로 들어가게 될 천국과 지옥의 실제성을 가르쳐주는 증거 본문으로 기능하기에 충분하다.

이때 중간기 상태는 영혼들의 한시적 처소로서 이중 구조적 성격을 띠고 나타난다. 다시 말해 신자들의 영혼이 최종적으로 거처할 천국을 대변하는 아브라함의 품으로서 하데스와, 불신자들의 영혼이 최후적으로 들어가게 될 지옥을 대변하는 음부로서 하데스가 그것이다(눅 16:22-23). 따라서 죽은 자들의 영혼은 이 둘 중 어느 한 곳에서 육체의 부활 때까지 여전히 의식 활동을 전개하며 존재하게 될 것이다. 기독교 신앙에서 죽음이 인생의 끝이 아닌 이유가 이런 사실에 근거한다. 이런 사실과 관련해 다시 한번 분명하게 명심해야 할 것은, 성경에서 중간기 상태에 관해 어떤 방식으로 말하든지 그곳은 사후에 인간이 거처할 최종적 장소가 아니라는 사실이다.

인간의 죽음은 그것으로 생명이 종식되는 것이 아니다. 죽은 자의 영혼은 그가 신자든 불신자든 간에 여전히 의식을 가진 채로 중간기 상태에 들어가게 된다. 그렇지만 중간기 상태라는 것은 예수 그리스도의 재림시 일어나게 될 육체적 부활의 때까지 한시적으로 기다리는 영혼들을 위한 임시적인 처소에 불과할 뿐이다. 따라서 인간의 죽음은 의식의 멸절을 의미하지 않는다. 죽음으로 인해 인간의 육체는 무덤에 묻힐지라도 영혼은 살아서 의식 활동을 지속하게 된다는 것이 성경의 관점이다.

예수님의 재림과 더불어 육체의 부활이 일어날 때, 그때까지 사람들의 육체를 가두었던 모든 무덤들은 열려질 것이다. 사망과 음부도 죽은 자를 내어줄 것이다(계 20:13). 죽음에서 부활한 육체들은 이 날에 그동안 중간기 상태에 머물던 영혼들과의 이별을 끝내고 다시금 신령한 몸, 곧 부활체로 재결합하게 될 것이다. 이때 부활한 신령한 몸의 성질은 생전의 몸과는 본질에서 구별되어 다시는 썩지 않고 죽지 않을 몸이 될 것이라고 성경은 밝히 증거한다(고전 15:53-54).

성경은 이렇게 죽음 이후의 세계에 대해 두 단계의 가르침을 베풀고 있다. 첫째는 중간기 상태가 있다는 것이요, 둘째는 전인적인 육체의 부활의 상태이다. 후자後者의 경우가 최종적인 상태이다. 중간기 상태는 마치 이 세상이 나그네와 행인의 여정인 것처럼 여전히 거쳐가는 간이簡易역에 불과하다. 아직 예수 그리스도의 재림이 이루어지지 않았기 때문에 성도들의 영혼은 하데스에 한시적으로 머물게 된다.

위에서 하데스에 대해서 언급한 바 있다. 하데스는 죽은 자들이 육체적으로 부활할 때까지 의식이 여전히 활동하는 상태로 살아있는 곳을 가리키는 통상적인 용어라고 설명했다. 그러나 성경은 이곳이 어떤 상태의 모습으로 존재하는지에 대해서는 구체적인 설명을 유보한다. 다만 성도들의 영혼은 본질에서 천국으로 표상되는 '아브라함의 품' 에서 주님의 위로를 받을 것이지만, 불신자의 영혼은 지옥으로 표상되는 음부에서 극한 고통에 처해질 것이라는 사실만은 분명하다. 그런 의미에서 중간기 상태와 주님의 재림으로 도래하게 될 종말론적 하나님 나라에서의 삶은 본질상 크게 다를 바 없다. 모두가 영원 세계의 삶이기 때문이다.

3. 재림, 육체의 부활과 최후의 심판

죽음은 죄에 대한 하나님의 형벌이라는 지적이 성경의 진술이다. 따라서 모든 사람이 죽는다는 사실은 모든 사람이 하나님 앞에서 죄인인 사실을 객관적으로 증거하는 실례가 된다. 대부분의 불신자들은 죽음을 인생의 마지막으로 이해한다. 죽음으로 지상의 삶이 모두 끝나는 줄 안다. 그래서 극단적인 경우 자살自殺을 문제 해결을 위한 최후의 방편으로 택하는 경우를 종종 보게 된다.

어떤 사람들은 현 세상의 질서 속에서 악인이 흥하고 의인이 망하는 경우를 보면서 하나님의 존재성과 역사를 섭리하시는 하나님의 주권성을 의심하기도 한다. 하나님의 존재와 섭리역사가 사실이라면 이런 식의 불공평한 처사는 부당하다는 관점이다. 이런 관점은 비단 불신자들만이 갖는 예외적인 심정은 아니다. 경우에 따라 믿는 성도들도 가질 수 있는 보편적인 심정이다.

그러나 성경은 불의한 자의 득세와 관련해 "대저 행악하는 자는 끊어질 것이나 여호와를 기대하는 자는 땅을 차지하리로다. 잠시 후에는 악인이 없어지리니 네가 그곳을 자세히 살필지라도 없으리로다. 오직 화평한 자는 땅을 차지하며 풍부한 화평으로 즐기리로다"(시 37:9-11)라고 밝히 해명해 준다. 그렇다면 이런 일이 언제, 어디서, 어떤 방식으로 일어난단 말인가. 이는 다름 아닌 예수님의 재림으로 집행될 하나님의 최종 심판의 자리를 가리킨다. 그때에 악인의 행사가 하나님의 공의 앞에 최종 판단을 받게 될 것이다. 의인의 억울함과 핍박과 애매한 고난 또한 그때에 정당한 판정과 보상을 받게 될 것이다.

그렇다면 이런 일련의 일들이 어떤 방식으로 전개될 것인가. 성경은 예수 그리스도의 재림으로 말미암는 전 인류의 부활과 부활에 뒤따르는 최후의 심판을 통해 시행될 것임을 밝히 증거한다.

첫째, 예수님의 재림再臨 약속이다.

예수님의 재림에 대한 약속은 성경 도처에 기록되어 있다. "... 내가 너희를 위하여 처소를 예비하러 가노니 가서 너희를 위하여 처소를 예비하면 내가 다시 와서 너희를 내게로 영접하여 나 있는 곳에 너희도 있게 하리라"(요 14:2-3). "가로되 갈릴리 사람들아 어찌하여 서서 하늘을 쳐다보느냐. 너희 가운데서 하늘로 올리우신 이 예수는 하늘로 가심을 본 그대로 오시리라 하였느니라"(행 1:11). "... 구원에 이르게 하기 위하여 죄와 상관없이 자기를 바라는 자들에게 두 번째 나타나시리라"(히 9:28). "우리 생명이신 그리스도께서 나타나실 그 때에 너희도 그와 함께 영광 중에 나타나리라"(골 3:4). "... 그들이 인자가 구름을 타고 능력과 큰 영광으로 오는 것을 보리라"(마 24:30).

이처럼 재림의 당위성과 필연성은 보다 본질적인 측면에서 예수 그리스도 안에서 수립된 하나님의 구속경륜의 종말론적 완성이라는 의미를 담고 있다. 다시 말해 예수님의 재림이 없다면 하나님의 창세전 구원계획은 미완성으로 끝날 수밖에 없다는 관점이다. 따라서 예수님의 재림은 당신의 백성 된 모든 성도들의 전인적 구원의 완성이라는 의미를 담고 종말론적 하나님 나라의 완성과 성취를 현실화시키는 결정적인 근거로 작용하게 된다(계 21:5-6).

둘째, 예수님의 재림은 성도들의 부활(죽은 신자의 부활, 산 자의 변화, 고전 15:52)은 물론 불신자들까지를 포함한 일반 부활을 동반한다(요 5:28-29).

여기에서 성도들의 부활은 구원의 종말론적 완성을 위함이며 불신자들의 부활은 심판을 위함이다. "... 무덤 속에 있는 자가 다 그의 음성을 들을 때가 오나니 선한 일을 행한 자는 생명의 부활로, 악한 일을 행한 자는 심판의 부활로 나오리라"(요 5:28-29). 본문에서 선한 일과 악한 일의 내용은 예수 그리스도에 대한 신앙고백적 삶의 유무와 직결된다.

그러므로 예수 그리스도 안에서 행한 일은 동기와 목적에서 하나님의 영광추구와 주님을 기쁘시게 하는 일과 연관된 것으로 선한 일로 간주되지만 예수 그리스도와 무관한 일은 이기적인 욕심의 발로로 나타나는 바 악행과 불순종으로 간주될 뿐이다(창 6:5-6; 눅 17:26-29). 전자에게는 천국에서 영생의 삶이 보장된다. 후자에게는 지옥에서의 영벌의 삶이 보장된다.

물론 이때의 일반 부활은 영육을 포함한 전인적인 부활을 가리킨다. 이때의 부활체의 성격은 신령한 몸으로서 다시 썩거나 죽을 수 없는 영생체를 의미한다(고전 15:51-54). 물론 이런 부활 사건은 불신자들에게도 동일하게 적용된다. 그러나 불신자들의 부활체를 신령한 몸이나 영생체로 표현하지 않는 것은 저들의 부활은 최후의 심판을 통해 둘째 사망 곧 지옥의 형벌을 받기 위한 부정적인 의미를 담고 있기 때문이다(계 20:14-15; 21:8). 다음 항목에서 이 부분을 집중적으로 살펴볼 것이다.

셋째, 예수님의 재림으로 말미암는 부활 사건은 불신자들을 위한 최후의 심판을 위함이다.

"... 주 예수께서 저의 능력의 천사들과 함께 하늘로부터 불꽃 중에 나타나실 때에 하나님을 모르는 자들과 우리 주 예수의 복음을 복종치 않는 자들에게 형벌을 주시리니 이런 자들이 주의 얼굴과 그의 힘의 영광을 떠나 영원한 멸망의 형벌을 받으리로다"(살후 1:7-9).

여기에서 예수님의 재림으로 말미암아 집행되는 최종 심판의 대상이 무신론자들과 불가지론자, 그리고 불신자들에게 국한되어 있음을 보게 된다. 이는 종말론적인 최후의 심판의 성격이 예수 그리스도와 무관한 자들에 대한 궁극적 심판인 사실을 여실히 보여준다. 부활한 성도들은 이들 정죄의 심판에서 제외된다(요 5:24; 계 20:15). 예수 그리스도의 대속적 속죄사역 안에서 믿음으로 말미암아 죄의 문제가 영원히 도말되어 이미 용서를 받았기 때문이다(롬 8:1-2; 히 9:12; 10:12-18).

이뿐만이 아니다. 우리는 심판의 진면목을 계시록 20장 11-15절에서 보다 구체적으로 엿볼 수 있다. 여기에서 사도 요한은 최후의 심판을 크고 흰 보좌의 심판 곧 백보좌의 심판으로 기술한다. 최후의 재판정에서 심판관은 예수님이시다(요 5:22; 12:48; 행 10:42; 딤후 4:1). 하나님께서 예수님을 통해 심판하신다는 의미이다. 부활한 모든 인류가 피고인의 신분으로 보좌 앞에 서 있게 된다. 바다와 사망과 음부가 죽은 자를 내어준다는 표현속에서 이들이 부활한 상태임을 확인할 수 있다(요 5:28-29).

이들과 함께 거기에는 두 종류의 책들이 펴져 있음을 본다. 곧 책들과 생명책이다. 여기에서 책들이란 불신자들에 관한 모든 행적이 기록된 내용을 가리킨다. 생명책에는 성도들의 이름과 행적이 기록되어 있다(눅 10:20; 고후 5:10). 불신자들이 책들에 기록된 대로 심판을 받는다. 저들의 행위는 예수 그리스도와 무관한 자들로서 모든 행적이 악행으로 정죄당한다(요 5:29). 그리고 마침내 둘째 사망 곧 불못으로 표상되는 고통의 장소인 영벌에 처해진다. 예수님은 이곳을 일컬어 몸과 영혼이 멸망당하는 지옥이라고 표현하신다. "몸은 죽여도 영혼은 능히 죽이지 못하는 자들을 두려워하지 말고 오직 몸과 영혼을 능히 지옥에 멸하시는 자를 두려워하라"(마 12:28).

예수님은 종말의 심판과 관련해 친히 지옥을 설명하시면서 슬피 우는 곳, 이를 가는 곳, 불이 꺼지지 않는 곳, 구더기도 죽지 않는 곳, 불에 소금 튀듯 하는 곳 등으로 묘사하신다(마 13:42, 50; 25:30; 막 9:48-49). 이런 표상적 이미지는 한마디로 형벌과 고통의 장소로서 지옥의 실재성을 가리키고 있음을 시사해 준다. 이처럼 지옥은 하나님과의 교제가 영원히 단절된 곳이며 동시에 형벌이 가해지는 고통의 장소이기도 하다. 주님께서 친히 지옥을 영벌의 장소로 표현함이 이런 사실에 근거한다(마 25:46상).

반면 백보좌의 심판에서 제외되는 다른 한 무리의 사람들이 있다. 부활한 인류가 백보좌의 심판대에 피고인의 신분으로 설지라도 심판관의 정죄 판정으로부터 제외되는 일단의 무리들이 있음을 본 재판정은 분명히 시사한다. 이들의 정체는 누구일까. 본문은 생명책에 기록된 자들이라고 제한적으로 설명한다.

이들이야말로 예수님의 재림시, 선한 행실로 인해 무덤으로부터 생명의 부활로 나온 자들이다(요 5:29). 다름 아닌 예수 그리스도를 믿은 성도들이다. 예수 그리스도의 구속의 보혈의 공로를 믿음으로 이미 죄사함을 받고(롬 8:1-2) 하나님 앞에서 의로운 자로 칭함을 받은 자들이다(롬 3:23-24). 이런 이유로 저들의 영적 신분은 이미 세상에서 살 때부터 예수님의 새 언약 안에서(눅 22:19-20) 택하신 족속, 왕 같은 제사장, 거룩한 나라와 하나님의 소유된 백성으로 존재했던 것이다(벧전 2:9).

예수 그리스도 외에 구원받을 만한 다른 이름을 우리에게 주신 적이 없다(행 4:12). 예수 그리스도만이 세상 가운데 보내 주신 하나님의 유일한 구세주가 되신다(요 3:16). 생명책에 녹명된 자들은 그리스도의 구속을 통해 최후의 심판에서 제외될 뿐 아니라(요 5:24), 하나님의 후사들로 새 하늘과 새 땅의 이미지로 표상되는 천국을 기업으로 받게 될 자들이다(계 21:1-4; 엡 3:6).

그곳은 다시 사망이 없고 애통하는 것과 곡하는 것과 아픈 것이 재현되는 곳이 아니다. 처음 것들이 다 지나갔기 때문이다(계 21:4). 오직 하나님의 구원의 은혜의 영광을 영원토록 찬미하며 주 안에서 서로간에 사랑의 교제를 나누는 곳이다(엡 1:6). 이런 의미에서 천국에서 누리게 되는 완성된 구원의 삶의 실질은 성도들에게 주어지는 하나님의 최고의 복이며 상급의 실체로 기능한다. 주께서 친히 천국을 영생의 장소로 표현함이 이런 사실에 근거한다(마 25:46하).

Ⅲ. 결론

하나님 앞에서 모든 사람이 죄인이다. '죄 없는 자가 먼저 돌로 치라' 는 주님의 도전적인 답변 앞에서 '양심의 가책' 을 받아 모든 사람이 주님 곁을 떠났다는 사건이 이런 사실을 객관적으로 증명한다(요 8:1-11). 나아가 성경을 통해 하나님께서 친히 "의인은 없나니 하나도 없으며 모든 사람이 죄를 범하였으매 하나님의 영광에 이르지 못하게 되었다"고 인류를 향해 정죄를 선언하신다(롬 3:10; 3:23). 이뿐만이 아니다. 더욱 비극적인 것은 죄로 인해 모든 사람에게 죽음 곧 사망이 불청객으로 찾아오게 됐다는 사실이다(롬 5:12; 6:23).

이상의 강론을 통해 한걸음 더 나아가 죄의 결과로 죽음이 찾아 왔지만 죽음이 인생의 종말이 아님을 성경의 여러 본문에 근거해 구체적으로 살펴보았다. 결코 죽음은 인생의 끝이 아니다. 오히려 죽음 후에 받게 되는 최종 심판을 고려하면 사망은 종말론적 영생과 영벌로 들어가는 관문에 불과할 뿐이다.

그러므로 성경은 죽음 후에 영혼이 몸의 부활을 기다리는 일시적 처소로서 음부라는 사후세계가 실존함을 강력히 시사한다. 아울러 예수님의 재림으로 시작되는 인류의 보편적 부활 사건은 곧 이어 최후의 심판으로 이어질 것임을 분명히 진술한다. 백보좌의 심판의 결과는 부활한 모든 인류를 영생을 표상하는 천국과 영벌을 표상하는 지옥의 두 곳으로 갈라놓을 것이다.

이때 사도 요한은 백보좌 앞에 놓인 책들과 생명책이라는 두 종류의 책들을 환상을 통해 보게 된다. 불신자들은 책들에 기록된 대로 심판을 받아 불못으로 표상되는 지옥의 영벌에 처해진다. 생명책에 기록된 성도들은 불못의 심판에서 제외된다. 대신 천국으로 표상되는 새 하늘과 새 땅의 영생에 들어간다. 천국을 기업으로 받게 된다.

이처럼 성도들의 이름이 생명책에 기록된 것으로 인해 심판에서 제외되며, 불못의 형벌로부터 피할 수 있을 뿐 아니라, 보다 적극적으로 새 하늘과 새 땅의 이미지가 담긴 천국에 들어갈 수 있음은 오직 예수 그리스도를 믿음으로 저들의 죄가 용서함을 받았다는 사실에 근거한다. 예수 그리스도의 구속을 통해 정죄에서 벗어났고 의롭다고 인정을 받았기 때문이다.

예수 그리스도를 믿는 믿음 안에서만 죄사함과 구원이 있다(요 8:1). 하나님께서 의롭다고 인정해 주신다(롬 3:28). 죽어도 다시 살 수 있는 부활의 생명과 영생이 보장된다. 심판에서도 제외된다.

"네가 만일 네 입으로 예수를 주로 시인하며 또 하나님께서 그를 죽은 자 가운데서 살리신 것을 네 마음에 믿으면 구원을 얻으리니 사람이 마음으로 믿어 의에 이르고 입으로 시인하여 구원에 이르느니라"(롬 10:9-10). "너희가 그 은혜를 인하여 믿음으로 말미암아 구원을 얻었나니 이것이 너희에게서 난 것이 아니요 하나님의 선물이라. 행위에서 난 것이 아니니 이는 누구든지 자랑치 못하게 함이니라"(엡 2:8-9). "내가 진실로 진실로 너희에게 이르노니 내 말을 듣고 또 나 보내신 이를 믿는 자는 영생을 얻었고 심판에 이르지 아니하나니 사망에서 생명으로 옮겼느니라"(요 5:24). "예수께서 가라사대 나는 부활이요 생명이니 나를 믿는 자는 죽어도 살겠고 무릇 살아서 나를 믿는 자는 영원히 죽지 아니하리니 이것을 네가 믿느냐"(요 11:25-26).

하나님은 오늘도 구원의 문을 열어놓고 계신다(고후 6:1-2). 하나님은 길이 참으시는 중에 모든 사람이 회개하고 예수 그리스도를 믿음으로 구원받기를 원하신다(벧후 3:9). 사람이 구원을 받지 못하고 정죄당해 심판에 처해져 지옥으로 떨어지는 것은 오직 믿지 않기 때문이다. 예수 그리스도의 구속사역을 통해 하나님께서는 전 인류를 향해 이미 믿을 만한 증거를 다 주셨다(요 5:39; 20:31; 딤후 3:15). 간절히 바라기는 예수 그리스도를 각자의 마음에 구주로 영접함으로 하나님께서 무상의 은혜로 베풀어 주시는 구원을 선물로 소유하기를 주님의 이름으로 기원한다.

3

속죄의 원리 : 세상 죄를 지고 가는 하나님의 어린양

요한복음 1장 29절

I. 도입

1-2강을 통해 온 인류가 하나님 앞에서 죄인으로 전락된 배경과 죄책罪責의 결과로 주어진 사망과 심판과 불못의 지옥 형벌의 경위에 대해 하나님께서 친히 명하셨던 선악과 금령을 중심으로 살펴봤다. 성경은 이런 사실을 "이러므로 한 사람으로 말미암아 죄가 세상에 들어오고 죄로 말미암아 사망이 왔나니 이와 같이 모든 사람이 죄를 지었으므로 사망이 모든 사람에게 이르렀느니라"(롬 5:12)고 기술한다.

이처럼 인류의 조상인 아담의 범죄는 자신뿐만 아니라 그와 혈통적으로 연대된 모든 후손들을 하나님과 원수 된 죄인으로 전락시켰다. 이뿐만이 아니다. 죄의 삯은 사망으로 완불되지 않는다. 죽음 너머에 인류의 삶을 총체적으로 결산하게 될 심판이 기다리고 있을 뿐 아니라(히 9:27), 그 결과 영생과 영벌의 판정을 통해 소위 천국과 지옥(불못)의 삶으로 영원히 갈라지게 될 것을 성경은 엄중히 경고한다(계 20:11-15; 살후 1:7-9).

그렇다면 하나님 앞에서 죄인으로 전락한 인류에게 죄와 죄책(사망/심판/불못)으로부터 해방될 구원의 소망은 전혀 없는 것인가. 그렇지 않다. 하나님께서 창조 사역과 더불어 처음 아담 부부에게 은혜로 맺어 주셨던 문화명령적 창조 언약(창 1:28)은 당신의 기뻐하시는 뜻 가운데 주권성과 은혜성에 근거해 일방적으로 맺어 주신 은혜언약의 성격을 띤다. 따라서 선악과 금령(창 2:17)이 비록 죽음을 담보로 순종을 요구하는 행위언약의 성격을 띠고 있을지라도 신적 언약의 특성상 창조언약(은혜언약)과의 불가분의 연대 속에서 언약적 징계로 기능할망정 영원한 사망에 처해질 수는 없다.

만일의 경우 아담 부부가 영원한 멸망에 처해진다면 창세기 1장 28절의 창조언약은 무효화되거나 파기될 수밖에 없기 때문이다. 그러나 이런 일은 언약의 특성상 불가능하다. 혹자는 이런 두 언약간의 상호 충돌과 대립 관계를 일컬어 '하나님의 딜레마' (dilemma)로 설명하기도 한다. 그러나 실제로 전지전능하신 하나님께 딜레마란 용어는 성립될 수 없다. 하나님을 의인화시켜 설명한 수사적 표현일 뿐이다.

그렇다면 선악과 금령을 범한 아담 부부의 죄책(사망)을 누가 어떤 방식으로 담당함으로 결과적으로 창조언약에 따른 문화명령(창 1:28)을 지속적으로 수행해 나갈 수 있다는 말인가. 이런 식으로 두 언약간 상충되는 내적 요구에 답하는 형식으로 주어진 하나님의 해결책이 다름 아닌 여자의 후손 언약(창 3:15)이다. 이런 관점에서 여자의 후손 언약은 한편으로 범죄한 아담 부부의 죄과를 해결함과 동시에 다른 한편 지속적으로 하나님의 창조적 문화명령을 수행할 수 있는 재창조의 길을 열어놓은 셈이 된다. 그런 의미에서 본 여자의 후손 언약을 일명 원복음 또는 '어머니 약속' 으로 정의하기도 한다. 인류의 죄의 문제를 해결해 주시기 위해 하나님께서 은혜로 주신 최초의 복음이며 또한 구속 언약의 효시란 의미가 내포되어 있기 때문이다.

따라서 본 강론에서는 아담 부부는 물론 그의 후손들의 죄과를 구속해 주시기 위해 원복음의 성격을 띠고 주신 창세기 3장 15절의 여자의 후손 언약이 이스라엘의 역사 속에서 어떤 모습으로 진행되어 나왔으며, 예수 그리스도의 십자가 구속사역을 통해 마침내 성취의 절정에 이르게 되었는지를 살펴보려 한다. 이 과정에서 죄책의 문제를 해결하시려는 하나님의 열심이 대속의 원리를 통해 구체적으로 진행된 정황을 논증코자 한다.

II. 전개

이상의 논증에 의하면 창세기 1-3장의 중심주제는 결과적으로 창조 - 타락 - 구속(재창조)으로 집약된다고 볼 수 있다. 따라서 창세기 4장부터 본격적으로 시작되는 아담의 후손을 통한 인류의 역사는 본질상 창세기 3장 15절에 약속된 여자의 후손 언약을 성취시킴으로 문화명령적 창조언약(창 1:28)의 궁극적인 목표인 하나님 나라를 건설하기 위한 하나님의 재창조 사역으로 정의할 수 있다. 이를 달리 언약적 구속사라 부른다.

여기에서 언약적 구속사란 여자의 후손 언약을 통해 인류의 죄를 구속하시려는 하나님의 구속사의 진행은 신적 언약을 도구삼아 역사 속에서 '선 언약 - 후 성취' 라는 언약적 틀(covenantal framework)을 통해 성취되어 간다는 사실을 가리킨다. 이런 관점에서 세상 역사의 본질은 하나님의 구속사요, 구속사는 언약을 방편삼아 진행된다고 요약할 수 있다.

이처럼 여자의 후손 언약 속에 담긴 하나님의 구속의 도리는 처음부터 여자의 후손을 통한 속죄 곧 대속의 방식으로 인류의 죄과를 제거해 주실 것을 암시적으로 시사한다. 아담의 범죄 안에서 이미 죄인으로 전락해 버린 인류의 죄책은 죄인 된 인간 스스로는 자신은 물론 타인의 죄과를 대신 담당할 수 없기 때문이다(자력구원의 불가능성). 반면 죄와 무관한 절대 타자他

者에 의한 대속적인 죽음만이 인류의 죄를 도말할 수 있는 유일한 길이라는 사실이 성경의 증언이다(요 3:16; 롬 4:25; 사 53:5-6).

이런 식으로 죄와 죄책과 죄의 권세로부터 당신의 백성을 구원하시려는 하나님의 구속의 경륜은 구약시대에는 짐승을 제물로 드리는 속죄제사의 방식을 통해 예표적이며 모형적으로 계시되어 왔다. 구약의 속죄제사는 신약시대에 이르러 예수 그리스도의 십자가 구속사역 안에서 마침내 실체로 성취되기에 이른다. 결과적으로 이스라엘 백성들의 죄를 속하기 위해 제물로 드려진 구약의 속죄양은 인류의 죄를 구속하시기 위해 십자가에 달려 죽으신 예수 그리스도를 신학적으로 예표한다는 것이 신약 기자들의 한결 같은 해석적 관점이다(요 1:29; 고전 5:7; 히 9:11-14; 10:11-14).

1. 이삭의 번제 사건에 담긴 대속의 원리

아담의 후손들 중 여자의 후손들을 통해 선택적이면서도 암묵적으로 진행되어 오던 여자의 후손 언약의 성취역사는 아브라함에 이르러 보다 구체적이고 명시적이며 동시에 공개적이고 개인적인 성격을 띠고 역사의 전면에 부상된다. 아브라함에게 맺어주신 자손과 땅과 왕의 언약 및 열국의 복의 근원이 될 것이라는 하나님의 보증의 말씀이 이런 사실을 강력히 뒷받침 해준다(창 12:1-3; 17:6-8). 이런 관점에서 25년 후 노년의 아브라함 부부에게 주신 약속의 자녀 이삭의 출생(창 21:1-7)은 그 사건의 신적 기원과 더불어 여자의 후손 언약이 보다 구체적으로 성취된 구속사적 사건임에 틀림없다.

예수께서 유대인들과의 논쟁 중에 "너희 조상 아브라함은 나의 때 볼 것을 즐거워하다가 보고 기뻐하였느니라"(요 8:56)고 하신 말씀을 통해 이런 사실이 명백히 확인된다. 본문에서 "나의 때 볼 것을 즐거워하다"란 의미는 원복음(창 3:15)의 성격상 여자의 후손 언약에 함의된 여자의 후손의 당사자의 출현을 소망 중에 학수고대해 왔던 아브라함의 염원이 담긴 심정을 대변한다. 이어서 "보고 기뻐했다"란 백세에 얻은 이삭의 출생과 특별히 그의 번제사건에 담긴 대속의 의미를 통해 미래에 이삭의 실체로 오실 구속주에 대한 확신에 찬 전망과 밀접하게 연관된 표현이다.

이삭의 번제사건에 담긴 대속원리의 실상은 이렇다. 약속의 자녀 이삭이 십대의 소년으로 성장했을 즈음에, 하나님께서 아브라함을 찾아오셔서 아들 이삭을 번제로 바치라고 요구하신다(창 22:1-2). 창세기 저자는 이를 하나님의 선의적인 시험사건으로 설명한다. 아브라함의 중심을 보시기 위함이다. 이삭의 진정한 주인이 누구인지를 확인하시기 위함이다. 범사에 하나님을 전폭적으로 신뢰하며 경외하는지를 검증해 보시기 위함이다. 그리고 이 모든 요소들을 포괄해 번제에 담긴 대속의 원리를 종국적으로 깨닫게 해 주시기 위함이다.

창세기 저자는 이삭을 번제로 바치라는 하나님의 시험사건과 관련해 당연히 있을 법한 노년의 아브라함과 사라의 신앙적 고뇌와 번민에 일체 함구한다. 대신 아침 일찍부터 서둘러 먼 길을 재촉해 떠나는 아브라함 일행의 여정을 단도직입적으로 도입해 기술한다(창 22:3). 그뿐만이 아니다. 모리아산에 당도했을 즈음, 함께 동행했던 사환들에게 이삭과 함께 경배드리고 돌아올 때까지 기다리라고 당부한다(창 22:5). 히브리서 기자는 이런 아브라함의 당부에 담긴 본의를 "저가 하나님이 능히 죽은 자 가운데서 다시 살리실 줄로 생각한지라"(히 11:19)고 재해석한다. 이는 부활 신앙관에 다름 아니다. 왜냐하면 아브라함은 이미 "네 자손이라 칭할 자는 약속의 자녀 이삭으로 말미암으리라"(히 11:18)는 확약을 받았기 때문이라는 지적이다.

다시 말해 아브라함은 자신의 굴곡진 지나온 신앙여정을 회고하며 어떤 경우라도 당신의 언약을 반드시 성취하시는 하나님의 신실성을 믿어 의심치 않았던 것이다. 보다 적극적이고 전폭적으로 하나님의 신실성을 의존했던 것이다. 환언하면 이삭을 번제로 드릴지라도 이삭이 아브라함 언약의 유일한 계승자요 기업의 상속자일진대 그를 죽은 자 가운데서 다시 살릴지언정 결코 이삭의 죽음으로 아브라함 언약이 무효화되거나 파기될 수 없음을 확신했다는 사실이다. 기독교 신앙의 정체성이 계시의존 사색신앙으로 정립되어야 하는 결정적인 이유가 이런 사실에 근거한다(롬 10:2-3; 마 7:21-23). 계시의존 사색신앙이야말로 섭리의존 순종신앙으로 나아가는 첩경으로 기능한다. 이들 두 신앙관이야말로 기독교 신앙관을 형성하는 두 기둥이다.

아브라함은 마침내 모리아산에 도착해 번제에 드릴 양이 어디 있느냐는 이삭의 질문에 하나님께서 준비하실 것이라고 궁색한 변명으로 답변을 대신한다. 곧 이어 아브라함은 아무런 저항도 하지 않는 이삭을 묶어 번제단 위에 눕혀 놓는다. 당시 어린 소년 이삭은 마치 도수장으로 끌려가는 어린 양과 털 깎는 자 앞에 잠잠한 양 같이 그 입을 열지 않았다(사 53:7). 이는 세상 죄를 지고 가시는 한 마리 어린 양을 예표하고 있는 예수님의 모습과 방불했다. 예수님의 죽음이 당신의 백성을 죄로부터 구원하시는 대속의 근거가 되기 때문이다.

다음 순간 아브라함은 칼을 들어 이삭을 내려치고자 했다. 하나님께서 다급히 만류하신다. 결국 이삭은 살았다. 죽지 않았다. 그러나 아브라함의 믿음의 결행을 통해 이삭은 실상 죽은 것이나 다를 바 없다. 다시 말해 이삭은 사실상 죽었다 다시 살아난 셈이다. 즉 이삭은 죽었으나 다시 살아났고, 살았으나 죽은 것과 방불하다. 이런 관점에서 이삭은 그의 실체로 오실 예수 그리스도(갈 3:16)의 죽음과 부활을 예표적으로 상징한다고 볼 수 있다.

한편 하나님께서는 아브라함의 손을 막으심으로 이삭을 구원해 주셨을 뿐 아니라, 즉각 한 마리 숫양을 예비해 주심으로 이삭을 대신해 번제로 드리도록 준비해 주셨다(창 22:13). 결과적으로 한 숫양이 이삭을 대신해 죽은 셈이다. 이런 식으로 이삭의 번제사건에는 아브라함의 믿음과 하나님 경외 여부를 시험하신 소극적인 의미 외에, 보다 본질적으로 여자의 후손 언약에 담긴 구속의 도리가 미래에 어떤 방식으로 전개될 것인지를 구체적으로 전망케 해 주신 구속사적 의미가 담겨있다고 해석된다.

다시 말해 아브라함은 이삭의 번제사건을 통해 여자의 후손 언약이 암시하고 있는 죄의 해결방식이 이삭의 실체로 오실 미래의 여자의 후손의 당사자를 통해 대속의 방식으로 처리될 것을 언약적 구속사관에 근거해 확실하게 전망할 수 있었다는 사실이다. 이런 사실은 유대인들과의 일련의 변론 속에서 예수 그리스도께서 친히 지적하셨던 설명을 통해 재차 확인된다. "너희 조상 아브라함은 나의 때 볼 것을 즐거워하다가 보고 기뻐하였느니라"(요 8:56).

이처럼 인류의 죄는 모리아산의 어린 숫양으로 예표될 뿐 아니라, 이삭의 실체로 오신 예수 그리스도의 대속적인 속죄사역에 근거해서만 죄의 사면은 물론 죄로부터의 구원이 확실하게 보증된다는 것이 성경의 증언이다. "염소와 송아지의 피로 아니 하고 오직 자기 피로 영원한 속죄를 이루사 단번에 성소에 들어 가셨느니라"(히 9:12). "저가 한 제물로 거룩하게 된 자들을 영원히 온전케 하셨느니라"(히 10:14).

2. 유월절 어린양의 죽음에 담긴 대속의 원리

이스라엘 백성들의 출애굽사건을 결정적으로 가능케 했던 유월절 어린양의 희생사건은 이삭의 번제사건에 담긴 대속의 원리가 보다 구체적으로 가시화 되어 적용된 예시적 사건으로 평가된다. 출애굽 사건 당시 애굽 전 지역에 거주하는 사람들 중 장자에 해당되는 자들은 심지어 생축까지를 포함해 총체적으로 살해당할 비극적인 참사에 직면해 있었다. 이스라엘이라고 예외일 수 없었다.

그러나 하나님께서는 이런 엄청난 참사로부터 피할 수 있는 유일한 구원의 방도를 사전에 마련해 주셨다. 다름 아닌 어린양을 잡아 그 피를 문좌우 설주와 인방에 바르라는 내용이다(출 12:7). 여호와 하나님께서 애굽 땅을 칠 때에 피가 표적이 되어 주의 사자가 피를 볼 때에 그 집을 넘어감으로(pass over) 비극적인 재앙으로부터 안연히 구원을 받게 될 것이라는 설명이다(출 12:13).

결국 이 국가적인 총체적 재앙으로부터 구원받을 수 있었던 자들은 믿음으로 하나님의 말씀에 순종했던 이스라엘 백성들과 그에게 부속된 자들에게 제한적으로 적용되었다. 주의 사자들이 피를 볼 때에 그 집을 넘어감으로 죽음의 재앙으로부터 구원을 받았던 사실에 근거해 하나님께서는 이 사건을 유월절 규례로 삼아 영원히 후손들로 하여금 지킬 것을 명하셨다(출 12:24-28).

본 유월절 예식은 예수 그리스도께서 십자가에 달려 죽으시기 전날 밤 마지막 유월절 식사를 제자들과 나누시는 자리에서 당신의 구속사역을 상징적으로 예표하는 성찬식 제정을 통해 새 언약을 맺어 주심으로 유월절 규례를 폐하시고 성찬식으로 대체해 주셨다. 이로서 영원한 규례로 제정되었던 구약의 유월절 예식은 신약의 예수 그리스도의 구속사역 안에서 성찬식으로 대체되는 것을 통해 영원한 규례로서 대속의 의미와 원리를 계승하게 되었다(눅 22:14-20; 마 26:26-29; 막 14:22-25).

신약의 기자가 예수님을 가리켜 유월절 어린양으로 호칭하는 이유가 이런 사실에 근거한다(고전 5:7). 다시 말해 언약적 구속사의 점진적인 진행 안에서 출애굽 사건에 근거한 구약의 유월절 규례는 예수 그리스도의 새 언약 안에서 십자가의 구속사역을 통해 예표적 사건이 실체화되었음을 증거한다. 이런 관점에서 유월절 대속의 어린양은 십자가에서 우리의 죄와 죄책을 대신해 죽으신 예수 그리스도의 구속사역을 신학적 상응성을 통해 구체적으로 예표한다.

이상의 고찰이 의미하는 바는 하나님 앞에서 죄인 된 인류가 죄와 죄책인 사망으로부터 구원받을 수 있는 유일한 방도는 속죄의 방식을 통해서만 가능하다는 사실을 강력히 시사한다.

"율법을 좇아 거의 모든 물건이 피로써 정결케 되나니 피 흘림이 없은즉 사함이 없느니라"(히 9:22; 레 17:11). "모든 사람이 죄를 범하였으매 하나님의 영광에 이르지 못하더니 그리스도 예수 안에 있는 구속으로 말미암아 하나님의 은혜로 값없이 의롭다 하심을 얻은 자 되었느니라"(롬 3:23-24). "우리가 아직 죄인 되었을 때에 그리스도께서 우리를 위하여 죽으심으로 하나님께서 우리에게 대한 자기의 사랑을 확증하셨느니라"(롬 5:8). "사랑은 여기 있으니 우리가 하나님을 사랑한 것이 아니요 오직 하나님이 우리를 사랑하사 우리 죄를 위하여 화목제로 그 아들을 보내셨음이니라"(요일 4:10).

3. 율법의 속죄 제사에 담긴 대속의 원리

모세를 통해 하나님의 인도로 출애굽한 이스라엘 백성들은 마침내 시내산에 도착해 율법을 수여받고 피로 언약식을 체결함으로 명실상부한 하나님의 선민으로서 신정적 정체성을 확립하게 된다(출 19:1-8; 24:1-11). 이와 관련해 레위기서는 이스라엘의 거룩성의 지속적인 유지와 발전을 위해 모세 율법의 세부사항들을 소상히 기록한다. 무엇보다도 성막을 중심으로 시행되는 제사 및 정결 규례에 우선적인 강조점을 두고 기록한다. 이어서 구원의 감격과 기쁨을 함께 공유해 누리는 공동체적 의식의 함양과 고취를 위해 각종 절기 규례를 소상히 기록한다.

특별히 제사를 통한 거룩성의 회복과 보존은 하나님과의 화목을 통해 출애굽에 근거한 구원의 감격과 실질을 지속적으로 공유해 누리는 척도로 기능한다. 출애굽 사건에 이은 가나안 정복의 필요성이 이런 원리 속에서 요구된다. 다시 말해 출애굽을 통해 은혜로 받은 구원의 실질을 현실적으로 경험하며 누림으로 당초 아브라함 언약의 궁극적 목표인 신정왕국으로서 하나님 나라를 명실상부하게 건설해 나가기 위함이다.

레위기서가 기술하고 있는 5가지(번제, 소제, 화목제, 속죄제, 속건제) 제사제도 중 속죄제나 속건제는 하나님의 율법에 명시된 어떤 계명을 어겼을 때 이를 속贖하기 위해 드리는 제사를 말한다. 이때 속죄제는 하나님과의 관계에 있어서의 범죄 행위에 대한 속죄를 위함이며(레 4:13-21), 속건제는 대인 또는 대물에 대한 금령을 어겼을 때의 속죄를 위해 드리는 제사를 가리킨다(레 5:15-19). 따라서 속건제에는 일정한 금액의 배상이 뒤따른다.

특별히 일 년에 한 번 정해진 날(7월 10일) 대제사장에 의해 이스라엘 민족 전체의 죄를 속하기 위해 드리는 속죄제를 가리켜 대속죄일(레 16:34; 25:9)이라 부른다. 이때에는 대제사장인 아론이 먼저 자신과 자신의 권속들의 죄를 속죄 받는다(레 16:6). 이어 이스라엘 백성 전체를 위한 속죄 제사를 드린다(레 16:7-22). 이때 두 마리 숫염소를 제물로 구별해 놓는다. 두 염소에 대해 제비를 뽑아 한 마리는 여호와의 속죄제를 위해, 다른 한 마리는 아사셀(scape goat)을 위해 따로 구별한다(레 16:8).

아사셀 염소를 신학적 용어로 속죄양 또는 희생양이라고 부른다. 한 마리는 이스라엘 백성 전체의 죄를 대속하기 위해 속죄제로 드린다. 나머지

한 마리는 대제사장이 안수함으로 이스라엘 백성 전체의 죄와 불의를 전가시킨다. 이후 아사셀 염소를 광야 무인지경으로 데려다가 놓아준다(레 16:10, 21-22). 이는 속죄제를 통해 이스라엘의 죄가 온전히 사면됐음을 가시적이고 상징적으로 보여주는 계시적 행위이다.

한편 히브리서 기자는 이와 같은 구약의 제사를 예수 그리스도의 십자가의 구속사역과 대비시키며 모형과 실체의 원리 속에서 설명한다. "염소와 송아지의 피로 아니 하고 오직 자기 피로 영원한 속죄를 이루사 단번에 성소에 들어 가셨느니라. 염소와 황소의 피와 및 암송아지의 재로 부정한 자에게 뿌려 그 육체를 정결케 하여 거룩케 하거든 하물며 영원하신 성령으로 말미암아 흠 없는 자기를 하나님께 드린 그리스도의 피가 어찌 너희 양심으로 죽은 행실에서 깨끗하게 하고 살아계신 하나님을 섬기게 못하겠느뇨"(히 9:11-14). "제사장마다 매일 서서 섬기며 자주 같은 제사를 드리되 이 제사는 언제든지 죄를 없게 하지 못하거니와 오직 그리스도는 죄를 위하여 한 영원한 제사를 드리시고 하나님 우편에 앉으사 그 후에 자기 원수들로 자기 발등상이 되게 하실 때까지 기다리시나니 저가 한 제물로 거룩하게 된 자들을 영원히 온전케 하셨느니라"(히 10:11-14).

이처럼 속죄제를 비롯해 이스라엘 백성들이 드리는 5대 제사의 의미는 인간의 죄성으로 인해 발생할 수 있는 다양한 범죄로 인해 언제든지 깨질 수 있는 하나님과의 화목과 교제를 회복시켜 지속적으로 구원의 실질을 전인적이고 공동체적으로 누리게 하기 위해 제도적인 장치로 주신 은혜의 방편들인 셈이다.

그러나 이들 각종 제사들은 단순히 이스라엘 백성들의 죄를 대속하는 것으로 구속사적 의미를 다하는 것이 아니다. 신약의 기자들은 구약의 속죄 제사를 구속사 진행의 점진적인 원리 속에서 예수 그리스도의 구속사역에 대한 예표적 사건으로 해석한다. 그래서 속죄제에 담긴 어린양의 희생을 예수 그리스도의 대속적인 죽음에 연결시켜 이를 예표와 실체의 관계로 해석한다.

예수 그리스도를 향해 "세상 죄를 지고 가는 하나님의 어린양"(요 1:29)으로 선언했던 사도 요한의 구속사적 통찰력은 이런 식으로 구약의 속죄제사에 담긴 대속의 원리와 사상이 예수 그리스도의 구속사역을 통해 구체적으로 성취될 것임을 확증시켜 주는 언약적 선언임에 틀림없다.

이런 사실은 동일한 맥락에서 신구약의 제사장들의 신학적 정체성과 속죄에 담긴 대속의 의미를 대비시켜 기술하고 있는 히브리서 기자의 관점을 통해 보다 구체적으로 확인된다. 히브리서 기자는 신구약 제사장들의 정체성 대비와 관련해 아론의 반차를 좇는 레위지파의 한시적인 제사장 직분의 수행과 천상적 기원을 가진 멜기세댁의 반차를 좇아 오신 대제사장 예수 그리스도의 영원한 제사장 직분의 차이를 상호 비교함으로 제사장의 실체로 오신 예수 그리스도의 사역의 우월성과 진정성과 영원성을 강조한다(히 7:11-17).

나아가 구약의 제사장들에 의해 주관되는 속죄제와 관련해, 이 제사는 한시적이어서 제사장마다 매일 서서 섬기며 자주 같은 제사를 드리되 언제든지 죄를 영원히 도말하지 못하는 것에 반해, 예수 그리스도의 구속의 효력은 한 제물로 거룩하게 된 자들을 영원히 온전케 하심으로 구약의 모형적 속죄 제사를 단번에 완성시키셨음을 강조한다(히 9:12; 10:11-14). 이는 구약의 속죄제사에 담긴 예표성이 예수 그리스도의 구속 안에서 실체로 성취되었음을 의미한다. 신약의 성도들에게 더이상 추가적으로 드릴 속죄제가 요구되지 않는 이유가 이런 식으로 예수 그리스도의 영永단번(once for all)에 드려진 영원한 제사에 근거한다.

예수 그리스도께서 십자가 위에서 '다 이루었다' (요 19:30)고 선언하신 말씀은 이처럼 죄에 관한 일체의 율법적 요구와 더불어 하나님의 구속의 경륜이 동시적으로 성취된 절정의 사건임을 시사한다. 무한가치의 예수님의 피로 영원한 속죄가 이루어졌기에(히 9:12) 추가적인 제사는 더 이상 불필요하게 된 셈이다. 구원받은 성도들이 세세무궁토록 이 크신 일을 이루신 하나님께 감사함으로 신앙하며 경배드려야 할 필요충분조건이 이런 사실에 근거한다. 죄와 죄책과 죄의 권세로부터 은혜로 말미암아 영원히 구원받았다는 사실을 바르게 인식해 이를 신앙과 생명의 도리로 붙들고 살아가는 일이야말로 기독교 신앙관 정립의 알파와 오메가로 기능한다.

III. 결론

죄로 말미암아 타락해 하나님과 원수 된 인생들을 하나님은 결코 외면치 않으신다. 독생자 예수 그리스도의 구속을 통해 보다 적극적으로 구원의 길을 열어 놓으시고 은혜 베풀기를 기뻐하신다. 우리는 이런 하나님의 구속의 경륜을 제1강 '죄의 원리' (원죄), 제2강 '죄책의 원리' (형벌)에 이은 제3강 '속죄의 원리' (사면)를 통해 살펴봤다.

하나님께서는 범죄한 아담과 그의 후손들의 죄와 죄책으로부터 구원을 위해 여자의 후손 언약을 은혜로 맺어 주셨다(창 3:15). 여자의 후손 언약을 원복음과 어머니 약속으로 부르는 이유가 이런 사실에 근거한다. 하나님의 신묘불측한 구속의 모든 경륜이 여자의 후손 언약 속에 함축적으로 내포되어 있기 때문이다.

본 여자의 후손 언약의 기원이 창세전 삼위 하나님의 구원협약(엡 1:4-14)과 본질상 밀접하게 연관되어 있다는 사실을 간파하는 일은 하나님의 구속의 경륜을 언약적 구속사관으로 해명하는 데 매우 중요한 전제적 요소로 기능한다. 만사와 만물의 경영이 하나님의 절대주권하에서 당신의 기뻐하시는 뜻 가운데 섭리적으로 관장되기 때문이다.

여자의 후손 언약이 타락한 인류의 죄의 문제를 속해 주시기 위한 원복음의 성격을 띠고 있다는 사실은 창세기 4장부터 본격적으로 시작되는 인간 역사(세상 역사)의 본질이 구속사란 사실을 함의한다. 다시 말해 하나님의 구속사는 세상 역사를 방편 삼아 합당한 때에 필요한 사람을 선택적으로 불러내 도구삼아 적절한 상황과 환경을 통해 섭리적으로 진행된다. 이런 의미에서 하나님의 뜻이 성취되는 과정에서 '때와 사람과 필요 적절한 환경' 은 하나님의 섭리의 삼 요소로 기능한다.

이 과정에서 원복음으로 기능하고 있는 여자의 후손 언약에 함의된 구속의 도리는 아브라함의 혈통적 후손인 이스라엘의 역사 속에서 모형과 예표적인 성격을 띠고 속죄제사의 방식으로 제도화되어 시행된다. 속죄제사의 실체인 예수 그리스도의 구속을 통한 구원의 은혜의 영광을 극대화시키기 위함이다(히 9:11-14).

모든 생명이 피에 있고 피 흘림이 없으면 죄 사함이 없다는 말씀의 원리를 좇아서 대속의 방식이 채택된 것이다(레 17:11; 히 9:22). 결과적으로 죄인된 인생들이 예수 그리스도의 구속 안에서 죄 용서를 받고 하나님 앞에 담대하게 나아갈 수 있는 '새롭고 산 길' 이 열리게 된 셈이다(히 11:19-20). 누구든지 남녀노소와 지위 고하를 막론하고 예수 그리스도를 하나님께서 보내신 유일한 구주로 영접함(믿음)으로 값없이 은혜로 구속의 공효를 덧입을 수 있게 된 것이다(요 1:12; 3:16; 5:24; 행 4:12; 롬 3:23-24, 28; 엡 2:8-9).

그러므로 대속을 통한 속죄의 원리는 신구약 시대를 불문하고 하나님께서 죄인 된 인생들을 구원하시는 유일한 방도로 기능한다는 것이 성경의 한결 같은 증언이다. "예수는 우리 범죄함을 위하여 내어줌이 되고 또한 우리를 의롭다 하심을 위하여 살아나셨느니라"(롬 4:25). "사랑은 여기 있나니 우리가 하나님을 사랑한 것이 아니요 오직 하나님이 우리를 사랑하사 우리 죄를 위하여 화목제로 그 아들을 보내셨음이니라"(요일 4:10). 예수 그리스도는 세상 죄를 지고 가는 유일한 하나님의 어린양의 실체이시다(요 1:29). 하나님께서는 천하 인간에 구원받을 만한 다른 이름을 예수 그리스도 외에 우리에게 주신 일이 없다는 것이 성경의 명백한 증언이다(행 4:12). 그러므로 예수 그리스도의 구속은 죄인이 믿음으로 죄사함을 받고 구원에 이를 수 있는 유일한 척도로 기능한다(롬 3:23-24).

4

믿음의 원리 : 놋뱀을 쳐다본즉 살더라

민수기 21장 4-9절

I. 도입

3강을 통해 하나님 앞에서 범죄한 인간의 죄와 죄책의 해결책으로 하나님께서 친히 마련해 주신 구속의 도리에 대해 살펴봤다. 구속救贖이란 죄의 대가를 대신 지불함으로 죄를 속함(용서/사면) 받는 것을 의미한다(엡 1:7; 골 1:14). 처음 에덴동산에서 범죄한 아담 부부의 죄를 속량해 주시기 위한 구속의 방도로 하나님께서는 이들 부부에게 여자의 후손 언약을 맺어 주셨다(창 3:15). 이를 신학적으로 원복음이라 부른다. 원복음은 비록 암시적인 성격을 띠고 있지만 최초의 구원의 복음으로 기능한다.

여자의 후손 언약에 담긴 하나님의 구속의 도리는 역사 속에서 이중 구조적으로 계시되었다. 구약시대에는 어린양의 대속적인 속죄제를 통해 한시적이며 예표적으로(type) 시행되었다. 속죄제의 예표적 성격상 해마다 같은 제사를 반복적으로 드려야 했다(히 10:11). 신약시대에 이르러 구약의 예표적인 속죄제는 예수 그리스도의 구속사역 안에서 실체화(antitype)되었다.

실체화되었다는 것은 예수 그리스도의 구속을 통해 영永단번(once for all)의 속죄가 이루어졌다는 의미이다(히 10:12-14). 더이상 추가적으로 제사드릴 일이 근본적으로 사라졌다는 지적이다(18). 그리스도께서 한 번 죽으심으로 영원히 우리의 죄를 도말해 주셨기 때문이다.

그렇다면 다음 단계로 이런 질문이 제기될 수 있다. 예수 그리스도의 구속 안에서 범죄한 인간의 죄의 값이 이미 지불되었다면(롬 4:25; 5:8; 요 19:30; 히 9:12; 10:12-14, 17-18) 이런 '복된 사실'(복음)을 어떻게 우리(나)의 것으로 소유할 수 있단 말인가. 예수 그리스도의 구속의 공효(effect)를 어떤 방식으로 내게 적용시킬 수 있을 것인가. 다시 말해 어떻게 예수 그리스도의 대속적인 구속의 복음 안에서 우리가 구원을 받을 수 있을 것인가의 문제로 집약될 수 있다.

4강의 내용은 이처럼 어린양의 속죄제를 통해 예표되었고, 예수 그리스도의 구속사역을 통해 성취된 구속 곧 죄사함의 결과를 우리 개개인의 것으로 소유할 수 있는 방도 곧 믿음으로 받는 구원의 도리(how to be saved)에 관해 구약에 기술된 놋뱀 사건(민 21:4-9)을 중심으로 논술하고자 한다.

Ⅱ. 전개

구약 민수기서에 기술된 놋뱀 사건은 광야 여정 중 이스라엘 백성들의 끊임없는 불평과 불만 및 불순종에 대해 하나님께서 불뱀을 보내 물게 하심으로 저들을 심판하신 사건 기록이다(민 21:4-9).

1. 사건의 배경

민수기 21장은 이스라엘 민족이 가데스바네아 반역 사건(민 13-14장) 이후 출애굽 제40년 중반에 이르러 구체적으로 가나안 정복 사역을 도모하기 위해 가나안 외곽지역을 먼저 평정코자 요단 동편 땅을 정복한 사실을 기록하고 있다.

민수기 21장은 특별히 출애굽 2세대로 구성된 이스라엘 자손이 가데스 바네아에서 출발하여 모압 광야 비스가산(느보산) 근경까지 진군하는 도중 요단 동편 지역의 일부를 점령해 가나안 정복전쟁의 교두보를 마련하는 과정을 서술하고 있다.

이중 본문에 수록된 놋뱀 사건은 행군도중 노선 선택에 대한 불만으로 일어난 불뱀 사건을 기록하고 있는 내용이다. 저자는 본 사건 기록을 통해 어떤 열악한 환경가운데서도 오직 하나님의 말씀을 전폭적으로 신뢰하고 의지하는 길만이 구원의 첩경인 사실을 시사한다. 다시 말해 가나안 정복은 오직 믿음으로만 승리가 보장되는 성전聖戰인 사실을 강력히 제시한다.

2. 사건 경위

이스라엘은 당시 에돔과 아모리 관할의 전략적 요충지인 소위 '왕의 대로'를 우회해 멀리 돌아가는 것에 심한 불평과 불만을 토로한다(민 21:4). 이 과정에서 이스라엘은 만나를 박한 식물이라 하여 정색을 띠고 거절한다. 만나는 광야생활 내내 하나님께서 이스라엘에게 육체의 보존을 위해 친히 공급하신 하늘양식인 셈이다. 만나의 공급은 사람의 생명이 하나님께 의존되어 있음을 시사하는 계시적 사건으로 사도 요한은 만나 사건을 영생하는 생명의 떡 되신 예수 그리스도의 예표로 설명한다(요 6:32-35).

하나님께서는 불평과 불만을 토로하는 이스라엘 백성들에게 불뱀을 보내 물려 죽게 하신다. 불순종에 대한 심판인 셈이다. 이스라엘은 하나님과 모세를 향해 원망한 사실을 즉각적으로 회개하며 용서를 구한다. 모세가 중보기도를 통해 탄원한다. 하나님께서는 저들을 용서하시고 즉각 치유책을 마련해 주신다. "만일 우리가 우리 죄를 자백하면 저는 미쁘시고 의로우사 우리 죄를 사하시며 모든 불의에서 우리를 깨끗케 하실 것이요"(요일 1:9).

범죄한 인간은 비록 예수 그리스도 안에서 구속을 받았을지라도 종말론적 완성에 이르기 전까지 죄성으로부터 아주 자유로울 수 없다. 대신 지속적인 자백과 회개는 오늘도 유효하게 기능하고 있는 그리스도의 속죄의 효력 안에서 하나님의 무한하신 긍휼을 덧입게 되는 결과로 구습을 좇던 일체의 죄악된 행실로부터 용서를 받을 수 있다는 것이 성경의 증언이다.

3. 하나님의 치유책

먼저 놋으로 불뱀의 형상을 만들어 장대 위에 높이 달라고 명하신다. 물린 자마다 놋뱀을 보면 살 것에 대해 약속해 주신다(민 21:8). 모세는 하나님의 치유책을 좇아 즉시 놋뱀을 만들어 장대 위에 높이 매달아 놓는다. 누구나 멀리서도 다 볼 수 있게 하기 위함이다. 하나님의 말씀대로 불뱀에게 물린 자마다 장대 위에 달린 놋뱀을 쳐다본즉 즉시 치유되어 생명을 보존하게 된다(민 21:9). 반면 이 말씀 속에는 하나님의 치유책을 불신한 나머지 놋뱀을 쳐다보지 않고 인위적으로 다른 방도를 구하려는 자들은 필연적으로 죽을 수밖에 없다는 경고성의 메시지 또한 암묵적으로 내포되어 있는 셈이다.

그러므로 불뱀 사건은 순종은 치유를 보장하지만 불순종은 죽음을 초래할 수밖에 없다는 사실을 경계시킨다. 이는 단순히 불뱀 사건에 국한되는 원리만은 아니다. 불뱀 사건으로 주시는 신앙적 교훈을 통해 이후 이스라엘 백성들의 신앙여정이 하나님의 말씀에 대한 순종여부와 크게 직결되어 있음을 시사해 주는 계시적 사건의 의미를 띤다. 특별히 가나안 정복과 관련해 믿음의 순종 여부는 하나님의 약속의 말씀이 성취되는 결정적인 요인으로 작용하게 된다.

한편 불뱀 사건과 관련해 이런 질문이 제기될 수 있다. 무엇이 불뱀에 물린 자들을 낫게 했다는 말인가. 장대 위에 달린 놋뱀이 신기한 효능을 발휘해서인가. 아니면 하나님의 말씀대로 불뱀에 물린 자가 놋뱀을 쳐다본 순종의 행위 때문인가. 엄밀히 말해 전자도 후자도 아니다. 치유의 결정적인 요소는 '물린 자마다 놋뱀을 보면 살리라' 는 하나님의 말씀에 대한 전폭적인 신뢰의 믿음이 살린 것이다. 믿음의 순종이 치유의 관건으로 작용했던 것이다. 이런 관점에서 하나님의 말씀을 의심 없이 전인적인 믿음으로 수납한다는 것은 약속에 담긴 복을 자신의 것으로 소유할 수 있는 첩경으로 기능한다는 사실을 확인하게 된다.

사실 사람의 손으로 만든 놋뱀이 불뱀에 물린 치명적인 상처를 낫게 한다는 것은 절대로 불가능하다. 그런 생각 자체가 우상숭배적이며 미신적인 발상에 지나지 않는다. 그렇다고 쳐다본 행위 자체가 치유의 동인으로 기능한다고 볼 수도 없다. 문제의 핵심은 마음의 생각이 구체적인 행동으로 표출된다는 사실이다. 악한 마음은 악한 행동을, 선한 마음은 선한 행동을 유발시킨다. 그러므로 행동은 마음의 구체적인 발로이다. 마음은 행동의 동인으로 기능하며 동시에 행동에 선행한다.

결국 불뱀에 물린 자가 장대 위의 놋뱀을 쳐다본다는 것은 당시의 정황상 '놋뱀을 쳐다보면 살리라' 는 하나님의 말씀에 대한 전인적인 수납과 전폭적인 신뢰의 믿음이 강력하게 작용했다는 결과로 해석될 수 있다. 결국 믿음의 순종이 불뱀에게 물린 자로 하여금 장대 위에 매달린 놋뱀을 쳐다보게 했고, 하나님께서는 그의 전폭적인 신뢰의 믿음을 보시고 약속하신 치유를 허락하셨던 것이다. 이런 관점에서 믿음의 순종은 하나님의 언약 속에 담긴 축복의 내용을 자신의 것으로 소유할 수 있는 첩경으로 기능한다.

이런 원리는 출애굽 사건에 이어 가나안 정복을 향해 광야 길을 행진하고 있는 이스라엘 백성들에게 가나안 전투에서 승리의 담보는 믿음의 순종이라는 사실을 크게 일깨워 주는 결정적인 근거로 작용하게 된다. 그런 의미에서 본 불뱀 사건과 가데스바네아의 열두 정탐군 사건(민 13-14장)은 가나안 정복의 정체성이 하나님의 성전聖戰을 대리적으로 수행하게 되는 바 오직 믿음의 순종을 통해서 승리가 보장된다는 사실을 웅변으로 보여주고 있는 계시적 사건임을 확인하게 된다.

이상 '믿음의 순종' 원리는 비단 이스라엘의 가나안 정복 사건에만 제한적으로 적용되는 것은 아니다. 하나님의 전 구속사의 경륜속에서 시종일관하게 적용되는 공통의 원리요 원칙이다. 특별히 죄로부터 당신의 백성들을 구원하셔서 의롭다고 하시는 예수 그리스도의 구속사역과 관련해 믿음의 원리는 절정에 이른다. 오직 믿음으로 구원받아 의롭게 될 뿐이다(롬 1:17; 3:28; 갈 2:16). 다른 방도는 없다. 사도 요한은 본 놋뱀 사건에 담긴 믿음의 원리를 구속사적 관점으로 해석해 십자가에 달리신 예수 그리스도를 믿음으로 죄사함을 받고, 의롭게 되며, 나아가 영생에 이르는 구속의 원리에 대한 예표적인 사건으로 설명한다(요 3:14-15).

4. 놋뱀 사건에 담긴 구속사적 의미

사도 요한은 구약의 놋뱀 사건에 담긴 믿음으로 받는 치유의 원리를 예수 그리스도의 구속 안에서 믿음으로 받는 구원의 도리에 신학적으로 적용시킨다. 놋뱀 사건에 함의된 믿음의 치유책은 예수 그리스도의 십자가 사건에 담긴 믿음으로 받는 죄사함, 칭의, 구원, 그리고 영생과 본질상 상응하는 가운데 예표와 실체의 상관관계로 상호 연결되어 있다는 것이 요한의 관점이다. "모세가 광야에서 뱀을 든 것 같이 인자도 들려야 하리니 이는 저를 믿는 자마다 영생을 얻게 하려 하심이니라"(요 3:14-15).

그렇다면 사도 요한이 왜 놋뱀 사건을 예수 그리스도의 구속 안에서 믿음으로 받는 구원의 도리에 적용시켰는지 그 진의를 파악해 볼 필요가 있다. 그것은 이미 살펴본 대로 구약의 놋뱀 사건에 담긴 믿음의 원리가 신약의 '십자가의 구속의 공효와 적용의 실제' 란 주제를 통해 동일하게 믿음의 원리 안에서 신학적 상응성(theological correspondence)을 띠고 있기 때문이다. 다시 말해 불뱀에 물린 이스라엘 백성들이 '놋뱀을 쳐다본즉 살리라' 는 하나님의 약속의 말씀을 믿음으로 수납할 때 즉각 치유함을 받았듯이, 신약의 백성들도 누구든지 예수 그리스도의 복음을 듣고 믿는 자마다 죄사함과 영생 곧 구원을 받게 된다는 사실이다(엡 2:8-9; 요 3:16; 롬 3:28).

믿음 외에 다른 구원의 방도는 불가능하다(롬 1:17; 갈 3:11). 율법을 지켜 의롭게 되려는 죄인의 행함은 본질상 죄를 더할 뿐 근본적으로 죄를 불식시킬 수 없다(롬 1:21-23). 하나님께서 계획하신 구속의 경륜 속에서 인간의 행함은 설 자리를 잃는다. 죄인은 죄인을 구원할 수 없다. 자신의 죄값인 사망(롬 5:12; 6:23)의 문제를 해결할 수 없는 한 타인의 죄 문제를 해결한다는 것은 논리적으로나 실제적으로 불가능하다. 오직 무죄한 절대 타자에 의한 대속의 원리만이 인간의 죄 문제를 해결할 수 있는 유일한 길이다.

그런 의미에서 예수 그리스도는 하나님께서 예비하신 유일한 대속물이시다(막 10:45; 히 9:12; 10:12-14). 예수 그리스도 외에 다른 이로서는 구원받을 만한 이름을 주신 일이 없다(행 4:12). 오직 예수 그리스도만이 하나님의 구속의 적법자요 적임자이시다(엡 1:7; 골 1:14). 예수 그리스도만이 근본 하나님의 본체로서(빌 2:6) 죄가 없고(히 4:15; 요일 3:5), 죄를 모르고(고후 5:21), 죄를 짓지 않은 분이시기 때문이다(벧전 2:22).

성경은 구원에 이르는 믿음조차도 인간의 의지적 산물이 아니라 하나님의 은혜의 선물임을 증거한다. 자의적인 믿음이 아니라 타의적인 믿음 곧 외부로터 동기유발된 결과로 '믿어지는 믿음' 이라는 사실이다(살후 1:10). 외부로부터 받은 믿음일 뿐이다(약 2:1). 왜냐하면 모든 사람이 죄를 범하였으므로 자력으로 하나님을 더듬어 찾거나 하나님의 뜻을 좇아 선을 행할 수 있는 능력이 전혀 없기 때문이다(롬 3:10-12). 오히려 자연인은 본성 속에 내재된 죄성으로 인해 보다 적극적으로 하나님과 원수 되어 불의와 불법을 자행할 뿐이다(롬 1:21-23).

인간의 이런 절망적인 상태를 일컬어 신학적으로 전적타락(total depravity)과 전적무능(total anability)이라고 부른다. 따라서 하나님께서 성령님을 통해 은혜로 주시는 믿음으로만 복음에 반응해 예수 그리스도를 주와 하나님으로 신앙고백할 수 있다는 것이 성경의 증언이다(고전 12:3; 엡 2:8). 이는 모든 사람의 입을 닫아 아무도 스스로 자랑치 못하게 함으로(엡 2:9), 모든 구원의 은혜의 영광을 오직 하나님께 돌리게 하기 위함이다. "이는 그의 사랑하시는 자 안에서 우리에게 거저 주시는 바 그의 은혜의 영광을 찬미하게 하려는 것이라" (엡 1:6).

III. 결론

결론적으로 정리해 보자. 아담의 범죄는 그의 후손된 모든 사람을 하나님 앞에서 동일하게 죄인으로 전락시켰고, 죄책의 결과로 죽음과 사망과 심판 및 영원한 불못의 형벌을 초래시켰다(롬 5:12, 18상, 19상). 그러나 하나님께서는 둘째 아담으로 오신 예수 그리스도(롬 5:14)의 구속 안에서 모든 죄와 죄책의 문제를 영永단번에 해결해 주셨다(히 9:12; 10:12-18).

이로써 구약의 모형적인 속죄제사는 예수 그리스도의 구속 안에서 실체화되었다. 더이상 죄를 위하여 추가적인 제사를 드릴 필요가 없어졌다(히 10:18). 세례 요한이 예수님을 일컬어 "보라 세상 죄를 지고 가는 하나님의 어린 양"(요 1:29)이라고 호칭한 구속사적 배경이 이런 사실을 단적으로 증거해 준다. 이스라엘의 죄를 짊어지고 무인지경의 광야로 내어쫓김을 받았던 구약의 아사셀 어린양(레 16:8-10, 21-22)의 실체로 마침내 예수 그리스도께서 오셨다는 선언이다.

복음의 핵심은 예수 그리스도의 죽음과 부활로 집약된다(고전 15:3-4). 그리스도의 죽음은 우리의 죄를 대속하시기 위함이며(롬 4:25상; 사 53:5-6), 부활은 죄값이 이미 완불되었으므로 그리스도 안에서 의롭게 되었음을 확인시켜 주시기 위한 보증적 사건이다(롬 4:25하).

그렇다면 그리스도 안에서 베푸신 구속의 공효를 어떻게 우리 각자의 것으로 소유할 수 있단 말인가. 이는 성령님의 인침과 내주 및 보증의 의미를 담고 있는 거듭나게 하시는 사역을 통해 가능하다(엡 1:13; 고후 1:22). 환언하면 예수 그리스도께서 우리의 죄를 구속해 주시기 위해 대신 죽으시고 부활하신 사실을 성령님의 적용의 사역을 통해 믿음으로 수납하게 될 때, 하나님은 우리의 죄를 용서해 주시고 의롭다고 여겨주시며 구원과 영생을 선물로 주신다고 성경은 밝히 증거한다(엡 2:8).

여기에서 구원이 행함이 아닌 믿음에 근거한다는 사실은 아무도 자신의 구원을 하나님 앞에서 자랑치 못하게 하기 위함일 뿐 아니라(엡 2:9), 보다 적극적으로 하나님의 구원의 은혜의 영광을 찬미케 하기 위함이다(엡 1:6). 믿음은 예수 그리스도의 십자가의 구속의 공효를 나의 것으로 소유할 수 있는 유일한 방도로 기능한다.

"... 선생들아 내가 어떻게 하여야 구원을 얻으리이까 하거늘 가로되 주 예수를 믿으라 그리하면 너와 네 집이 구원을 얻으리라"(행 16:30-31).

5

순종의 원리 : 무익한 종의 고백

누가복음 17장 7-10절

I. 도입

구원의 복음이라는 주제하에 앞선 네 번의 강론을 통해 죄의 원리(sin), 죄책(형벌)의 원리(punishment), 속죄의 원리(atonement) 및 믿음의 원리(faith)를 살펴보면서 죄로부터 하나님의 백성을 구원하시는 복음의 네 원리 속에 담긴 불가분의 신학적 연계성과 논리적 일관성 및 통일성에 대해 살펴보았다. 하나님께서는 예수 그리스도의 구속 안에서 은혜를 인하여 믿음으로 말미암아 당신의 백성을 죄로부터 구원하심으로 세세무궁토록 영광과 찬송과 존귀를 받기를 원하신다(엡 1:4-6; 사 43:21; 고전 10:31).

그런 의미에서 구원은 죄로부터, 죄값인 사망으로부터, 죽음 후에 심판으로부터, 그리고 심판의 결과로 받게 되는 영원한 불못의 형벌로부터의 완전한 해방과 자유를 의미한다. 성도들은 그리스도의 구속 안에서 값으로 환산할 수 없는 무한한 구원의 은혜를 선물로 받음으로 특혜를 받은 셈이다. 하나님께서는 이런 엄청난 구원을 우리에게 은혜의 선물로 기꺼이 주셨다.

반면에 독생하신 예수 그리스도의 고귀한 생명이 우리의 죄값으로 지불되어야만 했다. 죄의 삯은 사망을 요구하기 때문이다(롬 6:23). 이런 관점에서 구원의 값은 혹자의 표현대로 '예수님짜리' 인 셈이다. 여기에서 예수님짜리란 무한대의 값을 일컫는다. 결국 구원의 값이 예수님의 생명의 값과 방불하다는 의미가 성립된다. 이런 이유로 구원받은 성도들은 영원토록 하나님께 빚진 자의 심정을 가지고 하나님을 평생 자원하는 심정으로 섬겨야 할 당위성과 필연성이 요구된다.

이런 사실에 근거해 행함이 없는 믿음은 죽은 믿음이요(약 2:17, 22, 26), 구원의 은혜는 행함의 순종을 요구한다(골 3:1-3)는 주제는 신앙적 원리요 명제로 기능한다. 기독교 신앙에서 행함의 순종이 보상과 공로로 평가될 수 없는 이유가 이런 사실로 말미암는다. 기독교 신앙의 정체성은 이처럼 우리가 아직 죄인 되었을 때에 무상으로 베풀어 주신 하나님의 구원의 은혜에 대한 감사와 감격과 감동의 반응으로 나타나게 되는 바, 결코 조건적인 기복주의, 지성감천주의 및 상급주의 신앙으로 표출될 수 없다. 구원의 사중적인 의미(특혜)와 예수님의 생명이 지불된 무한한 가치를 생각할 때 구원은 최고의 복이요 최상의 상급으로 기능한다. 이런 사실을 총체적으로 함축하고 있는 내용이 다름 아닌 '무익한 종의 고백' 이다(눅 17:10).

이상의 사실을 고려하면 무익한 종의 고백대로 기독교 신앙에서 행함은 구원의 은혜에 따른 마땅한 도리와 본분이지 결코 조건과 대가와 보상의 개념으로 설명될 수 없다. 무익한 종의 경우처럼 "우리가(마땅히) 하여야 할 일을 한 것뿐이라" (눅 17:10)고 고백할 뿐이다.

이런 관점에서 제5강에서는 하나님의 무한하신 구원의 은혜를 덧입은 자들에게 요구되는 행함의 순종이라는 주제를 무익한 종의 고백에 따라 마땅한 도리와 본분의 관점에서 논술코자 한다. 그런 의미에서 무익한 종의 고백에 따른 순종의 원리란 주제는 앞에 기술된 구원의 네 원리와 불가분의 관계를 맺으면서 결과적으로 구원의 확신을 객관적으로 확증시켜 주는 보증의 역할을 담당한다고 볼 수 있다(약 2:22, 17, 26).

II. 전개

성경은 지식 - 믿음 - 순종을 기독교 신앙의 삼요소로 제시한다. "믿음은 들음에서 나고 들음은 그리스도의 말씀으로 말미암는다"(롬 10:17)는 로마서의 내용과 "행함이 없는 믿음은 그 자체가 죽은 것과 다름없다"(약 2:17, 22, 26)는 야고보서의 말씀이 이런 사실을 뒷받침해 준다. 이런 사실을 고려하면 한국 교회 현장에서 믿음과 행함을 분리시켜 믿음으론 구원을, 행함으론 상급을 기대하게 하는 기복적 가르침은 성경이 말하는 구원론적 관점에서 볼 때 비성경적 복음으로 마땅히 수정되어야 할 왜곡된 신앙관이 아닐 수 없다.

그렇다면 기독교 신앙에서 하나님의 말씀에 순종해야 한다는 행함의 원리는 왜 조건이 아닌 당위적인 명제로서 본분과 도리로 작용해야 하는 것일까. 도입 부분에서 이미 언급한 대로 구원의 의미와 가치에 근거해 본질적인 관점으로부터 접근해 해명코자 한다.

1. 구원의 의미로서 사중적인 특혜

성도들의 구원은 하나님의 극한 사랑의 선물이다. 죄인 되었을 때에 받을 수 없는 자에게 베푸시는 은혜의 절정이다(엡 2:8). 성경은 우리가 아직 죄인 되었을 때에 그리스도께서 우리의 죄를 대속하시기 위해 대신 죽으심으로 우리를 향하신 하나님의 사랑을 확증시켜 주셨다고 기술한다(롬 5:8; 요일 4:9-10). 그런 의미에서 구원은 하나님의 사랑의 절정이기도 하다.

그렇다면 이처럼 성도들에게 베푸신 하나님의 사랑과 은혜의 절정으로서 구원의 본질은 무엇을 의미하는 것일까?

첫째, 예수 그리스도의 구속으로 말미암아 죄로부터 해방되어 영원히 의롭게 되었음을 의미한다(롬 8:1).

"그러나 이제는 너희가 죄에게서 해방되고 하나님께 종이 되어 거룩함에 이르는 열매를 얻었으니 이 마지막은 영생이라"(롬 6:22). 본문은 우리가 전에는 죄에게 종노릇함으로 사망의 열매를 맺는 자들이었지만 그리스도의 구속을 통해 죄사함을 받음으로 하나님의 종 곧 의로운 자가 되었음을 선포한다.

"모든 사람이 죄를 범하였으매 하나님의 영광에 이르지 못하더니 그리스도 예수 안에 있는 구속으로 말미암아 하나님의 은혜로 값없이 의롭다 하심을 얻은 자 되었느니라"(롬 3:23-24). 본문은 그리스도의 구속의 피가 이를 믿음으로 수납하는 자들을 속량함으로 죄 없다고 선언하며 동시에 의로운 자로 여겨준다고 보증해 준다.

이뿐만이 아니다. "저가 한 제물로 거룩하게 된 자들을 영원히 온전케 하셨느니라"(히 10:14). 본문은 구약의 속죄제를 가리키는 염소와 송아지의 피(한시적)로 아니하고, 오직 속죄제의 실체인 자기(예수님) 피로 영원한 속죄제를 드리심으로 우리의 죄를 영원히 도말해 주셨음을 선포한다(히 9:12). 이런 사실은 본질상 한 번 구원은 영원한 구원을, 한 번 죄사함은 영원한 죄사함을 의미한다.

그러므로 성경은 성도들을 향해 "죄에 대하여는 죽은 자요 그리스도 예수 안에서 하나님을 대하여는 산 자로 여기라"고 강력히 촉구한다(롬 6:11). 모름지기 예수 그리스도를 믿음으로 고백해 영접한 자들은 성령세례를 통해 그의 죽음과 장사지냄과 부활에 연합해 함께 죽고 장사지낸 바 되고 함께 일으키심을 받은 자가 되었기 때문이라는 것이 성경의 진술이다(롬 6:3-5). 결과적으로 우리의 범죄와 관련된 일체의 율법적 요구가 예수 그리스도의 구속을 통해 온전히 지불되었다는 사실이다. 그러므로 그리스도 안에서 추가적인 속죄의 필요성은 영구히 종식되었다는 것이 성경의 증언이다(히 9:12; 10:18).

그럼에도 불구하고 현상적으로는 우리 안에 내재된 죄성으로 인해 여전히 야기되는 온갖 구습을 좇던 옛 사람의 행실들을 통제하며 절제함으로 주님의 장성한 분량에 충만한 데까지 이르기 위해 성령의 도우심을 통한 부단한 자기성찰과 노력과 애씀이 지속적으로 요구된다.

"... 이를 위하여 나도 내 속에서 능력으로 역사하시는 이의 역사를 따라 힘을 다하여 수고하노라"(골 1:28-29). "... 너희 지체를 의의 병기로 하나님께 드리라 죄가 너희를 주관치 못하리니 이는 너희가 법아래 있지 아니하고 은혜 아래 있음이라"(롬 6:12-14). "내가 이르노니 너희는 성령의 소욕을 좇아 행하라 그리하면 육체의 욕심을 이루지 아니하리라"(갈 5:16). 이처럼 지식 안에서 성령의 소욕을 좇아 행하는 방식으로 구원받은 성도들은 거듭난 인격의 발휘를 통해 하나님과의 영적 관계를 더욱 심화시켜 나갈 것을 요구받는다. 성화적 삶의 실질로서 성경이 말하는 영적 성장과 성숙의 의미가 이런 것이다.

둘째, 예수 그리스도의 구속 안에서 죄의 형벌인 사망의 권세로부터 해방되었음을 의미한다.

이는 예수께서 우리의 죄값을 대신해 죽어주심으로 더이상 사망이 우리를 주장하지 못할 뿐 아니라, 보다 적극적으로 예수님의 부활과 영생의 생명으로 거듭났음을 가리킨다(갈 2:20; 요 11:25-26). 사도 요한은 이러한 성도들의 영적 상태를 가리켜 "사망에서 생명으로 옮겨졌다"고 선언한다(요 5:24). 고린도서 기자는 예수님의 부활 사건의 역사적 사실성과 확실성을 논증하는 과정에서 '사망의 쏘는 것과 이기는 것'이 그리스도의 죽음과 부활을 통해 무효화되었음을 강력히 피력한다(고전 15:54-57).

로마서 기자도 동일한 관점에서 이런 사실을 기술하면서 '그리스도 예수 안에 있는 생명의 성령의 법이 죄와 사망의 법에서 우리를 해방시켰다'고 강조한다(롬 8:1-2). 본문은 '예수를 죽은 자 가운데서 살리신 이의 영(성령)이 우리 안에 거하시는 방식으로(성령인침/내주) 우리 또한 성령으로 말미암아 우리 죽을 몸도 살리실 것이 보증된다고 논술한다(롬 8:11).

이상의 본문들을 종합적으로 고려하면 죄의 형벌로 말미암는 성도들의 죽음은 예수 그리스도의 죽음에 연합되어 함께 죽고 장사지낸 바 되고 함께 연합되어 부활함으로(롬 6:3-5) 그리스도의 구속을 통해 이미 지불된 사실을 확인하게 된다(사 53:5-6; 롬 4:25). 그러므로 성도들이 육체의 생명을 마치고 별세한다는 사실은 죄의 형벌로서 불신자들에게 임하는 부정적인 죽음을 의미하지 않는다. 오히려 그리스도 안에서 보증된 구원의 완성과 영생의 실질을 종말론적으로 소유해 누리게 된다는 적극적인 의미가 성립된다.

시편 기자의 고백을 통해 "성도들의 죽는 것을 하나님께서 귀중하게 보신다"(시 116:15)는 의미가 이런 사실과 무관치 않다고 본다. 그리스도를 통한 하나님과의 영적 연합을 의미하는 임마누엘의 신학적 원리가 별세의 죽음을 통해 마침내 구체화되는 순간으로 기능하기 때문이다. 이처럼 그리스도의 구속을 통해 베풀어 주시는 구원의 의미는 죄는 물론 사망의 권세로부터 완전한 자유와 해방을 영원토록 보증해 준다.

셋째, 하나님께서 예수 그리스도를 통해 집행하시는 종말론적 심판으로부터 제외되었음을 의미한다.

죽음은 인생의 끝이 아니다. 죽음으로 인생사가 총체적으로 마감된다면 하나님의 공의는 성립될 수 없다. 불공정하다. 그러나 성경은 죽음 후에 심판이 있음을 분명히 선언한다(히 9:27; 마 25:31-33). 성경은 하나님께서 모든 인간의 행위와 은밀한 일을 선악간에 심판하신다고 경고한다(전 12:14; 계 20:11-15). 아무도 하나님의 최종 심판으로부터 제외될 수 없다.

그러나 한 가지 예외(exception)가 있다. 심판의 본질이 죄와 관련해 예수 그리스도에 대한 믿음 여부와 밀접하게 연관된 사실로 인해(요 16:9; 살후 1:7-9) 그리스도 안에 있는 성도들은 정죄의 심판으로부터 제외된다는 것이 성경의 증언이다. "내가 진실로 진실로 너희에게 이르노니 내 말을 듣고 또 나 보내신 이를 믿는 자는 영생을 얻었고 심판에 이르지 아니하나니 사망에서 생명으로 옮겼느니라" (요 5:24). 본문은 예수 그리스도를 믿는 자들에게 영생이 주어진 반면 심판에서 제외되는 신령한 복을 약속하고 있다. 다시 말해 성도들은 종말론적 정죄의 심판으로부터 면제된다는 사실이다.

용한계시록에서는 최후의 심판과 관련해 하늘의 생명책에 그 이름이 기록된 자들은 심판의 결과로 주어지는 둘째 사망 곧 불못의 형벌을 받지 않음으로 사실상 심판으로부터 제외됨을 재판정의 상징을 통해 시사해 준다(계 20:11-15). 그리스도께서 구속을 통해 이미 저들의 죄를 속량해 주셨기 때문이다. 온 인류가 영원한 지옥의 형벌에 처해지는 종말론적 심판대에서 성도들은 그리스도의 구속의 공효로 인해 오히려 의로운 자로 최종 판정되어 하나님 나라의 기업에 실질로 동참하게 되는 특권을 누리게 된다는 사실은 복 중의 최고의 복이요 상급 중의 최상의 상급이 아닐 수 없다(계 21:1-4).

넷째, 심판의 결과로 주어지는 영원한 불못의 형벌로부터 제외되었음을 의미한다.

"... 각 사람이 자기의 행위대로 심판을 받고 사망과 음부도 불못에 던지우니 이것은 둘째 사망 곧 불못이라 누구든지 생명책에 기록되지 못한 자는 불못에 던지우더라"(계 20:13-15). 문맥상 본문이 의도하는 바는 생명책에 기록되지 못한 자들의 최종 상태를 강조하려는 것이 분명하다. 저들에게 구원의 기회는 전혀 없다. 죽음은 심판을, 심판은 모든 불신자들을 영원한 불못의 형벌로 인도할 뿐이다.

이런 관점에서 상대적으로 본문에서 언급된 하늘의 생명책은 예수 그리스도 안에서 구원받은 하나님의 백성들의 이름이 녹명된 구원의 책을 상징적으로 묘사해 준다. 이들은 종말의 심판과 영원한 불못의 형벌로부터 면제되는 특권을 부여받는다. 아울러 새 하늘과 새 땅으로 묘사된 하나님 나라 기업의 상속자로 지명된다(계 21:1-4; 엡 3:6; 마 25:34).

성경은 도처에서 하나님의 소유된 백성들의 이름이 하늘의 생명책에 기록되어 있다는 사실을 다양한 표현을 통해 기술하고 있다(빌 4:3; 눅 10:20; 계 3:5; 13:8; 17:8; 20:12, 15; 21:27; 말 3:16; 출 32:32-33). 성도들의 이름이 하늘의 생명책에 녹명되어 있다는 사실은 예수 그리스도의 구속을 통해 베푸시는 하나님의 구원의 확실성과 영원성 및 영속적인 안전을 보증해 주는 상징적인 표현이다. 하늘에 생명책이 실존한다는 의미가 아니다. 생명책이라는 표상적인 이미지를 통해 구원의 절대 안전과 보장을 지속적으로 확증시켜 주기 위함이다(롬 8:38-39).

이처럼 종말의 재판정에서 창세 이래 모든 무신론자들과 불가지론자들 그리고 불신자들에게 영원한 지옥의 형벌이 준엄하게 선고되는 반면에, 생명책에 녹명된 성도들에게는 새 하늘과 새 땅의 영원한 안식이 그리스도의 구속 안에서 믿음의 보상으로 주어질 때 다른 무엇에 비교할 수 없는 구원의 진정한 의미와 능력과 무한한 가치를 비로소 전인적으로 절감하게 될 것이다(살후 1:7-10).

이상 구원의 본질과 관련해 하나님께서 당신의 기뻐하시는 뜻 가운데 성도들에게 은혜로 베푸시는 구원의 사중적인 특혜에 대해 살펴봤다. 비록 우리가 받은 구원의 성격이 피조세계 속에서 불가시적이며 비물리적인 현상인 것으로 인해 구원의 사중적인 특혜를 전인적으로 경험하는 데 한계가 있을지라도 성경에 비추어 볼 때 사실인 것은 틀림없다. 이런 이유로 최후의 종말적 심판대에서 성도들의 구원과 불신자의 형벌이라는 최종 판결이 '오른편 양과 왼편 염소' 의 표상을 통해 현실화 될 때 구원의 진정한 의미와 가치는 사실상 절정을 이룰 것이다(마 25:31-33).

우리가 아직 죄인 되었을 때에 예수 그리스도의 구속을 통해 베푸시는 하나님의 구원의 은혜와 사랑이 하나님을 섬기는 신앙과 삶의 근거와 동인으로 작용하는 이유가 이런 사실에 근거한다(롬 5:8; 요일 4:9-10). 하나님의 구원의 사랑이 우리를 강권함으로(고후 5:14) 이를 전인적으로 수납해 절감하는 데서 무익한 종의 심정(눅 17:10)으로 대변되는 하나님의 은혜에 기초한 신본주의 신앙관이 비로소 성립하게 된다.

이런 관점에서 기독교 신앙관의 정체성은 구원의 사랑과 은혜에 기초한 당위적인 명제 곧 하나님을 향한 사람의 본분과 도리로 기능하게 된다(전 12:13). 결코 조건과 대가의 개념으로 성립될 수 없다. 그러므로 구원의 은혜가 동기유발된 것이 아닌 보상심리가 발동된 기복주의 신앙은 본질상 우상숭배 신앙과 다를 바 없다(골 3:5). 이는 성경적 신앙관과는 거리가 멀다. 절대 무관할 뿐이다.

그런 의미에서 하나님의 사랑과 은혜는 이에 전인적으로 접촉된 자들에게 본성적으로 자율적인 순종을 촉구하게 된다(요 14:15; 요일 5:3; 롬 13:10). 하나님께서는 저들로부터 모든 감사와 찬양과 영광을 홀로 받으신다(엡 1:4-6; 고전 10:31). 예수 그리스도의 구속을 통해 오직 믿음으로 구원을 보증하는 기독교 신앙에서 행함의 순종이 조건과 대가가 아닌 본분과 도리로 작용하는 이유가 이런 사실에 근거한다. 따라서 행함이 없는 믿음과 구원은 사실상 죽은 것과 방불할 뿐이다(약 2:17). 형식적이고 위선적인 신앙에 불과하다. "이러므로 그의 열매로 그들을(정체성) 알리라" (마 7:20).

2. 예수님짜리인 구원의 무한한 가치

기독교 신앙에서 구원은 오직 믿음으로 받는다. 성도들이 받은 구원은 하나님께서 믿음을 통해 주신 은혜의 선물이다(엡 2:8). 예수 그리스도의 복음(죽음과 부활)에 대한 믿음의 반응 여부가 구원을 결정적으로 좌우한다(막 16:15-16). 그런 의미에서 믿음은 구원의 척도로 작용한다. 이 말은 성도들의 구원에 일체의 선행과 공적이 전혀 참작되지 않았음을 의미한다. 오히려 행위를 따라 처치하셨다면 한 사람도 구원에 이를 수 없을 뿐 아니라, 모두가 형벌에 처해질 수밖에 없었을 거라는 게 성경의 관점이다(롬 1:21-23, 28-32; 3:10-12, 23). 이처럼 성도들편에서 구원은 값없이 거저 하나님께로부터 받은 은혜의 선물에 해당된다.

반면에 성도들이 받은 무상의 구원과 관련해 간과해서는 안 될 중요한 전제가 있다. 성도들의 구원은 다름 아닌 예수 그리스도의 구속을 통해 베푸신 하나님의 은혜 사건이라는 사실이다. 다시 말해 하나님의 독생하신 아들 예수 그리스도께서 우리를 죄로부터 구원해 주시기 위해 죄값인 사망을 십자가의 죽음을 통해 대신 지불해 주셨다는 것이다.

환언하면 예수님의 생명이 우리의 죄값(속전, ransom)으로 지불되는 방식으로 우리가 죄와 죽음의 권세로부터 온전히 해방되었다는 사실이다. 예수님의 생명 드림이 우리를 죄와 사망으로부터 살리신 것이다. 성경은 이와 관련해 성도들(교회공동체)을 가리켜 하나님께서(예수님의) 피로 값 주고 사신 바 된 자들로 묘사한다(행 20:28; 고전 6:20). 한마디로 교회는 예수 그리스도의 구속을 통해 세상에서 불러낸 하나님의 소유된 백성이요 동시에 천상적 생명공동체란 사실이다(벧전 2:9).

이처럼 우리에게 구원을 은혜의 선물로 주시기 위해 하나님께서는 당신의 독생하신 아들의 생명을 기꺼이 지불하셨다(롬 4:25; 8:32상; 벧전 2:24; 막 10:45). 창세전 삼위 하나님의 구원협약 속에 "그리스도 안에서 우리를 택하사" (엡 1:4)란 표현이 이런 사실을 시사해 준다.

다시 말해 그리스도의 구속(속전)의 방식을 통한 성도들의 구원계획은 창세전부터 수립된 하나님의 신묘막측하신 구속 경륜의 일환이요 핵심 사상이라는 사실이다. "깊도다 하나님의 지혜와 지식의 부요함이여 그의 판단은 측량치 못할 것이며 그의 길은 찾지 못할 것이로다" (롬 11:33). 이런 사실에 근거해 성도들이 은혜로 받은 구원의 값은 예수 그리스도의 생명의 가치와 본질상 동일시된다는 사실을 확인하게 된다.

그렇다면 이런 문제가 제기될 수 있다. 논리상으로 성도들의 구원과 예수 그리스도의 생명의 가치가 방불하다면 도대체 예수님의 생명의 값은 얼마짜리나 된단 말인가? 혹자는 이런 질문과 관련해 '예수님짜리' 란 표현을 선호한다. 여기에서 예수님짜리란 일정한 금액의 값으로 환산할 수 없다는 의미로 곧 무한대의 값을 가리킨다.

피조물인 사람의 생명을 값으로 평가한다는 것도 무리이거늘 하물며 근본이 창조주 하나님의 본체이신 예수님(빌 2:6)의 생명의 값을 일정한 금액으로 환산한다는 것은 더욱 불가능할 뿐이다. 그래서 무한대의 값으로 환산할 수밖에 없다는 것이다. 이런 사실에 근거해 우리가 은혜의 선물로 받은 구원의 값은 예수님의 생명의 값과 방불한 것으로 곧 무한대의 값이라는 결론에 이른다.

마태는 그의 복음서에서 "사람이 만일 온 천하를 얻고도 제 목숨을 잃으면 무엇이 유익하리요. 사람이 무엇을 주고 제 목숨을 바꾸겠느냐" 고 하신 예수님의 말씀을 기술한다(마 16:26). 본문은 전후의 문맥 속에서 자기부인을 통해 예수님을 믿고 좇음으로 종말론적으로 영생의 목숨을 보장받는 일이 잠시 있다가 없어질 피조세계 속에서 온 천하를 얻는 일보다 더욱 가치 있고 귀중하며 궁극적인 관심이라는 사실을 온 천하와 목숨을 대비시켜 강조한다.

한마디로 목숨의 보존이 온 천하를 얻는 것보다 더 가치 있고 본질적인 문제란 지적이다. 본문에서 목숨의 문제는 그리스도 안에서 베푸시는 구원의 문제와 직결된다. 성경에서 구원은 그리스도 안에서 누리는 영생의 삶과 동의어적으로 사용된다. 결국 구원의 생명은 온 천하보다 가치 있고 보다 본질적이며 궁극적인 관심사로 평가된다는 논리로 귀결된다.

이상의 논증을 통해 성도들이 받은 구원의 값은 예수 그리스도의 무한 생명의 값과 방불하다는 사실을 확인하게 된다. 이는 온 천하보다 더 귀한 목숨을 영원토록 보장받은 사실과도 동일시된다. 이런 관점에서 예수님짜리인 구원의 가치와 앞서 논술한 구원의 사중적인 의미와 특혜란 주제는 예수 그리스도의 구속을 통해 받은 성도들의 구원이 얼마나 크고도 가치 있고 놀라운 하나님의 복이요 상급으로 평가되는지를 명백하게 증거해 준다. 그런 의미에서 구원받은 성도들이 하늘의 기업인 새 하늘과 새 땅에서 누리게 될 영생의 삶이야말로 복의 본질이요 상급의 실체란 사실이 성경의 관점이다(시 133:1-3; 히 11:6).

그렇다면 세상적인 필요와 행복과 성공의 총화라 할 수 있는 온 천하보다 귀하므로 마치 예수님짜리와 방불한 구원의 생명을 무상의 선물로 받은 성도들로서 이 크신 은혜를 베푸신 하나님께 마땅히 취할 태도는 무엇일까. 그리고 그 태도의 성격은 어떤 것일까. 다름 아닌 지옥의 영벌에서 천국의 영생의 생명에로 옮겨 주신 은혜에 감사하는 데서 나와지는 자율적 순종의 삶이요, 이는 조건과 보상의 개념이 아닌 마땅히 행할 본분과 도리가 아니겠는가. 이런 경우에 소위 '물에 빠진 자를 건져 주었더니 보따리 내놓으라' 는 부당한 경우가 발생할 수 있겠는가. 결코 그럴 수 없다.

은혜를 입은 자가 베푼 자에게 오히려 추가적인 보상을 기대하거나 요구한다면 이는 파렴치破廉恥하고 후안무치厚顔無恥한 행동이 아닐 수 없다. 그런 의미에서 교회 현장에서 '구원은 믿음으로 받고 행함은 복과 상급의 조건이 된다' 고 하는 기복주의, 상급주의, 지성감천주의적인 성격의 이중구조적인 신앙관이 팽배되는 것은 지극히 우려할 만한 일이 아닐 수 없다. 하나님의 은혜를 인간의 공적功績 사상으로 폄하하는 망령된 처사가 성립되기 때문이다.

이런 이유로 기독교 신앙에서 행함의 원리는 조건이 아닌 믿음의 결과로 나타나는 열매로서의 성격을 띠게 된다. 따라서 행함은 결코 구원의 방도인 믿음과 분리되어 복과 상급의 수단과 방편으로 작용할 수 없다. 만일 그렇게 해석될 경우 하나님의 은혜는 성립될 수 없다. 모름지기 하나님의 구원의 은혜를 입은 자는 은혜를 베푸신 하나님을 향해 빚진 자의 심정을 가지고 본성적으로 감사의 마음의 발로인 순종의 삶을 자원하는 심정으로 추구해 나갈 수밖에 없기 때문이다. 무익한 종의 심정의 발로가 이런 경우이다. "명한 대로 하였다고 종에게 사례하겠느냐 이와 같이 너희도 명령을 받은 것을 다 행한 후에 이르기를 우리는 무익한 종이라 우리의 하여야 할 일을 한 것뿐이라 할지니라"(눅 17:10).

3. 순종의 당위성에 대한 성경의 증거들

우리는 위에서 기술한 '구원의 본질로서 사중적인 특혜'와 '예수님짜리로서 무한한 가치'라는 주제를 통해 기독교 신앙에서 행함은 믿음의 열매이며 은혜의 결과로서 감사에 보답하는 본분과 도리의 성격을 띠는 것이지(전 12:13) 결코 복과 상급의 보상적 개념으로 설명될 수 없다는 사실을 무익한 종의 심정(눅 17:9-10)을 통해 살펴보았다. 그렇다면 본분과 도리로서 자율적 순종의 당위성에 대해 성경은 어떻게 말하고 있는지 살펴보자.

첫째, 성경은 "행함이 없는 믿음은 그 자체가 죽은 것이라"고 기술한다(약 2:17).

야고보는 아브라함의 믿음의 의(창 15:6)가 이삭을 제물로 바치는 믿음의 행위를 통해 그 진정성이 확증되었다고 논증한다(약 2:21). 결과적으로 믿음은 행함을 동반하며 행함으로 믿음이 온전케 된다는 사실을 피력함으로(22) 행함이 수반되지 않는 믿음은 사실상 죽은 믿음이라고 강변한다. 따라서 "사람이 행함으로 의롭다 하심을 받고 믿음으로만 아니니라"(약 2:24)는 야고보의 관점은 행함으로 의롭게 된다는 사실을 강조하는 것이 아니라, 참 믿음은 믿음의 열매인 행함을 필연적으로 수반하게 됨으로 궁극적으로 믿음과 행함은 상호 불가분의 관계성을 맺고 있다는 것이다. 결코 별개의 두 요소로 분리될 수 없다는 논리이다.

이런 사실은 결과적으로 '오직 믿음으로 의롭게 된다'는 로마서 기자의 관점과 본질상 다를 바 없다(롬 3:28). 다만 의롭게 되는 일과 관련해 어디에 주안점을 두느냐에 따라 믿음과 행함이 교차적으로 강조될 뿐이다. 이처럼 마음에 품은 생각이 구체적인 행동으로 표출되듯이 믿음은 본질상 행함을 동반함으로 로마서 기자는 믿음과 순종을 동의어적으로 사용한다. "… 혹은 죄의 종으로 사망에 이르고 혹은 순종의 종으로 의에 이르느니라"(롬 6:16). 본문에서 '순종의 종으로 의에 이른다'는 표현은 '오직 믿음으로 의롭게 된다'는 로마서 기자의 관점으로 해석할 때 '(믿음의) 순종으로 의에 이른다'는 의미가 틀림없다.

계속해서 로마서 기자는 17절을 통해서도 "하나님께 감사하리로다 너희가 본래 죄의 종이더니 너희에게 전하여 준바 교훈의 본을 마음으로 순종하여 죄에게서 해방되어 의에게 종이 되었느니라"고 설파한다. 본절에서 '마음으로 순종하여 죄에게서 해방되어 의에게 종이 되었다'는 표현도 '마음으로(믿음으로) 순종하여 죄에게서 해방되어 의에게 종이 되었다'는 의미이다. 결국 믿음과 순종은 상호 보완적이고 의존적인 관계 속에서 동전의 양면처럼 병행하며 공존하는 양상을 띠면서 동의어적으로 사용되고 있음을 확인하게 된다(롬 16:26; 1:5).

이상의 논증을 통해 참 믿음은 행함을 수반하게 되고 행함으로 믿음이 온전케 됨으로 결과적으로 행함이 없는 믿음은 사실상 죽은 믿음 내지는 거짓 믿음으로 판명될 뿐이다. 기독교 신앙에서 순종의 삶이 보상과 대가의 의미가 아닌 본분과 도리 차원에서 요구되는 이유가 이런 사실에 근거한다. 그러므로 하나님의 구속의 경륜 속에서 믿음과 행함은 본질상 공존하며 병행관계를 유지함으로 결코 분리될 수 없다. 이런 이유로 구원은 믿음으로 받고 행함은 복과 상급의 근거로 작용하게 된다는 식의 이원론적 가르침은 비성경적 관점이다. 구원은 현세와 내세를 통틀어 복과 상급의 원천으로 기능한다는 것이 성경의 일관된 관점이다(엡 1:6; 시 133:3; 히 11:6).

둘째, 하나님의 구속의 은혜는 수혜자로 하여금 자율적 순종을 요구한다(딛 2:14; 엡 2:8-10; 4:1-3; 골 3:1-4; 롬 12:1-2; 6:12-14; 출 20:1-3).

은혜는 행함을 동반한다는 관점이다. 혹자의 표현대로 은혜는 받을 수 없는 자에게 베푸시는 하나님의 무한한 사랑과 호의임에 틀림없다. 성경이 기술하는 대로 하나님의 사랑과 은혜는 우리가 아직 죄인 되었을 때에 독생하신 아들 예수 그리스도를 우리의 죄를 대신해 십자가에 죽게 하는 방식으로 극명하게 확증해 주셨다(롬 5:8; 요일 4:10). 그러므로 예수 그리스도의 구속을 통해 베풀어 주시는 하나님의 구원의 사랑과 은혜를 전인적으로 수납해 접촉된 자들은, 평생을 그 사랑과 은혜에 빚진 자의 심정을 가지고 무익한 종처럼 마땅히 행할 바의 도리 차원에서(눅 17:10) 하나님을 자원해 섬기게 된다는 것이 성경의 증언이다(고후 5:14-15).

이런 관점에서 바울은 디도서에서 하나님께서 그리스도를 통해 우리를 구속하셔서 의롭게 해 주심은 다름 아닌 '선한 일에 열심하는 친 백성' 이 되게 하려 하심이라고 설파한다(딛 2:14). 본문을 통해 구속의 은혜와 하나님의 뜻을 좇아 살아가는 선한 삶의 행위가 불가분의 상관관계로 연결되어 있음을 확인하게 된다. 이는 구원의 은혜를 입은 성도들은 구원을 베푸신 하나님을 마땅히 도리적인 차원에서 자율적으로 섬겨야 된다는 사실을 의미한다. 은혜가 감사의 반응을 불러 일으켜 행함을 강력히 요구하기 때문이다.

이처럼 기독교 신앙의 정체성은 구원의 은혜에 기초하며, 구원의 은혜에 바르게 접촉된 자는 무익한 종의 심정을 가지고 본분과 도리의 차원에서 하나님을 마땅히 섬기게 된다는 것이 성경의 진술이다. 그런 의미에서 어느 한 사람이 하나님을 믿는다고 하면서도 지속적으로 기복주의, 상급주의, 지성감천주의적인 신앙관을 가지고 하나님을 보상심리의 발동 차원에서 방편적으로 섬긴다면 이는 처음부터 구원의 진정성을 의심해 볼 수 밖에 없다. 나아가 그런 사람은 자의적 숭배 신앙인이거나 사이비기독교인 중 하나임에 틀림없다. 구원의 은혜에 전인적으로 접촉된 자는 '구원의 사중적인 특혜와 무한한 가치' 라는 구원의 성격상 평생을 사랑에 빚진 자의 심정을 가지고 자원해 하나님을 섬기게 된다는 것이 성경이 증언이기 때문이다.

사랑은 하나님의 계명을 자원해 순종하는 데서 그 진정성이 확인된다(요 14:15; 요 5:3). 비록 내재된 죄성으로 인해 우리의 연약성이 여전히 상존함에도 불구하고, 사랑이 동기유발된 실천적 삶이라는 신앙적 명제하에 부단히 하나님의 선하시고 기뻐하시고 온전하신 뜻을 좇는 삶을 추구하게 된다.

그러므로 하나님의 구속의 경륜에서 은혜와 행함은 동반자 관계를 형성한다. 결코 분리될 수 없다. 만일 이 둘의 관계가 별개로 기능한다면 이는 성경적인 기독교 신앙관으로 성립될 수 없다. 성경이 말하는 믿음으로 구원받는 원리에 위배되기 때문이다. 그런 의미에서 믿음으로 구원받고 행함으로 상과 복을 보장받게 된다는 식의 가르침은 비성경적 관점이다. 바른 복음이 아니다. 구원의 복음이야말로 그 자체로서 복 중의 최고의 복이며 상급 중 최상의 상급으로 기능한다는 것이 성경의 증언이다. 이런 관점에서 예수 그리스도의 구속을 통해 죄사함을 받고, 의롭게 되어, 부활의 생명을 영원히 보장받는 구원의 은혜는 현세와 내세를 포괄하는 필요의 총화와 절정으로 기능한다.

목숨의 가치는 현실적인 필요의 총화로 비유될 수 있는 온 천하의 가치를 훨씬 능가한다는 것이 주님의 가르침이시다(마 16:26). 이런 이유로 성도들은 그리스도 안에서 영생의 생명을 이미 보장받은 자들로 천상적 복과 상급의 최대의 수혜자들로 존재한다. 기독교 신앙관의 정체성이 구원의 은혜와 사랑으로 동기유발되어 조건적이고 방편적이 아닌 자율적인 순종의 삶으로 나타나야 하는 이유가 이런 사실에 근거한다. "하나님을 사랑하는 것은 이것이니 우리가 그의 계명을(자율적으로) 지키는 것이라. (왜냐하면) 그의 계명들은 무거운 것이 아니로다" (요일 5:3).

하나님의 계명을 지키는 것이 무거운 짐으로 느껴지기보다 오히려 쉽고 가볍게 여겨질 수 있는 이유는 사랑이 동기유발된 실천적 삶으로 표출되기 때문이다(마 11:30). 그런 의미에서 사실상 하나님을 경외하며 이웃을 사랑하는 심정으로 섬길 수 있다면 이는 율법의 요구를 이미 이룬 것으로 성경은 해석한다(갈 5:14; 롬 13:8). 사랑은 율법의 완성의 의미를 담고 있다는 것이 성경의 진술이다(롬 13:10).

셋째, '마땅히 행할 바를 행한 것뿐' 이라는 무익한 종의 고백은 행함의 믿음과, 행함이 수반된 은혜란 주제를 동시적으로 충족시켜 준다(눅 17:10).

무익한 종의 고백은 행함의 당위성과 관련해 위에서 이미 수차례 인용된 주제이다. 그럼에도 불구하고 순종의 당위성과 관련해 여기에서 하나의 독립된 주제로 재차 다루려는 의도는 무익한 종의 고백에 함의된 기독교 신앙관의 정체성이 하나님의 은혜로 구원받은 성도들의 심정을 총체적으로 대변하는 것으로 볼 수 있기 때문이다.

본문에서 무익한 종의 정체성은 문맥을 통해 예수님의 제자들을 가리킨다. 주님은 앞 절(눅 17:7-9)에서 주인과 종의 관계를 비유삼아 종의 수고에 주인이 의무적으로 보상해야 할 책임이 없음을 전제하신다. 동일한 원리 속에서 주님의 제자들 또한 명령받은 것을 마땅히 행하는 종의 신분과 다름없음을 강조하시면서 제자도의 당위성을 무익한 종의 경우를 예로 들어 교훈하신다.

본문에서 '우리가 하여야 할 일' 이라는 표현은 주인(예수님)과 종(제자)의 관계를 통해 마땅히 행할 도리와 본분의 차원에서 종의 사역의 성격을 언급하신 내용이다. 더구나 종의 입장에서 주인으로부터 구원의 생명과 관련된 무한한 은혜를 입었다면 종의 수고는 당연한 일이지 결코 보상과 대가의 개념으로 평가될 수 없다. 이런 사실은 당시 예수님의 제자들과 주님과의 관계가 그랬음을 시사해 준다. 이런 관점에서 모든 시대에 걸쳐 예수 그리스도를 믿음으로 구원의 은혜를 덧입은 성도들은 동일한 원리 속에서 하나님의 사랑과 은혜에 빚진 자들로 저들의 순종의 행위는 본분과 도리의 의미로 요구되는 것이지 결코 보상의 개념으로 해석될 수 없다는 것이 성경의 증언이다.

이런 관점에서 성도들은 그리스도의 구속 안에서 하나님의 구원의 은혜를 덧입은 하나님 종들이며 동시에 그리스도의 제자 된 신분의 소유자들이다. 성도들은 그리스도의 피 값으로 사신 바 된 자들(고전 6:20; 행 20:28)로 하나님의 구속의 은혜와 사랑에 영원토록 빚진 자들이다. 바울은 이런 자신의 영적 정체성을 절감하면서 자신의 구원과 이방인을 위한 사도로서의 사역의 결실을 오직 하나님의 은혜의 결과로 돌려드린다(고전 15:10). 이는 자신의 영적 정체성을 철저히 무익한 종의 심정으로 고백한 진술이다.

이처럼 무익한 종을 통한 마땅한 도리로서 행함의 고백은 당시 주님과 제자들과의 구원의 생명적 관계를 염두에 둔 표현으로 이 시대의 성도들의 경우에도 동일한 원리가 적용될 수밖에 없음을 시사한다. 그런 의미에서 예수 그리스도의 구속 안에서 죄사함을 받고 구원의 확신을 가짐으로 의롭게 된 하나님의 친 백성들이라면, 심령 속에 내주하신 성령님의 소욕을 좇아 사랑의 법에 이끌려 살아가는 순종의 삶의 성격이 결코 보상심리의 발동으로 표출될 수 없다.

사랑의 법에 포로된 자율적인 삶으로 나타나기 마련이다. 성도들의 심령 속에 내주하신 성령께서 성도들로 하여금 은혜의 복음에 대한 감사와 감격과 감동을 불러일으켜 율법의 근본정신인 사랑의 법을 자원하는 심정으로 성취하도록 강권하시기 때문이다(고후 5:14-15; 롬 8:3-4). 이런 사실에 근거해 하나님의 사랑의 절정을 표상하는 그리스도의 십자가는 성도들의 윤리적 삶의 근거와 원천으로 기능한다. 다시 말해 비록 그리스도께서 우리를 대신해 율법의 순종적 요구를 다이루어 주셨음에도 불구하고 그리스도의 사랑이 우리를 강권해 성도들로 하여금 하나님의 선하시고 기뻐하시고 온전하신 뜻을 좇아 살아야 하는 윤리적인 요구에 여전히 직면해 있다는 관점이다. 그러나 이때의 윤리적 요구는 율법의 도덕적 조항을 문자적으로 준수해야 하는 강요된 삶이 아니다.

성도들의 심령 속에 내주하신 성령께서 율법의 완성인 사랑의 법을 자율적으로 실천해 가도록 촉구하시는 성령의 소욕을 좇아 살아가는 전인적인 경건의 삶이다. 곧 율법의 완성자이신 그리스도의 사랑의 법이 성도들의 심령을 주관하게 되는 데서 가능한 자율적인 건덕의 삶을 가리킨다. "그리스도의 사랑이 우리를 강권하시는도다 ... 저가 모든 사람을 대신하여 죽으심은 산 자들로 하여금 다시는 저희 자신을 위하여 살지 않고 오직 저희를 대신하여 죽었다가 다시 사신 자를 위하여 살게 하려 함이니라"(고후 5:14-15).

이런 관점에서 무익한 종의 고백은 구원의 은혜를 입은 성도들의 삶의 정체성이 어떤 양상을 띠고 나타나야 하는지를 구체적으로 보여주는 결정적인 척도로 기능한다. 환언하면 우리의 신앙행위가 하나님을 도구삼아 자신의 현세적인 유익과 필요와 성공을 위해 방편적으로 표출된다면 이는 적어도 무익한 종의 심정과는 무관한 것으로 성경적인 바른 신앙관으로 볼 수 없다는 것이다. 오히려 자의적인 숭배신앙으로 인해 본질상 우상숭배와 다를 바 없다. 그런 의미에서 마땅히 행할 일을 행한 것뿐이라는 무익한 종의 신앙고백(눅 17:10)은 구속의 은혜를 입은 성도들의 삶이 결코 보상심리의 발동이 아닌, 당연한 도리와 본분의 성격을 띠고 나타나야 함을 웅변으로 보여주는 가르침인 셈이다.

결론적으로 오직 하나님의 은혜의 믿음으로 구원받는 기독교 신앙에서 행함은 당위이지 결코 보상 개념으로 설명될 수 없다. 이런 관점에서 행함을 보상과 대가로 간주하는 기복주의와 상급주의, 그리고 지성감천주의 신앙관은 본질상 성경적인 기독교 신앙과는 무관할 뿐이다. 다른 복음에 불과하다.

4. 사랑이 동기유발된 실천적 삶의 구체적 구현

예수 그리스도의 구속 안에서 하나님의 은혜로 말미암아 믿음으로 구원을 받은 성도들의 삶의 성격은 이후부터 부단히 하나님의 선하시고 기뻐하시고 온전하신 뜻을 추구하며 지향하는 것을 통해 구원의 진정성과 확실성을 보증 받게 된다. 로마서 기자는 성도들의 이런 삶을 가리켜 '우리의 몸을 거룩한 산제사(living sacrifice)로 하나님께 드리는 것' 으로 설명하면서 이것이 영적 예배의 본질이라고 해석한다(롬 12:1-2). 이는 삶이 곧 신앙이며 신앙은 전인적인 삶으로 표출되어야 함을 가리킨다.

신앙의 생활화와 삶의 신앙화를 통해 신앙과 삶이 동일시되어야 한다는 관점이다. 우리가 아직 죄인 되었을 때, 우리의 죄를 대속해 주시기 위해 아들을 내어주신 하나님의 사랑과 은혜의 복음에 대한 반응이 본성적으로 감사와 감격과 감동의 마음을 유발시킴으로 성도들로 하여금 전인적으로 하나님을 경외하며 그 명령을 좇아 살아가도록 강권하기 때문이다(전 12:13).

성경은 이런 성도들의 반응을 사랑에 빚진 자의 심정으로 묘사하면서

(고후 5:14상) 특별히 그리스도의 죽음과 부활에 근거해 두 가지 자기 인식에 대한 뚜렷한 정체성을 가져야 될 것을 강조한다(롬 6:10). 첫째는 그리스도와 연합해 함께 '죄에 대해 죽은 자'란 인식이고, 둘째는 그리스도와 연합해 '하나님을 대하여 산 자'라는 인식이다(롬 6:11). 이런 관점에서 그리스도의 죽음과 부활은 그에게 연합된 성도들의 영적 자화상을 형성케 하는 근거로 기능한다고 볼 수 있다.

본문에서 죄에 대해 죽은 자로 인식하라는 의미는 더이상 구습을 좇던 옛사람의 행실과 밀접하게 연관되어 있는 죄 가운데 거하지 말 것을 요구하는 강력한 윤리적 명령을 동반한다. 마찬가지로 하나님께 대해 산 자로 여기라는 표현은 그리스도 안에서 거듭난 새로운 피조물로서 매사에 자신의 천상적 정체성을 확신하는 가운데 범사에 하나님을 인정하면서 천상지향적인 가치관의 삶을 살아가라는 윤리적 요구를 내포한다. 이처럼 그리스도와 연합되어 함께 죽고 부활한 성도들의 삶은 본질상 거듭난 새로운 피조물로서 하나님과 관계된 새로운 삶의 원리 및 목표와 목적을 가지고 살아가는 자들로 정의된다(마 6:33; 고전 10:31; 전 12:13).

물론 이 과정에서 죄에 대해 죽고 거듭난 성도들이라 할지라도 현실적으로 전혀 죄를 짓지 않는 것은 아니다. 우리 안에 여전히 죄성이 살아서 역사하고 있기 때문이다. 바울도 이런 사실을 애써 외면하거나 부정하지 않는다(갈 5:16-17). 다만 바울은 우리가 그리스도 안에서 그의 죽음과 부활에 연합되어 함께 죄에 대해 죽었고 의에 대해 살아났음을 강조해 상기시킴으로 성도들로 하여금 하나님 앞에서 자기의 거듭난 정체성을 새롭게 인식해 부단히 천상지향적인 윤리적 삶을 살아 갈 것을 촉구하고 있는 것이다(롬 6:4; 갈 5:24-25).

이런 의미에서 죄에 대해 죽었다는 표현은 '이미와 아직 아닌'(already

and not yet)의 구조적 틀 속에서 이해될 수 있다. 성도들은 그리스도 안에서 그의 죽음에 연합되어 이미 죽은 자이다. 반면 현실 속에서 아직 죄의 왕 노릇하는 권세로부터 완전히 자유로운 삶을 살지 못하는 경우가 늘 뒤따른다. 성령의 도우심을 힘입어 여전히 우리 안에서 죄성의 지배를 받음으로 역사하고 있는 구습을 좇던 옛 사람의 행실을 쳐서 복종시키는 삶을 부단히 살아가야 하는 이유가 이런 사실로부터 기인된다.

"너희가 육신대로 살면 반드시 죽을 것이로되 영으로써 몸의 행실을 죽이면 살리니 무릇 하나님의 영으로 인도함을 받는 그들은 곧 하나님의 아들이라"(롬 8:13-14). 우리가 성령의 소욕을 좇아 행할 때 육체의 욕심을 이루지 않게 될 것을 성경은 약속해 주고 있다(갈 5:16). 이런 식으로 '이미와 아직 아닌' 의 긴장관계 속에서 현실을 살아가는 모든 그리스도인들은 하나님 앞에서 마땅히 행할 바의 도리로서 무익한 종의 심정으로부터 발로된 윤리적인 책임과 의무를 안고 있는 셈이다(롬 12:2; 6:12-14; 고후 5:14-15). 참 성도들이라면 이런 성령의 요구 앞에서 어느 누구라도 자유로울 수 있는 자는 없다는 것이 성경의 지적이다.

예수 그리스도의 죽음과 부활에 근거해 죄에 대해 죽었고 하나님에 대해 산 자가 되었다는 두 가지 자기 인식에 근거해 성도들의 영적 자화상을 언급한 바울은 계속해서 로마서 6장 12-14절을 통해 결론적으로 윤리적 삶을 살아갈 것을 권면한다. 성도들이 천상지향적인 가치관에 근거해 윤리적 삶을 살아가야 할 당위성이 그리스도와의 연합에 기초하고 있다는 관점이다. 죄에 대해 죽은 자가 더 이상 죄의 지배를 받을 수 없으며, 하나님께 대해 산 자는 마땅히 하나님의 뜻을 좇는 삶을 추구함으로 하나님을 기쁘시게 해 드려야 한다는 논리이다.

이 과정에서 성도들은 소극적으로 자신의 지체(신체적 기관)를 불의의 병기로 죄짓는 일에 사용하지 말아야 하고, 적극적으로는 의의 병기로 하나님께 드리는 일에 선용해야 한다는 설명이다. 이처럼 그리스도와의 연합을 통해 교리적으로 이루어진 사실(죄에 대해 함께 죽고 의에 대해 함께 살아남)은 필연적으로 윤리적 행위라는 실천적 삶을 요구한다는 것이 성경의 증언이다. 이 윤리적인 요구 앞에 진정으로 거듭난 성도들이라면 부단히 책임적 존재로 반응하기 마련이다. 비록 죄성으로 말미암는 육신의 연약성을 아주 극복할 수 없을지라도 우리 안에 내주하신 성령께서 거듭난 새 인격을 주장하심으로 지속적으로 새 생명 가운데 행하게 하시기 때문이다(롬 6:4; 8:13-14; 갈 5:16-17).

이런 의미에서 성도들의 윤리적 삶과 맥락을 같이 하는 성화적 삶의 본질은 흔히 말하는 점진적인 도덕적 삶(성화)의 진전이라는 측면을 아주 배제할 수 없을지라도, 진리의 깊은 곳에 이름으로 가능한 하나님과의 인격적인 교제와 관계성의 심화란 관점을 보다 강조하는 것으로 해석될 수 있다.

Ⅲ. 결론

그리스도인들은 성령의 공작工作하시는 사역을 통해 예수 그리스도의 죽음과 부활의 복음을 듣고 이를 믿음으로 수납함으로 죄로부터 구원받고 의롭게 된 하나님의 소유된 백성들이다. 이 과정에서 믿음은 복음에 합당한 행함을 믿음의 열매로 요구한다(약 2:17, 22). 그러므로 믿음과 행함은 은혜로 구원받은 그리스도인의 삶속에서 상호 불가분의 관계성을 맺게 되고 본질상 동질성을 띠고 나타나게 마련이다. 행함이 없는 믿음을 사실상 죽은 믿음으로 보는 관점이 이런 원리에 근거한다.

따라서 흔히 잘못 알고 있듯이 구원은 믿음으로 받고 행함은 현세와 내세에서 받게 될 복과 상급의 근거로 작용한다는 이원론적 관점은 비성경적이며 비기독교적인 논리일 뿐이다. 그리스도인들에게 요구되는 윤리적 삶으로서 행함이 보상과 대가의 조건적인 성격을 띌 수 없음은 그리스도인들이 받은 구원의 의미와 가치가 받을 수 없는 자에게 베푸시는 하나님의 무한하신 사랑과 은혜의 성격을 담고 있기 때문이다(롬 5:8; 요일 4:10).

일례로 물에 빠진 자가 누군가에 의해 구원을 받아 생명을 보존할 수 있게 되었다고 가정해 보자. 그런 상황에서 물에 빠졌던 자가 생명의 은인을 향해 표현할 수 있는 일체의 행함의 성격은 마땅히 행할 감사의 반응(도리와 본분) 뿐이다. 결코 수고로 평가되어 보상과 대가를 기대하거나 요구한다는 것은 이율배반적이며 적반하장격이다.

우리의 죄값으로 무한 가치의 그리스도의 생명이 지불되었을 뿐 아니라, 우리가 받은 구원의 성격이 총체적 관점에서 영벌(eternal punishment)에서 영생(eternal life)에로 옮겨진 것으로 평가되기 때문이다. 그런 의미에서 성경을 통해 그리스도인들에게 요구되는 윤리적 삶으로서 순종의 정체성은 보상과 대가가 아닌 본분과 도리의 성격을 띠고 있음을 확인하게 된다.

그렇다면 성도들에게 요구되는 윤리적 삶을 어떤 방식으로 전개시켜 나갈 것인가. 그것은 율법의 요구를 여전히 규범적인 관점을 가지고 문자적으로 지켜야하는 강제적 삶이 아니다. 성도들에게 율법의 요구는 그리스도의 구속 안에서 이미 총체적으로 성취됨으로 마침이 되었기 때문에 어떤 형태로도 더 이상 강요될 수 없다(마 5:17; 롬 10:4; 13:10; 갈 5:14).

그런 의미에서 오늘도 여전히 성도들의 삶속에서 요구되는 윤리적 명령의 성격은 단순한 율법의 문자적 준수를 요구하는 것이 아니다. 성령의 내주로 말미암는 그리스도의 사랑의 법이 성도들로 하여금 사랑이 동기유발된 자발적이고 실천적인 삶을 전인적으로 살아가게 하는 내적 경건의 삶을 의미한다(렘 31:33; 겔 36;26-27; 롬 8:3-4, 13-14; 6:11-14; 13:8-10; 갈 5:16).

이런 삶을 지속적으로 추구해 나가기 위해서는 무엇보다 그리스도와 연합되어 죄에 대해 이미 죽은 자요, 하나님에 대해서는 산 자로 존재하고 있다는 자신들의 영적 정체성을 부단히 상기하는 것이 우선적으로 요구된다(롬 6:5, 10-11). 이런 사실의 전제 속에서 우리의 지체를 불의의 병기로 죄에 드리지 말고 의의 병기로 하나님께 드리는 삶을 지속적으로 추구해 나감으로 은혜에 왕노릇하고 있는 생명의 성령의 법이 죄와 사망의 법에서 우리를 해방시켜 주었음을 확증하는 삶을 살아가야 할 것이다(롬 8:1-2). 이 과정에서 성경은 성령의 소욕을 좇아 행함으로 죄성으로 인해 야기되는 육체의 욕심을 넉넉히 통제시켜 나갈 수 있음을 약속한다(갈 5:16).

물론 그리스도와 연합되어 죄에 대해 이미 죽은 성도들이라 할지라도 현실적으로 죄를 아주 짓지 않는다는 것은 아니다. 성도들도 여전히 죄를 지을 수 있다. 중요한 것은 거듭난 성도들이라면 죄에 대해 죽었다는 영적 정체성을 부단히 상기함으로 새로운 피조물로서 자기 인식을 새롭게 하고 이를 근거로 하나님의 선하시고 기뻐하시고 온전하신 뜻을 좇는 윤리적 삶을 살아가는 일에 진력해야 할 것이다.

이는 성령의 도우심을 힘입어 영으로 몸의 행실을 죽이는 삶을 살아가는 것을 통해 가능하다는 것이 성경의 증언이다(롬 8:13). 이런 이유로 성도들의 현재적인 삶의 현장에서 매 순간마다 순종적 결단이 부단히 요구된다. 예수 그리스도의 죽음과 부활에 함께 연합되어 구원받은 성도들이 새 생명 가운데 행하는 삶을 살아가야 하는 당위성이 이런 사실에 근거한다(롬 6:4). 성령의 내주를 통해 그리스도의 사랑이 우리를 선의적으로 강권함으로 본질상 다시는 우리 자신을 위해 살지 않고 우리를 대신해 죽었다가 다시 사신 예수 그리스도를 위해 살게 하시기 때문이다(고후 5:14-15).

이런 관점에서 은혜로 말미암아 믿음으로 구원받은 성도들이 하나님께 자원해 순종하는 심정으로 윤리적 삶을 살아가게 되는 것은 대가와 보상을 바라는 조건적인 심정의 발로가 아니다. 구원의 은혜와 사랑에 감사하는 데서 비롯된 마땅한 행위로서 본분과 도리의 성격을 띤다. 예수께서 제자들에게 친히 언급하셨던 무익한 종(unworthy servant)의 고백이 성도들의 이런 심정을 총체적으로 대변해 준다.

"명한 대로 하였다고 종에게 사례하겠느냐. 이와 같이 너희도 명령 받은 것을 다 행한 후에 이르기를 우리는 무익한 종이라 우리의 하여야 할 일을 한 것뿐이라 할지니라"(눅 17:9-10).

제III부

개혁주의 TULIP 강좌

1. 인간의 전적타락 (Total Depravity)
2. 무조건적 선택 (Unconditional Election)
3. 제한속죄 (Limited Atonement)
4. 불가항력적 은혜 (Irresistible Grace)
5. 성도의 견인 (Perseverance of the Saints)

1

인간의 전적타락(Total Depravity)

Ⅰ. 도입 : 칼빈주의 5대 교리의 기원

칼빈주의 5대 교리를 형성하게 된 배경은 1610년 화란신학교 교수였던 제임스 알미니우스(James Arminius, 1560-1609)가 죽은 뒤, 소위 알미니우스주의자들(Arminians)이라고 알려진 추종자들에 의해 그의 가르침을 기초로 다섯까지 주요 요점으로 공식화해서 내어놓은 것이 시발점이 된다.

그때까지 화란 교회들은 유럽의 다른 주요 개혁교회들과 마찬가지로 벨직 신앙고백서와 하이델베르그 요리문답에 찬동하고 있었으며, 이 고백들은 둘 다 종교개혁의 가르침에 철저히 기초한 교리체계였다. 그러나 알미니안들은 이런 종교개혁자들에 의해 체계화된 성경의 교리적 가르침에 항의抗議해 자신들 나름대로의 교리적 입장을 다섯 가지로 요약해 표명했던 것이다.

그 내용은 다음과 같다.

① 자유의지 혹은 인간의 능력(free will or human ability) : 이는 인간이 비록 타락으로 말미암아 영향을 받았지만 영적 선을 행할 수 없을 정도로 완전히 무능해진 것은 아니다. 따라서 자력으로 구원에 이를 수 있다는 주장

이다.

② 조건적 선택(conditional election) : 소위 예지豫知에 의한 예정豫定교리로서 구원을 받고 싶어하는 자들을 하나님께서 미리 아시고 그들을 선택하시기로 예정하셨다는 주장이다. 이는 복음에 반응해 믿고자 하는 인간의 의지가 하나님의 예정에 선행된다고 보는 견해다.

③ 보편적 구속 혹은 일반적 속죄(universal redemption or general atonement) : 이는 그리스도께서 모든 인간을 결국은 구원하시기 위해 대속적으로 돌아가셨다는 주장이다. 그래서 비록 죄값으로 지옥에 떨어지는 영혼이 있을지언정 종래에는 하나님의 사랑이 모든 인류를 구원에 이르게 하신다는 견해다.

④ 중생에 있어서 성령의 역사는 인간의지에 제한을 받음(the work of the Holy Spirit in regeneration limited by the human will) : 이는 성령께서 사람을 그리스도께로 이끌기 위해 역사役事하실 때 인간의지에 의해 거부를 당할 수 있으며, 그 결과 성령의 뜻이 좌절될 수 있다는 주장이다. 따라서 죄인인 인간이 자진해서 영생의 생명을 받고 싶어하지 않는 한 성령은 생명을 줄 수 없다는 요지다.

⑤ 은혜에서 떨어짐(falling from grace) : 이 주장은 구원받은 사람도 종국에 가서는 구원으로부터 떨어질 수 있다는 가르침이다.

이상의 다섯 가지 조항은 각각의 내용이 담고 있는 교리적 성격상 서로 불가분의 관계에 놓여 있다. 어느 것 하나 독립적으로 존재할 수 없다. 사실 성경의 원저자는 성령 하나님으로서 일체의 성경적 교리는 상호 의존적이고 보완적인 관계를 맺고 있는 바 독립적으로 존재할 수 없는 것이 특징이다. 따라서 어느 한편에서의 교리는 다른 한편에서의 교리와 밀접한 관계를 맺고 있음이 성경의 자증이다. 성경은 결코 상호 모순되지 않는다. 유기적으로 연합되어 있다. 삼위일체 하나님의 자기 계시서이기 때문이다.

알미니안들의 이의 제기로 신학적인 논쟁이 일어나자 화란 정부는 1618년 11월에 화란의 남부지역인 도르트에서 세계 각국의 대표 129명이 모여 이 문제를 갖고 회의를 시작했다. 이 회의는 이듬해인 1619년 5월까지 약 7개월간에 걸쳐 무려 154회에 이르는 마라톤회의를 거듭한 끝에 알미니안주의자들에 의해 제기된 조항들이 성경의 내용과 일치하지 않다는 사실에 의견을 모으게 된다.

동시에 종교개혁을 통해 매우 명백히 제시되었고, 프랑스 신학자인 죤 칼빈에 의해 체계적으로 형성된 개혁주의 교리적 입장을 재확인한 도르트 대회는 알미니안들의 체계에 대결하기 위한 칼빈주의의 다섯 가지 요점(the five points of Calvinism)을 공식화하기에 이른다. 이렇게 해서 나온 것이 소위 칼빈주의 5대 교리이다. 그 내용은 다음과 같다.

① 전적타락(Total Depravity)

② 무조건적 선택(Unconditional Election)

③ 제한속죄(Limited Atonement)

④ 불가항력적 은혜(Irresistible Grace)

⑤ 성도의 견인(Perseverance of the Saints)

II. 전개

위에서 살펴본 대로 흔히 칼빈주의 5대 교리라고 일컫는 내용은 칼빈 개인의 주관적인 교리적 견해에서 나온 독단적인 성경해석의 산물이 아니다. 이미 종교개혁자들과 주요 종교회의에 의해 정립된 개혁주의적 성경해석의 차원에서 이에 이의를 제기하고 나선 일단의 알미니안들의 교리적 항의를 일축하고 재확인하는 형식으로 나온 성경적 변증의 내용들이다.

특별히 이들 내용은 '구원의 도리' 에 집중해 연관되어 있음이 특징이다.

한편 이들 주요 조항들을 영문의 첫 글자를 중심으로 나열했을 때 'TULIP' 이라는 글자로 표기되는 바 일명 '튤립교리' 라고 부르기도 한다.

먼저 첫 번째 교리인 '인간의 전적타락' 에 관해 성경의 증언을 살펴보자.

위에서 언급했듯이 인간의 전적타락 교리는 알미니안주의자들에 의해 제기된 '자유의지' 및 '인간의 능력' 교리의 반동으로 제시된 주제다. 다시 말해 인간이 비록 타락했을지라도 스스로의 의지와 능력으로 하나님을 믿고 구원을 받을 수도 있다는 알미니안파들의 주장에 대한 철저한 부인과 이에 대한 성경적 답변이다. 제1장 강론을 통해 성경이 증언하는 인간의 전적타락과 관련해 몇 가지 측면에서 이를 해명하고자 한다.

1. 하나님 앞에서 모든 사람은 죄인이다

인간의 전적타락 교리는 전적부패(total corruption) 또는 전적무능(total inability)이라는 표현과 함께 사용되기도 한다. 이런 표현 속에는 한결같이 몇가지 동일하게 시사하는 신학적 명제를 담고 있다. 그중 대표적인 주제가 '모든 사람이 죄인' 이라는 사실에 대한 지적이다.

이는 상대적 명제가 아니다. 절대적 명제다. 다시 말해 사람은 누구를 막론하고 죄인인데 이는 사람과의 상대적 관계 속에서 평가된 것이 아니다. 창조자이시며 주권자이신 하나님 앞에서라고 하는 절대적 관계에 근거해 진단된 명제다. 다시 요약하면 모든 사람은 하나님 앞에서 신분의 고하와 출신의 다양성에도 불구하고 동일하게 죄인으로 간주되고 정죄된다는 사실이다(롬 3:10, 23).

인류의 시조 아담은 처음 무죄자로 창조되었다. 그에게는 죄가 없었다. 그렇다고 무죄자가 곧 완전자를 의미하는 것은 아니다. 완전자는 무죄할 뿐 아니라, 죄를 지을 수도 없고 짓지도 않는 절대자를 일컫는 다른 표현이기 때문이다. 따라서 무죄자이지만 불완전한 아담은 하나님께서 내신 선악과 시험을 통과해 보다 온전한 상태로 발전해 나가야 할 시험적 존재(probational being)로 지음받았다.

그러나 아담(하와)은 선악과 시험에서 실패했다. 사단의 미혹에 넘어가 선악과 금령을 위반했다. 마침내 에덴에 죄가 유입되었다. 아담과 하와는 죄인으로 전락하게 된다. 원죄의 기원이 이렇게 시작된다. 이런 의미에서 죄의 성립은 인간의 내적 욕심의 발로(지존사상, 창 3:5)로 야기된 하나님의 말씀에 대한 불순종으로 정의된다. 다시 말해 죄의 본질은 하나님에 대한 불신에서 그 특징을 찾을 수 있다. 하나님을 믿지 못하는 것이 죄의 본질이다(요 16:9).

이후 아담의 원죄의 죄성은 온 인류를 하나님 앞에서 죄인으로 선고하는 원인을 제공한다. 로마서 3장 23절과 5장 12절에서 모든 사람이 죄를 범했는데 이는 한 사람으로 말미암았다고 하는 지적이 바로 인류의 시조인 아담의 범죄행위와 이로 인한 후손에게로의 죄의 생득적 전가를 가리켜 하는 말이다.

이후부터 온 인류는 하나님 앞에 죄인으로 서게 된다. 의인은 한 사람도 없게 된다(롬 3:10). 인류의 비극은 이렇게 하나님의 형상대로 지음받은 창조의 면류관이 한 순간에 죄인으로 정죄당했을 뿐 아니라, 하나님과의 일체의 영적 교제에서 단절되어 영원히 결별된 상태로 존재한다는 데서 찾아진다. 불순종으로 인한 범죄행위로 하나님과 영적 이산가족이 되어 버린 셈이다. "오직 너희 죄악이 너희와 너희 하나님 사이를 내었고 너희 죄가 그 얼굴을 가리어서 너희를 듣지 않으시게 함이니"(사 59:2).

이후 아담의 원죄는 그의 후손들의 본성 속에 죄성으로 내재되어 온갖 범죄행위의 동인으로 기능해 자범죄自犯罪의 근원이 된다. 오늘날 인류 사회에 만연되어 있는 갖가지 형태의 범죄유형은 바로 조상으로부터 생득적으로 전수된 죄성의 다양한 표출일 뿐이다. 만일 일생에 거쳐 자범죄를 한 번도 범하지 않았다고 자부할 사람이 있을지라도 본성적으로 자신의 죄인 됨을 양심이 고발한다.

"... 너희 중에 죄 없는 자가 먼저 돌로 치라 하시고 ... 저희가 이 말씀을 듣고 양심의 가책을 받아 어른으로 시작하여 젊은이까지 하나씩 하나씩 나가고 오직 예수와 그 가운데 서 있는 여자만 남았더라"(요 8:7-9). 본문은 간음하다 현장에서 잡힌 여인의 재판을 빙자해 예수님을 송사하려는 종교 지도자들의 저의가 담긴 시험적 사건이다(6절).

당시 회중會衆은 간음한 여인과 비교해 분명히 현행범은 아니었다. 상대적으로 의인의 입장에 서 있었다. '드러난 죄인' 은 아니었기 때문이다. 그러나 '죄 없는 자가 먼저 이 여인을 돌로 치라' 는 주님의 역공적인 질문에 어느 한 사람 선뜻 나서서 답변하지 못했을 뿐 아니라 이내 모두 그 자리를 떠나고 말았다. 이는 회중의 본성속에 자리잡고 있는 일말의 양심이 저들을 여인과 동일한 범죄자로 고발하고 있음을 증거함에 다름 아니다. '감춰진 죄인' 으로 말이다.

요한은 이 상황을 해석하면서 '양심의 가책' 을 받아서 떠나게 되었다고 기록한다. 비록 저들이 현행범은 아닐지라도 스스로 자기 양심에 찔려 감히 자신들을 무죄자라고 주장하지 못한 사실을 저자는 본문을 통해 적나라하게 시사한다. 여기서 양심은 바로 주님의 질문 곧 하나님의 질문에 대한 인간 본성의 실질이 어떠함을 사실적으로 직고直告하는 고발자로서의 기능을 담당한다. 다시 말해 주님께서는 지금 인류를 향해 저들의 실존이 하나님 앞에서 '이 여인이나 다를 바 없는 죄인' 인 사실을 고발하고 계신다.

드러난 죄인이나 감추어진 죄인을 막론하고 마음의 중심을 감찰하시는 하나님의 불꽃같은 시선 앞에 모두가 한결 같은 죄인으로 존재할 뿐이다. 이런 의미에서 양심은 비록 인간이 죄인으로 전락했을지라도 여전히 심성 속에 남아 있는 천성적天性的 흔적의 일부일 수 있다. 물론 어느 시대건 양심마저도 화인火印 맞아 그나마 정상적인 기능을 수행하기가 어려운 특별한 경우가 예외적으로 있기는 하다.

여기 '모든 사람이 죄인이다' 라는 명제 속에는 몇가지 시사하는 바가 있다. 에덴에서의 아담의 범죄의 영향은 인간의 지정의의 전全영역에 걸쳐 하나님과의 관계성에 있어서 '전인적인 부패' 를 초래한 나머지 인간 스스로의 힘으로는 하나님을 바르게 알 수도, 찾을 수도, 믿을 수도 없을 뿐 아니라 구원을 스스로 취할 수도 없는 영적 사망자라고 정의한다는 지적이다(롬 3:10-12; 엡 2:1).

다시 말해 인간의 지정의가 본래적이고 궁극적인 하나님과의 영적 교제와 교통의 기능을 철저히 상실한 나머지 어떤 방식을 통해서도 하나님과의 인격적 관계형성과 교제회복은 더이상 불가능하게 되었다는 것이다(롬 1:21-23). 이는 처음 하나님의 형상대로 지음받은 고도의 영적 수준에서 자력으로는 회복 불가능한 저급하고 타락한 상태로 전락되어 버렸음을 가리킨다(절대적 관점).

선악과 금령(창 2:17)에는 불순종의 대가로 사망의 형벌이 주어진다. 비록 아담과 하와가 금령을 범했을 때 하나님의 은혜는 죽음이 즉각적으로 저들에게 임하는 것을 지연시킴으로 구속의 기회를 허락하셨지만 하나님과의 전인적 교제와 교통은 한순간에 단절된다. 이런 사실은 하나님께서 저들을 평소처럼 찾아오셨지만 자신들의 죄로 인해 오히려 나무 사이에 숨는 행동을 통해 명백히 확인된다(창 3:8-10). 이런 상황을 일반적으로 영적 죽음, 곧 전인적인 관계의 단절이라고 부른다(사 59:1-2).

이후로 아담의 범죄는 그의 후손들에게 죄성을 전가시킴으로 하나님과의 인격적인 관계형성과 정상적인 교제를 단절시키는 동인으로 기능하게 된다(사 59:1-2). 아담 안에서 모든 사람이 죄인이 되었기 때문이다(롬 3:23; 5:12; 엡 2:1).

2. 죄의 값은 사망이다

전적타락의 두 번째 명제는 죄값인 사망의 문제다. 성경은 모든 인류에게 필연적으로 찾아오는 죽음의 원인이 죄의 결과로 말미암는 하나님의 형벌이라고 증거한다(롬 6:23). 따라서 모든 사람이 죄인의 신분으로 한 번 죽는 것은 정한 이치라고 성경은 선언한다(히 9:27). 죄는 법정적法定的 특성상 상응하는 형벌을 요구한다. 이런 이유로 노령으로 죽는 자연사나, 각종 병사, 그리고 사고사는 엄밀한 의미에서 죽음의 방식일 뿐 죽음의 근본 원인은 될 수 없다. 죽음의 근본 원인은 죄다. 죄의 값으로 사망이 인류에게 불청객으로 찾아온 것이다(롬 6:23).

역사 이래 한 번 태어난 인간은 남녀노소 빈부귀천을 불문하고 죽음을 맞는다. 이 원리와 원칙은 지속적으로 유효해서 역사가 진행되는 동안 오고 오는 세대를 통해 인류를 죽음의 포로로 사로잡을 것이다. 이런 필연적인 죽음을 통해 모든 사람을 죄인으로 선언하는 성경의 증언이 공의로우신 하나님의 정당한 판결이며 선포임을 확인하게 된다.

3. 죽음 후에는 심판이 있다

인간의 전적타락이 안고 있는 신학적 명제는 죄와 사망의 문제만이 아니다. 사람들은 한 번 태어나 죽는 것으로 모든 삶이 마감되는 줄 안다. 더

이상의 내세적 삶은 존재하지 않는 줄 안다. 그러나 성경은 이 문제와 관련해 침묵하지 않는다. 오히려 적극적으로 죽음 후에는 심판이 있음을 강력히 선포한다. "한 번 죽는 것은 사람에게 정하신 것이요 그후에는 심판이 있으리니"(히 9:27). "무덤 속에 있는 자가 다 그의 음성을 들을 때가 오나니 선한 일을 행한 자는 생명의 부활로 악한 일을 행한 자는 심판의 부활로 나오리라"(요 5:28-29; 계 20:11-15).

죽음은 인생의 종착역이 아니다. 끝이 아니다. 성경은 오히려 죽음을 영생(하나님 나라)과 영벌(불못 곧 지옥)의 실질로 들어가는 관문이라고 기술한다. 따라서 죽음 후에 온 인류 앞에는 최종적인 심판이 기다린다(히 9:27). 하나님으로부터 부여받은 생명은 본질적 특성상 결코 소멸되지 않는다. 이것이 성경이 증언하는 생명의 법칙이며 원리다.

아울러 종말론적인 생명의 거처는 영생과 영벌의 장소로 나누어질 것이다(계 20:15; 21:1, 4). 그에 앞서 온 인류는 하나님의 심판대에 서기 위해 우주적인 부활에 참여한다고 성경은 기술한다(요 5:28-29). 사실 인간의 이성과 지식과 경험을 가지고는 부활의 신비하고 초자연적이며 불가사의한 실질을 온전히 이해할 수 없다. 그럼에도 불구하고 성경은 이 사실을 분명한 사실로 기술한다(롬 8:11; 고전 15:20-24).

사실상 부활이 없다면 기독교의 존립자체가 불가능하다 해도 과언이 아니다(고전 15:19). 죄사함과 칭의의 문제가 미제未濟로 남기 때문이다. 따라서 예수 그리스도의 부활은 그분에게 연합된 모든 성도들의 죄를 도말했을 뿐 아니라 의롭게 해 주셨으며, 동시에 성도 부활의 첫 열매로서 보증이 되신 결정적인 사건으로 기능한다. 예수님의 부활에 연합된 성도들은 주께서 다시 오시는 날 영생하는 신령한 몸으로 다시 살아나게 될 것이다(고전 15:42-44; 살전 4:16-17). 이미 부활하셔서 승천하신 예수님과 동일한 부활체의 영광을 입게 될 것이다.

이토록 부활신앙은 기독교 신앙의 핵심 교리로 자리매김 되어 있다. 부활은 예수 그리스도의 대속사역이 죄를 심판하시는 하나님의 공의를 남김없이 만족시킨 객관적이고 공식적인 증거요 징표로 작용한다. 사도 바울이 복음의 양면성을 예수 그리스도의 대속적 죽음과 부활로 설명하는 이유가 이런 사실에 근거한다(고전 15:3-4).

한편 그리스도 예수 안에서 하나님의 백성 된 성도들은 우주적인 부활사건 후에 집행되는 심판(계 20:11-14)에서 이미 제외되었고 종말론적으로 집행될 불못의 영벌로부터 또한 사면될 것을 성경은 명백하게 증거한다(요 5:24; 계 20:6). 이 말은 역설적으로 현재 예수 그리스도 밖에 있는 불신자들은 이미 심판을 받았고(요 3:18), 또한 종말적 심판에서 둘째 사망인 불못의 형벌에 대한 영벌의 선고를 받게 될 것을 의미한다(계 20:11-15).

복음이 인류에게 '기쁜 소식' 이 되는 이유는 결국 예수 그리스도의 대리적인 속죄사역을 통해 베푸시는 하나님의 사죄의 은총을 덧입음으로 필연적인 영벌의 심판에서 제외되며 동시에 영생하는 생명에로 옮겨졌다는 사실에 집중된다(요 5:24).

III. 결론

성경은 모든 사람이 하나님 면전에서 철저히 타락하고 부패해 무능한 자로 존재하고 있을 뿐이라고 증언한다. 아담의 원죄 안에서 온 인류가 하나님을 향해 반응할 수 있는 일체의 지정의의 기능을 근본적으로 상실했기 때문이다. 성경은 이런 이유로 하나님을 떠난 불신자들을 일컬어 허물과 죄로 죽어버린 영적 사망자로 선고한다(엡 2:1).

따라서 인간은 스스로의 힘과 능력으로 하나님을 더듬어 찾을 수도 없고, 하나님의 말씀을 깨닫는 자도 없으며, 한결같이 다 치우쳐 무익하게 되었음을 선포한다(롬 3:11-12). 나아가 적극적으로 마음에 하나님을 두기조차 싫어한다고 지적한다(롬 1:28). 이는 다름 아닌 인간의 심성이 전적인 타락과 부패로 인해 마땅히 섬길 자를 찾을 수 있는 능력이 근본적으로 상실된 상태를 시사하는 내용이다.

성경은 이처럼 시종일관하게 인간의 본질적인 영적 상태를 죽은 것으로 간주한다. 영적 파산자로 선고를 내린다. 이로 인해 스스로의 힘과 능력으로는 하나님을 향해 거듭날 수도, 볼 수도, 들을 수도, 말할 수도 없는 전적으로 무능력한 존재임을 지적한다(고전 2:14). 결국 외부적 타자他者의 도움이 없이는 인간의 구원은 전무할 뿐이다.

결과적으로 아담의 범죄는 그의 머리됨으로 인해 온 인류를 부패와 타락으로 몰아가 죄인 되게 함으로써 영적 사망과 육체적 죽음과 최후의 심판에 이르게 했을 뿐 아니라, 스스로의 지정의를 발동해 하나님을 더듬어 찾을 수 있는 일말의 능력조차도 앗아감으로써 인류를 하나님 없는 비참한 지경으로 내몬 셈이다. 이런 상태를 교리적으로 일컬어 전적타락, 전적부패 혹은 전적무능이라고 설명한다. 이는 성경이 자중하는 객관적인 진리다.

이상의 논증을 통해 전적타락과 무능자로 전락한 인간이 죄의 문제를 해결 받고 구원을 받아 하나님과의 단절된 영적 상태를 회복하기 위해서 '절대 타자' 의 도움이 필연적으로 요구된다는 당위에 이르게 된다. 따라서 다음 강론에서는 하나님의 은혜의 결과로 말미암는 '무조건적 선택' 이라는 주제를 살펴볼 것이다.

2

무조건적 선택(Unconditional Election)

Ⅰ. 도입

절대적 타자他者로서 하나님에 의한 일방적이고 '무조건적인 선택' 방식은 죄로 인해 전적타락과 부패와 무능에 빠진 인간을 가장 자연스럽게 구속하시려는 하나님의 은혜요 자비이며 긍휼의 일환으로 기능한다.

지난 제1장에서 인간의 영적 상태가 선악과 금령을 범함으로 타락해 자력으로는 죄로부터 구원받을 수 없는 영적 사망에 처해져 일체의 하나님과의 교제에서 단절된 파산자破産者인 사실을 확인한 바 있다. 이는 모든 사람이 외부의 도움 없이는 스스로 구원에 이를 수 없는 무능하고 무력한 자임을 시사한다. 이런 사실은 자연히 외부로부터의 절대 타자他者에 의한 구원의 필요성이라는 은혜의 선택교리를 요구받게 된다. 따라서 이런 당위성은 당초부터 죄로부터의 구속을 시사하는 성경의 증언(엡 1:4-6, 7)이지 피조세계(창 3:1-6)에서 야기된 임기응변식의 즉흥적 교리체계가 아니다.

절대 타자로서 하나님에 의한 무조건적 선택교리는 소위 알미니안파들이 주장하는 조건적 선택에 대한 반증으로 나온 성경적 대응이며 해명이다. 알미니안주의자들은 인간의 자유의지나 능력이 범죄로 인해 완전히 타락했거나 부패한 것이 아니기에 얼마든지 자력을 발동시켜 자의지적으로 구원에 이를 수 있다고 주장한다. 그러나 이런 사실의 허구성은 앞에서 전적타락 교리에 대한 성경의 증언을 통해 충분히 밝힌 바 있다.

성경은 결코 인간의 자력 구원의 가능성을 허락지 않는다. 만에 하나라도 그것이 용납될 수 있다면 예수 그리스도의 대속적 사역에 담긴 속죄의 공효의 유일성과 영원성 및 영속성(행 4:12; 히 10:12-18)은 상실될 수밖에 없다. 바울은 유대인들이 주장하는 율법적 복음주의의 허구성을 폭로하면서 예수 그리스도의 구속사역에 담긴 사죄의 공효성의 절대성과 충족성을 이렇게 변호한다. "내가 하나님의 은혜를 폐하지 아니하노니 만일 의롭게 되는 것이 율법으로 말미암으면 그리스도께서 헛되이 죽으셨느니라"(갈 3:21). 죄로 인해 타락한 인간이 율법을 행함으로 스스로 구원에 이를 수 있는 길은 전무하다는 것이 성경의 지적이다(롬 3:20, 28). 오히려 생각하고 행하는 것마다 불의함과 죄악뿐임을 강조한다(창 6:5; 사 64:6). 인간의 본성이 죄로 오염되고 부패되었기 때문이다(렘 17:9).

그렇다면 절대 타자他者로서 타락한 인간을 향하신 하나님의 무조건적 선택교리의 내용은 무엇일까. 본론에 들어가기에 앞서 무조건적 선택교리와 관련해 흔히 사용되는 몇몇 용어에 대한 사전 이해가 필요할 줄 안다.

① 먼저 작정(decree)이라는 용어다. 하나님의 작정이란 만물을 창조하시기 전 만물의 조성과 만사의 진행에 관한 하나님의 주권적인 계획을 총괄적으로 가리키는 표현이다. 따라서 하나님께서 역사를 주관하신다고 할 때, 이는 창세 전에 미리 작정하신 계획대로 피조세계 속에서 만물과 만사를 기뻐하시는 뜻 가운데 섭리적으로 보존, 관리, 통치하심을 의미한다. 물론 이는 사람의 일거수일투족을 일일이 간섭하시고 관장하신다는 의미만은 아니다. 역사의 알파와 오메가가 되셔서 역사의 진행을 그분의 목적하신 대로 이끌어 가신다는 사실이다. 결국 사단의 세력들이 준동蠢動하고 미혹한다고 할지라도 역사의 종국은 하나님의 뜻대로 마감된다는 사실이

다. 성경이 "이는 만물이 주에게서 나오고 주로 말미암고 주에게로 돌아감이라"(롬 11:36)고 선언하는 본의가 이렇다.

따라서 만물과 만사가 하나님의 작정에 의해 경영된다고 할 때 세상에 우연의 산물은 결코 존재할 수 없음을 깨닫게 된다. 이런 이유로 하나님께서는 모든 것의 배후에 존재하셔서 활동하고 계신다는 의미가 성립된다. 성도는 이상의 원리 속에서 범사에 하나님을 인정하고 의지하며 믿음의 인내로 때를 기다리는 섭리 의존적 신앙을 굳게 견지해야 할 것이다. 그러므로 작정이란 전 우주적 역사를 그분의 선하시고 기뻐하시는 뜻 가운데 섭리해 가시는 포괄적包括的인 계획을 가리킨다고 정의할 수 있다. "참새 두 마리가 한 앗사리온에 팔리는 것이 아니냐. 그러나 너희 아버지께서 허락지 아니하시면 그 하나라도 땅에 떨어지지 아니하리라"(마 10:29).

② 다음으로 예정(predestination)이라는 용어를 들 수 있다. 예정은 그리스도 안에서 하나님의 백성들을 기뻐하시는 뜻 가운데 선택하셔서 은혜로 구원해 주신다는 사실을 핵심 주제로 삼는다. 그런 의미에서 예정은 작정에 종속되었으면서도 작정의 필요충분조건을 이루는 중심 주제로 기능한다.

작정이 우주만물의 경영과 관련된 포괄적이고 광의적이며 보편적인 계획이라면, 예정은 그리스도의 구속에 근거해 당신의 백성을 선택하시는 특별한 계시적 사건으로 정의된다. 그런 의미에서 예정은 지엽적이고 협의적이면서도 작정을 가능케 하는 중추적인 성격과 역할을 담당한다고 볼 수 있다. 정리하면 타락한 사람들 중에서 일부를 하나님의 기뻐하시는 뜻(절대주권) 가운데 개별적으로 선택해 구원해 주실 것을 창세전에 미리 정定한 사실을 가리켜 예정이라고 부른다. 그러므로 예정 속에는 자연히 선택 교리와 함께 유기遺棄 교리까지도 포함되기 마련이다. 이를 칼빈의 '이중 예정'이라고 부른다.

절대주권자로서 하나님의 행사는 기뻐하시는 뜻 가운데 매사를 주관하시기 때문에 모든 것이 선할 뿐이다. 하나님은 창조주의 특권상 책임적 존재가 아니시다. 토기장이의 비유가 이런 사실을 확증시켜 준다. "토기장이가 진흙 한 덩이로 하나는 귀히 쓸 그릇을, 하나는 천히 쓸 그릇을 만드는 권이 없느냐"(롬 9:21). "기록된 바 내가 야곱은 사랑하고 에서는 미워하였다 하심과 같으니라. 그런즉 우리가 무슨 말 하리요 하나님께 불의가 있느뇨 그럴 수 없느니라"(롬 9:13-14). 이처럼 로마서 기자는 하나님의 절대주권적 섭리역사에 대한 인간의 이의제기의 가능성을 염두에 두고 토기장이와 토기의 비유를 통해 이를 일언지하에 불식시킨다.

하나님은 모든 것을 당신의 기뻐하시는 뜻 가운데 행사하시는 주권자이시며 전능자이시다. 따라서 하나님의 일은 모든 것이 선으로 평가된다. 하나님은 모든 경우의 책임공방에서 극복되시는 분이다. 하나님의 사역을 인간의 관점과 세상의 기준에서 평가하려 할 때 오해가 생길 수 있다. 하나님은 인간이 아니시기에 식언하실 수 없듯이, 하나님의 행사는 모든 것이 선함으로 인간편에서 인간의 경험과 사색에 근거해 하나님의 소위를 판단해서는 안 된다. 아니 판단받으실 수도 없는 분이다. 창조자가 피조물에 의해 판단을 받는다는 것은 절대 불가하다.

그런 의미에서 개혁주의 신학적 관점에서 아담과 하와의 범죄와 관련해 이를 '허용적 작정'(permissive decree)으로 설명하는 것은 상대적으로 인본주의적 관점이 강하게 작용한 듯 보인다. 자못 변신론으로 여겨진다. 하나님의 선택사상이 창세전 예수 그리스도의 구속 안에서 예정된 것이라면(엡 1:4), 아담과 하와의 범죄는 논리의 전개상 하나님의 절대주권적인 섭리 역사에 종속되고 의존됨으로 필연적인 결과로 설명해야 하지 않을까.

이상 설명된 작정과 예정의 용례상, 두 용어가 담고 있는 범위와 성격상의 차이에도 불구하고 예정은 보다 큰 범위의 작정 안에 포함되어 있다는 사실로 때로는 예정을 작정으로 대체해 사용하기도 한다. 예정과 관련한 고전적인 증거본문이 에베소서 1장 4-6절이다. "곧 창세전에 그리스도 안에서 우리를 택하사 우리로 사랑 안에서 그 앞에 거룩하고 흠이 없게 하시려고 그 기쁘신 뜻대로 우리를 예정하사 예수 그리스도로 말미암아 자기의 아들들이 되게 하셨으니 이는 그의 사랑하시는 자 안에서 우리에게 거저 주시는 바 그의 은혜의 영광을 찬미하게 하려는 것이라."

본문에서 선택과 예정은 분명히 구원문제와 밀접하게 결부되어 있음을 본다. 그런데 사도행전 13장 48절에서는 바울이 전하는 복음을 듣고 많은 이방인들이 주님을 믿고 기독교로 개종하는 사건이 발생하는데 누가는 이를 설명하면서 "영생을 주시기로 작정된 자는 다 믿더라"고 기록한다. 여기서 작정이란 다름 아닌 구원을 받기로 예정된 자를 가리킨다. 이렇게 성경은 예정과 작정을 혼용해서 사용하기도 한다. 그렇다고 두 용어가 내포하고 있는 구원의 의미나 성격이 본질상 달라지거나 가감되는 것은 아니다.

II. 전개

무조건적 선택사상은 위에서 언급한 대로 알미니안주의자들이 주장하는 조건적 선택교리에 대한 반작용으로 제시된 성경적 교리체계이다. 저들은 인간의 타락과 부패에도 불구하고 완전히 타락한 것이 아니기에 얼마든지 자력으로 구원에 이를 수 있음을 주장한다. 자정自淨 능력을 인정하기 때문이다. 따라서 인간은 타락으로부터 일부 남은 바 순수한 인격적 요소들을 발휘시켜 자력으로 복음을 수납하게 되고, 하나님께서는 당신의 전지성에 근거해 이를 미래지향적으로 내다보시고(예지) 구원에로 선택하셨다(예정)는 논리다.

그러나 이는 도르트 회의에 의해 부당성이 이미 지적되고 이에 대한 대응책으로 성경의 증언에 근거한 무조건적 선택교리로 무효화된 구시대적 산물에 지나지 않는다. 다시 말해 인간의 범죄는 인간을 전인적(지정의)으로 부패케 만듦으로 적어도 하나님을 향한 지정의의 기능을 근원적으로 상실한 나머지 자력自力으로는 하나님을 스스로 알 수도, 더듬어 찾을 수도, 믿을 수도 없는 영적 사망자(파산자)가 되었다고 선언한다(롬 3:10-12). 이런 상태에서 인간의 구원의 기회란 전적으로 외부적 절대 타자他者에 의하지 않고서는 불가능하다는 것이 성경의 증언이다.

1. 예지-예정론의 허구성

현대교회 속에서 예지-예정론에 근거한 선택교리는 비단 알미니안적 사고방식에 동조하는 교단들뿐 아니라, 심지어 역사적 개혁주의 신학과 신앙을 정통적으로 계승하고 있다는 일부 장로교 목회자들조차 이를 수용해 가르치고 있는 실정이다. 이 시대에 팽배되어 가는 인본주의의 만연이 포스트모더니즘(탈 전통/탈 절대가치/탈 절대규범) 사상에 편승해 성경적 절대가치를 상대가치로 폄하하는 징조의 일환이 아닌가 심히 우려된다.

예지-예정론이란 알미니안파들이 주장하는 '조건적 선택' 교리의 정당성을 입증하는 성경적 논리체계다. 이들은 하나님께서 인간을 구원하실 때 당신의 주권적인 선택에 의해 일방적이고 무조건적으로 예정하신 것이 아니라 복음에 반응하는 인간의 의지적 결단을 하나님의 전지 전능성을 통해 창세전에 예지(foresee/foreknowledge)하시고 이에 근거해 그 사람을 구원에로 예정豫定하셨다는 주장이다.

예를 들면 서기 2012년 4월 10일 오전 11시에 어느 한 사람이 서울의 모 교회의 전도 집회에서 복음을 듣고 믿음을 발휘해 주님을 구주로 영접하는 것을 창세전에 하나님의 전지 전능성을 통해 내다보시고(예지) 그를 선택해 구원하시기로 예정했기에 때가 찰 때 현실 속에서 그가 복음을 받아들이게 된다는 논리다.

따라서 이런 교리체계하에서는 구원의 주체가 복음을 자의지적으로 받아들인 인간으로 제시된다. 특정 인간이 자원해서 복음을 수납한 것을 조건으로 그를 구원하셨다는 논리다. 그러므로 그 사람은 전인적으로 타락한 것이 아니란 주장이다. 부분적으로 하나님을 찾을 만한 선한 능력이 남아 있다는 관점이다. 그래서 얼마든지 남은 바 선한 능력을 발동시켜 하나님의 구원을 자력으로 취득할 수 있다는 주장이다. 결과적으로 이때의 믿음은 의지의 산물로 평가되어 행함의 성격을 띠게 된다. 다시 말해 행함으로 구원을 받게 된다는 논리가 성립된다. 따라서 성경의 원리를 이중적으로 부인하는 셈이 된다.

한편 이상의 조건적 선택교리(예지-예정론)를 수용하는 측에서는 이를 정당화시키는 증거본문으로 흔히 로마서 8장 29절을 제시한다. 29절 한 절만을 보면 틀림없이 '미리 아신(예지) 자'와 '미리 정하셨다'(예정)는 표현이 나온다. 시간적 순서상으로 예지-예정의 단계로 설명되어 있다. 그러나 본문을 로마서 8장 전체의 문맥을 통해 살펴보면 이런 주장이 얼마나 주관적인 해석이며 허구인지를 금방 발견하게 된다.

로마서 8장 1-2절에서는 죄와 허물로 죽었던 성도들이 거듭난 새 생명을 소유하게 된 것은 철저하게 생명의 성령의 법에 의한 주도적인 사역의 결과임을 분명히 시사한다. 더욱 3절에서는 율법이 육신으로 말미암아 연약하여 할 수 없는 것을 성령의 내주하시는 역사로 말미암아 가능하게 되었음을 변증한다. 나아가 7절에서는 육신의 생각은 하나님과 원수가 되기 때문에 하나님의 법에 굴복하지 않을 뿐 아니라 굴복할 수도 없고 결과적으로 하나님을 절대로 기쁘시게 할 수 없음을 선언한다.

따라서 성도가 하나님의 자녀가 될 수 있음과 이 사실에 대한 확증은 오직 성령의 거듭나게 하심과 내주하시는 역사로 말미암아서만 가능할 뿐이다(16절). 결국 보혜사 성령님의 도우심이 없이는 옛사람의 타락하고 부패하고 무능한 상태로는 스스로를 구원에 이르게 할 수 없을 뿐 아니라, 하나님을 향한 일말의 자각과 인식도 불가능하다는 것이 성경의 증언이다(26절; 고전 2:14). 허물과 죄로 죽어버린 영적 사망자와 파산자로 선고된 상태이기 때문이다(엡 2:1). 오히려 적극적으로 하나님을 빙자해 우상숭배로 빠질 수 밖에 없음을 강조한다(롬 1:21-23).

이렇듯 로마서 8장 전체와 일부 관련 문맥을 검토해보더라도 29절의 예지란 인간의 자력自力적 선택에 근거한 하나님의 예지를 가리키는 것이 아닌 것을 간파할 수 있다. 오히려 하나님의 주권적 선택사상에 근거해 예수 그리스도의 구속 안에서 미리 구원시킬 자를 예정하셨기에 그들이 누구인지를 미리 아시고(예지) 구원에로 섭리하셨다는 것이다. 이상의 논증에 의하면 총체적 관점에서 '예지-예정' 이 아니라 '예정-예지' 로 귀결되는 것이 바람직하다고 보여진다. 이뿐만이 아니다. 관련 주제를 다룬 다른 본문에서는 사람의 구원이 하나님의 주권적인 선택에 의해 이루어진 사역임을 명약관화하게 증거한다. "너희가 나를 택한 것이 아니요 내가 너희를 택하여 세웠나니 …" (요 15:16). 본문에서 사도 요한은 제자를 선택한 주체가 제자들 자신이 아닌 주님 자신임을 분명히 천명하신다. 앞에서 살펴보았던 사도행전 13장 48절에서도 주님을 믿게 된 동인이 "영생을 주시기로 작정된 자들" 로 제한됨으로 작정의 주체가 영생의 당사자들이 아닌 하나님이신 사실을 분명히 문맥 속에서 기술한다.

사도행전 16장 14절에서 바울의 복음을 듣고 청종한 자주장사 루디아의 경우도 동일한 맥락에서 설명한다. 믿음의 주체가 루디아가 아니라 주께서 주권적으로 그녀의 마음을 섭리하셔서 청종케 하셨다는 것이다. "두아디라 성의 자주 장사로서 하나님을 공경하는 루디아라 하는 한 여자가 들었는데 주께서 그 마음을 열어 바울의 말을 청종하게 하신지라." "또 성령으로 아니하고는 누구든지 예수를 주시라 할 수 없느니라" (고전 12:3).

이상의 성경의 증언들을 통해 인간 스스로의 힘과 능력으로 하나님을 더듬어 찾거나 믿을 수 없음을 다시 한번 확인하게 된다. 설령 성경의 어느 한 구절이 선택과 믿음의 주체가 사람의 의지와 결부시켜 설명하는 것으로 보일 수 있을지라도, 성경 전체의 구속사적 맥락에서 해석하면 결코 자력에 의해 선택과 구원이 좌우될 수 없음을 명백히 확인할 수 있다.

요한복음 1장 12절은 주님을 믿고 영접함으로 주어지는 하나님의 자녀의 권세와 특권이 인간의 의지적인 선택과 신앙고백을 조건으로 주어지는 것 같이 설명되어 있다. 그러나 13절을 보면 하나님의 자녀가 된 사실은 인간 스스로의 의지적인 선택과 고백의 보상으로가 아니다. 하나님의 창세전 선택과 예정에 근거하고 있음을 분명히 시사한다. "이는 혈통으로나 육정으로나 사람의 뜻으로 나지 아니하고 오직 하나님께로서 난 자들이니라"(요 1:13). 하나님의 주권적인 선택의 의지로 말미암았다는 지적이다.

이상의 논증이 성경 전체를 통해 발견되는 구원교리의 실상이다. 하나님의 창세전 그리스도 안에서의 주권적인 선택이 한 영혼의 구원을 좌우하는 결정적인 동인으로 작용할 뿐이다.

인간은 누구를 막론하고 아담과 하와의 원죄사상에 연합되어 하나님 앞에서 전적으로 타락한 존재다(롬 3:23; 5:12). 영적 사망자다. 하나님과의 교제가 단절된 구제 불능자로 선고되었다. 따라서 자력으로는 어떤 방식을 취한다 해도 결코 하나님께서 베푸시는 선택적인 구원의 은혜를 획득할 수 없다. 이상의 사실에 근거해 하나님의 조건적 선택과 관련한 소위 예지-예정론의 논리적 허구성이 백일하에 드러나게 된다.

2. 하나님의 주권적 선택

그렇다면 전적으로 타락하고 부패한 인간의 구원은 어떤 방식으로 가능할까. 이미 제1장을 통해 하나님 앞에서 인간의 영적 상태의 비참함을 살펴보았다. 영적 사망자와 파산자로서 인간의 전 인격은 하나님을 향해 자력으로 반응할 수 있는 총체적 기능을 상실했음을 확인했다. 이를 통해 자연인의 영적 상태는 한결같이 "살았다고 하는 이름은 가졌으나 실상은 죽은 자" 인 사실을 주님의 말씀을 통해 친히 확인하게 된다(마 8:21-22).

이런 상황에서 인간에 의한 자력구원이란 절대 불가능할 뿐이다. 외부적 절대 타자에 의해서만 가능하다. 그러나 외부인이라 할지라도 인간의 동등한 수준으로는 불가능하다. 그가 누구든 자신의 죄의 문제를 해결하고 구원받아야 할 자로 존재하기 때문이다. 그런 의미에서 무죄자로서 절대 타자의 필요성이 절실히 요청된다. 이런 조건을 완벽하게 충족시킬 수 있는 대상은 하나님 외에는 불가능하다. 따라서 하나님만이 타락한 죄인을 구원하실 수 있는 유일한 분으로 지목된다(사1:18; 44:22; 시103:12; 요 3:16).

하나님만이 우리를 죄에서 구원에로 선택하실 수 있다. 당신의 선하시고 기뻐하시고 온전하신 절대주권 안에서 말이다(롬 9:10-13). 본문에서 로마서 기자는 이삭의 두 아들인 에서와 야곱의 경우를 예로 들면서 하나님의 절대주권적인 선택을 설명한다. 더구나 둘 사이에 논쟁될 수 있는 편애적 차별성을 최소화시키기 위해 태중의 쌍둥이 상태에서 이야기를 전개시킨다. 로마서 기자는 "큰 자가 작은 자를 섬길 것" 을 기술하면서 이를 "야곱은 사랑하고 에서는 미워한 것" 으로 보충 설명한다. 이들이 아직 태어나지도 않았고 무슨 선이나 악을 행하지도 아니했을 때부터 그렇게 예정되었다는 것이다.

그렇다면 이처럼 불공평한 처사로 여겨질 수도 있는 사전결정과 일방적이고 무조건적인 선택의 기준은 무엇이란 말인가. 본문은 이를 '택하심을 따라 되는 하나님의 뜻' 에서 찾는다. 이는 창조주만이 가질 수 있고 행사할 수 있는 하나님의 절대주권사상을 가리킨다. 좀 더 원색적인 표현을 빌린다면 '하나님 마음대로' 라는 의미다. 로마서 기자는 이런 사실에 대한 독자들의 반발과 이의제기를 예감하고 이야기를 계속 전개시킨다. "그런즉 우리가 무슨 말을 하리요. 하나님께 불의가 있느뇨. 그럴 수 없느니라" (롬 9:14)고 가능성 있는 이견을 일축해 버린다. 창조자의 절대주권과 권능 앞에서 피조물인 인간은 할 말을 잊게 될 뿐이며 그분의 행하시는 처사는 어느 것 하나도 불의함과 불공평함이 있을 수 없다는 지적이다. 공의로우시며 모든 것을 기뻐하시는 뜻 가운데 행하시는 하나님의 속성 때문이다. 결국 하나님은 책임적 존재가 아니시란 관점이다.

이상의 논증도 부족해서 바울 사도는 노파심을 발동시킨 나머지 사람들이 보편적으로 이해할 수 있는 토기장이와 한 덩이 진흙의 비유를 들어 보다 구체적이고 현실적으로 접근을 시도한다(롬 9:20-21). 토기장이가 진흙 한 덩어리로 귀히 쓸 그릇과 천히 쓸 그릇을 임의대로 만들 수 있듯이 하나님도 창조자의 권능과 주권으로 택자를 임의선택할 수 있다는 논리적 변증이다. 사실 우리가 아담 안에서 본질적으로 타락한 죄인인 이상 구원을 위해 선택해 주신다면 그저 감사할 뿐이지만 그렇지 않다고 항의할 명분이 있는 것은 아니다. 인간은 어찌했든지 아담 안에서 범죄한 불의한 죄인들로 이미 정죄되고 있기 때문이다.

"의인은 없나니 하나도 없으며"(롬 3:10), "저희가 이 같은 일을 행하는 자(롬 1:29-31)는 사형에 해당한다고 하나님의 정定하심을 알고도 자기들만 행할 뿐 아니라 또한 그 일을 행하는 자를 옳다 하느니라"(롬 1:32). 로마서 기자는 본문을 통해 철저히 부패하여 타락한 죄인 된 인간의 본성을 고발하고 있다. 이런 자들 중에 일부를 당신의 기뻐하시는 뜻을 좇아 선택하시기로 창세전에 작정하셨다는 말씀이다.

이런 식으로 창조자의 주권적인 선택 속에서 우리의 구원이 예정되었다는 사실이다. 우리가 아직 나지도 않았을 때에 무슨 선이나 악한 일을 행하기도 전에 이루어진 일이다. 만약 인간의 선행이나 공적이 호리라도 하나님의 구원사역에 개입된다면 하나님의 은혜는 성립될 수 없게 된다. 무가치한 자에게 베푸시는 은혜의 성격을 고려할 때 그런 일은 처음부터 불가할 뿐이다. 하나님의 선택적 구원의 은혜에 인간의 역할과 기능은 전무할 뿐이다. 은혜는 오직 하나님만이 예수 그리스도 안에서 무상으로 베푸실 수 있는 전폭적인 사랑의 발로이다. 따라서 하나님의 구속사역을 떠나서는 진정한 은혜를 이야기할 수 없다. 이런 내용이 성경이 말하는 은혜의 본질이며 참된 은혜의 성격이다.

이뿐만이 아니다. 성도의 구원이 하나님의 창세전 선택에 근거하고 있는 바, 이는 하나님의 기쁘신 뜻 가운데 행하시는 예정의 결과다(엡 1:4-6). 본문에 언급된 '하나님의 기쁘신 뜻' 이란 다름 아닌 하나님의 창조자적 주권을 가리킨다. 요한복음서는 이와 같은 하나님의 주권적 선택을 하나님께서 예수님께 '주시는 자', '오게 하시는 자' 로 표현하고 있다(요 6:37, 39, 44, 65). 이는 결국 같은 의미의 다른 설명일 뿐이다. 본질상 하나님의 주권적 선택을 가리킨다.

이쯤해서 우리는 새로운 질문에 직면하게 된다. 그렇다면 왜 다수 중에 일부를 주권적으로 임의任意 선택했느냐 하는 문제가 제기된다. 성경은 이 질문에 스스로 답변하면서 하나님의 무한하신 사랑과 긍휼과 은혜에 근거해 선택적 구원동기의 실마리를 제공한다.

3. 하나님의 사랑에 근거한 선택

하나님께서는 당신의 구속사를 세상역사 속에서 진행해 가실 때, 필요한 자들을 선택적으로 부르셔서 계시의 도구로 선용하신다. 이때 부르심을 입은 자들은 철저히 하나님의 기쁘신 뜻과 원하심을 따라 되는 창조자적 주권에 따라서 소명을 받게 된다. 다시 말해 부르심을 입은 자들이 아직 나지도 아니하고 무슨 선이나 악을 행하지도 아니한 때, 오직 택하심을 따라 되는 하나님의 주권적인 뜻이 부르시는 이에게로 말미암아 성취되게 하신다는 말씀이다(롬 9:11).

그렇다고 이런 하나님의 부르심을 상황에 따른 임시조처라고 해석해서는 안 된다. 필요에 따라 임시변통적으로 선택하는 즉흥적 발상이 아니다. 비록 표면적으로는 불가피한 상황에서 필요에 따른 임기응변식의 대책처럼 보일지라도 창세전 예수 그리스도 안에서 베푸시는 하나님의 선先 주권적 선택에 따른 후後 성취의 일환으로 나타나는 현상이다. 이 사실을 바르게 이해하고 해석해야 한다. 그렇지 않으면 하나님의 절대자적 주권이 한낱 창조자의 횡포와 전횡專橫으로 오해될 소지가 없지 않다.

하나님은 인생이 아니시기에 식언치 않으시고 무분별하고 소견에 좋을 대로 사사로이 행동하시는 분이 아니시다(민 23:19). 창세전에 수립하신 작정과 계획에 근거해 만물과 만사를 당신의 기뻐하시는 뜻에 따라 호리만큼의 차착도 없이 섭리적으로 경영해 가신다(롬 11:36). 하나님의 약속의 말씀을 신앙의 유일한 규범과 삶의 도리로 붙잡고 살아갈 수 있음이 이런 사실에 근거한다. 기독교 신앙의 정체성을 계시 의존적이라고 말하는 이유가 이에 있다.

따라서 하나님의 말씀의 본의를 떠난 기독교 신앙은 사실상 유사 기독교일 수는 있어도 정통 기독교일 수는 없다. 바른 신앙관의 정립은 하나님의 본의를 좇아 바르게 해석된 말씀에 기초하기 때문이다(롬 10:17). 오늘날 우리 주변에 같은 하나님을 믿고 섬긴다고 하면서도 정작 신앙의 내면을 살펴보면 교회적 전통이나 타락한 인간의 종교심을 부추기는 데서 나온 왜곡된 열심을 가지고 이기적인 목적을 추구하며 신앙하는 경우를 흔히 보게 된다.

로마서 기자는 이를 영적 안목으로 예리하게 통찰하는 가운데 "내가 증거하노니 저희가 하나님께 열심이 있으나 지식을 좇은 것이 아니라. 하나님의 의를 모르고 자기 의를 세우려고 힘써 하나님의 의를 복종치 아니 하였느니라"(롬 10:2-3)고 유대인들의 종교적 열심의 허구성을 고발한다.

우리의 신앙적 열심이 과연 성경에 근거한 계시 의존적인지의 여부를 늘 상고하며 확인하는 일의 중요성은 아무리 강조해도 지나치지 않는다. 이점에 있어서 베뢰아 교회 성도들의 신앙자세는 시사하는 바가 크다. "베뢰아 사람은 데살로니가에 있는 사람보다 신사적이어서 간절한 마음으로 말씀을 받고 이것이 그러한가 하여 날마다 성경을 상고하므로"(행 17:11). 베뢰아 교회 성도들은 하나님의 말씀에 기초한 계시 의존적인 신앙관 정립에다 말씀의 진위성 여부를 분별할 수 있는 영적 통찰력까지 갖추었다는 지적이다.

막강한 열국 중에 작고 미약하며 보잘것없는 이스라엘 민족을 택하신 이유가 무엇인가. 하나님께서는 세상가운데서 택자를 부르시는 창조자의 주권적인 선택의 동기를 당신의 무한하신 사랑의 발로에서 찾으신다. "여호와께서 너희를 기뻐하시고 너희를 택하심은 너희가 다른 민족보다 수효가 많은 연고가 아니라 너희는 모든 민족 중에 가장 적으니라. 여호와께서 다만 너희를 사랑하심을 인하여 또는 너희 열조에게 하신 맹세를 지키려 하심을 인하여 자기의 권능의 손으로 너희를 인도하여 내시되 너희를 그 종 되었던 집에서 애굽 왕 바로의 손에서 속량하셨나니"(신 7:7-8).

본문에서 신명기 저자는 하나님께서 이스라엘을 열국 중에서 당신의 백성으로 택하신 배경을 두 가지 측면에서 기술한다. ① 하나님의 주권적인 사랑의 발로다. ② 이스라엘의 열조와 맺은 언약의 신실한 성취에 근거하고 있다는 사실이다. 결국 이스라엘은 하나님의 사랑을 받을 만한 선행과 공과가 인정되어 그에 상응하는 보상으로 선택과 구원을 받은 것이 아니다. 오히려 외적인 여건상 이스라엘은 열국에 비해 보잘 것이 없었다. 그럼에도 불구하고 하나님께서 당신의 기뻐하시는 뜻과 사랑이 동기유발된 데서 나온 무조건적인 은혜로 말미암아 하나님의 선민 된 영광의 자리에 오르게 되었다는 지적이다.

요한복음 3장 16절과 에베소서 1장 4절, 2장 8절, 로마서 5장 8절과 요한일서 4장 10절에서도 예수 그리스도 안에서 베푸시는 하나님의 선택과 속죄와 구원의 동기가 하나님께서 일방적이고 무조건적으로 베풀어주시는 하나님의 무한하신 사랑과 은혜의 결과임을 분명히 기술한다. 우리가 아직 죄인 되었을 때 예수 그리스도께서 우리의 죄를 대신해 죽으심으로 우리를 향하신 하나님의 사랑을 확증해 주신 것이다.

그렇다면 왜 우리를 죄악중에서 은혜로 구원해 주셨을까. 성경은 아무도 자랑치 못하게 하기 위함이요, 오직 하나님께만 구원의 은혜의 영광을 돌리게 하시기 위함이라고 선포한다(고전 1:29; 엡 1:4-6; 2:9; 1:6; 눅 17:10). 이런 사실에 근거해 성경은 성도의 제일된 목적과 본분을 하나님을 영화롭게 하며 순종을 통해 영원토록 그분으로 즐거워하는 삶을 사는 것이라고 강력히 피력한다(전 12:13; 고전 10:31; 롬 14:8; 엡 5:10).

구체적으로 어떻게 이런 삶이 가능할까. 성경은 로마서 12장 2절을 통해 이렇게 선포한다. "너희는 이 세대를 본받지 말고 오직 마음을 새롭게 함으로 변화를 받아 하나님의 선하시고 기뻐하시고 온전하신 뜻이 무엇인지 분별하도록 하라." 이는 매사에 하나님 나라에 속한 하나님의 언약백성으로서의 변화된 신분과 정체성을 의식하며 살아감으로써 성령 안에서 '성경의 원리가 내게 응하고 내가 성경을 응하는 삶' 을 살아가는 것을 가리키는 것으로 요약될 수 있다.

우리는 왜 사는가? 우리가 추구하는 바는 무엇일까? 우리의 삶의 결국에는 무엇이 우리를 기다리고 있는 것일까? 이런 본질적인 질문들에 대해 성경적으로 분명한 답변을 가지고 이를 부단히 추구하는 삶이야말로 구원받은 성도의 올바른 신앙자세라고 정의할 수 있다(벧전 3:15). 이런 삶의 방식이 '하나님을 영화롭게 하며 영원토록 그분으로 즐거워하는 순종의 삶'의 실질이다.

이상의 논증을 통해 하나님의 무조건적 선택교리의 성격은 하나님의 절대주권과 기뻐하시는 뜻을 따라 그분의 무한하신 사랑에 근거해 택자들에게만 제한적으로 베풀어주시는 차별화된 은혜인 사실을 확인했다. 그렇다면 이렇게 차별적으로 베푸시는 하나님의 선택적 은혜와 택자들의 행동과는 어떤 관계가 있는지를 살펴보자.

4. 인간의 행위가 철저히 배제된 선택

하나님의 선택과 관련해 세 번째로 살펴볼 주제는 인간의 행위가 하나님의 주권과 사랑에 근거한 선택에 어떤 영향을 미치는가의 문제다. 결론부터 말하자면 전혀 아무런 영향도 끼칠 수 없을 뿐 아니라 미치지도 못한다는 사실이다. 이는 이미 제1장 '전적타락'에서 지적한 대로 죄로 말미암아 타락한 인간의 영적 상태는 스스로 선을 행하거나 하나님을 더듬어 찾을 수 있는 영적 기능과 능력을 근본적으로 상실했기 때문이다. 따라서 독자적으로 하나님을 향해 긍정적인 반응을 보일 수 있는 가능성은 전무하다는 것이 성경의 지적이다(롬 3:10-12). 이런 사실은 성령으로 말미암아 영혼이 거듭나지 않은 자연인은 비록 살았다 하는 이름은 가졌으나 실상은 죽은 자나 방불함을 가리킨다(마 8:22).

사람의 본분은 하나님을 경외하며 그 명령을 지키는 데서 찾아진다(전 12:13). 따라서 인간이 창조주 하나님을 경배하지 못하고 그분의 말씀을 생명의 도리로 삼아 살아가지 못한다면 이미 하나님과는 무관한 자로 곧 영적 사망자라는 지적이다. 이런 자의 구원은 외부의 절대 타자他者의 도움을 받기 전에는 전혀 불가능한 상태다. 사실상 이런 영적 파산자에 의해 시도되는 어떤 행위도 본질상 하나님과의 영적 교통이 단절된 전제하에서는 결코 선과 의로 평가될 수 없음이 성경의 증언이다. 오히려 보다 적극적으로 사형에 해당하는 범죄를 향해 달려갈 뿐이라고 역설적으로 선포한다(롬 1:28-32).

다시 말해 세상역사 속에서 평가되는 상대적인 선과 의일지라도 하나님의 절대적인 선의 기준에는 결코 미칠 수 없기에 하나님의 공의 앞에서는 한낱 '더러운 누더기 옷' 과 다를 바 없다는 것이 성경의 관점이다(사 64:6). 이런 시각에서 '의인은 없나니 하나도 없으며 선을 행하는 자도 없다' 고 성경은 전 인류를 향해 엄중히 선포한다(롬 3:11-12). 왜 그럴까? 오직 죄 때문이다.

죄의 문제가 해결되지 않는 한 어느 사람도 하나님의 공의를 만족시킬 수 없다. 따라서 죄인으로 정죄될 뿐이다. 오직 예수 그리스도의 구속 안에서만 인간의 죄는 사면될 수 있다(요 1:29; 롬 4:25; 5:8; 막 10:45; 행 4:12). 십자가의 보혈의 공로를 통해서만 하나님과 원수 된 죄(죄성, 자범죄, 불신죄 등)의 빚을 깨끗이 탕감받을 수 있다.

따라서 하나님의 무조건적 선택의 정체성은 인간의 행위를 철저히 배제시킨다. 오직 하나님의 절대주권과 무한하신 사랑의 발로를 통해서 일방적으로 베푸신다는 사실을 발견하게 된다. 인간의 어떤 행동과 노력도 하나님의 선택에 일조를 할 수 없다. 오히려 인간의 행위는 본성 속에 내재된 죄성으로 인해 하나님의 공의에서 비롯된 진노만을 불러일으킬 뿐이다.

로마서를 통해 다시 한번 하나님의 주권적인 선택에 관해 살펴보자. 로마서 9장 10-13절은 이삭의 아내 리브가가 에서와 야곱을 잉태해 출산한 사건기록이다. 하나님께서는 이삭의 두 자녀인 에서와 야곱이 쌍둥이로 태어나기도 전, 무슨 선이나 악한 일을 행하기도 전에 하나님의 기뻐하시는 주권적인 뜻에 따라서 야곱을 택하여 아비 이삭의 뒤를 이을 언약의 계승자로 택정하셨다. 성경은 이를 하나님께서 야곱은 사랑하고 에서는 미워하셨다라는 표현으로 설명한다.

에서나 야곱의 생애 속에서 하나님의 공의를 만족시켜 드릴 만한 특별한 경우를 찾아보기 힘들다. 에서는 매사에 적극적이었으나 지극히 육신적이었으며 무책임했다. 반면 야곱은 소극적이지만 이기적이었으며 교활하기까지 했다. 이들의 행위를 근거로 하나님의 평가가 내려졌다면 야곱에게서 형 에서에 비해 결코 하나님의 사랑을 상대적으로 독차지할 만한 요소를 발견하기 힘들다. 그럼에도 불구하고 하나님께서는 야곱이 태어나기도 전 아직 리브가의 태중에 있을 때 그를 에서보다 사랑하여 언약의 당사자로 선택하신 사실을 성경은 소상하게 기록한다. 하나님의 선택사역에 인간의 행위는 전혀 무관하다. 적극적으로 배제된다. 만일 호리만큼이라도 인간의 행위와 공적이 참작된다면 인간의 전적타락 교리를 성경 스스로가 부인하는 셈이 된다.

다시 말해 인간의 전적인 부패와 무능은 자연히 인간의 구원을 위한 하나님의 선택의 성격이 오직 무조건적인 은혜에 근거해야 함을 강력히 시사한다. 만에 하나라도 인간의 선악간의 행위가 하나님의 선택의 기준으로 작용할 수 있다면 하나님 나라에 들어갈 자가 과연 몇이나 되겠는가. 그러나 감사하게도 하나님의 선택적 은혜가 예수 그리스도의 구속을 통해 우리의 죄악을 영원히 도말해 주셨다. 보다 적극적으로 의롭다고 인정해 주셨다. 이런 이유로 하나님의 구원의 은혜는 신앙과 삶의 결정적인 동인으로 작용한다. 무익한 종의 심정(눅 17:10)이 이런 사실을 구체적으로 증시해 준다.

III. 결론

하나님의 무조건적 선택은 전적으로 타락한 인생들을 구원하시는 하나님의 최선의 방편이다. 하나님의 은혜의 은혜됨의 비밀이 이에 있다. 하나님의 절대주권은 긍휼을 베풀 자에게 긍휼을 베푸시며 강퍅剛愎하게 할 자를 강퍅하게 하신다(롬 9:18; 11:32). 만일에 죄인을 구원하시는 하나님의 선택이 인간의 행위에 근거한 조건적 선택이 되었다면 우리 중 아무도 하나님을 아버지라 부를 수 있는 자가 없을 것이다. 따라서 하나님의 무조건적 선택은 택함을 입은 자들로 하여금 더욱 하나님의 무상의 은혜를 깊이 깨닫는 가운데 보다 적극적으로 하나님을 기쁘시게 하는 일과 그분의 선하신 뜻을 감당하는 일에 남은 생애를 불사르게 만든다.

이뿐만이 아니다. 무조건적 선택교리는 선택을 입은 자의 생애를 계속해서 섭리적으로 간섭하시는 가운데 하나님의 선하신 뜻을 이루시는 일에 선용하신다는 사실을 신앙과 생명으로 붙잡고 살아가게 하는 바 섭리 의존적 신앙관을 확립시킨다. 세상 끝날까지 우리와 항상 함께하시는 임마누엘 신앙관을 촉발시킨다. 이런 신앙관의 확립은 흑암의 세력이 주관하는 세상 가운데서도 늘 승리하며 적극적으로 살아갈 수 있게 하는 원동력으로 작용한다. 성도의 진정한 기쁨이 이에 있다.

성도란 천하 만민 중에 천지의 창조자이시며 구원자가 되시는 하나님의 특별하신 선택을 받은 행복한 자들임을 잊지 말아야 한다. 이런 사실로 말미암아 위로부터 주시는 하나님의 은혜와 평강과 위로가 늘 우리의 마음에 풍성히 넘치게 되는 동인으로 작용한다. "자기 아들을 아끼지 아니하시고 우리 모든 사람을 위하여 내어주신 이가 어찌 그 아들과 함께 모든 것을 우리에게 은사로 주지 아니하시겠느뇨"(롬 8:32). 하나님은 오늘도 예수 그리스도의 속죄사역에 근거해 베푸시는 무조건적인 선택의 은혜를 통해서 우리 개개인을 여전히 사랑하시며 돌보신다.

3

제한 속죄(Limited Atonement)

Ⅰ. 도입

제1장과 제2장의 두 번의 강론을 통해 죄로 말미암아 초래된 인간의 전인적인 타락과 부패와 무능은 자력구원의 길이 근원적으로 차단되어 버린 나머지, 외부의 절대 타자의 도움을 빌리지 않고는 불가능함을 살펴보았다. 이런 사실은 하나님편에서 베푸시는 일방적이고 무조건적인 은혜의 선택을 통해서만 하나님과 단절된 관계와 교제를 회복시킬 수 있는 재창조의 유일한 방식임을 확인하게 된다.

여기서 하나님의 무조건적인 선택사상은 구원 자체가 아니다. 구원의 전제조건이다. 다시 말해 구원은 죄로부터의 해방과 자유를 선언하시는 하나님의 은혜의 선물이다. 반면 창세전 예수 그리스도 안에서의 선택이란 창세후에 구원하시기로 예정하신 자들을 향하신 하나님의 의지적 표명이며 동시에 구원을 위한 사전포석이란 사실이다.

따라서 하나님의 선택은 구원을 위한 사전조치일 뿐 아니라, 구원의 성격이 일차적으로 죄로부터의 구원을 가리키고 있기 때문에 칼빈주의 5대 교리는 하나님의 선택이 유효하게 발휘되기 위해서 죄의 문제를 해결하기 위한 방편으로 속죄교리의 필연성을 제시한다. 이는 인간의 죄를 사면해 주시는 방도로 제시된 하나님의 구속의 도리를 가리킨다(창 3:15; 롬 3:21-22).

그런데 이때 베푸시는 하나님의 구속의 은혜가 모든 사람들에게 보편적으로 적용되는 것이 아니라 일부 특정인들에게만 선별적으로 적용된다는 것이다. 칼빈주의자들이 속죄교리를 제시하면서 특별히 제한속죄(limited atonement)라고 표현한 이유가 이런 사실에 근거한다.

이는 하나님의 무조건적인 선택사상이 하나님의 기뻐하시는 주권적인 뜻에 따라 모든 사람들 중 일부에게만 제한적으로 적용된다는 사실과 무관하지 않다. 그런 의미에서 속죄교리는 누구를 위해 속죄양 되신 예수 그리스도께서 대속의 죽음을 담당하셨느냐에 대한 문제제기인 셈이다. 속죄의 대상이 인류 전체인가 아니면 일부인가의 문제다.

그리스도의 속죄사상과 관련해 알미니안파들이 주장하는 내용은 보편적 속죄교리다. 예수님은 모든 인류의 죄를 대신해 죽으셨다는 주장이다. 그래서 인간편에서 원하기만 하면 모든 사람이 구원받을 수 있다는 결론에 이른다. 반면 칼빈주의자들은 이런 주장을 일축한다. 만일 주님께서 전 인류의 죄를 대신해 죽으셨다면 모두가 구원의 은혜를 받아야 할 텐데 현실은 그렇지가 않다는 사실이다.

구원의 복음이 증거될 때 크게 두 가지 양상이 나타나게 된다는 지적이다. 한 부류는 믿음으로 반응하는 데 반해 다른 한편은 복음을 거부함으로 정죄에 빠진다는 사실이다(막 16:15-16). 이런 결과를 볼 때 비록 예수님의 구원의 능력은 본질상 온 인류의 죄를 구속하고도 남음이 있지만 그것이 적용되는 범위는 제한적으로 나타난다는 사실에 의심의 여지가 없다는 것이다. 이런 관점이 소위 칼빈주의자들이 주장하는 제한속죄의 실상이다. 역사적 개혁주의 교회에서는 예수님의 구속사역과 관련해 제한속죄 교리를 성경의 바른 증언으로 고백해왔다.

II. 전개

제한속죄 교리는 알미니안 주의자들이 주장하는 보편적 속죄교리의 반동으로 나왔다. 그럼에도 그 근거는 철저히 성경의 증언에 기초하고 있음을 간과해서는 안 된다. 더구나 제한속죄 교리는 제2장에서 언급된 하나님의 무조건적 선택교리와 스토리의 전개상 결코 무관하지 않다. 그런 의미에서 제한속죄 교리는 무조건적 선택교리의 연속선상에서 해명되어야 한다.

1. 속죄의 필요성

하나님의 선택은 죄와 허물로 죽은 인간들 중 일부에게 당신의 기뻐하시는 뜻을 좇아 창세전에 예수 그리스도 안에서 베푸시는 구속의 은혜를 수반한다. 이는 하나님의 사전 선택의 은혜를 받지 못하면 하나님의 속죄의 범주에서도 제외될 수밖에 없음을 가리킨다. 왜냐하면 하나님의 속죄는 하나님의 선택에 근거해 시행되는 연속적인 구원사역의 일환이기 때문이다.

그렇다면 왜 속죄(atonement)가 필요한 것일까. 속죄의 사전적 의미는 '금품이나 공로로 지은 죄를 씻음받는 것' 이라고 기술한다. 다분히 현실적인 해석이다. 그러나 신학적으로는 예수 그리스도의 대속적 죽음을 통해 인류의 죄를 용서해 주시는 하나님의 구원사역을 일컫는다. 인간은 원죄사상에 기인한 죄성의 유입으로 본성적으로 타락하고 부패해서 자력으로 죄의 문제를 해결할 수 있는 길은 전무하다는 것이 성경의 진술이다(롬 3:23; 5:12). 그러므로 하나님의 기뻐하시는 뜻 가운데 은혜로 베푸시는 구속의 도리만이 사죄의 유일한 방편으로 작용한다. 따라서 인간이 구원을 받기 위해서는 죄에 대한 문제해결이 선행되어야 한다.

이상의 논증을 통해 선택사상은 필연적으로 죄로부터의 구원을 위한 속죄의 문제를 제기한다. "예수 그리스도 안에서 우리를 택하사"(엡 1:4; 딤후 1:9)란 전제가 이런 사실을 뒷받침 해 준다. 즉 죄사함을 통한 구원의 문제와 하나님의 선택사상은 상호 밀접하게 의존되어 있다는 사실이다. 그런 의미에서 선택은 구속을 요구하고, 구속은 선택에 종속된다. 칼빈주의 5대 교리에서 제2장의 선택교리 후에 제3장의 속죄교리가 뒤따르는 당위성이 이런 논리의 귀결이다. 결국 하나님의 선택사상은 예수 그리스도 안에서 인간의 죄를 용서해 주시는 구속(속죄)사역을 통해서 최종적으로 실현된다는 관점이다.

2. 속죄의 성격과 방식

그렇다면 인간이 어떻게 스스로의 죄를 속죄받을 수 있을까. 이런 질문을 통해 속죄의 성격이 요구된다. 인간은 본성적으로 타락한 존재로서 자력으로 구원에 이를 수 있는 길이 전무함을 이미 살펴보았다. 이는 어떤 형태의 인위적인 방식으로 자신의 죄를 탕감받을 수 있는 길이 열려있지 않음을 시사한다.

이런 사실 때문에 절대 타자에 의해서 인간의 선택이 가능했듯이 동일한 원리로 절대자로 말미암지 않고는 인간의 속죄를 실현시키기 위한 다른 방도를 찾을 수 없다. 이런 상황을 신학적으로 '대속代贖' 이라고 일컫는다. 말 그대로 절대 타자가 죄의 값을 대신 지불해 주는 것을 통해서 인간의 속죄는 비로소 실현 가능성의 길이 열리게 된다는 것이다.

인간은 전적타락으로 인해 스스로를 구원할 수 없는 비참한 존재다. 영적 파산자다. 영원히 죄인으로 정죄될 뿐이다. 외부의 도움이 없이는 자력

구원은 요원하다. 아니 절대적으로 불가능하다. 이런 사실로 인해 인간의 죄를 사면하시는 방식은 절대적 타자에 의한 대속의 원리가 요구된다. 절대 타자는 그런 의미에서 죄와 허물과 불의와는 근본적으로 무관한 자이다. 여기서 속죄의 성격 또한 대속적일 수밖에 없는 당위성이 대두된다.

이런 식으로 인간의 속죄는 절대 타자가 자신의 몸을 대속물(ransom)로 드리는 것을 통해서 가능하게 된다. 죄값은 사망을 요구하고 있기 때문이다(롬 6:23). 그런 의미에서 어린양을 희생 제물로 드리는 구약의 속죄제사는 대속물로 오신 예수 그리스도(막 10:45)의 구속사역을 예표적으로 보여주는 계시사건이다(레 1-7장; 히 9:13). 이는 "피 흘림이 없은즉 사함이 없다"(히 9:22; 레 17:11)는 하나님의 속죄 원리의 구체적 적용이다. 그렇다면 누가 구약제사의 실체(히 9:14)로서 절대 타자의 필요충분 조건을 만족시킬 수 있을까.

3. 절대 타자이신 예수님의 성육신 사건

마가는 그의 복음서에서 인자로 오신 예수님을 많은 사람들의 죄값을 속량(보상, atonement)하기 위해 오신 대속물로 기술한다(막 10:15). 이는 인류의 죄를 대속적으로 담당하기 위해 한 마리 어린양으로 오신 분(요 1:29)임을 의미한다. 예수님이야말로 또 다른 의미에서 인류의 구속을 위한 절대 타자의 당사자로 오신 분임을 가리킨다. 이는 예수님의 정체성은 절대 타자로서 하나님의 본체가 되시는 분임을 시사한다(빌 2:5).

예수님은 하나님께서 육신을 입고 세상에 오신 분이시다(요 1:14, 18). 그러기에 비록 예수님께서 인간의 몸을 입고 성육신(incarnation)하셨지만 그분의 본체는 하나님과 동등된 분으로 죄가 없으시고(히 4:15), 죄를 모르시며(고후 5:21), 죄를 짓지도 않으신 분(벧전 2:22)이라고 성경은 증언한다. 이처럼 예수님은 영이신 하나님께서 육신을 입고 세상에 오신 임마누엘의 성취자이시다(마 1:21-23). 이를 신학적으로 신인(神人, God-Man)이라 부른다. 그러므로 예수님을 본 자는 하나님을 본 것이요, 예수님을 알면 하나님을 또한 알고 믿게 된다고 성경은 증언한다(요 14:9).

성경은 예수님의 인격에 관해 언급하면서 그분의 출생이 신적 기원에 근거하고 있음을 기술한다(눅 1:26-35). 하나님의 신묘막측하신 구속의 경륜 속에서 세상 가운데 성육신하신 분이라는 의미다. 이런 사실은 예수님의 전全 생애가 창세전 삼위 하나님께서 수립하신 구원협약을 신실히 성취하시는 데 집중될 것을 예고해 준다(요 17:4).

실제로 예수께서는 자신의 공생애를 통해 하나님의 나라를 가르치시고, 천국 복음을 전파하셨으며, 많은 병자를 고치시고, 죽은 자를 살리시며, 귀신을 쫓아내셨을 뿐 아니라 죄를 친히 사해주시는 것을 통해 하나님 나라의 현재적 도래와 자신이 메시아의 왕적 권세를 발휘하고 계심을 친히 보여 주셨다(막 2:1-12). 무엇보다도 예수님의 구속사역은 그분의 죽으심과 부활하심을 통해 절정에 이른다. 이 사실에 근거해 누구든지 그리스도 예수 안에 있는 자들에게는 결코 정죄함이 없다고 성경은 선언한다(롬 8:1).

예수님의 죽음은 우리의 범죄를 위한 대속적인 죽음이었으며, 그분의 부활은 하나님의 의를 우리에게 전가시켜 우리 또한 의롭다고 칭해 주시는 동인으로 기능한다(롬 4:25). 이런 이유로 예수 그리스도의 십자가의 대속적인 죽음이 우리의 죄와 허물을 대신한 죽음인 사실을 믿고 의지하는 자들을 하나님은 죄 없다고 선언하시고 의롭다고 여겨 주신다(롬 3:24). 그 결과 주님을 왕과 주인으로 모시고 살아가는 하나님의 친 백성으로 편입된다. 성경은 이들을 일컬어 그리스도인이라고 부른다. 그리스도인은 성도의 다른 표현이기도 하다.

따라서 복음을 전한다는 것은 예수 그리스도의 인격과 사역에 담긴 구속의 의미와 내용을 증거하는 것이다. 예수님은 누구시며 예수님의 십자가의 죽음이 나(우리)와 무슨 관계가 있는지를 구체적으로 증거하는 것이다. 나아가 예수 그리스도의 구속사역의 본의를 깨닫고 이를 전인적인 믿음으로 수납하는 자들을 값없이 의롭다고 인정해 주시는 언약에 근거한 하나님의 구원의 도리를 증거하는 것이다. 성경이 '예수 그리스도 외에 다른 구원받을 만한 이름을 주시지 않았다' (행 4:12)고 선언하는 이유가 이런 사실에 근거한다. 예수 그리스도만이 신인神人의 신분으로 우리를 죄로부터 구속하실 수 있는 대속물로서의 필요충분 요건을 구비하신 유일한 분이다(막 10:45).

4. 속죄의 효력과 적용의 범위

하나님께서 오직 예수 그리스도를 통해 구속을 위한 속죄사역을 베푸셨다면 예수님의 죽음의 성격은 과연 누구를 위한 속죄사역이란 말인가 하는 문제가 제기된다. 예수 그리스도께서는 과연 누구를 위해 대속적으로 자신의 몸을 속전(ransom)으로 내어주셨단 말인가. 이 주제에 대해 알미니안주의자들은 보편속죄(universal atonement)를 주장한다. 이는 모든 인류를 위한 속죄를 전제로 하며 따라서 자신이 믿기를 원하기만 한다면 모든 사람이 구원을 받을 수 있다는 논리다.

반면에 역사적 개혁주의 신앙을 견지해 오는 칼빈주의 자들은 제한속죄(limited atonement)를 성경적인 바른 교리로 수납해 왔다. 이는 속죄로 말미암는 구원의 은혜가 창세전 택자들에게만 유효하게 적용될 수밖에 없다는 전제에서 볼 때 의심의 여지가 없다. 왜냐하면 하나님의 선택은 제2장에서 이미 살펴 본대로 당신의 기뻐하시는 절대주권적인 뜻에 따라서 전체 중 일부에게만 차별적으로 적용되고 있기 때문이다.

물론 속죄의 효력이나 능력의 측면에서 본다면 예수 그리스도의 속죄의 공효는 염소나 송아지의 희생과 같은 저급한 피조물에 비할 바가 아니다. 이들은 가치면에서 피조물의 영장인 사람에 비할 바가 아니기에 효력 또한 제한적일 수밖에 없다. 따라서 매년 같은 제사를 반복적으로 드리는 것을 통해서 한시적으로 죄를 사함받을 수 있었다. 그러나 영속적이지는 못했다. 게다가 완전하지도 않다. 성경은 이를 실체를 지향하는 모형론적 계시의 관점으로 설명한다. 더 나은 제사, 더 나은 제물로서 어린양의 실체되시는 예수 그리스도를 예표하는 것으로 설명한다.

히브리서 기자는 속죄와 관련해 모형과 실체의 관계를 이렇게 해명한다. "염소와 황소의 피와 및 암송아지의 재로 부정한 자에게 뿌려 그 육체를 정결케 하여 거룩케 하거든 하물며 영원하신 성령으로 말미암아 흠 없는 자기를 하나님께 드린 그리스도의 피가 어찌 너희 양심으로 죽은 행실에서 깨끗하게 하고 살아 계신 하나님을 섬기게 못하겠느뇨"(히 9:13-14). 예수 그리스도는 본질상 하나님이신 바 그 가치의 우월성과 속성상 단번에 드리심으로 영원히 온전한 제사를 드린 셈이라고 설명한다(히 10:12-14). 따라서 예수 그리스도의 대속적 사역 안에서 추가적으로나 반복적으로 더 이상의 죄를 위한 다른 속죄 제사를 드릴 필요가 없게 되었다.

이상의 논증은 '영 단번'(once for all)으로 드려진 예수님의 속죄사역의 효력이 전 인류의 죄를 일시에 담당하시고도 남음이 있을 정도로 무한한 능력을 발휘하고 있음을 시사한다. 하나님의 본체로서 예수님의 무한하신 가치와 능력이 온 인류의 죄를 구속하시기에 필요충분하다는 관점이다. "다 이루었다"(It is finished, 요 19:30)는 십자가상의 주님의 마지막 선언은 죄에 대한 하나님의 요구를 모두 만족시켜 드리셨다는 구속의 절정을 의미한다. 비록 인류의 죄값을 대신 지불하시기 위해 잠시 죽음에 처해지지만, 이런 방식으로 하나님의 공의를 만족시켜 드린 후에 받으실 부활의 영광을 내다보시고 말씀하신 계시적 발언이기도 하다(히 12:2).

이제 예수님의 죽음과 부활의 복음 안에서 죄인된 인류는 당당히 구원에로 인도함을 받을 수 있는 '새롭고 산' 영생에로의 길이 열려진 셈이다(히 10:20). 온 인류의 죄가 예수 그리스도의 십자가의 구속으로 영원히 도말되었다. 동이 서에서 먼 것 같이 우리의 죄가 멀리 옮겨졌다(시 103:12). 하나님의 본체로서 그리스도의 속죄의 공효성과 무한한 능력이 이를 가능케 했다.

예수님의 속죄사역과 관련해 속죄의 적용과 범위의 문제가 제기될 수 있다. 다시 말해 속죄의 대상에 관한 문제제기다. 예수님은 누구를 위해 그토록 두렵고 고통스런 십자가의 죽음을 담당해야만 했는가의 문제 말이다. 성경은 이 문제와 관련해 결코 전 인류의 죄를 위한 것이 아니라고 분명히 증언한다.

물론 속죄의 공효는 온 인류의 죄를 속하고도 남음이 있다. 하나님께서 만일 원하셨다면 그리스도의 속죄의 능력이 온 인류를 구원하기에 족했을 것이다. 그러나 실제로 속죄의 적용의 측면에서 볼 때 결코 전 인류를 포함하고 있지 않다는 사실이다. 제한적으로 적용되고 있을 뿐 아니라, 일정한 범주 내에 들어온 자들에 한해서만 예수님의 속죄사역의 효력은 유효하게 미치고 있다는 지적이다.

그렇다면 이들의 정체가 누구란 말인가. 바로 창세전 그리스도 안에서 택함을 받은 자들이다. "곧 창세전에 그리스도 안에서 우리를 택하사 …"(엡 1:4). "하나님이 우리를 구원하사 거룩하신 부르심으로 부르심은 우리의 행위대로 하심이 아니요 오직 자기 뜻과 영원한 때 전부터 그리스도 예수 안에서 우리에게 주신 은혜대로 하심이라"(딤후 1:9).

성경은 이 외에도 다양한 내용을 통해 제한속죄의 사실을 뒷받침해 준다. 먼저 마태복음 1장 21절이다. 본문에서 마태는 예수님의 탄생을 천사의 고지告知를 통해 "아들을 낳으리니 이름을 예수라 하라. 이는 그가 자기 백성을 저희 죄에서 구원할 자이심이니라 하니라"고 기술한다. 예수님의 출생은 그분의 인격과 사역의 특성상 신적 기원에 근거하고 있기에 나시기 전에 이미 이름이 알려졌다.

본문을 통해 예수라는 이름에 함의된 그분의 구속사적 사역의 성격을 확인하게 된다. 곧 '자기 백성을 저희 죄에서 구원하실 일'에 집중된다. 예수님은 죽기 위해 오신 분이다. 인류의 죄를 대속적으로 담당하시기 위해 구약제사의 제물인 어린양의 실체로 오신 분이다. 마태는 상기 본문을 통해 '인류'의 죄가 아니라 '자기 백성'들의 죄만을 담당하시기 위해 예수의 이름으로 오신 분임을 제한적으로 지적한다.

자기 백성이란 누구를 말하는 것일까. 온 인류가 아닌 것이 분명하다. 예수님의 백성 곧 예수님께 속한 자들을 제한적으로 가리키는 표현이다. 세상에 피조된 수많은 사람들 중에 유독 예수님께 속한 당신의 특별한 백성들이 따로 있다는 지적이다. 결국 예수님은 그들의 구속을 위해 오셨다는 의미가 성립된다. 그들을 죄에서 구원하시기 위해 대속물로 오셨다는 설명이다. '인류'의 대속물이 아닌 '많은'(자기백성) 사람들의 대속물로 오신 것이다(막 10:45).

누가복음 19장 10절에서는 예수님의 성육신 사건에 담긴 구속사적 이유를 잃어버린 자를 찾아 구원에 이르게 하기 위함이라고 제한적으로 기술한다. 본문의 말씀은 세리장 삭개오를 구원에로 부르신 후에 직접 하신 의미심장한 말씀이다. 본문에서 말하는 잃어버린 자는 누구일까. 온 세상 만민을 가리킬까. 결코 그렇지 않다. 세상 만민 중에 일부를 가리킨다.

요한복음 6장 37절에서 사도 요한은 하나님께서 예수님께 주신 자가 아니면 예수님께 나올 수 없음을 주님의 말씀을 직접 인용해 기록한다. 여기서 "아버지께서 내게 주시는 자"란 제한적인 의미로 당신의 백성 곧 세상 가운데 하나님께 속한 특별한 백성이 따로 존재하고 있음을 차별적으로 언급한다. 그들만이 예수님의 음성을 알아듣고 그분 앞으로 나올 수 있다는 지적이다. 양과 목자의 비유가 이런 사실을 구체적으로 증거하기 위해 제시되고 있다(요 10:1-6). 양무리 모두가 예수님께 나오는 것이 아니다. 일부만이 나온다. 목자 되신 주님의 음성을 알아듣는 일단의 양무리가 따로 있다는 이야기다(요 8:47).

요한복음 5장 40절은 예수님께 나오기를 원치 않는 일단의 무리 또한 있음을 기술하고 있다. 이들은 본질상 처음부터 주님의 양무리가 아닌 연고다(요 10:26). 사도 요한은 이들의 정체성을 마귀에게 속한 자로 정죄한다(요 8:44). 결국 사도 요한은 인류의 정체성(신분)과 소속을 말씀의 반응여부에 따라 하나님께 속한 자와 마귀에게 속한 자로 이분화시켜 기술하고 있는 셈이다.

마가의 경우도 요한의 경우와 크게 다르지 않다. 마가복음 16장 15-16절에서 마가는 복음증거와 이에 따른 결과를 기술하면서 복음에 긍정적으로 반응하는 자와 그렇지 않은 자가 있음을 동일하게 지적한다. 동시에 한 자리에서 같은 복음의 내용을 들었음에도 불구하고 받는 자와 거부하는 자 두 부류로 나누어진다고 기술한다. 이런 일련의 사실들을 통해 십자가의 복음이 현장에서 제한적으로 전해지고 있는 모습을 보게 된다. 이는 예수님의 속죄사역의 공효가 그들 중 일부에게만 선별적으로 적용되고 있음을 가리킨다. 이런 사실을 성령의 유효한 부르심이라는 제4장의 강론을 통해 재차 확인하게 될 것이다.

하나님께서는 주님께 주신 자들만을 한 사람도 잃지 않고 구원에로 이끄신다(요 6:39). 본문에서 "내게 주신 자"가 의미하는 바는 예수님의 속죄사역이 결국 잃어버린 자들에게 제한적으로 적용될 것을 시사함에 다름 아니다. 속죄사역의 효력은 무한하기에 온 인류를 속하고도 남음이 있다.

그럼에도 속죄사역의 적용의 범위와 대상은 하나님께서 예수 그리스도 안에서 영생을 주시기로 작정하신 하나님의 택자擇者들에게만 제한적이고 양보적으로 적용될 것임을 분명히 증거한다(엡 1:4; 딤후 1:9). 이런 사실은 사도행전을 통해 재차 확인된다.

사도행전 13장 48절에서 누가는 이방인들 중 영생을 주시기로 작정된 자들만이 복음을 듣고 믿음으로 하나님의 백성으로 편입되고 있는 사실을 바울의 전도내용을 통해 기록한다. 본문은 영생을 주시기로 작정된 자들이 따로 있음을 분명히 시사한다. 이들의 정체성이야말로 창세전 그리스도 안에서 하나님의 기뻐하시는 뜻과 사랑과 예정에 의해 미리 선택된 자들임에 틀림없다.

선택과 구원은 약속과 성취의 구조와 동일한 맥락에서 진행된다. 다시 말해 약속이 전제되지 않으면 성취가 있을 수 없듯이, 창세전 선택이 선행되기에 구원의 역사가 가능하다는 논리다. 사도행전 18장 10절에서 바울은 고린도 시에서 복음을 전할 때 핍박으로 심히 두려워했으나 주께서 환상중에 나타나셔서 바울을 위로하시면서 "이 성중에 내 백성이 많음이라"는 말로 고린도 전도에 열심을 낼 것을 촉구하시는 내용을 읽게 된다. 여기서도 '내 백성' 곧 하나님께 속한 자들이 따로 있음을 분명히 말씀하신다.

이상의 일련의 논증을 고려할 때, 예수님의 구속사역에 따른 공효의 범주와 대상은 온 인류가 아니라 하나님의 택자들에게 제한적으로 적용되고 있음을 확인하게 된다. 제한속죄라는 신학적 명제가 이런 사실에 근거해 제기된다. 따라서 제한속죄란 주제는 성경의 여러 말씀을 종합해 체계적이고 논리적으로 규명해 본 결과로 얻어진 당연한 귀결이다. 단지 반대자의 주장을 애써 거부하고 성토하기 위해 취해진 억지춘향식의 무리한 발언이 결코 아니다.

복음의 내용과 관련된 성경의 일부 구절들을 통해 '한 사람이 모든 사람을 대신하여 죽었은즉' (고후 5:14), '저가 모든 사람을 대신하여 죽으심은' (고후 5:15), '하나님이 세상을 이처럼 사랑하사' (요 3:16) 등의 내용은 본문만을 상고할 때 예수님께서 온 인류의 죄를 구속하시기 위해 죽으신 것으로 해석할 수 있다.

따라서 이를 부분적으로 본 절에만 제한시켜 지엽적으로만 해석한다면 얼마든지 보편속죄의 의미로 받아들일 수도 없지 않다. 그러나 우리가 성경의 특정 본문이나 사건을 해석할 때 잊지 말아야 될 전제는 항상 주어진 본문을 문맥과, 본문을 포함한 그 장 전체와, 나아가 성경의 총체적 계시관 곧 구속사적 경륜에 입각해 해석해야 된다는 사실이다. 마치 분수식에 대입하는 형식으로 말이다(분모 분의 분자 식으로). 그렇지 못할 때 마치 소경이 코끼리를 만지는 식으로 부분을 전체로 확대해석하는 결정적인 오류를 범할 수가 있다.

동일한 원리 속에서 비록 예수님의 죽으심이 모든 인류를 대신해 죽으신 대속적 죽음이라고 언급한 부분이 있을지라도, 보다 확실하고 분명한 다른 본문과 성경 전체의 구속사적 관점을 통해 총체적이고 통시적인 시각으로 본문이 말하는 의도를 명확히 해명해야 할 것이다(딤전 2:4).

Ⅲ. 결론

제2장을 통해 하나님의 무조건적 선택이 당신의 기뻐하시는 뜻을 따라 일부의 특정한 사람들에만 제한적이고 차별적으로 적용되고 있다는 사실을 확인했다. 하나님의 선택이 제한적이고 차별적이라면 저들의 구원을 위한 예수님의 속죄사역 또한 제한적이고 차별적으로 적용될 수밖에 없음이 당연한 논리의 귀결이다.

사실 예수님의 속죄의 공효는 능력면에서 온 인류의 죄를 구속하고도 남음이 있다. 그분의 본체는 하나님이시기 때문이다(빌 2:6; 히 9:14). 그러나 적용의 대상과 범위라는 측면에서 볼 때, 결코 온 인류를 포함하고 있지 않음을 간파하게 된다(마 1:21; 요 6:37; 행 13:48; 18:10). 예수님은 죽기 위해 오셨다. 대속적 죽음을 담당하기 위해 속죄 양으로 오셨다(요 1:29). 그러나 주님의 십자가의 공효가 미치는 대상을 볼 때, 당신의 잃어버린 백성들 곧 하나님께서 창세전에 그리스도 안에서 택하셔서 그분께 주신 택자들에게만 선별적이고 제한적으로 적용되고 있음을 본다.

성경은 결코 모든 사람이 최종적으로 구원에 이른다고 증거하지 않는다(막 16:15-16; 살후 1:7-9). 많은 사람들이 사단에 매여 하나님을 대적함으로 심판과 지옥의 형벌을 면치 못할 것임을 확실히 증거한다(마 25:41). 하나님의 최후의 심판대 앞에서 생명책에 기록되지 못한 무수한 사람들이 무론대소하고 책들에 기록된 대로 심판을 받고 최종적으로 유황 불못에 처해지는 광경을 보게 된다(계 20:11-15). 이들은 결국 하나님의 선택에서 제외된 유기된 자들인 셈이다. 예수 그리스도의 속죄의 공효가 이들에게 미치지 않음으로 자신들의 죄값으로 심판과 영벌에 처해지는 것이다.

이런 이유로 주님의 속죄의 공효는 당신의 택한 백성들에게 제한적이며 차별적으로 적용되는 것을 확인하게 된다. 성도들이 하나님의 구원의 은혜의 영광을 영원무궁토록 송축해야 하는 당위가 이런 사실에 근거한다. 그런 의미에서 예수 그리스도의 구속을 통해 베푸시는 하나님의 구원사건은 기독교 신앙의 알파요 오메가로 기능한다(엡 1:6).

성도의 정체성은 만민 중에서 하나님의 택함을 받아 예수님의 속죄의 공효를 덧입은 자들이다. 이런 사실로 우리는 옛 사람의 몸이 아니다. 주님의 생명에 연합되어 새로운 피조물로 변화된 새 생명의 소유자들이다(고후 5:17). 새로운 신분의 소유자가 되었다(엡 2:19; 빌 3:20). 이뿐만이 아니다.

보다 본질적으로 주님의 생명에 함께 지체로 연합되어 주님의 몸을 이루고 있는 교회공동체로 존재하게 되었다(엡 2:15).

교회는 다른 어떤 일컬음보다 영광스런 표현이다. 왜냐하면 교회는 주님의 피로 친히 값 주고 사신 바 된 예수님의 생명공동체란 의미가 성립되기 때문이다(행 20:28). 이런 의미에서 혹자는 교회를 부활하신 예수 그리스도의 지상적 임재방식이라고 부르기도 한다. 따라서 교회는 예수 그리스도의 부활하신 생명에 연합되어 그 생명력으로 살아가는 천상적 유기체의 특성을 갖는다(갈 2:20). 이런 이유로 세상에 존재하는 여러 조직체와는 본질에서 차별성을 띤다. 교회가 주님의 몸으로서 생명공동체의 유기체적 성격을 잃게 되면 교회의 정체성은 사라지고 우리의 구원은 어디에서도 보장받을 수 없게 된다. 교회는 지상에서 성도의 구원을 보증해 주는 유일한 천상의 기관으로 존재하기 때문이다.

"내가 천국 열쇠를 네게 주리니 네가 땅에서 무엇이든지 매면 하늘에서도 매일 것이요 네가 땅에서 무엇이든지 풀면 하늘에서도 풀리리라 하시고"(마 16:19). 본문을 통해 성경은 복음으로 말미암는 구원의 보증의 권한을 오직 교회에게만 위임해 주셨음을 천국 열쇠의 매고 푸는 기능이라는 비유적 설명을 통해 증거한다. 따라서 복음의 원리 안에서 상호 지체의식을 가지고 범사에 하나님을 인정하며 천상지향적인 가치관을 추구하며 살아가는 삶의 자세야말로 주님의 몸 된 교회를 바르게 이루는 첩경으로 기능한다고 하겠다.

이처럼 예수 그리스도는 하나님의 잃어버린 자들을 찾기 위해 오셨고(눅 19:10), 그들의 구속을 위해 당신의 몸을 내어 주셨다(마 1:21; 롬 4:25). 따라서 성도들이야말로 예수 그리스도 안에서 베푸시는 하나님의 구속의 은혜의 최대의 수혜자다. 구원의 은혜를 감심으로 깨닫는 데서 비롯된 동기유발이 하나님을 믿는 기독교 신앙의 동인으로 기능해야 하는 이유가 이런 사실에 근거한다.

"그리스도의 사랑이 우리를 강권하시는도다. 우리가 생각건대 한 사람이 모든 사람을 대신하여 죽었은즉 모든 사람이 죽은 것이라. 저가 모든 사람을 대신하여 죽으심은 산 자들로 하여금 다시는 저희 자신을 위하여 살지 않고 오직 저희를 대신하여 죽었다가 다시 사신 자를 위하여 살게 하려 함이니라"(고후 5:14-15). 이런 마음가짐이 소위 무익한 종의 심정(눅 17:10)으로 대변된다. 창세전 하나님의 선택사상은 이 사실을 전인적인 믿음으로 수납하는 성도들로 하여금 영원토록 하나님을 경외하며 신앙하고 믿음의 정절을 지켜 행할 것을 강력히 촉구하는 동인으로 기능한다. 예수 그리스도의 속죄의 효력은 이들에게만 제한적으로 적용되기 때문이다.

4

불가항력적 은혜(Irresistible Grace)

Ⅰ. 도입

제3장에서 예수 그리스도 안에서 베푸시는 하나님의 주권적인 선택은 죄로부터의 구원을 전제하는 바 속죄교리와 불가분의 관계를 맺고 있음을 살펴보았다(엡 1:4; 딤후 1:9). 아울러 선택사상의 본질은 다수 중에 일부를 하나님의 기뻐하시는 뜻에 따라 택정하시는 주권적 사역으로, 구원을 위한 예수 그리스도의 대속적 사역의 공효 또한 택함을 받은 자들에게 제한적이고 차별적으로 적용될 수밖에 없는 당위성을 확인한 바 있다. 다시 말해 예수 그리스도의 속죄사역의 공효의 능력은 전 인류의 죄를 대속하고도 남음이 있다. 반면 공효를 적용하는 대상과 범위는 창세전 그리스도 안에서 택함을 받은 자들에게만 선별적으로 해당된다는 사실이다.

제4장에서는 예수 그리스도의 대속적 속죄사역의 공효가 하나님의 택자들에게 어떤 방식을 통해 미치는지에 관해 살펴보고자 한다. 종교개혁자들은 이런 주제를 가리켜 불가항력적 은혜(irresistible grace) 또는 유효적 소명(effectual calling)이라고 불렀다. 이는 알미니안주의자들이 주장하는 바, 성령께서 하나님의 택자들을 구원에로 부르실 때 사람편에서 의지적으로 거

부하거나 저항하면 성령의 사역은 훼방을 받아 목적이 좌절될 수도 있다는 교리에 대한 반동으로 나온 내용이며 동시에 철저히 성경에 기초를 둔 교리다. 다시 말해 하나님께서 당신의 택자들을 구원하시기로 예정하셨으면 한 사람도 남김없이 모두를 구원에로 인도하시며 이 과정에서 선택받은 자들은 하나님의 인도하심을 어떤 방식을 통해서도 결코 거부할 수 없다는 내용이다.

그렇다고 '불가항력적' 이라는 용어를 오해해서는 안 된다. 어떤 사람들에게는 이 말이 자기가 원하지 않는 것을 억지로 하게 하려는 강제적 의미로 이해될 수도 있기 때문이다. 마치 어른이 어린아이를 강제로 납치하거나 유괴하듯이 말이다. 그러나 이런 관점은 불가항력적 은혜란 주제를 통해 말하려는 '불가항력적' 이라는 단어의 올바른 의미가 아니다.

여기서 말하는 불가항력적이란 하나님께서 성령님을 통해 택자들의 심령 속에 역사하시면 그들의 영혼이 거듭나게 되며, 분명하고도 확실하게 복음을 받아들여 새로운 피조물로서 하나님의 백성에 편입된다는 사실을 의미한다. 이는 성령님으로 하여금 하나님께서 영원 전부터 택하신 자와 그리스도의 속죄사역의 공효가 미치는 모든 자들로 틀림없이 예수님을 구주와 하나님으로 믿게 하신다는 사실을 내포한다(고전 12:3).

그런 의미에서 제4장에서는 '유효한 부르심' 으로 하나님의 불가항력적 은혜의 도리에 대해 보다 면밀하게 살펴보려고 한다. 불가항력적 은혜라는 주제는 하나님의 택자들에게 예수 그리스도의 대속적 사역의 공효를 구체적으로 적용시켜 실제적인 구원에로 부르시는 직접적이고 능동적이며 적극적인 하나님의 구원사역이다. 성경은 하나님과 그리스도의 영이신 성령님께서 이 사역을 주도적으로 수행하신다고 기록한다. "... 또 성령으로 아니하고는 누구든지 예수를 주시라 할 수 없느니라"(고전 12:3; 엡 1:13; 고후 1:22). 이런 사실로 인해 구원은 실로 삼위일체 되시는 하나님의 공동의 사역임을 확인하게 된다(엡 1:4-14).

II. 전개

불가항력적 은혜와 유효적 부르심이란 같은 내용의 다른 표현이다. 창세전부터 예정하셨던 하나님의 택자들을 예수 그리스도의 대속적인 속죄 사역 안에서 효과적으로 불러내셔서 구원에로 인도하시는 하나님의 주권적 사역을 가리킨다. 이 과정을 구체적으로 살펴보자.

1. 외적 부르심(outward calling)

외적소명을 일명 외소外召라고 부른다. 외적소명이란 구원받은 성도들이나 전도자들에 의해 십자가의 복음이 불특정 다수나 개인을 향해 전해지는 것을 가리킨다. 인간편에서 누가 하나님의 택하신 백성들인지를 알 수가 없다. 성경은 때를 얻든지 못 얻든지 말씀을 전파하라고 권고한다(딤후 4:2). 온 천하에 다니며 만민에게 복음을 전파하라고 명령하신다(막 16:15). 보다 적극적으로 모든 족속으로 제자를 삼으라고 명하신다(마 28:19). 땅끝까지 이르러 주님의 증인이 되라고 촉구하신다(행 1:8). 이는 전파하는 자가 없이는 복음을 들을 수 없으며 듣지 못하면 믿을 수도 없다(롬 10:14-17)는 복음전파와 구원의 도리간의 상관관계에 근거해 기록된 말씀들이다.

따라서 예수 그리스도의 십자가의 구속의 복음을 증거하는 일은 먼저 구원받은 성도들에게 주어진 한결같은 의무이며 책임이다. 누구도 이 복음전파의 직무에서 자유로울 수 없다. 하나님께서는 이 세상이 자기 지혜로는 하나님을 알 수도, 알지도 못하는 고로 전도의 미련한 방식을 통해 주님의 복음이 전파되기를 원하신다(고전 1:21).

주님께서 친히 제자들을 통해 천국복음을 전파하시는 과정에서도 전도의 미련한 방식을 사용하셨다. 처음에는 열두 제자들을 보내셨다(눅 9:1). 이들은 각 촌에 두루 다니며 복음을 전파했다. 이후에 따로 칠십 인을 세우셔서 둘씩 앞서 보내시며 하나님의 나라가 임했음을 전파하라고 이르셨다(눅 10:1). 이들도 각 동네를 찾아다니며 천국복음을 전했다. 병든 자를 고쳐주었다. 제자들의 복음을 들은 자들에게 항상 두 가지의 반응이 크게 나타나고 있음을 확인하게 된다. 즉 복음을 받아들이는 자들과 거절하는 자들이 발견된다. 이렇듯 제자들이 불특정 다수를 향해 십자가의 복음을 전파하는 것을 가리켜 외적 부르심(소명)이라고 일컫는다.

오늘날도 이런 방식은 변하지 않는다. 이 시간에도 세계 도처에서 여러 가지 방식과 방법을 통해 십자가의 복음이 전파되고 있다. 선교사를 통해 산간오지에까지도 복음이 전해지고 있다. 공개적으로 복음전파가 금지된 특정 지역에서조차 생명을 담보한 전도자들의 활약은 지속된다. 주님 안에서 먼저 하나님의 구원의 은혜의 사랑을 입은 자들이 복음에 빚진 자의 심정으로 십자가의 도의 복음을 전파하게 된다. 이 일은 주께서 다시 오시는 그날까지 지속될 것이다(마 28:19-20; 행 1:8). 이렇게 복음을 전파하는 행위를 신학적으로 외적 부르심이라고 말한다. 따라서 외적 부르심에는 다수의 청중을 향해 대중집회를 개최하는 경우와 그룹 내지는 개인을 향해 전파하는 개인전도의 경우를 들 수 있다.

사도 바울의 복음증거에서 외적 부르심의 내용을 구체적으로 발견하게 된다. 사도행전 16장 13-14절의 말씀은 바울의 제2차 전도여행 때 빌립보에서 자주장사 루디아를 만나 복음을 전파하는 내용을 기술한다. 그당시 바울 일행은 안식일에 기도처를 찾아 여러 곳을 배회하던 중이었다. 마침 강가에 앉아 있는 일단의 여인들을 발견하게 된다. 바울은 이들에게 접근해 이야기를 나누던 중에 자연스럽게 십자가의 복음을 전파한다.

누가는 이때의 상황을 이렇게 기록하고 있다. “두아디라 성의 자주장사로서 하나님을 공경하는 루디아라 하는 한 여자가 들었는데 주께서 그 마음을 열어 바울의 말을 청종하게 하신지라"(행 13:14). 본문에서 우리가 주의해 봐야 할 부분이 자주장사 루디아라 하는 여인이 바울의 복음을 '들었다' 는 지적이다. 이 말은 루디아라는 여자만 홀로 바울의 복음을 들었다는 내용이 아니다. 13절의 문맥에서 보면 당시 강가에는 일단의 여인들이 함께 자리를 같이하고 있었음을 확인할 수 있다. 본문은 "모인 여자들에게 말하더니"라고 기록함으로써 이런 사실을 뒷받침해 준다.

지금 바울은 일행과 함께 기도처를 찾고 있었다. 그때 강가에 한 무리의 여자들이 모여 있는 것을 발견하고 그들에게 접근한다. 기도처를 찾고 있었기에 기도처의 위치를 확인하기 위한 것이 일차적인 목적이었을 것이다. 그러던 중 내친김에 복음을 전하려는 강한 내적 충동을 느꼈을 것이다. 물론 이런 사실이 문자적으로 기록되어 있지는 않다. 그러나 복음전파를 위해 전도여행 중에 있었던 당시의 정황상 얼마든지 가능한 추정이다. 다시 말해 기도처의 위치를 확인하는 과정에서 이들 여인들에게 자연스럽게 복음을 전하는 분위기로 전환된 사실을 문맥을 통해 확인할 수 있다.

바울과 그의 일행들은 이방인을 향한 복음 전파의 사명을 띠고 이곳 빌립보까지 왔다. 바울이 전하는 복음을 루디아라는 여인뿐 아니라 그곳에 함께 모여 있던 일단의 여자들이 동시에 들었던 것이다. 이렇게 때를 얻든지 못 얻든지 불특정 다수에게 십자가의 복음을 전하고, 저들이 들은 사실을 일컬어 외적 부르심이라고 말한다. 지금 이 순간에도 세계 도처에서는 앞서 주님을 믿어 구원받은 하나님의 백성들에 의해 수많은 사람들에게 복음이 전해지고 있을 것이다. 개인 전도를 통해서, 교회 차원의 전도집회를 통해서, 또는 의도된 대중전도 집회를 통해서 전해질 것이다. 이런 사건들을 통틀어 외적 부르심이라고 정의할 수 있다.

그러나 외적 부르심 그 자체로는 구원에 이를 수 없다. 왜냐하면 복음이 외적으로 전해지면 크게 두 부류의 서로 다른 반응이 나타나기 마련이다.

곧 믿는 자와 거부하는 자의 반응이 그것이다(막 16:15-16; 눅 9:4-5; 10:5-11). 때문에 외적 부르심은 그것을 듣는 모든 사람으로 하여금 기계적으로 구원에로 인도함을 받는다는 의미가 아니다. 외적 부르심은 내적 부르심을 요구한다. 내적 부르심을 통해서만 복음에 반응해 구원에 이르게 된다.

따라서 외적 부르심에 접촉된 자들이 내적 부르심에 반응하지 못하면 결코 자의적으로 구원에 이를 수 없다. 반면에 내적 부르심에 접촉이 되면 성령님의 불가항력적 은혜로 거듭나는 역사가 일어나기 때문에 자의적으로 구원을 기피하거나 거절할 수 없게 된다. 이들은 예수 그리스도 안에서 구원받기로 이미 창세전부터 하나님의 기뻐하시는 뜻 가운데 예정된 자들이기 때문이다(엡 1:4; 딤후 1:9). 따라서 이들을 향한 하나님의 구원역사는 성령님의 인침과 내주의 사역을 통해 불가항력적인 유효한 부르심으로 작용하게 된다(엡 1:13; 고후 1:21-22).

2. 내적 부르심(inward calling)

내적 부르심을 내적 소명 또는 내소內召라고 부른다. 이는 외적 부르심에 대한 상대적 개념으로 호칭된다. 외적 부르심은 구원의 은혜를 입은 성도들을 도구로 사용해 십자가의 복음이 불특정 다수나 소수 또는 개인에게 전해지는 것이라고 살펴보았다. 반면에 내적 부르심이란 외적 부르심을 입은 자들 중에 일부를 성령께서 그들의 영혼을 거듭나게 하셔서 복음을 믿게 하심으로 인침과 내주케 하시는 적용의 사역을 가리킨다(엡 1:13; 고후 1:22).

여기서 다수 중 일부가 복음에 반응해 믿게 된다는 의미는 이들이 바로 창세전 예수 그리스도 안에서 하나님의 기뻐하시는 뜻을 좇아 택정을 받은 자들임을 증거한다. 결과적으로 성령의 주도적인 역사로 인해 예수 그리스도의 속죄의 공효가 저들에게 제한적이며 집중적으로 적용되고 있다는 사실을 함의한다.

사도행전 16장 14절은 "두아디라성의 자주 장사로서 하나님을 공경하는 루디아라 하는 한 여자가 들었는데 주께서 그 마음을 열어 바울의 말을 청종하게 하신지라"고 기술한다. 본문은 세 가지 중요한 복음적 사건을 담고 있다. 바울의 복음을 ① 루디아라는 한 여자가 '들었다' (외적 소명)는 사실과 ② 주께서 루디아의 마음을 열었다(내적 소명①)는 사건과 ③ 루디아로 하여금 바울의 말을 '청종하게 하셨다' (내적 소명②/성령의 인침과 내주)라는 내용이다.

위에서 바울이 복음을 전한 것을 루디아가 듣게 된 사건이 곧 '외적 부르심' 이라는 사실에 대해 이미 살펴보았다. 이런 상황은 우리의 삶의 현장에서 얼마든지 일어날 수 있다. 이를 소위 전도라고 말한다. 성도는 먼저 복음을 받은 자이며 하나님의 구원의 사랑에 빚진 자들로 평생 복음을 전하는 일(전도)에 책임과 의무가 주어진 자들이다(딤후 4:2). 그러나 대부분의 사람들은 외적 부르심인 전도자의 복음을 듣는다고 한결같이 복음에 반응하는 것은 아니다. 그중 일부만이 반응한다. 이들만이 복음을 긍정적으로 받는다. 나아가 믿음으로 수납한다.

여기서 루디아가 바울의 복음을 들었을 때 '주께서 마음을 열었고 청종하게 하셨다' 라고 기록하고 있는 부분이 바로 '내적 부르심' 에 해당하는 내용이다. 분명히 당시 바울의 복음을 전해들은 여인들은 루디아 한 사람만이 아니었다. 여럿이었다. 문맥을 통해 이런 사실을 분명히 확인할 수 있다. 그렇다면 어떻게 루디아만이 여러 여인들 중에서 유독 바울의 복음을 받아들일 수 있었을까. 본문은 루디아가 하나님을 공경하는 여인이었음을 밝히고 있다. 그러나 이는 참된 성경적 복음에 접촉된 데서 나온 여호와 신앙이라는 의미는 아니다. 하나님을 향한 정당한 믿음은 한 사람의 영혼이 예수 그리스도의 구속사역을 통해 베푸시는 하나님의 구원의 도리를 믿음으로 수납함으로 거듭나는 것을 통해서만 발생할 수 있기 때문이다.

하나님을 향한 루디아의 공경과 경외심은 그녀가 하나님에 대한 보편적인 지식과 그에 따른 일반적인 믿음을 갖고 있기는 했으나 아직 구원에 이르는 신앙에는 접촉되지 못하고 있었음을 시사한다. 특별히 누가는 하나님을 공경하는 자란 표현을 유대교에 접촉된 경건한 이방인들을 향해 사용하고 있음을 간과해서는 안 된다(행 10:1-2). 결과적으로 루디아가 바울이 전하는 복음을 청종할 수 있게 된 것은 주께서 그녀의 마음을 열어주신 사실에 근거하고 있다는 사실로 보아 그녀가 이미 하나님의 택자로 존재하고 있었음을 부인할 수 없다. "내 아버지께서 오게 하여 주지 아니하시면 누구든지 내게 올 수 없다 하였노라 하시니라"(요 6:65).

이처럼 그녀의 하나님을 향한 공경은 이미 하나님의 구원의 은혜가 선행적으로 그녀에게 작용해 왔으며, 때가 차매 바울을 통해 복음을 전해 듣게 하시고 이런 사건을 계기로 그녀를 구원에로 부르시는 하나님의 섭리의 손길이 구체적으로 역사했다고 해석할 수 있다. 하나님의 창세전 택정이 선행되지 않고는 예수 그리스도의 속죄사역의 공효는 적용될 수 없기 때문이다.

이와 같이 하나님의 선택과 예수 그리스도의 속죄의 공효와 성령님의 내적 조명을 통한 구원에로의 부르심과 인침은 일련의 연속선상에서 일관성을 띠고 활동하고 있음을 확인하게 된다(엡 1:4-14). 이렇게 불특정 다수 중에 일부를 부르셔서 구원에 접촉시키는 성령님의 은닉적 공작사역을 일컬어 내적 부르심이라고 부른다. 내적 부르심의 다른 표현이 불가항력적 은혜 곧 유효적 부르심이다.

3. 택자를 향한 유효한(불가항력적) 부르심

다음 주제로 내적(유효적) 부르심의 범위와 대상에 대한 성경의 증언에 귀 기울일 필요가 있다. 이미 내적 부르심의 주체는 성령님이란 사실을 언급한 바 있다. “또 성령으로 아니하고는 누구든지 예수를 주시라 할 수 없느니라”(고전 12:3). 사도행전 16장 14절에서는 루디아로 하여금 바울이 전하는 복음을 듣고 청종하게 하신 당사자가 주님이심을 명시하고 있다. 이는 주님의 영이신 성령님을 가리키는 다른 표현이다(롬 8:9). 에베소서 기자는 하나님의 영원하신 구원협약을 설명하면서 삼위하나님의 구원사역의 분담과정을 밝히고 있다(엡 1:4-14). 성부 하나님의 선택(엡 1:4-6), 성자 하나님의 구속사역(엡 1:7-12), 그리고 성령 하나님의 적용사역이 그것이다(엡 1:13-14).

이때 성령님의 사역은 구원의 보증의 영으로서 거듭남(born again)과 인침(sealing)과 내주(indwelling)의 공작사역을 담당하신다(엡 1:13; 고후 1:21-22). 이는 하나님의 택자들에게 예수님의 구속사역을 유효하게 적용시킴으로 하나님의 자녀와 기업의 후사로 삼으시는 구속사를 적극적으로 수행하고 계심을 확연히 보여준다(엡 1:13-14; 고후 1:22). 성령하나님께서 내적 부르심의 주체가 되셔서 예수 그리스도의 구속사역의 공효를 하나님의 택자들에게 제한적이지만 유효하게 적용시키는 작업을 수행하신다.

여기서 ‘유효하게’라 함은 하나님의 택자들을 예수 그리스도의 속죄사역 안에서 성령님으로 하여금 구원에로 부르실 때 불가항력적(irresistible)으로 성령의 내적 부르심에 응답하게 하는 것을 통해 창세전에 택한 자들을 남김없이 불러 모으신다는 사실을 가리킨다. 이를 다른 표현으로 ‘불가항력적 은혜’라고 부르기도 한다. 성령님을 통한 내적 부르심은 어떤 경우에도 거부될 수 없고, 따라서 실패할 수 없다는 의미다. 이때 성령님의 공작하시는 불가항력적인 은혜의 역사는 강제적이 아니다. 철저히 자율적이다. 창세전에 예정된 하나님의 택자들만 복음에 반응할 수 있기 때문이다.

따라서 죄와 허물로 죽었던 영혼들을 거듭나게 하시고 그의 거듭난 인격을 통해 유기적으로 역사하심으로 절대 타자(성령하나님)에 의해 섭리적으로 간섭되고 있음을 스스로 인식하지 못하는 가운데 자연스럽고 당연하게 복음을 받아들이게 된다. 절대로 타의에 의해 강제적이고 강압적인 요구를 받고 있다고 결코 생각하지 않는다. 불가항력적 은혜의 실상이 이렇다. 이에 관한 성경의 증언을 살펴보자.

요한복음 6장 37절은 "아버지께서 내게 주시는 자는 다 내게로 올 것이요 내게 오는 자는 내가 결코 내어 쫓지 아니하리라"고 선언한다. 본 절에서 '아버지께서 내게 주시는 자'란 창세전 그리스도 안에서 하나님의 기뻐하시는 뜻 가운데서 주권적으로 선택하신 택자들을 가리킨다(엡 1:4; 딤후 1:9). 이들은 누구를 막론하고 자원하는 심정을 가지고 예수님의 말씀에 순종해 믿음으로 주님 앞에 나오게 된다는 지적이다.

이들의 구원은 절대 안전이 보장된다. 왜냐하면 주님께서는 하나님의 본체로서 사망과 음부의 권세를 장중에 붙들고 계신 분이시고(계 1:18), 하나님은 만유보다 크신 분이기 때문이다(요 10:28-29). 요한복음 10장 4절과 27절은 목자와 양의 비유를 통해 당신의 백성을 부르시는 내용이 소개된다. 본문에서 목자는 자기의 양을 알고 양은 그들의 목자의 음성을 알기 때문에 목자가 부르면 양이 따라오게 되어 있음을 우리 안에 들지 않은 일단의 다른 양들(26절)과의 비교를 통해 대조적으로 설명한다.

이처럼 주님은 잃어버린 당신의 백성을 찾아 죄로부터 구원에 이르게 하시기 위해(눅 19:10; 마 1:21) 사람의 몸을 입고 세상 가운데 구주로 오셨다. 성육신의 본의가 이렇다. 주님은 성령님을 통해 복음으로 당신의 양 무리를 부르신다. 어제나 오늘이나 동일한 원리가 적용된다. 이때 양들은 목자되신 주님의 음성을 듣고 기꺼이 따르게 된다는 사실을 성경은 분명히 증거한다. 이때의 부르심은 강요에 의한 억지가 아니다. 어린아이가 어머니의 음성을 듣고 본능적으로 반응하듯이 동일한 원리가 적용된다. 이런 일련의 사실을 가리켜 신학적으로 유효한 부르심 또는 불가항력적 은혜라고 부른다.

이렇게 성령의 유효한 부르심에 응답하는 일단의 무리들이 주님의 부활하신 생명에 신비적으로 연합되어 한 몸 된 우주적 보편의 교회공동체를 이루게 된다(고전 12:12-13). 이들의 정체성은 예수 그리스도 안에서 새사람으로 이루어진 새로운 종말론적 공동체이다(엡 2:14-16, 19). 이 우주적 보편의 교회가 지상에 가시적으로 모습을 드러낸 것이 지역교회다.

따라서 지역교회는 천상의 보편의 교회인 주님의 몸을 이루어 가는 일을 통해 교회의 존재이유와 정체성과 본래적 가치를 부단히 창출해 내야 한다. 이를 현실적으로 가능케 하는 결정적인 요소가 말씀의 본질에 대한 풍성한 이해와 이에 따른 자율적인 순종력의 발휘다(롬 10:2-3). 왜냐하면 하나님 나라의 특징은 하나님의 말씀의 통치가 권세 있게 시행되는 것을 통해 천상적 정체성이 확증되기 때문이다.

그러나 안타깝게도 현대교회 속에서 이상의 교회적 정체성이 심히 결여되어 있음을 자인하지 않을 수 없다. 더구나 교회가 무엇인지조차 성경적으로 바르게 해명해내지 못하는 가운데 말씀을 자의적으로 해석하고 편의적으로 적용시키는 나머지 인간의 기복적인 종교심만을 한껏 부추김으로 우상숭배적인 이교도적 종교집단으로 변질되어 가고 있다면 지나친 표현일까.

성경은 이런 식의 신앙적 정체성을 가리켜 자의적 숭배신앙(self imposed faith)이라고 정죄한다(골 2:23). 하나님께서는 이런 신앙을 혐오하실 뿐 아니라 결코 방관치 않으신다고 경고하신다. 불법적이고 불복종적인 신앙으로 간주하신다고 경계시키신다(마 7:21-23; 롬 10:2-3). 이는 하나님을 만홀漫忽이 여기는 처사이며 동시에 망령된 행실로 판정되기 때문이다(출 20:3-7).

이상의 내용과 관련해 계시록의 일곱 교회를 향해 주님께서 책망하시고 회개를 촉구하시는 교회적 문제점이 무엇인지를 두려운 마음으로 점검해야 할 것이다(계 2-3장). 그렇지 않으면 촛대가 옮겨질 수 있고, 심지어 이미 사망선고가 내려진 죽은 교회와 내적 생명력을 상실한 형식적인 교회로 전락될 수 있다는 경고에 귀 기울여야 될 줄 안다. 그런 의미에서 "귀 있는 자는 성령이 교회들에게 하시는 말씀을 들을지어다"라는 주님의 메시지는 현존하는 모든 교회를 향해 발하시는 주님의 준엄하신 경종의 말씀이다.

III. 결론

죄로 인한 인간의 전적 타락(depravity)과 부패(corruption)와 무능(inability)의 상태는 스스로 하나님의 공의를 만족시켜 드릴 수 있는 능력을 근본적으로 상실했기에 자력으로 구원에 이를 수 있는 기회가 전무한 것이 인간의 비참한 영적 실상이다. 이런 상태를 총체적으로 일컬어 전적 타락이라고 부른다. 이처럼 전적으로 타락한 인간은 자력으로 구원에 이를 수 있는 길은 전무하다. 하나님의 은혜와 긍휼을 의지할 수밖에 없다. 따라서 예수 그리스도의 구속으로 말미암는 속죄사역의 공효는 은혜로 구원을 베푸시는 하나님의 택자들에게 선별적이고 제한적으로 적용될 수밖에 없다는 결론에 이른다. 그런 의미에서 불가항력적 은혜와 유효한 부르심의 교리는 구속의 공효를 하나님의 택자들에게 차별적으로 적용시키는 성령하나님의 신비스런 공작사역을 가리킨다.

이처럼 불가항력적 은혜의 본질은 복음을 들은 다수 중 얼마를 복음에 적극 반응케 함으로써 예수 그리스도의 속죄사역을 통해 베푸시는 사죄의 은총을 값없이 선물로 주신다는 것을 골자로 한다. 아무런 대가없이 오직 믿음의 방식에 근거해서다. 이때 이 사역을 성령께서 주도적으로 담당하시면서 영생을 주시기로 작정된 자(택자)들은 누구를 막론하고 빠짐없이 구원에 이르게 하신다는 것이 성경의 진술이다(행 13:48).

이런 사실은 단순히 교리상으로 끝나지 않는다. 현실적인 삶을 통해 구체적이고 전인적으로 확인되는 실제적인 사건이다. '옛 사람을 벗고 새 사람을 입는' 전인적인 가치관의 변화와 새 생명의 삶을 구체적으로 추구하며 지향하게 되기 때문이다(골 3:10; 엡 4:22-24). 기독교 신앙의 정체성이 관념이 아닌 실질인 이유가 이런 사실에 근거한다. 성령 하나님의 유효한 부르심의 결과가 이처럼 신비한 구원사역을 현실로 절감하게 만든다. 하나님께서 마땅히 그리고 영원무궁토록 예수 그리스도 안에서 구속함을 받은 성도들의 찬양과 경배를 받으셔야 하는 필요충분조건이 이런 사실로 인해 성립된다.

5
성도의 견인(Perseverance of the Saints)

Ⅰ. 도입

지금까지 칼빈주의 5대 교리라는 주제하에 '하나님의 놀라우신 구원계획' 에 관해 연속적으로 살펴보았다. 제1장에서 이미 밝혔듯이 칼빈주의 5대 교리는 알미니안주의자들에 의해 제기된 인본주의적인 구원관에 대한 오류와 부당성을 역사적 개혁주의 입장에서 성경적 변호와 반론을 통해 지적하고, 이를 하나님의 총체적인 구속의 경륜에 근거해 재정립한 성경적인 교리체계인 사실을 재차 강조한다.

성도의 견인교리는 달리 '구원의 영원한 보장' (eternal security)이라는 표현으로 설명하기도 한다. 성도가 한 번 구원을 받으면 예수 그리스도의 영단번(once for all)의 속죄사역의 공효를 통해 구원이 영원히 보장됨으로 어떤 경우에도 결코 중도에서 잃어버리거나 빼앗기거나 무효화될 수 없다는 것을 의미한다(히 10:12-14; 롬 8:38-39). 반면 알미니안주의자들은 저들의 구원관을 인본주의적 관점으로 접근하기에 사람의 의지여부에 따라 얼마든지 하나님의 은혜를 거부하거나 떠날 수 있다고 주장한다(빌 2:12). 성도의 견인교리는 이와 같은 저들의 주장에 대한 반증으로 종교개혁자들에 의해 수립된 성경적 교리체계다. 따라서 성도의 견인교리의 핵심은 하나님의 구원의 은혜의 영원성과 영속성에 근거한 구원의 절대 안전과 보증에 집중된다. 결과적으로 궁극적 구원(ultimate salvation) 교리체계인 셈이다.

이미 언급한 대로 성도의 견인교리 또한 독립적인 성경적 가르침이 아니다. 앞에서 전개시켜 나온 제반 복음적 주제들인 인간의 전적타락, 하나님에 의한 주권적 선택, 예수 그리스도로 말미암는 제한적 속죄사역과 이에 대한 구체적 적용인 성령의 유효한 부르심(불가항력적 은혜) 등과 불가분의 연속성을 갖는다. 인간을 향하신 하나님의 구원계획은 성격과 시작이 철저히 하나님의 기뻐하시는 뜻(주권)으로 말미암는 신적기원에 근거하고 있기 때문이다(엡 1:4-6). 따라서 은혜의 믿음으로 말미암아 베풀어진 구원은 어떤 외부적인 요인으로 인해 결코 중도에서 취소되거나 상실될 수 없다는 것이 성경의 일관된 증언이다.

여기서 믿음으로 말미암아 받게 되는 구원과 관련해 유념해야 할 요소가 있다. 구원의 방편으로 기능하는 믿음은 자체 속에 믿음의 열매인 행함을 필연적으로 동반한다는 사실이다. 따라서 구원의 믿음은 구원에 합당한 행함을 수반하게 됨으로 믿음과 행함은 별개의 두 요소가 아니라 동전의 양면처럼 상호 보완적으로 기능하게 된다. 물론 이 말의 의미를 오해해 구원은 믿음과 행함의 이중적 요건이 동시적으로의 충족되는 것을 통해 베풀어진다고 생각해서는 안 된다. 호리라도 행함이 개입된다면 하나님의 은혜의 개념은 이미 사라지고 선물의 성격은 상실된다.

구원에 대한 객관적인 검증과 진단의 필요성으로 제기되는 구체적인 행동의 변화는 하나님의 구원에 인간편에서 일말의 선행이나 공적이 첨가되거나 참작될 수 있음을 시사하는 것이 결코 아니다. 은혜는 은혜에 합당한 행위를 요구한다(출 20:1-3; 골 3:1-2)는 원리속에서 믿음은 믿음을 온전케 하는 열매로서 합당한 행함을 동반하게 된다는 논리다(약 2:22). 참된 성경적 구원은 오직 믿음을 통해서만 주어지는 하나님의 일방적인 은혜의 선물이다(롬 3:28; 엡 2:8-9; 딤후 1:9).

따라서 믿음이 행함을 요구한다는 표현은 은혜를 인하여 믿음으로 말미암아 구원을 받은 성도에게 새로운 피조물로서 새 생명적 인격의 활동이 필연적으로 뒤따르게 됨으로 불가시적인 구원의 실체를 가시적으로 확인할 수 있게 된다는 이야기다(롬 6:11-14; 12:1-2; 갈 2:20; 엡 4:1-3; 22-24; 골 3:1-3; 롬 12:1-2). 야고보서의 "행함이 없는 믿음은 그 자체가 죽은 믿음" 이라는 설명은 구원과 관련해 믿음과 행함의 불가분의 함수관계를 기술하는 논증 속에서 나온 결론이다(약 2:17, 26).

이상의 논증을 통해 성도의 구원의 실상은 변화된 새 인격의 구체적 행동으로 확인된다. 성경은 구원받은 성도의 새 생명적 정체성을 옛 자아의 사망선고와 더불어 예수 그리스도의 부활하신 생명에 연합된 거듭난 새 생명의 발휘로 기술한다(고후 5:15-17; 갈 2:20; 엡 4:22-24).

특별히 갈라디아서 2장 20절은 "내가 그리스도와 함께 십자가에 못박혔나니 그런즉 이제는 내가 산 것이 아니요 오직 내 안에 그리스도께서 사신 것이라. 이제 내가 육체가운데 사는 것은 나를 사랑하사 나를 위하여 자기 몸을 버리신 하나님의 아들을 믿는 믿음 안에서 사는 것이라" 고 설파한다. 본문에서 강조하는 주제는 예수 그리스도의 구속안에서 옛 사람은 죽었고 새 사람으로 거듭났다는 사실과, 이후부터는 부활하신 예수님의 생명력의 발휘를 통해 오직 믿음으로 사는 삶을 지향해야 한다는 데 집중된다.

기독교 신앙의 본질은 하나님의 구원의 은혜에 대한 감사와 결단의 반응이 동기유발로 작용된다는 데서 비로소 찾아진다. 이를 계시의존적인 신앙이라고 설명한다. 하나님의 구속의 경륜을 총체적으로 이해하고 이를 전인적인 믿음으로 수납하는 가운데 자신에게 구체적으로 적용시키는 거듭난 새 생명적 활동의 전개라는 관점이다. 환언하면 이후부터 하나님의 말씀의 원리를 절대가치와 최고의 규범으로 삼아 신앙과 삶의 도리로 붙들고 살아가는 삶의 전 과정을 가리킨다고 하겠다.

이상의 사실들을 염두에 두고 제5장에서는 오직 믿음의 방식을 통해 수여되는 구원의 영원성과 영속성이라는 관점에서 '한 번 구원은 영원한 구원' 이라는 교리체계를 담고 있는 '성도의 견인교리' 에 대해 살펴보고자 한다.

II. 전개

성도의 견인교리는 하나님의 구원의 은혜가 중도에서 어떤 이유로 결코 취소되거나 중단되지 않음을 시사한다. 견인교리는 성도들이 끝까지 인내하며 구원을 누리는 삶을 견지할 수 있는 동인으로 작용한다. 물론 스스로의 능력과 의지를 발휘해서가 아니라 성도들을 구원하시고 지속적으로 믿음 안에서 보존/인도하시는 성령님의 간섭과 역사로 말미암는다. 이런 결과로 하나님께서는 말세에 나타내기로 작정하신 총체적 구원의 절정을 당신의 백성들에게 궁극적으로 성취시키신다.

성도의 견인교리가 '한 번 구원은 영원한 구원' 이라는 명제를 함의한다고 할 때, 이 말은 단순히 죄책에서 벗어난 성도가 하나님의 종말적 심판에서 제외된 나머지 지옥의 형벌까지도 면제받는 것으로 제한되지 않는다. 구원받은 성도가 일체의 죄책에서 사면될 뿐 아니라, 이후 남은 생애를 살아갈 동안 경험하게 되는 모든 형태의 죄의 왕 노릇하는 권세로부터도 구원을 받는다는 사실을 포함한다(롬 6:12-14). 구원의 의미는 이처럼 죄와 죄책과 더불어 죄의 권세로부터의 구원 모두를 포괄한다.

사람이 죄와 죄책으로부터 해방되고 죄의 권세로부터는 자유함을 누리지 못하는 경우란 있을 수 없다. 성령의 내주하시는 역사로 말미암아 넉넉히 죄를 굴복시킬 수 있는 권세 또한 주셨기 때문이다. 따라서 성령님의 소욕을 좇아 거듭난 새 생명의 능력을 발휘시켜 나갈 때 사랑이 동기유발된 실천적 삶을 통해 육체의 욕심을 제어할 수 있다는 지적이다(갈 5:16). "그리스도 예수의 사람들은 육체와 함께 그 정과 욕심을 십자가에 못 박았느니라" (갈 5:24).

로마서 6장 11-14절에서는 이렇게 선포한다. "이와 같이 너희도 너희 자신을 죄에 대하여는 죽은 자요 그리스도 예수 안에서 하나님을 대하여는 산 자로 여길지어다. 그러므로 너희는 죄로 너희 죽을 몸에 왕 노릇 하지 못하게 하여 몸의 사욕을 순종치 말고 또한 너희 지체를 불의의 병기로 죄에 드리지 말고 오직 너희 자신을 죽은 자 가운데서 다시 산 자 같이 하나님께 드리며 너희 지체를 의의 병기로 하나님께 드리라. 죄가 너희를 주관치 못하리니 이는 너희가 법아래 있지 아니하고 은혜 아래 있음이니라." 따라서 행함이 배제된 은혜의 믿음으로 받은 구원은 영원히 그리고 영속적으로 안전하다.

물론 구원받은 성도의 삶의 여정속에 죄성으로 인한 실수와 실패와 범죄행위가 여전히 발생할 수 있다. 이런 일들은 '무거운 것과 얽매이기 쉬운 장애물' (히 12:1)이 되어 하나님과의 영적 교제를 방해하는 요소로 작용할 수 있다. 그러나 이런 요인들이 결코 구원을 근본적으로 잃게 하거나 무효화시킬 수는 없다. 그리스도의 속죄의 효력과 능력은 한 번 죽으심으로 영원히 우리의 죄를 도말해 주셨기 때문이다(히 10:11-14).

1. 창세전 은혜로 택하신 구원

하나님께서 당신의 백성들을 예수 그리스도의 구속을 통해 구원하심은 철저히 은혜로 말미암는 하나님의 주권적인 사역의 결과다. 은혜란 하나님의 구원사역 속에서 인간의 행위가 호리만큼도 개입되지 않은 하나님

편의 선의적인 호의와 사랑의 발로를 의미한다. 그런 의미에서 하나님의 선택사상은 우리가 아직 세상 가운데 태어나기도 전, 어떤 선악간의 행동을 취하기도 전에 하나님 편에서 일방적으로 예정하신 하나님의 주권적인 사역이다(롬 9:10-13). 더욱이 성경은 하나님의 백성들에 대한 구원의 문제를 창세전부터 예정하셨다고 선언한다(엡 1:4).

이처럼 하나님의 선택과 예정이 창세전이란 말은 구원이 인간의 행위로 말미암는 조건과 보상의 개념이 아니라, 하나님편에서 베푸시는 일방적인 사랑의 열매요 호의적인 선물임을 시사한다. 구원이 보상이 아닌 선물의 개념으로 묘사됨은 구원의 성격이 하나님의 일방적이고 무조건적인 사역의 결과임을 의미한다. 이상의 내용을 고려하면 한 번 받은 구원은 이후 인간의 행위 여부에 따라 취소되거나 무효화 될 수 없다는 사실을 확인하게 된다.

로마서 9장 10-13절을 통해 이런 사실이 확증된다. 본문은 이삭의 두 아들 에서와 야곱의 이야기를 기술한다. 로마서 기자는 이들이 태어나기도 전 아직 리브가의 태중에 있을 때에 '야곱은 사랑하고 에서는 미워했다' 라고 기록함으로 하나님의 구원행위의 근거가 인간의 선행의 여부에 좌우되는 것이 아니라, 철저히 하나님의 주권에 근거하고 있음을 강력히 시사한다. 사실 야곱의 생애를 돌아보면 성격이나 행동면에서 결코 형 에서에 비해 크게 나은 점을 발견하기 힘들다. 오히려 내성적이면서도 약삭빠르고 매사에 계산적이며 일면 교활한 면도 없지 않아 번번이 에서의 비위를 건드리기가 일쑤였다.

한번은 에서가 허기져 들어온 약점을 이용해 장자권을 팥죽 한 그릇으로 사기도 했으며, 노년에 기력과 시력이 현저하게 떨어진 아비 이삭을 속여 에서로 가장한 채 이삭의 축복을 가로채기도 했다. 급기야 에서를 피해 어미 리브가의 본향인 하란의 라반 삼촌에게로 피신해 살면서도 그의 계산적인 사고방식은 여전해서 끊임없이 삼촌과의 첨예한 재산상의 갈등과 대립은 그치지를 않았다. 이런 그의 세속적이고 육신적인 행보는 하나님의 은혜를 입은 자임에도 불구하고 일반인과 크게 다를 바가 없었다.

그럼에도 하나님은 그의 행위와 무관하게 야곱을 당신의 기뻐하시는 뜻 가운데 먼저 택하셨고, 이후 여자의 후손언약의 계승자로 삼아 주셨다. 창세전 예수 그리스도 안에서 수립하신 하나님의 택정에 근거한 처사다. 이런 하나님의 선택사상은 사람의 행위와 무관한 은혜에 기초한 것이기에 인생여정길에서 발견되는 삶의 내용이 하나님 보시기에 부족하고 연약하다 할지라도 언약적 사랑의 징계는 가해질망정(히 12:5-6) 아주 버리심으로 구원이 원천적으로 무효화되거나 취소되는 일은 없다. 택자의 구원은 근본이 신적 기원에서 찾아지기 때문이다(엡 1:4-6). 한 번 구원은 영원한 구원이 되는 성도의 견인교리의 근거가 이에서 나온다.

2. 속죄 효력의 영원성과 영속성

성도의 견인교리는 예수 그리스도 안에서 베푸시는 속죄 효력의 영원성과 영속성에서도 찾아진다. “저가 한 제물로 거룩하게 된 자들을 영원히 온전케 하셨느니라”(히 10:14). “이것을 사하셨은즉 다시 죄를 위하여 제사 드릴 것이 없느니라”(히 10:18). 우리가 익히 아는 대로 구약의 짐승제사는 제물 자체의 가치성의 열등함과 제사계시의 모형론적 성격으로 인해 처음부터 대속물의 실체로 주신 것이 아니다. 구속계시의 점진성이라는 관점에서 볼 때, 한시적이고 제한적으로 주신 예표적인 제도일 뿐이다.

히브리서 기자는 이런 구약 제사제도의 실체를 예수 그리스도에게서 찾는다. 다시 말해 구약제사의 희생제물은 새 언약 안에서 자기 몸을 한 마리 어린양같이 내어주신 예수 그리스도를 예표하고 있다는 해석이다(히 9:11-14; 요 1:29). 한편 구약제사에 드려진 제물은 가치의 열등함으로 인해 그리고 구속사 진행에 있어서 예표론적 성격으로 인해 불완전할 뿐 아니라, 한시적으로만 효력이 발생함으로 해마다 같은 제사를 드려야만 했다. 그래서 언제든지 온전케 할 수가 없었다(히 10:1).

그러나 구속을 위한 예수 그리스도의 속죄제사의 경우는 다르다. 구약제사의 참 형상이며 구약제물의 실체이기 때문이다. 따라서 제사의 효력에 있어서도 영원하며 영속적인 특징을 가진다. "염소와 송아지의 피로 아니 하고 오직 자기 피로 영원한 속죄를 이루사 단번에 성소에 들어가셨느니라"(히 9:12). 여기 '영원한 속죄' 를 이루셨다고 기록하고 있다. 짐승제사처럼 해마다 드리는 반복적인 제사를 더 이상 드릴 필요가 없게 되었다는 지적이다. 왜냐하면 예수 그리스도는 본질상 하나님이시기에 가치적 측면에서 무한하실 뿐 아니라 속죄사역의 성격상 구약제사의 실체로 오신 분이기 때문이다. 히브리서 기자는 이런 사실을 확증하면서 '영원하신 성령' 으로 말미암아 이뤄진 사건이라고 설명한다(히 9:14; 롬 8:11).

히브리서 10장에서는 이런 사실을 더욱 분명히 기술한다. "오직 그리스도는 죄를 위하여 한 영원한 제사를 드리시고 하나님 우편에 앉으사"(12절). "저가 한 제물로 거룩하게 된 자들을 영원히 온전케 하셨느니라"(14절). "저희 죄와 저희 불법을 내가 다시 기억하지 아니하리라 하셨으니 이것을 사하셨은즉 다시 죄를 위하여 제사드릴 것이 없느니라"(17-18절).

이상의 본문을 통해 예수 그리스도의 대속적 희생제사가 갖는 효력이 영원하고 지속적이어서 반복해서 제사를 드릴 필요가 없음을 분명하게 시사하고 있다. 이를 신학적으로 '영永단번' (once for all)에 드려진 제사라고 부른다. 여기서 영원한 제사를 드렸다는 의미는 예수님의 보혈의 공로는 무한하셔서 효력이 미치는 범위와 시간이 무한정임을 가리킨다. 따라서 예수님의 속죄사역에 근거해 죄사함을 받고 구원의 은혜를 입은 자들은 어떤 경우라도 결코 구원을 잃거나 빼앗기지 않는다. 만왕의 왕이시며 만주의 주가 되시는 하나님께서 누구든지 그리스도 예수 안에 있는 자들에게는 결코 정죄함이 없다고 선포하시며(롬 8:1) 의롭다고 인정해 주시기 때문이다(롬 3:23-24; 4:25).

소위 칭의 사건과 관련해 유념해야 할 요소가 있다. 성도의 죄를 도말하시고 영원한 속죄를 이루어 주셨다는 말의 의미는 그리스도 예수 안에서 속죄사역을 통해 선포하시는 하나님의 법정적 사면령赦免令이라는 사실이다. 다시 말해 하나님의 칭의적 구원선포는 예수 그리스도의 대속 안에서 교리적이고 원리적인 측면에서 본질상 우리를 죄 없다고 여겨주신다는 내용이다.

따라서 칭의와 속죄의 선언은 성도가 구원받은 이후의 삶을 통해 결코 죄를 짓지 않는다는 의미가 아니다. 성도 안에 내재된 죄성은 여전히 우리를 옛사람이 종노릇했던 죄의 법 아래로 이끌어 간다. 따라서 구원받은 성도라 할지라도 여전히 죄를 지을 수 있고 짓기도 한다. 루터는 이런 이유로 구원받은 성도를 가리켜 '용서받은 죄인' 이란 표현을 사용했다고 한다. 갈라디아서 기자가 성령의 소욕과 육체의 소욕 사이의 갈등과 대립과 긴장상태를 기술함이 이런 사실을 배경삼고 기술한 내용이다(갈 5:16-17).

로마서 8장을 통해 기자가 새롭게 발견한 한 가지 분명한 사실을 기록한다. 성령의 생명의 법이 죄와 사망의 법에서 성도를 해방시켜 준 사실로 인해 죄책의 면제뿐 아니라 죄의 권세까지도 이길 수 있는 영적 힘을 공급해 주심으로 율법의 요구까지도 넉넉히 이루게 하신다는 내용이다. 우리의 육체가 연약해서 율법이 할 수 없는 것을 성령께서 주도적으로 수행해 가시기 때문이다.

물론 이런 경험은 기계적으로 되는 일은 아니다. 거듭난 새 생명의 능력을 적극적이고 능동적으로 발휘해 나가는 것을 통해 가능해진다(골 1:29). 성경은 이를 '성령을 좇아 행하면 육체의 욕심을 이루지 않는다' 라는 표현으로 설명한다(갈 5:16). 거듭난 새 생명적 활동이 발휘되기에 죄의 권세를 넉넉히 제어하고 절제된 삶을 살아갈 수 있게 된다는 지적이다. 주님의 장성한 분량에 충만한 데까지 이르는 삶을 가리킨다.

빌립보서 기자는 이런 식으로 성화적 삶(믿음의 성숙과 하나님과의 인격적 관계성의 심화)을 지적하면서 두렵고 떨림으로 너희 구원을 이루라고 적극 권면한다(빌 2:12). 우리 안에서 능력 주시는 성령의 도우심으로 넉넉히 죄를 굴복시킬 수 있을 뿐 아니라 보다 진전된 성화적 삶을 지향해 나갈 수 있음을 강력히 시사한다. 우리 안에서 착한 일을 시작하신 이가 그리스도 예수의 날까지 우리를 지키시고 이끌어 가실 것으로 확신하기 때문이다(빌 1:6; 4:13). 따라서 예수 그리스도의 속죄의 공효는 죄와 사망의 법에서 우리를 구원해 낼 뿐 아니라 죄의 권세로부터도 승리할 수 있는 은혜의 왕 노릇하는 권능으로 역사해 주신다는 것이 성경의 지적이다(롬 5:21).

성도의 견인교리의 보증이 이상의 구원의 원리와 실제적 적용을 통해 뒷받침 된다. 만일 성도의 구원이 중도에 상실되거나 취소될 수 있는 것이라면 예수 그리스도의 속죄효력 또한 영원할 수 없을 것이다. 성경은 이런 가능성을 철저히 배제시킨다. 이런 사실이 의미하는 바는 성도의 구원 또한 영원하고 지속적이어서 어떤 경우라도 절대 안전함을 보장해 준다.

3. 성령의 인침과 내주 및 보증의 약속

이상의 논증을 통해 성도의 견인교리가 구원의 영원성과 영속성을 보증한다는 사실을 하나님의 창세전 선택과 예정 그리고 예수 그리스도의 영단번의 속죄효력과 관련시켜 살펴보았다. 하나님의 선택과 예정은 시기적으로나 성격적으로 인간편의 행위여부가 개입할 여지가 전혀 없는 창세전 하나님의 기뻐하시는 뜻(주권)을 통해 작정되었기 때문이다.

"또 미리 정하신 그들을 또한 부르시고 부르신 그들을 또한 의롭다 하시고 의롭다 하신 그들을 또한 영화롭게 하셨느니라"(롬 8:30). 본문의 말씀을 통해 창세전 하나님의 예정은 피조세계 속에서의 거듭남, 구원, 칭의(성화, 고전 6:11), 그리고 영화의 단계까지 상호 불가분의 관계성을 맺는 동시적 사건의 근간임을 시사해 준다. 따라서 위의 복음적 요소들 중 어느 하나라도 중도에서 파기되거나 상실될 수 없다.

결국 하나님의 선택과 예정은 택자들을 한 사람도 잃지 않고 예수 그리스도 안에서 종말론적 구원에로 안전하게 인도하신다는 것이 성경의 증언이다. "… 나를 보내신 이의 뜻은 내게 주신 자 중에 내가 하나도 잃어버리지 아니하고 마지막 날에 다시 살리는 이것이니라"(요 6:39). 성도의 견인교리의 중심사상인 '구원의 영원성과 영속성' 은 이처럼 하나님의 선택과 예정 속에 이미 처음부터 보증된 내용이다.

나아가 하나님의 선택사상은 예수님의 속죄사역과도 불가분의 관계를 맺고 있다. 히브리서 기자는 예수님의 속죄사역의 효력이 영원하신 성령으로 말미암은 것으로 무한한 것임을 증거한다(히 9:14). 그러므로 죄에 대해 반복해 제사드릴 필요가 없는 영永단번의 일회적이고 영구적인 속죄사역임을 피력한다(히 10:12-18). 따라서 주님의 속죄사역의 적용대상인 택자들은 동일한 원리 속에서 죄의 문제가 영원히 도말 되었기에 죄에 대해 추가적으로 드릴 희생제사의 필요성이 전무하게 된다(히 10:18).

비록 구원 이후 성도들이 계속해서 지을 수 있는 범죄행위(갈 5:16-21; 골 3:5-10)는 하나님과의 교제를 단절시킬 수는 있을지라도 구원 자체를 무효화시킬 수는 없다. 앞에서 이미 기술한 대로 하나님의 주권적 선택과 예수님의 속죄사역의 공효는 구원의 영원성과 영속성 및 죄값의 영원한 지불을 보증해 주기 때문이다. 다만 구원 이후에 발생하는 성도의 범죄는 하나님과의 교제와 화목을 해치는 요소로 작용하게 됨으로 그때마다 철저한 자백을 통해 용서를 구하는 일이 뒤따라야 될 줄 안다. "만일 우리가 죄 없다 하면 스스로 속이고 또 진리가 우리 속에 있지 아니할 것이요 만일 우리가 우리 죄를 자백하면 저는 미쁘시고 의로우사 우리 죄를 사하시며 모든 불의에서 우리를 깨끗케 하실 것이요" (요일 1:6-7).

성도의 견인은 예수님의 구속사역의 공효를 하나님의 택자들에게 완벽하게 적용시키는 것과 관련해 이를 성령 하나님의 인침과 내주와 보증의 사역으로 설명한다. 성령님을 구원의 보증의 영으로 소개하는 이유가 이런 사실에 근거한다(엡 1:13; 고후 1:22; 5:5).

이런 과정을 통해 성령께서는 성도들의 심령 속에 내주(관계성)하시면서 영원히 떠나지 않으신다(요 14:16-17). 성도의 몸을 성령님의 전으로 삼아 내주하시기 때문이다(고전 3:16; 6:19). 이후 지속적으로 성도들의 생애를 섭리적으로 주관하시는 가운데 말씀을 통해 주님의 장성한 분량에 충만한 데까지 자라게 하는 성화적 삶을 추구하는 일에 유기적으로 관여해 역사하신다(딤후 3:16-17). 성도가 신앙여정길에 중도에서 구원을 잃거나 아주 믿음에서 떠날 수 없음이 이상의 삼위일체 하나님의 적극적인 구원사역의 역할과 밀접하게 연관된다. 성부 하나님의 창세전 선택과 성자 하나님의 구속사역의 성취 및 성령 하나님의 인침 및 내주/보증하시는 적용사역의 결과다(엡 1:4-14).

게다가 아무도 하나님께서 의롭다 하신 자들을 다시 정죄하거나 송사할 수 없다. 사단을 비롯해 어떤 피조물이라도 가당치 않다(롬 8:33-39). 왜 불가능할까. 하나님은 만유보다 크신 창조자이시고 주권자이시기에 아무도 아버지 손에서 빼앗을 자가 없다고 성경은 엄히 증거한다(요 10:29). "내가 저희에게 영생을 주노니 영원히 멸망치 아니할 터이요 또 저희를 내 손에서 빼앗을 자가 없느니라" (요10:28). 성도의 구원은 절대 안전하다. 결코 중도에서 빼앗기거나 무효화 될 수 없다. 만유보다 크신 하나님께서 예수 그리스도의 영단번의 속죄사역의 공효 안에서 오늘도 성도의 구원을 보증하고 계시기 때문이다.

III. 결론

성도의 견인교리는 구원의 복음과 관련된 칼빈주의 5대 교리의 결론 부분이다. 칼빈주의 5대 교리의 내용인 ① 인간의 전적타락, ② 하나님의 무조건적 선택, ③ 예수님의 제한속죄, ④ 성령님의 유효적 부르심(불가항력적 은혜)의 결과로 ⑤ 성도의 견인교리(구원의 영원성과 영속성)의 성립이 가능해진다.

성도의 견인교리는 믿음으로 말미암는 구원의 영원성과 영속성을 보증한다. 따라서 한 번 구원받은 성도는 외부의 요인으로 인해 중도에서 결코 구원을 잃거나 믿음에서 아주 떠날 개연성(probability)은 전혀 없다. 만약 그런 일이 발생한다면 이는 그가 처음부터 성경이 말하는 정상적인 구원에 접촉된 것이 아니거나, 일시적인 시험과 실족 상태에 빠졌을 뿐이다.

위에서 지적한 대로 성도의 구원은 본질상 삼위일체 하나님에 의한 신적기원에 근거하기에 중도에서 파기되거나 무효화될 수 있는 가능성은 전혀 없다(엡 1:4-14). 성도의 견인교리 사상을 총체적으로 함축하고 있는 '한 번 구원은 영원한 구원' 이라는 표현의 의미가 이렇다. 혹자는 이를 두고 성도의 삶을 방종으로 유도하는 왜곡된 가르침이라고 부당성을 지적하기도 한다. 그러나 성경은 그렇지 않다고 역설한다. 은혜를 더하려고 죄를 지을 수 없을 뿐 아니라, 은혜의 왕 노릇하는 권세가 죄의 왕 노릇하는 권세를 넉넉히 제압하기 때문이다.

만에 하나라도 영단번의 구원과 죄의 영원한 도말을 빙자해 자의적이고 고의적으로 범죄한다면, 이는 처음부터 구원과는 무관한 자일 뿐이다. 죄를 혐오하시는 성령님의 근심과 충만의 역사를 무시하고 성령을 소멸시키는 범죄행위를 양심의 가책 없이 행할 수 있다면 성령의 소욕과 육체의 소욕이 충돌할 수밖에 없다는 성경 말씀(갈 5:17)이 허위로 판명될 것임으로 그런 일은 있을 수 없다. 성도가 구원을 받았다는 것은 본질상 옛 사람은 죽고 새로운 피조물로 거듭났음을 의미한다(고후 5:17).

예수 그리스도의 부활하신 생명에 연합되어 영생하는 생명으로 살아가는 삶을 말한다(갈 2:20). 거듭남으로 인한 전인적인 가치관의 변화로 인생관과 역사관 자체가 자기중심적이며 세상지향이던 삶이 하나님 중심적이며 천상지향적인 삶으로 방향전환이 일어났음을 가리킨다. 성경은 이를 지적하면서 "우리의 돌아보는 것은 보이는 것이 아니요 보이지 않는 것이니 보이는 것은 잠간이요 보이지 않는 것은 영원함이니라"(고후 4:18)라고 기술한다.

이런 이유로 성도의 신앙적 관점이 총체적인 방향성에서 여전히 이기적이며 자기중심적이고 기복적인 신앙으로 나타나고 있다면 성경이 말하는 정당한 구원받은 신앙이라고 말하기에는 부족할 뿐이다. 성경은 이런 신앙의 정체성을 가리켜 자의적 숭배신앙이라고 판정하면서 불법적이고 불복종적 신앙으로 정죄한다(롬 10:2-3; 마 7:21-23).

정상적인 기독교 신앙관의 정체성은 부단히 성경을 탐구하는 것을 통해 신지식에서 자라가며, 하나님의 뜻을 분별해 이를 지속적으로 추구하는 것을 궁극적 관심으로 삼는 데서 확인된다(마 6:33). 하나님께서 성경을 통해 계시하신 지식에 근거한 신앙이 아닐 때, 외적으로 제아무리 기독교적인 모습을 드러내고 기독교적 열심과 활동이 풍성하게 전개된다 할지라도 하나님의 의(뜻)를 좇는 것이 아닌 것으로 인해 하나님과는 무관한 자의적 숭배신앙으로 판정된다는 것이 성경의 지적이다. 대신 인간의 타락하고 부패한 종교심과 종교적 열정만 난무하게 된다. "내가 증거하노니 저희가 하나님께 열심이 있으나 지식을 좇은 것이 아니라. 하나님의 의를 모르고 자기 의를 세우려고 힘써 하나님의 의를 복종치 아니 하였느니라"(롬 10:2-3). 이는 신앙을 도구 삼는 행위로 본질상 우상 숭배적 무속신앙과 무관치 않다. 육신의 정욕을 부추기는 이교도적 제사행위이며 가나안의 종교이상 아무 것도 아니다.

성도의 견인교리는 내용과 성격의 특성상 매사에 하나님 중심의 삶의 자세를 지향케 함으로 하나님을 영화롭게 하며 영원토록 그분으로 즐거워 하는 것을 통해 신앙의 정체성인 진리성과 진정성을 추구하게 만든다. '구원의 영원한 보증' 으로 인해 결코 방종과 해이와 나태로 일관하지 않는다. 오히려 무익한 종의 심정(눅 17:10)을 가지고 성령의 소욕을 좇아 행하는 삶이 강화됨으로 하나님과의 관계성이 날로 심화된다. 하나님과의 인격적인 교제와 교통이 날로 풍성해진다. 성령께서 이 모든 일에 적극적으로 개입하시고 성도의 생애를 섭리적으로 주장하시기 때문이다.